国際通貨制度論攷

島崎久彌

本書を亡き父母と妻の霊に捧ぐ

はしがき

　10冊目の単著に当る本書は、著者がこれまでに紀要や雑誌等で発表した国際金融・通貨制度に関する論考のうち、すでに上梓済の金と EU 関係の論文、および『円の侵略史』と『世界経済のリージョナル化』、ならびに『通貨危機と円の国際化』に収録済みの論文を除く旧稿の再録を主体としたものである。これらの論文は、その後の展開を視野に入れ、新たに入手した資料に基づいて補正を加えたうえ、他日改めて世に問う心算であったが、いつしか馬齢を重ね、今ではそれも適わぬ夢のようなものになってしまった。しかしながら本書に収録された論文は、単なる回顧趣味的な落葉拾いではなく、中には学会誌等で紹介され、あるいは研究者によって引用されたものも含まれているので、この度一書にまとめるに当っては、明白な誤記と誤植、および注記の一部訂正を除き、極力原型を保つように配意した。なお収録論文の初出は、巻末の一覧表に表示したごとくである。

　第I部は上記の事情からやゝテーマに統一性を欠く嫌いもあるので、「国際通貨制度の諸相」と題することにした。第1章「ニューディールとビジネスの対応」においては、世界経済会議の挫折から三国通貨協定をへて、ブレトン・ウッズ体制の形成に至るアメリカ通貨外交の展開を基礎づけるための一助として、ニューディールの政策集団とそれの支持基盤の変化について考察した。

　第2章の「ブレトン・ウッズ体制成立前史の予備的考察」は、本山美彦・京都大学教授により、『社会経済史学の課題と展望（創立60周年記念）』（社会経済史学会編、1992年）の中の国際通貨制度史の部でご紹介いただく栄に浴したが、初出の論文は部外者の故にか、著者に校正の機会が与えられなかったため、そのタイトルをはじめとして誤植が多く、改めて訂正を加えるとともに、注記の仕方についても、補正を試みた。

　第3章「ポンド残高の史的変遷」も、しばしば研究論文等に引用されているのを散見するが、この論文を土台にして、国際通貨ポンドの歴史をまとめ上げることは、著者にとって依然として見果てぬ夢のようなものである（第11、12章はそれの序章部分に当る）。

　第4章の「アジア決済同盟構想の展開と評価」は、40数年以上も前に発表し

た著者の処女論文であり、業界誌の書評や某機関誌から転載の依頼をうけたことなども記憶に残っているが、残念ながらその誌名はいずれも失念した。本稿はイェール大学のトリフィン教授が、バンコック・セミナーにおけるアジア決済同盟案の発表に先立って、意見交換のため、旧東京銀行（以下東銀と略称）に立ち寄られた際に恵贈された報告書をもとにして、作成したものである。このアジア決済同盟案は、西欧の戦後復興に著大な貢献をしたEPU（ヨーロッパ決済同盟）のアジア版であり、EPUの設立に参画したトリフィン教授は、これをアジアやアフリカなどに扶植しようと試みた。しかしながらアジア決済同盟構想のその後の展開、およびラテン・アメリカやアフリカ等の地域的経済統合における決済同盟と通貨協力の動き（拙著『世界経済のリージョナル化』参照）からも明らかなように、金融技術的な通貨協力だけでは、その効果に自らなる限界があったことは否めない。

　第5章の主題とする「アメリカ資本輸出規制の終焉」は、基軸通貨国アメリカが金融・資本取引の自由化に向けて、国際収支の節度を放棄した象徴的出来事であり、拙稿は規制の導入と強化の過程を顧みるとともに、ロンドン、ユーロ・ダラー市場への影響、およびニューヨーク金融、資本市場の復権について、展望を試みたものである。その後ドル不安の発生したカーター政権下の1978年には、アメリカ資本輸出規制の復活がB1S等で論議されたが、1980年代以降「ウォール街・アメリカ財務省複合体」は、一転して金融・資本取引自由化のグローバルな展開を推進した（詳細は拙著『通貨危機と円の国際化』参照）。その果は、世紀的な金融危機を招来し、新自由主義に立脚する市場経済万能主義の見直しが進行しつつある。しかしながら、規制緩和の原発巣とも称すべきアメリカ資本輸出規制の撤廃に関する論考は、著者の管見する限り、他には見当たらないように思われる。

　第II部は、フランスに主導された構想力豊かな国際通貨制度改革の提言が、アメリカの覇権をバックとする自国本位の政治力学によって根底から破砕されたフロート下の国際通貨制度改革に関する著者の同時代的な断章を再録したものである。1980年代の国際通貨制度改革作業を頓挫させたのは、ネオコンの支配するブッシュ・シニア政権であったが、規制緩和のグローバル化政策は、著者が1/4紀以上も前に警告（第9章の補遺）したごとく地球的規模のカジノ化を現出し、「世界が金融面から崩壊する」（拙著『通貨危機と円の国際化』「はしがき」）危機を招来した。しかしながらその収束をはかるために、現在進行中の国際間の

対応は、目先の弥縫策に終始し、為替相場政策に関しても、人民元に対する切り上げ圧力にみられるがごとく、旧態然たる黒字国責任論の域を脱しない。そのような状況の中で、人民元の切り上げに同調する反面、東日本大震災の直後を除くと、及び腰の散発的な単独介入以外なす術もないわが国の国際通貨外交には、依然として渉外力と構想力の貧困を痛感せずにはおられない。世界が金融、通貨危機の再発を防止するためには、ヘッジ・ファンドなど、影の銀行を主体とする短期資本移動の規制を含む国際通貨制度の再建が不可欠であり（拙著『通貨危機と円の国際化』参照）、為替相場政策の面でも、いずれは1970—80年代における国際通貨制度改革作業の挫折の跡を、省みる秋が訪れるものと思われる。

　なお金融危機下のアメリカでその動きが注目されるのは、NAFTAにおける共通通貨「アメロ」の検討や、南部を中心とする金法貨法案の州議会への上程とユタ州における立法化、なかんずく金委員会の生き残り、ロン・ポール共和党下院議員の提唱する金復位論の再燃である（谷口智彦『金が通貨になる』参照）。30年前に金委員会が金復位の対案として勧告したマネタリズムは（拙著『金と国際通貨』参照）、その基底を貫く新自由主義とともに、金融危機によって瓦解したが、金復位論が正統性を奪還するための一つの山場は、2012年の大統領、両院議員選挙と思われる。たしかにポール議員は、過日共和党の大統領候補を辞退したが、ポール派は2010年の中間選挙で共和党に歴史的勝利を斉した草の根運動、ティーパーティの元祖的存在であるだけに、大統領選挙よりも議員選挙を重視している同派の動きには、今後とも、目が離せない。

　第6章「ランブイエ通貨合意の体制論的考察」は、第一回先進国サミットをテーマにしたものであるが、それは同時に戦後の国際通貨体制が、ワシントン財務官僚の企図したユニバーサル・アプローチの展開ではなくて、ニューヨーク・バンカーやフランス、あるいはカッセルなどの提唱したキー・カレンシー・アプローチの顕現過程であり、それはさらに三国通貨協定に遡るとの著者の積年の持論を展開したものである。

　第7章「国際通貨制度改革問題の一考察」は、プラザ合意直後の状況の中で、ブレトン・ウッズ体制崩壊後の国際通貨制度再建の動きを顧みるとともに、変動相場制度の矛盾、およびそれの克服を狙いとする目標相場圏制度と経済サーベイランス案をめぐる国際間の動きについて考察した。

　第8章「国際通貨の現状と課題」は、プラザ合意を補完するための宮沢・ベーカー合意とパリ合意について考察するとともに、目標相場圏制度と経済サーベ

イランスの各種スキーム、および著者もこれを支持する商品バスケット案について論述した。この種の論考は、その当時においても、わが国では皆無であったように思われるので、拙稿はささやかながらも、一つの歴史的証言としての意義を有するものと自負している。

　第9章「国際通貨制度改革問題の断想」は、著者が各種の雑誌や機関誌等に発表した100編を超える大小の評論等（島崎久弥著作目録参照）の中から、その一部を選んだ断章である。中でも忘れ難いのは、1984年4月13日付、『朝日新聞』の経済部記者（のちに編集委員）、村田泰夫氏によるインタビュー記事（第9章の補遺）であり、そこにおいて著者は、農産物の自由化と違って、外圧だけでなく、内圧も強いだけに、金融・資本取引の自由化を不可避的と観測しつつも、上述のごとくに資本市場が地球的規模でカジノ化する危険性をいち早く警告した。またプラザ合意直後の1985年10月15日付『世界週報』の拙稿（第9章の8、「円の目標相場は200円程度か」）に関しては、円安論が依然として支配的なその当時の状況において、独り年末の目標相場を1ドル＝200円の円高と断定したため、驚いた編集長から急遽面会を求められたことも忘れえない思い出である。それに先立つプラザ合意の直前にも、「竹下蔵相がゴルフ・ウェアーを着て成田を飛び立ったが、一体何であろうか」との、NHK記者の電話インタビューに対して、著者は言下に「国際通貨調整である」と断定した。それというのも、数日前から深夜になると拙宅には、毎日新聞社の森田明彦・ワシントン特派員（のちに論説委員長）から頻々と電話がかかり、著者は騒然たるワシントンの通貨情勢について、何度も情報と意見を交換し合っていたからである。それらは全くの個人的な瑣事にしか過ぎないが、その反面では、新しい情報の裏付けを欠いた後智慧的な講釈だけでは、国際通貨問題の動向を分析するに当って、何ら裨益しえないことを示す貴重な体験であった（なお1970、80年代における国際通貨制度の改革問題については、拙著『国際金融論新講』および『金と国際通貨』においても、それぞれ論及済である）。

　第III部は、プレモダンの国際通貨制度に関する断章である。著者はかねてより、わが国ではきわめて数少ない先学の驥尾に付して、中世期のユダヤとイスラームの金融業、および為替手形の発達、並びにベザントとディナールの角逐等について、逐次筆をすすめるつもりであった。しかしながら誠に残念なことに著者は、「古代の振替決済制度考」（第10章）を書き下ろした段階で、早くも筆を折らざるをえなかった。その理由は、著者の高齢化だけでなく、今なお流動的なヨ

ーロッパ考古学界のピレンヌ・テーゼ批判をはじめとする最近の革新的な動きにふれて、絶望的とも言うべき挫折感に打ちのめされたためである。その結果として第Ⅲ部は、二編の旧稿（第11章「スペイン・ドル体制と銀の国際移動」、第12章「ポンド・スターリングの形成」）に、上述の書き下ろし（第10章）を付け加えただけの不格好なものになってしまったが、ルネサンス期イタリアの振替銀行、およびそれとの対比におけるアムステルダム銀行の研究も、同じく未完のままに終ってしまった。

　なおアムステルダム銀行の信用供与機能に関して一言付言すると、通説はスミス『国富論』の「アムステルダム銀行の余論」における credit を、信用と訳出し、杉本俊朗先生（横浜国立大学名誉教授）にご教示いただいた欧米主要国の文献に徴しても、同じく信用と解する説が圧倒的に多数を占めていた。しかしながら著者としては通説に対する疑念を、依然として拭い去ることができないのであり、その理由は、アムステルダム市等若干の例外を除くと、貸出や割引をおこなわなかったと同行が公表している事実（第11章の「むすび」参照）、およびスミス自身も「credit の保有者が（中略）その銀行に対する債権者である」と述べている事実との整合性に欠けるためである。さらに1683年に同行が、外国の鋳貨や目減りした自国貨幣を再評価して、代り金をバンク・マネー建の口座に入金する際に顧客から徴収したのも、貸出の期間に対応する利息ではなくて（スミスは貸出の期間や返済条件等に全くふれていない）、スミス自身が述べているように、素材（金、銀）によって異なるとはいえ、定率の「倉敷料」であった。もともと credit は、ハムラビ法典以来、信用を意味するとともに、債務または預金と同義に解されてきたのであり（第10章、注32、46）、上述の場合の credit は、信用ではなくて、預金と訳出すべきものと愚考する。2007年7月、著者はその旨を田中正司先生（横浜市大名誉教授）に申し上げ、学会等で検討していただいたものの、私見は大方の賛同を得るには至らなかった模様である。しかしながらやがて著者は遅ればせながら、2007年3月に刊行された故山岡洋一氏の『国富論』の新訳（日本経済新聞社刊）において、credit が卑見と同じく、預金と訳出されているのを知ることができた。田中正司先生の申されるごとく、この問題は、スミスの信用理論とも関係するだけに、他日虚心坦懐に再度検討される日の訪れることを待望するのは、独り著者のみではないであろう。

　以上縷々として徒に蕪雑の言辞を弄してきたが、未完のままとはいえ、本書はわが生のささやかな証しであり、それ故にこそ、その完成に向けて、残された僅

かな時間への限りなき愛惜の念をかき立ててやまないものがある。否それのみか、無神論者をもって自ら任ずる著者をもかりたてて、来世における研究の持続さえも、心から希求せしめずには措かないのである。

　しかしながら所詮この人生は、旧制高校生の頃から著者が思い悩んできたように、虚無との闘い以外の何ものでもないように思われる。かのファウストは、自由な国における、自由な人々との牧歌的な生活を人生の至福とし、「針の落ちる」瞬間、こう呼びかけようとした。

　「瞬間よ止れ！　お前は美し過ぎるから！」

　しかし己が数十億年をへて、しかも無限大的な大宇宙の眇たる一塵芥にも及ばないと観照した瞬間、人は、メフィストフェレスのこよなく愛した永遠の虚無を垣間見て、戦慄せざるをえないのである。

　著者が人生の虚無を高らかにうたい上げた二人の盛唐詩人の詩句を愛誦するのは、虚無に対峙する泰然たる姿に心がひかれるが故である。陶淵明はうたう。

　　　人生幻花に似たり
　　　終に当に空無に帰すべし
　　　　　（帰国田居五首、其の四）

　そして黄庭堅もこれに和す。

　　　短生　長期無し　　　〔束の間の命、永遠は存在せず〕
　　　聊　日を暇りて　婆娑たり　〔少々暇をつぶして悠々自適せん〕
　　　　　（中野孝次『ハラスのいた日々』文春文庫。編集・校閲吉川幸次郎、小川環樹『中国詩人選集』（陶淵明および黄庭堅）選集二集７、岩波書店参照）

　しかし虚無に溺れることは、人生そのものの否定である。虚無を著者なりに人生の肯定に止揚させる上で、弱い著者の心を常に奮い立たせてくれたのは、著者の尊敬してやまない故矢内原忠雄先生が、『続 余の尊敬する人々』の中で引用されたイザヤの言葉である。

　　　慎しみて静かなれ
　　　　怖るな
　　　心を弱くするな

　八十四翁の繰言、読者諸賢の御寛恕を請う次第である。

2012年5月

　　　　　　　　　　　　　　　　　　　　　　　　　　　島崎　久彌

目 次

はしがき

第Ⅰ部　国際通貨制度の諸相

第1章　ニューディールとビジネスの対応　　　　　　　　2
　　　　――ブレトン・ウッズ体制の成立基盤――

第2章　ブレトン・ウッズ体制成立前史の予備的考察　　　21

第3章　ポンド残高の史的変遷　　　　　　　　　　　　　50
　　　　――スターリング為替本位制度の崩壊過程――

第4章　アジア決済同盟構想の展開と評価　　　　　　　137

第5章　アメリカ資本輸出規制の終焉　　　　　　　　　163

第Ⅱ部　フロート下の国際通貨制度改革

第6章　ランブイエ通貨合意の体制論的考察　　　　　　212
　　　　――ユニバーサル・アプローチの崩壊――

第7章　国際通貨制度改革問題の一考察　　　　　　　　247

第8章　国際通貨の現状と課題　　　　　　　　　　　　275
　　　　――国際通貨制度改革問題を中心として――

第9章　国際通貨制度改革問題の断想　　　　　　　　302
　　　1. キングストン会議の示唆するもの
　　　2. 黒字国責任論の政治力学
　　　3. 円高圧力の論理と国際間の動き
　　　4. 目標相場圏（ターゲット・ゾーン）構想の台頭
　　　5. ローザ構想の原点
　　　6. 代替勘定設立構想の矛盾と限界
　　　7.「SDRと開発のリンク」に関する覚書
　　　8. 円の目標相場は200円程度か
　　　　　——プラザ合意の意味するもの——
　　　9. 国際通貨制度のコペルニクス的転回
　　　10. 大詰に近づいた国際通貨制度改革
　（補遺）インタヴュー：金融自由化（中）

第III部　プレモダンの国際通貨制度

第10章　古代の振替決済制度考　　　　　　　　　378

第11章　スペイン・ドル体制と銀の国際移動　　　396

第12章　ポンド・スターリングの形成　　　　　　435

　島崎久彌著作目録　　　　　　　　　　　　　　520
　あとがき　　　　　　　　　　　　　　　　　　528

第Ⅰ部　国際通貨制度の諸相

第1章 ニューディールとビジネスの対応
―― ブレトン・ウッズ体制の成立基盤 ――

1 はじめに

　アメリカの現代史を理解するためには、ニューディールを解明することが不可欠とされているが、世界経済会議の挫折を原体験とし、三国通貨協定と米州銀行構想を中間項とするブレトン・ウッズ体制が、それの依拠する de jure のユニバーサリズムから、de facto のキー・カレンシー・アプローチへと大きく変貌していく道程は、アメリカの国内政治情勢、とりわけニューディールの変容と、どのような係わりをもっていたのであろうか。そのような疑問を解くためには、純経済学的な範疇の分析と考察だけでは不十分であり、同時に政治学的、法学的な考察が必要とされるように思われてならないのである。単純に考えても、ニューディール政策の展開には、経済学者だけでなく、むしろより多くの法律家がこれに参画していたのであり、その変容の過程を理解するためには、まずそれぞれの局面において、ニューディール政策の立案と実施に大きな影響を与えたそれらブレーン・トラストの思想と信条を無視することができないのである。たしかにニューディール連合が、政府、労働者、農民とビジネスによって構成されたものであったとしても、そこにおけるビジネスの役割は、ニューディールのアンチ・テーゼとしての敵役に終始したわけではなく、むしろ初期のコーポラティズムが、最終的に軍産複合体へと、変容していく過程は、ニューディーラーとビジネスとの対立と和解の構図がそのまま投影されたものにほかならなかったのである。
　著者はニューディールについて全くの門外漢であるが、上述のような視点から、世界経済会議以降の国際通貨体制の変遷の過程を解明するための一助として、ニューディールの変容を備忘録的に素描してみることとした。

2　第一期ニューディール

　バーンズ（James M. Burns）は、ローズヴェルトのニューディールにおける役割を、連合を構成する労働者、農民とビジネスの利害を調整するためのブローカー的な指導力（broker leadership）に求めるとともに、未曾有の経済的な激動に対処するため、果敢に実施された複雑かつ多彩なニューディール政策を即興的と断定した。ローズヴェルトは、貧困の克服を社会の責務とするハドソン川紳士階級の noblesse oblidge と、テオドール・ローズヴェルトの政治的信条を先験的な哲学とし、19世紀初頭のジェファーソン的民主主義と20世紀初頭の進歩主義の伝統の中で生を享けた。長じてはハーバード大学において、レッセフェールの代わりに、政府による規制と福祉国家を信条とする Sprague の講筵にも列したが、ローズヴェルトが経済理論に通暁していなかったことは、大方の認めるところでもあった。

　しかしながらそれ故に、ニューディール政策が理論的な体系性を欠き、その対応が ad hoc なものに過ぎなかったとみるのは、皮相的と思われる。何となればニューディール政策は、素人の恣意的な発想に基づくものでなくて、その立案と実施に当っては、その当時における第一級の研究者集団が、陰に陽にこれを支援していたためである。ニューディールの展開過程を一期と二期、あるいは三期に類別する区分法には、一部に異論のみられることもたしかであるが、その間には矢張り政策の転換と相違を跡付けることが、可能である。それは、各段階毎の主導的な頭脳集団相互の間における勢力の交替を反映したものであり、それぞれの政策には、時として矛盾する動きがみられたとしても、そこにはそれなりの整合性と自足性を見出すことが可能である。

　1933年から1935年に至る第一期のニューディール政策に、大きな影響を与えたのは、コロンビア大学ロースクールの教授グループであり、第一期ブレーン・トラストの項点にたっていたタグウェル（Rexford Guy Tugwell）も、同じ大学の経済学部に所属していた。コロンビア大学グループの先導役となったのは、刑事法専門のモーリー（Raymond Moley）であり、その著書によってローズヴェルトの知遇をえたモーリーは、ニューヨーク州の司法制度改革に参画したのをはじめとして、1932年の大統領選挙に当っては、同僚のタグウェル（農業問題）、ロジャース（Hindsay Rogers、関税問題）、バーリー（Adolf A. Berle, Jr.、信用、

企業問題）をローズヴェルトの顧問に推薦した。これらのブレーン・トラストは、選挙演説の草稿を起草したが、とりわけ1932年の5月に、モーリーがタグウェルと討議の末に作成した覚書は、「ニューディール宣言」とも呼称されている。事実そこで明らかにされた構想の多くは、1933年から37年にかけて、逐次実施に移されていくことになったのであり、「そのような提案を検討する場合、ニューディールが即興的であったとする伝統的な見解は、打ち破られることになる」。たしかにタグウェルが指摘したといわれるように、第一期のニューディールには、いくつかの対立する主張（①規制緩和主義、② easy money 主義、③購買力の引上げ主義、④ケインズ主義、⑤所得均等主義）が併存し、ためにニューディール政策の非体系性が印象付けられることにもなったが、第一期ニューディール政策の主流を占めるに至ったのは、所得均等主義であった。たしかにその一方においてはモーゲンソー（Henry Morgenthau）をはじめとするコーネル大学グループの推進する金価格の引上げ論が実施に移されたが、それは農政面においてAAA（Agricultural Adjustment Administration、タグウェルの主張する生産制限と所得の再配分を目的とした）に対抗するものであっただけでなく、ニューディールの初期における唯一のマクロ経済政策でもあった。しかしながら金価格の引上げは、それの狙いとする景気の回復に寄与しなかっただけでなく、世界経済会議（World Economic Conference）の挫折を招くことによって、ローズヴェルトの外交政策に汚点を残すことになったのである。金価格の引上げ論に象徴されるマネタリスト的発想は、大統領選挙の運動期間中、鳴りをひそめていたが、不況の深化につれて、インフレを待望する農業ロビイストの圧力は急激に増大した。それに対してバーリーをはじめとするコロンビア大学グループは、健全通貨政策を唱え、均衡財政とそのための増税（Sales Tax の導入）を主張するとともに、他方ではハーバード大学グループの提唱する独占に対する取締りの強化論に反対して、経済の統制と計画化を主張した。

　そのようなニューディーラーにとって、共通の原体験となったのは、20世紀の初頭に、政治的な論議を呼び起した企業の集中、および所有と経営の分離という新しい社会現象であり、1930年の初頭に、アメリカの200大企業は、企業資産の48％、ノンバンク企業所得の43％、国富の22％を占めるに至っていた。そのような状況の中でニューディーラーは、反独占、反ウォール街を共通の旗印として掲げるに至ったが、「1932年の政策決定に、大きな影響を与え、顧問として決定的な役割を演じた」コロンビア大学グループの重鎮、タグウェルは、ソ連

式計画経済を称揚した。当初はミルクの分配問題に関連して、消費者の利益を守るため、企業に対する規制を主張したが、1927年の訪ソを転機として、タグウェルは規制よりも、ソ連式計画経済の導入を提唱するに至った。タグウェルによると、第一次大戦時の戦時産業局（WIB、War Industrial Board＝戦時社会主義）によって、バランスを回復した生産と消費は、競争社会へ逆行するに伴って、再びミス・マッチを生ずることになった。それに対処するため独占企業は、カルテルを結成したが、タグウェルは、そのような民間のコントロールを政府のコントロールによって、代替すべきであると主張した。タグウェルは1928年に、コロンビア大学の長老ロジャース（スミス候補の顧問）が、その年の大統領選挙に備えるために、提出を求めた農業政策に関する意見書の中においても、中央計画制度の導入をいち早く提唱していたが、そこにおいては後に、ニューディールの農業政策に採り入れられることになったパリティ制度が提言されていた。タグウェルはケインズ主義的な公共支出や、通貨の操作によるインフレ政策に反対し、生産と消費の計画化をはかるために、National Economic Council の創設を提言した。そのようなタグウェルにとって、企業の利潤動機は、中央計画制度の阻害要因以外の何ものでもなく、ビジネスは論理的に消滅すべきものとみられていた。1932年の6月、ローズヴェルトは農業の計画化（タグウェルは、生産制限＝Domestic Allotment と、所得の再配分をはかるため、加工業者に対する課税を提唱した）について、承認を与えたが、工業部門の計画化は、時期尚早として、同年8月、これを却下した。[注12]

　第一期ニューディールの基本方針を明らかにしたのは、1932年にサンフランシスコのコモンウエルス・クラブで行われたローズヴェルトの演説であり、そこにおいては、次のようなことが、公約として掲げられていた。[注13]①計画を導入する時機が訪れたこと。②その乱用が危惧されるというだけで、強力な経済単位を放棄することはできないこと（この点でハーバード大学グループの小経済単位とは、対蹠的である）。③今日の課題は、それをいかにしてコントロールするかにあること。④ブランダイス的独禁法の強化（ちなみにこの政策は第二期ニューディールの主流を占めた）は、時代遅れであること。⑤市場の混乱と投機は、経済的、構造的秩序の回復によって、克服できること。⑥それは個人主義を排撃するものではなく、むしろそれを擁護するものであること。この演説は、バーリーがその夫人と討議し、モーリー、タグウェルらの校閲をうけた上で、起草されたものであるが、大統領選挙が終了するや否や、バーリーは農業と失業の救済、工業の安

定化、税制、中央計画などの問題について、次々に新しい政策を打ち出した。バーリーもタグウェルと同じく、大経済単位を前提としたが、タグウェルが政府によるコントロールを主張したのに対して、バーリーは、企業経営者の善意に期待した。同じくモーリーも、企業の集中それ自体を非難した訳ではなく、ハーバード大学グループの長老、ブランダイスの主張する小経済単位では、生存することができないと主張した。さりとてタグウェルの主張するソ連式の計画経済も、アメリカにおいては実施する可能性をもたないので、モーリーはローズヴェルトと同じく、計画の導入を農業部門に止めるとともに、政府部門の経済的な機能を拡大しようと試みたのである。それからも明らかなように、モーリーの選択した路線は、政府のコントロールを強化し、計画経済を導入しようとするタグウェルと、企業経営者の善意に期待するバーリーのコレクティビズムとの中間を指向するものであった。[14] モーリーもウォール街を敵視し、小都市や農村の居住者に対して同情を示したが、それは多分に出身地オハイオ州のポピュリスト、プログレッシブの伝統に負うものであった。[15]

しかしながらアンチ・テーゼと目されたウォール街は、意外にも一見ラディカルな「ニューディール宣言」によって、むしろ安堵の胸をなで下したのであり、その理由は金本位制の維持がコミットされなかった点を除くと、関税、退役軍人のボーナス、インフレの抑制などの問題について、概ね妥当な方針が示されたためであった。[16] この点で注目されることは、リベラルな解説者によると、ニューディール連合が、労働者や黒人のような貧しい人々によって構成されていたかのごとき先入観を抱かされるが、それを支えたのは、資本集約的な産業と投資銀行、および国際的な商業銀行によって構成される「新しい歴史的なブロック」であったとファーガソン（Thomas Ferguson）がのべていることである。もともと資本集約的な産業は、労働争議に煩わされることがなく、化学会社を除くと、自由貿易の恩恵に浴することも少なくなかったため、それらの企業は国際銀行家と、共同歩調をとることが可能であった。また南部の低賃金に対抗するため、テーラー・システムを導入した北西部の進取的な機械工具メーカーも、ニューディール連合の一角を形成した。[17]

金融界においてはモルガン、Kuh, Loeb に対抗する Delon Read、Brown Brothers Harriman 等の新興投資銀行が、ローズヴェルトを支持するとともに、James Forrestal、Averell Harriman などの有力な民主党員を輩出した。同じく銀行界においても、共和党陣営のモルガンと、ローズヴェルトを支持するロック

フェラーが激しい闘争を展開し、Wiggins の訴追に便乗して、ロックフェラーはモルガン系の Chase National Bank の頭取に、女婿のオールドリッチ（Winthrop Aldrich、ただし共和党を支持した）を推すことに成功した。ローズヴェルトの大統領就任後、オールドリッチとニューヨークの新興投資銀行の代表は、銀行と証券の分離を求める運動を展開し、1933 年にはグラス・スティーガル法（Glass-Steagall Act of 1933）の制定をみるに至ったが、それの狙いは、モルガン金融帝国の解体にほかならなかった。同じくニューヨーク連銀を橋頭堡とするモルガンの金融覇権に対するシカゴの銀行界、とりわけカリフォルニアの Bank of America（以下 BOA）頭取、A. P. Giannini による反撥は、1935 年銀行法（Banking Act of 1935）に基づく連邦準備制度の改正を促す契機ともなったのであり、それを転機として、金融政策の覇権は、ニューヨークからワシントンに移譲されることになったのである。[注18]

　しかしながらニューディールを支持する銀行界と産業界は、金本位制度をめぐって意見が対立し、Royal Dutch Shell の金融顧問 Reme Leon や Standard Oil Company of NJ の役員 James A. Moffett をスポークスマンとする石油業界は、通貨の増発を求める農業団体や小売業界（シアーズ・ローバック、レミントン・ランド等の音頭取りで、The Committee for the Nation を結成した）に同調して、リフレ政策の展開とともに、金本位制度からの離脱と、銀の復位を主張した。それだけでなくウォーバーグ（James P. Warburg）、Oliver M. V. Sprague、Herbert Fies（Warren らのリフレ政策に反対した）によって、世界経済会議の舞台裏で進められていた為替安定協定も、石油資本や、Committee for the Nation の圧力に抗しえず、ローズヴェルトが、独立記念日に打電した指令によって、挫折を余儀なくされるに至ったのである。[注19]

　ニューディール連合の国民運動的な性格を象徴するものは、全国復興委員会（NRA、National Recovery Administration）であり、反モルガン派の投資銀行や、国際銀行、労働者、農民はもとよりのこと、価格統制を待望する石油業界や保護主義的な企業集団までが、これを支持するに至った。一例としてデュポンですら、ドルの切下げ政策と、権限の大統領への集中に対しては、危惧の念を表明したものの、大筋としてはニューディール政策を支持するに至ったのである。[注20]それの主たる理由は、NRA が GE の Gerald Swope と合衆国商工会議所（以下会議所と略称）の Henry Harriman によって作成された企業の自主管理計画（Swope Plan）をモデルとするものであっただけでなく、化学工業部門のコードが、雇用、

昇進、解雇の決定権を経営者側に委ねたためであった。[注21]

しかしながら1934年のはじめにデュポンは、ニューディールによって、自社の特権が脅かされる危険性を知り、政府の通貨操作、公共支出の増加、財政不均衡、労働攻勢、郵便の国有化、銀行規制、独善的な議会の喚問、政府機関の内部における共産主義の蔓延について批判した。とりわけ象徴的な出来事は、Pierre du PontsがNRAの顧問を辞任するに至ったことであり、デュポンは保守的な全国製造業者連盟（NAM、National Association of Manufacturers）に対する献金を増やすとともに、1934年の8月、Liberty Leagueを結成した。それは過激な立法に反対し、メデアを通じて啓蒙的なキャンペーンを行うことを目的とするものであった（役員にはAl SmithやJohn W. Davisなどの反ローズヴェルト派民主党員のほか、共和党員が就任したが、次節でのべるように、それはやがて反ニューディールの牙城と化するに至ったのである）。[注22]

そのようにして、第一期のニューディール連合は、一部保守的な企業の反撥をうけただけでなく、内部崩壊に陥り、ローズヴェルトも国民運動としての連合政策を、放棄せざるをえなくなった。それを端的に示すものは、NRAの挫折であり、[注23]その原因の一つは、第7（a）条の解釈をめぐって、ストが頻発したためである。[注24]第二はNRAの狙いとする価格維持政策をめぐって、企業間の業種別、規模別対立が露呈したことである。同じ業種の石油、あるいは鉄鋼業界においても、大企業がNRAによって、価格カルテルの維持を目論んだのに対して、中小企業は逆に価格競争力が失われることを懸念した。また石炭等の業界が、価格の維持を歓迎したのに対して、耐久消費財の製造業者は、原料価格の値上がりに反撥した。斜陽的な繊維業界においても、北部の生産者がNRAの労働時間と生産の制限を支持したのに対して、労働組合の結成を嫌い、不況の影響が軽微な南部の業者は、メンバーの1/3が、NRA計画への参加を拒絶した。それに加えて自由貿易派と保護主義派の角逐が展開され、海外市場に活路を求めようとする企業は、NRAに反対する国際銀行家とともに、自由貿易の促進を主張した。そのようにして自由貿易論は、反対陣営からも支持されるに至ったため、ローズヴェルトも鉄鋼や化学業界の反対を押し切って、ハル国務長官に、Reciprocal Trade Treatyを終結する権限を付与した。それを転機として、小売業界を中心とするCommittee for the Nationも、農業団体の主張するインフレ政策に別れを告げることになった。[注25]

3 第二期ニューディール

　大統領選挙を1年後に控えた1935年は、ニューディールの歴史にとって、一大分岐点とも称すべき年であった。その理由の一つは、ニューディールに対する批判が激化し、政府の支持率が大幅に低下したためである。1935年に実施された Literary Digest の世論調査によると、支持率は、前年の61.1％から37％に低下したが、その原因は上流階級だけでなく、中間層もニューディールに対して、危惧感を抱くに至ったためであった。ローズヴェルトの再選を阻止しようとする Liberty League には、BOA を除く大銀行が大挙して参加し、NRA をめぐって内部で対立していた NAM も、ローズヴェルトの財政政策に対して、批判を加えた。NAM と違って、レッセフェールの終焉をみとめ、後述のように BAC (Business Advisory Council) とリンクすることによって、ケインズ主義の普及に貢献することとなる会議所も1935年には社会保障法（Social Security Act）、ワグナー法（Wagner Act）や Wealth Tax Act などの法案が、議会に上程されるのを契機として、反政府的な態度を表明した。

　いま一つの理由は、共和党政権の時代に任命された判事によって構成される連邦最高裁判所が、NIRA や AAA などの第一期ニューディール立法を1935年に相次いで、違憲と判決するに至ったためである。ローズヴェルトは、再選に向けて、1936年の2月、裁判所の改革法案を上程したが、この法案は議会の反政府的なムードの中で、1937年の7月、否決される運命にあった。1936年の大統領選挙においては、保護主義者や労働集約的な産業が、ローズヴェルトに反対したのをはじめとして、Liberty League も、公然と共和党を支持した。1936年選挙の争点となったのは、ワグナー法と社会保障法、および自由貿易政策であり、自由貿易政策については、化学業界や保護主義者が、ハルを批判したのに対して、国際派の企業がこれを支持した。

　再選後のローズヴェルトは、失業率が低下する一方、1936年に7％を上回った卸売物価の上昇に対処するため、1937年のはじめに、財政の均衡化（1937年7月に始る財政年度において、均衡財政の達成が可能であると発表した）と、公共支出の削減を方針として打ち出すとともに、金の不胎化および、連邦準備制度による準備率の引上げを実施した（その背景として、消費者信用は、過去2年間に、3倍の増加を示していた）。しかしながら予算の決定から6カ月後の1937年10

月以降、株価が暴落（1938年の春には、ダウ平均が1929―30年の落ち込みを上回った）したのをはじめとして、冬の終りには、工業生産が40％、企業利益が78％、国民所得が13％、ピーク時をそれぞれ下回ったほか、失業者も400万人を算するに至った。その原因としては、①公共事業の圧縮、②累進課税の導入、③行政の失敗による企業の信認低下があげられたが、バーバーは、それを「財政操作の不幸な転換」（1936年には、退役軍人のボーナス支給額が増大したが、翌年には社会保障拠出金が増大した）に帰している。

　そのような状況に対処するため、第二期ニューディールの初期の政策を主導したのは、第一期ニューディールのコロンビア大学グループに代わって、表舞台に踊り出たハーバード大学ロースクールの法律家集団であり、その間における政策の変化を象徴するものは、ローズヴェルトの演説のライターが、1936年に、モーリーからコーコラン（Thomas G. Corcoran）に変更されたことである。ハーバード大学グループの代表は、ブランダイス（Luis D. Brandeis）、フランクファクター（Felix Frankfurter）とコーコランであり、彼らは第一期ニューディールの時代から、政府に参加していたが、1937―38年不況の過程で、急速にその影響力と存在感を強め、「周辺から中枢に」のし上ってきたのである。

　ハーバード大学グループの重鎮ブランダイスは、1930年代に復活したジェファーソン的理想主義の権化として、ニューディールに参加したが、AAA、NRAさえも、独占と断定するブランダイスの厳格な独占取締主義は、第一期ニューディールのコレクティビズムとも適合しなかった。彼は個人の自由を信奉し、独占を禁止することによって、競争原理の回復をはかろうとした。その前提としてブランダイスは、コロンビア大学グループとは違って、小経済単位の擁護をモットーとしたが、その基底においては「パレスチナを、小規模的民主的社会的正義の実験室」たらしめんとするシオニズムの原理が底流をなしていた。

　ハーバード大学グループのリクルーターとなったのは、第一次大戦の当時から、ローズヴェルトと親交のあったフランクファーターであり、1933年の証券取引法の起草者としても知られている。彼は1916―20年に、ハーバード大学で教鞭をとったラスキー（Harold Laski）を通じて、フェビアン社会主義の影響をうけただけでなく、オックスフォード大学に在勤中、ケインズの謦咳にも接し、大規模な公共支出の必要性を進言したが、当初ローズヴェルトはこれを受け入れなかった。フランクファーターのワシントンにおける最も重要な弟子と目されたのは、コーコランであり、彼がワシントン入りをした機縁は、1934年に証券取引

委員会の初代委員長となったケネディが、コーエン（Benjamin Cohen）とともに、コーコランを私設顧問に採用したことに遡る。コーコランは、大統領の演説原稿の起草に当るとともに、政策の立案にも参加し、1937年の末には、「ワシントンにおけるリベラリストの中心」的な存在となった。コーエンもフランクファーターの紹介で、ワシントン入りをした人物の一人であり、1934年のSecurity Actによって、その存在はコーコランとともに、一躍注目されることになった。そのほかにもコーエンは、公益事業持株会社法（Public Utilities Holding Company Act）を起草することによって、ローズヴェルトの狙いとするウォール街の改革を推進した。しかしながらハーバード大学グループが勢威をほしいままにした時代は短命であり、1938年のはじめには、「政府で二流の地位にあったグループが、志を同じくする連中とゆるやかな同盟を結成するに至った」。それら新しいグループのメンバーは、ハーバード・ロースクールの形式法学に対して、リアリズムを真骨頂とするランディス（James Landis）、ダグラス（William O. Douglas）、ジャクソン（Robert Jackson）、アーノルド（Thomas Arnold）、ヘンダーソン（Leon Henderson）、Jerome Frankなどイェール大学のロースクールに拠る法律家集団であった。このグループは、リベラルな新聞、雑誌の記者や編集者と親しく、また独禁法違反の容疑者を議会に喚問したトルーマンなどの議会人や、反独占主義者のイッキーズ（Harold Ickes）などとも、親交を結んでいた。

　イェール大学グループの代表格と目されるダグラスは、1937年の9月、SECの委員長兼ローズヴェルト大統領の顧問に就任したのをはじめとして、1939年の3月には、最高裁の判事となり、Transamericana Corp.の上場停止などを宣告した。アーノルドも、GM、GE、デュポンなどを独禁法違反の嫌疑で訴追し、建築労働組合に対しても、独占禁止法の斧鉞を加えた。

　フランクは、すぐれた企業法の専門家として知られ、SECを舞台にして活躍しただけでなく、ケインズ主義にも共鳴したが、公共支出は既成の事実と化しており、この問題をめぐる論議は、法律家の世界に止まるものではなかった。この点で注目されるのは、連邦準備制度の総裁エクルズ（Marriner s. Eccles）であり、彼は独禁政策の面で、Transamericana Corp.の解散を要求しただけでなく、財政政策についても1934年頃から、均衡財政よりも、公共支出を優先すべきであると主張していた。その当時の経済学者の中で、ニューディーラーに最も尊敬されていたのは、ヴァイナー（Jacob Viner、モーゲンソーの顧問）であり、自由と計画の併存を信奉するとともに、均衡財政と赤字支出の両立を説く

ことによって、均衡財政をモットーとするモーゲンソーの信頼を博していた。とりわけ第二期後半のニューディーラーが、指針を求めたのは、1930年にいち早く、財政赤字による大規模な公共支出を主張したカリー（Lauchlin Currie）であり、フランク、コーコラン、コーエン、バーリーなどは、財政問題について、カリーとともに、討議を行った。その他連邦準備制度には、エコノミストとしてAlan Sweezy、Richard Gilbert、Walter Saland、Kenneth Galbraithがおり、Beardsley Rumlなども「新しい経済学」の研究に参加した。

　特筆に値することは、第二期のニューディールが、一方では独禁政策の強化によって、経済の自由な競争原理を維持し、小生産者を保護しようと試みたのに対して、他方では公共支出の増加を求めた上、それまでとは違って、生産よりも消費に力点をおくに至ったことである。ちなみに1894年、アメリカでいち早く、消費の重要性に着目したのは、ペンシルバニア大学のSimon Pattenであり、1923年にはフォスター（William Trufant Foster、カレッジの元学長）と経済人のキャッチングス（Waddill Catchings）が、セイの法則を批判するとともに、過小消費を克服するために、政府支出の増加を提言した。1930年代には、ジャーナリストのStuart Chaseが、啓蒙活動を行い、NRAの中に消費者のAdvisory Boardを設置すべきであると提唱した。1930年代の初頭から、財政支出の必要性を唱導していたエクルズも、フォスターとキャッチングスの著書によって、啓発された事実を述懐しているが、彼が総裁をつとめる連邦準備制度は、第二期ニューディール下におけるケインズ主義のメッカと化するに至ったのである。

　エクルズを中心とする公共支出の推進派と真向から対立したのは、モーゲンソーであったが、1938年に不況が深化するにつれて、財政均衡主義者は、次第に孤立化せざるをえなかった。1938年の初頭には、労働組合、農業団体、消費者の草の根運動も、財政支出の増加を要求し、ワグナーをはじめとする議会筋も、消費者利益の擁護を訴えた。そのような状況の中で、ホプキンズ、コーコラン、フランクファーター、イッキーズ、ウォーレス、コーエン、ダグラス等も、一時的な財政赤字を容認する政策を支持するに至った。これら財政支出支持派のニューディーラーは、1938年の3月、大統領に決断を迫るため、ローズヴェルトの別荘（Warm Spring）に参集して、大統領を説得することに成功した。事態の急変に驚いたモーゲンソーは、辞意を表明したが、辞任はヴァイナーだけに止まった。閣議の決定をへた後にローズヴェルトは、1938年の4月、景気の拡大

政策（救済機関に対する拠出の増加30億ドル超、金の不胎化14億ドル、準備率の引下げ、公共事業の拡大。同時に人為的な価格の引上げに対処するため、独禁政策を強化した）を議会に提出し、6月の半ばにこの法案は、最低賃金と最大労働時間を定めた Fair Labor Standard Act とともに、議会を通過した。そのような事態は、政府がケインズの総需要管理政策を受け入れたことを示すものであり、1939年の半ばにカリーが、新設された大統領の経済顧問に就任したことは、ケインズ主義的財政政策の幕明けを印象付けるものであった。その結果として不況は、1938年の夏に峠を越したが、それを完全に克服することは、依然として不可能であった。そのような状況の中で、民主党内部の保守派は、ローズヴェルトに対する敵意を一段とつのらせるに至ったのであり、11月の中間選挙の結果、議席こそ失ったものの、依然として多数を確保した民主党の内部においても、南部保守派が多数を占めたため、リベラルはもはや議会を制することができなくなった。ティルマン（Lee R. Tilman）は、ローズヴェルトが議会の支持を失い、国内立法計画の齟齬した1939年に、早くもニューディールが終焉したとのべているが、その背景としては上述のような国内的要因のほかに、ヨーロッパにおける第二次大戦の勃発と、民主党の内部における弧立主義の台頭を指摘することが可能である。

　公共支出の拡大が論議を呼んだ1937—38年の段階においても、一部には賃金、物価・投資のコントロールを政府に求めるタグウェル流の発想がみられたが、一方のローズヴェルトも NRA の復活に期待をよせ、政府と資本と労働者の自発的な協力の促進を目的として、1935年の9月、Coordination for Industrial Cooperation を創設した。その責任を委ねられた George L. Berry は、各種経済グループの大同団結をはかるため、1937年の半ばに、National Economic Board の創設計画を推進した。この構想は挫折したが、1933年にビジネスの委員会として創設された商務省の BAC（Swope、Harriman の努力によって創設された）は、1938年の初頭に、政府とビジネスの協力を強化するため、活動を展開した。メンバーの中には、ワグナー法のみとめる労働組合の団体交渉権、高率の課税、財政赤字、アンチ・ビジネス的な政府筋の発言等に反撥し、ローズヴェルトを敵視する向きも少なくなかったが、BAC のリーダーには、資本集約的な国際企業の代表者が就任し、ニューディールの改革を支持したため、BAC は Corporate Liberalism と呼ばれるに至った。BAC は Fair Labor Standard Act をはじめとして、証券市場規制や、預金保険制度等のニューディール政策を支持

しただけでなく、政府との恒久的なパートナーシップの確立に努力した。BACの指導的なリベラリストであったRobert Wood Johnsonは、労働者と農民とビジネスの代表によって構成されるTri-Party Agreementの成立に努力したが、[注51] BACは同時に政府とビジネスの調停者として、やがて戦後のアメリカ経済に大きな影響を与えることになるのである。

4 軍産複合体への途

　1939年にヨーロッパで戦端を開いた第二次大戦は、1941年12月の真珠湾攻撃によって、太平洋地域に拡大し、1942年の1月、アメリカの参戦を招くに至った。大戦によって宿痾のような不況に終止符を打ったアメリカの経済は、軍需生産の増加に伴って、1940―44年の間にGDPが50％以上増加するとともに、失業率も1939年の17.2％から1944年には1.2％に低下した。[注52] そのような状況の中で、1930年代の後半に台頭した成熟経済という概念は破綻し、当初ケインズの一般理論に反対するとともに、アメリカ経済の慢性的な停滞を主張していたハンセン（Alvin Hansen）も、自らこれを否認した。[注53] 1930年代以来の宿願である景気の回復は、戦争によって、他律的に解決されることになったが、その反面において、増税と財政赤字、および政府に対する権限の集中に対する民衆の不満は、一向に減退しなかった。1940年の大統領選挙の結果、ローズヴェルトはウィルキー（Wendell Willkie）を敗ったが、1942年の中間選挙においては、民主党が惨敗し、議会のコントロールを完全に失った。その原因は、民衆の厭戦ムードに加えて、戦時中の経済ブームの中で、リベラル運動が後退したためである。議会に対するローズヴェルトの妥協的な態度に不満を抱くリベラルは離散し、1943年の末には、ニューディールが完全に地を掃うに至った。[注54] それを象徴するかのごとくに、コーコランは1940年に、RFC（復興金融公社、Reconstruction Finance Corporation）を去り、ワシントンに止まったコーエンもリベラル運動から遠ざかったが、1942年の12月に、ヘンダーソン（戦時機関にいた数少ないニューディーラーの1人）が辞任したことは、「ニューディール敗退の第二の局面」[注55] を示唆するものであった。それに先立つニューディール敗退の第一の局面として、I. F. Stoneが指摘したのは、1940年の5月に成立した政府と大企業との同盟であった。[注56]

　同盟の結成は、ローズヴェルトがその月に、アメリカを「民主主義の兵器廠」

（arsenal of democracy）とするため、飛行機5万台、兵員200万人計画を発表し、独占禁止法違反の容疑で訴追されていたGMのWilliam S. Knudsenら7名の財界人を新しく設けられた国防諮問委員会（NDAC、National Defence Advisory Commission）に参画させたことに始まる（それは後にアイゼンハワーが指摘した軍産複合体 = military-industrial complexの成立を意味する）。戦時経済下のブームによって、ニューディールの必要性と影響力が後退する反面、リベラルが資本主義に対する認識を改めるに至ったことは、皮肉な現象である。1942年の半ばまでに、戦時機関に参入したビジネスは、10万人をこえたが、それらの大部分は、dollar-a-year Man（政府は名目的な賃金を支払い、残余は企業が負担した）であった。発注は陸、海軍省が行ったが、ビジネスに助言を求めたため、ビジネスは軍部と手を結んで、戦時経済をコントロールすることになった。同時にビジネスは独禁法の適用（ローズヴェルトは1942年にこれを停止した）と不況から解放されただけでなく、戦時調達契約についても大企業は、ライオンズ・シェアを確保した。1942年初頭の議会調査によると、契約の75%が、56大企業によって占められていたため、1942年には、中小企業を救済するため、戦時生産局（WPB、War Production Board）の中に、Small War Plants Committeeが設けられた。

　1942年の中間選挙後に、ローズヴェルトはNDACを改組し、権限の強化と集中をはかるため、KundsenとSydney Hillman（CIOのAmalgamated Closing Workers of Americaの委員長）をコーディネーターとする生産管理本部（OPM、Office of Production Management）を創設した。その後、ローズヴェルトは、OPMに代って、WPBを創設し、その長にSears Roebuckの副会長、ネルソン（Donald Nelson）を任命したが、その本部においては、軍人とdollar-a-year Manとニューディールの残党との間で、激しい権力の争奪が行われた。

　1943年の末になると、イタリアの降伏と、太平洋地域における戦局の好転を背景として、戦時経済から平和経済への転換が問題として浮上し始めた。ネルソンは1944年の初頭、部分的に平和経済に移行すべきであると主張したが、マーシャル元帥が逆に国民の間の楽観主義を戒めるなど、軍部はこれ抵抗した。しかしながら1944年のノルマンディ上陸作戦の成功から4か月後に、陸軍省が11月までに、ヨーロッパの戦争が終結する見通しを明らかにしたため、WPBの統計局長Stacy Mayを中心とするエコノミストは、1944年7月の報告書の中で、余剰物資を民生用に振り向けるべきであるとの提案を行った。そのような状

況の中でトルーマンは、軍部と大企業が漸進的な転換計画を阻止していると批判したが、WPBにおいては、ネルソン局長と、これに対抗するGEのCharles E. Wilsonをはじめとする重工業・軍部連合との間で、暗闘が持続され、1944年の秋に戦時生産は、事実上James F. Byrnes（Director of Mobilization、反ニューディール派の南部出身民主党上院議員）のコントロール下におかれた。ドイツの降伏に伴って、軍は戦時生産計画を20％縮小し、さらには日本の降伏を契機として、生産と価格の統制が撤廃されたが、民生用物資の不足から、物価の上昇率は、1935—39年の平均を90％以上も上回った。[注60]

その間1944年には、ローズヴェルトが大統領選挙に4選し、副大統領には南部の保守派やビジネスの反対するウォーレス、あるいはニューディーラーの推挙するダグラスに代って、トルーマンが選ばれた。[注61] 1945年の4月、ローズヴェルトの急逝に伴って、大統領に就任したトルーマンは、ウィルソンとローズヴェルトの自由主義に、中西部のプログレッシブと境界諸州の保守主義をミックスした中道的な現実主義的政治家であり、経済力の集中を嫌うとともに、均衡財政を信奉した。彼はヘンダーソンやダグラスらの理論的なニューディーラーを忌避する反面、ビジネスの役割を高く評価した。[注62]

就任当初のトルーマンは、ローズヴェルトとの一体性を強調し、1945年の9月には、21項目のメッセージ（Twenty-one-point Message）を発表したが、それはローズヴェルトのブレーン・トラストによって、作成されたものであった。従ってその大部分はローズヴェルトが未完成のままに残しておいた懸案事項であり、そこにおいては社会保障費の増額や、TVAをモデルとする計画など、ニューディール政策のスタイルが踏襲された。しかしながらトルーマンの大統領就任後4か月の間に、ローズヴェルト時代の閣僚は、相次いで辞任し、残っていたイッキーズも、カリフォルニアの石油業者が、海軍次官に就任したのを不満として辞任した。またウォーレスは、1946年の9月、シカゴにおいて「戦争の危険性は、共産主義よりも、帝国主義からのものである」とのべ、トルーマンの外交政策を批判したために解任された。それらの後継者として選任されたものは、ローズヴェルトに反対するお粗末な人物ばかりであり、William A. Leuchtenburgの言葉を借りるならば、「ローズヴェルトの死去によって斉らされた最大の悲劇は、緊密に結びついていたリベラルが解体したことであった」。[注63]

それを象徴するものは、1946年の中間選挙における民主党の惨敗であり、16年ぶりに議会を制圧した共和党は、「ニューディールを一つ一つ解体していくこ

とになった」[注64]。1948年の大統領選挙に当って、トルーマンの勝利を信ずるものは少なかったが、意外にも進歩党の大統領候補として立候補したウォーレスに対しては、ワグナーやコーコランなどが批判し、リベラルもトルーマン支持に傾いた。当初はトルーマンを支持することに積極的でなかったエレノア・ローズヴェルトも、土壇場でABC放送を通じて、トルーマン支持を表明した。その結果自力で大統領の地位を獲得したトルーマンは、漸くにしてローズヴェルトの陰影から局部的に脱出することに成功した[注65]。その余勢をかつてトルーマンは、1949年にフェアディール（Fair Deal）計画を発表し、独自性を打ち出そうとしたが、批評家は「ニューディールの二番煎じであり、ニューディールの放棄した社会立法をかき集めたに過ぎない」と論評した。またある評者は、フェアディールが「知的な内容を欠いたニューディールであり、ローズヴェルトがアメリカ社会のパターンを変えるための政策を考えたのに対して、トルーマンは全く変革を考えなかった」と酷評した[注66]。むしろトルーマンは、ローズヴェルトの遺産を疑問視するに至っただけでなく、ローズヴェルトとその腹心達から与えられた冷遇を怨み、エレノア・ローズヴェルトとも、1948年以来疎遠になった[注67]。

それだけでなく、1950年には、朝鮮戦争が勃発し、それを契機とする冷戦構造の下で、リベラルも持続的な軍事支出の拡大に同意することになったが[注68]、とりわけ、戦後のアメリカ経済政策に、大きな影響を与えたのは、ビジネスの集団であった。戦争経済から平和経済への移行に当って、論議の的となったのは、1日当り2億5,000万ドルにのぼる軍事支出が消滅し、1,200万人の軍人が復員してきた場合に、完全雇用をいかにして達成するかの問題であった。1945年の完全雇用法（Full Employment Act）は、そのような危機意識の所産であり、そこでは職を求める権利と働く権利を政府がNational Production Employment Budgetによって保障するとともに、実績が計画と齟齬する場合には、非連邦支出、民間支出、最終的には政府支出の順で、これを補正することなどが規定された。この法案の作成に当っては、商工会議所に協力が求められたため、勢いその大綱が会議所案に沿って作成される破目になった[注69]。

しかしながら規制の緩和と消費支出の増加に伴って、現実に招来されたのは、危惧された不況よりもインフレであり、それに伴ってトルーマンは声望を失っただけでなく、ストライキが頻発した。それにもかかわらず、大不況の再来に対する危惧の念は、依然として根強いものがあり、その理由は戦時中に抑圧されていた消費需要が一巡した後に、過剰生産が再び表面化するものと観測されたためで

ある。そのような状況の中で会議所は、経済の安定に果す政府の積極的な役割をみとめるとともに、景気対策としての公共事業や、不況時の減税と赤字支出の必要性に同意した。共和党が多数を占める議会は、1945年歳入法に基づく減税に続いて、1947年にもトルーマンの反対を押し切って減税を行ったが、会議所もリセッションの到来について警告し、減税 → 投資 → 購買力の増加を要望した。たしかに会議所も、一面では政府と同じく、インフレの可能性について懸念を表明したが、1949年にはリセッションが現実のものとなり、政府もインフレとの闘いを中断することになった。会議所は時としてケインズ経済学のレトリックを行使したが、それは便宜主義以外の何ものでもなく、多様なメンバーを擁する会議所としては、ケインズ主義に対して、積極的なスタンスをとることが困難であった。[注70]

　それに対して第二次大戦後のアメリカ経済に、ケインズ主義を普及させる上で多大の貢献をしたのは、CED（Committee for Economic Development）であった。ちなみにCEDは商務省の委託をうけて戦後の経済計画を策定するため、1942年にPaul G. Hoffman（Studebaker Co. 会長）とWilliam Benton（広告業者、シカゴ大学副学長）を正副委員長として、創設された最も進歩的でリベラルな大企業の代表によって構成されたシンク・タンクであり、それの創設には、前節で関説したBACが深く関与していた。[注71]

　CEDは1944年に、減税や配当金の二重課税排除について、提言を行っただけでなく、均衡財政を批判した。1947年には、CEDのエコノミスト、スタイン（Herbert Stein）らの協力をえて、報告書を作成したが、そこでは財政のビルト・イン・スタビライザー機能が強調された。それによると年度ごとに、均衡財政を達成しようとする場合には、景気の悪い時に税率を引き上げ、好況時には逆に財政支出を増やさなければならないので、雇用と物価に悪影響を及ぼすことになる。そこで報告書は次のような提案を行ったが、それは1944年の提言をより明確にしたものであった。①労働力の96％を雇用するために必要とされる国民所得に対応する財政の黒字を30億ドルとする。（報告書はそれをstabilizing budget policyと呼称した）。②安定予算の下では、税率が固定され、税率は政策や経済状態によって、変更されない。③好況時には所得が増加し、税金の徴収も増えるので、インフレに対する抑制効果を発揮する。④不況時には所得と税収が減少する反面、失業手当などの支出が増加するので、予算は黒字から赤字に転化し、不況の影響を緩和することになる。[注72]

CED の打ち出したいま一つの新機軸は、財政赤字に、ケインズ主義者がその効果を疑問視していた金融政策の弾力化を吻合させたことである。そのためには連邦準備制度理事会の独立性が要務とされるが、その当時の連邦準備制度は、国債の発行に資するため金融政策が拘束されていた。CED の報告書は、1930 年代における支出重視の財政政策の代わりに、歳入面を重視するとともに、財政政策に自動性を付与することによって、ビジネスの経済的自律性を確保しようとしたものであり、コリンズは「ビジネスがケインズを飼い馴らした」と論評した。

さらに CED は、戦後の国際通貨体制の創建に当っても、ブレトン・ウッズ協定に反対するアメリカ銀行協会（ABA、American Bankers Association）と政府を仲裁し、それの批准にこぎつけるなど、助産婦的な役割を演じた。戦後の国際通貨秩序を確立するために CED は、1942 年の春、自由貿易や国際借款の重要性を説くとともに、デューク大学の Calvin B. Hoover を委員長（ヴァイナー、ウィリアズム〔John H. Williams〕などが、これを補佐した）として、戦後の国際問題について検討を開始し、1944 年には International Problems after the War と題する報告書を作成した。ブレトン・ウッズ協定をめぐって、IMF の乱用を恐れるアメリカの銀行業界は、IMF を世界銀行（以下世銀）の監視下におくことなどを提言し、政府と激しく対立した。NAM と会議所は沈黙を守り、政府を積極的に支持しなかったが、CED は 1945 年の 12 月、この問題を討議するために会合を開き、1 カ月後の第二回会合において、政府案を大筋において支持する方針を決定した。CED は、世銀の定款が掲げる「その他の目的」を明確にすることによって、ABA の主張を取り入れるなど、調整の努力を重ねたため、トルーマンも CED の努力に感謝の意を表明した。

5 むすび

ローズヴェルトは、フーバーと違って、公共事業の目的を救済におき、事業主体を地方自治体から連邦政府にシフトしたが、ニューディールは単なる不況対策の域に止まるものではなくて、アメリカの経済的、社会的改革を企図したものでもあった。第一期ニューディールの指向した路線は、レッセフェールと社会主義の中間型としてのコーポラティズムであったが、それがイタリアのような全体主義に陥ることを免れたのは、アンチ・ビジネスを標榜しながら、その実は NRA によって代表されるように、自主規制の名によって、ビジネスの自律性が第一原

理として尊重されたためでもあった。

　NRAの自壊した後の第二期ニューディールは、ビジネスの抵抗と、保守主義の台頭する中で、独占に対する取締りを強化することによって、競争原理を確保しようと試みたが、1937—8年の不況を契機として、均衡財政主義はケインズ主義へと転換し始めることになった。それを主導したのは、BAC、CEDに拠る開明的なコーポレート・リベラリズムであったが、第二次大戦の勃発に伴って、連邦政府はコーポラティズムの世界におけるアンパイアーとしての立場から、経済運営の直接当事者に変身することになった。戦争経済の遂行に当って、政府を補助し、実質的にこれをコントロールすることになったのは、軍とビジネスであり、軍産複合体の萌芽が、ここに胚胎することになったのである。平和経済への移行後は、リベラルの経済改革に対する関心が後退しただけでなく、冷戦構造の下でリベラルも、軍事費の恒常的な拡大を容認せざるをえなかった。そのようにしてなし崩し的に崩壊の過程を辿ったニューディールは、トルーマン時代の訪れとともに、最終的に終焉の時を迎えることになったが、ニューディールの復興計画は失敗したとしても、それの長期的な狙いである改革計画は、共和党政権下においてもこれを廃止することができず、少なくともニューライトの登場するまで持続されてきたことを忘れてはならないのである。[注79]

第2章　ブレトン・ウッズ体制成立前史の予備的考察

1　はじめに

　戦後の国際通貨体制がブレトン・ウッズで呱々の声をあげてより今日に至るまで、早くも 1/3 世紀をこえる歳月（これは執筆時点でのことであり、いまや半世紀以上が経過した）を経過したが、その歴史にはなお幾多の神話的な要素がみうけられ、今日的な観点から解明と再評価を必要とする問題も少なくない。その理由は、まず戦後の国際通貨外交が一握りの国際通貨官僚によって壟断され、国家機密の保持や為替市場に対する配慮などの理由から、局外者には国際通貨ゲームの実相を垣間みる機会さえも与えられなかったためである。いま一つの理由は、ランカッシャーの自由貿易論に対応する古典的金本位制度の神話が、第一次大戦前の国際通貨思想を風靡したように、程度の差こそあれ特殊時代的な状況を捨象した概念構成が、しばしば普遍的な妥当性を主張し過ぎたためである。とりわけ第二次大戦後は、ガードナー（Richard N. Gardner）の『国際通貨体制成立史』の中でも指摘されているように、ブレトン・ウッズ体制の経済主義、普遍主義、法制主義[注1]が、国際通貨劇のライト・モチーフである政治、外交的な側面の考察を軽視させ、徒らに IMF 協定の法解釈学を横行させる素因ともなったためである。
　もともと戦後の国際通貨体制なるものは、国家主権相互の抗争と思惑が支配する政治力学の所産であり、シドニー・ロルフ（Sydney E. Rolfe）がいみじくも指摘したように、国際通貨体制の原理は、経済学的な論理によって粉飾されているが、その基底に伏在するものは「だれかの犠牲においてだれかを利するという権力構想の相違と政治的な思惑の相違」[注2]であった。そのようなみで、ブレトン・ウッズ体制の成立史を英米間の抗争と協力の過程において把えようとしたガード

ナーの政治経済学的なアプローチは、国際通貨体制の現実を理解し、認識する上で不可欠のものであるが、皮肉なことには、このガードナー自身が一つの神話の創造者にほかならなかったのである。

周知のようにガードナーは、戦後国際通貨外交の原点を1941年8月の大西洋憲章に求めるとともに、ケインズ案とホワイト案の形成を武器貸与協定の考慮条項が相互援助協定の第7条に展開されていく過程の副産物として把えている。しかしながら、スターリング・ブロックの存廃をめぐる双務主義と多角主義の抗争と協力の歴史は、ブレトン・ウッズ体制の原点を構成するものというよりも、それの形成過程における派生現象に過ぎなかった。チャーチルの回想録によるならば、大西洋憲章なるものにしても、本来的には、「ナチス・ドイツノ侵略、及ビソレヨリ生ズル諸国民ヘノ危険ニ直面セル英米両国ノ安全ヲ期スベキ手段ヲ決定シ協議スル」[注3]ためのものであった。その目的は、ナチスの欧州新秩序（New Order、Neue Ordnung）に対抗して、連合国の戦後経済、通貨体制のグランド・デザインを提供することにあり、ナチスとの対決がブレトン・ウッズ体制の縦糸であったとするならば、英米間の角逐は、その横糸を構成する原理にほかならなかった。事実武器貸与協定の考慮条項が問題とした差別待遇とは、一般に考えられているような「帝国特恵ばかりでなく、シャハト流の非道行為のすべてを含む」[注4]ものであり、戦後通貨体制の成立史を理解するためには、それの対位法的な構成を把握することが必要である。ブレトン・ウッズ体制の原点を欧州新秩序との対決の中に求めようとする発想は、A・ドルメール（Armand Van Dormael）にも見出すことが可能であり、本稿も、ナチスの通貨体制に対する防衛の論理として、ケインズ案とホワイト案が形成されていく過程を主題とした（本稿の執筆時点では、未公刊のケインズ全集第25巻をはじめとして、基本的な資料も十分に整備されていなかったので、あくまでも予備的な考察に止め、他日の補正を期する予定であった）。

2 ケインズ案とフンクのNew Order

第二次大戦の「勃発から大蔵省入りまでの期間、……戦後の国際経済の状態についてあまり思索をめぐらしていなかった」ケインズが、この問題に没頭し始める直接の契機となったのは、「1940年末、情報省と外務大臣のイーデン氏とからドイツの欧州新秩序の構想に対する声明を依頼されたこと」[注5]によるものであっ

た。のちにケインズの国際清算同盟案を生誕させる機縁ともなったナチスの欧州新秩序とは、シャハトの後を襲ったフンク（W. Funk）経済相兼ライヒス・バンク総裁が、1940年の7月25日、ベルリンで発表した戦後の経済通貨体制に関する構想である。それは「戦後の通貨経済体制に関する最初の実際的な計画」[注6]であったが、単に戦争が終結した後の未来図というよりは、ナチスが占領下のヨーロッパ大陸で、日常的な変革の過程として具体化しつつあった現実の投影にほかならなかった。フンクがゲーリングの命令によって、これを策定した理由は占領地の拡大とともに、それの経済的な再編が必要とされたのみでなく、イギリスに対する最後の侵攻作戦を目前にして、早くも戦後経済通貨体制の再建計画を樹立する必要性に迫られたためである。その概要を摘記すれば、次のごとくである。[注7]

　第一は既に付言したごとく、欧州新秩序なるものが、戦前から戦中を通じてナチスが実践してきた経済政策の延長であり、新しい人為的な制度の創設を企図したものではなかったことである。その詳細は次章に譲るが、欧州新秩序は、市場原理に立脚した自由主義経済機構を抹殺し、経済計画と統制主義によって、「独逸経済がよってもって最大の困難に陥ったところの諸力の活動」を排除することを基本原理とするものであった。

　フンクの欧州新秩序が概念的に不明確であり、自家憧着的な面がみられたことは、アインチッヒが夙に指摘したごとくである。[注8]その一例としてフンクは、経済統制と清算協定を欧州新秩序の指導原理とする反面、「一般的に適用する貨幣制度および清算制度の下においては、経済的な統制や強制手段を広範囲に廃止しうる利益をもつものである」とのべている。もともとフンクのブレーンの中には、自由貿易論者がおり、フンク自身もオランダを征服した時点で、広域経済圏の内部における関税の撤廃を考慮していた。しかしながらゲーリングがそのような構想は、ナチスの電撃作戦にもとると主張したため、フンクも欧州秩序の声明の中では、関税同盟の創設に否定的な見解を明らかにしたのである。[注9]

　第二は、イタリアのファッシスト政権との緊密な協力の下に、ヨーロッパの国々を打って一丸とする経済ブロックを形成し、生産、通商、通貨信用等のあらゆる分野において、合理的な分業を達成しようとしたことである。しかしながらその場合の分業とは、「自然的基礎に基づく」ものであって、支配と服従の関係を基盤とする垂直的な分業体制の確立と、それの固定化を試みたものであった。

　第三は、ヨーロッパにおけるアウタルキーの形成に止まらず、ヨーロッパの「高い価値を持つ工業生産品を世界市場の原料と交換する」ことを目標とするもので

あった。アウタルキーの確立は、ヨーロッパの経済的な独立を確保するための基礎的な条件をなすものであったが、欧州新秩序は、単なる自給自足化に止まらず、輸出をスローガンとすることによって、ドイツが第二次4カ年計画以来開発を進めてきた合成化学製品の輸出を促進しようとしたのである。

　第四は、通貨問題を第二義的とし、健全な経済と合理的な分業が達成されるならば、通貨問題は自ら解決されるとしながらも、欧州新秩序の中におけるマルクの指導的な役割を明確に規定したことである。欧州新秩序下の域内決済は、ライヒス・バンクをクリアリング・ハウスとして多角的に清算されることになるが、労働と生産を基礎とするマルクには、本位通貨としての機能が予定されていた。フンクが欧州連邦銀行の創設に反対した理由は、超国家的な統一通貨を発行するよりも、マルクをヨーロッパのパラレル・カレンシーとすることによって、マルクを欧州新秩序下における事実上の統一通貨に止揚していくことを企図したためとも解される。

　第五は、金本位制度への復帰を否定し、マルク本位の美名の下に、通貨の価値を政府が恣意的に決定する管理通貨制度を指向したことである。フンクは、地下から発掘されて再び地下に戻るに過ぎない金を蓄積しているアメリカの愚昧さを揶揄し、金本位制度を誰か1人が独占すると、ゲームそれ自体が不可能になるおはじき遊びになぞらえた。しかしながら、ナチスの金廃貨論は、もともとが金を持ちえないがためのインフェリオリティ・コンプレックスの投影であり、フンクといえども「金が清算勘定の均衡の為に使用される合目的的な手段とみられるかどうかは別箇の問題で有る」と言葉を濁さざるをえなかったのである。

　もともとドイツではクナップ以来名目説の伝統が強く、ワーゲマンも「金の偉大さは自然の法則によるのでなくむしろ国家によって与えられた特権に過ぎない」[注10]とのべていた。ヒットラーも金の廃貨を主張したが、彼のスポークスマンは、南アフリカの占領とアメリカの支持を条件として、何らかの形で金本位制度を復活しようと考えていたという。反面皮肉にも、ブレトン・ウッズ体制の末期から金廃貨論を主張し始めたアメリカでも、1930年代の末葉にはモーゲンソー財務長官が、ナチスの金廃貨論を次のように批判していた。「実際はこういう国々こそ、金を自由に国際収支の決済に使用している国よりも一層金を必要とし、尊重し、熱心にこれを求めているのである。彼等が国際収支の均衡を調節する上において、遥かに不満足な代替手段――為替管理、清算協定、バーター制度など――を用いなければならないのは、彼等が金を取得できないからである。金を使用し

第 2 章　ブレトン・ウッズ体制成立前史の予備的考察　　　25

まいと試みたこれらの国々の経験ほど、国際収支の決済手段としての金の優位性を示すものはないのである」。[注11]

　第六は、南米およびアジアの各ブロックと欧州ブロックとの間における通商関係を重視するとともに、ソ連をヨーロッパに対する原料の供給源およびヨーロッパ製品の販路として規定し、これを欧州広域経済圏の中に包摂する考え方を鮮明にしたことである。

　しかしながら広域経済圏（Grosswirtschaftsraum）の範囲も不明確であり、1931 年 11 月の第一次 4 カ年計画では、「スカンジナビアからドイツ、フランス、イタリアをへて、トルコに至るすべての国は、東欧及びソ連との協力の下に、旧ハンザ同盟的な生活の基盤を再び獲得しなければならない」とのべられていた。[注12] しかるにアインチッヒによると、ある声明ではソ連とイタリアが意識的に除かれる反面、ウクライナは広域経済圏の不可欠の要素とみられていた。[注13]

　なおギルバウド（C. W. Guillebaud）によると、広域経済圏の思想はハンザ同盟に遡るといわれ、フリードリッヒ・リスト（Friedrich List）が主張したアドリア海 → ペルシア湾 → ベイルートに至る鉄道の建設計画は、ナチスの外交政策に大きな影響を与えた汎ゲルマン協会（Pan-German Association）によって支持された。また 1914―18 年に、ナウマン（Friedrich Naumann）は、経済的軍事的にドイツが管理するヨーロッパ連合案を提唱し、1916 年には社会党のシュミット（Robert Schmitt）が、エルベ川からペルシア湾に至る同盟国との経済取引をすべて統制すべきであると主張した。[注14] このほか 1930 年代には、イタリアにおいても同じような構想がみられたという。[注15]

　一方、アメリカとの関係については、先方の出方次第であるとのべ、通商関係の回復には、最大の債権国であり輸出国でもあるアメリカが、自らの独善的な政策を改善すべきであると主張した。とりわけフンクが重点を傾けたのは、南米との通商関係であり、「我々は南アメリカの諸国と通商を行うがために北アメリカの媒介を必要としない。（中略）合衆国は、南アメリカの商品のカルテル化に関する自己の計画に於て、根本的には双務的経済制度を望んで居るが、此制度はすでに現在他の諸国との間に行われて居るもので有る。独逸のみが此の制度から除外されねばならぬとは何故であろうか。相互依存の通商関係の平常化にとって、最早や何等の技術的困難も存しないではないか」と反駁し、アメリカの南米政策を批判した。ケインズの国際清算同盟案が欧州新秩序の対案であったとするならば、ブレトン・ウッズ体制の母胎ともなったホワイト（Harry Dexter White）の

第一次草案も、一つには中南米に対するナチスの侵攻を阻止するための政策展開を基盤とするものであったが、アメリカの南米政策に対するフンクの批判も、このような文脈の中で理解することが必要である。

第七は、戦時経済から平和経済への転換に触れ、その為の資金と信用の供与を保証したことである。ここでもフンクは、長期の経済協定を基盤として域内の分業体制を確立し、ドイツをヨーロッパ最大の工業国に育成すべきであると主張したが、それとともに通商の拡大と生活水準の向上をはかるためには、為替の安定が不可欠であると強調した。

その詳細は明らかでないが、フンクの欧州新秩序に対抗するため、イギリスの宣伝省が作成した覚書は、ナチスの多角清算方式とは対蹠的に、金本位制度と自由貿易原則の復活を骨子とするものであったと伝えられている。これを一瞥したケインズは、それが宣伝の効果に乏しいだけでなく、むしろ1925年の旧平価復帰と両大戦間のレッセフェールによって被害者意識を植え付けられたイギリス国民の反撥を買うことを恐れたともいう。一面においてフンクの欧州新秩序構想は、古典的金本位制度とレッセフェールの非現実性に対する批判的な要素を含んでいたのであり、現実の問題としても、金準備を喪失したイギリスが、戦争の終結とともに金本位制度を復活し、為替管理を撤廃しえないことは衆目の一致して認めるところでもあった。それだけでなく、フンクの欧州新秩序構想は、巧妙に作成されていたので、受動的とはいえ被占領国の支持を獲得しただけでなく、中立国やイギリスの内部においてさえ、これに同調する動きすらみられたのである。事実、反ユダヤ主義と反ボルシェビズムを標榜するイギリス国民党（British National Party）や経済改革同志会（Economic Reform Club and Institution）、アングロサクソン連盟（Anglo-Saxon Federation）は、ナチスとの協調路線を綱領とし、アメリカ合衆国をモデルとするナチスのヨーロッパ合衆国構想に対しては、アメリカ人の中にも、親近感をよせるものがあったという。そのような状況の中でケインズは、消極的なカウンター・プロパガンダを行う位であれば、沈黙する方がよいと主張したが、ケインズの意図したのは、むしろ、フンクの構想を換骨奪胎し、「新秩序を、それがやろうといっていることをとりあげて攻撃すべきではなく、それが欺瞞的な提案であることを理由に攻撃」することであった。ケインズが標的としたのは、欧州新秩序の方法論よりもその目的であり、ヨーロッパをドイツに対する原料の供給源とし、ドイツ製品の市場としてこれを定着させようとするPax Germanniaの欺瞞性を暴露することであった。フンク

自身ものべているように、欧州新秩序とは、すなわち「包括的な計画において用意された平時経済は、ただ、ドイツに対して最大限の経済的安全性を保障し、かつ、ドイツ国民にその福利増進のための最大限の物質消費を保障しなければならない。かかる目的に向ってヨーロッパの経済は樹立さるべきもの」[注21]であった。たしかに、ナチスの通商協定と為替清算協定は、物理的な統制主義や軍事的な圧力とも相俟って、衛星国の富を収奪し、アーリア人種の優位性を確立するための経済的な手段であった。しかしながら方法論的にみると、ケインズは後述のように多分にナチスと共通する面をもっていたのであり、さらに注目されることは、ケインズの作成した「ドイツの新秩序に対抗する提案」(Proposals to Counter the German "New Order")が、多分に Pax Britannica 的な色彩を帯びていたことである。ハロッド（Roy Harrod）によるとそれは、ドイツが「マルクを基礎とし、従属国民をいっそう搾取するための手段であるのに（中略）ポンドと大英帝国の広汎な資源を基礎とするもの」[注22]であったといわれるが、いずれにしてもそれは欧州新秩序に対抗して、ヨーロッパの経済通貨体制を再建するための、ケインズの最初の構想となったのである。

なおモグリッジ（Donald E. Moggridge）によると、「ドイツの新秩序に対抗する提案」においては、次の諸原則が強調されていた（以下は邦訳からの引用である）[注23]。

(1) 合衆国との友好的協力は、よりよい戦後世界を形成する上で不可欠である。なぜなら、合衆国は多くの計画を成就させる手段をもちうる唯一の国であり、その規模と富力からみて、アメリカの支持を欠くいかなる解決策をもほとんど実現不可能にするからである。

ケインズにとって、この原則は1940年以降二つの糸をともなうものとなった。

(イ) イギリスにとっては、戦後世界のさまざまな面にわたって野心的な計画を提案することが有利である。なぜなら、そのような計画はアメリカを刺激して、国際協力のための反対提案を展開させることになり、それらの提案についての彼らの約束を期待することができるからである。もしこのような約束が得られず、アメリカが積極的な国際協力路線を拒否するならば、彼らはより国際的でない解決をもたらすイギリスの代替案を支持せざるをえなくなるだろう、とケインズは主張した。

(ロ) 多くの場合、一連の提案を提出した後でさえも、イギリスの交渉者は、その後の議論の中でかなりの行動の余地を必要とするであろう。なぜなら、交渉の

主要な目的の一つは、アメリカの協力を得ることだからである。

　(2) 戦後の国際通貨制度は、為替管理政策、とくに資本移動にかんする管理政策を受け入れるという意味で、また、多国間の財の取引に影響を与える貨幣的混乱を極小にするという意味で、1920—33年の自由放任方式から著しく異なったものでなければならない。

　(3) 経済運営における国家的自律性を極大にする枠組みの中で、雇用、物価および市場の乱高下を防ぐための国際的措置が必要である。

　(4) 通貨と需要管理のための戦後の制度的仕組みは、広範な国際貿易およびすべての国の世界市場への均等な参加と両立するものでなければならない。

　(5) ドイツの戦後処置は、政治的解決を強要するための手段としての飢餓や失業をともなうものであってはならない。ドイツに対するイギリスの戦後政策はドイツの経済復興を支持し、刑罰的または予防的政策は政治的および軍事的分野に限るべきである。そうすることによってドイツは、中央ヨーロッパの経済的健全さと政治的安定にとって不可欠な経済的指導の役割を回復することができるであろう。もしイギリスがこれを怠るならば、おそらくその地域におけるもう一つの勢力であるソビエトの支配を招くであろう。

　(6) 戦後のヨーロッパに対して、組織化された救済と復興のための援助がなされなければならない。

　イギリスの戦後プランが完成されるまでには幾多の覚書が作成され、公式の討議を経ることによって、「ケインズの原稿は個人的な放送原稿以上に大きな重要性をもち始めた」。ここで、特に注目されることは、戦後の国際通貨体制をめぐる英米間の交渉がこれを契機として展開されることになったことであり、この計画を発表する前にアメリカの意見を徴するのが妥当と考えたケインズは、武器貸与協定の交渉をすすめるために1941年の5月、アメリカを訪問するに当って、「戦後の目標について議論する際議題となるかもしれないと思われた新秩序に関する放送のための草案をポケットに入れていた。（中略）ケインズは到着後間もなくハリファックス卿と新秩序に関する彼の草案について議論した。5月28日、彼とハリファックス卿とは、この問題についてローズヴェルト大統領と会見した。大統領は大いに満足の意を表明した。彼の考えの方向には同意したけれども、戦後の状態のための詳細な計画には、まだ深入りしたくないという意見であった。この見解は、イギリスの考え方と一致した」。ローズヴェルトは、ヨーロッパを中心とするイギリスの発想とは違って、戦後の再建計画を世界的なものにしたい

意向を示し、そのためには「ひとりイギリスの発意においてでなく、イギリスとアメリカの、共同の発意において行われるべき」であると主張したが、アメリカ側には直に行動を起す気配がみられなかった。しかしながら早くもケインズの立案した計画は、巷間にも流布されるに至ったのであり、このような状況の中で時のイギリス外相イーデンがその発表に踏み切ったのは、ケインズが大統領と会談した翌日の5月29日のことであった。それは、ナチスの欧州新秩序に対抗して連合国側が公式に発表した最初の戦後経済通貨体制の再建計画であり、それがケインズの作成した「ドイツの新秩序に対抗する提案」に基づくものであったことは、敢えて付言するまでもない。

　そこでは、当初のPax Britannica的な偏向が影をひそめ、むしろソ連の潜在的な脅威に対抗するため、第二次大戦の遠因ともなったベルサイユ体制の轍をふむことを戒めるとともに、アメリカを刺激して国際協力の場に誘導することが、その眼目とされていた。しかしながら為替管理、とりわけ資本移動の規制をもって、戦後国際通貨制度の基本原則とし、レッセフェールに対する訣別を宣言したことは、同じく為替管理と清算協定によって、市場諸力の自由な活動を排除しようとした欧州新秩序の方法論とも一致する。もともとケインズの経済思想は、古典的金本位制度と自由貿易原則と健全財政主義を三位一体として、1930年代の後半に至るまで、イギリスで君臨してきた正統派経済学に対する挑戦を試みたものであり、公共支出と為替管理によって内外均衡の同時的な達成を試みたシャハトの経済政策とも相通ずる面がみられたのである。

　イギリスは、このイーデン声明を出発点として1年有余のうちに国際通貨と一次産品および通商の分野で、それぞれの具体案を作成することになるが、通商政策を担当したミードの「国際通商同盟案」(A Plan for an International Commerce Union) が、のちに「国際貿易憲章」(International Trade Charter) となったのに対して、一次産品政策とともに、ケインズがその衝に当った国際通貨政策を具体化したものは、一般にケインズ案と称される「国際通貨同盟（または清算同盟）案」(Proposals for an International Currency or Clearing Union) にほかならなかった。ケインズの第一次草案が作成されたのは、1941年9月のことであったが、ケインズがシャハト主義を評価し、それに深い理解を示していたことは、第一次草案と同時に各省に配布された「戦後の通貨政策」(Post War Currency Policy) と題する、概要次のような覚書からも明らかである。(1)最近に至るまでレッセフェールからの離脱は、原因に取組むよりも対症療法に追

われていた。(2) 最近になってシャハト博士は、技術的にすぐれた新しいアイデアの胚種を発見した。(3) その構想は、バーターに類するものの導入であった。(4) かくして貿易は、本来の目的を回復することができた。その新機軸は効果的であり、実にすばらしい。(5) これなくしてドイツは戦争に着手できなかったかも知れないが、この方法が悪事に用いられたからといって、善をなすためにも利用できることを忘れてはならない。ドイツはシャハト博士の方法によって、鉄砲や飛行機の代りに、バターを手に入れることも可能であった。(6) 必要なことは、両大戦間における通貨の混乱を再現することではなくて、シャハトの創意を純化し、これを改善することである。[注26]

武器貸与協定の交渉が行われた 1941 年夏の段階では、未だ素朴な双務主義にとらわれていたケインズが、ミードらの経済学者によって多角主義に転向したのは、アメリカから帰国したあとのことといわれるが、ケインズがはじめて国際清算同盟案を提唱した時点において、ナチスは既に、ヨーロッパ大陸でベルリンを中心とする多角清算機構を確立しつつあったのである。[注27] ここでケインズ案が完成されるまでの経過を概観すると、次のようなケインズの第一次草案が作成されたのは、1941 年の 9 月のことであった。[注28] (1) 外国為替は、銀行組織を通じて中央銀行に集中される。(2) 国際間の取引は中央銀行間で決済される。(3) 加盟国は、金にリンクされた同盟の Bank Money に対して、固定相場を設定する。(4) 平価の切下げは、年間 5% まで許容される。(5) 加盟国は同盟から借り入れることができる。借入れがクオータの 1/2 をこえる場合、同盟の総裁は、平価の切下げ、金準備の売却、資本流出の規制、脱退を勧告できる。(6) 黒字国に対しては、平価の切上げを勧告することもありうる。毎月末の貸越残高は、Reserve Fund に移管される。(7) 貸越残高には利息が付けられないが、借越残高に対しては累進的な金利が賦課される。(8) その他の国際機関も同盟に勘定を開設することができる。

ヘンダーソン (Hubert Henderson) やイングランド銀行はこれに反対したが、これに改訂を加えた上で、イギリスの大蔵省案が正式に採択された。[注29]

1942 年 2 月には、第四次案が関係各省に配布されたが、主な特徴は次のとおりである。(1) 同盟の Bank Money は Bancor と名付けられた。(2) Reserve Fund はドロップされた。(3) Over-draft 方式が明確に打出された。(4) 米英両国は創始国家 (Founder-state) としての地位を与えられる。(5) 平価の変更は、予め定められた条件に合致しない限り、理事会の承認を必要とする。(6) 5 年間

は平価の変更について、特別の配慮が加えられる。(7) 貸越残高に対しても累進的な利息が付けられる。(8) 通告するだけで脱退することができる[注30]。この段階でシンメトリカルな為替相場の調整、当座貸越制度によるデフレの回避などの特色が明確にうち出されたほか、創始国家という概念によってスターリング・ブロックの温存をはかろうとしたケインズ案の逆行的な性格が露呈された。その後1942年の8月には最終案が作成され、9月にイギリス政府の内部で検討を加えた上、10月に訪英したモーゲンソー、ホワイトとの間で最初の英米間の会談が開かれた。それに対してホワイトがアメリカ案をイギリスに送付したのは、1943年3月のことであるが、4月5日にはFinancial Newsがこれをスクープしたため、1943年4月7日、急拠ホワイト案とケインズ案が公表される運びとなった。

3 ナチス多角清算機構の形成過程

周知のようにケインズは、1930年の『貨幣論』(*Treatise on Money*) 以来、超国家銀行 (Super National Bank) の設立と人工的な準備資産の創出を主張し続けてきたが、1933年には、『繁栄への途』(*The Means to Prosperity*) において、為替相場の弾力化を提唱した。これらの構想は、いずれもケインズの「国際清算同盟案」に取入れられているが、清算の概念が明確な形で登場したのはこの同盟案がはじめてである。もっとも超国家銀行における預金 (Super National Bank Money) を国際決済手段の一つとする超国家銀行案が、預金勘定相互の振替による多角清算を暗黙の前提とするものであったことは、想像に難くない。「ドイツの新秩序に対抗するための提案」における「貨幣的混乱を極小にする」ための方策にしても、積極的な内容はついに明らかにされなかったが、そこでケインズが想定していた「自由放任方式とは著しく異った」方法論とは、清算方式ではなかったのかと推定されるのである。

もともと国際清算は、バビロニアに始り古代ギリシアのデロス銀行 (第10章) や、ルネッサンス期イタリアの公立銀行などを経て、ヨーロッパの歴史的な経験に根ざした概念であり、17世紀のアムステルダム銀行やハンブルグ銀行も、これを体現したものである。とりわけドイツでは、1909年に振替中央銀行 (Girozentrale) が設立されたのをはじめとして、1912年には、国際経済同盟 (International Economic Union) のブリュッセル総会で、国際清算同盟の創設

が決議され、第一次大戦後には、ライヒス・バンクがこれの具体化を試みたともいわれる。ケインズの国際清算同盟構想は、そのようなヨーロッパの歴史的な経験、とりわけ 1920 － 30 年代に簇生した各種の国際清算銀行設立の構想をバックとするものであるが、より直接的には、ベルリンを中心とするナチスの多角清算機構によって触発されたものであった。そのような意味で、ナチスの多角清算機構を解明することは、ブレトン・ウッズ体制の成因を理解する上からも不可欠であるが、フンク声明も謳うように、ナチスの通貨体制は、既往の為替管理体系そのものの自然発生的な展開の帰結であり、次にその形成の過程を概観してみることにしよう。それは同時に、清算協定を挺子としたナチスの中南米進出を阻止するために、米州銀行構想が登場し、やがてそれがホワイトの第一次草案に止揚されていくための伏線ともなったのである。

　ドイツがはじめて為替管理を導入したのは、国内の政治不安と世界恐慌によって増幅された相対的安定期の構造的な矛盾が、金融恐慌となって現れた 1931 年 7 月のことであった。そのような状況の中でデフレ政策を採用する場合には、徒らに失業の増加に拍車をかけ、政治的、社会的な不安を増幅することにもなりかねない。いま一つの選択としては、マルクの切下げが考えられるが、その場合には、対外債務が増大し、交易条件が悪化するだけでなく、輸入コストと賃銀の上昇を通じて、インフレを誘発することも危惧される。従ってドイツの為替管理は、窮余の一策として導入されたものであり、チャイルド（Frank C. Child）も道徳的には別としても、それが健全かつ賢明な政策であり、内容的にみても他の国々よりも遥かにリベラルであったと、これを前向きに評価した。[注32]

　ちなみに 1931 年 7 月 15 日の為替管理は、概要次のとおりである。[注33]①外国為替は、ライヒス・バンクと、為替銀行に集中される。②先物取引は禁止される。③通貨、貴金属の輸出入は禁止される。④外国為替の取得には許可を必要とする（税務署がライセンスを発給）。

　1931 年 8 月 1 日には、次のような規制が追加された。①在外流動資産、外国為替は、申告と集中を必要とする。②次の取引は許可制とする。(イ)外国に対する輸出信用の供与。(ロ) 非居住者によるマルク残高の国内における使用。③居住者が一定限度以上の外国証券を保有する場合には、申告すること。

　それと同時に、資本の逃避を防ぐためスペインを除く西欧諸国との間で据置協定（Standstill Agreement）が締結され、1939 年まで毎年更新された。この協定は、外国からの短期貿易信用の増加を抑制する一方、非居住者の保有するマルク残

高の急激な流出を抑制しようとするものであった。その後1932年には、外国からの貿易信用を圧縮する方針が打出され、封鎖マルク勘定（Registered Marks）の使途は、長期債に対する投資またはドイツの国内における旅行支出に限定された。しかしながらこの勘定は譲度可能であり、外国の為替市場においてディスカウントで売却することも可能であった。

ドイツの為替管理政策が一段とエスカレートする機縁となったのは、1931年9月のポンド切下げであり、それに伴うマルクの過大評価とともにドイツの輸出競争力が急激に低下したためであった。この傾向に拍車をかけたのは、1932年7月のオタワ協定であり、その結果として1932年の上半期には、イギリスのバルカン諸国向けの輸出が急増したのに対して、ドイツのこれら地域に対する輸出は50％も減少した。そのような状況の中で「為替管理は、もはや資本の流出に対する防衛だけでなく、マルクの過大評価を防止するための計画」[注35]に変貌せざるをえなくなったのであり、ドイツは据置き協定の実施や賠償支払方式の改訂と平行して、1932年以降、次々に新しい為替管理方式を導入した。それはまず第一に追加輸出制度（The Additional Export Procedure）と呼ばれるものであり、コストに影響しない「かくされた切下げ」のようなものであった。それに対してデフレ政策をさけながら輸出市場を開拓するための方策として採用されたのは、[注36]第二の清算協定であった。

次に制度の概要を説明すると、まず追加輸出制度とは、通常のベースでは不可[注37]能な輸出を振興するための制度であり、この種の輸出に対しては次のような優遇制度がみとめられた。（1）輸出代金を非居住者の封鎖マルク勘定からうけとることが出来ること。（2）外国でディスカウント付で購入したマルク債を国内で公定価格によって売却させ、差益を輸出の代り金に充当させること。

次に清算協定は、当初民間ベースのバーター取引として輸出入業務を兼ねる商社の本支店間取引に使用されたが、1932年の半ば頃から市場の開拓を求める輸出業者がこれを利用し、1933年の末にかけてドイツの景気が回復するとともに、輸入業者もこれを採用した。

民間レベルから公的レベルのバーターに止揚された公的レベルの双務協定がはじめて成立したのは、1932年の春であり、それは三つのタイプに分けられる。

（1）清算協定（Exchange Clearing Agreement）…国家単位で輸出入の均衡をはかろうとするものであり、1932年4月のドイツ・ハンガリー協定がこれを代表する。この協定によるとドイツの輸入業者は、ライヒス・バンクにおける

ハンガリー中銀の勘定にマルクを払込み、ハンガリー中銀は自国の輸出業者に対して自国通貨で代金を支払う。1932－33年にかけて、リスアニア、ポーランド、フィンランド、オーストリアを除く中欧諸国との間で清算協定が締結されたが、これらの協定は中銀間で締結され、クリアリングは任意であった。(2)特別マルク協定（Sondermark Agreement）…1933年末にイギリス以外の自由為替圏諸国との間に締結された協定。これらの国々はドイツに対して出超であり、封鎖マルクの残高を対独貿易の決済に充てさせることが協定の目的であった。一方のドイツは、自由為替の枠がなくても相手国の同意さえあれば、マルクを相手国の清算勘定に借記することによって輸入を行うことができた。なおドイツに対する債権の累積を防ぐため、1931年のスウェーデンとの協定にもみられるように、二国間の輸出入比率を予め規定するのが通例であり、スウェーデン条項（Swedish Clause）と呼称された。(3)旅行および特別協定（Travel and Special Agreement）…スイス、チェコスロヴァキアとデンマークは、ドイツに対して入超国であり、ドイツの為替管理に対抗して輸入を抑制しようとした。そのために生まれたのがこの協定であり、ドイツはチェコスロヴァキアとデンマークに対して輸出入を均衡させ、スイスに対しては出超分をドイツ人のスイスにおける旅行支出に充当させることにした。

　ドイツの為替管理政策が第二の転換点を迎えたのは、1933年の2月にヒットラー政権が登場したためであり、為替管理は物価統制や選択的な信用規制、配給割当制度とともに、完全雇用やインフレの抑制に止まらず、軍事目的を達成するための手段として、資源の配分と生産の転換に奉仕することを求められたのである。その年の7月には、外債の利払いが一方的に停止されたが、同年9月には、新計画（New Plan）が発表され、軍拡に必要な原材料を確保するため、双務的な協定網が拡大される一方、差別的な独自の経済圏を確立する方針が明らかにされた。新計画は為替管理面で特に新しい体系を創造したものではないが、その原則は、次のようなものであった。[注38](1)最良の交易条件を維持しながら、ドイツの経済に必要な輸入を確保すること。(2)自給率を向上させること。(3)最も接近し易い地域から重要な最小限の輸入を確保すること。(4)資本輸出を最小限に抑えること。(5)規制の態様は市場によって異なるが、ドイツの貿易をそのほかの世界から隔絶し、独自の双務的な通商関係を形成すること。

　為替管理の強化に当っては、地方為替局（Regional Foreign Exchange Office）の代りに、商品統制局（Commodity Control Boards）が設立され、食糧と原料

の輸入を監視した。そのほか輸入の承認と為替の許可取得が一元化され、輸出についてもライセンスが必要とされた。また追加輸出制度よりも補助金政策をとることにより、マルクの過大評価を是正しようとしたが、ドイツの入超は増加の一途を辿り、貿易相手国の保有するマルク残高もそれに伴って増大した。[注39]

唯一の新機軸とも称すべき新計画下の為替管理方式は、1934年に導入されたアスキ（ASKI、正式には外国人特別勘定（Ausländer-Sonder-konten Für Inland Zahlungen）であり、それは清算協定を締結していない国々に対して適用された。この制度に基づくドイツ側の輸入決済は、マルクによって行われ、当該マルク残高は相手側がドイツから輸入する場合の決済に充てられた。ただし、この制度の適用をうけるためには、外国の輸出業者がドイツの管理当局に申請し、その許可を取得した場合に限られる。その場合にドイツからの輸入適格性が当該輸出業者に限られる方式を個別アスキ（Individual Aski）といい、相手国の居住者に限ってアスキ残高の譲渡が認められる場合は、銀行を媒介としてマルク残高がその国の内部で輸出業者から輸入業者に譲渡されるので、銀行アスキ（Bank Aski）と呼ばれた。[注40]アスキが利用されたのは、主として中南米諸国であり、極端な場合をあげると、ドイツはハーモニカやアスピリンを輸出し、その見返りとして、これら地域の一次産品を無為替方式によって、国際価格よりも遥かに有利な条件で大量に買入れた。そのようなアスキ決済は、一次産品価格の低迷と外貨準備の涸渇に呻吟していた中南米諸国にとって福音のようなものであり、後述のように、これら諸国のドイツに対する貿易依存度は1934年以降、急激に上昇した。

一方、ヨーロッパの国々との間における決済方式は、相互の力関係に対応して、態様を異にしたが、それは三つのタイプに分類することが可能である。第一は、経済的な弱者としての東欧諸国との間で締結された清算協定であり、1937年10月のエストニアとの協定はその一例である。それによると貿易、貿易外取引の当事者は、それぞれの国の清算機関との間で自国通貨を受払いすることによって債権、債務を清算した（換算は公定相場による）が、両国間の取引には限度が設定されていなかったので、ドイツの入超とともにマルク残高が累積された。しかも、ドイツ側の輸出は納期が不規則であったため、各国は縮小均衡政策を採用して、これに対抗しようとしたが、ドイツは恫喝外交と懐柔政策を併用して、必需物資の輸入を最大限に確保しようとした。第二は、そのほかのヨーロッパ大陸諸国との間に締結された清算協定であるが、この協定はドイツの為替管理に対する報復措置として、これらの国々から逆に要求されたものであったので、強制清算とも

呼ばれた。この種の協定網は1935年に完成されたが、その典型は既にふれたスウェーデンとの協定である。第三は、1934年の11月にイギリスとの間で締結された支払協定（Anglo-German Payment Agreement）であり、そこではイギリス側に有利な条件がいくつか定められていた。すなわち、両国間の貿易決済は通常の決済方式によるものとし、イギリスは、ドイツとの決済に当って清算方式を採用しなかった。それに対してドイツは、ライヒス・バンクの勘定を経由して決済を実施したが、ドイツ側が毎月受領するポンドの55％は、ドイツがイギリスから輸入する場合の返済に充当されたのみでなく、ドイツの負担する債務の支払いについても、特別の規定が設けられた。注41

　第二次大戦が勃発し、ヨーロッパの大陸諸国がナチスの支配下におかれるとともに戦時金融工作が展開され、マルク圏が形成されたのは、その過程においてであった。1939年の9月には帝国信用金庫（Reichskreditkassen）が設立され、軍票として使用された金庫証券と衛星国通貨との間に交換比率が設定された。その態様は国によって相を異にしていたが、かくして「これら占領地域の通貨は従来のポンドへの連繋から離脱して、完全にマルクにリンクすることになり、これは恰もかつてスターリング・ブロック内部において、イギリスとブロック諸国との間に存在したような依存関係が生ぜしめられることになったのである。かくして、信用金庫の存続すると否とに拘らず、占領地域の通貨はライヒス・マルクに対して一定の交換比率を決定され、これに基づき、ドイツを中心とする各種の取引が行われることになった」注42。フンクの欧州新秩序構想は、このようにして形成の過程にあったマルク圏を再編し、ベルリンを中心とする多角清算機構によってそれを強化しようとするものであったが、ライヒス・バンクに代って1934年に創設されたドイツ清算金庫（Deutche Verrechnungskasse）が実際に稼動し始めたのは、同じく1939年9月のことであった。

　もともと欧州新秩序構想は、ベルリンを単なるヨーロッパ広域経済圏の金融センターとするだけでなく、域外との国際決済に当ってもその結節点となることを目標としていた。ロンドンを駆逐することは、第一次大戦の頃からドイツが懐抱していた野望であり、ナチスが金利の束縛を憎悪するスローガンを掲げたのもそのためであった。ナチスは1938年に、オーストリアを併合した直後、ウィーンを東、南ヨーロッパの金融センターとする構想を明らかにし、あるいはダニューブ川の沿岸地域やバルカン諸国を含む統一通貨の発行計画を策定した。注43なお、ナチスの多角清算機構に参加した国は、次のとおりであった。ドイツ、オランダ、

ベルギー、ノルウェー、デンマーク、スイス、フランス、イタリア、ハンガリー、ユーゴ、ブルガリア、ルーマニア、ギリシア、フィンランド、スペイン、ポルトガル、ボヘミア、モラビア、スロバキア、総督府（ポーランドの占領地域のうちでドイツに併合された地域）。[注44]

　ナチスの多角清算機構に参加した国々は、上掲のごとく合計20カ国にのぼったが、それに付随してそれぞれの植民地や保護領並に委任統治領がこれに包摂された。清算の対象には貿易取引のみでなく、貿易外取引も包含されていたが、その態様は国によって千差万別であった。仲継貿易は対象外とされていたが、ドイツはオランダとの間で協定を結び、清算協定を締結していない第三国の産品をも、オランダを経由して輸入した。また、輸出入の限度を設定するか否か、清算勘定を複勘定とするか単一勘定とするか、後者の場合の受払通貨をどうするかについても、取扱いは区々としており、協定の中には、残高の一部を自由勘定に振り替えることを許容する例もみられた。協定の有効期間も1年から6年位に分れており、中には期間の定めを全く欠く例さえも存在した。以上のようにナチスの多角清算機構は、統一性を欠いたのみならず自動性にも欠け、ドイツの一方的な入超とともに、清算の効果も自ら減殺されるに至ったが、道徳的な価値判断を別にすれば、ナチスの多角清算機構は通貨面における人類の最も野心的な実験でもあった。

4　中国と西半球の為替安定構想

　ホワイトが1936年の三国通貨協定に参画していたことは、戦後のIMF体制を三国通貨協定の延長線上において把えようとする見解を属人的にも裏付けることになる。しかしながら、1939年の8月にイギリスが為替平衡勘定の活動を停止し、三国通貨協定が瓦壊したあとも、同じくホワイトによって、中国や西半球で試みられた為替安定の活動が、これまで不当に無視されてきたのは何故であろうか。これらの試みは、後進地域のローカルな実験に止まるものではなくて、ホワイト案そのものの母胎ともなったのであり、むしろIMF体制は、三国通貨協定に直結するよりも、中国、とりわけ西半球における実験を中間項として迂回的に形成されたものでさえあった。機構的にみても中国の場合には、三国通貨協定と違って基金的な性格が一層明確となり、西半球の実験においては為替安定資金と開発援助資金の併用策が意識的に採用されたのみでなく、米州銀行の設立構想

によって、のちのブレトン・ウッズ体制そのものの原型さえもが、そこには形成されていたのである。

まず中国について一瞥すると、日本の中国侵略に対抗するため「イギリスは直接間接に法幣支持に力を尽し（中略）、1938年11月には、輸出信用保証制度の拡張により、支那に対するクレジットの附与も決定したことがあった」[注45]。とりわけイギリスの法幣支援工作が表面化したのは、1939年のことであり、その年の3月には、中国の為替安定基金が創設された。その規模を1,000万ポンドとし、そのうちの半分は中国銀行と交通銀行が拠出したが、残りの300万ポンドは香上銀行が、2百万ポンドはチャータード銀行が、イギリス政府の保証の下に資金をそれぞれ拠出した。[注46]

安定基金は、イングランド銀行のロジャース（C. Rogers）を委員長とし、イギリスと中国がそれぞれの国から選出した二名ずつの代表委員会によって運営された[注47]。基金は香港に設けられたので、俗に香港委員会（Hongkong Committee）とも呼ばれたが、1939年の6月には、早くも資金の涸渇に直面した。[注48]

アメリカはこれに先立つ1938年の10月、蒋政権に為替安定資金を供与したが、1940年の11月にローズヴェルトは、法幣の支持を目的として、50百万ドルの資金を中国に供与するとともに、戦意の昂揚を計るため50百万ドルの物資購入資金を別途に供与する方針を明らかにした。それと同時にイギリスも、5百万ポンドの追加資金を約束する一方、中国側の両行も20百万ドルの拠出に応じたため、安定基金の規模は合計90百万ドルに達した[注49]。この協定が調印されたのは、1941年4月のことであり、それと同時に、アメリカとイギリスおよび中国の代表によって構成される三国安定委員会（The Tripartite Stabilization Board）が創設された。委員会は香港に本部を置き、上海の国際租界や蒋政権下の中国本土で法幣の安定操作に乗り出したが、それと同時に、オランダ領東印度との間にも協定が締結され、米英和系の市中銀行もこれに協力することになった[注50]。そのほかにも三国安定委員会の統制力を強化するための措置が講ぜられ、一例としてイギリスは中国銀行のロンドン支店を通じて、法幣・ポンド取引の一元的な集中を試みた[注51]。三国安定委員会は、三国通貨協定の極東版とも称すべきものであり、1941年の8月から12月のはじめまでに23百万ドルの資金を放出したが、過大評価された法幣の買支え政策は、徒らに外国為替の退蔵を促すだけの結果に終わった[注52]。それだけでなく、日本が上海の国際租界、香港を占領し、海上交通も遮断されたため、三国安定委員会の機能も低下した。イギリスはこれの存続を希望し

たが、アメリカが中国に対する援助コストの削減を求めたため、委員会は1944年に解散した。[注53]

かくして中国における為替安定の構想は挫折したが、これに関与していたホワイトは三国通貨協定以来の経験を活用して、中南米を舞台とする為替安定工作にも平行的に取り組んでいたのである。カナダを除いた米州通貨協力の歴史は、1890年の第一回米州会議に遡るが、アメリカの中南米政策が前向きの姿勢に転換し始めたのは、1938年9月のミュンヘン条約を契機とするものであった。その年の10月にモーゲンソー財務長官は、上述のような中国法幣の支持政策を打出すとともに、中南米諸国に対してもナチスの経済的な侵略を阻止するため、借款の供与を大統領に要請した。[注54]何んとなれば、ナチスが中南米に対して適用したアスキは、一次産品価格の低迷に伴って外貨不足に陥っていた中南米諸国にとって輸出市場の開拓と、輸入需要の充足をはかる上で一石二鳥的な効果を齎していたのであり、その結果1934年から1938年にかけて、ドイツに対する中南米諸国の貿易依存度は、飛躍的に上昇した。ちなみにブラジルの総輸入に占める対独輸入比率は、ドル・ベースでその間に14％から24％となり、チリが10.2％から25％に、メキシコの場合も9％から19.7％にそれぞれ上昇した。[注55]それはアメリカの輸出市場がナチスによって蚕食されてきたことを端的に物語るものであるが、とりわけワシントンを震撼させたのは、政治的にもナチスの影響力が西半球に滲透し始めていたことである。そのような状況の中で1938年の春にたまたま発生したのがハイチの経済危機であり、その結果としてハイチは対米債務の返済を停止したのみでなく、ナチスの金融支援さえも密かに打診し始めた。アメリカは当初、民間ベースの金融協力に期待をよせていたが、それが絶望的とみられるやワシントン輸出入銀行（Washington Export-Import Bank、以下輸出入銀行）を通ずる政府借款に踏み切った。[注56]当初ローズヴェルトは、空軍を創設することによってナチスの侵略を阻止しようとしたが、それに対してモーゲンソーは、アメリカの保有する厖大な金準備の一部を頭脳的に使用すべきであると提言した。輸出入銀行の借款を挺子とするアメリカ財務省の中南米政策は、ここに幕を開くことになったが、ハル国務長官も西半球の結束を提唱し、1938年12月の第八回米州会議（Pan American Conference）において、少なくとも年に一度は、米州諸国の蔵相会議を非公式に開催すべきであると提言した。ナチスに敵対することを恐れたアルゼンチン、ウルグアイ、チリはこれに抵抗したが、米州の独自性を宣言したこの会議の結末は、ハルにとっても満足に値するものであった。[注57]

アメリカの中南米政策が一段と積極的な展開を示し始めたのは、1939年の3月に行われたブラジル支援以降のことであり、それは中央銀行の創設を促すことによって、為替管理の撤廃や為替の安定とともに、対米債務の支払いを再開させることが目的であった。ここで注目されることは、ブラジルの生産と対米貿易を拡大させるため、輸出入銀行が1920万ドルの借款を供与したのみでなく、アメリカの財務省がブラジルの為替を安定させるために、為替安定資金を通ずる50百万ドルの信用を約束したことである。それは、アスキに依存する中南米諸国の貿易をアメリカ市場に転換させることが直接の狙いであったが、為替安定資金と開発援助資金の同時平行的な供与方式は、のちのブレトン・ウッズ体制下におけるIMFと世界銀行グループとの相互補完的な機能の分化に照応する。そのような状況の中で、1940年の9月には輸出入銀行法が改正され、借款の国別限度（2千万ドル）が撤廃されるとともに、西半球における経済の開発と安定およびその産品の秩序ある販売を支援することが、新しく定款の目的に加えられた。かくして、BISの年次報告でも明らかにされたように、1941年に輸出入銀行が行った新規の契約額は、112.90百万ドルに達したが、その大部分は中南米に対するものであった。しかもこれらの借款は、「特定目的の為めに付与されるものであるが、実際には借入国の為替事情を強化する」ことを狙いとしたものであり、それに伴う貿易転換効果として「アメリカ合衆国向けの貨物積出しが増加してきている為め、ラテンアメリカは対ヨーロッパ貿易の拡大を著しく補填することが可能となってきた」。

ここでとくに注目されることは、輸出入銀行と為替安定基金を車の両輪とするアメリカの西半球における為替安定構想が、双務的なベースによって展開されていく過程で、より包括的な米州銀行（Inter American Bank）の設立構想が俄かに具体性を帯びるに至ったことである。1939年にパナマで開催された米州外相会議は、米州財政・経済諮問委員会（Inter-American Financial and Economic Advisory Council）の創設を決議したが、それは単なる米州間の金融問題や為替管理あるいは国際収支問題に止まらず、米州銀行の創設を検討するためのものであった。また同じ年にグァテマラで開かれた米州蔵相会議においてメキシコは、米州銀行案を提出したが、この案は西半球の為替安定構想にクリアリングの概念をはじめて導入し、ホワイトの第一次草案にも多大の影響を与えたものとして特筆に値する。

ちなみにメキシコ案の概要は次のとおりである。（1）米州清算機関を創設して、

金、銀の節約をはかる。(2) 米州銀行は、国際資本市場において加盟国中央銀行の財務代理人として行動する。(3) 米州銀行は、加盟国通貨の内外価値を安定させるため、加盟国の中央銀行を支援する。(4) 米州銀行はすべての加盟国に関係する貿易、為替などの問題について検討する。(5) 金のほかに銀を国際決済手段とする。(6) 米州銀行は、資本投資のチャンネルとなる。[注61]

その直後にアメリカは、国務省、財務省および連邦準備制度などから21人の専門家を選出し、コルラド（Emillio Collado）国務次官補を中心として、米州各国の代表とともに条約案の作成に取りかかったが、その中にホワイトが含まれていたことは申すまでもない。早くも1939年には、「ラテン・アメリカの経済発展のための借款」（Loans to Latin America for the Industrial Development of Latin America）と題するタイプ印刷のメモが作成されたが、それは、ホワイトの手によるものとみられている。[注62] アメリカは当初、短期の貿易信用に重きをおいていたが、中南米諸国は西半球の貿易構造を再編するため、むしろ長期の借款に関心をよせており、[注63] 上掲の借款案も短期の信用よりは長期の借款を目的とするものになっていた。とくに注目されることは、1940年の5月に、ワシントンで米州銀行の設立条約が調印されたことであり、この構想は銀行券の発行を目的としない限りにおいて、ケインズの超国家銀行案と異なるが、清算機能を内蔵し、BISとIMFと世銀を一体化したような極めて野心的な構想であった。不幸にしてこの構想は陽の目をみるに至らなかったが、アメリカの西半球における為替安定の構想は、やがてホワイトの第一次草案として、よりグローバルな形で構想力の飛翔を試みることになったのである。

ちなみに米州銀行の設立条約は8条からなり、6項目の細則が設けられていた（以下の概要は、これを逐条的に要約したものではない）。[注64] (1) 目的 …(イ) 慎重な投資を助成し、資本および信用の生産的な利用を促進する。(ロ) 米州共和国の通貨安定を支援し、通貨の交換性、適正通貨準備の維持を助成するとともに、金・銀の使用と配分および通貨の均衡を促進する。(ハ) 国際決済の振替を行うための清算所（Clearing House）として機能する。(ニ) 西半球の貿易、旅行、サービスの交流を促進する。(ホ) 工業、公共事業、鉱業、農業、商業、金融業の発達を促進する。(ヘ) 農業、工業、公共事業、鉱業、市場開拓、商業、運輸及びこれに関連する経済、財政問題について米州共和国相互の協力を育成する。(ト) 農業、工業、公共事業、鉱業、商業等のテクノロジーに関する調査を支援し、これを促進する。(チ) 銀行の目的に関連する資料、情報の刊行を促進する。(2) 組織…政府

ベースの機関とする。資本金を1億ドルとし、金またはドルで払い込む。総株数は1千株とし、1938年の貿易量を基準として、各国の株式保有数を5段階に分ける。投票権は各国当り最低20株とし、払込の株数に応じて追加投票権が与えられる。ただし、いかなる国も全体の50%をこえることはできない。重要事項の決定は4/5の多数決とする（この方式はホワイトの第一次草案にうけつがれた）。銀行の理事は、株式保有国によって任命され、その国に対して責任を負う。存続期間は20年とするが、更新することができる。(3) 機能…上記の目的を達成するために、銀行は次の機能を遂行する。(イ)加盟国の公的機関（政府、財務代理機関、中央銀行、政府機関）に対して短期、中期、長期の貸出と信用を供与する。(ロ)加盟国の公的機関が発行する債券の売買、保有、取扱いを行う。(ハ)加盟国の公的機関に対する貸出と信用の保証を行う。(ニ)資金、残高、小切手、手形、引受手形の交換所として機能する。(ホ)自己および第三者のために貴金属、通貨、外国為替の売買、保有、取扱を行う。(ヘ)債券その他の債務証書を発行、売却する。(ト)加盟国の公的機関などから当座性・定期性の預金を受入れ、保護預りを行う。(チ)為替手形、引受手形、その他債務証書の割引、再割引を行う。(リ)他の政府系金融機関とコルレス、代理店契約を結び、加盟国公的機関の代理店、コルレス、および財務代理人として機能する。(ヌ)銀行宛電信為替の売買と取扱い、為替手形の引受、信用状の発行を行う。(ル)上記の権限を適正に遂行するため、必要とされる権限を行使する。

　本条約には、アメリカ、コロンビア、ドミニカ共和国、エクアドル、メキシコ、ニカラグァ、パラグアイ、ボリビアが1940年5月10日に調印し、ブラジルも13日、これにならった。この条約が発効するためには、145株以上を保有する5カ国の批准が必要とされたが、米州各国の足並みの乱れから、最終的に批准したのは、メキシコだけであった。

5　ホワイト第一次草案の登場

　戦後の国際通貨体制再建の構想が、英米間のスキームの対立と抗争に端を発するものではなく、それに先行するナチスの国際通貨戦略に対抗するための防衛の論理として構築されたものであったことは、上述のごとくである。しかしながらケインズによって作成された「ドイツの新秩序に対抗する提案」が、本来的にロンドンを中心とするスターリング・ブロックの通貨論理であったのに対して、ア

メリカの米州銀行構想は、西半球におけるドル・ブロックの形成を主導するための通貨戦略であった。その後の英米間における通貨交渉は、このような通貨ブロックの論理をハルのレッセフェール的な理想主義によって、普遍的な戦後国際通貨体制の再建構想に止揚していくための濾過器のようなものであった。

アメリカの国務省がグローバルな戦後処理の問題に取り組み始めたのは、1939年のことであり、その年の9月16日にハル国務長官は、パスヴォルスキー（Leo Pasvolsky）を平和問題に関する特別補佐官に任命した。これに先立つ9月の12日に、フォーリン・アフェアーズ編集長のアームストロング（Hamilton Fish Armstrong）と対外開係委員会専務理事のマローリー（Walter H. Mallory）は、国務省に対して安全保障、軍備、経済、財政、政治、領土の各問題毎に、専門家の研究グループを組成すべきであると建言した。その提言を受けいれた国務省は、ヴァイナーやハンセンなどの学識経験者を経済・財政問題の委員に任命した。次いで1940年の初頭には、対外関係諮問委員会（Advisory Committee on Problems of Foreign Relation）が国務省内に設置され、政治と軍縮および経済のそれぞれについて、小委員会が設立された。経済問題小委員会は、原材料・通商政策と信用・投資政策および通貨政策を主題とし、中立国とこれらの問題について討議するための会議を提唱した。ハル国務長官は、その年の2月8日に47カ国の代表とこれらの問題について討議を行ったが、ナチスのフランス征覇の日が迫るとともに国務省も当面の対策に追われ、この試みは中断のやむなきに至った。[注65]

翌1941年も、国務省は武器貸与協定の起草に忙殺されていたが、その年の10月にパスヴォルスキーは、諮問委員会の再開を提言し、その結果として、ウォーレス副大統領を委員長とする六つの小委員会が設立された。そのうちの二つの委員会が経済問題を担当することになり、バーリー（Adolf A. Berle, Jr.）を座長とする小委員会が救済問題、復興問題、労働力の動員計画など当面の対策を問題としたのに対して、アチソン（Dean Acheson）を委員長とする小委員会は、通商政策、商品協定、カルテル、経済制裁などの貿易問題とともに、通貨政策および信用・投資問題をテーマとした。しかしながら、北アフリカの軍事情勢が連合国にとって有利に展開される状況の中で、救済問題が焦眉の急務となり、為替の安定や国際投資などの通貨問題に関しては、その検討を暫時延期せざるをえなかった。[注66]

しかしながらこの頃には、ホワイトの第一次草案[注67]（Suggested Plan for

a United and Associated Nations Stabilization Fund and a Bank for Reconstruction and Development of the United and Associated Nations) が既に作成されていた模様であり、オリバーによれば、1941年の夏から秋頃までは、同僚に対して、それが明らかにされていなかっただけのことであるとみられている。しかしながら、ドルメールは、ホワイトがモーゲンソーに呼ばれて連合国安定基金 (Inter-Allied Stabilization Fund) の設立に関する作業を命令されたのは、1941年12月14日の朝のことであるとのべ、ホワイトも1942年の4月に大統領宛に送付した第一次草案の序文の中で、それがモーゲンソーの指示に基づくものであったことを明らかにしている。それに対してオリバーは、単にホワイトの私案を権威付けるための修飾に過ぎないと断定しているが、いずれにしてもこの段階でアメリカの財務省が戦後国際通貨体制の本格的な検討にのり出したことだけは事実である。とくに注目されることは、1942年1月の米州外相会議において、「国際安定基金の創設を考慮するために米州蔵相特別会議を招集すべきである」との決議案を提出したホワイトが、「国際安定基金設立計画を携えてこの会議に出席」していたことである。この事実はホワイトがこの頃既に、西半球における為替安定と投資問題を世界的規模の戦略に切り換える心算であったことを示唆するものであり、事実米州銀行の設立構想はやがて、「国際安定基金を準備するために放棄されることになった」のである。上述のホワイト案を検討するために最初の各省会議が開かれたのは、それから4カ月後の1942年5月25日のことであったが、上掲の大統領宛書翰の中で、連合国蔵相会議の開催を提唱していたモーゲンソーの多角的な協議方式は、国務省の反対によって挫折し、米英間の協議に委ねられることになったことは周知のごとくである。かくして、1942年の7月にはホワイト案がイギリスに送付され、その翌月にはケインズ案がワシントンに到着したが、この段階におけるホワイト案は各省間の協議を経ることによって技術的には洗練の度を加えたものの、次第に不毛の構想へと転落しつつあったのである。これをホワイトの第一次草案と対比する場合には、S・クラークならずとも、実りある幾多の提言が、「近視眼的な政治指導者たちの政治的な圧力によって抹殺され」てきた国際通貨外交の空しさを痛感せざるをえないのである。1942年の4月にホワイトの最終案が完成されるまでには、三つの案が作成されたが（第二次草案は同年3月）、第一次草案は、技術的な細目のつめにこそ欠けていたものの、クリアリングの概念を導入している限りにおいては、ケインズ案と同じであり、野心的な点においては、遥かにそれを上回るものでさえもあ

第2章　ブレトン・ウッズ体制成立前史の予備的考察　　　　45

った。

　ホワイトの意図する第一の目的が為替の混乱と通貨、信用制度の崩壊を阻止することであったとするならば、第二の目的は世界貿易の回復であり、両大戦間にみられたようなジャングルの法則を根絶することが窮極の目的であった。第三は、中央銀行と民間銀行を主体とする第一次大戦後の金融協力方式とは違って、国際機関を媒介とする大規模な復興救済資金の供与を計画したことであり、それは同時に、連合国の結束と戦意の昂揚を狙ったものでもあった。これを具体化するために策定されたのがホワイトの第一次草案であり、いうなれば、三国通貨協定から米州銀行の設立構想に至る既往の経験を集大成したものであったが、それが為替安定基金案と復興銀行案に分断されたのは、権限の集中に伴う判断の誤りと能率の低下を防止することが狙いであった。[注76]

　第一次草案の為替安定基金構想がのちのIMFとなり、復興銀行案が通称世銀、正式には国際復興開発銀行（International Bank for Reconstruction and Development）に脱皮していったものである限りにおいて、その間に多くの共通点がみられるのは理の当然である。まず為替安定基金案は、IMFと同じくその取引を加盟国の公的機関に限定し、旧IMF協定第1条のiii、ivおよびviと同じく為替相場の安定、国際収支の改善と物価の安定、為替管理の緩和、複数相場制度と双務的清算協定の廃止などを目的とするものであった。また、加盟国の資格要件として掲げられた諸義務は、同じく第4条第4項（為替の安定義務）、第5項（平価変更）、第8条第2項（経常的支払いに対する制限の回避）、第3項（差別的通貨措置の回避）および、第14条過渡期間の規定にそれぞれ対応する（ケインズの主張を入れてその後過渡期間は1年から5年に延長されたが、過渡期間の困難を過小に評価していたことは、ブレトン・ウッズ体制の致命的な欠陥の一つであった）。またホワイトは、第一次草案の段階から拠出主義をとっていたが、一般引出権については、引き出される通貨の種類を制限し、クオータをこえる借入れには、投票権の4/5の賛成を必要とするなど、厳格な点においてはIMFを遥に上回っていた。同じく為替相場の変更に関しても、それが認められるのは、基礎的不均衡が存在する場合に限られるとともに、投票権の4/5の賛成が必要とされたのであり、そのような為替相場制度の硬直性は、ホワイトとケインズの論争の過程で大幅に緩和されたとはいえ、のちにIMFの基本的な性格を規定することになったのである。

　しかしながらその反面では、ホワイトの第一次草案がいくつかのユニークな側

面をもっていたことを見失うことは一面的であり、基金の監視機能が強調されていたことは、その特色の一つである。同じく調整過程における国内政策の重視は、三国通貨協定にもみられなかった特色であるが、ホワイトの第一次草案を特徴付ける基金の内政干渉主義には、1976年のマニラ総会以後の状況を予料させるものがあった。第二の特色は、代替勘定の先駆的な発想がポンド残高の清算という形でみられたことであり、とりわけ代替されたポンドの償還義務が明確に規定されていたことは、今日ドル残高の代替勘定を検討するに当っても、顧みて他山の石とするに足りる。しかしながらこの問題は、やがてスターリング圏内部のファンディング方式に委譲され、IMFの使命も「救済もしくは復興のための便宜を与え、または戦争から生じた国際的債務の処理を目的とするものではない」（旧協定第1条第1項）ことが明らかにされた。その結果としてIMFが戦後の救済、復興問題から手をひくに至ったことは、IMFが国際通貨問題の第二バイオリンに転落するための一因ともなったが、IMFが8条4項の規定によって交換性の回復義務を経常取引に限定せざるをえなかったのも、最大の理由は、ポンド残高の代替計画が挫折したためであった。第三は、ケインズ案と同じように清算の概念が導入されていたことであり、その限りにおいて、ケインズ案とホワイト案を清算同盟と為替安定基金の対立として教条的に把える発想法は、教科書的な一面性を免れない。しかしながら、ケインズの清算同盟案が、その第一次草案の示すように本来的には、市場原理のアンチ・テーゼとして構想されたものであったのに対して、ホワイトのそれは、BISのそれと同じように連邦準備制度の金決済基金（Gold Settlements Fund）をモデルにしたものと思われる。このような清算とともに、債務償還の促進や金の偏在の是正を狙いとするホワイトの第一次草案には、多分に米州銀行案と相似するものがあり、この点からもホワイトの第一次草案は、米州銀行案の国際版とみることが可能である。

一方の復興銀行案は、為替安定基金案が回避した平和経済への転換を始めとして、一次産品の安定や経済開発の促進を目的とするなど、後の世銀的な役割が予定されていたのみでなく、世界中央銀行的な機能をも兼ねたものであった。クリアリングや金の偏在の是正をその目的に掲げる点においては、為替安定基金案の掲げる機能とも重複するが、復興銀行案では同じく為替の安定を目的とするにしても、補完的な貿易信用の供与や通貨、信用構造の強化など、より構造的な対策が重視されていた。とくに注目されることは、債券の発行や割引、再割引などの中央銀行的な業務に加えて、金をバッキングとする銀行券の発行が予定されてい

第2章　ブレトン・ウッズ体制成立前史の予備的考察　　　　47

たことであり、オリバーによるとそれは、単なる貸出資金の調達に止まらず、金準備の偏在を是正し、それの可動性を促すためのものであったという。しかしながらドルメールによると、銀行券の発行計画は、もともとがモーゲンソーの指示によるものであって、大統領に草案を送付した1942年4月の段階でホワイトは、統計上の目的以外に国際通貨を創造しようとする計画に対して激しく反対していたとも伝えられる。そのようにして、当初発行を計画されていた銀行券はユニタスという為替安定基金の計算単位に後退し、最終的には金と等価のドルによってその地位を奪われることになったが、それは、バンコールのように赤字国の国際収支状況によって自動的に創出されるものではなくて、SDRと同じようにより計画的な創出を企図したものであった。そのようなホワイトの復興銀行案は、いうなれば、ケインズの超国家銀行案にクリアリング機能を導入し、それにBISとIMFと世銀の機能を統合したようなものであった。その構想が余りにも野心的であり過ぎたために、実施可能性について幾多の問題が残されていたことは想像に難くないが、それが幻の構想のままに朽ち果てざるをえなかった原因は、単なる国際通貨外交上のテクニック以外の何ものでもなかったのである。ハロッドによると、イギリス代表の一人フリップスが「国際銀行設立のアメリカ案について詳しく議論したらどうか、と尋ねた」のに対して、「ホワイトは不承知であった。それは彼が、もしこの議論を清算同盟案だけに限定したものにしないとすると、イギリス側が、もしあなたが清算同盟案を受諾するならあなたの銀行案を受諾しましようと、申し出るだろうということを、恐れたから」であり、その理由は、ホワイトが「清算同盟に重大な困難のあることを知った」からであった。かくしてナチスのNew Orderに対抗して、New Dealの国際版を夢みたモーゲンソー、ホワイトの壮大な戦後の国際通貨制度構想は、ケインズ案を葬るための生贄として、自らの手で抹殺されることになったのであり、硝煙の絶えたあとに取り残されたものは、ブレトン・ウッズ体制という最も構想力の貧困な現実以外の何ものでもなかったのである。

6　むすび

　1971年8月のニクソン新経済政策によって名実ともに崩壊したブレトン・ウッズ体制は、1973年末の石油危機とともに、永久に帰らざる河のようなものとみられるに至ったが、その後のフロート下の国際通貨状況（本書の第2部参照）

には、多分にブレトン・ウッズ体制への回帰現象を想わせる動きがみられたのである。そのメカニズムは、ブレトン・ウッズ体制に比して遥かに柔構造であったが、EMSの登場と三極通貨構想の展開、あるいはユーロ市場規制問題の台頭などの諸現象は、時代が為替相場と短期資本移動の自由放任政策から、これを再び管理する状況に移行しつつあることを物語るものであった。同じく1979年末以来の空前のゴールド・ラッシュの過程で複数の中央銀行が介入によって金価格の安定化をはからざるをえなかったことは、金も同じく管理されたフロートの時代を迎えつつあることを示唆するものであった。フロートと金の廃貨を二大眼目とするIMF新協定の発効と相前後して、フロートの見直し機運が台頭し、金復位への動きが顕在化したことは、ヘーゲルならずとも歴史の狡智なるものを想起せざるをえないが、もともとフロートと金の廃貨は、ドル本位を擁護するためのドグマ以外の何ものでもなかった。賃銀と物価が弾力性を喪失し、均衡破壊的な短期資本移動が跳梁する中で、古典的金本位制度の神話を彷彿とさせる市場メカニズム万能の通貨理論が、妥当性を喪失せざるをえなくなったのは理の当然である。

　その当時の国際通貨不安は、市場機能の不全を明瞭に示すものであり、それに対処するためには、何らかの人為的な手段によって市場メカニズムそのものの作用を補正することの必要性を示すものであった。代替勘定を媒介とするSDR本位制度の確立（第9章、6〔節〕）は、そのような対応の一つであったが、それがいかに理論的にすぐれているとしても、国際社会の現実を直視する場合には、いまだ白昼の夢の域を脱しない。いま一つの対応は複数基軸通貨体制の形成であり、石油危機以降の国際通貨状況は、それが好むと否とにかかわらず、一つの現実と化しつつあることを示すものであった。その当時の複数基軸通貨体制は、基軸通貨国の節度を強調し、介入資金の機動的な供与を双務的に許容する反面、とくに資産決済の原則を定めていない点において、三国通貨協定と異なるが、通貨思想的には、これを原体験とするウィリアムズ（J. B. Williams）のキー・カレンシー・アプローチの系譜に連るものであった（第6章参照）。そのような意味でIMFのユニバーサル・アプローチとは方法論を異にするが、それが三国通貨協定を公分母とするブレトン・ウッズ体制への回帰現象を想わせるものがあったのもあながち故なしとはしないのである。しかしながら、基軸通貨国の節度を重視するとはいえ、公的レベルの為替相場協定と複数の為替安定基金によって、市場メカニズムの運動法則を規制し、あるいはこれを誘導しようとする方法論には、自らなる限界がある。複数基軸通貨体制が内蔵する金為替本位制度的な矛盾を

克服するためには、通貨ブロックの間における修正変動相場制度を次善の策とし、国際清算同盟の創設をもって国際通貨制度の理想像とした1968年ブルッキングス研究所の提言を、いま一度顧みることが必要である。もとよりEPUの形成に至るヨーロッパの経験に徴しても、金融技術的なクリアリングのみで、ファンダメンタルズに基因する為替相場の歪みを是正することは不可能である。そのためには、ケインズの国際清算同盟案が提起したように、適正な国際流動性の創出と為替相場の調整を保証するようなメカニズムがクリアリングの機能に連動されることが必要とされる。1970年代の末には、市場を経由しない国際決済が復活し、これをむしろ助長しようとする機運さえもみうけられるに至ったが、そのような動きは為替安定基金方式とクリアリング方式が吻合しようとする状況が醸成されつつ、あることを示唆するものであり、そのような秋にこそ、ブレトン・ウッズ体制の原点に立ち返って、国際通貨体制のあり方を問い直すことが必要とされたのである。

第 3 章　ポンド残高の史的変遷
――スターリング為替本位制度の崩壊過程――

1　はじめに

　ポンド残高の統計上の概念規定は、しばしば改変されてきたが、今日では英連邦諸国を含めた外国の政府と民間部門および IMF を除く国際諸機関に対してイギリスが負担する短期のポンド建債務残高をポンド残高（Sterling Balances、正式には Sterling Liabilities）と呼称する。図式的な表現を借りるならば、外国の公的機関が保有する公的ポンド残高はポンドの準備通貨機能を象徴し、外国の民間部門が保有する民間ポンド残高はポンドの負担するヴィークル・カレンシー機能が沈澱したものである。このような意味においてポンド残高は、スターリング為替本位制度の形而下的な表現であり、一般にポンド残高が栄光から凋落への数寄な運命を辿ってきたポンドの国際通貨的な属性とみられているのも故なしとはしない。

　しかしながらポンド残高は、金融的な概念であると同時に優れて政治的な概念であり、ポンド残高の形成をロンドンの金融便宜のみに帰するのは一面的とのそしりを免れない。ポンド残高の培養基ともいうべきスターリング為替本位制度の源流は、1825 年のイギリス大蔵省覚え書（Treasury Minute of 1825）に遡るが、そこではポンド為替を導入することによって、植民地に駐留するイギリス軍の対外決済を簡素化することが目的とされた。しかしながらスターリング為替本位制度の形成は、19 世紀の中葉におけるイギリスの政治的、経済的な覇権の確立に照応する植民地再編政策の一環にほかならなかった。イギリスの古典的金本位制度は、金本位のベールをかぶったスターリング為替本位制度の代名詞とみられがちであるが、それはインドによって代表される植民地型スターリング為替本位制

度を前提とすることによってはじめて存在し、機能することが可能であったためである。いうなればポンドは本来的に世界大的な規模における国際通貨というよりも、植民地支配体制の上部構造であり、スターリング地域のリージョナル・カレンシー的な性格のものであった、これを端的に示すものは、第一次大戦前の時代から第二次大戦中に蓄積されたインドのポンド残高であり、それはイギリスの対外決済のみならず国際決済メカニズムの循環過程を保証するための要石であった。そのような意味においてポンド残高とは、ヒーリー蔵相のいわゆる「帝国主義的な過去の遺産」にほかならなかったのである。従ってそのようなスターリング為替本位制度が第二次大戦後に澎湃として台頭し始めた植民地の政治的、あるいは金融的独立とともに崩壊の過程を辿らざるをえなかったのは理の当然である。ドルの挑戦とスターリング地域の自壊作用を阻止すべく執拗なまでの抵抗を試みたイギリスも、1973年にはECに加盟することによって、活路を開かざるをえなかったが、とりわけ1972年6月の単独フロートは、名実ともにスターリング地域の終焉を告げる晩鐘にほかならなかった。スターリング地域の崩壊したあと、ポンド残高の主たる担手として登場したのは産油国であったが、1976年の10月に公的ポンド残高が雪崩を打つように離散する中でキャラハン首相は、ポンドの国際通貨的な役割の後退を宣言した。その後、第三次バーゼル協定の成立とIMF借款の導入を契機として、ポンドは堅調を取り戻したが、スーザン・ストレンジ（Susan Strange）のいわゆる支配通貨から協商通貨へと転落してきたポンドが今後中立通貨への途を歩むにしても、当面の課題はロンドンがホット・マネーの安息所となりうるか否かの問題であろう。

2 金為替本位制度の形成

P・アインチッヒ（Paul Einzig）によれば、外国為替残高の発生は遠くギリシアやローマの時代まで遡り、中世における国際的な銀行取引の発達や為替手形の登場とともに、取得された対外短期債権は外国為替残高の形をとって金融の中心地に蓄積される機会が増大した。[注1] 国際金融の中心地は、シャンパーニュをはじめとする定期市や、地方海沿岸の諸都市に移行し、さらにはハンザ同盟やアントワープなどを経て17、8世紀にはアムステルダムへと移動していく。しかしながら「アムステルダム金融市場の中心的な役割が、アムステルダムそれ自体に対する預金債権の造成よりも、外国の諸地域に対する手形のオペレーションに基づ

くものであったことは明らかな事実であった」[注2]。世界が金属貨幣の呪縛から自らを解放して、流動的な紙券債務（Paper Liabilities）に大きく依存するようになったのは、ロンドンが金融市場の覇権を確立した19世紀も半ば以降のことであった。バジョット（Walter Bagehot）が『ロンバード街』（*Lombard Street*）の初版を刊行したのは1873年のことであったが、それは本来古典的なロンドン金融市場の静態的な描写を目的としたものではなくて、信用恐慌の危険性とその対策の必要性を訴えた警世の文字にほかならなかった。バジョットの危惧感をかき立ててやまなかったものは、第一が普仏戦争以来ロンドンに集積されたヨーロッパの公的準備金であり、第二はフランス銀行の兌換停止に伴って「ヨーロッパにおける為替取引の唯一の大決済所」[注3]と化したロンドンに滞留する民間の決済資金にほかならなかった。このような「外国預金はいう迄もなく微妙なる独特の性質を有している。それは外国人の信用に依存する、しかもその信用はいつ失われるか、あるいはいつ不信用に転換するかが分らない。……ロンドンにおける外国人の現金預金の増加するに従い、イギリスに対する＜取付け＞の機会と災厄とがともに増加すると見なすのも無理ではないのである。……いかなる国もイギリス程にその銀行支払準備金に対する外国の請求を受けてきたものは未だ曽てない」[注4]。

　しかしながら1914年以前の外国為替残高に関しては、民間の保有残高はもとよりのこと、公的機関の保有する残高についてすら信頼すべき統計上の裏付けが欠けている。一例として1931年に国際連盟は、1913年末現在における公的外国為替残高を3億ドルと発表したが、BISは第一次大戦前の約12年間における当該残高を4億ドルから6億ドルと推定した。同じくブルームフィールド（Arther I. Bloomfield）は、1957年から58年にかけて行ったより広汎な調査に基づいて、1913年末の公的外国為替残高を963百万ドルと算定した（第1表）。しかしながら1968年にリンダート（Peter H. Lindert）は、当該残高が1,132百万ドルに達していたとみられるとの野心的な研究を発表した（第2表）。ブルームフィールドとリンダートとの数字のギャップは、主として日本の公的機関が保有する外国為替残高の誤差を反映したものであるが、リンダートによればブラジル、メキシコ、シャムおよび海峡植民地などの公的機関も外国為替残高を保有していたとみられるので、1913年末現在における公的外国為替残高はこれをさらに上回っていたとみることが可能である。

　いずれにしても統計的な信憑性と斉合性には欠けるとしても、一般に金本位制

度の黄金時代と目されている第一次大戦前においても、大量の外国為替残高が存在していたことは、古典的金本位制度 → 金地金本位制度 → 金為替本位制度への直進説的な移行過程の非現実性を示すものである。少なくともこのような教科書的な発想は、アングロサクソンに特有の天動説を無批判に承継したものでしかなかったのであり、古典的金本位制度の第一原理と目される金本位のゲームのルールなるものにしても、本来はランカッシャー的な自由貿易論のコロラリーでしかなかったのである。注5 今日ではこのようなルールが一つの神話に過ぎなかったことが漸くにして実証されつつあるが、金本位制度下における国際収支の自動調節機能は、債権国イギリスの公定歩合政策によって事実上代位されざるをえなかった。しかしながらイギリスの公定歩合政策にしてもそれ自体は、しばしば国内政策的な目的に従って発動されたのであり、フランスやドイツなどの金融センター諸国において、これに照応する金利政策が自動的に採用されたことはまれであった。むしろ古典的金本位制度の円滑な運営を保証したものは、金生産の順調な増加や国際政治の安定などの一般的な諸条件に加えて、金輸出入点の一時的な変更や金決済の部分的な停止

第1表 報告された外国為替資産の公的保有総額 (a)（1913年末）
（単位：1913年基準の100万ドル）(b)

国 名	中央銀行	大蔵省またはその他の公的機関	合 計
ロシア	86.2	219.9	306.1
インド		136.4	136.4
日本		115.8 (c)	115.8
ベルギー	32.2	45.5 (d)	77.7
イタリア	38.1 (e)	13.5 (f)	51.6
ドイツ	49.6		49.6
ギリシア	43.7 (g)		43.7
スウェーデン	34.3	9.1 (h)	43.4
チリ		39.0	39.0
フィンランド	20.9		20.9
オーストリア＝ハンガリー	12.2		12.2
フィリピン		11.4 (i)	11.4
ルーマニア	10.9		10.9
ノルウェー	8.9		8.9
スイス	8.2		8.2
デンマーク	6.2		6.2
オランダ	5.5		5.5
セイロン		4.9	4.9
ジャワ	4.7		4.7
フランス	3.2		3.2
ブルガリア	2.7		2.7
合 計	367.5	595.5	963.0

注：(a) 出所については、ブルームフィールド邦訳付録Ⅲを見よ。(b) 1913年（および金本位制の全期間を通じて）の対ドル為替相場については、付録Ⅱを見よ。(c) 横浜正金銀行・日本銀行および日本政府の外国為替資産については利用可能な統計資料がない。(d) ベルギー政府（1,370万ドル）、ベルギー貯蓄中央金庫（3,180万ドル）。(e) イタリア3発券銀行。(f) 6月30日の数値。(g) 分離できない小額の金をふくむ。(h) スウェーデン国債局。(i) 1911年12月31日、その後の数値は不明。

出所：A. I. ブルームフィールド、小野一一郎・小林龍馬訳『金本位制と国際金融』1975年、88頁より再録。

第2表 報告された35カ国の公的準備の内訳（1913年末）

(単位：百万ドル)

	(1) 金	(2) 銀	(3) 外国為替	(4) 合計	(5) 構成比 (3／1+3)
三大債権国	1,122.5	189.4	52.8	1,364.7	4.5%
イングランド銀行	164.9	NA	—	164.9	—
フランス銀行	678.9	123.5	3.2	805.6	0.5
ドイツ・ライヒスバンク	278.7	65.9	49.6	394.2	15.1
その他ヨーロッパ	1,757.0	309.4	610.6	2,677.0	25.8%
オーストリア・ハンガリー銀行	251.4	50.7	17.1	319.2	} 6.4
オーストリア・ハンガリー大蔵省	0.2	4.6	—	4.8	
ベルギー国立銀行	48.1	10.8	32.2	91.1	
ベルギー政府	(a)	NA	13.7	13.7	} 61.8
ベルギー貯蓄中央金庫	(a)	NA	31.8	31.8	
ブルガリア国立銀行	10.6	4.5	2.7	17.8	20.3
デンマーク国立銀行	19.6	1.3	6.2	27.1	} 13.3
デンマーク大蔵省	20.9	6.2	—	27.1	
フィンランド銀行	7.0	0.4	20.9	28.3	74.9
ギリシア国立銀行	4.8	0.3	43.9	49.0	90.1
アイスランド銀行	0.1	—	NA	0.1	NA
イタリア、3大発券銀行	265.4	21.3	38.1	324.8	} 13.2
イタリア大蔵省	68.5	18.6	12.7	99.8	
オランダ銀行	61.1	3.9 (f)	6.2	71.2	} 9.2
オランダ大蔵省	(a)	0.1	—	0.1	
ノルウェー銀行	11.9	0.4	10.8	23.1	} 47.6
ノルウェー大蔵省	—	0.2	—	0.2	
ポルトガル銀行	8.1	9.6	NA	17.7	NA
ルーマニア国立銀行	29.2	0.3	15.9	45.4	35.3
ロシア国立銀行	786.2	31.2	86.1	903.5	} 28.0
ロシア大蔵省	NA	NA	219.5 (b)	219.5	
セルビア国立銀行	11.2	0.7	0.8	12.7	6.7
スペイン銀行	92.4 (c)	138.8	NA (C)	231.2	NA (C)
スウェーデン銀行	27.4	1.3	34.3	63.0	} 61.3
スウェーデン国債局	NA	NA	9.1	9.1	
スイス国立銀行	32.9	4.2	8.6	45.7	20.7
西半球	1,764.9	525.2	64.8	2,354.9	3.5%
アルゼンチン為替局	225.2	NA	—	225.2	} 1.9
アルゼンチン国立銀行	30.9	NA	5.0	35.9	
ボリビア国立銀行	2.6	NA	NA	2.6	NA
ブラジル減債基金	89.6	NA	NA	89.6	NA
カナダ造幣局	115.4	0.2	13.2	128.8	10.2
チリ為替局・発行局	NA	NA	46.6	46.6	NA
ウルグアイ共和国銀行	10.8	1.7	NA	12.5	NA
アメリカ財務局	1,290.4	523.3 (d)	—	1,813.7	—
アフリカ、アジア、オーストラリア	201.8	108.5	403.9	714.2	66.7%
アルジェリア銀行	8.2	NA	NA	8.2	NA

オーストラリア大蔵省	22.0	NA	2.3	24.3	9.5
セイロン政府	1.0	3.8	3.1	7.9	75.6
エジプト国立銀行	10.5	0.7	8.0	19.2	} 40.4
エジプト大蔵省	1.3	3.7	NA	5.0	
インド大蔵省、特別基金	83.0	88.4	136.3	307.7	62.2
日本銀行	63.8	0.2	78.3	142.3	} 78.3
日本政府	1.0	NA	41.9	42.9	
横浜正金銀行	0.6 (e)	NA	115.7	116.3	
ジャワ銀行	10.4 (f)	11.7 (f)	6.9 (f)	29.0	39.9
フィリピン金本位基金	NA	NA	11.4 (g)	11.4 (g)	NA
合　計	4,846.2	1,132.5	1,132.1	7,110.8	18.94%
構成比（除銀）	68.1	15.9	15.9	100.0	
中央銀行	2,927.1	483.4	474.8	3,885.3	14.0%
大蔵省特別基金	1,918.5	649.1	510.8	3,078.4	21.0
その他公的機関	0.6	NA	147.5	148.1	99.6

注：(a) 小額と報告、(b) 公的保有（305.6百万ドル）と国立銀行保有分との差額、(c) スペインはこの他にも192.4百万ペソ（37.1百万ドル）を海外で保有。大部分はイアー・マークされた金属であるが、若干の外国為替を含む。(d) 1914年6月末。(e) 若干の銀を含む、(f) 1914年3月末、(g) 1911年12月末。(h) ベルギー貯蓄中央金庫と横浜正金銀行。(i) 日銀および日本政府の保有する外国為替は Ushisaburo Koyabashi, *War and Armaments Loans of Japan* (1922), p.187 による。

出所：U.S. Federal Reserve Board, *Banking and Monetary Statistics,* (1943), pp.528-51, U.S. Bureau of the Mint, *Annual Report of the Director of the Mint,* 1914 ; and various official sources cited in Lindert (1967), Chapter 2. Peter H. Lindert, *Key Currency and Gold,* pp.10-2. より再録。

　などによって、ゲームのルールそれ自体がしばしば人為的に修正されたためであった。

　そのようにして「完全にして自動的な金本位」なるものは、ケインズが指摘したように神話以外の何ものでもなかったのであり、「金本位制は、当然それに金貨を伴うというようなナンセンスなことが論議されている。もしわれわれが、金通貨とは金が主たる通貨であるか、あるいは全体として非常に重要な交換手段である事態を意味するとするならば、いかなる国もかつてこのような状態にあったことはない」のである。金本位制度のメッカと目されていたイギリスでは、他のヨーロッパ諸国よりも逆に銀行券や小切手などの信用手段が盛行し、安全と流通空費の節約をはかるために対外決済面においても金為替が導入されていたのである。イギリスにおいては「金為替本位制によく似た制度が、既に18世紀の後半にロンドンとエジンバラのあいだの為替を調整するために、実際に用いら

れた」[注7]といわれるが、リカード（David Ricardo）が『地金の高い価格の付録』(*High Price of Bullion — Appendix*) において金地金本位制度の効用を説いたのは1811年のことであった。その一節においてリカードは、「諸国民間における商業の初期の幼稚な取引には、個人間の初期の幼稚なそれと同様に、貨幣や地金の使用においてほとんど節約というものが存在しない。紙券が、同一国家内の個人間において非常に有利に果しているのと同じ役目を、英連邦相互間においてそれが果たさせられているということは、ただ文明と改善との結果においてだけである」[注8]とのべていたのである（さらにリカードは、1816年の『経済的でしかも安定的な通貨の提案』においてこれを敷衍している）。リカードの提案した金地金本位制度がイギリスで実施されたのは、周知のように1925年のことであるが、金為替本位制度はそれ以前の段階から列強の植民地において、既に実験が試みられていたのである。

金為替本位制度の先駆的な試みは、1685年にフランス領カナダが金銀の不足を補うために発行した紙幣とフランス本国向けの為替手形との交換を実施したことに始まるが、その後1763年にはスコットランドで、同一の方式が採用された。1804年にはアイルランドに金為替本位制度が導入されたが、オランダは1846年に銀為替本位制度をインドシナで確立した。[注9]シャノンによるとイギリスが植民地に対するスターリング為替本位制度の導入をはじめて検討したのは、既述のごとく、1825年の大蔵省覚書であり、その目的は植民地に駐留するイギリス軍の対外決済方法を簡素化することにおかれていた。[注10]その当時のイギリス植民地にはAnchor MoneyからZequeensに至るまでアルファベットのすべてを網羅するような無数の外国通貨が流通していたのであり、通貨の呼称はもとよりのこと、素材や品位、重量なども多様を極めていた。そのような状況の中でイギリスの大蔵省は軍事費をポンドで支払うにあたって、現地通貨の整理と、交換の簡素化を必要とするに至ったのである。のみならずナポレオン戦争の終了とともに金本位制度を確立し、スペインに代って1820年代に世界の政治、経済的な影響力を強化したイギリスとしても、植民地の幣制統一は、植民地政策を再編する上でも焦眉の急務にほかならなかった。その場合にイギリスの大蔵省が第一に試みたことは、植民地の流通には余りにも高額過ぎるソブリン金貨に代えてシリングを植民地の本位貨幣として導入し、既存の諸通貨と併行的に流通させようとしたことである。第二のより注目される措置は、全植民地に渉る一元的な固定相場制度を確立することであり、第三はこれと併行してロンドン向の手形を提供

し、代り金をシリングで現地払いすることによって植民地の政府や駐留軍に対する決済を行おうとしたことである。この構想は、後述のようなインド省手形を彷彿とさせるものがあり、正しくスターリング為替本位制度の思想的な源流をなすものと称することが可能である。

しかしながらこの構想は、ロンドン向手形の手数料（事実上の為替変動幅）を画一的にかつ市場実勢よりも高目に設定したことと、ポンドとスペイン・ドルとの間に適正を欠いた平価を設定するなど、いくつかの過誤を犯したため、ついに陽の目を見るには至らなかった。イギリスの鋳貨を本位貨幣として、植民地の幣制を一元的に統一し、スターリング通貨圏を確立しようとする構想がそのようにして挫折したあと、新たに試みられた方法はポンドを計算単位として導入することであった。しかしながら 19 世紀におけるイギリス植民地の慣行に従って、それの採否は各植民地の立法に委ねられたため、画一的な幣制の確立は望むべくもなく、植民地によっては異質の計算単位と通貨の使用をそのまま踏襲する例もみられたのである。イギリスの植民地に金為替本位制度の導入を迫ったのは、1850 年頃の金の発見と、1870 年代から 80 年にかけてみられた金の供給不足であった。このような状況の中で、それまで安定的に推移してきた金銀比価は激動し、銀本位制度を採用してきた東南アジアでも金本位制度を指向する動きが台頭し始めた。1852 年にオーストラリア、ニュー・ジーランド、セイロン、モーリシャスおよびホンコンは、早くもイギリス銀貨の法貨性に 40 シリングの制限を設けるとともに、イギリスの金貨を法貨とした。それに対して金の供給が減少した 1870 年代に、世界中が金本位制度への移行をはかりつつある中で銀本位制度を踏襲する植民地は、銀価の低落に悩まされることになった。そのような状況の中で、1880 年頃には西インド諸島が銀の廃貨を宣言し、1888 年には西インド諸島の英領植民地であるセント・ルシアもイギリス銀貨の法貨性に 40 シリングの制限を設定した。また、後述のようにインドが金為替本位制度を採用したのは 1890 年代のことであるが、海峡植民地は、まず金と交換可能な海峡ドル（銀貨）を新たに発行して旧銀貨を回収するとともに、海峡ドルの数量をコントロールすることによって、これを token money に仕立て上げていったのである。次いで 1899 年には政府紙幣が発行され、1906 年には金を対価としてシンガポールで紙幣を発行し、ロンドンにおけるクラウン・エージェントあてに電信為替を売り出す権限が通貨委員会に賦与された。そのような一連の措置によって金為替の原則が海峡植民地にも確立されることになったのであり、ロンドンとシンガポールの

双方から売り出される電信為替は、ロンドン向の為替相場を安定的に推移させるための自動安定装置と化したのである。第一次大戦も間近い1912年には西アフリカにおいても政府紙幣が発行され、1919年には東アフリカがこれにならったのをはじめとして、西アフリカをモデルとする植民地の通貨制度は、1930年代を盛期としてイギリスの各植民地に拡散されていったのである。

イギリスは本来植民地における政府紙幣の発行に対して拒否的な態度を示していたが、このようなイギリスの旧慣に劇的な転換を求めたものは、1847年に発生したモーリシャスの銀行倒産であり、その結果としてイギリスは、モーリシャスの植民地政府に紙幣の発行を一時的に許容せざるをえなかった。イギリスは1850年代の終りに、事態の収拾とともに通貨の発行権を再び民間の銀行に還元しようと試みたが、植民地の世論に抗しえず、これの存続を認める代償としてイギリスは、通貨の発行準備を新たに規定した。その結果としてモーリシャスは、通貨準備として発行額の最低1/3から最高1/2に相当する金額を正貨で、同じくその1/2に相当する金額をイギリスまたはモーリシャスの証券で保有することになったのである。この点で注目すべきことは、1899年にはじめて本国から政府紙幣の発行を認められたフォークランド島が、通貨準備として保有する証券の種類に"other than the Colony"の但書を付されたことである。1940年に設立された南ローデシアの通貨局だけは、この但書の適用を免れたが、このような但書の挿入は、110％ポンド準備制度（利子を含む）の確立を示すものであり、後に西アフリカの例についてふれるように植民地の資本をポンド残高の形で本国に自動的に還流させるための有力な導管となったのである。外貨準備のロンドン集中制度やポンド・リンク制度とともに、植民地型スターリング為替本位制度の骨核を形成する最も重要な前提条件の一つとなった110％ポンド準備制度は、このようにして形成されたのである。

金為替本位制度が次第にイギリスの植民地に拡散していく過程において、ヨーロッパの先進諸国の間にも金為替本位制度を採用する動きが散見されたことは、同じく注目に値する。ケインズの記述を引用するならば、金為替本位制度を導入する「最近における最初の洗練を欠いた試みがオランダによって行なわれた。オランダ銀行は適正にして経済的な準備高を一部は金で、一部は外国手形で保有してきた。しかしながら、オランダはいつでも外国で債権を取得する手段として、金と外国手形を保有してきたが、外国の金融中心地にも常備的に債権を保有することがなかったことは注意されるべきである。在外債権をもつことによって、名

目通貨を一定の金平価で維持する方法は、不換紙幣から金本位に移る過渡期にロシアのヴィッティ伯爵（Count Witte）によって採用されたのが最初である」。[注12]

他地域のことはさておくとしても、イギリスの植民地における上述のような歴史的事実を顧みただけでも、通常古典的な金本位制度の最盛期とみられている「1914年以前の金本位の構造はしばしば考えられているような単純でかつ画一的なものからはほど遠いものであった。現実の形態は法制上も実際上も国によってかなり異なっており、また同の場合でも時とともに変化」[注13]していたのである。従ってそれぞれの国が採用する金本位制度の態様を整然と分類することはもとより不可能であるが、ブルームフィールドは第一次大戦前の金本位制度を次の三つのカテゴリーに分類した。

(1) 完全金本位制……イギリス、ドイツ、アメリカ。
(2) 跛行金本位制……フランス、ベルギー、スイス。
(3) 金為替本位制……ロシア、日本、オーストリア・ハンガリー、オランダ、大部分のスカンジナビア諸国、カナダ、南アフリカ、オーストラリア、ニュー・ジーランド。またこの中にはインド、フィリピン、および多くのラテン・アメリカ諸国のように、厳格な金為替本位制度を採用していた国が含まれている。

なおブルームフィールドは、このほかにも様々な通貨制度を採用していた国々を次のような態様に区分した。[注14]

(1) 金本位クラブから脱落した国……アルゼンチン（1885年）、ポルトガル（1890年）、イタリア（1891年）、チリ（1898年）、ブルガリア（1899年）、メキシコ（1910年）など。ただし、アルゼンチン、イタリア、およびブルガリアは、1900年、1902年および1906年にそれぞれ金本位に法制上あるいは事実上復帰した。
(2) 紙幣本位制……とくにスペインや種々のラテン・アメリカ諸国。
(3) 銀本位制……中国、エル・サルバドル、ホンジュラスなど。
(4) 地域的な通貨集団……(イ) ラテン通貨同盟（Latin Monetary Union、フランス、ベルギー、スイス、イタリアおよびギリシア）(ロ) スカンジナビア通貨同盟（Scandinavian Monetary Union、スウェーデン、ノルウェーおよびデンマーク）(ハ) スターリング地域（Sterling Area）。

ブルームフィールドの分類は、第一次大戦前の古典的な金本位制度の時代においても、完全な金本位制度を採用する国がイギリス、アメリカ、ドイツの3カ国に限定されていた事実を示すものである。フランスのような跛行本位制を採用

する若干のヨーロッパ先進国を除いた国々は、むしろ金為替本位制度を採用していたとみられるが、1913年末現在における外国為替残高の約60％はロシアと日本およびインドの3カ国が占めるところであった。このような事実は「公的外国為替保有高の順位と債権国の順位とが逆比例の関係にあった」[注15]ことを示すものであるが、反面において公的外国為替残高の所在国については、ブルームフィールドが慨嘆したように具体的な情報が不足しているのが実情である。しかしながら一般的に推論されることは「世界貿易および金融上におけるイギリスの優越した立場と疑問の余地のないポンドの金への兌換性からすると、公的外国為替残高総計の大部分は、疑いもなくいつでもスターリング手形、ロンドンの銀行預金およびその他の短期スターリング資産から

第3表　外国為替資産の金額と構成
(1900―13年)　(単位：百万ドル)

	1899年末	1913年末	増減	(1899=100)％
公的機関	246.6	1,124.7	878.1	456
ポンド	105.1	425.4	320.3	405
フラン	27.2	275.1	247.9	1,010
マルク	24.2	136.9	112.7	566
その他通貨	9.4	55.3	45.9	590
不明	80.7	232.0	151.2	287
民間機関	157.6	497.8	340.2	316
ポンド	15.9	16.0	0.1	100
フラン	―	―	―	―
マルク	―	―	―	―
その他通貨	62.0	156.7	94.7	253
不明	79.7	325.1	245.4	408
合計	404.2	1,622.5	1,218.3	401
ポンド	121.0	441.4	320.4	365
フラン	27.2	275.1	247.9	1,010
マルク	24.2	136.9	112.7	566
その他通貨	71.4	212.0	140.6	297
不明	160.4	557.1	396.7	347

	1899年末	1913年末	増減	(1899=100)％
除その他通貨合計	332.8	1,410.5	1,077.7	424
公的機関	237.2	1,069.4	832.2	451
民間機関	95.6	341.1	245.5	357

出所：Lindert, *op.cit.*, p.22（個々の数字は合計額と一致しない。第4表も同じ）.

成っていた。たとえばインドの残高全体はスターリングであり、また日本の保有高の大半もまたスターリングの形態であったと考えられる」[注16]。たしかに第3表からも明らかなように1913年末の時点におけるポンド残高が、フラン建とマルク建の残高を合計したものにほぼ匹敵し、とりわけフランスとドイツに所在する民間の外国為替残高が皆無とみられたことは（第4表）、ブルームフィールドの観察にもみられるようなイギリスの優位性を裏書きするものということができるであろう。しかしながらイギリスに所在する外国為替残高と民間保有残高を合計しても、それは全外国為替残高の37％を占めるに過ぎなかったのであり、イギリスの優位性は単に相対的なものでしかなかったのである。たしかに民間残高につ

第4表 外国為替残高の通貨別構成（1913年末）　　（単位：1913年の百万ドル）

	イギリス	フランス	ドイツ	その他	不　明	合　計
ヨーロッパ　小計	76.4	262.1	115.5	44.9	531.6	1,030.5
公的保有	76.4	262.1	115.5	44.9	164.5	663.4
オーストリア・ハンガリー銀行	3.9	—	8.3	—	4.9	17.1
フィンランド銀行	3.3	1.1	5.4	4.0	7.1	20.9
ドイツ・ライヒス銀行	14.0	5.0	—	14.4	16.2	49.6
ギリシア国立銀行	10.9	19.0	0.1	—	13.9	43.9
イタリアの3発行銀行	2.2	—	17.8	2.9	15.2	38.1
イタリア大蔵省	3.5	7.5	0.8	0.9	—	12.7
ノルウェー銀行	3.1	1.2	3.1	3.5	—	10.9
ルーマニア国立銀行	2.0	3.3	10.5	0.1	—	15.9
ロシア政府・国立銀行	23.7	221.8	53.0	7.1	—	305.6
スウェーデン銀行・国家債務局	6.2	0.9	15.4	11.8	9.1	43.4
スイス国立銀行	3.6	2.3	1.1	0.2	1.4	8.6
その他公的保有	—	—	—	—	96.7	96.7
民間保有	—	—	—	—	367.1	367.1
西半球　小計	34.3	—	34.8	141.6 (a)	56.2	266.9
公的保有	25.0	—	34.8	—	5.0	64.8
カナダ民間銀行	9.3	—	—	141.6 (a)	—	150.9
カナダ造幣局・大蔵省	13.2	—	—	—	—	13.2
チリ特別基金	11.8	—	34.8	—	—	46.6
その他公的保有	—	—	—	—	5.0	5.0
その他民間保有	—	—	—	—	51.2	51.2
アフリカ・アジア・オーストラリア　小計	344.8	13.0	2.0	17.4	43.1	420.3
公的保有	330.2	13.0	2.0	17.4	41.3	403.9
オーストラリア民間銀行	6.7	—	—	—	—	6.7
オーストラリア政府	2.3	—	—	—	—	2.3
セイロン政府	3.1	—	—	—	—	3.1
インド政府	136.3	—	—	—	—	136.3
日本銀行・政府	101.7	13.0	2.0	3.5	—	120.2
横浜正金銀行	86.8	—	—	—	28.9	115.7
フィリピン銀行・政府	—	—	—	11.4	—	11.4
南アフリカ民間銀行	7.9	—	—	—	1.0	8.9
その他公的保有	—	—	—	2.5 (b)	12.4	14.9
その他民間保有	—	—	—	—	0.8	0.8
公的保有　小計	431.6	275.1	152.3	62.3 (C)	210.8	1,132.1
民間保有　小計	23.9	—	—	141.6 (C)	420.1	585.6
合　計	455.5	275.1	152.3	203.9 (C)	630.9	1,717.7

注：(a) 一部はポンドとみられるが、大部分はドル。(b) オランダ領東インドはギルダーで保有。(e) そのうちアメリカで保有されているのは、公的 16.3、民間 141.9 ＝合計 157.8。
出所：Lindert, op.cit., Tables 2-C, 2-G.

いてはロンドンの卓越性が顕著であるが、横浜正金銀行の保有するポンド残高を仮に民間のポンド残高に算入するとしても、民間の保有するポンド残高の金額は、公的ポンド残高とは比すべくもなかったのである。このような事実からも「1914年以前、イギリス以外の世界は、スターリング為替本位制によっていた——ロンドンのシティによって金本位制全体の安定性のために管理されていた——という意味での定式化された主張は、明らかに過度に単純化されたもの」[注17]でしかなかったということができるのである。一般に国際通貨の要件としては、後でもふれるように計算単位、契約通貨機能のほか、資金、投資機能と介入、取引、ヴィークル・カレンシー機能があげられており、機能的な側面からみる限り、第一次大戦前のポンドが国際通貨的な属性を具有していたことは否定できない。しかしながら上述のように全体の外国為替残高に占めるポンド残高の比重は、あくまでもイギリスの相対的な優位性を示すものでしかなかったのであり、しかもポンド残高の保有国は、フラン残高やマルク残高の保有国とは全く対蹠的に主として非ヨーロッパ諸国に限定されていたのである。このような事実は、ポンドが国際通貨であるよりも本来的にリージョナル・カレンシーであり、むしろことばの厳密な意味においてはキー・カレンシーの一つにしか過ぎなかったことを示すものである。

3 インドの金為替本位制度

　古代ローマ時代の外国為替残高は、富豪が自らの財産を外敵や専制君主の恣意的占奪から防衛するための逃避的な動機に由因するものであった。現代における外国為替残高の成因と態様は極めて多岐的であるが、アインチッヒはこれをいくつかの観点から次のようなカテゴリーに分類した。[注18]

　（1）源泉による分類……㈦海外からの特別の送金、㈠外国に対する貸付または信用の代り金、㈥外国に対する貸付または信用の返済代り金、㈡商品・サービスの輸出代り金、㈲外国証券の売却代金。

　（2）目的による分類……㈦通貨政策上の目的によるもの、㈠対外債務の返済に充てるためのもの、㈥法律、慣習等によるもの、㈡金利の裁定を目的とするもの、㈲投機を目的とするもの、㈥逃避資金（アインチッヒはこのほかにも、残高を保有する主体と運用の形態に着目した分類も行っているが、ここでは割愛する）。

　このほかにも第一次大戦前に金為替が選好された理由としてあげうるのは、金の代名詞でもあったポンドに対する投資によって安全性を確保しながら利息収入

や流通空費の節約などが期待されたためであり、南アフリカやオーストラリアなどの産金国が金為替を保有したのも一つにはこのような理由によるものであった。いま一つの理由としては、金の流出を回避するとともに、為替相場の安定化をはかるために、金為替がしばしば介入政策の用具に使われたためである。しかしながら金為替の保有国を特定の金融センターにリンクさせたのは、リンダートの指摘する「公的外国残高の順位と債権国の順位との反比例関係」が物語るように、金融センター国と外国為替残高の保有国との間における資本、貿易取引面の親近性である。ロシアが1913年に221.8百万ドルの外国為替残高をパリで保有していたことは、その当時のフランスがロシアに対する最大の投資国であったからにほかならない。同じくベルリンに集積された外国為替残高も大部分は、貿易と資本取引の両面でドイツと密接な関係にあった周辺諸国の保有に係るものであったとみられている。1913年末現在における公的ポンド残高の71.3%は、第4表からも明らかなように、インドと日本（横浜正金銀行の保有する残高を含む）の占めるところであったが、その背景にロンドンの金融便宜が存在していたことは否定できないであろう。そのような意味においては「すくなくとも第一次大戦の時期までは、ある特定国の通貨が国際通貨として機能する地域は、概ねその国の金融資本の支配地域に合致していた」[注19]とみることが可能である。

しかしながらポンドとマルクとフランを基軸として衛星国の諸通貨が垂直的な関係に包摂された通貨圏の形成は、同時に政治的な理由によって促進されたものでもあった。ロシアをパリに密着させた要因は、ドイツの軍事的な圧力に対する共通の恐怖感であり、ギリシアがロンドンで外国為替残高を保有した理由も、同じく純粋に政治的な動機に基づくものであったとみられている。上述のように、第一次大戦前の日本は、有数のポンド残高の保有国であったが、それの一つの背景となったのは1905年に成立した日英同盟条約であり、そこではロシアの南進に対する共同の安全保障とともに、インドと朝鮮におけるそれぞれの覇権が相互に認知されていたのである[注20]。いうなれば「国際通貨制度は、特定中心国の国際的銀行制度であるというだけでなく、帝国主義的支配の問題としても存在」[注21]していたのであり、とりわけ金為替本位制度のベールによって偽装されたイギリスの帝国主義的支配が最も巧妙かつ組織的な形で形成されたのは、インドにおける金為替本位制度であった。

ケインズも指摘したように「インドは金為替本位制への道を開いた最初の国ではなかったけれども、それを完全な形態で採用した最初の国」[注22]であり、そこでの

経験は国ごとに若干の変容を加えながら、既述のように海峡植民地や西アフリカなどの英領植民地に次々に移植されていったのである。アメリカも1903年に金為替本位制度をフィリピンに導入し、その翌年にはパナマにもこれを移植したが、フランスも1914年には同じく金為替本位制度を仏領インドシナで実施した。そのような意味でインドの金為替本位制度は、植民地型金為替本位制度の原型とも称すべきものであったが、それは同時にイギリスの古典的金本位制度の運営にとっても不可欠な要石であったのである。

イギリス人が渡来する以前のインドの幣制は複雑を極め、「172種の金貨と243種の銀貨とが流通していたという。すなわち金銀ともに行われたのであって大体ヒンズーは金貨、回教徒は銀貨を好み用いた」[注23]。当時のインドは事実上の金銀複本位制度を慣行としていたかにみられるが、当初イギリスは既にふれたようにインドのみならず全植民地の幣制を銀本位制度の導入によって統一しようとしたのである。インドの幣制統一の過程は、極めて複雑であるが、イギリスは「1806年に銀単本位制を以て幣制統一の方針とすることを定め、ルピー銀貨は全インドに亘りて法貨たるものと為した。但し金貨も依然として法貨たる地位を許容せられた。1835年に金貨の法貨たる地位を失はしめ銀単本位と為した。然るに民衆の金貨に対する欲望尚強きものありしが故に、1837年、1841年等の布告により一定の比価（金1対銀15）にて金貨を上納に使用し、又はルピー銀貨との交換を認むることになった。然るに豪州およびカリフォルニアに於て金鉱発見の結果金価下落し、右の法定比価を以て金を収受する政府の損失大となりたるが故に、1853年1月1日以後全く金貨の使用を認めざるものとなした」[注24]（文中の数字は便宜算用数字に改めた）。

矢内原教授の簡潔な叙述からもうかがえるように、銀本位制度の導入に対する民衆の不満には少なからざるものがあったが、1816年の貨幣法に基づいて自国の幣制を金本位制度の上に確立したイギリスが、銀本位制度の導入をインドに対して強行した目的は一体何であったのか。第一の理由は、中国に対する阿片を中心として、銀本位国に対するインドの輸出が総輸出の40％を占めていたことであり、それは「インドの出超の源泉であり、インドの対外―対本国―支払の基礎」[注25]をなすものであったからである。第二は、1810年代の後半を僅かな例外として、価格の下落しつつあった大量の銀をインドに吸収させることによって、ヨーロッパにおける銀の洪水とそれに伴うインフレを防止することが目的とされたためである。[注26]第三の理由は「銀価維持に苦心せる北米合衆国に対する国際関係上、イン

ドをして専ら銀貨国、銀の需要市場として保存することによって合衆国の要求を満足[注27]させるためであった。第4の最も基本的な理由は、その当時「金の生産が停滞し、イングランド銀行による正貨支払いの再開を中心として、金の需要が急激に増加しつつあったときに、金を流通過程から引上げる」[注28]ことが急務とされたためである。

しかしながらこのようにして確立された銀本位制度は、すでにふれたような1850年代の後半における金銀比価の変動とともに動揺し、イギリスは1856年以降の通貨不足の中で膨湃としてまき起った金貨要求の矢面に立たされることになったのである。金本位制度への移行を求める最初の動きがインドでみられたのは、1859年のことであり、その年にベンガル商工会議所は、金貨を無制限法貨とすることを要望した。それに対してイギリスは、増大する通貨需要の充足をはかるため、1861年にインド紙幣法を制定したが、民衆の金貨に対する要望には抗し難いものがあり、それまで反対の姿勢を示してきたインド政府も1864年には金貨を政府に対する支払いに使用することを認めると同時に、金貨兌換紙幣の発行をも布告せざるをえなかった。インドの銀本位制度を根底からゆるがしたのは、1873年に始る銀価の暴落であったが、アメリカが銀の自由鋳造を停止するに及んで、大量の銀はインドに流入した。その結果としてルピーの対英相場は急落し、対外貿易や資本取引に深刻な影響を与えたのみでなく、本国費（Home Charges）の増大や在印イギリス人官吏の本国送金に対する補償に伴ってインドの財政は一段と加重な負担を強いられることになったのである。のみならず1892年には、銀価対策を目的とする国際会議が挫折するとともに、アメリカ政府の銀買上義務量の増加を規定したシャーマン法が廃止されたため、銀の価格は一段と暴落した。このような状況の中で民衆の不満も一段と増大し、イギリスはその年にハーシェル委員会（Hershell Committee）を設置して幣制の改革を審議させることにした。その答申に基づいてイギリスは、1893年に銀の自由鋳造と銀兌換紙幣の発行を停止し、金を対価として1ルピーにつき1シリング4ペンスの割合でルピー銀貨または紙幣を発行することを決定した。しかしながらこの段階においても、銀貨は依然として無制限法貨であり、その反面では、金の自由鋳造が依然としてみとめられていなかったので、この法律は金本位制度を制定したものというよりも「金本位制を目標とする過渡的制度」[注29]に過ぎなかったのである。

ハーシェル委員会の勧告した金本位制度は、インドにおける金貨の流通を前提

とするものであったが、1898年のリンゼー（A. M. Lindsay）提案は、『インドの通貨と金融』(*Indian Currency and Finance*) におけるケインズの主張などと同様に、金貨の流通が金本位制度の本質的な条件ではないことを強調し、銀行制度の未発達なインドに金本位制度を導入することは、経済的な損失であると主張した。しかしながら南アフリカにおける金鉱の発見は、インドにおける銀貨の鋳造停止とも相まって、ルピーの対外価値を急速に上昇させることになったのであり、そのような状況の中で1898年に設立されたファウラー委員会（Fowler Committee）は、ロスチャイルドをはじめとするロンドン金融界の支援の下に、インドにおける金貨の流通を勧告した。しかしながらインドにおける金貨の流通に反対するイギリスは、依然として銀貨をインドの無制限法貨とし続けたのであり、金を対価とするルピーの発行は許容するとしても、ルピーを対価とする金の提供は拒絶し続けたのである。イギリスがインドにおける金貨の流通=金本位制度に反対した理由は、それによってイギリスの金準備に対する圧力を極力回避するためであったが、金本位制度を導入するには、銀貨の鋳造利益を原資として金本位準備金（Gold Standard Reserve）を創設することが先決であると勧告した。その結果として1899年には、インド造幣および紙幣法が制定され、これによって1ソブリンおよび半ソブリン金貨が法貨となり、金本位準備金を設置してルピー為替の安定をはかることを決定した。1900年にはボンベイに金貨の鋳造所が設けられることになり、金本位準備金も創設されて、金本位制度に移行する体制が漸く整備されるかにみられたのである。しかしながら南ア戦争によってイギリスの金準備が涸渇状態に陥ったため、金貨の流通を前提とする金本位制度の確立に対するインドの宿願は、ついに千載一遇の好機を逸することになったのである。

そのようにして金本位制度の確立に対するインドの宿願を破砕することに成功したイギリスが、代案としてインドに持込んだものは、金本位制度の仮象ともいうべき金為替本位制度にほかならなかった。この制度の下で流通を認められた通貨は、依然として金兌換を否認されたままのルピー紙幣であり、ルピーはインド省手形（Council Bills）を媒介とすることによって、はじめてロンドンにおけるポンド=金と間接的にドッキングすることが可能であった。しかもルピーの対ポンド相場を金の輸出入点の範囲内に収斂させるための安定操作は、金の輸出入によらずしてインド省手形の売買によって行われた。もともとインドで発行されるルピーは、ロンドンにおける紙幣準備金のシャドウ勘定のようなものであったが、

1902年にインド省手形の売却代金が紙幣準備金に繰り入れられたのをはじめとして制度の運用が歪曲されるに伴って、インドは自動的に激しいインフレの渦中に投げ込まれることになったのである。

ちなみにインド省手形とは、インド省大臣が、その諮問機関であるインド評議会（Council of India）の審議を経た上で、イングランド銀行におけるインド政府の金預金を引当としてインド政府あてに振出したルピー払の送金為替手形または電信為替を指す。本来はインド省大臣がインド政府に対する支払いの資金を調達するための手段であったが、インドに対して支払いを必要とする貿易業者などもポンドを対価としてインド省手形を購入した。インド省手形の代り金は、インド政府の金本位準備金に繰り入れられ、インドではこれに相当するルピーが手形の所持人に対して支払われた。このほかインド省手形は、為替相場の介入操作にも使用され、ルピーの対ポンド相場が法定平価を上回る場合には金輸出点以下の価格でインド省手形が売り出された。それとは逆にルピーの対ポンド相場が下落するときは、インド政府がインド省あてのポンド払手形（逆インド省手形 Reverse Councils、逆手形 Reverse Bills）を金輸入点以下の価格で売却することになっていたが、逆インド省手形の売却が行なわれることはまれであった。

インドの金為替本位制度を支えてきたインド省手形の発行は、1893年に至るまではインドに対する支払所要額に限定されていたが、ルピーの安定とインドの対英出超幅の拡大につれて、インド省手形が乱発され、1914年までの10年間にイギリスのインドに対する支払額が15百万ポンドに止まったのに対して、インド省手形の売り出しは241百万ポンドに達した。[注30]

インドの金為替本位制度を最もリアリスティックな形で表出するメカニズムは、ロンドンにおける各種の準備金であり、それは金本位準備金、一般国庫金および紙幣準備金によって構成されていた。金本位準備金は、上述のように1900年に創設されたものであるが、1902年にインド政府の保有する金準備は、インドの反対を押し切ってロンドンに移管され、南ア戦争の戦費調達によって値下りしたコンソル公債の価格支持に充てられた。[注31] その後金本位準備金は本来の目的から逸脱し、本国費の支払い（時点はややおくれるが、1920年にはインドの全歳出の30％に達した）に充当されただけでなく、ルピー為替の安定操作にも使用されることになった。同じくロンドンに設けられた一般国庫金（Treasury Balances）は、インド省手形の代り金によって構成され、本来は本国費の支払いに充てられる筈のものであったが、1838年以降はイギリスの銀行や企業に対

第5表　インド金本位準備金の構成　　　　（単位：ポンド）

年	イギリス所在			インド所在				
	証　券	現金貸付	金イングランド銀行保管	小　計	貸　付	金	銀	合　計
1901	1,008,424			1,008,424		2,439,093		3,447,517
1902	3,467,372			3,467,372	2,005	260,771		3,730,148
1903	3,900,794			3,900,794	295,698	323,417		4,519,909
1904	6,951,743	499,605		7,451,347	76,740	200,416		7,728,503
1905	9,898,999			9,898,999	97,434	240,000		10,236,433
1906	11,910,061			11,910,061	3,520,723		69,540	15,509,324
1907	13,208,489	13,810		13,222,299	60,044	263,349	4,000,000	17,545,692
1908	5,104,078			5,104,078	1,000,310		11,991,749	18,096,137
1909	10,450,141	1,017,192		11,467,333	2,000,344		4,786,734	18,254,411
1910	14,513,878	1,437,425		15,951,303			2,534,302	18,485,605
1911	15,958,904	973,434		16,932,338			1,934,362	18,886,640
1912	15,965,149	1,013,690	250,000	17,228,839			3,745,667	20,974,506

出所：Royal Commission on Indian Finance and Currency Cmd.7070, Appendix iii, p.97, HMSO, London 1913. Marcello de Cecco, *Money and Empire,* 1974, p.240 より再録。

しても低利で貸出されるに至った。紙幣準備金は、インドの紙幣をルピー銀貨に兌換するための準備であり、その性格上インドにおいて銀で保有されるべき性質のものであったが、1898年以降はインド省手形の売却によって取得された金がロンドンの紙幣準備金に繰り入れられることになった。1902年には紙幣準備金を基礎としてインドにおけるルピー紙幣の発行が恒常的になされることとなり、インドの金融政策は完全にイギリスの掌中に委ねられることになった。そのようにして積み立てられた金本位準備金は、第一次大戦の前夜に20百万ポンドを超え、1913年末現在におけるイギリスの金準備（35百万ポンド）の9割近くを占めるに至ったが、紙幣準備金も1913年頃には6百万ポンドに達していたものとみられている。

　以上概説したように各種の準備金は、インドに対するインフレの輸出を見返りとして、乏しいインドの資本を現地に還元するよりも、イギリスに自動的に還流させ、これを低利でイギリスの産業に投下させるための帝国主義的収奪のメカニズムと化していった。そして対外的には、インドの第三国に対する出超を準備金としてロンドンに蓄積させることによって、ヨーロッパとアメリカに対するイギ

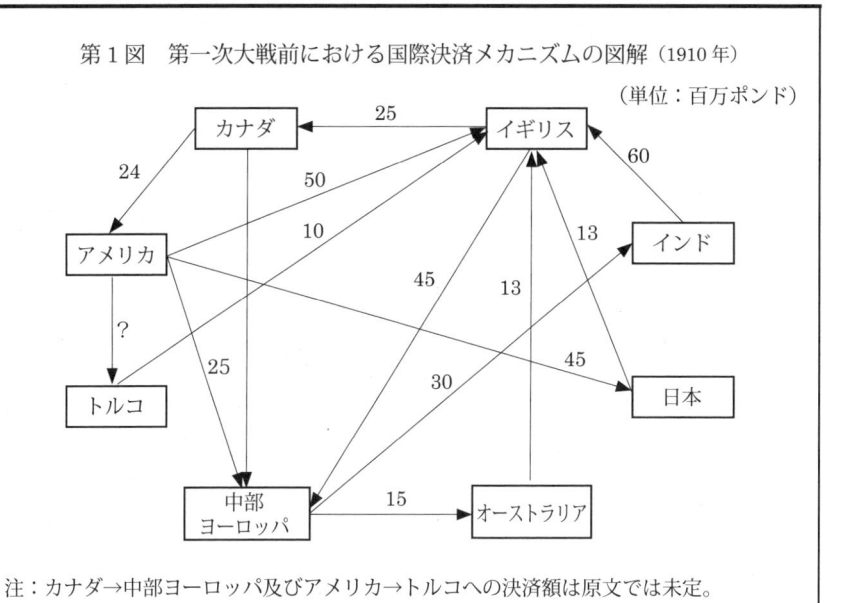

第3章 ポンド残高の史的変遷　　69

第1図　第一次大戦前における国際決済メカニズムの図解（1910年）
（単位：百万ポンド）

```
                    25
      カナダ ←――――――――― イギリス
     ↗  ↓         50       ↑  ↘ 60
   24   ↓        10        |    ↘
    ↓   ↓                  13    インド
  アメリカ          45    13
    ↓                     
    ?       25      30    45
    ↓                          日本
  トルコ
              ↓        15
         中部ヨーロッパ ――――→ オーストラリア
```

注：カナダ→中部ヨーロッパ及びアメリカ→トルコへの決済額は原文では未定。
出所：de Cecco, *op.cit.*, p35 より再録。

リスの赤字補填にこれを転用し、金の流出を防止したのである。

　周知のように1870年から1914年に至る第二次産業革命の時代は、イギリスの世界経済に占める優位性が、アメリカやドイツを中心とする新興工業国の挑戦によって急速に後退していく過程であった。貿易面においても第一次大戦前夜の1913年にイギリスはヨーロッパに対して68.4百万ポンドの入超を記録したのみでなく、アメリカに対しても1890年に90万ポンド、1913年には82.1百万ポンドの貿易収支の赤字を計上するに至ったのである[注32]。イギリスが輸出面で独占的なシェアーを維持し続けたのは、独りイギリスの植民地においてのみであり、しかもイギリスは複雑な非関税障壁をはりめぐらすことによってはじめてそのような独占的な輸出市場を確保することができたのである。インドをはじめとするイギリスの植民地は、第三国に対して貿易黒字を確保していたが、イギリスはこれをポンド残高としてロンドンに還流させ、あるいはイギリスの植民地に対する輸出代金や投資収益などの形で、これをロンドンに回収し続けたのである。第1図は第一次大戦前における世界貿易の循環過程を決済面から図式化したものであるが、この表からもインドがイギリスの貿易赤字の補填に大きな貢献をしていたことが明らかである。それは同時にインドが第一次大戦前における国際決済メカニ

ズムの円滑な運営にとって主役的な役割を演じていたことを物語るものであり、インドの金為替本位制度はイギリスの古典的金本位制度が円滑に機能するためにも不可欠の要石であったことを示すものである。それは金為替本位制度の導入に先行する銀本位制度の役割についても同じく妥当することであり、インドの銀本位制度とは故矢内原教授が慨嘆したように「要するに英国が金の花を持たんがために、印度には銀の花を持たしたのである。印度は英国の色黒き侍女である。色黒き侍女に色白き貨幣。何と色彩の配合の美しいことであるよ！」。[注33]

4　両大戦間における金為替本位制度の普及

　一般に第一次大戦前の古典的金本位制度の時代には、金本位のゲームのルールが無差別的に貫徹することによって、あたかも理想境的な単一の通貨圏が世界大的な規模で形成されていたかのごとくに印象付けられているが、現実の態様は上述のように極めて複合的なものであった。そこで想定されているような金決済のルールは、むしろキー・カレンシー国の相互間、あるいはこれを交換所として経由する異種通貨圏相互の決済に限定されたのみでなく、しばしば人為的な抑制措置が講ぜられたのであり、同一の通貨圏を構成するキー・カレンシー国と衛星諸国との間では、金為替を媒介とする決済方式が支配的であったとみることが可能である。とりわけイギリスの古典的金本位制度は、それ自体が植民地支配機構の一環であり、それは同時にこのような政治的フレーム・ワークの上に構築された上部構造にほかならなかった。従ってイギリスの古典的金本位制度なるものは、そのようにして形成された植民地型スターリング為替本位制度を基盤とし、それと同時平行的に共存することによってのみ存在することが可能であったのである。インドがイギリスの古典的金本位制度にとって最大の安全弁として機能しえたゆえんのものは、上述のような植民地型金為替本位制度の確立であり、反面的にその保障を欠いたアメリカがイギリスの金本位制度にとって最大の撹乱要因となったのは理の当然である。

　周知のようにロンドンはアメリカが1913年に連邦準備制度を創設するまでの期間を通じてアメリカに対する「銀行の銀行」的な役割を演じていたのであり、事実アメリカは尨大な貿易収支の黒字をロンドンに投下していた。しかしながらその当時におけるアメリカの対外貿易には季節性が顕著であり、それを反映した資金の移動に伴ってロンドンの金融市場もしばしば撹乱的な影響を蒙ること

になった。その影響がとりわけ顕著にみられたのは、アメリカで恐慌の発生した1907年前後のことであり、巨額の資金がアメリカに向けて流出するとともにイギリスの金準備は危機的な水準まで低下した。そのような状況の中でイングランド銀行は、1890年以来最高の7%まで公定歩合を引き上げたのをはじめとして、1906年の5月と8月、および1907年の秋にフランス中銀との間で金スワップ協定を締結した。そのような撹乱的な資本の移動に加えてアメリカがイギリスの金本位制度を根底からゆさぶるに至ったいま一つの要因は、アメリカの持続的な金選好であり、それを示すものとして1910年にアメリカの保有する金準備は、イギリスとフランスおよびドイツの合計額を上回り、世界の金準備総額の31%を占めるに至ったのである。しかしながらこのような金選好は独りアメリカのみに特有の現象ではなかったのであり、1907年以降金の生産が停滞を続ける一方、各国ともマネー・サプライの増加に対応して法定金準備の積上げを必要としたため、世界の金需要は増大の一途を辿るに至った。イギリスは、インドに対する輸出価格を引き上げることによってインドからの金の収奪を強化したが、第一次大戦の接近とともに各国の金選好が一段と激化する中で、イギリスの保有する僅か30百万ポンド程度の金準備をもってしては、金本位制度を持続することが不可能となったのである。

　イングランド銀行は、金準備の防衛を目的として高金利政策を持続してきたが、イギリスの古典的金本位制度を崩壊に導いたのは、上述のような各国の金選好に加えてロンドンの金融市場が機能不全に陥ったためである。イングランド銀行の高金利政策によってロンドン金融市場の信用供与能力は著しく制約されるに至ったが、1914年7月24日、オーストリアがセビリアに送った最後通牒を契機としてロンドンの株式市場には売物が殺到し、銀行も恐慌時の現金需要に備えて、ビル・ブローカーに対する貸出の回収に乗り出した。7月27日には、ポンド残高の補給源となっていた新規のアクセプタンスが停止され、7月31日には株式市場も閉鎖のやむなきに至って、ロンドンを中心とする国際的な資金トランファーのメカニズムもここに壊滅するに至ったのである。

　しかしながら若干の補注を必要とすることは、古典的金本位制度がある日忽然として地上から姿を消したのではなかったことである。第一次大戦中といえども連合国と中部ヨーロッパとの為替決済が杜絶した訳ではなく、スイスなどの中立国を媒介として、細いパイプが維持されていた。しかしながら各国ではモラトリアムが実施され、イギリスも8月2日から1カ月間これにならったほか、不

換紙幣の発行とともに金の兌換と自由鋳造を禁止する国が増大した。金の輸出もロシアが1914年の7月24日に禁止したのをはじめとして、ドイツが8月4日、フランスが8月5日にこれを実施し、アメリカも事実上の禁輸にふみ切った。

しかしながらブラウン（William Adams Brown, Jr.）によれば、イギリスにおいて「金はいかなる意味においても、1870年以降の銀のように廃貨されることはなかった。法律的な観点からみれば、金本位制度の理論は維持され、法律による改正は、たかだか金準備を散佚させ、経済的なメカニズムであると同時に法律的な概念でもある金本位制度の完全な放棄を余儀なくさせるような権利義務を一時期に停止すること」[注34]でしかなかった。たしかにソブリン金貨の含有量は不変であり、金の鋳造と兌換も1925年金本位法（Gold Standard Act 1925）によって、金地金本位制度が正式に制定されるまでの間は法的に有効であった。イングランド銀行券が不換紙幣となったのは、1931年の法改正によるものであり、1939年の通貨および銀行条例（Currency and Bank Note Act）が成立するまでイングランド銀行は、ピール条例の定める価格によって金を買い上げる義務を依然として負担していた。金の輸出は1919年に禁止されたが、それは勅令に基づくものであり、1916年国防法（Defence of the Realm Act in December 1916）によって金の溶解が禁止されたこと以外に、金本位制度の法的規定には何らの変更も加えられなかった。[注35]

しかしながらブラウンの見解は余りにも法解釈学的な視点にとらわれ過ぎたものというべきであり、事実に即して観察する限り、金の兌換はイギリスにおいても事実上停止されていたとみるのが妥当である。何となれば「政府紙幣は金貨と同じく無制限法貨であり、法律的には金兌換の禁止はないが、英国政府は愛国心に訴え、名を啓蒙に借り、民衆の金兌換の波及を阻止することに努力した」[注36]からである。イギリスが金の輸出を禁止したのは、1916年11月以降の対ドル・ポンド相場の釘付け政策によるものであるが、1917年のドイツ潜水艦の無差別攻撃により金の輸出は事実上不可能となっており、イギリスも南アフリカとカナダおよびオーストラリアで金を分轄せざるをえなかった。のみならず他方においては、金の受入国もそれに伴う通貨の膨張に悩まされていたのであり、その結果としてスイスは金の購入を停止し、アメリカも金決済を延期して借款の供与にふみ切らざるをえなかったのである。

第一次大戦中におけるイギリスの金本位制度の停止は、法的な措置に基づくよりは事実上のものでしかなかったが、イギリスが終戦とともに国是として掲げた

目標は、自由貿易原則の復活と金本位制度の再建であった。戦前の倍に達する貿易収支の赤字と、船舶の損耗や在外資産の売却などによる貿易外収入の低下に対処するには、市場メカニズムを活用して輸出を増強することが急務とされたからにほかならない。第一次大戦後のイギリスで最初に登場した金本位制度再建の構想は、1918 年に通貨と為替の戦後処理を勧告したカンリフ委員会（Committee on Currency and Foreign Exchange After the War）の中間報告（*First Interim Report of Cunliffe Committee, 1918*）である。この報告書の第一の特徴は、イングランド銀行券および政府紙幣の金兌換を維持すべきことを勧告した反面、金貨の国内流通は金本位制度を維持する上において必要でも望ましいものでもないとのべたことである。第二の特徴は、金の輸入自由化を勧告するとともに、金の輸出については、(1) イングランド銀行の認承を必要とすること、(2) 金の輸出は当該目的のために、イングランド銀行から取得したものに限られること、(3) 金融機関の保有する金をイングランド銀行に集中することを勧告したことである。注37 カンリフ（Walter Cunliffe）自身は、金本位の自動調節機能とピール条例の信奉者であったが、その彼にしてこのような条件付の金本位制度を勧告せざるをえなかったことは時代の変化を物語る。事実第一次大戦後の物価と国際収支は安定を欠き、国内政策的にも対外均衡よりは失業対策を優先せざるをえない状況におかれていただけでなく、世界の産金量も「1915 年から 22 年にかけて 3 分の 1 がた減少」していたのである。注38

しかしながら為替の変動を防止し、世界の貿易を拡大するには、何らかの形で金本位制度を再建することが必須の条件とみられていたのであり、同時にそれは独りイギリスのみならず主要国の等しく懐抱する共通の関心事でもあった。1920 年のブリュッセル会議（Brussels Conference）を皮切りとして、1922 年の 1 月にカンヌで五大国協議（The Five Power Conference at Cannes）が開かれたあと、同年 4 月にジェノア会議（Genoa Conference）が開催されるに至ったのは、そのような理由によるものであり、ここでは下記のように金為替本位制度が勧告されるに至ったのである。

ちなみにブリュッセル会議は、国際連盟が中部ヨーロッパを含む 39 カ国のエキスパートを招集し、政治的な立場にとらわれず、金本位制度の再建問題を討議するために開かれた会議である。ここでは新しい国際機関と国際清算機関の設立が提言されるとともに、通貨と金融問題に関する国際連盟の諮問機関として経済財政委員会（Economic and Financial Commission of the League of Nations）

が設立された。それに対してジェノア会議は、政府ベースの会議であり、中欧諸国やソ連を含む29カ国のほかイギリス自治領の代表も参加したが、連盟に加盟しないアメリカは参加しなかった。この会議のテーマの一つであった戦債の処理問題は挫折したが、金融委員会は通貨、資本逃避、為替（人為的な為替管理の早期撤廃と先物為替市場の形成）の3点について決議を行った。また通貨問題については金問題のほかに中銀の設立と中銀間の協力および均衡財政の重要性を勧告し、さらに適当な時期に国際会議を開催すべきことを決議した。金本位制度の再建に関する勧告は概要次のとおりである。（決議1）…ヨーロッパ経済の再建には通貨価値の安定が不可欠である。（決議4）…ヨーロッパの通貨は共通の本位に基づくべきである。（決議5）…金は唯一の共通の本位である。（決議6）…ヨーロッパ各国の政府は金本位制度の確立が究極の目標であることを宣言し、具体的な計画について合意すべきである。（決議8）…各国は金平価を設定し、旧平価によるか否かを決定すべきであろう。（決議9）…上述の国際会議では金の集中、金に対する需要の調整、金の購買力の大幅な変動の防止を目的とすることになろう。「会議では一例として金為替本位のように外国為替の形で準備を保有するか、国際清算制度によるか、金の使用を節約する何らかの手段を具体化すべきである」。（決議11）…決議3に基づく中銀会議の提案事項としては七つの項目があげられたが、金為替本位制度に関連するものは次のとおりである。(1) ㈕金平価の設定は必ずしも旧平価による必要はないであろう。㈹金平価は為替市場で有効なものでなければならない。㈧通貨の金平価は、必ずしも金でなくても適当額の承認された資産を準備とすることによって保証されなければならない。(2) 事態の進展につれ、参加国のうちには金市場を再開し、金センターとなる国もあろう。(3) 加盟国は国内で保有する金準備のほか、他の加盟国における銀行残高、為替手形、短期証券、その他の適当な流動資産の形で、承認された資産を準備として保有することができる。(4) 加盟国は自国通貨の平価に所定のマージンを加えた範囲内で他の加盟国に対する為替を求めに応じて売買することを慣例とすることになろう。(5) 協定は金為替本位を基礎とすることになり、平価を維持できない国は他の加盟国の準備残高を保有する権利を剥奪される。(6) 各国は国際的な平価制度の維持に必要な法令を定める。(7) 信用は平価を維持するためだけでなく、金の購買力の変動を防ぐためにも供与される。

　金の輸出禁止令が満了する1925年末を1年半後に控えたイギリスは、1924年の6月にチェンバレン委員会（The Committee on the Currency and Bank of

England Note Issues)を任命し、金本位制度への復帰に関する諸問題の検討を依頼した。チェンバレン委員会の報告書は、カンリフ委員会とジェノア会議の基調を継承したものであり、金貨の国内流通の禁止、金のイングランド銀行への集中、金の輸出制限および為替介入の必要性を勧告した。この報告に基づいて 1925年の4月にチャーチルは、旧平価による金本位制度への復帰を声明し、同年5月に1925年金本位法(Gold Standard Act 1925)を公布した。この法律によってイングランド銀行券と政府紙幣は、400オンスの金地金に対してのみ、兌換を保証されることになり、金の自由鋳造禁止の規定とも相俟って金は専ら輸出目的に充当されることになった。リカードの提唱した金地金本位制度は、ここにはじめて法的に公認されることになったが、1928年にはさらに民間の金退蔵も禁止され、かくして金地金本位制度の総仕上げが行なわれたのである。

イギリスが金本位制度に復帰するに当っては、2億ドルを限度とする金スワップがニューヨーク連銀から供与されたほか、モルガン商会をはじめとするアメリカの金融機関も2年間に1億ドルの借款をイギリスに供与した。イギリスはこのようなアメリカの金融支援措置と平行的にロンドンの公定歩合をニューヨークよりも2%高く維持することによって、ロンドンに金を吸収した。[39](このほか1923年には英米戦債協定が締結され、イギリスの債務負担が軽減された。また1924年の10月に成立したドーズ借款は、ドイツ復興の端緒となったのみでなく、ロンドンに対する資金の還流をも促すことになり、かくしてポンドの対ドル相場は既に回復に向っていたのである)。イギリスが旧平価で金本位制度に復帰した最大の理由は、ロンドン金融市場の信認を回復するためであり、イングランド銀行総裁のノーマン(Montagu Norman)は、ジェノア会議の勧告にも謳われているように、ロンドンを世界のゴールド・センターに仕立て上げるために金為替本位制度の国際的な売込みを行っていた。[40]イギリスが金為替本位制度をヨーロッパの各国に受け入れさせるため、反対給付として提供したのは、これらの国々の中銀に対する信用の供与であったが、金の世界的な供給不足と、金の兌換が停止されている状況の下で金の流入を望みえなかったヨーロッパの諸国も、経済の復興資金を確保し、介入による為替の安定をはかるためには、金為替を必要としていたのである。

かくしてフランスも1926年の8月には、金為替本位制度を採用することとなり、第一次大戦前は非ヨーロッパ諸国に局限されていたポンド残高が、ヨーロッパの主要国によって保有されることになったのである。フランスのポンド残高を

正確に把握することは不可能であるが、1925年に皆無であったフランス中銀の保有する外国為替残高は、1926年末に24百万ポンドまで増大した。さらに1927年末には実に175百万ポンドもの巨額に達したが、それの大部分はポンド建のものであったとみられている。そのようなポンド残高の増大も、一つにはポアンカレーの安定政策が実施されるまで、ロンドンに逃避していた民間資本がフランスに還流し、それがフランスの政府によって買上げられただけの

第6表 ロンドンの対外資産と債務

（1927―31年）（単位：百万ポンド）

		資　産	負　債	ネットの対外短期債務
1927年	6月末	122.9	376.0	253.1
	12月末	139.7	419.2	279.5
1928年	6月末	165.4	443.3	277.9
	12月末	200.5	502.9	302.4
1929年	6月末	202.5	453.8	251.3
	12月末	175.7	451.1	275.4
1930年	6月末	175.3	456.5	281.3
	12月末	161.0	434.5	273.5
1931年	3月末	152.9	407.1	254.2

注：資産…ポンド建引受手形、負債…ロンドンで非居住者の保有する預金・手形等。
出所：Benjamin M. Rowland, *Balance of Power or Hegemony,* 1976, p.192 より再録。

ことであり、いわば民間のポンド残高が公的ポンド残高に振替わったに過ぎないと観測する説もある。しかしながらフランス政府は、1927年の夏以降、スワップを実施して外国資本の流入に伴う国内の過剰流動性をロンドンにリサイクルさせていたのであり、民間のポンド残高はフランスの公的ポンド残高を遥に上回っていたものとみられている。いずれにしてもフランスのポンド残高が急激に増加したのは、旧平価で金本位制度に復帰したポンドの過大評価と、これとは対蹠的なフランの過小評価に基因するものであったが、フランスのポンド残高は1920年代の後半における金為替本位制度の支柱となったのである。一方インド、エジプト、オーストラリアのポンド残高は、1925年の150百万ポンドから1927年に90百万ポンドまで減少した。[注41]これらイギリス帝国内の落込みを十二分にカバーして金為替本位制度の運営を支えたものは、上述のごときフランスのポンド残高であった。

　そのような状況の中でロンドンは、第一次大戦の終了後もアクセプタンス業務の退勢を挽回するに至らなかったにもかかわらず、金為替本位制度の普及とともに再び世界の銀行家としての役割を遂行するに至ったが、それは同時にイギリスが債権国から債務国に転落する過程に対応するものであった。ブルームフィールドは「1880年から1914年にかけて、イギリスの短期対外資産が、その短期対外債務をたえず上回ったということに、まったく確信をもてない」[注42]とのべている

が、国際決済銀行も「1928年までには総額約5億ポンド、正味負債としては2億ポンドに達する」ポンド残高が発生したものと観測した。

しかしながらフランスを中心としてヨーロッパの国々が保有するポンド残高は、イギリスの金本位制度への復帰を契機とする金利裁定機能の復活とともに、やがて金為替本位制度そのもの基盤をもゆり動かす攪乱的な要因と化したのである。一般に指摘されているように金為替本位制度が30年代の初頭における金融恐慌を世界的に拡散し、それを増幅する触媒となったことは否めない事実であり、第一次大戦後の金為替本位制度を崩壊に導く導火線となったのは、周知のように1931年の5月に発生したクレジット・アンシュタルトの倒産であった。それに伴う金融危機がさらにドイツ三大銀行の一つであるダナート銀行の破産をはじめとして、中部ヨーロッパに連鎖的な反能をまき起しつつある中でロンドン金融市場は、再びアクセプタンスを停止せざるをえなくなった。その当時のイギリスは、ドイツだけでも50―82百万ポンドにのぼる短期債権を保有していたとみられるが、ポンド残高の取崩しが発生したのは金融恐慌がロンドンに波及することを危惧してのものであった。既にふれたようにロンドンが世界の銀行家的な役割を遂行するにしても、イギリスのポジションは、不健全な短期借・長期貸の状態におかれていたのであり、イギリスは50百万ポンドにのぼるアメリカとフランスからの借款にもかかわらず、ポンド残高の大量の引出しに抗しえず（金準備は130百万ポンドまで減少）、1931年の9月20日、ついに金本位制度からの離脱を余儀なくされるに至ったのである。イギリスはその翌日の21日に1931年金本位改正法（The Gold Standard Amendment Act 1931）を制定し、1925年法の第2条第2項の定めるところによってイングランド銀行が負担してきた公定価格による金地金の売却義務を6カ月間停止することになったのである。

なおイギリスが金本位制度を停止した原因の一つとしては、イギリス自身の政治経済的な混乱を無視することができない。イギリスの財政赤字は既に破局的な様相を呈していたが、メイ委員会は96.5百万ポンドの緊縮財政を建言した。このことは事態の容易ならざることを強く印象付けるものであったが、8月には労働党内閣が倒壊し、ポンドの信認は極度に低下していた。

イギリスは金本位制度の停止にあたって、1931年7月の中旬以来、2億ポンド以上のポンド残高が引き出された事実を明らかにし、停止直前の数日間にこのような動きが一段と激化したことが、離脱を決意させるに至った理由であると声明した。ポンド残高の引出しを行った第一のグループはイギリスの植民地であり、

40％にも達する一次産品の暴落を背景として1929年から1931年にかけて引き出されたポンド残高は1億ポンドを超えたものとみられている。イギリスの植民地は、既述のように金為替本位制度の自動安定装置的な機能を果してきたが、このような植民地のビヘービヤーは、いかに大恐慌下の緊急避難的な措置とはいえ、植民地型スターリング為替本位制度が絶対的な安全弁とはみなし難いことを予料させるに足るものであった。

イギリスの金本位制度からの離脱に最も決定的な影響を与えたのは、1920年代にポンド残高の最大の保有国となったフランスであるが、フランスは既に1928年の6月に貨幣法を制定して金地金本位制度を正式に採用し、それと同時に外国為替を発券の準備に加えることを許容した1926年法の廃止にふみ切っていたのである。フランスはそのような立法の改正を行うとともに金交換をイギリスに要求したが、その理由も一つには、イギリスに金融節度を求めることによって、ポアンカレーの安定政策後ロンドンからフランスに向って流出しつつあった短期資本を抑制させるためであったとも伝えられる。それは第二次大戦後におけるフランス通貨外交の基調ともいうべき、金為替本位制度下におけるキー・カレンシー国の特権に対する伝統的な不信と抵抗を想起させるものがあるが、とりわけフランスの警戒心をかきたててやまなかったのは、イギリスが中部ヨーロッパに新設された中央銀行の役員に自国民を派遣したことであり、それはこれらの国々におけるフランスの投資権益を侵すものとみられたからである。[注45] しかしながらフランス政府は1930年の7月に金交換を自粛し、イギリスに対して信用を供与（1931年7月に更新）するなど、ポンドの支援に積極的な協力を惜しまなかったのであり、むしろイギリスをして金本位制度の停止に追い込んだものは、イギリスの債務返済能力を危惧したフランスの民間ポンド残高の引出しであったとみられている。いずれにしてもイギリスは、フランス政府の警告にもかかわらず、金の交換性を一方的に停止することによって27億フランにものぼる為替の損失をフランス政府に負担させる結果となったのであり、第二次大戦後にフランスが金為替本位制度に対して果敢な挑戦を試みるに至った原因も、一つにはこの時の苦い経験に胚胎するものとみられている。[注46]

しかしながらイギリスとしても、金為替本位制度を崩壊に導いた時流の変化を徒に座視していた訳ではなく、1931年に発表されたマクミラン委員会（Committee on Finance and Industry）の報告書や、イギリスの主導する国際連盟金委員会の二回（1930年9月と1931年1月）に渉る報告書は、金本位制

度の自動調節機能を否定し、法定金準備率の引下げなどを勧告していたのである。このような勧告は、むしろ金為替本位制度の前途に対する世上の不安を増幅する結果となったが、1931年の9月に発表されたThe Economic Advisory Councilの報告書は、暗黙のうちに20—30％のポンド切下げを勧告していたのである。カンリフ報告書が、イギリスの金本位制度への復帰の勧告であったとするならば、この報告書は金本位制度からの離脱のすすめであり、そのような意味において1931年のイギリスの金本位制度の停止は、客観的な要請というよりもこれをテーク・チャンスしたイギリスの半ば自発的な選択でもあったとみられるのである。

5 スターリング・ブロックの形成

1931年に金本位制度を停止したあとのイギリスが指向した路線は、30年代の後半におけるブロック化の世界的な潮流に先がけて、植民地を基盤とするスターリング・ブロックの結束を強化することであった。この点で注目されるのは1932年に発表された『金融問題委員会：ポンド政策に関する報告書』(Committee on Financial Questions, *Report on Sterling Policy*) であり、そこでは金本位制度を離脱した国々がポンドとのリンクを強化することによって、スターリング通貨圏における為替相場の安定性を確保するとともに、ポンドの国際決済機能を高めることの必要性が強調されていた。このためには、一元的な通貨機関を創設して域内の通貨供給量を調節することが最も理想的であるが、そのような構想は非現実的とのそしりを免れない。そこで本報告書が勧告したアプローチは、第一にイングランド銀行が独自にポンドの価値をコントロールし、他の加盟国がポンドに対して固定相場を設定することによって、これを維持する方法であった。それはイングランド銀行を頂点とする域内金融政策の一元化を狙いとするものであったが、それは同時にイギリスの金本位制度停止後の情勢に則して第一次大戦前から形成されつつあった植民地型金為替本位制度から金を捨象した純然たるスターリング為替本位制度の創設を意図したものであった。

本報告書の提言する第二の勧告は、域内の通貨当局間で相互に非公式なコンサルテーションを実施することであり、それは第一の原則論を効果的に実施するための方法論に相当する。1930年11月の第一回イギリス帝国会議の決定に基づいて、1932年の7月に開催されたオタワ会談は、はからずも本勧告を具体化す

るための最初の実験でもあったのである。オタワ会談の貿易面の対応は、域外関税を引き上げることによって域内に特恵関税を導入し、植民地市場におけるイギリスの独占的な貿易体制を関税面から補強しようとしたものであったが、通貨面においては次のような宣言を行った。「本会議は可能な限り広範な為替相場の安定が貿易業者にとって極めて重要であることを認める。(中略)本会議は第一にポンドを基準として自国の通貨を調節しつつある国との間に為替安定地域を作り、第二にポンドの金に対する日々の大幅な変動を防ぐことによって、有益な成果をあげうるものと考えた」。

周知のように翌31年7月にはイギリスをはじめとしてカナダ、オーストラリア、ニュー・ジーランド、南アフリカおよびインドの代表がこれに署名したが、そこで発表された声明はオタワ会議の通貨宣言を要約したものに過ぎなかった。しかしながらこの段階においては「他の国々が同様の政策をとることによって為替相場の安定がより広汎に確保され、維持されることになるであろう」とのべ、他の国々に対しても協調を呼びかけたのである。ケインズは1924年の『貨幣改革論』(*Tract on Monetary Reform*) において国際通貨の安定がアメリカの連邦準備制度とイングランド銀行との緊密な連携にかかっていることを強調し、「イギリス本国とアメリカ合衆国以外の国は、独立の本位制度をもつのは適当でないだろう。その他の諸国にとって、最も賢明な方法は、為替本位制度により、通貨の基礎をポンドかドルに置き、いずれかに対して為替相場を固定......することである。おそらくカナダ以外のイギリス帝国とヨーロッパ諸国はポンドを本位とし、カナダと南北アメリカ諸国はドル本位を採用するであろう」[注47]とのべていたが、オタワの通貨宣言は、ポンドのキー・カレンシーとしての自覚の宣明であり、それに対する志向を明示的に意思表示したものであった。(1936年に成立した三国通貨協定は、このようなキー・カレンシー・アプローチの最初の実験にほかならない。詳細は拙稿「ランブイエ通貨合意の体制論的考察」。本書第6章)。このようなスターリング・ブロックの形成に対応するかのごとくに、1932年に登場したヒットラーは、為替管理と清算協定網を軸とするマルク圏を形成し、1933年の7月にはフランスが自らを盟主とする金ブロックを結成した。ナチスがジェノア会議で勧告された清算所方式をバイラテラルに促進したのに対して、イギリスは同じくそこで勧告された金為替本位制度のより徹底した形における実践を試みたのである。

しかしながらオタワ会議の通貨宣言は、もともとが通商面における個別協定と、

金融面における加盟国の一般的な協力の必要性を謳ったものでしかなかったのであり、そこで想定されていたスターリング・ブロックなるものもそれ自体としては無定形の事実上の関係に過ぎなかった現状の確認でしかなかったのである。従ってスターリング・ブロックなるものの内包的な概念は極めて複雑かつ多岐的であり、例えばカナダのようにオタワ宣言の署名国でありながら、スターリング・ブロックに加盟しない国もあったが、その反面ではイギリス帝国に参加しない国々の中にもポンドにリンクすることによって、事実上スターリング・ブロックの一翼を形成する例もみられたのである。一例として1933年には日本がポンドにリンクしたのをはじめとして、1936年にはイラン、ユーゴ、ギリシア、トルコ、ラトビアなどが同じくこれにならった。1938年の5月には、フランスまでがポンド・リンクを採用し、アルゼンチン、ボリビア、ウルグアイもポンドに対する自国通貨の公定相場を発表するに至ったが、注48 そのようにしてスターリング・ブロックの外延が拡大されていく中であくまでもそれの中核を構成したのは、カナダとニューファンドランドを例外とするイギリス帝国のメンバーであった。

　イギリス帝国のメンバーは、さらに二つのグループに分類することが可能であり、イギリスの植民地と保護領および委任統治領によって構成される第一のカテゴリーは、スターリング為替本位制度が最も厳格な形において実施された地域であった。ポンドはこれらの地域における計算単位であったが、それは国内通貨の発券準備を構成したのみでなく、対外的には準備通貨であるとともに決済通貨であり、それと同時に介入通貨でもあった。第二のカテゴリーに属するのは、オーストラリアとニュー・ジーランドおよび南アフリカであり、第一のグループが概ね通貨局（Currency Board）あるいは通貨委員会（Currency Commissioner）によって、一切の通貨行政が壟断されていたのとは対蹠的に自治を付与された独自の政府と独立した中央銀行を有していた（オーストラリアと南アフリカは1920年に中央銀行を設立。1934年にはニュー・ジーランドもインドとともに同じく中央銀行の設立を認められた）。しかしながら政治的、経済的な歴史的紐帯をバックとして、ポンドはこれらの国々においても最も重要な準備資産であり、国際決済通貨としての機能を負担するとともに、発券準備にも使用されていたのである。スターリング・ブロックの外縁を構成する日本や中近東およびバルカン、スカンジナビアなどの国々においてもポンドは、国により時代によってニューアンスを異にしたとしても、程度の差こそあれ第二のカテゴリーに属する国々におけると同様の通貨機能を果していた。

第7表は中央銀行の保有する対外準備に占める外国為替の比重を示したものであるが、1937年末にはオーストラリアが対外準備の全額を外国為替で保有していたのをはじめ、エストニア、ポルトガルおよびデンマークを除くスターリング諸国でも外国為替が対外準備の半ば以上を占めるに至っていた。このような事実は上述のようなスターリング為替本位制度の形成過程に照応するものとみられるが、第8表からも明らかなように、イギリス帝国およびヨーロッパの国々に対するイギリスの債務残高は、1937年に至るまで着実に増加の傾向を辿るに至ったのである。イギリス帝国に対するイギリスの債務残高が増大した理由は、域内の景気回復と特恵関税および為替相場の安定化などを背景として域内の貿易が拡大したためである。しかしながら1937—38年は、やがて第二次大戦の勃発によって戦間期のスターリング為替本位制度が一大転換を迫られるための序曲のような年でもあった。この年を境にしてイギリスの対外債務残高は再び急速に減少し始めるが、イギリス帝国に対する債務残高の減

第7表　中央銀行の対外準備に占める外国為替の割合（%）

	1929年末	1931年末	1937年末
*オーストラリア	30	57	100
*フィンランド	68	68	76
*エジプト	88	82	73
*インド	67	42	65
*スウェーデン	52	19	65
*ノルウェー	31	12	56
オーストリア	79	43	47
ハンガリー	33	18	41
*エストニア	75	67	39
*デンマーク	34	9	34
*ポルトガル	65	62	33
*南アフリカ	47	—	23
ブルガリア	44	15	23
ベルギー	34	—	21
エクアドル	84	64	21
スイス	37	4	16
チェコスロバキア	64	39	15
ポーランド	43	26	8
リスアニア	73	38	7
フランス	38	24	1
イタリア	50	28	1
オランダ	33	9	—

注：＊印は、スターリング・ブロックに属する国の中央銀行。
出所：R. Nurkse, *International Currency Experience,* p.57. D. J. Robertson and C. C. Hunter (eds.), *The British Balance of Payment,* 1966, p.103 より再録。

少は、リセッションに伴う一次産品価格の暴落を背景としてインドやオーストラリア、ニュー・ジーランドなどが残高を引き出したことによるものであった。

もともとイギリス帝国以外の国々に対するイギリスの債務残高は、大恐慌の痛手から立直るまでに至らなかったロンドン・アクセプタンス・マーケットの停滞や1931年に実施されたポンド切下げの後遺症などから判断して、これらの国々の最低限の運転資金とみられていた。しかしながら1938年には国際政治情勢が再び風雲急を告げ、またしてもポンド切下げのルーマーが燎原の火のごとくに拡散していく中で、スウェーデンやノルウェーを中心とするヨーロッパのスターリ

ング・ブロック諸国は、ポンドから金への乗替えを実施した。通信技術の発達した30年代の後半には、先物為替取引が増大し、金利裁定取引の盛行をみるに至ったが、1938年のチェコ事件を契機として緊迫の度を加えた国際政治情勢の悪化は、無軌道な投機取引の跳梁を促すに至ったのである。

イングランド銀行は、ポンドの暴落を阻止すべく、1938年の12月から翌年の1月にかけて、2億ポンドの金を為替平衡勘定に移管してその強化をはかるとともに、金の先物取引を禁止するなど諸々のポンド防衛策を打ち出したが、ポンドの売圧力は依然として緩和せず、為替平衡基金も1939年の8月25日、ついに介入を停止して、ポンドの相場を市場の成行きに一任せざるをえなくなったのである。[注49]

第8表　イギリスの対外債務残高
（ネット、1931—39年）（単位：百万ポンド）

		英帝国	ヨーロッパ	その他	合計
1931年	12月末	195	173 (21)	43	411
1932年	6月末	238	155	64	457
	12月末	246	159 (30)	63	468
1933年	6月末	281	141	96	518
	12月末	275	135 (40)	128	538
1934年	6月末	337	133	121	591
	12月末	316	131 (47)	133	580
1935年	6月末	301	168	75	544
	12月末	346	188 (52)	66	600
1936年	6月末	357	224	64	645
	12月末	358	281 (66)	82	721
1937年	6月末	410	308	52	770
	12月末	387	355 (98)	66	808
1938年	6月末	380	315	83	778
	12月末	339	226 (86)	33	598
1939年	6月末	328	197	17	542
	12月末	362	134	21	517
1940年	6月末	434	109		543
	12月末	544	136		680

注：括弧内はヨーロッパのスターリング・ブロック諸国の保有する外国為替準備で、ポンド以外の通貨を含む。
出所：Cmd.8354 (1951) and R. Nurkse, *op.cit.,* Robertson and Hunter, *op.cit.,* p.103より再録。1940年はB. Cohen, *The Future of Sterling as an International Currency,* 1971, p.89より再録。

イギリスは同時に1939年国防（財政）規則（Defence〔Finance〕Regulation 1939）を公布して外貨証券の取得を制限するとともにそれの申告を義務付けたが、9月1日にはさらに1939年通貨（国防）法を制定した。ドイツに対して宣戦の布告された9月3日には1939年国防（財政）規則改正令が公布され、これまでの資本取引のほかに経常取引についても管理規制が適用されることになったのである。

1940年の7月には為替管理が一段と強化されるに至ったが、とくに注目されることは、この British Defence Order によってスターリング地域という概念が

第9表 イギリスの海外逆投資　　　　（単位：百万ポンド）

	1939 (9-12)	1940	1941	1942	1943	1944	1945 (1-6)	合計
在外資産の処分（注）	58	164	274	227	189	143	63	1,118
ポンド・バランスの増加	80	179	564	519	647	608	282	2,879
金・ドル準備増（+）減（−）	57	474	△23	△75	△150	△99	△32	152
その他	17	△6	5	3	3	11	16	49
合計	212	811	820	674	689	663	329	4,198

注：在外資産処分の内訳
　　　スターリング・ブロック　564
　　　アメリカ　　　　　　　　203
　　　カナダ　　　　　　　　　225
　　　南米　　　　　　　　　　 96
　　　ヨーロッパ　　　　　　　 16
　　　　　　　　合計　1,118

出所：島本融『国際金融経済の発展』昭和22年、20頁。

はじめて法的に確認されたことである（スターリング地域の指定をうけたのは、イギリス本国のほかに、カナダとニューファンドランドを除く自治領、ホンコンを除く英領植民地、委任統治領、保護領およびエジプト、スーダン、イラクであり、ホンコンがスターリング地域に編入されたのは1941年のことである）。スターリング地域の概念は、のちに1947年の為替管理法（Exchange Control Act 1947）によって指定地域（Scheduled Territories）という法的概念に改称されるが、そのような為替管理の強化はこれまで de facto の体制に止まっていたスターリング通貨圏を de jure の体制に昇華させ、求心力を強める反面において閉鎖的な性格を一層明確にすることになったのである。かくしてポンドはスターリング地域の内部で自由に取引されたが、域外に対する決済には差別主義が適用されることになったのであり、北欧諸国やバルカンなど、スターリング・ブロックの外縁部を構成してきたイギリス帝国以外の国々はスターリング地域に訣別を告げることになった。それはポンドが、為替管理に囲繞されたイギリス帝国のリージョナル・カレンシーとして定着していくための決定的瞬間であったが、第二次大戦中はヨーロッパや南米の国々も戦争という共通の目的のために、交換性を喪失したポンド残高を依然として保有し続けざるをえなかった。

　金・外国為替の集中と対外決済のコントロールを主眼とする為替管理が、戦争目的を遂行するための消極的な通貨面の対策であったとするならば、対外決済手段の調達と造成を狙いとする積極的な戦費の調達は、在外資産の動員とポンド

残高の積上げおよび武器貸与法（Lend-Lease Act）の発効によるものであった。ケインズが1940年にその著『戦費調達論』（How to pay for the War）において提言した金と在外資産の動員は、第一次大戦時にも実施されたが、1941年の6月に武器貸与法が成立するまでの間、イギリスは政府の買上げたドル証券を売却し、あるいはこれを担保としてアメリカの復興金融会社から借款を仰がざるをえなかった。[注51] 第二次大戦に当ってスターリング地域を中心としてイギリスが実施した在外資産の売却は、総額11億ポンドをこえ（第9表）、その額は実にイギリスが第二次大戦前に所有していた海外投資残高の1/3にも達したのである。[注52]

そのような在外資産の動員にもまして有力な戦費調達の手段となったのはポンド残高の積上げであるが、ポンド残高は第二次大戦中に戦前の3倍となり、とりわけスターリング地域の保有する残高は実に3.7倍近くもの増加を示した。かくして第二次大戦の末期にスターリング地域のポンド残高は、ポンド残高全体の8割強を占めるに至ったが、なかでもインドのポンド残高は1945年7月末現在で全ポンド残高の7割を占めていた。そのようにしてインドは第二次大戦中も依然としてイギリスの宝庫としての役割を負担し続けたが、そのほかにもポンド残高の増加が目立ったのはエジプトをはじめとする中近東、アジアのスターリング地域であった。そのようなポンド残高の増大は、これらの地域における連合軍の軍事支出が累積されたものであるが、インドの場合は「防衛費（約60％に上った）負担およびインド軍の欧州派遣による。……南ア連邦のポンド・バランスはイギリスがインド・中東、エジプト等における金売却の益金を買入れたことによって殊に増加した。……若干の植民地と委任統治地域とはそれぞれロンドンと現地に設けられた通貨局（Currency Boards）によってポンドとリンクされていたが、そのポンド・バランスも増加した。またセイロン、トリニダッド、ニューファンドランド等はイギリスに多くは無利子の直接貸付を行った」。[注53]

これを要するにスターリング地域のポンド残高は、第一にインドの茶、エジプトの棉花、オーストラリアの羊毛あるいは西アフリカの錫など、イギリスが輸入した食糧、原材料の代り金を源泉とするものであった。第二のより重要な成因は、ジブラルタルからビルマに

第10表　第二次大戦中の対外債務（ネット）残高

（単位：百万ポンド）

年	スターリング地域	その他	合　計
1941	665	607	1,272
1942	987	655	1,642
1943	1,433	917	2,350
1944	1,914	1,101	3,015
1945	2,454	1,234	3,688

出所：Cohen, op.cit., p.90より再録。

第11表　1945年7月末の各国別正味ポンド残高(推定)　(単位:百万ポンド)

スターリング地域	自治領	オーストラリア	117	非スターリング地域	欧州解放地域	フランス	40
		ニュー・ジーランド	63			ベルギー	37
		南アフリカ	33			ギリシア	55
		アイルランド	178			オランダ	68
		小　計	391			ノルウェー	90
	植民地委任統治領など	パレスチナ	115			その他	12
		セイロン	61			小　計	302
		香港	33		欧州中立国	ポルトガル	78
		マレー	84			その他	29
		東アフリカ植民地	81			小　計	107
		西アフリカ植民地	91		南米	アルゼンチン	85
		その他英領アフリカ植民地	37			ブラジル	36
		トリニダト	19			ウルグアイ	14
		その他英領西インドバーミューダ	40			その他	5
		その他	86			小　計	140
		小　計	647		その他	イラン	22
	その他	アイスランド	17			中国	23
		ビルマ	11			タイ	13
		インド	1,108			その他	6
		エジプト	396			小　計	64
		イラク	70			合　計	613
		小　計	1,602				
		合　計	2,640				
総　計 3,253							

出所：コルマー委員会報告書。大蔵省『調査月報』(第39巻第4号) 79-80頁より再録。

及ぶ長大な戦線で軍隊の補給あるいは道路港湾等の建設に必要とされた現地通貨の見返りとしてポンドが支払われたためである。第三の要因は、いわゆるドル・プール制 (Dollar Pool) と称されるものの所産であり、スターリング地域が域外輸出あるいは米軍の支出によって取得した金とドルは、ロンドンに集中され、それの見合いとしてポンドが支払われたためである。ドル・プール制とは、スターリング地域の金・外貨準備をロンドンに集中し、これをイギリスのみならずスターリング地域全体の対外決済に使用することを目的としたものであり、植民地型金為替本位制度下の決済準備基金を統合し、ロンドンの伝統的な多角清算機能

第3章 ポンド残高の史的変遷

を活用したものともみることができる。この制度は第二次大戦の勃発とともに域内中央銀行の協定に基づいて発足したものであり、その管理はイギリスの為替安定勘定に委ねられた。本制度の運用はあくまで紳士協定に基づくものであったが、エジプトとイラクの場合には、両国の自発的な協力によることを建前とし、また南アフリカに対しては重大な例外措置が講ぜられた。すなわち南アフリカは、イギリスに対する金の売却を自国の赤字補填あるいは対外債務の償還に必要な範囲内に止めることによって、産金の余剰分をそのまま自国の対外準備に繰り入れることを認められたのである。また南アフリカは1941年に至るまで対外決

第12表　ドル・プール残高
（単位：百万ドル）

1938年8月	3,356
1939年末	2,192
1940	296
1941	388
1942	688
1943	1,288
1944	1,684
1945	2,476
1946	2,696
1947	2,079
1948	1,856
1949	1,688
1950年6月	2,422

出所：Paul Bareau, *Sterling Area,* 1948, p.15

済上スターリング地域の為替規制に服さなかったが、それというのも南アフリカはドル・プールに対するネットの拠出国であったからにほかならない（南アフリカは1947年にドル・プールを離脱した）。なおドル・プールの残高は、第12表にも明らかなごとく大戦勃発直後の1940年に急激な減少を示して、涸渇寸前の状態に陥ったが、その原因はアメリカが武器貸与法が成立するまでの間イギリスに対して、現金決済を求めたためである。

もともと1934年のジョンソン法（Johnson Act）は、第一次大戦中の債務不履行国に対して、借款の供与を禁止し、また1937年の中立法（Neutrality Act）も、交戦国に対する武器の輸出を禁止していた。その後アメリカの議会は武器輸出を解禁したが、連合国に対しては現金払と自国船（Cash and Carry）条項が適用された。イギリスは国内消費を輸出に振向けたが、上記のようにスターリング地域の外貨準備が涸渇したため、1941年11月に、時の首相チャーチルは「われわれの外貨準備が払底することは目に見えている。いや既になくなっている」と訴え、ローズヴェルトも「隣家が燃えている。ホースを貸そう」とのべてこれに呼応するに至った。

上述のように第二次大戦中におけるポンド残高の増大は、独りスターリング地域のみに特有の現象ではなかったが、アルゼンチンとブラジルのポンド残高が第二次大戦中に増加したのは、これらの国々がイギリスの兵站基地と化したためである。アルゼンチンとブラジルは、イギリスの非公式帝国と称される程、戦前か

ら通商や資本取引面でイギリスと密接な関係にあったが（イギリスの西半球に対する輸入依存度は、戦前の30％から戦時中に70％まで上昇した）、戦時中のポンド残高は、第二次大戦の勃発とともにイギリスがこれらの国々と締結した延払協定の債務残高を反映したものであった。またヨーロッパ諸国のポンド残高も双務的に締結された特別勘定の借越残高を反映したものであり、オランダ、ノルウェー、ギリシアなどのポンド残高は、主として連合国が戦時中に傭入れたこれら諸国の船舶に対して、イギリスの保険会社が支払った損害保険料の代り金が蓄積されたものであった。

第13表　武器貸与総額（単位：百万ドル）

	貸与額	累　計
1941年（3—12月）	1,244	1,244
1942年	7,009	8,253
1943年	11,733	19,986
1944年	15,396	35,382
1945年	13,714	49,096
主な被貸与国　イギリス		31,000
ソ連		11,000
フランス及び属領		2,377
中国		1,300
ブラジル		319
オランダ		178
その他中南米諸国		115
ベルギー		83

出所：島本、前掲書、10-11頁より作成。

　上述のような在外資産の動員とポンド残高の累積に加えて最大の戦費調達源となったのは、1941年の3月に実施された武器貸与法であり、これによってイギリスは文字通りの飢餓輸出（しかもイギリスの輸出は戦前の1/3に減少していた）を回避しえたのみでなく、物資の生産をあげて戦争目的に集中することが可能となったのである。イギリスは総額にして490億ドルに達する武器貸与のうち、6割以上に相当する310億ドルを供与されたが、この協定はアメリカの参戦とともに1942年、米英相互援助協定（Mutual Aid Agreement）に発展し、カナダもこれに同調した。イギリスは貸与条件の一つとして輸出の統制を求められていたが、戦局の見通しが好転するに伴って、貿易の正常化を望む声が米英両国から台頭し、太平洋戦争の終結とともにこの協定も若干の経過措置を残して廃止されることになった。

6　米英金融協定とドルの挑戦

　第二次大戦の終焉から1950年代の末葉に至る期間は、スターリング・ブロックの解体を要求するアメリカの挑戦と、スターリング・ブロックそれ自体の細胞分裂に伴って、イギリスの植民地型スターリング為替本位制度が次第に崩壊への過程を歩み始めた期間に相当する。スターリング・ブロックの解体を求めるアメ

リカの圧力が、通貨面において凝集されたのはポンドの交換性回復に対する要求であったが、それには当然のことながら第二次大戦中に蓄積されたポンド残高の処理がからんでいた。この問題の契機となったのは、1945年の12月に調印され、翌年の6月に発効した米英金融協定（正式にはアメリカ合衆国政府と英連合王国政府との間の金融協定、Financial Agreement Between the Government of The United States and The United Kingdom）である。それによりアメリカは1951年までに37.5億ドルの資金をイギリスに対して供与することに同意したが、1946年の3月に英加金融協定を締結したカナダも、アメリカと同一の条件で12.5億ドルの借款をイギリスに供与することを決定した。青天の霹靂のように武器貸与法が突如として停止されるに及んで窮地に陥ったイギリスは、困難な交渉を重ねた末にこのような借款をかちとることになったが、それの代償としてイギリスはポンドの交換性回復をアメリカに公約せざるをえなかった。この協定はイギリスが1925年に旧平価で金本位制度に復帰するに当って、アメリカの借款を仰がざるをえなかった故事を今更のごとくに想起させる。同じく本協定の第10条第2項が「本借款の一つの重要な目的は、多角貿易の発展を促進し、多角貿易が無差別の原則にもとづいて早期に再開されるのを促進することである」と規定したことは、第一次大戦の直後にいち早く自由貿易の復活を提唱したイギリスが今や逆に守勢に立たされるに至った現実を皮肉にも浮彫りにすることになったのである。

　ちなみに米英金融協定は、金利を年率2％とし、返済は1951年末から50年間の賦払を条件としたが、イギリスの国際収支の状況によっては変更が可能であった。アメリカはこの協定の成立を契機として200億ドルをこえる武器援助債務を大幅にカットし、6.5億ドル（うち5.32億ドルは終戦時にアメリカが保有していた60億ドル相当の物資をイギリスに譲渡した代り金。残りの1.18億ドルはイギリスが発注したものの未納となっていた武器貸与物資の代金）のみを長期の借款に切りかえた。カナダは英加金融協定の代償として、為替管理法上の特例をイギリスに認めさせる反面、イギリスがカナダ航空兵の訓練費として借り入れた無利息貸付の返済を1951年まで猶予した。このほかオーストラリアは25百万ポンド、ニュー・ジーランドも10百万ポンドをイギリスに贈与した。

　第二次大戦中に世界の工場と化し、過剰生産力の吐口を海外の市場に求めていたアメリカにとって、為替管理と特恵関税制度に囲繞されたスターリング・ブロックは最大の貿易障壁であり、米英金融協定の第9条が、差別的な輸入数量

制限の禁止を謳い上げたのもそのためである。しかしながら通商政策面の具体的な交渉は、国際貿易および雇庸会議（International Conference on Trade and Employment）に委ねられることになり、米英金融協定の焦点となったのは、為替管理の緩和と交換性回復の問題であった。通貨面における米英金融協定の骨子を摘記すると、第一は経常取引に係るポンドの交換性回復を協定の発効する日より1年以内に実施することが明記されたことである。この規定に基づいてイギリスは、スターリング地域の諸国と協定を締結し、これらの国々が経常取引によって取得したポンド（イギリス政府の軍事支出に基づいて1948年末までに取得されたもので、関係国との協議によって戦時中に蓄積された残高と同じ扱いを受けるものを除く）をすべての通貨地域において自由、無差別に使用できるようにすることを義務付けられた。これはスターリング地域の諸国が経常取引によって取得したポンドとドルを、いかなる地域との経常取引にも自由に使用することを認めさせることによって、ドル・プールの差別性を除去しようとするものであった（第7条）。第二はその他の為替取決めに関するものであり、イギリスは次の事項について義務を負うことになった。(1) (イ)米国商品の輸入に対する代金の支払いないし振替、(ロ)両国政府の間における経常取引の決済、(ハ)経常取引によってアメリカの居住者が保有するポンド残高の使用に制限を加えないこと。(2) イギリスは本協定の発効後1年以内に原則として経常取引に対する支払いと振替を制限しないこと（本規定は協定の発効する以前のポンド残高等には適用されない）（第8条）。第三はこれまでに累積されたポンド残高の清算に関するものであり、その結果としてイギリスは関係国との間で協定を結び、ポンド残高を三つのカテゴリーに分けて処理をすすめることとした。第一のカテゴリーは、「直ちに解除され、他のいかなる通貨にも交換可能となり、経常取引の決済に使用できる残高」を指し、このカテゴリーに属する残高は協定の発効後1年以内に、自由無差別にあらゆる通貨地域で経常取引に使用されることになったのである。第二のカテゴリーは、「解除され、1951年を初年として12年間の賦払条件で償還される残高」をさす。第三のカテゴリーは、「第二次大戦の戦中戦後に発生した債務を決済するため、ならびに関係国がこのような決済によって期待される利益を考慮して調整される残高」を指す（第10条）。

　これを要するに米英金融協定の通貨面における目的は、第一がポンドの交換性回復であり、第二は、それの前提条件としてのポンド残高の処理であったが、この協定のより一般的なレーゾン・デテールは、IMF協定の命運がこの協定の成

否にかけられていたことであり、米英金融協定はいうなれば IMF 協定の解除条件とも称すべきものであった。周知のように IMF 協定が 1945 年の 12 月末日までに批准されなかった場合には、アメリカとしても協定第 20 条の規定に基づいて、各国から寄託された IMF の運営費を各国に返還せざるをえない立場に立たされることになったのである。しかしながらそのような各国の批准を求めるためには、IMF 協定の基本原理とも称すべき為替相場の安定と経常取引の自由化について米英両国が合意に到達することが先決であった。このための条件として第一に必要とされたのは、イギリスに対する金融面の支援であり、米英金融協定はそれの具体化を示すものであったが、IMF の設立構想が五里霧中ともいうべき段階にあった 1943 年の暮に提案された First National Bank of New York のフレーザー案[注56]においても、米英間の為替相場を安定させるには、50 億ドルの信用供与が前提とされていた。第二はポンドの交換性を回復するための前提条件としてポンド残高の外科手術が必要とされたことであり、後記（10 節）の事情からこの問題の双務的な解決をはかるためには、米英金融協定に基づいて関係国との間で個別の協定を締結することが必要とされたのである。そのような意味において、米英金融協定は「ポンド・ブロック解放についての重要な規定があり、国際通貨基金協定の触れんとして触れ得なかった骨子的部分を含んでいた。かくて同協定が国際通貨基金案に対し実質上重要な意義を有していたばかりでなく、形式的にも今回のクレディット協定はイギリスのブレトン・ウッズ批准と密接に関連せしめられ、12 月 6 日協定の妥結を終ると同時に、イギリスでは同案受諾とブレトン・ウッズ協定の批准とを同時に議会の審議にかけ、イギリスの議会がその両方を承認するや、カナダをはじめ諸国も之に倣ひ、……漸く所定の 1945 年内である 12 月 27 日に、ワシントンで通貨基金協定の批准式を挙行するまでに漕ぎつけることができたのである。言はば国際通貨基金協定は大きな船であって、米英協定はその竜骨に当る重要なもの」[注57]であり、米英金融協定と IMF 協定は、実質的にも形式的にも不可分の関係にあったのである。

　なお若干横道にそれるが、戦後のブレトン・ウッズ体制は国際通貨体制の主導権をイギリスからアメリカに移譲させ、それをさらにニューヨークからワシントンにシフトさせようとしたモーゲンソーの官僚的発想の所産であった。IMF のユニバーサリズムに対抗するウィリアムズのキー・カレンシー・アプローチは、ウィリアムズ自身をも含めたウォール街の通貨理論であったのであり、上述のフレーザーをはじめとして、注（59）のようなオールドリッチもこれの代弁者で

あった。皮肉にも米英金融協定はアメリカ財務省の意図するところとは逆に、キー・カレンシー・アプローチの最初の実験とも称すべきものであり、ウィリアムズ自身も「アメリカがイギリスに借款を供与することによって、ポンドの国際的な役割を保証すること」[注58]を企図していたのである。しかしながら「誠に奇妙なことは、ウィリアムズ構想に対する批判がアメリカから出されただけでなく、イギリスからも寄せられたことであり、彼等はそれによってポンドの復活された国際通貨機能が永久に排除されるものと信じていたのである。皮肉なことには、ブレトン・ウッズの30年間に生起しつつある経済秩序の特色を最も明らかに物語るのは、ハルとモーゲンソーのユニバーサリズムではなくて、ウィリアムズのキー・カレンシー制度であった」[注59]。

　イギリスは米英金融協定第8条の規定に基づいて1947年の7月15日を目標とする交換性の漸進的な回復に着手することになったが、1947年の8月に交換性回復の最初の実験が挫折するまでの経過を次に概観してみよう。既にふれたように武器援助協定が突如として停止されるに伴ってイギリスが選択した対応策は、デフレでもポンドの切下げでもなく、為替管理の踏襲以外の何ものでもなかった。イギリスの当初の為替管理は、ポンドの国際通貨性を不当に損なわないための配慮から相対的に緩和されたものであったが、上述のように1940年の3月には為替管理法が強化され、ベルギー、オランダ、スイスおよび南北アメリカ等の地域（カナダ、アルゼンチン、ウルグアイ）に対して輸出されるスターリング地域の主要産品（ウィスキー、毛皮、ゴム、ジュートおよび同製品）の代り金は、受領可能な通貨または公定相場によって相手国が買取ったポンドによって回収することが義務付けられるに至った。その結果として非居住者の保有する自由ポンドの相場は集中相場（1940年1月の改正によりニューヨーク向電信売相場は4.02 1/2ドル、買相場は4.03 1/3ドル）を急激に下回ることになった。さらに同年の6月にはアメリカとスイスに対する輸出代金を米ドルとスイス・フランまたは公定相場によるポンドによって回収することを義務付けるとともに、非居住者の保有する英貨債の売却も禁止された。このような一連の措置に伴ってポンドの交換性は極度に制限されることになったが、1940年にイギリスはアメリカの財務省と連邦準備制度の承諾の下にアメリカの銀行と協定を締結し、アメリカ人の保有するポンド残高を封鎖することにした。その結果として生れたのが登録勘定（Registered Account）[注60]であり、アメリカおよびこれと同一の取扱いを認められたスイスとの間における経常取引は、受払いともにこの勘定を経由して決済されることにな

第2図 英国為替管理法上の非居住者勘定管理状況図解（1958年6月1日現在）

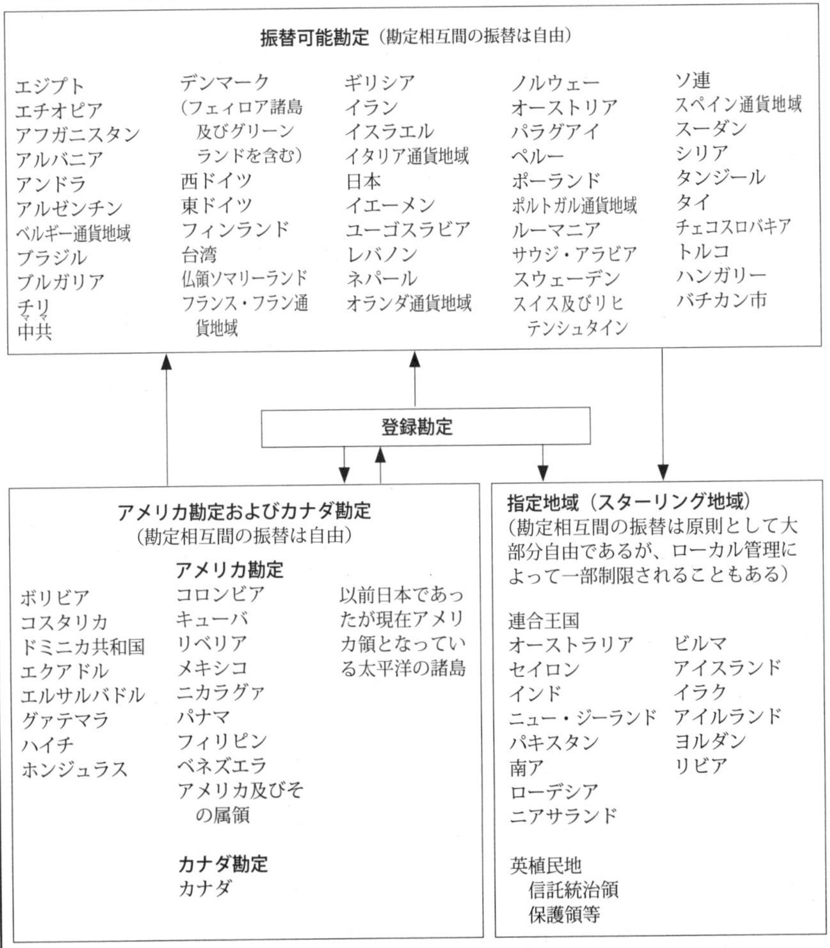

振替可能勘定（勘定相互間の振替は自由）

エジプト	デンマーク	ギリシア	ノルウェー	ソ連
エチオピア	（フェィロア諸島	イラン	オーストリア	スペイン通貨地域
アフガニスタン	及びグリーン	イスラエル	パラグアイ	スーダン
アルバニア	ランドを含む）	イタリア通貨地域	ペルー	シリア
アンドラ	西ドイツ	日本	ポーランド	タンジール
アルゼンチン	東ドイツ	イエーメン	ポルトガル通貨地域	タイ
ベルギー通貨地域	フィンランド	ユーゴスラビア	ルーマニア	チェコスロバキア
ブラジル	台湾	レバノン	サウジ・アラビア	トルコ
ブルガリア	仏領ソマリーランド	ネパール	スウェーデン	ハンガリー
チリ	フランス・フラン通	オランダ通貨地域	スイス及びリヒ	バチカン市
中共	貨地域		テンシュタイン	

↓↑

登録勘定

↓↓

アメリカ勘定およびカナダ勘定
（勘定相互間の振替は自由）

アメリカ勘定

ボリビア	コロンビア	以前日本であっ
コスタリカ	キューバ	たが現在アメ
ドミニカ共和国	リベリア	リカ領となってい
エクアドル	メキシコ	る太平洋の諸島
エルサルバドル	ニカラグア	
グァテマラ	パナマ	
ハイチ	フィリピン	
ホンジュラス	ベネズエラ	
	アメリカ及びそ	
	の属領	

カナダ勘定
カナダ

指定地域（スターリング地域）
（勘定相互間の振替は原則として大部分自由であるが、ローカル管理によって一部制限されることもある）

連合王国	
オーストラリア	ビルマ
セイロン	アイスランド
インド	イラク
ニュー・ジーランド	アイルランド
パキスタン	ヨルダン
南ア	リビア
ローデシア	
ニアサランド	

英植民地
　信託統治領
　保護領等

注1：矢印は上記の各勘定において英管理当局から個々の承諾を得ずして行える振替の方向を示す。
注2：英国為替管理法上振替可能勘定地域は国名をもって示されてはいず、単にアメリカ・カナダ勘定地域と指定地域に含まれないすべての国が、これに属するように定められているだけである。従ってここに掲げた振替可能勘定地域の諸国は、単に例示的なものであって、これですべてを尽くしているわけではない。
出所：東京銀行調査部『英国の為替管理』135頁。

った。またこれと同時にスターリング地域勘定（Sterling Area Account）と他の中立国との間に締結された支払協定に基づいて、特別勘定（Special Account）が創設されたが、居住者勘定から特別勘定への振替は許可を必要とし、特別勘定

相互の振替も禁止されるなど、ポンドの振替性は全面的に停止された。しかしながら1941年には中央アメリカ勘定が設けられることになり、さらに1945年7月にはアメリカ登録勘定と中央アメリカ勘定をアメリカ特別勘定に統合することによって、その間の振替性と米ドルに対する交換性が許容された。その後も漸進的に交換性の回復に向って準備を積み重ねてきたイギリスは、1947年の2月に振替可能勘定（Transferable Account）を創設し、「この勘定とアメリカ勘定とは、その国籍のいかんにかかわらず、イングランド銀行への報告を条件として、相互振替がみとめられることになった。この振替可能勘定は、当初アルゼンチン、カナダ、ベルギー、オランダ、ポルトガルの5カ国に適用されたが、米英金融協定による約束の1947年7月15日までに計17カ国に拡張され」[注61]、米英金融協定に定められた7月15日までには、ソ連、中国、フランス等若干の国を除いて経常取引の交換性が回復されることになったのである。しかしながらこの間における対米クレジットの引出しは、「1月ないし3月の引出額5億ドルに対し、4月ないし6月のそれは9億5千万ドルにおよび、さらに7月には1カ月だけで7億ドルを算した。……8月の月初以来20日間におけるドルのクレジットの引出額は6億ドルに上り、その残高は僅か4億ドルに減少した」[注62]。このような状況の中でイギリスは8月の18日からアメリカとの間で交渉を開始し、8月20日にイギリスはアメリカ勘定を例外として、そのほかの交換性を再び停止した。ポンドの交換性が挫折に追い込まれた基本的な原因は、それが時期尚早であったためであるが、その他にも冬の寒波と夏の旱魃が生産の停滞を招来し、ひいては物価と貿易収支の変調を招くなどいくつかの悪条件が重ったためである。なかんずく最大の敗因は、予定された交換性回復の時期が接近するに伴って交換可能ポンドの入手をめぐるリーズ・アンド・ラグズが一段と激化したためである。かくして交換性の回復に失敗したイギリスは、1947年の10月にこれまでの為替管理諸規制を集大成して、1947年為替管理法（Foreign Exchange Act 1947）を制定した。1947年法の付表に列挙されたスターリング地域が、新たにイギリスの管理法上「指定地域」という法律的な名称を冠せられることになったことは、既に付言したごとくである。

　以上のように米英金融協定が最大の眼目とするポンドの交換性回復の試みは頓挫したが、それの前提条件ともいうべきポンド残高の処理については、複雑な経緯を辿りながら着々と解体の作業がすすめられた。ポンド残高の処理は、下記（10節）のごとく、1944年の7月に開かれた連合国通貨金融会議（ブレトン・ウッ

ズ会議。United Nations Monetary and Financial Conference)の前夜から国際的な論議の対象となっていたが、インドはブレトン・ウッズの会議において正式にポンド残高の清算を要求し、エジプトもこれに賛同した。しかしながら創草期のIMFが大規模なポンド残高を自らの責任において処理するには余りにも資力が不足していたことは明らかであり、インドは代案としてIMF協定第6条第1項(b)(i)との関連において「外国信用残高の合理的な範囲内における多角的清算」を提議した。しかしながらこの案は米英両国の反対するところとなり、協定第8条4項(a)にみられるように外国の保有する外国為替残高の交換性は経常取引に限定されることになったが、その規定は同時に米英金融協定の第7条とも正しく照応するものであった。ポンド残高のConsolidationをめぐる論議は10節に譲るが、アメリカは関係国相互の理解によってこの問題を解決することを希望するとともに、イギリス代表のケインズもポンド残高の処理は当事国の問題であり、イギリスとしてもIMFに支援を仰ぐ意志のないことを明らかにした。[注63]その結果ポンド残高の処理は関係国の協議に委ねられることになり、IMF協定の第1条第1項が「基金は、救済もしくは復興のための便宜を与え、または戦争から生じた国際的債務の処理を目的とするものではない」と規定したのも、そのような経緯によるものであった。

　米英金融協定の第10条は、上述のようにしてポンド残高の多角的な処理を忌避したIMFの対処方針を継承したものであったが、イギリスはこの規定に基づいてポンド残高の保有国と個別に金融協定の締結をすすめることになったのである。この協定は国によりまた時点によって内容を異にしていたが、その目的の第一は封鎖の対象とされた戦時中のポンド残高を漸進的に解除することであり、第二はドル・プールに蓄積されたスターリング地域の中央準備を、域内の収支計画に基づいて適正に配分することであった。まず第一の目的を具体的に遂行するためイングランド銀行は、ポンド残高を二つのカテゴリーに区分し、経常取引から派生したポンド残高のみを第一勘定 (No.1 Account) に繰り入れることとした。この残高は経常取引の決済に使用することを認められたが、戦時中に蓄積されたポンド残高は第二勘定 (No.2 Account) に別除され、イングランド銀行はこれを封鎖した。しかしながら第二勘定の残高といえども、イギリスの特定の証券に対して投資することは認められていたのであり、また金融協定の定めるところによって封鎖を解除された金額は順次第一勘定に振替えられることになったのである。かくして1947年末現在におけるポンド残高の52%は封鎖されたが（第14

表)、その大宗を占めたのはインド、エジプト、パキスタン、アルゼンチンおよびイラクの保有するポンド残高であった。なかんずくインドの保有する封鎖勘定残高は第二勘定全体の半ばを占めていたが、オーストラリア、ニュー・ジーランド、アイルランドなどの白人系スターリング諸国とベルギー、オランダ、ノルウェ

第14表 No.1、No.2勘定の残高内訳
(単位：百万ポンド)

	第1勘定	第2勘定	合計
1947年末	1,713	1,860	3,573
1948年末	1,759	1,600	3,359
1949年末	1,994	1,350	3,344

注：第1勘定の残高は推計。
出所：*The Economist*, May 13 1950, Bimalendu Dhar, *The Sterling Balances of India*, 1956, p.116. より再録。

ー、イタリアおよびイランの保有するポンド残高は大部分が第一勘定に繰り入れられた。

ちなみにイギリスがヨーロッパやアルゼンチンのポンド残高に与えた特恵的な優遇措置は、概要下記のごとくである。(1) Gold Clause…第二次大戦の末期にイギリスがヨーロッパの中立国と締結した金融協定には金約款が通例であった。1948年7月のイギリス、ノルウェー協定は、一定のスウィングを超えた場合に金決済を規定したが、ベルギー、スイス、ポルトガルの金融協定にもこれが適用された。(2) Revaluation Guarantee または Multilateral Exchange Guarantee…金価格の引上げによって発生する損失を残高で調整する方法であり、1948年2月の Andes Agreement（イギリス・アルゼンチン金融協定）においてイギリスは、ポンドが金に対して切り下げられた場合に、ポンドとペソの相場関係には変化がなくても金価格の引上げによって生ずる損失を調整することにした。このような条件はベルギー（含ベルギー領コンゴ）、ブラジル（後に停止。チリがその代りに適用された）、イラン、パラグアイ、ポルトガル、スウェーデン、ウルグアイにも適用された。アルゼンチンの場合は Gold Clause を付帯する A 勘定（封鎖勘定）、経常取引に使用できる B 勘定（1949年4月の協定で Gold Clause が付帯された）のほか、1949年6月に C 勘定を創設し、1949年2月以降に取得されたポンド残高には Revaluation Clause を付することにした。(3) 為替相場の変更時における通告…1946年の3月に締結されたイギリスとスイスとの金融協定をはじめとして、ポルトガル、スウェーデンとの協定においてイギリスはポンドの切下げに当って "As Much Notice As May Be Practical" 条件を許容した。さらにオランダ、ベルギーとの協定では事前通告の義務を負担した。(4) Trade Deficit Clause…これを適用されたのはアルゼンチンのみであるが、アル

ゼンチンは、これにより他のスターリング地域に対して経常収支の赤字を生じた場合に封鎖勘定から引き出すことが可能となった。なおイギリスは自国の保有する鉄道をアルゼンチンに買い取らせるため、A勘定からB勘定に全額をふりかえた。それによってアルゼンチンだけはすべてのポンド残高を経常取引に使用できることになった。[注64]

　金融協定のいま一つの狙いとするドル・プールの引出しについては、これを硬貨圏からの必要不可欠な輸入に限定することについて、従来から非公式の合意が成立していた。この場合の必要性の判定は、現地の輸入管理機関の裁量に委ねられていたが、ドル支出の最も効果的な抑制手段となっていた戦時中の船舶統制が解除されるに伴って、イギリスはメンバー国に対してその都度必要な勧告やドルの割当を行なわざるをえなくなっていた。エジプトとインドは1945年の金融協定で硬貨の割当てを獲得したが、ドル・プールからの引出しに対するスターリング地域の要請が高まるにつれてイギリスも1947年の末には、パキスタンやビルマなどに対しても引出しの限度を新に設定せざるをえなくなった。しかしながら、その反面において1948年の初頭に南アフリカは、非スターリング地域に対するポンドの決済額に相当する金をイギリスに売却することを合意するとともに、金とポンドによる3年賦払条件の金借款をイギリスに供与したほか、オーストラリアとニュー・ジーランドもドル支出の自主規制を行った。さらに1949年の英連邦蔵相会議は、南アフリカを除くスターリング地域のドル支出を前年の75％に抑えることを決議するとともに、双務的なベースで行なわれてきたドルの割当方式を多角的な割当方式に切りかえた。[注65]しかしながら1950年の末から1951年のはじめにかけてスターリング地域の対米輸出が急増するにつれて、これらの地域はドル・プールに対する拠出よりも自国における対外準備の積上げに狂奔し、スターリング地域の輸入統制面にも足なみの乱れが出始めた。

　これより先の1947年にはエジプトとスーダンが、スターリング・ブロックから離脱したが、その翌年にはイスラエルとヨルダンがこれに追随するなど、スターリング地域における細胞分裂の動きが漸くにして顕在化するに至った。このような傾向を一段と加速化したのは、1949年のポンド切下げであり、パキスタン（1955年の8月まで切下げを回避）を除いてこれに追随したスターリング諸国も、オーストラリアが1945年に自国内で対外準備を保有したのをはじめとして、1949年にはセイロンが、1950年にはニュー・ジーランドがこれに追随するなど、スターリング地域の一部には通貨面におけるイギリスへの従属関係をたち[注66]

切る動きが出始めた。そのような状況の中で1950年から1951年にかけてパキスタンとセイロンが自国の準備を積上げるためにそれぞれ4百万ポンドをドル・プールから引き出したのをはじめとし、オーストラリアも1951年の2月にはドル・プールに対する金の売却を中止するなど、ドル・プール制度は崩壊の兆しを示すに至ったのである。

7　スターリング圏の地殻変動

　上述のようにイギリスは第二次大戦中に累積されたポンド残高を封鎖することによって、ポンド残高が無償輸出に転化し、あるいは金・外貨準備の喪失に直結する危険性を一時的に緩和しようと試みた。しかしながら「スターリング残高を引出す速度は、かかる協定によって事実上減退するようなことはなかった。それは協定の許した限界がかなりに広く、また残高の所有国は、必要な場合いつでも、封鎖解除の追加を取得するために、英国と交渉を開始することができたからである」。事実封鎖勘定の残高は1949年以降急速に減少過程を辿ることになったのであり、1951年の秋にはインドも通貨準備以外の目的にこれを使用しないことを条件として、310百万ポンドの残高を第二勘定から第一勘定に振替えることを認められた。パキスタンも同じく30百万ポンドの振替を認められ、セイロンの第二勘定も1952年の10月に残高が零となったが、このようにして第一勘定への振替を認められたセイロンのポンド残高はインドの場合と同じく依然として使途を制限されていた。それでもなおインドの第二勘定は210百万ポンドに達し、パキスタンも10百ポンドの残高を封鎖されたままであったが、これらの残高は後述のようなコロンボ計画に基づいて6カ年間に分割して徐々に清算されることになったのである。エジプトは1951年の4月に290百万ポンド（うち230百万ポンドは第二勘定）にのぼるポンド残高を保有していたが、第二勘定のうちの150百万ポンドは、実に10年から13年もの長期間に渉って解除されることになった。このようにして第二勘定の引出しには最後まで不利な条件が付け加えられていたが、第一次大戦前から第二次大戦中にかけてスターリング為替本位制度の要石的な存在であったインド、パキスタン、セイロンおよびエジプトのポンド残高は、50年代を通じて最低限の運転資金程度まで減少することになった。

　これら諸国の保有するポンド残高の急速な減少は、政治的な独立の後に訪れた経済的な困難と経済開発の展開に照応するものであったが、とりわけ戦争中に農

園や鉱山あるいは輸送設備を破壊された東南アジアのスターリング地域は経済環境の急激な悪化に直面した。若干の品目を例外として生産こそ40年代の末葉には戦前の水準に復帰したが、人口の増加とも相俟って主要産品の輸出額は40年代の末葉に至っても戦前の1/2程度まで落込んでいた。なかんずくパキスタンとの分離によって人口の3/4を擁しながら、穀倉地帯とジュート、棉花の主産地を喪失したインドの場合は事態が深刻であった。周知のようにインドは残された工業地帯の基盤の上に大規模な重化学工業化政策を展開したが、戦前戦中を通じて出超を記録していた国際収支は資本財輸入の増大と債務返済の増嵩に伴って急速に悪化の一途を辿ることになった。1951年には一次産品の価格が上昇し、事態の改善が期待されるかにみられたが、輸出ブームの去ったあとにはタイム・ラグをおいて輸入決済が集中し、対外収支は再び悪化した。そのようにしてインドの対ドル地域に対する出超を支柱として多年に渉って形成されてきたイギリスの多角決済のメカニズムは、完全に成立基盤を喪失することになったのであり、同じく尨大な赤字を累積しつつあった東南アジアのスターリング地域はイギリスにとってもむしろ経済的な負担を加重するだけの結果になったのである。一方のイギリスはインフレの進行や1951年に始期を迎えたアメリカとカナダに対する武器援助債務の返済に加えて、再軍備計画の進行とともに軍事支出の増加と深刻な鉄鋼の不足などに直面していたのであり、さらにはイランにおける石油の国有化などの内憂外患に苛まれていた。英連邦蔵相会議においてドル地域からの輸入を25%カットする提案が決議されたのは1951年のことであったが、東南アジアのスターリング地域を母胎としてコロンボ計画が始動されたのは同じく1951年の半ばのことであった。

　コロンボ計画は、イギリスの主導する東南アジア・スターリング地域の最初の共同開発計画であったが、その目的は食糧と原材料の生産を拡充することによって、政治的な安定性を確保するとともに、ドル地域に対する輸出を増強する反面、輸入の代替を促進することに置かれていた。それは第二次大戦前にこれらの国々が果していた世界貿易に占める中枢的な役割の復活を意図したものであり、コロンボ計画の白書もこのような期待を間接的な表現で次のようにのべている。東南アジアのスターリング諸国が「世界貿易の鍵を握る地位の復権を求めていることは明らかである。……これら諸国の経済を強化することは、……同時に安定的な世界的制度の基礎となる高水準の世界貿易にとって必須の条件である」。しかしながらイギリスは、1950年代の初頭における国際収支の悪化とともに、もは

第15表 コロンボ計画の遂行に必要な外部資金 (1951—57年) (単位:百万ポンド)

1951年7月—1957年6月	インド	パキスタン	セイロン	マラヤ・英領ボルネオ	合 計
開発計画の総コスト(注)	1,379	280	102	107	1,868
資本材の輸入コスト	237	115	39	20	411
外部の所要資金	818	145	60	61	1,084
うちポンド残高の引出	211	16	19	—	246
うちその他の源泉	607	129	41	61	839

注:国内資本の動員…インド772百万ポンド、パキスタン151百万ポンド、セイロン61百万ポンド、マラヤ・英領ボルネオ46百万ポンド。
出所:*The Colombo Plan for Co-operative Economic Development in South-East Asia,* 1950, p.58.

やこれらの国々に対する独占的な資本輸出国としての能力を喪失していたのであり、イギリスとしては東南アジアのスターリング地域を開放することによって自国の資本供給能力の不足を、アメリカの民間投資や政府ベースあるいは世銀など国際機関の借款によって補填することを企図したのである。

　これら諸国の開発と緊急輸入に必要な資金の一部は、これまでもポンド残高の引出しによってファイナンスされ、一例としてインド、パキスタンは、1946年から1949年までに340百万ポンドの残高を引き出した。しかしながらそのようなポンド残高の引出しはこれら両国の輸入総額の僅か1/5を充足するに過ぎなかったのであり、イギリスも95百万ポンドの援助を別途に供与せざるをえなかった。[注74] コロンボ計画の当初の見積りによると、1951年から1957年までに予定されるポンド残高の引出しは246百万ポンドに止まり、残余は域外資金と国内資本の動員に期待することになった。詮じつめるとコロンボ計画は、東南アジアの特産品を開発することによってドルを獲得することが主たる目的であり、域内開発計画の総合的な調整と内外資金の動員によってイギリスに対する援助の要請とポンド残高に対する急激な圧力を緩和し、併せてポンド残高の引出しを計画的に管理しようとしたものであった。しかしながらコロンボ計画の白書は、インドとパキスタンおよびセイロンのポンド残高が1957年には、対外準備と通貨準備に必要な最低限度まで引き出されることを予め想定していたのであり、協定に含まれる弾力条項を援用して現実にインドが引き出したポンド残高は、当初に許容された211百万ポンドを上回る結果となったのである。

　もともとコロンボ計画の白書はこの計画によってむしろ「この地域の連邦諸国の蓄積するポンド残高によって作り出された問題を除去することになる筈であ

第3章 ポンド残高の史的変遷　　　101

る」とのべ、インドやパキスタンに代って経常収支の黒字を持続するオーストラリアとニュー・ジーランドがポンド残高の主たる保有国となることを期待していたのである。とりわけ東南アジアおよび南アジアにおける共産勢力の台頭に極めて警戒的な態度を示してきたオーストラリアは、マレーシアに空軍を派遣し、朝鮮動乱時に派兵したのみでなく、コロン[注75]

第16表　地域別にみた海外ポンド保有高
（1945—58年）（単位：100万ポンド）

	1945年末	1958年末	1945—1958年の増減
海外ポンド保有高			
ポンド地域諸国分			
イギリスの植民地*	411	1,278	867
その他のポンド地域諸国	1,986	1,339	(−) 647
ポンド地域計	2,397	2,617	220
非ポンド諸国分			
ドル地域	34	53	19
その他の西半球	163	24	(−) 139
OEEC諸国	351	372	21
その他の非ポンド諸国	622	283	(−) 339
非ポンド諸国計	1,170	732	(−) 448
総計**（国際機関分を除く）	3,567	3,349	(−) 228

注：＊ガーナおよびマラヤ連合をふくむ。この両国は表に示した期間中に独立国となったが、ポンド地域に残った。
　　＊＊国際機関のポンド保有高は1945年には0であり、1958年末には6億2,300万ポンドであった。
出所：大蔵省金融問題研究会訳『ラドクリフ委員会報告書』昭和34年、177頁。

ボ計画の推進に当っても食糧や開発用資材をはじめとして、各種の技術援助を提供することによって、主導的な役割を果すに至ったのである。

　事実インドやエジプトを大口の債権者とするポンド残高は、1950年代を通じてオーストラリアをはじめとするその他の自治領や植民地のポンド残高によって代位されることになったのであり、1958年の7月に発表されたラドクリフ委員会の報告書（Report of the Committee on the Working of the Monetary System）もスターリング地域の内部における地殻の変動を次のように叙述した。「インドの残高は1948年末の約7億8,000万ポンドから、1958年末には約1億7,000万ポンドに減少し、エジプトの残高も同じ期間内に約3億4,000万ポンドから1億1,100万ポンド程度に減ったものと推定される。……こうしてポンド残高総額のうち一つの大きな部分が減ったが、別に新しい債務が生じた。……ポンド諸国の間で起ったもっとも重要な変化は、植民地および以前に植民地であった国の残高が1945年末の4億1,100万ポンドから、1958年末には12億7,800万ポンドにふえたことである」。[注76]

第17表　地域的グループによるポンド資産の配分　　（単位：100万ポンド）

地域的グループ		1952年末	1953年末	1954年末	1955年末
西アフリカ		362	400	488	507
東アフリカ	（アデン、ソマリランド保護領、ザンジバールを含む）	209	220	217	197
マラヤ地域	（ボルネオ地域を含む）	283	282	305	364
西インド諸島	（バハマ、バミューダを含む）	90	107	123	119
その他の地域		227	242	256	259
合　計		1,171	1,251	1,389	1,446

出所：Cmd.9489, p.51 および Cmd.9769, p.74.
　　矢内原勝『金融的従属と輸出経済（ガーナ経済研究）』昭和41年、34頁より再録。

第18表　ポンド資産の基金の主要な型による分類　　（単位：100万ポンド）

基金の種類	1952年末	1953年末	1954年末	1955年末
クラウン・エージェントのもつ通貨基金	363	372	395	439
クラウン・エージェントのもつその他の基金				
特　別	189	201	232	238
一　般	235	266	322	347
公用基金と称されている雑基金	144	144	139	143
連合王国銀行その他の基金	240	268	301	279
合　計	1,171	1,251	1,389	1,446

出所：Cmd.9489, p.50 および Cmd.9769, p.74.
　　矢内原勝、前掲書、35頁より再録。

　さらにラドクリフ委員会の報告書は、往年のインドやエジプトにも比肩すべきポンド残高を保有するに至った例として、西アフリカとマラヤ・シンガポールおよび一部の中東産油国を列挙した。その理由としてラドクリフ委員会報告書は「世界貿易の急速な拡大と貨幣価値の低下にともなって多くの国の必要とする準備額がふえ、これらの国はポンドを対外準備とすれば好都合であるとしり、安定的なあるいは多額のポンド保有者となった」[注77]と説明した。しかしながらこのような海外属領地域を中心とするポンド残高の増加は、ラドクリフ委員会報告書が自画自賛を惜しまなかったようなポンドの信認を基礎とする自発的な選択に基因するものではなかった。それはあたかも植民地型金為替本位制度下におけるインドのポンド残高と同じように、海外属領地域の通貨制度にビルト・インされた準備の集中機構を通じて非自発的に集積されたものでしかなかったのである。ボルネオを含むマラヤは、錫やゴムの対米輸出を通じてドル・プールに寄与してきたが、1955年末におけるマラヤ地域（含むボルネオ）のポンド残高は364百万ポンド

に達していた(第17表)。なかでも海外属領地域における最大のポンド残高を保有するに至ったのは西アフリカであり、1955年末の残高は507百万ポンドに達したが、この地域はココアの主産地として知られている。しかしながらラドクリフ委員会の報告書におけるがごとく、ポンド残高の増大をこのような特産品「貿易の急速な拡大」のみに帰するのは一面的とのそしりを免れない。第18表は属領地域の各種の基金が保有するポンド残高の内訳を示したものであるが、1955年末現在における属領地域のポンド残高のうちの3割以上を占めていたのは「クラウン・エージェントのもつ通貨基金」であり、「クラウン・エージェントの一般基金」がこれに次いでいた。クラウン・エージェントの通貨と特別および一般の三つの基金を合計すると、クラウン・エージェントの保有するポンド残高は、1955年末現在において属領地域の保有する全ポンド残高の実に7割近くを占めていた。

　属領地域の金融政策は植民地大臣の監督下に置かれていたが、既述のごとく現地通貨の発行は原則として通貨局(Currency Board)または通貨委員会(Currency Commissioners)に委ねられていた。この点で異例というよりもイギリスの古いレッセ・フェールの伝統を忠実に墨守し続けたホンコンだけは、香港上海銀行などの民間銀行に銀行券の発行を委託していたが、その機能は通貨局または通貨委員のそれと本質的に異るものではなかった。東西両アフリカは、直接ロンドンに通貨局をおいたが、通貨局または通貨委員会は通常現地におかれ、ロンドンにおける業務はエージェントによって代行されていた。1833年には、この種の代行業務が植民地大臣の監督下にあるクラウン・エージェントに統合されることになり、東西両アフリカの通貨局もクラウン・エージェントと密接な関係におかれることになった。

　西アフリカの通貨局が1912年に認立され、また東アフリカも1919年にこれを設けるに至ったことは、同じく第2節で付言したごとくであるが、その後1936年にはザンジバールに通貨局が設けられ、1939年には南ローデシアにもこれが設立された。その後1951年にはカリビア属領地域に通貨委員会が設けられたが、東南アジアでは1938年にマラヤ・ボルネオ通貨委員会が設立され、海峡植民地やサラワクにもその機能を拡大すべきことが提唱された。

　このような通貨局または通貨委員会の発行する現地通貨は、法令または行政上の手続によって一定の比率でポンドとの交換性を付与されていたが、その反面においてイギリスの属領地域は通貨準備に充てるための通貨基金をロンドンに設

置することを義務付けられるに至った。既述のようにこれらの属領地域が通貨を発行するに当っては、オーストラリア・ドルにリンクするトンガを例外として、110％のポンド準備を義務付けられていたのであり、「クラウン・エージェントのもつ通貨基金」とは、このような性質の通貨発行準備であった。いうなれば、「クラウン・エージェントのもつ通貨基金」は植民地型スターリング為替本位制度の遺制にほかならなかったのであり、そこに蓄積されたポンド残高は、既述のように南ローデシアを唯一の例外として、実際問題としても自国の有価証券に投資することを禁止され、かつてのインドの場合と同じくロンドンにおける現金あるいは銀行預金、政府証券への投資に限られていた。

次に「クラウン・エージェントのもつその他の基金」は、特別基金（Special Fund）と一般基金（General Fund）に分れるが、特別基金とは、貯蓄銀行準備、政府債の減債基金、公務員厚生年金基金の投資、減価償却積立金よりなり、郵便貯蓄銀行によって動員された貯蓄の大部分はイギリスの大蔵省に預託されていた。従って「貯蓄動員という役割では、郵便貯蓄銀行は『連合王国銀行その他の基金』と同じく自発的貯蓄の制度であるが、国内貯蓄を動員して海外で投資させるという点では、通貨基金と類似[81]」のものであった（なお 1963 年に行なわれたポンド残高統計の改正により、特別基金の保有するイギリスの国債および政府保証債は、通貨目的のための保有に該当しないため、ポンド残高の統計から除かれることになった[82]）。クラウン・エージェントの一般基金は、輸出入税、鉱山の採掘料など未使用収入の残高、将来の開発計画に充てるための予算の余剰金およびロンドンで起債した代り金の未使用残高によって構成されている。「以上のようにクラウン・エージェントのもつ通貨基金以外の基金の内容は多様であるが、特別基金のうち郵便貯蓄銀行準備は国民の自発的貯蓄であるが、そのほかは、植民地政府のロンドン借款を除いては、だいたい国民の強制貯蓄であり、公務員厚生年金以外は税収によるものと思われる[83]」のである。

第三の「公用基金と称されている雑基金」は、Marketing Board の基金や価格補助基金（Price Assistance Funds）からなるが、マーケッティング・ボードとは、価格の変動が激しい反面、供給の弾力性に乏しい一次産品の価格と買付けを保証することによって属領地域の生産者を保護することを目的として、属領地域の政府と生産者および商業界の代表によって構成される独立の機関である。英領植民地における一次産品価格の安定化が必要とされたのは、持続的な物価の上昇に終止符がうたれた 1930 年代以降のことである。とくに第二次大戦中にイギ

リスは、英国食糧防衛計画（British Food Defence Plan）に基づいて、1939年にオーストラリアとニュー・ジーランドから羊毛を買い付けたのをはじめとして、イギリス帝国の生産者と長期契約を締結し、一定の価格を保証することによって大量の物資を調達した。イギリスは1947年にナイジェリアとゴールド・コーストに Cocoa Marketing Board を設立し、この制度を漸次他の植民地や一次産品に拡大した。第二次大戦前は外国の商社が植民地の産品を輸出していたが、西アフリカのオイル・シードとウガンダの棉を例外として、属領地域の特産品についてはマーケッティング・ボードが輸出権を独占し、属領地域の生産者から買い付けられた産品はロンドンにおけるエージェントを通じて自由市場に売捌かれることになった。[注84] 上述のようにマーケッティング・ボードは本来属領地域の生産者を保護する目的で設立されたものであったが、イギリスが現実に行った買入政策は、属領地域における生産者の利益よりも自国の消費者本位のものであり、イギリスは価格保証の名のもとに市場価格を遥に下回る低廉な価格で買付けを行った。その結果として西アフリカにおいて「戦後、農民に支払われた"価格プラス販売についてすべての費用"と"海外輸出価格"との差額を蓄積した準備金は巨額に達し、西アフリカ製品統制ボードは英国政府が西アフリカに手渡すべき何百万ポンドを所有することになった。これがマーケッティング・ボードに引継がれてその基金となったのである。……その後ボードは緊縮生産者価格政策を取り、その結果巨大な剰余を蓄積した。世界市場価格が騰貴し続けたココアにおいてとくに蓄積は巨額に達した」[注85]のである。

　ポンド残高の蓄積に寄与した第四のパイプは、イギリスの植民地に根を張っていたイギリスの民間銀行であったが、植民地銀行の貸出政策は国内取引よりも貿易関連取引に重点を指向することになり、植民地金融市場の後進性やロンドン金融市場に対する従属性とも相俟って、植民地銀行は多額の運転資金をポンド残高の形で保有するに至ったのである。

　以上のように西アフリカを中心とする属領地域は、1950年代を通じてスターリング為替本位制度の安全弁として機能し続けたが、それは植民地支配機構の上部構造としてのスターリング為替本位制度の最後の徒花のようなものでしかなかったのであり、1957年にはガーナが中央銀行を設立したのをはじめとして、1959年にはマラヤでも同じく中銀が設立された。しかしながらマラヤや中央、東アフリカあるいはカリブ海諸国においては、政治的な独立から連邦制度に移行するまでになお幾多の迂余曲折を経なければならなかったのであり、創業期のこ

れら諸国の中央銀行が独自の金融、通貨政策を遂行するまでにはさらに時間を必要としたのである。この間マラヤでは、預金債務に対して35％の在外準備を規定した1958年の Banking Ordinance がそのまま踏襲され、これらの国々が金融、通貨面における真の独立を達成し、あるいはそのような動きを鮮明に示し始めるには、60年代の後半を迎えなければならなかったのである。

8 交換性の回復とポンドの国際支援

ポンド残高がはじめて公式に発表されたのは1931年のマクミラン委員会報告書（*Macmillan Report of the Committee to Review the Functioning of Financial Institutions*）であり、その後今日に至るまで連綿としてポンド残高の統計が発表されている。しかしながらその後ポンド残高の統計には1951年と1962年の二回に渉って大幅な変更が加えられたため、ポンド残高の公式統計は1945年と1962年に連続性を断たれている。その後1968年の5月にイングランド銀行は、1945年から1962年に至るまでのポンド建の対外債権・債務をグロス・ベースで発表した。1962年を境とする新旧両方式の差異は依然として解消された訳ではないが、これによって1945年以降のポンド残高についてはほぼ連続的な観察が可能となった。

第19表は1968年の5月に発表された旧方式によるグロスのポンド建債務と、1962年以降の新方式によるものを接続させたものであるが、この表からは次のような事実を演繹することが可能であろう。第一は上述のようにスターリング地域の地殻が変動する中で、1949年まで減少の傾向を示していたスターリング地域の公的ポンド残高が、1950年から再び増勢に転じたことである。ポンドの切下げが行なわれた1967年までこの傾向が持続されたことは、インドやエジプトなどによるポンド残高の引出しが50年代を通じて一巡し、前節で概観したようなオーストラリアや属領地域および中東産油国を中心するポンド残高の安定化傾向がそのまま持続されたことを物語っている。国別のポンド残高は公表されていないが、スーザン・ストレンジの推定によると、60年代の中葉に2億ポンド以上のポンド残高を保有していた国はオーストラリア、マレーシア、クウェート、ホンコンおよびアイルランドの5カ国であり、スターリング地域の公的ポンド残高に占めるその割合は6割に達していた。1968年にはリビアのポンド残高が240百万ポンドに増大したが、リビアを加えたこれら6カ国のポンド残高は、ス

第3章 ポンド残高の史的変遷

第19表 グロスのポンド建債務残高（1945—69年）（単位：百万ポンド）

年	合計	国際機関	公的保有	民間保有	スターリング地域 小計	公的保有	民間保有	その他 小計	公的保有	民間保有
1945	3,602	—	2,765	837	2,348	1,923	425	1,254	842	412
46	3,690	26	2,746	918	2,335	1,889	446	1,329	857	472
47	3,970	388	2,762	820	2,239	1,819	420	1,343	943	400
48	3,650	398	2,463	789	2,165	1,734	431	1,087	729	358
49	3,835	576	2,477	782	2,176	1,757	419	1,083	720	363
1950	4,242	577	2,703	962	2,598	2,109	489	1,067	594	473
51	4,396	566	2,912	918	2,745	2,252	493	1,085	660	425
52	3,974	567	2,496	911	2,569	2,019	550	838	477	361
53	4,196	511	2,677	1,008	2,800	2,203	597	885	474	411
54	4,390	476	2,720	1,194	2,920	2,260	660	994	460	534
1955	4,286	469	2,705	1,112	2,874	2,266	608	943	439	504
56	4,345	669	2,640	1,036	2,842	2,240	602	834	400	434
57	4,183	645	2,510	1,028	2,727	2,126	601	811	384	427
58	4,235	623	2,392	1,220	2,642	1,993	649	970	399	571
59	4,503	705	2,491	1,307	2,852	2,165	687	946	326	620
1960	4,811	549	2,528	1,734	2,685	2,029	656	1,577	499	1,078
61	4,890	958	2,537	1,395	2,812	2,097	715	1,120	440	680
62	4,535	605	2,431	1,499	2,866	2,056	810	1,064	375	689
62	4,577	606	2,266	1,705	2,729	1,815	914	1,242	451	791
63	4,859	627	2,374	1,858	2,942	1,937	1,005	1,290	437	853
64	5,409	991	2,470	1,948	3,048	1,947	1,101	1,370	523	847
1965	6,016	1,481	2,540	1,995	3,061	1,911	1,150	1,474	629	845
66	6,401	1,655	2,793	1,953	3,084	1,855	1,229	1,662	938	724
67	6,689	1,540	3,247	1,902	2,982	1,736	1,246	2,167	1,511	565
68	7,671	2,082	3,821	1,768	2,881	1,650	1,231	2,708	2,171	537
69	7,356	2,123	3,554	1,679	3,170	2,037	1,133	2,063	1,517	546

注：1962年以前は旧方式、1962年以降は新方式。
出所：Bank of England, *Quarterly Bulletin. U.K.External Liabilities and Claims in Sterling, 1945—62* (Old Series) (Bank of England, May 1968), Cohen, *op.cit.*, pp.92-93 より再録。

ターリング地域の公的機関が保有するポンド残高の75％に相当していたものとみられている[注88]。このようなポンド残高は、大部分がイギリスの国債に投資されていたが、残高の半分は通貨発行の準備であり、残りの半分は対外準備としてイヤマークされていたものとみられており[注89]、それはポンドの信認の回復を反映したものではなかった。

第二はスターリング地域の民間ポンド残高が一貫して増加の傾向を辿ったことであり、とりわけ注目すべきことは、国際通貨情勢が激動期を迎えた1960年代

に入ってからこの傾向がむしろ増幅されたことである。スターリング地域の民間ポンド残高は、大部分が短期の銀行預金に滞留し、一部がイギリスの国債に投資されていたが、スターリング地域の民間ポンド残高がこの間安定的な推移を示したのは、このような民間のポンド残高がその性質上最低限の運転資金であり、現地の為替管理法上からも他通貨への乗り替えがみとめられなかったためである。第三の特徴として指摘できることは、1947年にポンドが交換性の回復に失敗した後、減少の一途を辿ってきた非スターリング地域の公的ポンド残高が、1968年以降急激に増大したことである。スペイン、ポルトガル、ギリシアおよびスカンジナビアなどの国々は、依然としてポンドを準備資産として保有し続けたが、ポンドの信認が急速に崩壊しつつあった1960年代の後半に非スターリング地域の公的ポンド残高が急激に増大した理由は、イギリスがヨーロッパの中央銀行に対して負担したスワップ債務の増加を反映したものでしかなかったのである。[注90] 従って非スターリング地域の公的機関が保有するポンド残高の増加は、ポンドの信認を反映したものでは全くなく、それはむしろ逆にポンドの信認低下を測定するための恰好のバロメーターとも称すべきものであった。

　第四の特徴は非ヨーロッパ諸国の民間ポンド残高がこの間に極めて浮動的な動きを示したことであり、この種のポンド残高は1958年に実施された西欧主要通貨の交換性回復を契機として蘇生した金利裁定取引や通貨投機の源泉となったのである。ポンドの交換性回復から1968年に第二次バーゼル協定が発動されるまでの期間は、ポンドの受難期に相当し、ドルの危機が漸く顕在化し始めた時期に交換性を回復したポンドは、対外的には国際通貨不安に翻弄され、国内的にはストップ・アンド・ゴー政策を反復せざるをえなくなったのである。

　イギリスがIMFとの協議の下に交換性の回復を再検討し始めたのは、1951年から1952年にかけてのことであり、偶々朝鮮動乱の勃発とともに大量の資金がロンドンに流入して、一時はポンドの切上げルーマーさえもが台頭した。そのような状況の中でイギリスは1951年の12月に全面集中制度から持高集中制度に移行し、翌年の3月には非スターリング地域に対するポンド建の貸付制限も緩和された。トランスファラブル勘定の振替は、原則として二国間の清算に限定されていたが、ドル不足時代の終焉した1964年にイギリスは、18カ国を対象としてトランスファラブル勘定の相互間または居住者ポンドとの間における経常的な振替をみとめることになった。さらに1954年の3月には、ロンドン金市場を再開するとともに、登録勘定（Registered Account）を創設し、非居住者の保有

するドルは、登録勘定を媒介として金およびポンドとの互換性を付与されることになった。1954年の後半から1955年のはじめにかけてポンドは弱含みに転じ、コモデイティ・シャンティング（Commodity Shunting）（ニューヨークやチューリッヒで安く入手した振替可能ポンドで、スターリング圏の物資を購入し、さらにそれをアメリカに輸出してドルを取得する裁定取引）が発生したが、1955年の2月に為替平衡勘定はトランスファラブル勘定の取引に介入した。その結果としてポンドの変動は、スエズ危機の発生した時期を除いてIMFの許容する1.5％の変動幅の範囲内に収斂されることになり、ハロッド（R. E. Harrod）の指摘したように事実上の交換性がここに回復されることになったのである。しかしながら1957年にはストライキの発生や物価の上昇などを背景としてポンドが動揺し、同年の7月にはクウェート・ホンコン・ギャップ（これら地域の自由市場ではポンドを対価とするドル証券の売買が行なわれていた）を抑制すべく域内の自由決済原則に規制を加えざるをえなかった。また1957年の8月から9月にかけて、マルク切上げの思惑が高揚する中でポンドは売圧力をうけ、イギリスは非居住者に対するポンド建の貸付を禁止せざるをえなかった。しかしながらイギリスは公定歩合を引き上げるとともにアメリカ輸出入銀行から借款を仰いだほか、IMFのスタンドバイ・クレジットも更新されたため、民間の資金もロンドンに還流した。そのような状況の中でイギリスは1958年の12月、封鎖勘定を除いた非居住者のポンド残高に金およびその他諸通貨との交換性を付与することによってポンドの交換性を回復したのであり、それを契機としてアメリカ勘定とトランスファラブル勘定も対外勘定（External Account）に統一されることになった。しかしながらこのようなポンドの交換性回復は、ポンドの国際通貨的な役割の復活を約束するよりも、それがむしろ災いとなってバーゼル・クラブを主体とする国際支援の発動を促す結果となったのである。バーゼル協定の第一次発動がなされたのは1961年3月のことであるが、ポンドが激しい投機の波にさらされた理由はイギリスの経常収支の悪化や内外金利差の縮小などに加えて、マルク切上げの反動としてポンドの切下げが懸念されたためである。イギリスは公定歩合の引上げや特別預金制度の導入、あるいは10％の輸入課徴金をはじめとして賃金、軍事支出の抑制など一連の緊縮政策を余儀なくされたのみでなく、1961年の2月から7月までに外貨準備の1/4をポンドの防衛のために喪失せざるをえなかった。バーゼル協定の第一次発動については、西ドイツ、フランス、ベルギー、イタリア、オランダ、スイス、スウェーデンおよびイギリスの8カ国中銀が為替

市場で緊密に協力しつつあることを声明しただけで、借款の額は明らかにされなかったが、ピーク時にはその額が325百万ポンドに達した[注91]（なお借入れは年率3％で1964年12月末を返済の期限とした）。その後1962年の1月にはドゴールがイギリスのEC加盟を拒絶したためポンドが売圧力をうけ、同年の2月から3月にかけてバーゼル協定は第二次の発動をみるに至った。

　1964年の9月に実施されたバーゼル・タイプの協定は、本来1963年から1964年にかけて発生したリラの危機に当ってヨーロッパの中銀とアメリカの財務省がイタリアに対して支援を行ったことに始まるが、イギリスも先物コミットメントの増大に対処すべく、ベルギー、カナダ、フランス、イタリア、オランダ、スイスおよび西ドイツの各中銀から5億ドルの借款を仰ぐとともに、IMFからの引出しに先立って11カ国の中銀およびBISとの間で30億ドルにのぼるポンドの支援協定を締結した。このときにポンドが売投機の洗礼を浴びた理由は、ストップ・アンド・ゴー政策の放棄に伴って賃銀が上昇し、国際収支が悪化したためである。10月に労働党政権は工業製品に対する15％の輸入課徴金を導入し、増税政策を打ち出したが、そのような政策は逆にポンドの信認を急速に低下させることになった。1965年の前半は賃銀抑制政策の進展あるいは地方公共団体のユーロ・ダラー取入れ政策の促進などを背景としてポンドも小康を保っていたが、6月に貿易収支の赤字が発表され、ミニバジェットにおいて緊縮政策が打出されるや否や再びポンドに対する売圧力が増大した。そのような状況の中でイングランド銀行は1965年の9月、ベルギー、カナダ、西ドイツ、オランダ、イタリア、日本、オーストリア、スウェーデンおよびBISとの間で新しい支援協定を締結することになった。

　その協定の内容は明らかにされなかったが、期限の満了する1966年の6月には海員ストが発生し、選択的雇傭税の実施やスターリング地域に対する直接投資の自主規制計画が発表されたにもかかわらず、ポンドがまたもや激しい売圧力にさらされたため、同年の6月には第一次バーゼル協定（First Basle Group Arrangement）が締結されるに至った。この協定には上記の9カ国中銀とBISが参加したが、フランス中銀も期間を3カ月（相互の同意の下に更新できる）とする短期の支援協定を別途に締結したほか、アメリカも特別のファシリティを供与することを約束した。その額は都合10億ドルに達したが、第一次バーゼル協定の特色は、第一に返済期間が従来の協定（3カ月）に比して著しく延長されたことであり、第二はポンド残高の引出しに伴ってイギリスの外貨準備が減少した

場合の補填を直接の目的としたことである。このような第一次バーゼル協定の成立が、イギリスの高金利政策に誘導された短期資本の還流や輸入課徴金の撤廃を見越した輸入の減少などとも相俟ってポンドの回復に寄与したことは否定できないが、1967年にはアメリカと西ドイツにおける景気の後退に加えて、スエズ運河の閉鎖や海外金利の上昇などいくつかの悪材料が重っただけでなく、5月にはイギリスのEC加盟申請を契機として、過大評価におちいっていたポンドの切下げを懸念する思惑が再燃した。なかんずくその年の10月にEC委員会がポンドの平価に対して先行の懸念を表明したことは、この点に関するイギリス当局の悲観的な見方とも相俟ってポンドの売投機を激発させることになったのであり、イギリスは1967年の11月に2.80ドルから2.40ドルへの切下げを余儀なくされるに至ったのである。

このような1967年のポンド切下げが、スターリング地域の信頼を裏切る結果となったのは理の当然であり、スターリング為替本位制度はここに第二次の崩壊過程を辿ることになったのである。これを端的に物語るものは1949年の切下げとは異なって、1967年のポンド切下げに追随した非スターリング地域の国が独りイスラエルのみであり、スターリング地域においてもホンコン（ポンドの切下げが14.3%であったのに対して5.7%）やニュー・ジーランドなど少数国に止まったことである。このような事態はポンドの価値尺度機能の低下を象徴するものであったが（オーストラリアは1966年の2月に通貨の呼称をポンドからドルに変更し、1967年の5月から7月にかけてシンガポール、マレーシア、ニュー・ジーランドもこれにならった）、その波紋の大きさは1968年の第2・四半期にスターリング地域の公的ポンド残高が一挙に2.3億ドルも減少したことからも明らかである。その結果としてかつては外貨準備の70%から85%に達していたスターリング地域のポンド準備比率が、1968年の9月に53%まで低下した事実はスターリング地域における準備通貨としてのポンドの凋落を歴然と物語るものであった。

しかしながらそのようなスターリング地域のポンド離れ現象は、1960年代を通じて徐々に進行しつつあったのであり、「当初（準備の多様化）は全体の準備が増加傾向にあったときに、非スターリング資産を蓄積する形をとっただけであり、スターリング地域全体として、公的保有額は著しい減少を示さなかった。かくして数年間に渉って全体としてのポンド残高が増加あるいは、減少に向うのを阻止する力が働いた」だけのことであったのである。ポンド残高の最大にして

かつ最も安定的な保有国であったオーストラリアにしても、ポンドの準備比率は60年代を経過する間に80％から60％以下まで低下し、IMFにおけるポジションを分母に算入する場合には半分以下にまで低下するに至ったのである。その背景としては、イギリス本国との国際収支面における補完性が60年代を通じて次第に薄れつつあったのみでなく、1962年にイギリスの行ったEC加盟申請や1967年に発表されたスエズ以東からの撤兵計画などを契機として、オーストラリアも貿易、資本取引のみならず政治、外交面で多角化政策を推進せざるをえなくなっていた。またイギリスの提供する安全保障と1960年の通貨協定に基づいて、オーストラリアに匹敵する巨額のポンド残高を累積してきたマレーシアとシンガポールも、両国の分離を機に通貨発行権を回復し、110％ポンド準備の桎梏から自らを解放した。とりわけ軍事的にもイギリスの傘の下から離脱したシンガポールは、1968年の第2・四半期に卒先して大量のポンド残高を引き出すに至ったのである。[注96]

1968年の9月に発足した第二次バーゼル協定は、スターリング地域の公的機関をはじめとするポンド残高の雪崩を打つような引出しに対処するためのものであり、ベルギー、カナダ、西ドイツ、イタリア、日本、オランダ、アメリカ、オーストリア、ノルウェー、スウェーデン、スイスの各中銀とBISは、イギリスに対して20億ドルのファシリティを供与することを決定した。有効期間は1968年の9月から10年間とし、返済は6年間の長期に渉ることが認められた。その後1971年の9月には2年間の延長が合意され、1973年の9月と1974年の3月にもそれぞれ若干の修正が加えられた上、イギリスの一方的な宣言の形でさらに延長されることになった。この協定の特色の一つはBISが運営の窓口に当ったことであり、BISは市場からの中期借入れとスターリング地域通貨当局の預託によって資金を調達し、なお資金の不足する場合には参加国の中銀に資金の拠出を要請することとした。1961年のバーゼル協定は、イギリスからスイスに流入した3億ドルの資金をイギリスに還流させることによってポンドの安定をはかるとともに、アメリカに対するスイスの金交換圧力をかわすことが目的であったが、上述のようなBISの資金操作はポンド残高のリサイクリングを狙いとするものであった。[注97]

第二次バーゼル協定のいま一つの特色は、スターリング地域に対して最低ポンド比率（Minimum Sterling Proportion）の維持を求める代りに、総準備の10％をこえる公的ポンド準備に対してドル価値保証を提供したことである。イギ

第3章 ポンド残高の史的変遷

リスは第二次バーゼル協定に基づいてスターリング地域との交渉を個別にすすめ、協定は書翰を交換する形で1968年の9月25日に発効したが、相互の協議によって決定された最低ポンド比率は通常協定には明示されなかった[注98]（なおクウェートだけは政治的な理由から文書による協定を締結しなかったが、第一回目に支払われた60百万ポンドの補償額のうち、クウェートは25百万ポンドを受取り、カタールとともに本協定の運用に満足の意を表明した[注99]）。ドル価値保証の詳細は、1972年に第一回目の補償（ポンド残高に加算、為替平衡勘定が負担）を行うまで明らかにされなかったが、当初はポンドが2.3760ドルを30日間連続して下回った場合に差損を補償することになっていた。その後1973年には補償の基準相場が2.42ドルに改められ、1974年の3月にはフロート下の情勢に対応して実効為替相場が採用されることになった[注100]。

イギリスが戦時中にヨーロッパやアルゼンチンのポンド残高に特恵的な価値保証を与えたことは、第5節で付言したごとくであるが、1958年に発足したEMA（ヨーロッパ通貨協定、European Monetary Agreement）もEPUの規定を継承し、加盟国の保有する他の加盟国通貨は予め定められた為替相場で換算するものと規定した。これはドルに対する価値保証を示すものであったが、1963年のはじめに保証の対象は、最低の運転資金残高だけに限定されることになった[注101]。1961年のバーゼル協定も、のちのスワップ協定と同じく、一定の期間後に同一の為替相場で自国通貨を買戻すことを条件とすることにより価値保証を提供していたのであり[注102]、第二次バーゼル協定のドル価値保証がこのような先蹤に基づくものであることは論を俟たない。（1964年から1967年にイングランド銀行が実施した先物為替市場への介入も民間のポンド残高に対する一種の価値保証とみる向きもある）[注103]。しかしながらこの種の価値保証はこれまでスターリング地域のポンド残高に対しては与えられることがなかったのであり、オーストラリアはかねてより上述のようなEMAの措置を差別的と非難していた[注104]。1968年の5月、ホンコンは第二次バーゼル協定の成立に先がけてイギリスからポンド残高の対ドル価値保証を獲得したが、それはイギリスが通常140％にも達するような極めて厳格な通貨準備をホンコンに要求してきたためである（なお1967年にはホンコンのポンド残高が360百万ポンドもの巨額に達したが、1967年のポンド切下げ時にイギリスが香港上海銀行などに補償を行ったことはホンコンの特殊性を考慮したためであった）[注105]。その反面ホンコンはドル価値保証の代償として民間銀行が通貨目的で保有するポンド残高をロンドンのExchange Fundに移管することにより、

準備資産の多様化を自粛することになった。

9 スターリング圏の崩壊と産油国の登場

ガードナー (Richard N. Gardner) は第二次バーゼル協定が「ポンド地域を永続させるかそれとも終焉させるかどちらとも断言できない」[106]とのべたが、当のイギリスはポンド残高の清算がイギリスのみならず国際通貨制度にとっても有害であることを強調し、これに拒否的な態度を示していた[107]。「少くとも1967年の切下げまでは、ポンドの準備通貨機能が過去のことであって、現在または将来に属することではないとの考え方を声高に話すことは、イギリスの当局筋では作法に反するものと考えられていた。(中略) この問題に関するイギリス当局の考え方には、1958年のラドクリフ委員会報告書と1967年にイギリスのEC加盟申請が失敗するまでの間殆んど変化がみられなかった。第一に準備通貨機能を営むことが逃げ易い利益とつり合うものであったかどうか、第二にヴィークル・カレンシーとイギリスの貿易外収入にとって準備通貨機能の維持が不可欠の条件であるか否かについて一部のイギリス当局者が漸く思案し始めたのは、フランスの拒否権の直後に切下げが行なわれたその年の終りのことであった」[108]。そのようなイギリス通貨当局の姿勢には、大英帝国の失地回復にかけるイギリスの空しい願望と、ポンドの国際通貨性に対する執拗なまでの執念をうかがうことが可能であるが、イギリスのポンド残高に対する温存政策は、外からの圧力と内部からの自壊作用によってやがて一大転換を余儀なくされることになったのである。イギリスが直面した第一の関門はイギリスのEC加盟申請であり、第三次加盟交渉の最大の焦点と化したのはポンド残高の処理であった。とりわけ、フランスはかねてよりポンド残高の存在に懸念を表明していたが (第一次バーゼル協定にフランスが参加したのもポンド残高の負担からイギリスを救済することがフランスの基本的な利益とも合致すると考えたからにほかならない)、フランスは加盟の条件としてポンド残高を20年間に渉って漸減させることをイギリスに強く求めたとも伝えられている[109]。また1969年の11月にはEC委員会も変動の激しいポンド残高とポンドの国際通貨的な機能が、共同体における経済政策の調整と将来に予定されるECの通貨制度にとって困難な問題を投げかけることになると正式に声明を発表した[110]。ECの一部にはアンショー (Baron Ansiaux) のように、ポンドをEC全体の準備によって補強することにより、これをEC通貨統合の基軸通貨に[111]

第3章　ポンド残高の史的変遷　　　　　　　　　115

育成しようとする考え方も存在したことも事実である。[注112]しかしながらアンショー自身もこの構想の実施可能性については懐疑的とならざるをえなかったのであり、とりわけECの縮小変動幅が1971年の1月1日に遡及して実施されようとする段階において、ホット・マネーの温床と化しつつあったポンド残高の処理が加盟の第一条件とみなされたのは理の当然である。

　そのような状況の中でポンド残高の処理をめぐるこれまでの行きがかりを打開する緒口となったのは、1971年の5月21日に行なわれたポンピドウ・ヒース会談であり、1971年の6月7日ルクセンブルグで開かれた閣僚会議においてイギリスはEC委員会の質問に対して、ポンド残高の漸進的な削減とそれの安定化をはかることを宣言するに至ったのである。

　この宣言は1972年1月22日付の交換公文によって次のように確認された。[注113]

　1. At the Ministerial Meeting of the Conference on 7 June 1971, it was agreed that the declaration on monetary questions which I made at the Meeting should form the subject of an exchange of letters annexed to the Act concerning the Conditions of Accession and the Adjustments to the Treaties. I therefore now have the honour to confirm that at that Meeting I made following declaration:

　'(a) We are prepared to envisage an orderly and gradual rundown of official sterling balances after our accession.

　(b) We shall be ready to discuss after our entry into the Communities what measures might be appropriate to achieve a progressive alignment of the external characteristics and practices in relation to sterling with those of other currencies in the Community in the context of progress towards economic and monetary union in the enlarged Community, and we are confident that official sterling can be handled in a way which will enable us to take our full part in that progress.

　(c) In the meantime we shall manage our policies with a view to stabilizing the official sterling balances in a way which would be consistent with these longer term objectives.

　(d) I hope that the Community will regard this statement as disposing satisfactorily of sterling and associated matters, leaving only the arrangements for UK compliance with the Directives relating to capital movements under the Treaty of Rome to be settled in the course of the negotiations.'

2. At the same meeting on 7 June, the above declaration was agreed by the Community delegation.

3. I understand that the delegations of the Kingdom of Denmark, Ireland and the Kingdom of Norway have also signified their agreement to the above-mentioned declaration as confirmed by the present letter.

4. I would be grateful if you would kindly acknowledge receipt of this letter and confirm the agreement of the Governments of the Member States of the Governments of the Kingdom of Denmark, Ireland and the Kingdom of Norway to the above-mentioned declaration.

Please accept, Your Excellency, the assurance of my highest consideration.

Geoffrey Rippon

Chancellor of the Duchy of Lancaster

　上述のルクセンブルグ合意に基づいてイギリスは1971年の9月、一部のスターリング諸国との協定を更改するに当って、最低ポンド準備比率の引下げを行ったが、その理由は価値保証協定に基づく最低準備比率の維持規定が、ポンド残高の漸減方針に逆行することとなったからにほかならない。リビアは政治的な理由から更改を拒否し、別途イングランド銀行と秘密協定を締結したが、1971年の5月に金価値保証を要求して容れられなかったマレーシアは、1972年の10月に協定の更改を拒否し、自発的にポンドの準備比率を36％以下に低下させた。一方、オーストラリアとニュー・ジーランドは、1971年の9月に最低ポンド準備比率をそれぞれ70％→63％、40％→36％に引き下げることに同意し、これを突破口としてイギリスは、他のスターリング諸国についても最低ポンド準備比率を一律に10％カットさせることに成功した。さらに1973年の9月には現行の比率か、これを同年9月24日現在の準備総額に乗じた金額か、いずれか低い方の金額をドル価値保証の対象残高とするように改めた。これによって総準備の増加に比例してポンド残高が増加するというパラドックスは解消されることになったが、1974年の3月にもイギリスはさらに基準残高の引下げを行った。しかしながら

第3章　ポンド残高の史的変遷　　　　　　　　　　　　117

　1973年の9月以降は、価値保証協定の交渉が難航し、イギリスとしては一方的な宣言の形でこれの継続をはからなければならなかった。ホンコンは既述のように資産の多様化を自粛してきたが、1973年9月の協定切れを見越したホンコンの市中銀行は、その直前にかけてポンド残高の先売りを実施した。ホンコンの市中銀行は同年9月末現在で7億ポンドにのぼる公的ポンド残高のうちの少なくとも1/3から1/4（1973年12月19日のフィナンシャル・タイムズは1/2と観測）を保有していたものとみられていたが、1973年の12月に遅ればせながらホンコンとの間で成立した価値保証協定では、2.4213ドルを保証の基準相場とする一方、ホンコンの市中銀行が保有するポンド残高に対しては価値保証の適用を認めないこととした。第二次バーゼル協定が成立した当時ホンコンは総準備の89％をポンドで保有していたが、1974年末のポンド準備比率は50％まで低下し、1975年末には40％、1976年の秋頃には20％を下回ったものと推定されるに至った。

　そのようにして外からの圧力とスターリング地域の資産多様化の動きに直面してポンド残高の温存政策が次第に後退していく過程で、この傾向に決定的な影響を与えたのは、1972年の6月にイギリスが実施した変動相場制度への移行である。次に変動相場制度の採用に至るまでの経緯を概観してみると、バーゼル協定の成立後1972年の半ばまでにスターリング地域の公的ポンド残高は、2倍前後の増加を示したが、その原因はこれら地域の国際収支状況がイギリスとほぼ軌を一にして改善されたためであった。また、1970年代の初頭からはドル不安が増幅される過程で大量の短期資本が流入するとともに民間のポンド残高も急激に増大し（第20表）、イギリスはこれによってIMFの借款を返済したが、スミソニアンの合意においてはポンドも8.57％の対ドル切上げを迫られることになった。スミソニアンの切上げは、インフレの高進とも相俟ってイギリスの輸出競争力を急速に減退させることになったが、他方、1972年3月の予算案において史上最大の減税が実施されるとともに輸入も増大し、イギリスの貿易収支は年初来赤字基調を持続せざるをえなかった。さらに事態を悪化させたのは、パキスタン難民の救済や海外旅行支出の増大などを反映して経常収支が赤字に転化したことであり、1973年1月のEC加盟を目前にして民間の資本もECに対する直接投資の機会をうかがっていた。そのような状況の中で6月15日に発生したのが労働者の山猫ストであり、これをきらってイギリスから流出した資金は6月の第三週のみで28億ドルに達した。上述のような民間ポンド残高の増加とともにイギリ

スの外貨準備は、ニューヨーク連銀に対する貸付を含めると実質81億ドルにも達していたが、ポンドの防衛に外貨準備の1/3を喪失したイギリスは、1972年6月23日、ついに一時的な措置として単独フロートに踏切るに至ったのである。この間EC諸国のポンド買支えも10億ドル相当額に達したが、そのようなポンドの変動相場制度への移行は、準備通貨ポンドをEC通貨統合計画の枠組の中に包摂するにしては通貨統合の諸条件が余りにも未整備であり、統合の計画それ自体も極めて杜撰なものでしかなかったことを実証する結果となったのである。

そしてそれは同時にイギリスが最後まで死守し続けてきたポンドのニューメレール機能を自らの手で放棄したことを示すものであり、かくしてスターリング為替本位制度は1972

第20表 ポンド残高（1962—75年）
(単位：百万ポンド)

年	公的保有（括弧内は構成比）	民間保有	合計
1962	2,312 (61)	1,551	3,813
63	2,404 (59)	1,662	4,066
64	2,436 (59)	1,704	4,140
65	2,318 (57)	1,756	4,074
66	2,304 (58)	1,684	3,988
67	2,102 (57)	1,588	3,690
68	1,920 (57)	1,460	3,380
69	2,319 (62)	1,407	3,726
1970	2,547 (60)	1,673	4,220
71	3,240 (58)	2,382	5,622
72	3,618 (61)	2,291	5,909
73	3,689 (62)	2,284	5,973
74	4,634 (65)	2,500	9,134
75	4,102 (56)	3,229	7,330

出所：Bank of England, *Quarterly Bulletin,* June 1974, June 1976.

年6月をもって名実ともに瓦解することになったのである。それを象徴する第一のメルクマールは、これまでポンドにリンクしてきた南アフリカ、マレーシア、シンガポール、ホンコンまでがドル・リンクに転換したことであり、1973年の1月にはジャマイカがこれに同調した（ニクソン・ショックからスミソニアンにかけて多くのスターリング諸国はドル・リンクに転換したが、オーストラリア、ニュー・ジーランド、セイロン、ヨルダン、ケニア、パキスタン、ウガンダ、タンザニア、ザンビアもスミソニアン合意を契機としてドル・リンクに転換した。ただし南アフリカだけはドル・リンクからポンド・リンクに復帰した）[注119]。第二のメルクマールは単独フロートへの移行と同時に実施された為替管理法の強化によって、指定地域が大幅に縮小され、60数カ国にのぼっていたスターリング地域がイギリス本国とブリティッシュ・アイールのみに局限されることになったことである。第三はホンコンをはじめとするポンド残高の大口保有国までが資産の多様化を本格的に推進し始めたことであり、そのような状況の中で第二次バーゼル協定も1974年11月に打切りを宣言され、1974年12月末をもって地上から姿を消すことになった（なお第二次バーゼル協定の廃止に当っては産油国の同意を

求めたとも伝えられる[注120]）。

　スターリング地域の終焉とともに、それに所属する国々がポンドを舞台とする国際通貨劇から退場したあとをうけて、急速にスターダムの地位にのし上ったのは、いわずと知れた産油国である。時代はやや遡るが、産油国のポンド残高が注目され始めたのは1950年代の末葉であり、ラドクリフ委員会報告書は鉱区使用料の増加などを背景として、1952年末に僅か71百万ドルに過ぎなかったイラン、リビア、湾岸諸国などの保有するポンド残高が、1958年末には338百万ポンドに達していた事実を明らかにした[注121]。ポンド残高の大口保有国として50年代から登場していたスターリング地域の産油国は、イラクとクウェートであったが、それまで他のアラブ諸国に比して不当に低く抑えられていたこれら両国の石油利権料が漸く改定されたのは1951年のことであった。イラクは1918年にイギリスの委任統治領となり、1932年に独立したが、イラクはインドと同じくドル・プールの引出しを制限されていた数少ない国の一つであり、他のスターリング地域並みにこれを引き出せるようになったのは1950年も末のことであった（なお封鎖勘定のうちの15百万ポンドは1947年の7月から5年間に渉って解除されることになっていたが、のちに6百万ポンドがこれに追加された）。利権料の支払いは当初金建ポンド払い条件であったが、1950年にイラクは金建の基準を公定価格から自由価格に改めることを要求し、事件はイギリスの法廷に持込まれた。しかしながら1951年の10月には漸くイラク石油会社との間で利益を折半することについて協定が成立し、クウェートも同年の12月に同様の協定を締結した[注122]。50年代以降に入ってからこれら両国のポンド残高が急速に増大した理由の一つは、このような事情を背景とするものであるが、いま一つの要因は1951年にイランがアングロ・イラニアン会社を国有化したため、石油の増産がすすめられたためである。クウェートはイギリスから独立した直後の1961年12月にクウェート基金を設立して、近隣のアラブ諸国に対する経済外交を積極的に展開したが、それにもかかわらず1968年の第3・四半期を例外としてクウェートのポンド残高は安定的に推移してきた。その理由の一つは、1964年から1965年にかけてポンド残高の運用がイギリスの地方公共団体預金を中心とする中長期の投資に切りかえられたためであり、第二の理由は、バーゼル協定に基づくドル価値保証の代償として[注123]、12カ月前の予告なしに大量のポンド残高を引き出さないことを約束したためである（クウェートは従来から金価値保証を要求してきたが容れられなかった）。イラク、クウェートについで登場したリビアは第二次大戦

第21表　ポンド残高の保有者別構成　　　　（単位：百万ポンド）

		公的保有	構成比（%）	民間保有	合　計
1973 IV	ＥＣ	288	8	468	756
	産油国	959	26	314	1,253
	その他	2,132	58	1,502	3,634
	国際機関	310	8	—	310
	合　計	3,689	100	2,284	5,953
1974 IV	ＥＣ	177	4	518	695
	産油国	3,101	67	344	3,445
	その他	1,025	22	1,638	2,663
	国際機関	331	7	—	331
	合　計	4,634	100	2,500	7,134
1975 IV	ＥＣ	124	4	774	898
	産油国	2,839	69	466	3,305
	その他	753	18	1,988	2,741
	国際機関	386	9	—	386
	合　計	4,102	100	3,228	7,330
1976 II	ＥＣ	113	4	776	889
	産油国	1,964	63	444	2,408
	その他	638	21	2,004	2,642
	国際機関	396	12	—	396
	合　計	3,111	100	3,224	6,335
1976 III	ＥＣ	200	7	896	1,096
	産油国	1,541	56	448	1,989
	その他	638	23	2,089	2,727
	国際機関	377	14	—	377
	合　計	2,756	100	3,433	6,189

	ＥＣ	産油国	その他	国際機関	小　計
公的保有					
1976.12.31	186	1,421	596	436	2,639
1977. 1.19	216	1,368	566	435	2,585
2.16	210	1,357	613	447	2,627
3.31	262	1,443	695	429	2,829
4.20	165	1,224	587	436	2,412
5.18	159	1,197	658	462	2,476
6.30	151	1,197	628	461	2,437
民間保有					
1976.12.31	899	497	2,088	—	3,484
1977. 1.19	893	497	2,086	—	3,476
2.16	855	509	2,152	—	3,516
3.31	896	532	2,255	—	3,683
4.20	869	558	2,268	—	3,695
5.18	859	572	2,289	—	3,720
6.30	925	828	2,280	—	4,033
合　計					
1976.12.31	1,085	1,918	2,684	436	6,123
1977. 1.19	1,109	1,865	2,652	435	6,061
2.16	1,065	1,866	2,765	447	6,143
3.31	1,158	1,975	2,950	429	6,512
4.20	1,034	1,782	2,855	436	6,107
5.18	1,018	1,769	2,947	462	6,196
6.30	1,076	2,025	2,908	461	6,470

出所：Bank of England, *Quarterly Bulletin* 各号。

後の一時期イギリスとフランスの軍政下におかれていたが、60年代における石油の発見とともに有数のポンド残高保有国にのし上った。リビアは事実上ドル圏に属していたが、スターリング地域のメンバーとして1968年末のポンド残高が、240百万ポンドに達していたことは前節でも言及したごとくである。

　産油国のポンド残高が急激に増加したのは申すまでもないことながら、石油危機の発生した1973年末以降のことであり、イギリスは秘かに価値保証の提供とバーター取引の推進を挺子として、オイル・ダラーの吸収に乗り出した。1973年の11月にアラブ諸国の蔵相会議は、中東戦争を経済面からも有利に展開させるため、西側の諸国からアラブの資金を徐々に引き揚げることを決議した。しかしながらその年の12月にヒース英首相は、サウジ・アラビアとクウェートに使節を派遣して3,043百万ポンドにのぼる産油国のポンド残高を凍結する意思のないことを伝達するとともに、両国がポンド建の預金を維持ないしは積み増すことを条件として、ひそかに価値保証を提供したことが報道された。イギリスの消息筋は、2カ月以内にイギリスが湾岸諸国とも同様の協定を締結する意向であることを明らかにしたが、イギリスはそれと同時に年間30百万トンにのぼる石油の輸入を確保するため、資本財や武器などの輸出を見返りとして、10年間のバーター取引を交渉中であるとの報道も伝えられた。1974年の7月にイギリスは、イランから12億ドルのオイル・ダラーを取り入れたが、フランスの10億ドルに相当する借款が石油の精製施設やパイプラインの敷設などをバックとする輸出の前受金的な性格のものであったのに対して、イギリスの場合には何らの物的取引をも背後に伴わなかったものとみられている。[注125]

　なおアラブ諸国の準備資産については、実体が明らかでないが、Michael Field[注126]の調査はこの点に関する数少ない労作の一つであり、本稿に、直接関連する事項を次に摘記して参考に供したい。

　アラブ諸国の場合には広義の準備資産（reserves、海外で保有されるすべての資産）と狭義の準備資産（The Reserve、一種の年金基金的な性格のもので、通常長期投資）を区別する必要がある。しかしながらすべての石油収入が直に長期投資に向けられるものではなく、石油危機以降は通貨供給量の増加に伴って通貨の発行準備を目的として保有される短期の外国為替が増加した。1974年の黒字は大部分が短期の投資に向けられたが、これは一時的な現象であって、将来はThe Reserveの比率が高くなるものと観測されていた。1974年の半ばには既にこの傾向が出始めたが、これをもってアラブ諸国の投資態度の変化とみるのは謬

見である。この種の投資は為替相場の変動や金利の較差に敏感な反応を示すのが特徴である。

(1) クウェート

The Reserveの運用をはかるため1952年にはKwait Investment Board (KIB) が設立され、5人のイギリス人銀行家がこの任に当った。1962年には当時のブラック世銀総裁、アプス・ドイツ銀行頭取などを顧問とする International Adviser Committee (IAC) が設立された。1964年にKIBは大蔵・石油大臣のロンドンにおける出先である Kwait Investment Office (KIO) に改組された。IACは二つの投資原則を掲げたが、その一つはポンドをサポートすることであり、いま一つは平価の変更や金利の較差を狙いとして資金の移動を行なわないことであった。第三次中東戦争が勃発した1967年の秋にKIOは短期のポンド預金をそのまま温存する一方、対米投資の一部を引き出してエジプトとヨルダンを支援した。またIACは資産の多様化を勧告したが、IACは1969年以降閉会れたままであり、今日ではその都度同委員会の旧メンバーやクウェートの有識者などに諮問の上、クウェートの首相、大蔵・石油相、投資長官が投資政策を決定している。1974年1月現在のクウェートにおける金・外国為替・投資資産は30億ドルであったが、3月末には50億ドルとなり、6月末には80億ドルに達した(以下数字はすべて非公式)。その中にはディナー建の不動産や資産が含まれており、IMFの定義する公的準備とは異る。クウェート政府は中銀の保有するすべての投資、KIOの保有する現金、短期預金、時としてディナー建の資産を準備からのぞいている。クウェートの準備 (reserves) に関する定義は時によって変化し、局外者を困惑させるが、The Reservesとは、転換社債、およびKIOの運用する長期投資(1974年6月末現在で約20億ドル)、債券(5億ドル)、不動産(4億ドル)から成る。このReserveとクウェート政府の準備資産は六つの項目に区分される。①中銀資産……金、現金、外国政府証券(通貨発行準備)およびIMFのゴールド・トランシェ部分から成り、1974年末現在で959百万ドル、②現金……1974年第2・四半期の石油収入は大部分が政府の予算に繰り入れられたが、クウェートに送金されるまでの間は、ロンドンにおけるKIOの短期預金として滞留する。債券、長期預金のうち満期が到来し再投資まちのものを加えると1974年6月末には20億ドル近くに達した。③株式、転換社債……KIOの最大の投資項目であり、イギリスの株式、転換社債が大宗を占め、その他は長期債、

イギリスの社債、金縁証券に投資されていた。周知のようにクウェートは1974年に、ベンツの株式を取得したが、重要産業の株式取得は相手国の国民感情を刺激するので、1974年の夏にイギリス政府から次の2点について確認を取り付けた。(イ)有利と考えるときにクウェートは、重要産業の株式を50%またはそれ以上買取る用意があること。(ロ)クウェートはそれが企業の利益となる場合をのぞいて企業の経営に干渉しないこと。(なおイングランド銀行は非居住者が議決権株の10%をこえて取得しようとする場合に警告を発することが出来る。また新産業法第10条により国益に反する場合には非居住者の株式取得を禁止できる)。④ Bond……大部分が政府証券であり、1974年の年央には5億ドル、reservesの15%に相当していた。⑤不動産……60年代の初頭から購入し始め、1974年に増加した。大部分はアメリカの西海岸であるが、1974年にはフランス、イギリスでも大口の購入を行った。⑥ディナール建資産……1974年の第3・四半期に約18億ドルに達していた。

(2) サウジ・アラビア

1965年から1970年までの間に準備の増加は6—7億ドル程度に過ぎなかった。準備資産の運用はSAMA (Saudi Arabian Monetary Agency) と外国のアドバイザー (1973年にMorgan GuarantyとUnion Bank of Switzerlandの2人の銀行家がこれに当る) が行う。アラムコに対するドル建の支払いはモルガンとチェース銀行におけるSAMAの勘定に同額ずつ入金される。ポンド建の支払いはミッドランド銀行とチェース銀行のロンドン支店に入金されていたが、1974年の12月にポンド建の支払いは中止された。黒字を計上し始めてから12年間にSAMAは準備資産の大部分をアメリカの政府証券、政保債、モルガン等9大銀行のドル預金に投資していたが、1972年に指定銀行を25以上に拡大するとともに (指定銀行はその後65行に拡大された)、資産の多様化をはかるに至った。[注127] (それはスミソニアンのドル切下げで150百万ドル、1973年2月の再切下げで250—350百万ドルの損失を蒙ったためである)。これまでも準備資産の一部はポンドやマルクで保有されていたが、これを契機としてSAMAは新しく発生した黒字をポンド、マルク、フランス・フラン、ギルダーおよび円で保有することとした。1974年の半ばにはドルが準備資産の75%、その他通貨が25%を占めるに至った。1974年の半ばに準備資産の85%は指定銀行の定期予金 (3—5年もの) に滞留していたが、1972年頃から資産多様化政策の一環としてイギリス

の金縁証券を購入し始めた。しかしながら1974年の夏以降はヨーロッパの国債などが品薄となり、銀行もサウジ・アラビア一辺倒の資金吸収政策を好まなくなった。サウジ・アラビアが発展途上国援助や国際還流機構への拠出に乗り出したのもこのような事情を背景とするものであった。

なお1977年の8月に発表されたFirst National Bank of ChicagoのDr. Odeh Aburdeneの調査によれば、サウジ・アラビアの対外資産は1976年末に495.89億ドルにのぼったが、それは1974年以降に発生したものである。サウジ・アラビアの黒字の70%近くは依然としてドル建の投資であり、ポンド建のものは僅少とみられていた。注128

(3) アブ・ダビ

1967年初頭の準備資産は25百万ドル（預金16百万ドル、外国の政府に対する貸付7百万ドル、実物資産2百万ドル）であり、同年末には43百万ドルまで増加した。しかしながら輸入の増加とともに、1969年にはゼロになった。従って調査時点の準備資産は1970年以降に取得されたものであり、1974年末には19億ドルに達していた。そのうちの13.5億ドルは長期投資であり、現金は4億ドルであった。資産の運用は1967年に設立されたAbu Dhabi Investment Boardが行い、3—4カ月に一度会合して投資政策を決定した。石油収入はロンドンのNational Westminster Bankに入金され、大蔵大臣の指令によってイングランド銀行にあるInvestment Boardの勘定またはポート・フォリオ・マネージャーであるUnion Bank of Switzerlandおよびクラウン・エージェントに振替えられていた。

(4) カタール…1972年2月の準備資産は280百万ドルであったが、短期の預金、現地企業に対する参加、国際機関等に対する拠出金を除くと、1974年の半ばには7—8億ドルに達したものとみられている。資産はQatar Investment Boardが管理した。

(5) リビア…1962年には96百万ドルに過ぎなかったが、1973年10月に23.5億ドルとなり、1974年7月末には33.5億ドルに達した。準備資産の管理は1971年に設立された中銀が行った。1971年の終りまでは大部分がポンド建で運用されていたが、同年12月にポンドから他の通貨に乗り換えた。1974年

の初めには75%が6カ月の短期預金であり、イギリス、アメリカ、ヨーロッパの20—30の銀行に預託された。残りは長期預金や国債などに運用されていた。これら資金の大部分はドル建で運用されていた。

10 第三次バーゼル協定の成立

1977年1月の *International Currency Review* 誌は、サウジ・アラビアの準備資産が最も控え目にみても、1974年の初めから1976年の9月末までの間に、IMFの公表を110億ドル程度上回っていたとみるべきであるとの見解を発表した。また同誌の4月号によると、1973年から1976年の末までにアラブ首長国連邦も141億81百万ドルにのぼる準備資産を隠匿していたものと推定されている。このような事実はOPEC諸国の保有するポンド残高を適正に把握することがいかに困難であるかを示すものであり、各種の機関が公表する数字も相互に整合性を欠いているのが実情である。このような点を考慮するとしてもアメリカ財務省の発表によれば、1974年から1976年までの3年間に発生したOPECの投資可能資金余剰のうち、25%はアメリカに投資されたものとみられ、イギリスのシェアーは僅かの6.5%に過ぎなかった。その他不明項目のうちの約10億ドルは、イギリスの不動産や証券に対する投資とみられるので、これを調整してもイギリスに対するOPEC資金の還流は、全体の7.3%に止まっていた。しかしながら1974年には、国際機関と発展途上国に還流したOPEC資金の合計額にほぼ匹敵する資金がイギリスに流入し、イギリスのシェアーは12.7%（上述の不動産、証券投資を加えると14.4%）を占めていた。それに対して1975年から1976年にかけてイギリスに還流したOPECの資金は、短期の大蔵省証券とポンド建の銀行預金を中心として急速に減少し、その年におけるOPECの全投資額に占めるイギリスのシェアーは実に0.6%まで低下した。それは同年の夏場以降におけるドルの復調とは対蹠的に、年率40%を上回るインフレの高進などを背景としてポンドの信認が急速に低下し、OPECの資金がイギリスとユーロ市場からアメリカおよび発展途上国に流出したことを反映したものである。そのような状況の下で一時は石油取引の20%以上を占めていたポンド建取引の比重は、1976年の3月末に僅かの6%程度まで落込んだのみでなく、ポンドで回収された石油代金は直に他の優良準備資産に転換されるに至ったのである。[注129] かくして1976年の3月にはポンドの対ドル直物相場が2ドルの大台を割り込んだが、そ

第22表　オイル・マネーの運用状況　　　　（単位:億ドル）

イングランド銀行の推定						
	1974年	1975年	1976年	1977年		
				第Ⅰ	第Ⅱ	上半期
イギリス	210	43	45	22	18	40
（除外貨預金）	(72)	(2)	(△11)	(2)	(4)	(6)
中長期政府証券	9	4	2	△1	△1	△2
大蔵省証券（TB）	27	△9	△12	—	△1	△1
外貨建政府証券	—	—	—	—	2	2
ポンド預金	17	2	△14	2	3	5
その他ポンド投資[a]	7	3	5	1	1	2
外貨預金	138	41	56	20	14	34
外貨建その他借入	12	2	8	—	—	—
アメリカ	110	95	120	39	24	63
政府・政府機関証券	60	24	32	25	—	25
銀行預金	40	6	16	2	△3	△1
その他[a]	10	6.5	72	12	27	39
その他諸国	206	174	173	38	41	79
外貨預金	90	50	70	15	15	30
特別二国間借款他[ab]	116	124	103	23	26	49
国際機関	36	40	20	1	—	1
合計	562	352	358	100	83	183

注：(a) は証券、不動産投資を含む。(b) は発展途上国向の貸付を含む。
出所：Bank of England, *Quarterly Bulletin* 各号。

アメリカ財務省の推定			
	1974年	1975年	1976年
アメリカ	119	99	114
ユーロ市場	222	79	14
イギリス	74	2	10
その他先進国	59	77	79
発展途上国	40	59	59
共産圏	5	20	12
国際機関	37	42	17
その他不明	27	17	40
合計	583	395	345

出所：*Middle East Money* (MEMO), May 30 1977, p.12.

の原因としてはナイジェリアが80百万ポンドにのぼるポンド残高を引き出したためとみられている。なお1970年にナイジェリアは外貨資産の75.4％をポンド建で運用していたが、1976年3月にはこれを32.3％まで引き下げた。

ナイジェリアに引続いて1976年の4月にはブルネイがポンド残高を引き出す動きを示したが、ブルネイはバーゼル協定が廃止された後も4億ポンドにのぼるポンド残高の大部分を現金の形で保有し続けていた。ポンドの信認が急速に崩壊していく中でブルネイのInvestment Advisory Board（政府に対して準備資産の管理と運用を勧告するための機関）は、ポンド残高のうちの2億ポンドを取崩すとともに、10億ドルと見込まれる1976年の石油収入を全額ポンド以外の準備資産に投資すべきことを勧告した。しかしながら防衛と外交をイギリスに依存せざるをえなかったブルネイとしては、かつてのマラヤやクウェートなどと同じように、グルカ兵の駐屯を条件としてポンド残高の引出しを最終的に翻意せざるをえなかった。そのような産油国の雪崩現象的なポンド残高の引出しに対処すべく、10カ国グループとスイスおよび国際決済銀行は、53億ドルのスタンドバイ・クレジットをイギリスに供与し、アメリカが10億ドルを既存のスワップ協定から、残りの10億ドルを為替安定基金から拠出することにしたのは、議会に対する配慮から連邦準備制度が全額の負担を忌避したためとみられている。もともと3カ月（合意により3カ月の更新が可能）の短期信用をもってしてはポンド残高という考古学的地層の変化には抗うべくもなかったのである。この協定の成立を好感して一時的に小康を取戻していたポンドは、再び秋口からの激しい売投機にさらされ、10月25日にポンドの対ドル直物相場は1.6ドルの大台を割り込むに至った。

そのような状況の中でキャラハン英首相は、ポンドの国際通貨的な役割の後退を宣言するとともに、公的ポンド残高に対する責任の分担を準備の強固なアメリカと西ドイツに要請した。キャラハンの関心は専ら公的ポンド残高のFundingにおかれていたが、より網羅的な対策を提言したのは労働党左派の機関紙である*Tribune*紙であった。そこでは輸入制限や物価・所得政策をはじめとする広汎な産業、経済政策が提言されたが、ポンド問題に関しては次の三つの対策が勧告された。第一は在外資産の一部を動員して代り金をポンドの防衛資金に繰り入れることであり、第二は「国際銀行の支配から自らを解放すること」であったが、第三は「ポンドの準備通貨的な役割に終止符をうち、ポンド残高——高い金利でイギリスに投資されているホット・マネー——をIMFに肩代りさせる」ことであ

った。

　なお通貨問題に防衛問題をからめるのは、イギリスの常套手段であり、1968年のボン会議で西ドイツが切上げを拒否したときにもイギリスはライン撤兵をもち出したと伝えられる。10月の25日にキャラハン英首相はポンド残高とともに防衛費がイギリスの経済にとって負担となっているとのべたが（GNPに占めるイギリスの防衛費の割合は仏の3.9％、西ドイツの3.7％に比して4.9％に達していた）、偶々英独間の5カ年協定が3月末で失効し、イギリスはポンドの減価に伴って増嵩したライン駐留費の補償を西ドイツに要求していた。同じくイギリスの前防衛相も「西ドイツが我々の軍事的な支援に対して支弁しようとしないならば、アメリカはこれを負担すべきである」と語り、IMFとの借款の交渉に当ってもイギリスは、財政支出の削減を求められるならばラインから撤兵すると警告した。[注134] 1976年10月の西独総選挙後にシュミット政権がイギリスの支援問題に主導的な役割を演んじたのも、その背後にはこのような防衛問題がからんでいたものとみることができる。尚補償費の支払いは1977年10月の英独首脳会談において漸く最終的な合意に到達した。

　在外資産の動員は、既に付言したように第一次大戦の前夜からしばしば実際に試みられた政策であり、それはイギリス王室のコイヌール・ダイヤモンドに対するパキスタンの返還請求を裏返しにしたような構想であるが、イギリス労働党の調査局はひそかに具体案を作成していたものとみられている。それによるとイギリス政府はイングランド銀行を通じて、イギリス人の支配する金融機関と商事会社の在外資産を購入し、それを売却してえられた外国為替によってポンドの為替相場を支持することを想定していたものと伝えられる。財源の点からみてもこの構想の実施可能性は当初から疑問視されていたが、オーストラリアの資本市場が時ならぬ混乱を来したのも、一つにはこのような勧告の余波によるものであった。[注135]

　トリビューン紙の第二の提言は、銀行の国有化を要求する労働党左派の政策路線とも一致するが、その狙いはポンドの決済通貨機能を停止させることによって、民間ポンド残高の根絶を目的とするものであった。キャラハン首相が民間ポンド残高の対策に関心を示さなかった理由を忖度するならば、一つにはシティの擁護をはかるとともに、この種の残高がポンド危機の渦中にあっても漸増の過程を辿ってきたためであり、しかもその大部分が短期の銀行預金として滞留していたことからみても、運転資金的なものと観察されていたためである。しかしながら1976年の上半期に860百万ポンドもの増加を示したポンド建の非居住者に対

する貸出は、同年9月のイングランド銀行四季報が指摘したように、マネー・サプライの増因であったのみでなく、リーズ・アンド・ラグズの温床と化していたのである。1976年の8月24日にイングランド銀行はイギリスの居住者に対するポンド建貿易金融の監視を強化したが、11月の18日に三国間のポンド建貿易金融が禁止されたのはそのような背景によるものであった。第二次大戦前にポンド建の取引は世界貿易の半ばを占めていたが、60年代の初頭には25％—29％に凋落した。1966年から1967年には、22.5％となり、1976年の後半には12％—5％位まで低下したものとみら

注136

第23表 通貨準備額中に占める金および外国為替の割合（1913—57年）（除アメリカ、イギリス）　　　　　　　（単位：％）

年	金	外国為替			EPUおよび国際決済銀行に対する債権に対する債権
		総額	ドル	ポンド	
1913	84	16			
1928	62	38			
1932	87	13			
1937	79	21			
1938	82	18	5	13	
1947	35	65	8	57	
1948	33	67	13	53	
1949	39	59	15	42	1
1950	41	61	19	37	2
1951	41	59	18	35	4
1952	41	59	22	28	6
1953	41	59	24	28	7
1954	41	59	26	27	6
1955	42	58	28	24	5
1956	43	57	29	22	5
1957	45	55	27	21	6

出所：R・トリフィン、小島清・村野孝監訳『金とドルの危機』1961年、69頁。

れているが、上述のようなポンド建貿易金融の規制に伴って、中近東や旧スターリング地域の一部で余喘を保っていたポンドの決済通貨機能が一層の後退を余儀なくされるであらうことは想像に難くない。なおこの段階において為替管理法上の指定地域はさらに一段と縮小され、これをイギリス本国と若干の周辺部に限定することによって、上述のように後退の一途を辿ってきたポンドの決済通貨機能は法的な側面から一段と制約を加えられることになったのである。

　上述のように1976年秋のポンド暴落を誘発したのは、同年第2・四半期に9億ポンドに達する公的ポンド残高の引出しが明らかにされたためであるが、公的ポンド残高の処理はポンドの準備通貨機能の終焉を意図するものと解される。ポンドが世界の外国為替準備の中で確保し続けてきた首位の座をドルに譲り渡したのは、1955年以降のことであるが、1967年の切下げ前になお世界総準備の20％を占めていたポンドの比率は、1976年の初め頃には5％を下回るに至っていた。しかしながら全体のポンド残高に占める公約ポンド残高の割合は、1975年

注137

末現在でなお56％に達していたのであり、その金額も41億ポンドを算していた（第23表）。このような公的ポンド残高を処理する方法としては、短期債務を長期債務に切り替える借換え（Funding）と、「各国の保有する準備通貨残高を、IMFに設けられる代替勘定においてIMFの発行するSDRと交換する」代替（Substitution）の二つの方式があげられるが、代替方式については後述のように実施上の問題が少なくない。[注138]

上掲トリビューン紙は、IMFにポンド残高の肩代りを求めることによって、短期の対外債務を50年以上の長期債務に切り替えさせる案を提言したが、このようなIMFの肩代り構想は戦後国際通貨体制の初次的な検討の段階から論議されていたものである。アメリカの国務省は、IMFがポンド残高を保有国から譲りうけ、これを数年間に渉ってイギリスと保有国の双方に売り戻す案を検討していたとも伝えられる。またブレトン・ウッズ会議に先行する米英間の交渉においても、アメリカは自らが武器援助債権をあらかた帳消しにしたのと同じく、ポンド残高の保有国に対しても同一の処理を求めるとともに、残されたポンド残高をIMFに肩代りさせる案を検討していたとも伝えられる。[注139]ホワイト案は、このようなアメリカの発想を具体的なスキームに塑造したものであり、そこでは「戦争状態の結果若干の国に蓄積された封鎖在外残高の有効な利用を促進すること」が基金の目的の(4)として掲げられたのである。ホワイトの原案は、ポンド残高の債権国と債務国が3年間の据置期間後に、年間2％ずつ20年間に渉って残高の40％を金または基金の希望する自由通貨で買戻すことを条件として、基金が封鎖残高を買入れるものとした（ホワイト案(8)）。しかしながら1943年の8月に改訂されたアメリカ案では、当初の2年間に基金が買入れる残高をクオータの10％までに制限したのみでなく、このような残高の使用を経常勘定の赤字の補填のみに限定し、さらに1944年の4月に提出された米英共同提案は、戦時中に蓄積された残高の処理について一切の言及をさけるに至ったのである。[注140]一方のケインズ案は、具体的な処理規定を欠いていたが、ポンド残高が清算同盟のバンコールを圧迫するのを防ぐために、ポンド残高は(1)「長期債への切替えまたは長期間費消の協定経済計画に基づき封鎖しうる額」と、(2)その他の流動的なものに区分することが望ましいとのべられただけであった。ケインズ案は多角的な清算よりも双務的な解決を指向したものであるが、そこで提起された封鎖勘定と流動的な勘定との分離案は、既述のように米英金融協定に基づく関係国との協定において具体化されることになったのであり、その場合に第二勘定の残高

がイギリスの有価証券に投資することをみとめられたことは、上述の（1）で提起されたケインズの借換方式を地でいく形となったのである。

イギリスがブレトン・ウッズ会議の段階でポンド残高の肩代りを忌避したのは、ポンドの国際通貨的な役割を護持するためであったが、この方式が再び俎上にのぼったのは、1949年の9月にワシントンで開催された米英加政府代表の三国金融会談の席上であった。この会議はポンド問題が独りイギリスのみの問題に止まらず、他の国々にとっても憂慮すべき問題であるとして、継続的な検討の必要性を確認したが、そこで設けられたのがいわゆるABC委員会である。1950年の4月にイギリスは委員会に対して覚書を提出したが、その中でイギリスはポイント・フォー計画の受益国であるインドとパキスタンおよびエジプトなどの中近東諸国が保有するポンド残高の比例的な棒引きを要求したのである。この提案はアメリカによるポンド残高の事実上の肩代りを意味するものであり、この案はアメリカのみならずインドなどの反対から陽の目をみるに至らなかった。しかしながらラドクリフ委員会報告書も、デイ・ロンドン大学教授の建策を容れてIMFの肩代り案には交渉上の困難が伴うことを認めながらも「長期の目標として大きな価値をもっている」[注142]ことを確認した。トリフィンも1960年に出版された『金とドルの危機』（*Gold and the Dollar Crisis*）において、国際通貨制度の自動不安定装置と化している外国為替をIMFに対する残高に置換えることによって、それの国際化を提案した。[注143]アメリカ議会の小委員会も1965年にはこの提案を支持したが[注144]、1962年のIMF総会に提出されたモードリング案（主要国間の協定に基づいて過剰外国為替をIMFの相互勘定を通じて棚上げする）や1971年のIMF総会でバーバー英蔵相の提言した代替勘定（Substitution Account）案もこれに類するものであった。1976年1月のジャマイカにおける暫定委員会のコミュニケは、(7)の(f)において代替勘定案の継続的な検討の必要性を謳ったが、このような代替勘定案は尾崎英二氏が夙に指摘されたように準備通貨国に対するSDRの特配以外の何ものでもなく[注145]、この構想の実現には国際流動性の適正量や各種準備資産の位置付けなどとの関連においても問題が少なくなかったのである。

そのような状況の中で公的ポンド残高の対処案として登場したのは、第一がバーゼル協定の復活であり、第二がローザ・ボンドのイギリス版である。1977年の1月10日に成立した第三次バーゼル協定の第一の特色は、ポンド残高に対する価値保証が付帯されなかったことである。その理由としては、フロート下において価値保証が困難とされたのみでなく、将来ドル残高の処理が必要とされるよ

うな場合にこれが先例となることをアメリカが危惧したためとも伝えられる。第二の特色は、ポンド残高の最低準備比率に関する規定を欠いていたことであるが、これは第三次バーゼル協定がポンド残高の温存を目的とするものではなくて、ポンドの負担する準備通貨機能の後退を狙いとする限りにおいて当然の措置というべきものであった。[146]

　第三次バーゼル協定が BIS を中心にしたのは、議会筋の掣肘を免れるためであったとも伝えられるが、本協定に基づき BIS は、1976年12月8日の残高を基準としてポンド残高の減少分（後述の外貨建中期債への乗替え分を除く）に対して、30億ドルのスタンドバイ・クレジットを提供した。所要資金の調達に当っては、当初 BIS の起債方式も検討されていたが、次の8カ国が BIS に資金を拠出することになった。アメリカ10億ドル、西ドイツ6億ドル、日本4.5億ドル、スイス3億ドル、ベルギー、カナダ、オランダ各1.5億ドル、スウェーデン5千万ドル、BIS 1.5億ドル、そのほか、第二次バーゼル協定と同じく、オーストリア、ノルウェーの参加が期待されていた。ヒーリー蔵相の議会答弁によると、引出期間は2年間であるが、参加国の合意の下に3年間の延長が可能であった。返済は最終の引出後4年間とし、借入れの金利は年率5％とされた。

　第二の対処案は、イギリスがポンド残高の債権国に対して外貨建の中期債を発行し、ポンド残高に実質的な価値保証を提供しながらこれを中期の債務に切替えようとするものであった。このような借替えの方法は、1946年にアルゼンチンに対して実施され（1.3億ドル、ただしこの場合はポンド建）、1968年の6月にホンコンに対しても適用されたが、後者の場合には1.5億ドルを限度とする7年物のドル建特別債が発行された（譲渡不能であったが、必要に応じて償還が認められた）。

　その場合の国債は持参人払いとし、表示通貨はドル、マルク、スイス・フランおよび円の4種類に限られた。クーポン・レートは一般国際債の利率を上回った。本国債は一回限りの発行で、通貨と期間の組合せは、ポンド残高の保有国の選択に委ねられた。ただし、米ドル建の発行を75％以内に収めることについては、アメリカとの間で黙契があったとも伝えられる。必要とあれば譲渡可能であり、20の大手銀行、証券会社と BIS がこれを取扱った。なお実際の引受額は678百万ドルであり、米ドル建が45.1％、マルク建22.6％、スイス・フラン建が20.9％、円建は11.4％であった。[147]

　このような二つの対処案は、BIS のコミュニケにも明記されたごとく、39億

ドル相当のIMF借款と表裏一体の関係にあり、第三次バーゼル協定はIMFの監視機能を活用する反面、IMFがバーゼル・クラブの信用補完能力に依存するに至ったことを示唆するものであった。第三次バーゼル協定の成立をまって、IMFから初回の11.5億ドルが引き出されたことはこれを象徴するものであり、IMFは1977年末までに10億ドル、残額を1978年までに引き出すことについて同意した(イギリスは1977年11月26日のミニバジェットにより権利を留保しながら310百万ドルの引出しを中止した)。これに対応して1976年の12月22日、パリで開催されたG10蔵相代理会議は、GABの発動を合意し、さらにアメリカの財務省と連邦準備制度は5億ドル、西ドイツ連銀も3.5億ドルのスワップを別途に供与した。このほかにもイギリスは、1976年末に期限の到来した武器援助債務(アメリカ138百万ドル、カナダ37.7百万カナダ・ドル)の支払いについて延期を求めるとともに、アメリカ、西ドイツ、イギリスおよびカナダの銀行団から15億ドル(二回に分割し、5億ドルは1カ月以内に借り入れる)の協調融資をうけることになった。協定の成立後最低貸出金利の引下げに伴って一時は、ポンドの売圧力が台頭したが、そのようにして借金王国の建て直し体制が完備するとともにポンドも急速に復調し、北海石油の国際収支面における寄与とも相俟って、逆にイギリスは、皮肉にもポンドの防衛よりもいかにしてポンドの上昇を防止するかに腐心せざるをえないような状況におかれることになったのである。

11 むすび ——ポンドの国際通貨性——

一般にポンドの歴史は、国民通貨→国際通貨→地域通貨→国民通貨への回帰の過程としてとらえられており、一般にポンドが国民通貨の軌道を超越して全世界的な国際通貨として君臨したのは19世紀に入ってからのこととみられている。とくに第一次大戦前のポンドは古典的金本位制度の代名詞にほかならず、国際金本位機構はスターリング本位制度のシノニムと解されている。たしかに金の兌換と輸出入を中軸として金との等価交換性が内外の両面に渉って保証されていた古典的金本位制度下のポンドは、as good as goldであり、金の代位によって発生する流通空費の節約や利子生みの機会などを考慮する場合には、better than goldでさえもあった。このような卓越性を内蔵したポンドが、イギリスの政治経済的な優越性やロンドンの金融的、商業的な諸便宜を背景として、国際通貨の諸属性(公的ベースにおけるニューメレール機能、介入通貨機能、準備通貨

機能、決済通貨機能、民間の取引段階における契約通貨機能、決済資金機能、媒介通貨機能、および資産、投資通貨機能）を全一的に具有するに至ったことは想像に難くない。

しかしながら通貨の機能的な側面だけに着目された国際通貨の概念は、一種の抽象概念にしか過ぎないのであり、ポンドの国民通貨から国際通貨への転換、あるいは国際通貨から地域通貨への変質を識別する基準としては必ずしも適切でない。国際通貨を純粋に機能的な概念として把える場合には、程度の差こそあれ上述のような国際通貨的な属性を今なお局所的に保持しているポンドが、依然として国際通貨であると称することも可能である。しかしながらそのような論法に従うならば、トンガ王国とパプア・ニューギニアの本位通貨であるオーストラリア・ドルや海峡植民地などに対する往年のインド・ルピーまでが国際通貨の範疇に属することになりかねない。従ってポンドの国際通貨的な位相を明らかにするには、特定の歴史的な状況の下でポンドの国際通貨的な原理が理念としてではなく、機能として現実的に妥当していた地理的な範囲を見極めることが必要である。

もともと世界通貨金の普遍的な妥当性を指定する古典的金本位制度と、これに代位するものとしてのポンドの国際通貨性とは本来的に相矛盾する概念であった筈である。しかしながらこのような矛盾が矛盾としてではなく現実に実在することが可能であったことは、古典的金本位制度のアシンメトリーに由因するものであり、これを端的に象徴するものは、特殊イギリス的な古典的金本位制度が植民地型スターリング為替本位制度と立体的な関係において共存することによってはじめて Viable でありえたことである。このことは金本位制度の現実の展開が、古典的金本位制度 → 金地金本位制度 → 金為替本位制度への直進説的な進化論の実践であるよりは、より複合的、重層的な過程を辿ったものであることを示唆するものである。

第二のアシンメトリーとも称すべきものは、金本位のゲームのルールが、他の金融センターとの間における水平的な国際決済の原理として世界大的な規模で普遍的に貫徹されるよりは、しばしば人為的に歪められ、他の政策によって代位されざるをえなかったことである。のみならず金本位制度の自動調節機能に代るべき最も有力な調整の手段と化したイングランド銀行の公定歩合政策にしても、ブルームフィールドが指摘したように、少なくともフランスに対しては極めて軽微な影響力しか発揮しえなかった。古典的金本位制度下におけるポンド残高の存在は、そのような二つのアシンメトリーの形而下的な表現にほかならなかったので

あり、その当時における外国為替残高の分布は、ロンドンとパリとベルリンが世界の金融センターとして鼎立していた事実を浮彫りにするものであった。同じくポンド残高の保有者がスカンジナビアを例外として、英帝国のメンバーや日本などの非ヨーロッパ的な国々に局限されていたことは、ポンドの国際通貨的な役割が一般に想定されているよりも地域的、発展段階的な制約を免れえなかったことを直截に物語るものといえる。国際決済面におけるポンドの相対的な優越性を認めることは吝かではないが、上述のような事実は第一次大戦前のポンドが字義通りの国際通貨というよりは、むしろ公式、非公式帝国を中心とする地縁性の極めて濃厚な基軸通貨の一翼を形成していたに過ぎなかったことを示唆するものといえよう。

　また一般に第一次大戦後は、国際通貨ポンドが地域通貨へと後退していく過程として把えられているが、金為替本位制度の普及した1920年代は一見逆説のようではあるが、むしろポンドの国際通貨的な役割が非ヨーロッパ的な世界からヨーロッパに拡大された時代であった。もっとも1920年代の後半におけるポンドの国際通貨機能のヨーロッパ世界への拡大は、比較的短期間の一種の徒花のようなものでしかなかったが、一時的にせよそれを可能ならしめた要因の一つは、1925年の旧平価による金本位制度への復帰時におけるがごときアメリカの金融支援にほかならなかった。それは同時に第一次大戦後のポンドがスーザン・ストレンジのいう支配通貨から協商通貨へと転落し、新たに登場したドル本位制度への従属を迫られていく過程の一里塚にほかならなかったが、金為替本位制度が挫折したあとの三国通貨協定は、事実上のドル本位制に対するポンドの従属性が決定づけられた歴史的瞬間にほかならなかった。第二次大戦後はポンドの地域通貨性さえもが、ドルの挑戦とスターリング地域それ自体の自壊作用によって次第に空洞化していく過程であったが、1972年のポンド・フロートは名実ともにスターリング本位制度の終焉を告げる劇的な選択であった。

　それ以後の時代は、スターリング地域という自動安定装置を喪失したポンドが、石油危機下の激動にさらされながら協商通貨から中立通貨へと脱皮していくための陣痛の時期にほかならなかった。幸いにして第三次バーゼル協定の成立やインフレの鈍化、あるいは国際収支面における北海石油の貢献などを背景として、外貨準備も1976年の12月末から77年の9月末までに131億ドルもの増加を示した。しかしながらその大宗は借款政策の進展と産油国民間資本の流入であり、そのような民間ポンド残高は大部分がホット・マネー的な性格のものとみられて

いた。そのような状況は、国際通貨的な役割を否定したキャラハン声明にもかかわらず、ロンドン金融市場を背景とするポンドが、純然たる国民通貨として踟躇し続けることが現実の問題として不可能であることを示すものであるが、反面においてはホット・マネーの流入をもって国際通貨ポンドの復活と断定することも早計である。植民地支配制度を基盤とした往年のスターリング為替本位制度が既に帰らざる河のようなものである以上、ポンドの歩むべき途は巨視的にみると、国際短期資本移動の激しい潮流を調整しながら、これに堪えうるだけの経済基盤を造成し、スイス型の中立通貨を指向するのほかはないように思われるのである。

第4章　アジア決済同盟構想の展開と評価

1　はじめに

　第二次大戦後のヨーロッパを数年にして灰燼と荒廃から回生させる起動力となった EPU（European Payment Union、ヨーロッパ決済同盟）は、今やアラジンのランプのごとくに、世界第三の巨人を生誕させただけでなく、世界の各地に自らの分身を簇生させつつある。エカッフェ（ECAFE、Economic Commission for Asia）地域においても、EPU のアジア版とも称すべきアジア決済同盟（APU、Asian Payment Union）設立の構想が、長い間の埋没と忘却から発掘されて、次第に論理的塑像を整え始めている。

　1967年8月、バンコックで開かれたエカッフェ金融専門家セミナーには、ガン（J. R. Gunn、アメリカ・アジア財団研究員）およびトリフィン（Robert Triffin、イェール大学教授）の試案がそれぞれ提出され、さらに 1968年1月のエカッフェ貿易委員会バンコック会議でも、政府ベースによる検討が続けられた。

　これらの諸会議では、いまだ何らかの具体的成案をうるまでに至らなかったが、これが少なくとも、APU 構想の具体的検討時代の除幕を告げるものであることには、何人も異存がないであろう。上述のバンコック金融専門家セミナーは、「加盟諸国が、政府・民間の金融専門家の協力を得て、この問題を緊急に検討されること」[注1]を勧告しており、ウ・ニヨン　エカッフェ事務局長も今後のスケジュールにふれて「各国政府の反響が好意的なものであれば、1986年8月までに関係国代表者会議を設けて具体案を作成し、関係国にこれの採択を勧告することになろう」[注2]とのべている。このように APU の具体的検討は、一段と急迫を告げるに至ったが、仮に、これの具体化が日程にのぼるときは、わが国の貿易・為替金融面

のみでなく、わが国の対アジア外交にも少なからぬ影響が予想されるので、今後の帰趨が注目される所以である。

エカッフェ域内の相互間貿易拡大の大目的を達成するために、多角的清算機構の設置による外貨決済の節減・効率化と、短期信用の供与による外貨不足の補完を企図する APU 構想の最近における展開は、巨視的にみて、今日の世界経済を多極化の方向に再編しつつある地域化の潮流を背景とするものということができよう。それの源流をなす EEC は、戦後における世界貿易のパースペクチブを構成してきたブレトン・ウッズ体制の過渡的措置として、例外的に認知されたものであるが、その後の展開は、差別主義の脱皮よりも、むしろ差別化の傾向を拡充・強化するに至っている。EEC はしだいに経済統合への路線を指向する一方、1966 年のヤウンデ協定（Youndé Convention）によって、旧植民地関係を基盤とする垂直的分業体制をも包摂するに至った。

EEC は、その奇蹟的実験成果（1958 年から 1966 年にかけて、域内貿易は 3 倍となり、域内貿易比率も 30％から 43％に躍進した。）によって、他地域における地域協力の促進に教訓的なインセンティブを注入したが、それの懐抱する差別主義的傾向は、同時に、これに対する対抗と防衛のいみにおいて、地域化の傾向に拍車をかけることになった。

かくて、1960 年代は地域協力の盛行によって彩られることとなり、1960 年 5 月の欧州自由貿易連合（EFTA）、1961 年 6 月のラテン・アメリカ自由貿易地域（LAFTA）、中米共同市場（CACM）、以下 1966 年 1 月中部アフリカ関税経済同盟（UDEAC）、1966 年 3 月西アフリカ諸国関税同盟（UDOA）、1967 年 12 月東アフリカ経済協同体（EAEC）などを輩出するに至った。

こうした地域協力の波紋は、ティンバーゲンのいうごとくに、「地域協力の分野では、どうみても他地域の後塵を拝している」エカッフェ地域にも次第に拡散・浸透するところとなり、地域協力の構想は、1960 年代の後半に至って百花斉放の観を呈するとともに、一部では序々に現実への定着化の様相を示し始めている。

こうした時の流れは、1966 年 4 月の東南アジア閣僚会議（ASPAC）、同年 6 月におけるアジア開発銀行の創設、1967 年 4 月のパキスタン・イラン・トルコ三国間の地域開発協力機構（RCD、Regional Cooperation for Development）、同年 8 月における東南アジア連合（ASA）から東南アジア諸国連合（ASEAN）への止揚などの一連の動きに反映されており、最近では太平洋岸の先進 5 カ国を連動するアジア・太平洋自由貿易地域（PAFTA）構想の胎動にもこれをうか

がうことができる。

ここでは、こうした情況のもとにエカッフェの中心問題として脚光をあび始めている、APU構想の展開過程とメカニズムを素描し、併せて実施上の問題点をさぐることにした。

2 APU構想の展開過程

(1) ヨーロッパ的接近法

第二次大戦は、アジアの対米原材料輸出の出超をもって、英本国のヨーロッパ大陸とアメリカに対する入超を補塡することで均衡を達成していた世界貿易の連環を崩壊させたが、かかる均衡体系における支点としてのアジアの貿易パターンも、同時に大幅な変貌を余儀なくされた。

戦後のアメリカにおける代替品の開発、原料使用の節約等の情況変化は、アジアの原材料に対する需要の減退を招来するとともに、資本移動面におけるイギリスの後退と、これに代位するアメリカのひもつき援助の拡大は、世界の工場としてのアメリカの躍進とも相俟って、アジアの対米貿易収支の動向を逆転させ、ドル不足を招来させることになった。[注3]

こうしたドル不足は、アジアのみならず、戦禍の復旧・再建に不可欠な資材・民需品の供給を、アメリカに仰がざるをえなかったヨーロッパにとっても同然であり、「消耗しつくした諸国は、多量に食糧、燃料、原料といったまったくの必需品を、外国から入手しなければならなかったが、それら諸国の外貨準備は、その最も緊急な必要を賄うにも明らかに不十分であった」。[注4]

戦後のヨーロッパが、このドル不足を克服するために選んだ道程は、同一条件のもとに発想された APU 構想の展開を探る上で、示唆深い教訓を含んでいるかに思われる。

当時のヨーロッパがドル不足対策として遍く採用したのは、1947年に200を超えたといわれる双務的支払協定網の締結である。しかしながら、二国間における生産資源・復興テンポの較差は、債権・債務国の対立を恒常化するとともに、信用限度をこえる部分の焦付回避、または現金決済負担の軽減をはかるために、貿易の縮小均衡化を招来するに至った。

こうした双務的支払協定の行きづまりを打開するために試みられたのが、未決済残高の振替化であり、一国に対する債権を他の国に対する債務の決済に振

り替え、多角的な相殺を試みる措置がこれである。1947年11月に成立した多角的通貨相殺に関する第一次協定（First Agreement on Multilateral Monetary Compensation）は、双務主義の超克を多角主義への指向にもとめたヨーロッパ的接近法の初次的な試みであった。

しかしながら、単純な清算の多角化は、双務協定時代にみられた二国間のアンバランスを、より大規模な国家集団間の不均衡に転換させただけであり、清算実績は極めて低調であった。この経験は、金融技術的なメカニズムによる貿易構造面のひずみの是正には自らなる限界があり、これに伴う構造的債権・債務国の不均等的対立が、逆に金融技術的メカニズムの円滑な運営を阻害するに至ることを実証したものである。

従って多角的清算機能の完遂には、債権・債務国間の均衡回復措置が必要とされ、これを金融的に補完したものが、信用供与機能の導入である。1948年4月の欧州間支払いならびに清算協定（Agreement for Intra-European Payment and Compensation）は、折から結成されたヨーロッパ経済協力機構（OECD）の受け入れるマーシャル援助資金を原資とする信用供与機能を、多角的清算機能に連動させることになった。これは「(OECDの)一国が他の参加国に対して輸出超過となるならば、この超過分は債権国の債務国に対する譲与（引出権）とし、債権国はこの譲与分に対してアメリカの条件付援助を受け入れる」[注5]ことを意図したものである。

この協定は、1947年の7月に重要な技術的改訂をうけたのち、1950年の2月にEPUに脱皮することになった。EPUの特色は、それに至る数次の協定が、清算機能の多角化をとげた反面で、債権・債務の処理を旧然たる双務的ベースに委ねていたとは異り、「二辺的な方式は止揚され、すべての債権・債務は一国が他の全部の国、即ちEPUに対する債権・債務関係に集約されてしまう」[注6]ことであって、双務主義の残屑はこれによって完全に払拭されることになった。

その後EPUの加盟諸国間における、多角裁定取引の拡大（1953年5月以降）と、国際収支の安定、外貨準備の増大を背景とする通貨交換性の回復化、或は1955年において90％に達した自由化の拡大に伴って、1955年の8月、EPUはヨーロッパ通貨協定（EMA、European Monetary Agreement）へと発展的な解消をとげることになった。EMAはEPUとは異って、多角的清算機能と信用供与機能（ヨーロッパ基金、European Fund）を分離させたが、臨時・過渡的な措置として残存された多角的清算機能は、1964年10月のギリシア・トルコ双務協

定の廃止以来利用されることがなく、自由為替市場の機能増大につれて、創設以来の実績も、僅か3,780万ドルに過ぎなかった。[注7]

(2) 萌芽と挫折の時代

APU構想の淵源は、遠く1948年6月のエカッフェ東京総会に遡ることができるが、この構想はこれを非現実的とするIMFの反対で流産した。

ドル不足に対するヨーロッパ的接近法が、決済と信用の多角化を通じて、国際為替制度の正常化を達成しえたのとは対蹠的に、ドル不足を公分母とするエカッフェで、同一の接近法が実らなかったのは何故であろうか。

第一の理由としてあげうるのは、エカッフェの主要国にとって、ヨーロッパ的接近法の原点となった決済尻の振替性の問題が、普遍的な関心事たりえなかったことである。貿易決済の3/4が、ドルとポンドでなされていたエカッフェ地域にとって、振替性の問題は、APUの設立によるよりも、ポンドの交換性回復によって解決される方がより自然であった。この地域の主要国はスターリング地域の一翼を構成するとともに、インドネシア、インドシナもそれぞれギルダー圏と、フラン圏に属しており、EPUの成立後は、間接的にこれらの通貨と連動されることによって、広汎な振替性を確保しうることになった。その結果アジアにおける孤立的な軟貨国は、日本、タイ、フィリピン、台湾に過ぎず、しかも対米出超を記録するタイ、アメリカとの特殊関係にあるフィリピンにとっても、振替性は切実な問題とはなりえなかった。[注8]

従って、APUの設立に強い関心を抱いたのは、広汎な双務的協定貿易の結果として、振替性を欠くポンド、オープン・アカウントの受取増加とその反面においてドル不足のジレンマに悩んでいたわが国だけであり、わが国がEPUに対する加盟ないしはこれに類する機構の創設によって、決済尻のドルへの振替化を希求するに至った理由はここにある。

わが国は、1953年の第二回エカッフェ貿易促進会議（マニラ）において、域内決済問題の検討を提案するに至ったが、IMF、エカッフェの事務局ならびに域内九カ国の中央銀行代表からなる専門家グループは、次のような理由をあげて、悲観的な結論を下すに至った。①多角的相殺範囲が狭いこと、②ポンド・ドル・フラン・ギルダーによって多角的決済が可能であること、③恒常的債権・債務国が存在するために運営の渋滞が予想されること、④多額の運転資金を要する反面で資金の調達が困難なこと、⑤BIS（国際決済銀行、Bank for International

Settlement)のごとき決済機関が存在しないこと。[注9]

このほかに、第二の障碍と目されたものは、APU の信用供与機能を支えるべき、マーシャル援助のアジア版的構想が挫折したことである。マーシャル援助のエカッフェ地域への適用は、「断乎として拒否され……アメリカはアジア諸国に対し、高度の保護がなければ生きていけないような産業をつくるべきではないと警告した。……彼らは助けを求めたのに説教をうけただけであり」[注10]、これに同調したイギリスも、APU に対する資金の拠出を拒絶した。

このように EPU のアジア版ミニチュアーは、早くも暗礁にのりあげるに至ったが、APU 構想の創世紀における主役であったわが国も、1953 年以降のポンド並にオープン・アカウント地域に対する入超化とともにこの問題に対する関心を失い、APU の序幕はここに閉じられることになった。

エカッフェ事務局も「決済問題に関する調査から一部の技術的な貿易問題の研究、および実際的サービスの実施に活動の焦点を移行」[注11]させることになった。

(3) 具体化への転向

萌芽のままで挫折した APU の設立構想が、10 年の断絶ののちに、再び浮上を開始し始めたのは、1960 年代に入ってからである。APU 構想の復活は、1960 年代における、EPU 神話の世界各地における生誕と軌を一にするものであるが、OECD のアジア版とも称すべきアジア経済協力機構 (OAEC) の挫折が、局面の転換に一役かったことも見逃せない。

OAEC の挫折は、エカッフェ事務局の活動を包括的な共同体構想のレベルから、個別的分野における経済協力の具体化に転換させ、それの一環としての決済問題への回帰をも促すことになった。

しかしながら、APU の原則論をめぐる気迷い傾向は、一朝にして克服しうるものではなく、エカッフェ事務局長の召集した所謂 3 人委員会は、これの必要性を強調するも、その後の 7 人委員会は、むしろこれに懐疑的であった。

APU の設立構想が、それまでの否定と懐疑から上向的展開への態勢を固めるに至ったのは、1963 年の第一回経済閣僚会議であり、域内貿易拡大のために具体的措置がとるべきことが決議された。この勧告に基づいて設けられた専門家作業部会は、1964 年に至って、貿易自由化の諸措置と、これの促進にあたっては信用を伴う支払協定が有効である旨を勧告した。

続く 1965 年 12 月の第二回経済閣僚会議でも、専門家グループによって貿易

第4章　アジア決済同盟構想の展開と評価　　　　　　　　　　　143

拡大の金融的側面と、自由化に伴う不均衡化を防止するための支払協定を検討すべきことが勧告された。[注12]

　こうした原則論的低徊からの離陸を加速化したものが、1964年における第一回国連貿易開発会議（UNCTAD）の勧告と、中南米における地域決済機構の急展開であったことは想像に難くない。

　第一回UNCTADは、支払取決めの設定が、交換可能通貨の不足を緩和するであろうとの認識をふまえて、専門家グループによる検討を勧告したが、専門家グループは、清算ならびに信用供与の協定ならびに通貨同盟が、一般に発展途上国の貿易拡大に寄与しうるとの結論を下すに至った。[注13]

　これと前後して中南米では、1961年に中米決済機構が、1965年にはLAFTA域内多角決済機構が設立された。この種の動きは中近東・アフリカにも拡散し、1964年1月にはECA（国連アフリカ経済委員会）のモロッコ会議に、トリフィンのアフリカ決済同盟案が提出され、近い将来における域内決済機構の設立が同意された。このほかにも、1967年6月にRCD多角的支払協定が設立されるとともに、東アフリカ三国でも、清算協定の締結が日程にのぼるに至った。[注14]

　このような開発途上地域における金融協力の機運は、1966年度において、アジア開発銀行の創設に成功したエカッフェの事務局を一段と鼓舞することとなり、APU構想具体化の日程が策定されることになった。

　こうしたいみで、1966年12月の第10回貿易委員会（バンコック）は、1967年8月のバンコック・セミナーの伏線をなすものとして注目すべきであり、(1)バンコック・セミナーのために地域的・小地域的な清算および信用協定の研究を準備すべきこと、(2)アジア開銀に貿易決済の拡大のための金融協力を要請しうるか否かを検討すべきことを勧告した。

　続く1967年4月のエカッフェ東京総会にも、この問題が提出されたが、我国は交換性の回復と為替の正常化につれて、稗益されるよりはむしろ繋縛と化しつつあるこの問題の展開に対して、逆にきびしい態度で臨むことになった。しかしながら、その後舞台はバンコックのセミナーと貿易委員会に移されることになり、APUの立役者達も、時勢の推移とともに攻守ところを変えながら、APU構想の具体的検討時代と対峙することになった。

3 APU構想のメカニズムと評価

　為替決済機構の態様は、加盟国の債権・債務の相殺を目的とするだけの清算協定と、さらには清算の結果として招来される未決済残高の支払延期を内容とする支払協定に大別される。第二次大戦後の為替決済制度を傾向付けるものは、信用機能の導入を伴う支払協定の盛行であり、同時に協定の双務主義から多角主義への移行である。

　EPUは、既述のごとくに双務的支払協定の硬直性を克服するために、清算と信用の両機能を多角化すると同時に、これを有機的に結合させたものであって、この種の戦後型為替決済機構の原型と考えられている。しかしながらCACM、LAFTA、RCDにみられる現実の態様は、必ずしもEPUの範型に追随したものではなく、RCDがEPUと同じく、精算尻の決済に部分的なクレジットを適用しているのに対して、CACM、LAFTAにおける信用機能は、所謂中間信用の拡大に向けられており、清算尻についての信用供与はなされていない。

　これからのべるガンとトリフィンの両試案も、同じく多角的な清算・信用協定のコンビネーションを理想としているが、両者の構成原理には次のような懸隔をうかがうことができる。

　ガン案の信用協定は、域内貿易尻を信用供与の基準とするだけでなく、自動的貸出方式と清算尻の支払いに対する現金払とクレジットの併用等の点でEPUの系譜に連なるものといえるが、総合国際収支を基準とし、協議貸出方式を原則とするトリフィン案はEMA型と比喩することができよう。

　しかしながら試案の組成にあたっての両者の視角とメリットの評価には、大幅な差違がみられず、いずれもが域内貿易の自由化に伴うショックの緩衝措置としてAPUの不可欠性を強調している。またこれのメリットとしては、自由化の阻害要因としての外貨の節約と効率化が共に期待されているほか、トリフィンによって、外国為替取引に伴う対外的混乱の回避と各国金融関係者の協力促進、外貨準備の域内投資への転換などがメリットとして掲げられている。

　いずれの案も域内諸国を若干の小地域集団に分解し、集団相互の貿易関係を分析しつつAPUの実施可能性への接近を試みている。

　トリフィンは域内を、日本・オーストラリアおよびニュー・ジーランドよりなる域内先進国グループと、タイを境とする東・西の域内発展途上国グループに三

分している。これに対してガンの接近法は地理的近似性よりも貿易構成面の特色に着目して、五つのグループに区分し、第一グループとその他グループの組合せを行なっている（第一グループ：伝統的発展途上国、第二グループ：石油産出国、第三グループ：仲継港、第四グループ：日本、第五グループ：オセアニア諸国）。

ここで注目すべきことは、いずれの案においてもわが国が基軸的役割を期待されていることであり、バンコック・セミナーも「清算または信用協定の成果を期するには総合国際収支、外貨準備の強力な国の参加が不可欠である」と勧告している。[注15]

わが国の加盟がAPU運営の不可欠の要件とされることは、域内貿易の構成からみても容易に推論しうるところであるが、わが国の加入は逆に域内不均衡を拡大させることによって、それの存立を困難に陥入れることも予想され、わが国の加盟はAPUの苦悶を象徴するものということができよう。

(A) 清算同盟

EPUは戦後の国際決済機構の典例であり、後発の決済諸機構が理念的にも、技術的にも、その影響を免れえなかったことは想像に難くない。こうした意味でEPUをはじめとするその他の諸先例との対比において、トリフィンとガンの構想するAPUのメカニズムを要約するとともに、バンコック・セミナーにおける各国の意見を参照しつつ、技術的な評価を試みることとしたい。

まずはじめに、EPUの清算機能的部分を抽出し、これを基本的要素に分解すると次のごとくである。(1) 協定勘定の設定、(2) 清算機関の設置、(3) 運転資金の確保、(4) 計算単位の設定、(5) 清算尻の処理。

(1) 協定勘定の設定　双務的協定貿易に伴う限界の克服を使命とするEPUは、96の双務協定の上に建立され、加盟国の中央銀行間で協定勘定を設定した。加盟国の決済関係は、これらの双務勘定に反映されることになるが、決済は中央銀行相互間で行う代りに、各国中銀から報告される毎月末現在の残高に基づいて、EPUがこれを行なった。

LAFTAの場合もEPUと同じく、二国間に中央銀行名義の協定勘定（ドル建）を設定しているが、それに対してCACMは、EPU、LAFTAのごとき協定勘定を設けることなく、決済機関における加盟国勘定の貸借記によって決済しており、完全な手形交換所的機構の確立に成功している。

ガン、トリフィンの構想はいずれもCACMと同じく清算機関における勘定

の貸借記による清算方式をとっているが、APU の場合には、距離的にも近接し、参加国も6カ国に過ぎない、中米手形交換所方式の踏襲が技術的にみて妥当か否か、改めて検討の余地があるであろう。

なお、ここで注目されるのは、エカッフェの 1966 年における双務協定が、アフガニスタン、インド、パキスタン、ネパール、インドネシア間の5例を数えるに過ぎないことであって、域内決済の殆んどは為替市場経由の多角裁定取引に委ねられている。かかる現状に対するトリフィンとガンの評価の相違は清算機関との取引方式に現れており、ガンが多角裁定取引導入前の EPU と同じく、決済を清算機構に強制的に集中させる方式をとるのに対して、トリフィンは CACM、LAFTA（ただしアルゼンチンのみが強制主義）と同じく、為替市場で決済できない等の場合に限り、清算機関経由の決済をみとめる選択主義を建前としている。ガンの強制集中主義は為替管理の復活につながるものとして、バンコック・セミナーにおいて、IMF と日本代表の反駁を受け、セミナーの報告書も、これを採用するか否は各国の採量に委ねられることで合意された旨を記載するに至った。しかしながらトリフィンの選択主義による場合にも、セミナーにおけるわが国代表の発言のごとく、不良債権のみが清算機関に集中される反面、債務が他のルートで決済される 3 ことによって不均衡が激化することも危惧される。

(2) 清算機関の設立　EPU の場合は、BIS が清算機関としての機能を代行し、LAFTA の場合もペルー中央銀行が多角的清算の任に当っている。CACM は独自の清算機関として Cámara de Compensasión を創設しているが、機構的に未成熟な RCD はこれを設けるまでに至っていない。

APU の場合には、既述のごとく清算を行うに相応しい機関を欠くことが、それの創設を妨げる障害の一つと目されてきたので、トリフィンとガンはいずれも独立した清算機関の設立を要務としている。とくにガンは清算機関の代行を、いずれか一つの加盟国中央銀行ないしはアジア開発銀行にこれを委託すべきであると提案し、セミナーの報告書もこれを採択している。

(3) 運転資金の確保　清算は毎日行なわれる訳ではないので、清算日から次の清算日に至る計算期間中の取引を可能ならしめるためには、相応の運転資金が必要である。この場合にまず問題となるのは計算期間の幅であるが、ガン、トリフィンはともに EPU と同じく 1 カ月を基準としており、報告書もこの案を採択している。ちなみに他地域の例をみると、CACM が 6 カ月、LAFTA が 2 カ月、RCD が 1 カ年となっている。

次の問題は、運転資金を加盟国の資金拠出に求めるか、中間信用によるかの別である。他地域の例をみると、初期のCACMを唯一の例外として、中間信用方式が支配的である。ガンとトリフィンも中間信用方式を採用しているが、トリフィンはさらに資金拠出方式との併用を提案している。

なおこの場合に中間信用が民間ベースのユーザンスに完全に代替するものか否かが判然としていないが、LAFTAのごとくにこれを認めない場合は決済条件が現状より不利になることを免れ難いのみでなく、国内金融の逼迫時にはニューヨーク・アクセプタンス等の利用可能な域外取引に転換を求める可能性がある。

最後に残された重要な条件は、中間信用に限度を設定すべきか否かの問題である。EPUは、一国が他国の資金要請を拒絶しうることにすると、運用の円滑を欠くことが危惧されるため、中間信用の無制限供与を前提としている。しかしながらこれの濫用を防ぐためにEPU協定は、「自国の割当額および追加割当額の合計から、累積的計算上のPositionを差引いた以上の中間金融を与えることを拒否できると規定している」[注16]。CACM、LAFTA、RCDはいずれも協定によってクレジット・ラインを設け、限度を超える部分は交換可能通貨（CACMの場合には有価証券による肩代りも認めている）による決済を義務付けている。トリフィン案も中間信用に限度を設定し、それを年間相殺可能額（輸出入のいずれか小さい方）の1/6としている。

これに対してガン案は、中間信用の限度に関する規定を欠いており、わが国代表は、恒常的黒字国が恒常的な信用供与を余儀なくされるとして、それに反対し、タイも日本に同調したが、バンコック・セミナーの報告書は、限度の設定を煩瑣とする意見が多数であったと記述している。しかしながら、構造的債権・債務国の対立と、漫性的外貨不足に伴う支払債務の累積化が危惧されるAPUの場合に、限度額の設定による事前の調整をさせることは、妥当性を欠くものといえよう。

（4）計算単位の設定　清算機関において、異種の加盟国通貨を多角的に相殺するには、まずこれを共通の貨幣単位に還元することが必要である。EPUは、計算単位をドルの金含有量と等価にすることによって、清算技術的目的を充足するだけでなく、各国平価の変動に対する保証と、各国通貨の対米平価の設定を可能ならしめた。CACMもドルと等価の中米ペソをもって共通の計算単位としているが、LAETA、RCDはこれを設定することなく、取引をドルで表示させている。ガンは域内の決済通貨がドル一遍倒でないことを理由として、またトリフィンは金為替本位の超克を目ざす立場から、LAFTA方式によるよりも、EPU単位の

ごとき共通の計算単位の設定を提案した。

　セミナーの報告書も、単一の共通計算単位の制定について、各国の意見が一致した旨をのべるとともに各国通貨は、固定レートによって計算単位に結び付けられるものとしている。自由為替市場との併存関係における固定相場制の部分的導入は、市場レートとの乖離を必然的に招来することになるが、その場合には予想される投機的な動きや集中額の変動と勘定残高の不均衡化、さらには先物為替相場の取扱い等に対する対策が必要とされる。

　(5) 清算尻の決済と保証措置　以上のような多角的相殺過程の最終段階として問題となるのは清算尻の処理であり、EPUのような、清算機能と信用供与機能の連動がなされない場合は、交換可能通貨による即時的決済が必要となる。そのような例として信用機能を伴わないCACMは、清算尻の決済について、清算後8日以内にドルで支払うべきことを定めており、LAFTAも共通のデポジトリー銀行であるニューヨーク連銀における各国中央銀行名儀勘定の振替による決済について規定を設けている。

　ガン、トリフィン案はいずれも交換可能通貨による清算尻の決済を提案しているが、この点で、ガン案が異彩を放っているのは、計算単位に通貨性を付与し、これによる決済を提唱していることである。しかしながら、それの裏付けとなるエカッフェ加盟諸国通貨の脆弱性からみても、この案は現実性を欠くものといえる。

　清算尻の決済に伴う最も重要な課題は、債務の不履行、為替の変動、中間信用残高の収益性等に対する保証の問題である。まず為替リスクに対する保証は計算単位の設定によって解決されるものと考えられているが、それが全額金によって裏付けられない限り、回収上の危険は依然として解消されないであろう。次に、対外収支の構造的不均衡化をさけ難いエカッフェの現状からみても、債務不履行に対する保証措置のいかんは、APUの設立と運営に不可欠な域内黒字国の去就を左右することにもなりかねない。

　トリフィンはこの種の不祥事態に対処するために、次の措置をとるべきものとしている。(イ) 交換可能通貨を清算機関に預託（域外援助または域内の拠出を予定）することによって、債務国が割当の範囲内で債権国の通貨を購入出来るようにする。(ロ) 加盟国の貸出許容額を借入権より多くする。最悪の場合には、債権国から緊急・補完的なクレジットを求める。(ハ) IMFからスタンドバイ・クレジットを仰ぐ。(ニ) 域内では赤字であっても域外に対して黒字の国に対しては、中間信用

第4章　アジア決済同盟構想の展開と評価　　　　　　　　149

の停止、あるいは一部現金による決済を求める。

　それに対してガンの保証措置は楽観のそしりを免れず、加盟国による創始資金の拠出と、仲裁機関の設置を説くのみである。セミナーの報告書は、債務不履行国に対する新規中間信用の停止、債務の完済に至るまで当該債務国との取引をすべて清算機関に集中することやガン案の掲げる仲裁機関の設置を採択した。

　しかしながらそれら保証措置の効果は、十分満足しうるものとは考えられず、危惧される債務累積の事後的な調整に成功するためには、ヨーロッパの実験が示すように、マーシャル援助のごとき域外の資金による肩代り方式に、解決を求めざるをえないものと思われる。

　上記の清算同盟案について、「（バンコック・セミナーの）参加国の多くは、効果が限られたものであっても、清算同盟の方が実現の可能性があるとみ、スキームの発足時には、信用供与を伴わない制限的な機構でスタートすべきであるとの感想をのべた」[注17]と伝えられる。セミナーの報告書は、トリフィンの意見によってかなり潤色されたものとみられているが、次のような結論を採択するに至った。

　「決済期間を1カ月とする単純な清算同盟は、伝統的な決済方法と新に設けられる方法のいずれによるかを選択する自由を、貿易業者および銀行に与える限り、加盟国の利益となるであろう」[注18]。

（B）支払同盟

　清算機構における中間信用の供与は、多角的清算の過程における操作技術上の必要悪として、補完的に許容されるものであって、比較的短期間の自国通貨による信用形態をとるのが通例である。

　しかしながらEPUに至るヨーロッパの歴史が如実に物語るがごとく、清算残高の決済を全額現金払とするときは、往年の双務協定にみられた弊害をより大規模な形で顕現させることになり、多角的清算の機能それ自体も麻痺することになる。この種の事態を回避するために、ヨーロッパの叡智の創造したものは、清算機能と信用機能を自己同一的に連動したEPUの創設である。

　EPUの信用機能を特色付けるものは、信用の多角化と、清算尻の決済に対する信用と現金払の併用である。EPUは、双務的な清算尻を肩代りすることによって信用の多角化を実現するとともに、信用の導入によって100％の信用から100％の現金払に移行する場合のショックを緩和した。

　しかしながら、EPUの信用形態は、現存する他の地域的決済機構にそのま

ま温存、踏襲されているわけではない。既述のごとくに、CACM、LAFTA は EPU 的信用機構であるよりは、中間信用の拡充を中核とする清算機構的段階に止まっており、RCD も清算尻の処理に現金払と信用を併用している点で、EPU 的痕跡をとどめる反面、信用の多角化段階に到達するまでには至らない。

従って EPU は、現存する地域的信用機構の典型としての地位を必ずしも確立しているわけではないが、APU における支払同盟の位置付けと、それの評価にあたって、EPU との対比を便宜的に試みることも無意味ではあるまい。

ここで EPU のメカニズムをいくつかの基本的要素に分解して摘記すれば、次のごとくである。

（1） 信用供与限度の設定　債権国と債務国の利害を調整し、基金の流動性を確保する上で、信用限度の設定が必要であり、各国の貿易規模に応じて割当額（クォーター）が設定された（1949 年における各国の域内取引額の 15%）。これをこえる清算尻（累積残高）は EPU との間で金をもって決済された。

（2） 限度内清算尻の決済方法　上記割当額の範囲内における清算尻（累積残高）は信用と現金払の按分比率によって決済される。この場合の比率は、EPU に対する債務が増大するにつれて金払部分が増大し、債務国における不均衡の是正を促した。信用部分の平均割合は当初の 60% から 1955 年には 25% に圧縮され、正常化への過程を刻印している。

（3） 準備資産　債権・債務国の金決済比率におけるギャップを補慎し、構造的不均衡に対処するには、準備金による保証が必要とされるが、EPU はアメリカの拠出した資本金（3.5 億ドル）ならびに特別拠出金（1 億ドル）をもって準備金に充当した。

上述の EPU、RCD のメカニズムとの対比関係においてガン、トリフィンの支払同盟案を図式的に要約すれば第 1 表のごとくである。

(イ) ガンの支払同盟案

ガンの支払同盟構想は、A・B の 2 案からなっているが、いずれの場合においても、(1) 域内収支尻を割当基準とし、(2) 自動的信用供与方式をとるとともに、(3) B 案において信用と現金払（一部自国通貨ないし地域通貨払）による清算尻の決済方法を導入している点において、上述の EPU 的手法を取り入れており、EPU のアジア版的色彩が濃厚である。とりわけガン案の特色は、割当の域内収支尻基準の採用におかれているが、この場合には、域内で赤字の国は域外収支で黒字の場合でも、借入れの適格性を保有するがごとき矛盾を避け難いのみでなく、

第1表　APUとEPU、RCDの対比

	トリフィン案	ガン案 A案	ガン案 B案	EPU	RCD
地理的範囲	エカッフェ全地域	小地域主義から出発して全地域におよぶ		域内	関係3カ国
計算期間	1年	1年		1カ月	1年
信用供与限度（割当額）	各国外貨準備総額の10%	域内輸出の110%		域内取引額の15%	双務的に2百万ドルの信用を供与する
借入限度	預託額の2倍まで総合国際収支の1/2まで補填可能	域内輸出入額の少ない方の金額	域内輸入額の75%		
借入方式	協議方式 当初は自動方式が望しい	自動方式	自動方式	自動方式	自動方式
決済方法	次年度の総合国際収支が黒字であれば、それで返済する。2年以上赤字が続く場合は3年間の賦払	（限度超部分：決算時に硬貨払）限度内部1年間の延払	（限度超部分：超過時に硬貨払）限度内部分 ㋑25%自国通貨（地域通貨）払 ㋺75%1年間延払	限度超部分：金払 限度内部分：割当額の一定比率で金払と信用を併用	限度超部分：30日以内に硬貨払 限度内部分：50%は30日以内に硬貨払、残りは翌年度に繰越
準備（流動性対策）	対外準備が預託額の一定比率を下回るときは、自動借入権を圧縮	①信用供与限度を借入限度より多くし、差額を準備に充当 ②債権国の請求を延期させる ③IMFよりスタンドバイ・クレジットを求める		①運転資金 ②特別拠出金（いずれも米国が拠出）	

注：上掲のガン案は伝統的発展途上国グループにわが国を加えた場合のモデルについて要約を試みたものである。

地域的差別主義につながる恐れがある。そのような弊害は、トリフィンによって指摘されたのみでなく、IMF代表もそれを理由として、ガン案に対する資金的な協力を拒絶した。

　ガン構想のいま一つの基本を構成する原理は、信用の供与を追加的貿易の変動部分に限定しようとする発想であり、伝統的グループ相互の取り決めの場合に、その適用を試みている。この方式は1964年の「貿易自由化のための作業部会」リポートにもみられるように、第一次産品貿易に係る構造的赤字部分は長期援助に譲り、信用取決めの対象を信用にセンシティブな工業製品貿易に限定することにより、産業多角化の大義名分と域内黒字国の資金負担の軽減に応えようとしたものである。この構想はウ・ニヨン　エカッフェ事務局長とインドの支持するところであったが、均霑国の偏倚性、稀少性と、追加的貿易の定義が困難なだけでなく、域内赤字・域外黒字国の取扱をどうするか等の問題があるため、セミナーの報告書もこれに対する言及をさけている。

　ガン案は、上述のような基本原則的問題点のほか、青天井式の信用供与方式や現実性を欠く自国通貨・地域通貨建決済の導入等、細目についても理論的、技術的詰めを欠き、構想の自壊をさけることができなかった。ここでガン構想のメカニズムを要約すると次のごとくである（なおガン案はグループの組合せいかんによって取り決めの内容を異にしているが、以下は伝統的発展途上国にわが国を加えたモデルを中心に考察したものである）。

　（1）　A、B案の相異点　A案B案ともに基本原理を異にするものではないが、B案は借入限度の拡大と返済条件の緩和によって、債務国側に、より魅力的なスキームとなっている。この案は債権の累積化を意識的に招くことによって債権国の域内輸入を刺激し、その結果として、債務国による輸出の浮揚を企図したものであって、債権国にとっては一層うけ入れ難いスキームとなっている。

　（2）　信用供与限度　加盟国の基金に対する信用供与の限度は、A・B案ともに基準年度（前2年間の平均とするので、基準年度は逐次移動する）における各国域内輸出額の110％を限度としている。なお伝統的発展途上国間の取り決めの場合は追加貿易に限定されるため、基準年度の域内輸出額の10％が限度とされる。

　（3）　借入権の限度　A・B両案の重要な相違点の一つであり、A案が借入限度の基準を基準年度における輸出入のいずれか小さい方、即ち相殺可能額とするのに対して、B案は域内輸入の75％としている。この種の限度設定は無制限に

近いため、IMFならびにトリフィンの批判をあびるとともに、わが国の代表からも、赤字国に対する追加的援助と化する恐れがある反面、開発援助のごとき構造的な効果を期待し難い点が強調された。

（4）返済方法　各国の債権・債務は毎月基金に報告されるが、決算はRCDと同じく年一回とし、未決済残高は毎年末に確定される。

借入限度の超過部分は硬貨で決済されるが、決済の時期は、A案が年末とするのに対して、B案では限度を超えた時点とされる。

A・B両案の基本的な相違点は、限度内部分の決済方法であり、A案が全額1年間の均等賦払方式とするのに対して、B案では次のごとき方法によるものとしている。

① 純債務の25％は自国通貨払とし、決算後直に支払われるが、そこでは、自国通貨部分に見合って発行される地域通貨による決済についても提言された。

② 残りの75％は硬貨払とし、1カ年の均等賦払方式とする。

上述の域内通貨による決済案は、その裏付けとなるエカッフェ加盟国通貨の脆弱性と非交換性からみて、非現実的な構想といわざるをえない。バンコック・セミナーにおいても、受領性確保の保証がないこと、二国間の縮小均衡を招く恐れがあることなどが指摘され、トリフィンとIMFの代表から「IMF協定違反ときめつけられた」。報告書も「回収の用意が何ら明確に示されていない、膨大な交換不能通貨を裏付けとする地域通貨案は、容認し難い点で意見の一致をみた」と結んでいる。

（5）保証措置　基金の資金的枯渇に対処するため、債権国の請求を一時延期させたり、IMFのスタンドバイ・クレジットを仰ぐ案が提言されたが、IMFが既述のごとくこの案に対する資金的協力を拒絶したため、ガン案の保証措置は、早くも実施可能性が疑問視されるに至った。このほかガン案では残高（含賦払残高）に対する付利を掲げているが、管理費の徴収にはふれていない。

㈰トリフィンの支払同盟案

ガンの支払同盟案がIMFの原則と抵触するなど、実施面の配慮に欠ける点が少なくなかったのに対して、トリフィンの案はIMF規約への配慮をこらすなど論理的整合性にすぐれている。

トリフィン案の特色は、まずクレジット・ラインの基準を域内貿易尻によらずして、世界大的な総合国際収支尻に求めていることであり、次に信用供与の方式についても、自動方式よりも協議方式を原則としていることである。トリフィン

案を貫くこれら二つの原則は、国際収支の困難に際して、加盟国に対する信用の供与を協議方式で行なうことを定めている EMA のそれに近似するものといえよう。トリフィンは、これら二つの原則によって、ガン構想の陥った基本的矛盾を免れたわけであり、IMF の代表も、「このスキームは概念的に満足しうるものであり、事実上 IMF のクォーターおよび引出権のメカニズムと大同小異のものである。」と賛辞を惜しまなかった。

ガン案に対する言及をさけていたセミナーの報告書も「長期信用の供与は、域内貿易の自由化促進を主眼とするものであるが、信用供与の基準は域内収支尻よりも加盟国の外貨ポジションにおかるべきである」との勧告を行った。

それではトリフィン案の細目は、一体どのようなものであったのか。それの骨子を以下に要約する。

（1）　信用供与限度　各国の外貨準備総額の 10％を金または硬貨によって、ギャランティ付の流動性預金の形で基金に預託する。トリフィンはこの措置によって、同時に欧米金融中心地に留保されている外貨準備の一部を、域内の投資に転換することを期待しているが、域内投資の収益性、安全性には問題があるのみでなく、セミナーにおけるわが国代表の発言のごとく、むしろこれによって、欧米の金融市場における信用調達力の低下が招来される恐れがある。

（2）　借入限度　預託額の 2 倍までとし、総合国際収支の 1/2 までがこれによって補填される。この場合の借入方式は、ガンの自動方式に対して、政策協議を条件とする協議方式を原則としているが、エカッフェの現情に鑑み、当初は自動方式による方が運営し易い旨のただし書が付けられている。それに関しては、セミナーの席上わが国の代表から、地域的支払同盟の信用政策が IMF の政策と齟齬する恐れがあることが指摘され、この種の信用を貿易自由化措置の受諾と実施にリンクする方式が提言された。

（3）　返済方法　信用期間はガン案と同じく 1 年であり、次年度における総合国際収支の黒字によって返済される。ただし、赤字が 2－3 年間続く場合には、3 年または 12 四半期の賦払により決済するものとする。トリフィンは、この種の賦払に該当する例がインドネシアのみであるとして、構想の実施がこの面から妨げられるものではないことを強調した。この点に関し、タイ国の代表は、エカッフェ各国の外貨準備が域外援助を含むものであることが留意さるべきであると主張したが、問題は全体としての域内の黒字幅ではなくて、それの域内均衡であり、たとえ一国でも恒常的な返済不能の状態に墜入るときは、同盟の運営に大き

な支障をおよぼすことになるものと思われる。

　(4) 保証措置　為替保証としての共通単位の制定、収益保証のための付利のほかに、基金の対外準備が預託債務の一定割合を下回る場合の措置として、自動的貸出の圧縮と協議貸出の併用を掲げている。過去8年間の計算から予想される基金の対外準備は、おおむね預託債務の2/3を上回って良好であるが、これを支えるには日本、オーストラリア、マレーシア、タイ等の黒字国の多数参加、ないしはインドネシア、セイロン等の恒常的赤字国の排除いかんにかかっており、エカッフェの構造的不均衡が、準備の流動性に対する脅威となって潜在していることは否めない。

　結論としてAPUの支払同盟については、ガン、トリフィンいずれの案についても成案をうるに至らず、バンコック・セミナーの報告書は、次のような技術的側面に関する若干の結論と勧告を記載するに止まった。

　(1) 信用供与の基準は、域内の収支尻よりも加盟国の外貨準備ポジションに拠るべきである。

　(2) この種の信用は、域外に投資されている外貨準備の一小部分を、域内に転換させることとなる。

　(3) 信用供与国の同意をうるには、利息収入、為替リスク、債務不履行、流動性と交換性の喪失に対する各種の保証措置が必要である。

　(4) この制度が、恒常的な赤字の補塡とか、国際収支を改善する努力の回避などに濫用されることを防止するいみで、自動的借入方式よりも協議方式によるべきである。ただし、当初は適当な金額の信用が自動的に供与されることになるであろう。

　APUのメカニズムと評価について筆を置くにあたって、なお去りやらぬ疑問は、APU構想の設計者達が、いずれもAPUの主要目的の一つに掲げている外貨節約の可能性の問題である。為替市場再開以前の通貨の振替性喪失の時代における清算協定は、外国為替によらない貿易の形成を可能にした。しかしながら、自由為替市場を通ずる多角裁定取引の支配する段階における支払同盟の機能は、多角的相殺の機能を、世界大的な為替市場から、局地的な清算機構への空間的移転のいみを果すに過ぎないものとなる。現在各国の保有する外貨準備は、為替市場における多角的相殺後の清算尻に相当するものであり、支払同盟の多角的清算尻と原理的に何ら異るものではない。

　そのようないみでバンコック・セミナーにおける、IMF代表の次のような発

言は、極めて啓蒙的である。「(外国為替のコスト節減のそのほかの要素は、)運転資金として保有される外国為替を減らすことであると信じられている。しかしながら、清算同盟では清算残高を外国為替で決済しなければならない。かくして決済はグロス・ベースよりはネット・ベースで行なわれることになるが、長期的には一国の外国為替の水準に影響をおよぼすものではない。それが外国為替の純支出に影響しないのは勿論である」[注19]。

エカッフェ加盟国の外貨不足に、より有効に対処するには、単純な清算同盟よりも、信用供与を伴う支払同盟の設立が必要であり、これの補充を欠く清算同盟は、ヨーロッパの教訓が示すがごとく、域内不均衡の顕在化によって存立を左右されることになるであろう。しかしながらこの種の信用機能のエカッフェにおける維持、運営は、債権保全の条文がいかに精緻をこらそうとも、それがマーシャル援助を遥に上回る膨大な域外資金によって裏付けられない限り困難をさけがたい。

この点で留意すべきことは、エカッフェにおける外貨不足の恒常化が、第一次産品輸出の構造的停滞、資金調達力をこえる工業開発の展開、あるいは爆発的な人口増加に伴う食糧不足等の構造的諸要因に基づくことであり、短期的貿易信用によって、問題の解決を期し難いことは自明のごとくに思われる。昨今におけるIMF補償融資の限界は、IMFの代表によって、IMF引出権のエカッフェ版と呼称されたトリフィン案の効果を卜する上でも貴重な先訓となるであろう。

4 APU構想の実施可能性

APU設立の構想は、バンコック金融専門家セミナーにおいて、具体的検討段階への橋頭堡を確保するに至ったが、同時にそれは、包蔵する諸困難を各国意見の対立によって露呈することにもなった。この構想が今後、膨湃として台頭しつつある地域的経済協力の国際的機運をバックとして、いかなる方向に、またいかなるテンポで展開するかは、にわかに逆賭し難いものがある。しかしながら、その構想がいかに精緻・野心的な論理の構成によって装われようとも、定着の場であるエカッフェの政治的・経済的諸現実を捨象し、またはそれとの適合性を軽視するに至れば、所詮は一片の人工的積木細工に堕する以外の何ものでもないであろう。

そうしたいみで、APUの実施可能性を窮極的に規定するエカッフェの構造的

諸条件の検討が俟たれるところであり、ここではそれの貿易構成面に焦点をあてることとした。

(1) エカッフェ地域の貿易構成

エカッフェ貿易の域内シェアーを秤量するために、1965年の域内輸出が総輸出に占める比率をみると、35％の高率に達しており、CACMの10％、EFTAの21％はもとより、EECが統合を開始した1959年の32％をも上回っている。[20] エカッフェの貿易にみられる相対的に高度の域内依存の傾向は、一見してこれの相殺を狙とするAPU設立の妥当性を裏書きするかのごとくに思われる。しかしながら、この点で留意すべきことは、かかる域内貿易がいかなる要因によって支持され、形成されたものかである。細目の検討に移るまえに、最近のエカッフェ貿易の動向を鳥瞰してみよう。

1965年度におけるエカッフェ地域の輸出入額は、それぞれ223億ドルと248億ドルに達しており、差引25億ドルの逆調となっている。エカッフェの貿易収支は、中東とアフリカおよびソ連、東欧に対して若干の出超を記録したのみで、北アメリカに対しては18億ドル、ヨーロッパには7億ドルの入超となっている。

こうした傾向は、APU構想が呱々の声をあげた、1950年代初頭のパターンと何ら様相を異にするものではない。上記の1965年における貿易の赤字額は、域内先進国の貿易尻がほぼ均衡していることからみても、域内発展途上国の赤字をそのまま反映したものとみることができる。さらに、目を域内貿易に転じてみても同一の傾向がうかがわれ、同年度における域内発展途上国の域内先進国に対する貿易尻は6億ドルの赤字となっている。[21] このように、エカッフェの発展途上国の貿易は、域外的にも域内的にも先進国に対する巨額の赤字を形成しており、従って、それの域内貿易のパターンは、グローバルな貿易構成をそのままエカッフェ的に縮刷したものとみることができる。

これから推論される二つのコロラリーは、まず域内貿易の垂直的関係における不均衡化の問題であり、第二には水平的関係における補完性の欠除の問題である。

(2) 垂直的不均等性の形成

1965年度における域内貿易の黒字国は、日本の533百万ドルを筆頭として、オーストラリア370百万ドル、イラン314百万ドル、タイ93百万ドル、以下カンボジア、ビルマの6カ国に過ぎないが、これは域内先進国、石油産出国、米

産国と、しからざる国々との貿易上の不均衡を浮き彫りにしたものである。

域内貿易の不均衡化をより拡大された形で示すものは、域内の垂直的貿易関係における不均衡化の形成であり、1965年における域内発展途上国の域内先進国に対する入超が6億ドルに達し、而もその大部分が対日貿易の入超に帰因することは、これを如実に物語るものである。

このような不均衡化は、発展途上国の対日原料輸出と対日工業製品輸入の関係を軸として形成されているものであるが、最近のスターリング圏における紐帯の弛緩は、域内発展途上国の対日傾斜を加速化し、「日本は開発途上エカッフェ諸国にとって、イギリスに代ってアメリカに次ぐ第二の市場となった」。[注22]

APUが、このような債権・債務国の恒常的不均衡化を改善する能力をもちえないのみか、むしろこれによって、逆にその機能の円滑な運営を阻害せられるであろうことは、EPUの前史を綴ったヨーロッパの苦い経験によって傍証するまでもないであろう。

域内貿易構成のアンバランスは、とりもなおさず、域内各国間にみられる顕著な発展段階的較差を反映したものであって、この種の異質的基盤は、それの上部構造である地域協力の効果を減殺するのみでなく、それの崩壊ないしは分極化の傾向を胚胎することになるであろう。

何となれば、発展段階的較差は、世界大的な規模における不均衡を域内に転換させるだけであって、互恵よりも不平等を招来する結果となるからである。エカッフェにおける貿易上の不均衡がグローバルな不均衡の縮図にほかならないことは、この種の可能性をより必然的なものとしているように思われる。

試みにアジアの1人当り国民所得をみると、オーストラリア1,601ドル、ニュー・ジーランド1,685ドル、日本790ドル、シンガポール515ドルに対して、残りの11カ国は平均125ドルの低水準に止まっている。産業構成的にも、第二、三次産業の就業率がオーストラリア、ニュー・ジーランドで80%をこえ、日本が72%を示しているのに対して、爾余の国々の平均は30%台であり、カンボジアのごとく10%台に止まる国もみられる。エカッフェにみられる顕著な域内較差は、CACMにおける1人当り国民所得が、最高のコスタリカと最下位のホンジュラスですら、シンガポールとマレーシア程度の開きに過ぎないこと、産業の構成も可成りの同質化を示していることと極めて対蹠的である。この点で、エカッフェほどの発展段階的較差がみられないLAFTA地域においてすら、域内の先進国、中進国、後進国間の利害調整は困難をきわめ、小地域化への分極傾向を示

していることは、APUの可能性を展望するにあたっても、以て他山の石となすべきである。

(3) 水平的補完性の欠如

域内貿易の垂直的不均衡化が、APUの運営効果を減殺するだけでなく、いま一つの疑問は、域内発展途上国相互の水平的貿易関係がこれを支持するに足るものか否かの問題である。

既述のごとくエカッフェの域内貿易は全貿易の35％に達しているが、域内貿易の中核を占める先進国関係の貿易を捨象すると、域内貿易のシェアーは急激な低下をみせ、20.6％を占めるに過ぎなくなる。のみならず、そのうちで輸入の4割、輸出の3割近くは香港・シンガポールの占めるところであり、これをのぞく域内貿易のシェアー率は、僅かに輸出が6.0％、輸入7.7％に過ぎず、ラテン・アメリカ（輸出9.5％、輸入12.7％）のみならず、アフリカ・中近東（輸出6.4％、輸入7.7％）のそれをも僅かながら下回る結果となっている。[注23] この驚くべき数字は域内発展途上国相互の貿易が補完性を欠くことの証左であり、上述のごとくに、日本を要としたエカッフェ貿易の扇型構成を逆説的に説明するものである。

水平的貿易レベルの非補完性は、同じくエカッフェ貿易の商品構成と商品の流れによっても把握することが可能である。エカッフェ経済年報（1966年）によると、二大仲継貿易港を除いた域内発展途上国相互の貿易は、石油、ゴム、米、繊維等数種類の伝統的産品のみで50％を占めており、その流れも多くの場合は一方交通的である。試みに、エカッフェの典型的商品である米を例にすると、輸出の8割がタイとビルマに偏倚する一方、大口の輸入先もインドネシア、インド、セイロン等の小数国に集中していて、輸出入面の市場特化が顕著である。[注24]

このような水平貿易の非補完性は、多角決済性の前提を満たすに足る条件の欠如を示すものであり、同時に短期信用にインセンシティブな一次産品を主体とする域内貿易の商品構成は、それの低所得弾力性的性格とも相俟って、ヨーロッパにおけるがごとき域内貿易の拡大効果を期待し難いものとしている。この点でCACMにおける域内貿易の6割近くが工業製品によって構成されているのに対して、停滞するLAFTAのそれが2割以下に止まることは、エカッフェの現状との対比において示唆するところが少なくない。[注25]

(4) 貿易自由化とその他の前提条件

上述のごとき、エカッフェの域内貿易における垂直的不均衡と水平的非補完性は、APU の効果的実施を悲観的なものとしているが、支払同盟結成の前提をみたすには、CACM と LAFTA の経験が示すがごとく、自由化と工業補完体制の推進が要務である。これの成否いかんが、域内貿易の消長をいかに規制するかは、域内貿易の CACM における盛行と LAFTA の停滞が、これを即自的に実証しているところである。

たしかに、ヨーロッパの決済機構は、貿易自由化に先行したが、ヨーロッパにおいてすら、恒常的債権・債務国のジレンマを免れず単純な清算同盟から支払同盟への脱皮を試みはじめた 1948 年には、域内貿易の自由化が同時に始動されていた。EPU の奇蹟は突如として無から有を生じたものではなく、マーシャル援助と域内貿易の自由化を車の両輪とすることによってはじめて可能であった。このことは、1950 年に採択された EPU の諸原則の中で、「加盟国共通の無差別原則に基づき、貿易外項目を含む貿易の自由化措置をできるかぎり行なうこと」[注26]と明示されていることからも明らかである。

EEC のみならず、CACM にも、LAFTA にもその例をみないエカッフェの域内貿易における不均等性と非補完性は、APU 設立の必須条件として、他地域のそれに倍する貿易の自由化と産業補完計画の調和的推進を要請するものである。しかしながら、エカッフェの実体経済面における地域協力の水準が、いまだに冬眠状態を脱するに至らぬことは、反面的に APU 構想の基盤整備の不足を示すものといえる。

域内貿易の促進には、このほかにもいくつかの国内的諸条件の調整が必要とされるが、とくに付言したいことは、「為替レートと通貨価値の安定が確保されなければ決済同盟成立への展望もありえない」[注27]ことである。エカッフェ諸国の経済開発過程における資金不足の補填策として、一般に採用されている放漫財政は、為替レートと通貨価値の安定を妨げるのみでなく、輸出価格の高騰、輸入需要の増加を促すことによって貿易の不均衡化に拍車をかけている。決済同盟の信用供与も、加盟国の金融節度によって導かれない限り、これらの国々におけるインフレを可逆的に促進することとなり、価格を引き上げても外貨の喪失につながらないことによって、インフレ感覚を麻痺させる弊害を招くことも危惧される。

この点で同じく顧みらるべきことは、EPU 発足前夜のヨーロッパでは、僅かな国を除いて戦後のインフレーションが終末を告げていたことである。[注28]工業生

産も戦前の水準を凌駕し、輸出入の均衡も大幅に改善されていた。中米諸国も IMF 体制の発足と同時に「IMF 協定第 8 条国として通貨の交換性を実現し、通貨価値の安定を維持していた」。そして通貨の安定が、中米共同市場と LAFTA の明暗を分つに至った一つの要因と目されていることは、今日のエカッフェにおいても十分な配慮を求められるところである。

こうした経済的諸条件の未成熟のほかに、依然として軽視できないのは、エカッフェ地域における政治的安定性の欠除である。ティンバーゲンも指摘するがごとく、エカッフェにおける中立国と反共国家の併存は、しばしば東西勢力の拮抗、対立と交錯し、政治的緊張と対立を頻発させている。この傾向はエカッフェの民族的・宗教的・文化的多元性によって加重され、「アジアは一つなり」の理念を指向する統合の原理を見失い勝である。この点においても CACM の歴史的・政治的風土は、エカッフェのそれとは可成り性格を異にするものである。そこにおいては民族・言語・宗教・文化の等質性と距離的近似性が顕著であり、とりわけ 1820 年代に結成された中米連邦共和国への復古思想が、CACM のライト・モチーフであったことを閑却すべきではない。

5 むすび

EPU 神話のエカッフェ的降臨を目ざす、APU 設立の構想は、二つの大陸と無数の島嶼・半島にまたがり、20 数カ国、無慮 20 億の人口を擁して、野心的な構図を描き始めている。

しかしながら、それの円滑、効果的な実施を保証する上で、経済的には垂直的発展段階の格差と水平的補完性の欠如が、政治的には安定性の確保と複合性の克服が先決とされるほか、技術的にも多くの問題が未解決のままに残されている。

加えて最近における政治的緊張の復活、ドル防衛や英連邦の自壊過程の進行に伴う経済的空白時代の到来は、APU の成立基盤をゆさぶり始めている。こうした域外経済諸力の遠心化は、一面で域内協力の促進とわが国の指導的立場の発揚を要請するにいたるであろうが、EPU をして構造的不均衡から離脱せしめたマーシャル援助の APU 版的導入は、ますますこれを期し難いものとするであろう。

APU の設立構想は、いずれもその死命を制するがごとき中枢的役割をわが国に期待しているが、APU への加盟は、わが国における為替管理制度の逆行化、債権の累積、援助の肩代り化、欧米金融市場におけるファシィリティの圧縮等を

不可避的に招来することになるであろう。

　しかしながら、地域大的な APU の成立に不可欠の要件であるわが国の加盟は、同時に域内の不均衡を顕在化し、それの運営を逆に危地に追いこむがごときジレンマに APU を立たせることになりかねない。

　こうした現状の分析は、APU の設立効果に対するごく控え目な評価をも許さないであろう。

　ちなみに現状における域内諸国の足並みはまちまちであり、域内黒字国が APU の展開にきびしい姿勢を示し、インド、セイロン等がこれを支持し、歓迎するのは当然としても、エカッフェ事務局がこれの設立に執念を傾け、IMF も好意的であって、アメリカの今後の出方が注目されるところである。アメリカの姿勢も、当面はドル防衛の影響で低徊をさけえないであろうが、やがてこの構想が、アジアに顔を向け始めたアメリカ極東政策との吻合を求めるがごとき可能性も、あながち絶無とは断定できない。

　こうした背景の下に、APU を尖兵として動意を示し始めた、エカッフェ地域の経済協力の機運は、わが国の外交と貿易の前途に巨大な影を投げかけつつあり、総輸出の 4 割をエカッフェ地域に依存するわが国としても、この問題の帰趨に深い関心をよせざるをえない所以である。

第5章　アメリカ資本輸出規制の終焉

1　はじめに

　その複雑さの故に「この規則を詳細に読めば誰でもバナナを食べているか、壁に登っているような印象をうけるであろう[注1]」とまで酷評されたアメリカの資本輸出規制は、1974年1月末をもって無慮10年をこえる歴史の幕を閉じた。アメリカの資本輸出規制は国内均衡の優先と金・ドル等価関係の維持との背反する要請を両立させようとするための苦肉の策であり、その歴史は楽天的な予定調和論の崩壊してゆく過程であった。

　アメリカのドル防衛策が登場したのは1960年代の初頭のことであるが、61年にはケネデイ大統領によって資本収支の改善にもはじめてメスが加えられることになった。世上では63年の金利平衡税をもってアメリカ資本輸出規制の先駆とみなしているが、のちに「62年内国歳入法」として実現した61年税制改正の勧告は、金利平衡税の思想的源流をなすものとして、その役割を再評価することが必要であろう。金利平衡税は当初時限立法として制定されたものであるが、その後五回に渉って更新を余儀なくされただけでなく、65年には規制方式の質的な転換を伴いながら金融機関の対外投融資と民間企業の対外直接投資にも外延を拡大することになった。とくにベトナム戦争の拡大に伴ってケネデイ以来の成長政策が内政、国際収支の両面で破綻の危機に直面した68年に、民間企業の対外直接投資規制は法的規制へと衣を替え、内容的にも一段と厳しさを加えることになった。

　1969年に登場したニクソン大統領は自由放任主義的な立場からこれの段階的な撤廃に着手し、2年半に渉るゲーム・プランの末に、内政面では統制主義への

変身を余儀なくされたが、対外面ではニクソン・ショック後の対日資本自由化の要請にもみられるように、多国籍企業の論理を政治の力学によって依然貫徹し続けようとした。この種の規制は本来ドルの切下げを回避するための弥縫策の一つであり、その限りにおいては73年2月の10%ドル切下げの直後シュルツ財務長官によって、74年末までの段階的な撤廃が声明されたのも当然の帰結であったかも知れない。しかしながらそれが大方の予想を裏切って1974年1月末に突然終止符をうたれた理由としては、石油危機の発生とともに強調に転じたドルの過大評価を防止することがアメリカの急務であり、また国際収支の先行きが懸念されるヨーロッパの主要国にとっても資本の流入による補填策が喫緊の要務とされたからであった。

問題はアメリカ資本輸出規制の落し子であるユーロ・ダラー市場という「金の玉子」が、「アヒル」[注2]の死とともに今後どのような変容をとげるかということである。時あたかもオイル・ダラーの急激な膨張とも相俟って世界の金融・資本市場は新たな再編の時期を迎えつつあるが、ここではそのような今日的情況をうみ出す重要な契機の一つとなったアメリカ資本輸出規制の展開過程を顧みるとともに、ユーロ市場の将来についても若干の展望を試みることとした。

2　資本輸出抑制策の登場

1940年代の後半を通じて年間50億ドルから100億ドルに及ぶ貿易収支の黒字を稼得することによって48年以降のマーシャル援助を補填し、総合収支でも最盛時の47年に42億ドルを上回る黒字を記録したアメリカの国際経済的優位性は、西ヨーロッパの復興とともに急速に崩れ始め、アメリカの国際収支は57年を唯一の例外として慢性的な赤字を持続することになった（第1表）。その原因の一つは、50年代を平均してアメリカの貿易収支が40年代の後半に比して黒字幅をほぼ半減したことであり、第二は冷戦を反映したアメリカの軍事・経済援助が高水準を持続する一方、第三の要因として50年代の後半からアメリカの民間資本が急激な流出に転じたためである。アメリカ民間長期資本の流れに基調的な変化がみられたのは1956年のことであり、この年を境にして民間長期資本の新規流出額は前年に比して一躍2倍をこえる規模に達し、戦後のアメリカ民間投資を特徴付ける直接投資主導型の構造が一層浮彫りにされることになった（第2表）。民間直接投資の50年代後半における勃興は、1956—57年における石油

第5章　アメリカ資本輸出規制の終焉

開発ブームと58年のヨーロッパ関税同盟の成立や国内利潤率の低下を背景に急激な盛り上りをみせたアメリカ企業のヨーロッパ進出を反映したものであった。

このような民間直接投資の盛行と相俟ってアメリカの国際収支に重圧を加えはじめたのは民間短期資本の流出であり、1958年末の西欧主要国における交換性の回復を機に欧米間の金利裁定あるいは為替裁定の余地が拡大されたことがその第一の原因であった。第二の原因としては上述のようなアメリカの国際収支の恒常的な赤字がドル残高の累積とともに金交換圧力を加重したことである。59年には外国の公的保有ドル残高がアメリカにおける金の自由準備を上回ったが、60年にはさらに表見的な金準備総額をも凌駕したことが、60年10月の第一回ゴールド・ラッシュの端緒となったことについては、いまさら縷言するまでもないことである。第三の原因ともいうべきものは、6.8％もの高率の失業を克服するためにとられたアメリカの景気刺激政策が欧米間の金利較差を拡大し、短期資本移動を誘発したことである。以上のような結果として誤差脱漏を加えたアメリカの短期資本流出は、60年にはネットで20億ドルをこえる巨額に達し、貿易収支が再び改善の傾向を示したにもかかわらず、公的準備取引収支では34億ドルもの厖大な赤字を記録することになった（第1表）。上述の第一回ゴールド・ラッシュは、アメリカの戦後の世界戦略が国際収支構造の変化とともに破綻を来しつつあることを示すものであり、その直後にブリッジ・オペレーションが開始されたのをはじめ、翌月にはアイゼンハワーのドル防衛策が発表されるなどアメリカの政策に大きな転換が行われることになった。その後ドルの危機が深刻の度を加えていく過程で通貨体制面の補強や貿易交渉の展開、あるいは援助と防衛についても自助と負担の公平などの原則が打ち出されてくるが、このような国際協力の展開を推進するにはアメリカ自身としてもドル防衛策を導入せざるをえなかったのである。

最初の総合的なドル防衛策であるアイゼンハワー大統領の国際収支緊急令は貿易、援助、国際通貨の各分野に渉って各国に協力を要請する反面、自らも金融・財政面における節度の必要性をみとめたが、対策の重点は7項目の行政措置に代表される即効的な軍事支出の削減におかれていた。こうした共和党の方針を基本的に継承しながら一層広範な構想の下にこれを展開したのは1961年2月に発表されたケネデイの「国際収支と金に関する特別教書」[注4]であるが、ケネデイのドル防衛策が切り開いた新生面の一つはアメリカの資本収支にはじめて改善のメスを加えたことであった。

第1表　アメリカの

年度	輸出	輸入	収支(ネット)	直接支出	販売	収支(ネット)	民間	政府	旅行・運輸支出(ネット)	その他サービス(ネット)	財・サービス収支	送金・年金・その他一方的移転
	貿易収支(1)(2)			軍事取引			投資収益(ネット)				(14)	(1)
1946	11,764	-5,067	6,697	-493	(9)	-493	750	6	733	114	7,807	-2,922
47	16,097	-5,973	10,124	-453	(9)	-455	997	50	946	-45	11,617	-2,625
48	13,265	-7,557	5,708	-799	(9)	-799	1,177	85	374	-27	6,518	-4,525
49	12,213	-6,874	5,339	-621	(9)	-621	1,200	73	230	-3	6,218	-5,638
1950	10,203	-9,081	1,122	-576	(9)	-576	1,382	78	-120	6	1,892	-4,017
51	14,243	-11,176	3,067	-1,270	(9)	-1,270	1,569	151	298	2	3,817	-3,515
52	13,449	-10,838	2,611	-2,054	(9)	-2,054	1,535	140	83	41	2,356	-2,531
53	12,412	-10,973	1,437	-2,615	192	-2,423	1,566	166	-238	24	532	-2,481
54	12,929	-10,353	2,576	-2,642	182	-2,460	1,899	213	-269	0	1,959	-2,280
1955	14,424	-11,527	2,897	-2,901	200	-2,701	2,117	180	-297	-43	2,153	-2,498
56	17,556	-12,803	4,753	-2,949	161	-2,788	2,454	40	-361	47	4,145	-2,423
57	19,562	-13,291	6,271	-3,216	375	-2,841	2,584	4	-189	72	5,901	-2,345
58	16,414	-12,952	3,462	-3,435	300	-3,135	2,416	168	-633	78	2,356	-2,361
59	16,458	-15,310	1,148	-3,107	302	-2,805	2,658	68	-821	62	310	-2,448
1960	19,650	-14,758	4,892	-3,087	335	-2,753	2,825	16	-964	78	4,093	-2,292
61	20,108	-14,537	5,571	-2,998	402	-2,596	3,451	103	-978	30	5,582	-2,513
62	20,781	-16,260	5,521	-3,105	656	-2,448	3,920	132	-1,155	116	5,086	-2,631
63	22,272	-17,048	5,224	-2,961	657	-2,304	4,056	97	-1,312	179	5,940	-2,742
64	25,501	-18,700	6,801	-2,880	747	-2,133	4,872	3	-1,149	142	8,537	-2,754
1965	26,461	-21,510	4,951	-2,952	830	-2,122	5,274	20	-1,284	301	7,141	-2,835
66	29,310	-25,493	3,817	-3,764	829	-2,935	5,331	44	-1,332	285	5,210	-2,890
67	30,666	-26,866	3,800	-4,378	1,242	-3,138	5,848	40	-1,751	335	5,132	-3,081
68	33,626	-32,991	635	-4,535	1,392	-3,143	6,157	63	-1,548	302	2,465	-2,909
69	36,400	-35,807	593	-4,856	1,512	-3,344	5,820	155	-1,782	449	1,891	-2,941
1970	41,964	-39,788	2,176	-4,852	1,478	-3,374	6,374	-115	-2,013	581	3,630	-3,214
71	42,768	-45,466	-2,698	-4,829	1,912	-2,918	8,929	-957	-2,288	739	807	-3,598
72	48,769	-55,681	-6,912	-4,724	1,166	-3,558	9,751	-1,889	-2,853	851	-4,610	-3,744
(13)73	67,001	-67,655	-653	-4,617	1,776	-2,841	11,927	-2,952	-2,449	932	3,963	-3,619

注：(1) 軍事贈与を除く。(2) 時期ならびに範囲の相違はセンサス・データより調整。(3) 米国の対外直接投資ないし外人による米国への直接投資からの手数料ならびにロイヤリティーを含む。(4) 年率ベースになおせば国民所得ならびに生産勘定におけるネットの財・サービスの輸出に等しい。(5) 外国公的準備機関に対する債務を除く。(6) IMFを除く外国の個人であるが、その他の国際・地域機構を含む。(7) 米国政府ならびに米国銀行の報告による外国公的機関への債務ならびに米国への買戻し条件付金売却および米国への金預託より生ずるIMFに対する米国の債務を含む。(8) 金、SDR、交換可能外貨、ならびにIMFにおける米国のゴールド・トランシェポジションを含む公的準備資産。(9) 個別には入手不能。(10) 1960—63年までの銀行の流動性債

第5章 アメリカ資本輸出規制の終焉

国際収支（1946—73年） （単位：百万ドル）

経常収支	長期資本（ネット）(5)政府	長期資本（ネット)(6)民間	経常・長期資本収支	(6)非流動短期民間資本（ネット）	SDR配分	誤差・脱漏（ネット）	純流動性収支(1946-59は流動性収支)	(6)流動民間資本（ネット）	公的準備取引収支	(7)外国公約機関に対する債務の変化（ネット）	(8)米国公的準備資産の変化（ネット）	米国公的準備資産（ネット期末）
4,885	—	—	—	-253	—	155	993	—	—	—	-623	20,706
8,992	—	—	—	-236	—	861	4,210	—	—	—	-3,315	24,021
1,993	—	—	—	-131	—	1,115	817	—	—	—	-1,736	25,758
580	—	—	—	158	—	717	136	—	—	—	-266	26,024
-2125	—	—	—	75	—	-124	-3,489	—	—	—	1,758	24,265
302	—	—	—	-227	—	354	-8	—	—	—	-33	24,299
-175	—	—	—	-41	—	497	-1,206	—	—	—	-415	24,714
-1,949	—	—	—	183	—	220	-2,184	—	—	—	1,256	23,458
-321	—	—	—	-556	—	60	-1,541	—	—	—	480	22,978
-345	—	—	—	-328	—	371	-1,242	—	—	—	182	22,797
1,722	—	—	—	-479	—	390	-973	—	—	—	-869	23,666
3,556	—	—	—	-174	—	1,012	578	—	—	—	-1,165	24,832
-5	—	—	—	-145	—	361	-3,365	—	—	—	2,292	22,540
-2,138	—	—	—	-89	—	260	-3,870	—	—	—	1,035	21,504
1,801	-889	-2,100	-1,188	-1,405	—	-1,084	-3,677	273	-3,403	1,258	2,145	19,359
3,069	-901	-2,182	-15	-1,200	—	-1,037	-2,252	904	-1,348	742	606	18,753
2,456	-892	-2,606	-1,042	-657	—	-1,166	-2,864	214	-2,650	1,117	1,533	17,220
3,199	-1,150	-3,376	-1,328	-968	—	-418	-2,713	779	-1,934	1,557	377	16,843
5,783	-1,348	-4,511	-76	-1,643	—	-978	-2,696	1,162	-1,534	1,363	171	16,672
4,306	-1,532	-4,577	-1,804	-154	—	-520	-2,478	1,188	-1,290	67	1,222	15,450
2,320	-1,469	-2,575	-1,724	-104	—	-322	-2,151	2,370	219	-787	568	14,882
2,051	-2,423	-2,932	-3,304	-522	—	-857	-4,683	1,265	-3,418	3,366	52	14,830
-443	-2,158	1,191	-1,411	231	—	-431	-1,611	3,252	1,641	-761	-880	15,710
-1,050	-1,926	-70	-3,046	-640	—	-2,395	-6,081	8,820	2,739	-1,552	-1,187	16,964
416	-2,018	-1,429	-3,031	-482	867	-1,205	-3,851	-5,988	-9,839	7,362	2,477	14,487
-2,790	-2,359	-4,401	-9,550	-2,347	717	-10,784	-21,965	-7,788	-29,753	27,405	2,348	12,167
-8,353	-1,339	-152	-9,843	-1,637	710	-3,112	-13,882	-3,542	10,340	10,308	32	13,151
344	-832	1,803	1,315	-3,989	—	-6,428	-9,103	-1,639	-10,741	10,443	299	14,378

権ならびに1960—62年までの非銀行の非流動性債権の範囲は外貨預託のみに限る。その他の流動性項目は個別には入手不能であり非流動性債権に含まれる。(11) 1969年10月のドイツ・マルクの切下げによる67百万ドルの増加を含む。(12) 1971年12月31日現在の市場の為替相場を反映して切り上げた外5国通貨のドル表示による28百万ドルを含む。(13) 季節調整済年率ベースによる第3・四半期までの数字（準備資産のみは12月末のもの）。(14)1973年10月18日の米ドルの平価変更による1,436百万ドルの増加を含む。
出所：アメリカ商務省（経済分析局）および財務省。なお1946—50年の流動性収支は「日経センター会報」（1974年2月15日218号、12頁）によった。

ケネデイはここでアメリカに対する民間投資の自由化を各国に要請するかたわら、アメリカの民間資本が節税を目的として海外に流出するのを防ぐために税制の改正を要求した。その狙いは資本の流出に伴うアメリカの国際収支の悪化を防ぐだけでなく、設備投資を国内にふり向けることによって国内の景気回復をはかるとともに、設備の更新を通じてアメリカの国際競争力を挽回しようとするものであった。それまでの税制では、アメリカ系子会社の海外所得はそれが配当金として本国に送金されない限り課税の対象とされなかったため、本国への送金を忌避する傾向がみられるとともに、本国に送金された所得に係る外国税額の控除についても外国の税率が限度とされたため、アメリカと比較して一般的に税率の低いヨーロッパ大陸諸国にあるアメリカの子会社は、この面からも利益の現地留保や

第2表 アメリカ民間長期資本の新規流出

(単位：百万ドル)

年度	計 (含償還)	直接 投資	証券 投資
1919	-169	-94	-371
1930	-364	-294	-775
1939	109	9	-53
1945	-454	-100	-157
1948	-790	-721	-150
1950	-1,116	-621	-254
1951	-945	-508	-491
1952	-1,066	-852	-286
1953	-550	-735	-270
1954	-987	-667	-309
1955	-1,064	-823	-128
1956	-2,554	-1,951	-453
1957	-3,301	-2,442	-597
1958	-2,625	-1,181	-955
1959	-2,298	-1,372	-624
1960	-2,544	-1,694	-573

出所：U.S. Dept. of Commerce, *Balance of Payments, Statistical Supplement,* 1963, pp.4-5.

再投資を選好することになった。あるいはまた本社・子会社間の価格操作や果実送金を通じて、スイスのようなTax Havenに利益の集積をはかる例もみられたので、1961年4月の「租税教書」[注5]は、戦後の復興につれて投資促進政策の必要がうすれたヨーロッパ先進国に所在するアメリカの子会社に対しては上述の納税猶予を撤廃するとともに、Tax Havenの効果を奪うため商業、特許権管理、保険などを業とする子会社に対しても同じく納税猶予の撤廃を勧告した。ケネデイの税制改革案は審議の過程でかなりの修正を加えられることになったが、その後62年の10月に62年内国歳入法[注6]として正式に発効し、その結果としてアメリカ人が株式の50％以上を所有する被支配外国法人の所得については、持分が10％をこえる場合は配当送金の有無にかかわらず持分に比例してアメリカの課税をうけることになった。以上のように62年内国歳入法は利益の本国送金と現地留保あるいは再投資との間にみられた税制上の差別的な取扱いが、対外直接投資を不当に刺激するのを防止しようとしたものであるが、それは同じく税制面から対外証券投資を間接的に抑制しようとした金利平衡税の先蹤をなすものとして注目さ

第 5 章　アメリカ資本輸出規制の終焉

第 3 表　アメリカの金準備とドル残高の推移

(単位：百万ドル)

年度	金保有高*(A)	国内準備(B)	自由準備(C)=(A)−(B)	外国通貨当局保有のドル残高**(D)	金準備ポジション(E)=(C)−(D)	アメリカの対外短期債務
1946	20,706	10,575	10,131	3,044	+7,087	6,883
1947	22,868	11,138	11,730	1,832	+9,898	6,480
1948	24,399	11,738	12,661	2,836	+9,825	7,116
1949	24,563	10,597	13,966	2,908	+11,058	7,618
1950	22,820	10,849	11,971	3,426	+8,545	8,995
1951	22,873	11,564	11,309	3,481	+7,828	9,362
1952	23,252	11,989	11,263	4,463	+6,800	10,546
1953	22,091	11,995	10,096	5,669	+4,429	11,649
1954	21,793	11,656	10,137	6,770	+3,367	12,919
1955	21,753	11,819	9,934	6,953	+2,981	13,601
1956	22,058	11,931	10,127	8,045	+2,082	14,939
1957	22,857	11,913	10,944	7,905	+3,039	15,138
1958	20,582	11,849	8,733	8,665	+68	16,159
1959	19,507	11,994	7,513	9,154	-1,641	19,389
1960	17,804	11,698	6,106	10,212	-4,106	21,272
1961	17,063	11,813	5,250	10,940	-5,690	22,533
1962	16,156	12,218	3,938	11,963	-8,025	25,019
1963	15,808	13,192	2,616	12,470	-9,854	25,942

注：＊1961 年から交換可能通貨保有高を含む。
　　＊＊外国中央銀行、中央政府、国際決済銀行および欧州基金。
出所：Federal Reserve System, *Federal Reserve Bulletin*, 各号。

れるのである。

3　対外証券投資の抑制策

　1950 年代の末葉に始る景気の停滞とドル不安を承継したケネデイは、国内経済の成長と対外均衡の同時的な回復を政策課題としたが、内政面では失業率を 4 ％に低下させることを目標に金融と財政の両面から消費と設備投資に刺激策を注入した。すなわち 61 年以降のオペレーション・ツイストによって長期金利の低下をはかり、62 年には減価償却の優遇と 7 ％の投資減税を実施したほか 63 年に大規模な減税計画を勧告した。このような施策は防衛・宇宙開発支出と相俟って

アメリカの経済を急速に回復せしめることになったが、対外面においても63年の金流出額は58年以来の最低を記録し、「1962年の金流出が巨額な国際収支支払超過額の25%であったのに対して、1963年の流出額は支払超過額の14%であった」。このような奇蹟ともいうべき現象は、第34次国際決済銀行年次報告書も指摘するように専らスワップ協定やローザ・ボンドの発行などヨーロッパ主要国の国際金融協力に依存するものであった。

国内均衡優先のアメリカの政策運営に対してヨーロッパ諸国の反発が高まるのも当然であったが、アメリカ自身としても依然として大幅の赤字を続ける国際収支を前にして抜本的な対策を考慮せざるをえなくなったのである。幸い1960年代の前半におけるアメリカの貿易収支はドル防衛の効果とヨーロッパ諸国の好況を反映して急速な改善を示すとともに、軍事、援助支出もほぼ横這いに推移したため、経常収支も久方ぶりに好転をみることができた（第1表）。しかしながら、総合収支が依然として大幅の赤字を持続したのは、長・短期の民間資本が流出を続けたためであり、とりわけ62年の第4・四半期から63年の上半期にかけて対外証券投資が急増を示したためである（第4表）。

このような状況の中で、アメリカは1963年7月に急拠三つの国際収支対策を導入することになったが、その第一は公定歩合の引上げであり、第二はRegulation Qを改正して定期預金（期限3カ月以上）の上限金利を引き上げたことである。これらの措置はいずれも短期資本の流出を抑制しようとする狙いのものであったが、ケネデイは第三の対策として「国際収支に関する特別教書」を議会に送付し、ドル防衛の決意を再び明らかにした。そこで勧告された貿易、貿易外および国際通貨面の対策は累次のドル防衛策と同工異曲であったが、そこでの新機軸は金利平衡税（Interest Equalization Tax）の創設であった。この勧告が54年内国歳入法の改正として発効したのは64年10月のことであるが、教書の日に遡及されたのはその間のかけ込み的な動きを封じるためであった。62年の末にはじまる対外証券投資の急増は、一つには長期金利の引下げ政策に伴う欧米間の金利較差に誘発されたものであるが、その対策として長期金利を引き上げることは本来の成長政策に反する一方、資本輸出の直接統制もアメリカの伝統的な自由市場原則に抵触することになる。こうしたみで金利平衡税は第三の選択ともいうべきものであって、その名のごとくに欧米間の金利差を税率の調整によって均衡させ（equalize）、国内の成長と自由な資本移動の原則を両立させながら、同時に余裕資本を国内の経済成長と投資機会の拡大に動員しようとするものであ

しかしながら、金利平衡税が対外証券投資の総花的な抑制を狙いとするよりは、1961年の租税教書におけると同じく、ヨーロッパの大陸諸国を主たる標的としたものであることは、発展途上国とともにカナダや日本（限度1億ドル）の起債までが課税を免れたことによっても明らかである。その理由としては、上述の起債ラッシュがカナダとともにヨーロッパ大陸諸国に発祥したものであっただけでなく、とりわけヨーロッパ大陸諸国の起債は、その代り金が金選好の強いこれら諸国の当局に集中されることによって、アメリカの金準備に対する潜在的な圧力と化したためでもあった。

第4表 アメリカの対外証券投資（ネット）
（季節調整済）（単位：百万ドル）

年度	第1・四半期	第2・四半期	第3・四半期	第4・四半期	合計
1960	-266	-166	-111	-120	-663
1961	-135	-246	-124	-257	-762
1962	-196	-308	-87	-378	-969
1963	-522	-536	-100	53	-1,105
1964	20	-206	2	-494	-677
1965	-198	-147	-209	-205	-759
1966	-357	-60	-11	-54	-482
1967	-259	-237	-409	-36 [1]	-1,266
1968	-360	-105	-259	-515	-1,239
1969	-365	-499	-506	-125	-1,494
1970	-210	93	-488	-337	-942
1971	-356	-379	-305	71	-966
1972	-437	-346	209	-40	-614

出所：*Survey of Current Business*, June 1973.

金利平衡税の導入に伴ってアメリカの資本市場における先進諸国（除カナダ）の起債は、1963年から64年にかけて4億ドル以上も急減することとなり（第5表）、金利平衡税がその狙いとするヨーロッパ黒字国の起債に関する限り、ほぼ禁止的な抑制効果を発揮したことは明らかである。しかしながら金利平衡税の適用を免れた諸国、なかでもカナダの起債がその後一段と累増の傾向を強めたため、全体の起債規模もこれに伴って年々その水準を高めることになった。総体的な起債の抑制という観点からみれば、カナダが金利平衡税の抜け穴となったことは否めない事実であるが、規制の主たる対象がヨーロッパの黒字国におかれたとするならば、問題はカナダへの資本流出そのものよりも、資本がカナダを経由して、ヨーロッパに再輸出されるのをいかにして防止するかであった。この目的のためにアメリカとカナダの間で協定されたのがカナダの外貨準備に対する上限規制であり、それによりカナダは経常収支の補塡目的をこえる資本の導入を自制する一方、準備が上限をこえる場合にはアメリカのウィンドゥ・ドレッシングに

協力することになったのである。しかしながら固定相場制度の下で外貨準備に上限を設定することは、カナダの金融政策面における独立性を一段と拘束することになったため、68年3月カナダはこの協定を解消し、カナダもアメリカとともにヨーロッパの大陸諸国を主な対象とする資本輸出規制を導入した。[注11]

同じく既発行の外国株式と債券についても「金利平衡税の採用前数年間に渉り

第5表 アメリカにおける外国証券の発行額
(単位:百万ドル)

年度	合計	カナダ	その他先進国	イスラエル	その他発展途上国	国際機関
1960	631	340	60	42	28	160
1961	661	376	202	60	23	—
1962	1,272	573	421	46	31	200
1963	1,392	791	531	—	65	5
1964	1,310	851	101	93	115	150
1965	1,689	1,063	203	97	126	200
1966	1,655	1,239	37	120	84	175
1967	2,170	1,344	42	203	71	510
1968	2,014	1,259	—	174	111	470
1969	1,336	1,091	10	137	98	—
1970	1,405	904	—	188	14	300
1971	1,343	635	—	237	46	425

出所：Sir Alec Cairncross, *Control of Long-Term International Capital Movements,* 1973, P.33, Table3-2.

常にアメリカの実質的純購入に終っていた既発行株式・債券の外国人とのアメリカの取引も1963年の半ばから1966年を通じて純売却に移行した」。[注12]その原因としては、15％もの高率課税によって外国株式の投資魅力が低下したことも一因であるが、金利平衡税そのものの効果よりは審議のおくれからくる投資家の不安や、当時は偶々ニューヨークの株式市場が活況を呈した反面で日本、ヨーロッパの市場が所謂ケネデイ・ショックによって不振に喘いでいたことも見逃してはならない。[注13]

上述のような金利平衡税の導入に伴って、1963年上期に11億ドル近い純流出を記録した対外証券投資は第4表にみられるごとく、下期にはネットで5千万ドル程度まで圧縮され、その間の落差は年率にして20億ドルをこえた。また年間で比較しても、64年以降66年に至るまで証券投資の純流出が低迷を持続したことは、金利平衡税の短期的なインパクトが相当に顕著なものであったことを物語る。

しかしながら、その反面においては外人投資家が相対的に利廻りの高いユーロ・ボンドに乗りかえ、あるいは外国証券の取得が抑制されたために将来の果実収入が減少するなど、国際収支に対するマイナスの影響も危惧されたが、とくに問題となったのはアメリカにおける外国の資金調達が証券の発行から銀行借入の形態

にシフトしたことである。償還期間3年未満の外国証券・債務証書が当初金利平衡税の適用を免れたのは、アメリカの輸出金融を妨げないための配慮によるものであったが、輸出金融に籍口した金利平衡税の逋脱を防ぐため、64年9月の「ゴア修正条項」によって、銀行のTerm Loanに対しても、金利平衡税の適用をみとめる権限が大統領に付与されることになった。

4 銀行部門の対外投融資規制

　1961—64年にかけてのアメリカの経済は、62年以降の物価面におけるガイド・ポスト政策に補完された財政・金融面の成長政策が奏功して、インフレなき拡大を謳歌するとともに、国際収支面でも64年の貿易収支は戦後2番目の出超を記録し、経常収支も顕著な改善をみせた。しかしながらそのような経常収支の好転も長期資本収支の悪化によって完全に相殺され、総合収支は依然として大幅な赤字を記録した（第1表）。その原因は、金利平衡税の成立によって適用を免れることが明らかになったカナダの起債が再びラッシュする一方、長短期の銀行信用を中心として民間部門の資本流出が急激に増加したためである。このような状況の中でジョンソンは「国際収支に関する教書」を発表しドル防衛を強化したが、その目玉商品ともいうべきものは資本輸出規制の強化と拡充であった。

　1965年の資本輸出規制は三本の柱で構成され、その第一は金利平衡税が2年間延長されたほか、石油産出国および1年をこえる銀行、その他金融機関（保険会社・年金基金）のTerm Loanにもこれが適用されたことである。第二は銀行およびその他金融機関の短期信用について自主規制（Voluntary Credit Restraint Program）が導入されたことであり、第三は一定の民間企業も対外直接投資の自主規制計画に服することになったことである。このように統制は統制を呼んでその外延を拡大するとともに、自主規制という美名の下にそれまでの間接規制は直接規制の方向へと質的な転換をとげることになった。

　民間企業の直接投資規制は次章に譲ることとして、さきにも触れた「ゴア修正条項」の発動によって新たに金利平衡税の適用をうけることとなった銀行およびその他金融機関のTerm Loanについて、その動向を一瞥してみることにしよう。

　銀行およびその他金融機関の長期債権は、1960—62年にかけては年間凡そ2億ドル内外の伸びに止まっていたが、63年には年間の増加額が6億ドル近くに達し、さらに翌64年には前年の増加額を2倍以上も上回って14億ドルもの急

増を示した(第6表)。こうしたTerm Loanの増大は、金利平衡税の導入に伴う対外証券投資の改善を相殺して余りあるものであったが、問題はそれの大宗が金利平衡税によって資本輸出を禁圧されたヨーロッパ、日本向の銀行信用によって占められたことである(第7表)。ヨーロッパの大陸諸国に対するアメリカの銀行・金融機関のTerm Loanは、従来ノルウェーの海運業など特定の融資対象に局限されていたが、上

第6表 アメリカの銀行、その他金融機関の対外債権の増減　　(単位：百万ドル)

年度	対外長期債権の増減			対外短期債権の増減		
	銀行	その他金融機関	合計	銀行	その他金融機関	合計
1960	153	40	193	995	354	1,349
1961	136	127	263	1,125	431	1,556
1962	126	132	258	324	222	546
1963	755	-162	593	781	5	786
1964	941	485	1,426	1,524	623	2,147
1965	232	88	320	-325	-429	-754
1966	-337	112	-225	84	330	414
1967	-255	281	26	730	498	1,228
1968	-358	220	-138	105	982	1,087
1969	-317	424	107	867	-298	569
1970	-175	586	411	1,122	10	1,132
1971	565	109	674	2,373	1,061	3,434

出所：U.S. Dept. of Commerce, *Survey of Current Business,* June 1972, P.30

述のような急増は単なる輸出信用の拡大やヨーロッパの引しめを反映したアメリカ系多国籍企業の資金需要だけでなく、日本及びヨーロッパ大陸諸国の資金調達形態が証券の発行からTerm Loanにシフトしたためのものであった。[14]

「ゴア修正条項」の発動によって金利平衡税がTerm Loanに適用されたのは、このような事情によるものであるが、1965年のはじめ以来Term Loanは急速な縮小を示し、66年には金利引締めとこれに伴う高金利の影響もあって純減にさえ転じた。その後68年にはドル防衛の一環として満期到来分の書替えと再貸付が禁止され、その部分は自動的に回収されることになったので、70年代の初頭に復調の気配が示されるまでTerm Loanは一進一退の状況で推移することになった(第6表)。

上述の金利平衡税が銀行およびその他金融機関のTerm Loanを規制の対象としたのに対して、1965年の対外投融資の自主規制は短期信用の流出を俎上にのせたものであった。アメリカの銀行およびその他金融機関の対外短期債権は、64年には前年を21億ドルも上回るほどの急増を示し、第一回ゴールド・ラッシュの発生した1960―61年の水準をも凌駕する勢いを示した(第6表)。このような対外短期信用の膨張は、一つには第35次国際決済銀行年次報告書の指摘す

第7表　アメリカ商業銀行の対外ローン・コミットメント　（単位：百万ドル、1964年）

	第1・四半期	第2・四半期	第3・四半期	第4・四半期
合計	441	336	501	781
ヨーロッパ大陸諸国・日本	205	143	225	343

出所：Sir Alec Cairncross, *op.cit.*, p.38, Table3-4 の一部。

るように、「アメリカの信用政策が事実上放漫であったという歴然たる証拠」[注15]であり、通貨当局の流動性供給策とともに Regulation Q の上限引上げによって預金を増強した金融機関が、過剰流動性の有利な運用を海外に求めたことによるものであった。第二はこのような信用の拡大政策に基づくアメリカの国際収支の赤字が、64年末のポンド危機を導火線として第二回目のゴールド・ラッシュを誘発し、短期資本の流出に拍車をかけたことであった。このような現象はケネデイ以来の成長政策が国際収支面で破綻の危機に直面したことを物語るものである。

技術的な規制の内容は『東京銀行月報』（1965年4月号）に譲るが、これによって銀行およびその他金融機関の対外信用は、1964年末残高の5％増以内に抑えられ、その枠内でも輸出金融の優先的な消化（対外投融資の既往実績をもたない金融機関については、輸出金融以外に対外信用の新規供与がみとめられなかった）を要請されることとなった。その結果65年の対外短期信用は銀行で3.2億ドル、その他金融機関で4.3億ドル、合計7.5億ドルの減少に転じ（第6表）、66年も国内金融の逼迫と相俟ってこの傾向を持続した。しかしながら、「1966年は均衡への歩みがとまった年」[注16]であり、ベトナム戦争の拡大に伴って軍事支出の増嵩が招来されたのみでなく貿易収支が急速に悪化する一方、根強いコスト・インフレの発生によってこれまでの成長政策は内政面でも破綻に瀕することになった。さらに67年11月のポンド切下げはドル不安を呼びおこし、ゴールド・ラッシュの洗礼をうけたアメリカの金準備も109億ドルと危機ラインの寸前まで追いつめられたが、この間に短期信用の供与もアメリカにおける金融の緩和と相俟って急速に増勢を強めることになった（第6表）。

このようなドルの危機に対応して国際通貨面では金プールの補強工作が続けられたが、フランスの拒絶によってその試みは挫折し、その後1968年3月の第三次ゴールド・ラッシュを契機として金の二重価格制が成立するとともに金交換の自粛についても合意が伝えられた。かくして事実上のドル体制がここに確立されることになるが、これを制度的に補強すべく流動性問題の交渉がすすめられ、

68年のボン会議を契機として調整問題もよりソフィストケートされた形で登場してくることになったのである。

このような一連の国際通貨外交の展開にあたってアメリカ自身も国際収支の節度を求められることになり、ジョンソンはここで予定調和論的な内外均衡の共存政策を完全に放擲せざるをえないこととなった。ジョンソンは1968年1月の年頭教書において内政面で所得政策や増税を勧告するとともに、国際収支面では30億ドルにのぼる対外支出の節減を特別声明の形で発表したが、その改善目標の半分は資本輸出規制の強化に俟つことになった。

その結果、民間企業に対する対外直接投資規制が法的規制に強化されたのに対応して、銀行、その他金融機関に対する規制も法的規制に切りかえる権限が予め連邦準備制度理事会に与えられたが、建前はあくまでも自主規制のままとされた。これによって銀行の与信限度は1964年末の103％に抑えられることになったが、ヨーロッパ大陸諸国に対する与信の残高は67年末に比して40％の削減を要請された。その他の金融機関も在外資産の保有額を5％削減するとともに流動資産の保有をゼロまたは必要最低限の運転資金に抑えることを要請されたが、ヨーロッパ大陸諸国に対する投融資は輸出金融だけに限定された[注17]。この計画は銀行で4億ドル、その他金融機関で1億ドル合計5億ドルの改善を目標とするものであったが、銀行の短期債権については大幅な改善がみられたものの、その他金融機関の対外短期債権はユーロ債の代り金がユーロ・ダラー預金に積み増しされたため9億ドル以上もの純増を示した（第6表）。

1969年大統領に就任したニクソンは、その国際収支対策において防衛負担の公平化、SDRの早期発動などのほか輸出の増強、対米投資・観光の促進など正攻的な対策を打ち出すことによって、資本輸出規制のような弥縫策は段階的に撤廃していく方針を明らかにした[注18]。その年ニクソンは公約に基づいて規制の部分的な緩和に着手し、対外投融資の最低許容限度を拡大したが、それを可能にしたのは68年末以降の強度の金融引締めと、それに伴う高金利の出現によって、金融機関の対外投融資能力が極度に低下したためであった。このような状況の下で、規制は流出の制限から流入の抑制へと焦点を移動することになるが、1970—71年にかけて資金の流れが逆転するや再び流出にブレーキをかけるなど、目まぐるしい局面の変化の中で鋭角的な政策の転換に主導的な役割を演じたのは、ユーロ・ダラーの取入れに対する準備率の操作であった。

米銀のユーロ・ダラーの取入れに10％の準備率が課されたのは69年9月のこ

第 8 表　米銀の海外支店に対する流動債務の増減　　（単位：百万ドル）

1966 年	1967 年	1968 年	1969 年	1970 年	1971 年	1972 年
2,300	339	2,556	6,963	-6,343	-4,942	178

出所：U.S. Dept. of Commerce, *Survey of Current Business* 各号。

とであるが、69 年には高金利下にありながら Regulation Q の上限金利が据置かれたため CD が大量に流出し、アメリカの銀行はこれを補填するためにロンドンとナッソーを通じてそれらの支店の総資金の 4 割をこえるユーロ・ダラーを本店に回金させた。[注19] このような大量の短期資金の取り入れは、国際通貨体制の手直[注20] しとも相俟ってドルの状況を一時改善させることになったが、その反面においては短資の流出を防衛すべくヨーロッパ諸国が公定歩合の引上げを強いられることになっただけでなく、アメリカ自身もそれによって引しめの効果を減殺されることになった。

　米銀のユーロ・ダラー取入れは、1969 年 11 月をピークとして 148.8 億ドルに達したが、70 年 5 月ペンセントラルの破産を機に 30—89 日もの大口 CD に対して Regulation Q の適用を停止したのをはじめ、秋口の知事選における敗朴以降アメリカの公定歩合が矢つぎ早に引き下げられるにつれてユーロ・ダラーはその流出に加速の度を加え、米銀の取入れ残高も 10 億ドルのラインまで低下した。このような事態はアメリカの国際収支を圧迫するとともに、ヨーロッパ主要国の金融面における独立性を脅したのみでなく通貨不安を激化することになるので、連邦準備制度は 70 年の 11 月準備免除額を返済額だけ自動的に逓減し、将来これを再び取入れる際には 20％の高率準備を賦課することを定めて短資の流出を抑制しようとした。さらに 1971 年 1—4 月にはアメリカの輸出入銀行、財務省も Reserve Free の条件で米銀のロンドン支店より合計 25 億ドルの過剰ドルを吸収したが、金の二重価格制導入後極めて顕著となった強弱通貨選別の動きを相殺するに至らず、事態は 5 月のマルク・フロートを導火線として同年 8 月の金・ドル交換停止へと悪化の一途を辿ることになった。

　その後に成立したスミソニアン合意は毀弱性を露呈して 1973 年 2 月のドル切下げによってあえなく崩壊してしまったが、その後のフロート下においてもドルが下落の一途を辿りはじめた 73 年 5 月再びユーロ・ダラーの還流を促すために準備率が 20％から 8％に引き下げられた。しかしながら同じく 90 日以上の大口 CD に対しても Regulation Q の適用が停止され、米銀の国内における資金調達

第9表 米銀・在米外銀の対外融資の動向　　（単位：百万ドル）

		対外融資総額	対象融資	非対象融資	うち輸出金融
1971年 11月末	アメリカ市中銀行	11,698	8,587	3,111	2,789
	在米外銀	2,838	1,875	964	714
	外銀の構成比	19.5%	17.9%	23.7%	20.4%
1973年 6月末	アメリカ市中銀行	16,332	9,371	6,962	5,930
	在米外銀	7,097	4,071	2,699	2,151
	外銀の構成比	30.2%	30.2%	27.9%	26.6%
増　減	アメリカ市中銀行	4,634	784	3,851	3,141
	在米外銀	4,259	2,196	1,735	1,437
	外銀の構成比	47.8%	73.7%	31.1%	31.4%

出所：Andrew F. Brimmer, *Prospects for Commercial Banks in International Money and Capital Markets,* Table 6.

面の桎梏が除去された状況の下では、引締め下とはいってもユーロ・ダラーの還流には心理的な効果以上のものを期待することができなかった。

対外投融資規制の掉尾を飾るいま一つの重大な出来事は、1973年の7月に在米外銀の支店に対しても自主規制が適用されたことである。65年にガイド・ラインがはじめて導入されたときに在米外銀の支店も規制の遵守を求められ、さらに71年11月には非公式ながら対外債権の増加を対外債務の範囲内に抑えることを要請されたが、アメリカ当局の解釈も統一を欠くなど徹底を期しえなかった。73年4月3日のフィナンシャル・タイムズは、同年初頭の25億ドルにのぼる短期資本の流出との関連において在米外銀に対してもガイド・ラインの適用を検討している旨の Brimmer 理事の講演要旨を伝えたが、1971—73年における在米外銀の対外投融資はガイド・ラインの対象となる融資を中心として米銀の伸びを大きく上回る勢いを示しており（第9表）、上述のようなアメリカ通貨当局の政策姿勢の変化は拡大する外銀の活動に対する一連の警戒的な動きにつらなるものであった。

5　民間企業の対外直接投資規制

銀行部門の対外投融資自主規制計画は1960年代の半ば近くになって漸く矛盾を露呈した過度の信用拡大政策に対する初次的な軌道修正を示唆するものであったが、同じく65年2月ジョンソン・ドル防衛策の一環として導入された民間企業の対外直接投資規制もこれと軌を一にするものであった。第35次国際決済銀

第5章　アメリカ資本輸出規制の終焉　　　　　　　　　　179

行年次報告書によると、1958—64年おけるアメリカ企業の投資はすべて内部資金でまかなわれたにもかかわらず、企業が金融・株式市場で調達した資金は年平均にして128億ドルに達しており、「経済成長に対して考慮を払わなければならないとしても、この数字は、企業に大量の信用を供与したことが、国内の実物資産に対する投資の増大よりはむしろ、海外直接投資を含む企業の金融資産の膨張を招いてしまったことを示している」。64年に至って対外直接投資が第10表のごとくにネットで20億ドルの大台をこえたことは、成長政策によって「国内投資の魅力を増大し直接投資の流出をさらに減ずるはずだ」とのべたケネデイの楽天的な期待を完全に裏切ることになった。これをうけたジョンソンは、65年2月の特別教書で民間企業の対外直接投資と海外における流動資産の保有について企業の自粛を要請したが、翌3月には海外で事業を営む大企業から報告を徴し、これに基づいて各社の実情に応じた改善目標を提示することになった。しかしながらこの程度の不完全な規制では所期の効果が達成されなかったため、66年には対象企業を拡大するとともに、1965—66年の対外直接投資を1962—64年間における合計額の90％以内（1965—66年の年間平均では1962—64年平均額の35％増以内）に抑制する計画をうち出した。

　なおカナダに対してもこの規制が適用されることになったが、68年3月、既述のように同国が資本輸出規制の導入に応じたため、その段階で規制の適用が再び免除されることになった。

　その後規制枠は1967年のガイド・ラインによって基準の20％まで圧縮されることになったが、対外直接投資が1965—67年を通じ依然として高水準の純流出を持続したため（第10表）、はじめは暫定措置として導入されたガイド・ラインも年を追うごとに強化され続けることになった。67年11月には1967—68年の純増を1962—64年の平均に抑える方針が明らかにされたが、その後いくばくもなく68年の年頭には遂に法的規制を実施し、四半期ごとの企業報告を監査するために海外直接投資局（Office of Foreign Direct Investment）が設立されることになった。

　対外直接投資は最低許容限度をベースとして、これをこえる場合にはさらに地域別のクオータと利益基準のうちのいずれか有利な基準によって金額を制限することになったが、アメリカの対外直接投資の大宗を占めるヨーロッパ大陸諸国に対しては資本輸出規制の草創以来の伝統的な思考方式に基づいてとりわけ厳しい規制が加えられることになった。

第10表　アメリカ直接投資の純流出　　　　　　　　（単位：百万ドル）

1946年	-230	1952年	-852	1958年	-1,181	1964年	-2,328
1947	-749	1953	-735	1959	-1,372	1965	-3,468
1948	-721	1954	-667	1960	-1,674	1966	-3,639
1949	-660	1955	-823	1961	-1,598	1967	-3,154
1950	-621	1956	-1,951	1962	-1,654	1968	-3,025
1951	-508	1957	-2,442	1963	-1,976		

出所：*Economic Report of the President,* Feb. 1970, p.277, Table C-85.

　その詳細は『東京銀行月報』（1972年8月号）に譲るが、地域別クオータ制度を要約すると
　①A地域（発展途上国）……基準（1965—66年年間平均額）の110％以内
　②B地域（カナダ、日本、イギリス、オーストラリア、中東産油国等アメリカの資本に依存するか国際収支に問題のある国……基準の65％以内
　③C地域（主としてヨーロッパ大陸諸国）……新規の資本輸出は禁止。利益の再投資は基準の35％までとし、それをこえる利益は本国への送金を求められた。このような規制の域外適用はヨーロッパ大陸諸国の国家主権にふれ、フランス、スペインなどで問題を生ずることになった。また68年の規制で民間企業の短期資産残高も1965—66年平均の水準に抑えられることになった。
　ここで注目されることは、対外直接投資規制の狙いが「海外における施設・設備に対する生産的投資を減少させることではなく、むしろこれら投資への融資において米国からの資本流出および海外所得の再投資に対する依存度を軽減しようとするものであった」ことである。つまり規制の対象は投資支出そのものではなくて、対外直接投資を目的としてアメリカから流出する資本と本国に送還されるべき利益の再投資であり、ユーロ・ダラー市場などで所要の資金を調達する限りにおいてアメリカの企業は投資の削減をも必要とされなかったのである。従ってアメリカの対外直接投資の総額は、1968年に一時的な足踏み状態を示したあと、69年以降再び増加のテンポを回復した。規制の対象とされる資本流出と利益の再投資も、やや緩慢な動きを示しながら増勢を示し、70年以降は規制前の水準に回復した。
　なお1968年に対外直接投資が一時的に停滞した原因については、規制の解釈をめぐる混乱が投資の翌年度への繰り延べを招いたとする説やヨーロッパの高金利と景気の後退を理由とする説などがあり、規制そのものの効果が万能でなかったことを示唆している。その他H・D・ウィリーは企業の規制回避策として、①

第5章 アメリカ資本輸出規制の終焉

第11表 アメリカ直接投資の資金構成　　　（単位：百万ドル）

		年度	1965	1966	1967	1968	1969	1970	1971(推定)
		資本の流出	3,080	3,387	3,360	2,321	3,427	4,406	6,207
		収益の再投資	1,058	1,109	934	1,129	1,530	2,106	1,935
		直接投資（イ）	4,138	4,496	4,294	3,450	4,957	6,770	8,142
		対外借入（ロ）	98	634	582	2,209	2,603	2,762	3,259
		対象直接投資（イ-ロ）	4,040	3,862	3,712	1,241	2,354	3,778	4,883
除カナダ	A地域	資本の流出	809	816	721	820	993	n.a.	n.a.
		収益の再投資	389	465	417	529	503	n.a.	n.a.
		直接投資	1,198	1,281	1,138	1,349	1,496	2,299	2,896
		対外借入	13	28	39	595	455	n.a.	n.a.
		対象直接投資	1,185	1,253	1,099	754	1,041	n.a.	n.a.
	B地域	資本の流出	987	1,018	1,230	762	1,130	n.a.	n.a.
		収益の再投資	492	369	312	409	423	n.a.	n.a.
		直接投資	1,479	1,387	1,542	1,171	1,553	2,078	2,185
		対外借入	20	160	177	642	638	n.a.	n.a.
		対象直接投資	1,459	1,227	1,365	529	915	n.a.	n.a.
	C地域	資本の流出	1,284	1,553	1,409	739	1,304	n.a.	n.a.
		収益の再投資	177	275	205	191	604	n.a.	n.a.
		直接投資	1,461	1,828	1,614	930	1,908	2,135	3,061
		対外借入	65	446	366	972	1,510	n.a.	n.a.
		対象直接投資	1,396	1,382	1,248	-42	398	722	1,233
カナダ		資本流出	873	971	679	459	744	n.a.	n.a.
		収益の再投資	440	593	481	649	716	n.a.	n.a.
		直接投資（ハ）	1,313	1,564	1,160	1,108	1,460	n.a.	n.a.
直接投資合計（イ）＋（ハ）			5,451	6,060	5,454	4,558	6,417	8,021	9,529

出所： ① 1965—69 年分は U.S. Dept. of Commerce：*The Multinational Corporation,* Vol.I, p.55, Table 6. ② 1970—71 年分は Sir Alec Cairncross, *Control of Long-Term International Capital Movements,* p.48, Table 3-9.

規制をうけない第三者からの融資に切りかえたり、②規制外の「非流動的非直接」投資に余剰資金をふりかえ、③会計方法を発生主義から工事完成基準に改めることにより送金を遅らせたりする方法をあげている。[注25]

しかしながら規制の導入と強化がアメリカの直接投資にいくつかの構造的な変化を斉したことも否めない事実である。その第一として、ヨーロッパ大陸諸国に対する直接投資は1968年を例外として総額的には減少を示さなかったものの、所要資金の多くがユーロ・ダラー市場で調達されたため、アメリカ本国の資本流出と子会社利益の再投資が著しく減少したことである。さきにもふれたように68年の規制はヨーロッパの大陸諸国に対する資金の流出を禁止し、子会社利

益の過半を強制的に本国に送還させることが主眼であり、その限りにおいてはかなりの成果を収めたものと評価することができるであろう。第二の構造的変化はアメリカの直接投資が相対的に規制の緩やかなＡ地域にシフトしたことである。69年の改正によって最低許容限度は5百万ドルに引き上げられたが、そのうちの4百万ドルをＡ地域の投資によって消化することが条件とされただけでなく、所謂未消化枠の下方移動（Ｃ地域からＢ地域、Ｂ地域からＡ地域に未消化枠をふりかえる）が許容されたことも、このような直接投資の地域的な移動を政策面から誘導することになった。換言するならば、その特例はヨーロッパ大陸諸国に対する直接投資については金融負担を極力ユーロ・ダラー市場に転稼し、それによって節約された資本を、然らざればアメリカの国際収支の追加的な負担となったであろう発展途上国向の投資に有効に再配分するための措置であったとも解しうるのである。従ってアメリカの直接投資は規制の強化にもかかわらず年々拡大の一途を辿り、72年末の残高は940億ドルという天文学的な規模に肥大した。その一方において65年以降におけるアメリカ本国からの資金流出は1970—71年を例外として年間約30億ドルの水準で横這いに推移する反面、これに伴う投資収益は72年には100億ドルの大台をこえ、差引70億ドルもの改善要因としてアメリカの国際収支に大きく寄与することになった（第12表）。

　しかしながら、このような表見的な数字だけで規制の国際収支に対する改善効果を評価することは速断のそしりを免れない。その一例として資金調達源のユーロ・ダラー市場への転換はアメリカ系子会社の金融コストの増嵩を招くなどかくれた費用の存在を指摘する向きもあるが、今日に至るまで計量化は愚か統一的な結論さええられないまま論議の対象とされている古典的な問題は、アメリカの輸出に及ぼした規制の影響である。規制が輸出にマイナスの影響を与えるとすれば、規制は本来の国際収支改善の目的に逆行することになるので、規制の導入当初から輸出金融に対して特例を求める主張が存在したことも事実である。しかしながらこれを放任すれば回収期限を延長することによって代り金を直接投資に一時的に流用することも可能となるので、通常の条件で善意に輸出するものであってかつ規制を逋脱するものでないことが証明されない限り特例は適用されなかった。しかもそのような場合においてさえも未消化枠が残存し、あるいは信用供与の期間が1年をこえる場合には許可をうけられなかっただけでなく、手続も煩雑をきわめたため、多国籍企業の子会社は親会社に対する債務を年末だけ圧縮する目的で短期の借入れを行い、越年早々これを返済するという高価な方法を採用

第 12 表　アメリカの直接投資（ネット）と投資収益および直接投資残高

(単位：百万ドル)

年度	資金流出 (A)	投資収益 手数料ロイヤリティ	投資収益 利子配当支店収益	投資収益 合計 (B)	(B) − (A)	直接投資残高
1960	-1,674	590	2,355	2,945	1,271	31,865
1961	-1,598	662	2,768	3,430	1,832	34,717
1962	-1,654	800	3,044	3,844	2,190	37,276
1963	-1,976	890	3,129	4,018	2,042	40,736
1964	-2,328	1,013	3,674	4,687	2,359	44,480
1965	-3,468	1,199	3,963	5,162	1,694	49,474
1966	-3,661	1,329	4,045	5,374	1,713	54,799
1967	-3,137	1,438	4,518	5,955	2,818	59,491
1968	-3,209	1,546	4,973	6,519	3,310	64,983
1969	-3,271	1,682	5,658	7,340	4,069	71,033
1970	-4,410	1,919	6,001	7,920	3,510	78,178
1971	-4,943	2,161	7,295	9,456	4,513	86,198
1972	-3,404	2,429	8,004	10,433	7,029	94,031

出所：*Survey of Current Business,* June 1973, p.24, 28. ただし、直接投資残高は *Overseas Business Reports,* Dec. 1970, Dec. 1973.

したとも伝えられる。このような諸々の要因を勘案の上、72年3月に発表されたアメリカ商務省の *The Multinational Corporation* はアメリカの子会社向けの輸出にとって規制が好ましくない影響を及ぼしたと断定した。[注27]

しかしながら、ニクソン新経済政策の指針とされた 1971 年 7 月のウィリアムズ報告は、「この規制は現在までアメリカの海外投資と輸出にはほとんど悪影響がなかった」[注28]と逆の結論を引き出した。アメリカの代表的な意見にもこのような対立がみられるほか、E・D・ウィリーのように、規制よって国内資本の流出が抑制され、インフレ圧力を間接的に促進することによって、輸出のみならず輸入面からも国際収支にマイナスの影響を与えたと主張する意見もあり、規制の功罪を網羅的にしかも納得できるような形で解明することは現状において困難といわざるをえないであろう。[注29]上掲のウィリアムズ報告には、規制の撤廃に挑戦的な労働組合を意識した上での政治的な配慮といったものが感得されるが、ユーロ・ダラーによる輸出信用の代替が可能であった限りにおいて、金融コストの若干の増嵩を度外視すればアメリカの輸出に対する規制の影響は、中立的ないしは僅かなマイナス程度のものに止ったとみなしうるのではなかろうか。

6 ユーロ市場の発展と米銀の進出

アメリカの対外直接投資規制が対外投資それ自体の抑制を目的としたものではなくて、投資の所要資金を極力現地調達に切りかえることによって、アメリカの国際収支負担の緩和をはかりながら、世界的な投資戦略を効果的に遂行しようとするものであったことは既述のとおりであるが、その結果として規制の導入された 1965 年当時投下資本の 2 ％程度に止まっていたアメリカ系多国籍企業の外部負債比率は、それが法的規制に強化された 68 年末には 5 割近くまで上昇した（第 11 表）。とりわけ現地調達化の進展したのはヨーロッパの大陸諸国を中心とする C 地域であったが、65 年末の外部負債比率が 4 ％強に過ぎなかったのに対して、68 年末には 42 百万ドルの借入超過にさえ転じ、69 年末には直接投資の 8 割程度が現地調達に依存する形となった。68 年の『ドル防衛白書』がのべるように資本の調達を直接投資の受入れ地域に振り替えることは、規制の本来の目的であるとともに結果でもあった訳であり、「ヨーロッパ資本市場の発展は長年にわたってアメリカおよびヨーロッパの政策の重点目標の一つであった。（中略）金利平衡税は外国人にアメリカの資本および金融市場の利用を制限することによって商務省および連邦準備制度所管計画とともにヨーロッパ金融市場の規模と構造を大幅に変える主因の一つとして作用した」[注30]のである。

アメリカ系多国籍企業の外部負債残高は 1970 年末現在で 113 億ドル近くに達しているが、そのうちで銀行借入の占める割合は 52 ％（短期借入は米銀の海外支店に依存する代りに、中長期の借入は外国銀行に仰いでいる）、ボンドの発行が 46 ％となっており、期間構成的には全体の 8 割近くが中・長期の負債で構成されている（第 13 表）。このようなアメリカ系多国籍企業の資金調達の形態に構造的な変化がみとめられたのは 68 年以降のことであり、同年を境にして 65 年以前の段階では外部負債の 7.8 ％程度に過ぎなかった銀行借入が急速に比重を高めることになった。しかしながらそれ以前の段階においてアメリカ系多国籍企業の主たる資金調達源となったのはユーロ・ボンドの発行であり、そこでまずユーロ・ボンド市場の展開過程を顧みることによってアメリカの資本輸出規制がその発展に及ぼした影響を考察してみることにしよう。

ユーロ・ボンド市場の発祥は 1960 年代の初頭に遡り、ベルギー、ルクセンブルグの投資銀行団が複数の市場において同時的に Unit of Account 建のボンドを

第 5 章　アメリカ資本輸出規制の終焉　　　　　　　　　　　185

第 13 表　アメリカ多国籍企業の現地調達資金構成　　　　（単位：百万ドル）

			1965年以前	1966	1967	1968	1969	1970	1970年末残高
銀行借入	短期	外国銀行	0	2	13	36	68	554	673
		米銀海外支店	13	57	19	209	268	905	1,471
		その他	0	0	0	14	42	71	127
		小計	13	59	32	259	378	1,530	2,271
	中長期	外国銀行	5	51	64	665	749	738	2,272
		米銀海外支店	8	31	23	225	86	463	836
		その他	0	2	0	50	82	346	480
		小計	13	84	87	940	917	1,547	3,588
社債発行	普通社債	公募	136	177	208	520	388	493	1,922
		私募	21	28	37	175	128	156	545
		小計	157	205	245	695	516	649	2,467
	転換社債	公募	75	336	172	1,468	468	87	2,606
		私募	74	0	0	0	43	6	123
		小計	149	336	172	1,468	511	93	2,729
その他			0	2	10	30	45	123	210
合計			332	686	546	3,392	2,367	3,942	11,265

出所：U.S. Dept. of Commerce, *The Multinational Corporation,* p.58, Table 8.

発行し、国際的な引受シンジケートを組成したことが、ユーロ・ボンド市場のそもそもの濫觴といわれている。[注31]第 14 表にも示されるように、ユーロ・ボンド市場の発展に最初の転機を齎したものは金利平衡税の導入であり、その結果 63 年には僅か 164 百万ドルに止まっていたユーロ・ボンドの発行額が翌 64 年には 7億ドルをこえることになった。そのような 64 年の市場拡大は、外国の政府、公的機関を中心とする起債のラッシュを反映したものであるが、外国の起債額が前年に比して 4 億ドル強の増加を示したことは、第 5 表の示すようにアメリカの市場におけるカナダを除く先進国の起債がほぼ同額だけ減少したことと照応するものであって、それは金利平衡税の影響を如実に反映したものとみることが可能である。その結果国際ボンド市場におけるユーロ・ボンドの比重も急激に上昇し、63 年の 29.7％から 64 年には 73.1％に達し、70 年には全体の 89％と圧倒的なシェアーを占めるに至ったことは、同じくアメリカの資本輸出規制が国際資本市場の構造変化に重大な影響を及ぼしたことを物語るものである。

　ユーロ・ボンド市場にとって第二の転機となったのは 1965 年における対外直接投資規制の導入であり、これを機にユーロ・ボンド市場に参入したアメリカの

第14表 ユーロ・ボンドとアメリカ以外における外国債の発行額　(単位：百万ドル)

	年	1963	1964	1965	1966	1967	1968	1969	1970	1971
ユーロ・ボンド	アメリカ企業	—	—	358	439	562	2,096	1,005	741	1,090
	その他企業	25	108	319	376	575	603	817	1,065	1,119
	公共企業体	80	185	110	118	442	349	682	594	838
	外国政府	53	293	189	108	303	500	584	351	479
	国際機関	6	133	65	101	120	25	68	215	98
	小　計	164	719	1,041	1,142	2,002	3,573	3,156	2,966	3,624
外国債	アメリカ企業	—	—	10	24	48	139	223	55	200
	その他企業	99	33	89	71	65	56	128	83	208
	公共企業体	41	45	59	7	—	12	107	16	158
	外国政府	183	95	62	76	157	317	98	53	254
	国際機関	66	91	156	200	133	611	271	171	709
	小　計	389	264	378	378	403	1,135	827	378	1,529
	合　計	553	983	1,417	1,520	2,405	4,708	3,983	3,344	5,153

出所：Morgan Guaranty Trust Co. of N.Y., *World Financial Statistics,* Mar. 1972, p.2.

第15表 ユーロ・ボンドの発行額　(単位：百万ドル)

年	1969	1970	1971	1972	1973
合　計	2,777	2,770	3,636	5,662	3,457
うちアメリカ	927	725	1,114	1,777	711
構成比	33.3%	26.2%	30.6%	31.3%	20.6%

出所：White, Weld & Co. Ltd, *The International Bond Letter,* Jan. 10 1974.

多国籍企業は同時に革新的な金融技術を導入することによって市場の発展に一層劇的なインセンティブを注入することになった。『第36次国際決済銀行年次報告書』によれば1965年の「新しい要素はヨーロッパ資本市場にアメリカの企業あるいはその金融子会社が登場したことで、これらの会社はいずれも大きな規模の起債を行った。（中略）こうした外国からの借入れが盛んになったのは、主としてアメリカの国際収支対策の結果である」[注32]。すなわち65年のガイド・ラインによって本国からの資金供給を制約されたアメリカ系の企業は65年に358百万ドルの起債を行なったが、その額は規制の強化された68年にさらに一段と飛躍的な増加を示して21億ドル近くに達した（第14表）その結果としてユーロ・ボンドの起債額に占めるアメリカ系企業の比重は1965—67年の30%台から68年には59%まで上昇し、ユーロ・ボンド市場の量的な拡大に貢献することになったが、同時に注目されることは、アメリカで発達した転換社債などの金融テクニックを市場に導入し、これを育成したことである。転換社債の発行額は66、

68年には普通社債の規模を上回るに至るが、それが70年に至って急激な縮小をみせたのは同年の前後におけるニューヨーク株式市場の不振によるものであった。さらにアメリカの企業がユーロ・ボンドの消化にあたっても新しい戦略を展開し、ルクセンブルグなどの Tax Haven に金融会社を設立することによって、源泉徴収税に相当する部分だけ競争的な条件でボンドの発行を試みたことも今更縷言を要しないところであろう。

ユーロ・ボンド市場はその後1970年に停滞を記録したのち、72年にかけて再び急速な回復を示し、資料的な連続性を欠くが第15表のごとく72年には、史上最高の56億ドルをこえる起債実績を記録した。しかしながら、翌73年には前半におけるドル不安や未曽有の高金利に制約されてユーロ・ボンドの起債額は、前年に比して40％程度もの急激な減少を示したが、それは同時にユーロ・ボンド市場がユーロ・クレジット（通常は Medium Term, Syndicated Eurocurrency Bank Credits と呼ばれる）の挑戦の前に重大な岐路にたたされたことを示すものであった。

それ以前の段階においても一般的に知名度の低い民間企業にはボンド市場に比して基準の緩和された銀行借入を選好する傾向がみられたが、上述のように起債環境の悪化した1973年にはユーロ・ボンド市場の不振とは対蹠的に、銀行の中長期信用に対する資金調達形態の転換が雪崩のごとくに現出された。

ユーロ・クレジット市場の実体は未知のベールに覆われ、全貌をうかがうことが困難とされているが、それの発展は比較的最近のことに属し、70年以前の段階で年間10—15億ドル程度と推定されていた実績は、70年には40—80億ドルを記録してユーロ・ボンド市場の規模を上回ったものと観測されている。第16表は世銀が公表分のみを集計したものであるが、それのみでもユーロ・クレジットの急速な展開を理解することが可能である。72年におけるユーロ・クレジットの規模は前年に比して2倍の80億ドルに達したが、それは同じ年に史上最高の起債を記録したユーロ・ボンドの56.6億ドルを遥に凌駕するものであり、しかもなお翌73年には前年をさらに280％も上回って229億ドル強の巨大な一大市場に発展したのである。

ただしロスチャイルド・インターナショナル銀行は、1973年のユーロ・クレジットの規模を公表分だけで160億ドル、未公表分を加えると200—250億ドルと推定しており、その規模については資料相互の整合性を期し難いのが現状である。

このようなユーロ・クレジットの盛行は、上述のようなユーロ・ボンド市場からのシフトを反映したものでもあるが、過剰流動性の創出に伴ってアベーラビリティが増大する反面、ヨーロッパの主要国が1973年の後半に至るまできびしい資本の流入規制を実施したため、市場は借手市場の観を呈するとともに、内

第16表 ユーロ・クレジットの規模
（単位：百万ドル）

年	1971	1972	1973
先進国	2,600.0	3,999.1	13,355.5
発展途上国	1,475.3	3,447.2	8,255.1
計画経済諸国	—	370.9	1,354.6
その他	45.0	184.8	—
合　計	4,120.3	8,002.0	22,935.2

出所：世界銀行作成。*Euromoney,* Feb.1974, p.35 より引用。

包する複雑な問題を早くも露呈することになった。74年には周知のごとくに国際収支の逆調に悩むイギリスとイタリヤがそれぞれ25億ドルと40億ドル近くに及ぶ大型の借款を行なったが、発展途上国の借入れも増大し、70年にはユーロ・クレジット市場の10%に過ぎなかったものが、73年には全体の36%近くを占めるに至った。このような状況の中で一流の顧客に対する Spread も70年の3/4%から73年には5/8%まで縮少して銀行の収益に圧迫を加える一方、貸付の期間も70年には5年をこえる例が稀であったのに対して73年には10年が標準となり、リスクの増大が懸念されるに至った。そのために IFC (International Financial Corporation) がとくに73年の年次報告において、償還能力の問題をはじめフローティング・レートに伴う借手側の金利負担の増嵩や、アベーラビリティが将来急激に減少した場合のインパクトなどについて警告を発したことは周知のごとくである。

なおイングランド銀行によると、イギリスに所在する銀行の対外債権のうち1年をこえるものは、73年9月末現在で全体の12%に達しているが、これに対応する1年以上の債務は6%に止まり、短期借、長期貸のパターンが顕著に示されている。[注35]

以上のようなユーロ・クレジットの急速な拡大を招来した基本的な条件は、すでに付言したようにユーロ・クレジットの条件が期間の点を除けばユーロ・ボンドに比して相対的に有利であったことであるが（第17表）、市場が借手市場に転化するにつれて期間の点においても両者は次第に近接し、1973年には15年もののユーロ・クレジットさえも散見されるに至った。

このような融資条件の緩和をはじめ、新しい市場分野の開拓に最初の挑戦を試みたのは米銀のロンドン支店であったが、米銀のヨーロッパ進出と最近における

第5章　アメリカ資本輸出規制の終焉

第17表　一流の顧客に対するユーロ・クレジットと
ユーロ・ボンドとの発行条件の比較

	ユーロ・クレジット	ユーロ・ボンドの発行
金　額	4億ドル。10億ドルまで調達の余地あり	最高75百万ドル。標準20—30百万ドル
期　間	標準10年。12年以上のものについても交渉の余地あり。ただしAmortizationを必要とする。	最長20年。Amortizationは5年後に開始し、10—15年間で完了
期限前決済	いつでも可。Penaltyなし	通常8年間のNo-call Protectionあり
金　利	市場金利＋マージン ¾％（ここ9年間の実績では7¼％—7.45％）	ここ9年間で普通7½％。最高9¼％、最低5½％
管理手数料・発行費用	最高1/2％	発行額の2½％
アベーラビリティ	市場閉鎖時をのぞき2—3日から2—3週間	ドル不安時には起債困難

出所：*Harvard Business Review,* May-June 1973, p.126.

　収益、業務基盤の低下傾向は、アメリカの資本輸出規制の歴史と撤廃の影響を考察する場合にも相互の関連性を無視することができない。米銀のヨーロッパ進出は1914年にはじまり、当初は運営の重点を政府機関、旅行関係のサービスにおいていたが、米銀のヨーロッパ進出が本格化を示したのは同じく対外直接投資規制の強化された68年以降のことであった。[注36] 米銀のロンドン進出の目的は伝統的な貿易金融やインター・バンク市場における短期資金の取引に止まらず、アメリカの金融梗塞時に資金を回金して本国における融資能力の拡大をはかることにあったことは既述のごとくであるが、それの主たる目的はアメリカにおける資本輸出規制の導入・強化とともに、アメリカ系多国籍企業の資金需要を充足するには自らもヨーロッパに進出することが必要とされたからにほかならない。ちなみにイングランド銀行の許可した外銀のロンドン支店は64年末の149から72年末には212に増大したが、73年1月末には米銀だけでも34の進出を数えるに至った。米銀の活動は多国籍企業のグローバルな戦略に対応して国際銀行化の過程を辿るとともに、周辺業務に対しても活溌な進出を示したが、プロジェクトの長期・大型化に伴う大量の資金調達やリスクの分散あるいは情報の蒐集などの必要

に対応して、多国籍銀行の設立やシンジケート融資団の組成にものり出すことになった。

ちなみに1964年にイギリス、カナダ、オーストラリアの市中銀行によって結成された Midland and International Bank Ltd. を先駆として67年以降その数を増した多国籍銀行は、72年末現在で17行がイングランド銀行の許可を取得するに至ったが、その後世界各地の衛星的な金融市場に簇生した多国籍銀行の数を含めると73年末現在では100行をこえたものと観測されている。
注37

第18表 米銀の対外融資の構成

(単位：10億ドル)

	1969.9.30	1971.9.30	1973.9.30
本 店	12.3	15.3	24.1
海外店	29.4	55.4	106.3
合 計	42.4	70.7	133.4
海外店の比率	69.3%	78.4%	79.7%

出所：A. F. Brimmer, *op.cit.*, p.6.

その結果米銀のグローバルな経営戦略の中で米銀海外支店の演ずる役割も急速にウェイトを高めることになったが、その一例として1973年9月末における米銀の対外融資に占める海外支店の比重は79.7％の高率に達した（第18表）。しかしながらその反面で注目に値することは、このような米銀海外支店の活動が総体として拡大の過程を辿るなかで、ロンドン支店のウェイトが対蹠的に低下の傾向を示してきたことであり、69年9月末には米銀海外支店の総資金のうち7割近くを占めていたロンドンの比重は、73年9月末には5割近くまで低下することになった（第19表）。米銀の内部におけるロンドン支店の地盤沈下は同時にロンドンの対外金融取引面における米銀の支配的な地位を転落させることになり、国籍別では依然として首位の座を保ってはいるものの、69年末現在で市場取引の54％を占めていた米銀のシェアーは73年の9月末には40％まで低下した。
注38
このような現象は第19表にも明らかなごとく米銀のナッソー、ケイマン両支店における資金量の拡大によって招来されたものであって、73年9月末現在におけるこれら両店の規模は米銀の全海外支店総資金量の19.3％を占め、ロンドンを除く米銀ヨーロッパ支店の総資金にほぼ匹敵するに至ったが、この事実は Tax Haven の活用によってロンドンの営業基盤が急激に蚕食されたことを物語るものといえる。

連邦準備制度が米銀の Tax Haven への進出をみとめたのは1969年初頭のことであって、米銀のナッソー進出は73年末現在で17行に達したが、その後における受入環境の変化から7行がケイマンに移動したため、73年末のケイマン

第19表　米銀海外支店総資金量の地域別構成

(単位：百万ドル)

		1969.9.30		1971.9.30		1973.9.30		伸び率 (1969—73)
		金額	構成比	金額	構成比	金額	構成比	
ヨーロッパ	イギリス	20,131	67.3	32,582	58.7	55,686	50.9	176.5
	その他	5,419	18.1	11,918	21.5	21,627	19.8	299.1
	小計	25,556	85.4	44,500	80.2	77,313	70.7	202.5
アジア・太平洋	香港・星港	—	—	694	1.2	2,756	2.5	—
	その他	—	—	3,582	6.4	6,914	6.3	—
	小計	2,242	7.5	4,276	7.6	9,670	8.8	331.3
南米・カリブ海	ナッソー・ケイマン	—	—	6,193	11.2	21,059	19.3	—
	その他	—	—	574	1.0	1,286	1.2	—
	小計	2,125	7.1	6,767	12.2	22,345	20.5	905.2
合計		29,923	100.0	55,541	100.0	109,330	100.0	265.4

出所：A. F. Brimmer, *op. cit.*, Table 2.

支店は新設を含めて27行にのぼった。連邦準備制度の本来の意図は、アメリカの中小銀行に対してユーロ・ダラー市場への接近の途を開くことにあったが、その後に進出した大銀行は節税や本国に対する資金供給のパイプとしてこれを活用し始めた。そこで73年の半ば頃には資本輸出規制を遁脱するものとして Tax Haven に対する規制の動きが連邦準備制度のなかにもみられたが、アメリカの資本輸出規制の撤廃とともに中小米銀の Tax Haven 支店はここに本来の目的を喪失し、上述のように相対的な地盤の沈下と収益の低下を免れなかった米銀のロンドン支店も同じく新しい事態への対応を迫られることになったのである。

7　資本輸出規制撤廃の背景

戦後のアメリカ資本輸出を特徴付ける直接投資主導型の投資形態が、内容的に旧来の資源確保型の投資から製造業中心のパターンに変形したことは、58年以降におけるアメリカ直接投資の地域的な分布がヨーロッパへと急速に収斂されていったことに照応するものであった（第20表）。シュレベールによればアメリカの企業にとって共同市場は新しく出現した西部であり、ニュー・フロンティアにほかならなかったが、アメリカの企業進出はドゴールに代表されるヨーロッパの反発を招いたのみでなく、ヨーロッパに対する資本流出の形で金交換の圧力と化し、ドルの信認を直接的に脅すことになった。このような国際収支面の緊張は

第20表 アメリカの直接投資残高・業種別・主要地域別内訳　（単位：百万ドル）

年度	帳簿価格	業種別				地域別			
		鉱業	石油	製造業	その他	カナダ	イギリス	EEC	南米
1965	49,474	3,931	15,298	19,339	10,906	15,318	5,123	6,304	10,886
1966	54,799	4,365	16,222	22,078	12,134	17,017	5,679	7,587	11,498
1967	59,491	4,876	17,399	24,172	13,044	18,102	6,113	8,444	12,049
1968	64,983	5,435	18,887	26,414	14,248	19,535	6,694	9,012	13,101
1969	71,033	5,676	19,882	29,527	15,948	21,127	7,190	10,255	13,858
1970	78,178	6,168	21,714	32,261	18,035	22,790	7,996	11,774	14,760
1971	86,198	6,685	24,152	35,632	19,728	24,105	9,007	13,605	15,789
1972	94,031	7,131	26,399	39,478	21,024	25,784	9,509	15,745	16,644

出所：U.S. Dept. of Commerce, *Overseas Business Reports,* Dec. 1973, pp.24-25.

失業の克服を第一義的な目的とする国内の成長政策とも矛盾することになり、アメリカとしても資本輸出規制の導入にふみ切らざるをえなくなったことは既述のごとくである。

　しかしながら豊かな資本とすぐれた生産・販売の技術に創意的な経営管理技法をかねそなえたアメリカのマンモス企業にとって、国境をこえる生産、販売体制の確立と展開は資本に内在する定言的な命題とも称すべきものであった。それだけでなくシュレベールの言葉を再び引用するならば「ある国が政治的にも経済的にも強大な場合、その国が第三国に進出して直接投資、つまり企業支配をもくろむのは歴史の法則」[注41]であった。従って資本の自由移動に対するアメリカ人の信奉は個別企業の論理であったのみでなく、アメリカの政治構造にビルドインされた先験的な基本原理であったとみることもできよう。資本輸出規制はそのようなみでアメリカ的基本原則に対する重大な背理であり、たとえそれが必要やむをえない場合においてもそれは緊急避難的な暫定措置としてのみ是認さるべきものであった。

　既述のように最初に資本輸出規制を導入したケネデイが、統制は自由市場の基本原則に反するとのべながら金利平衡税を導入した所以のものは、それが一時的な時限立法であっただけでなく、税制面から金利較差を平衡化することによって市場メカニズムを尊重しつつ、資本の自由移動原則と国内均衡政策の調和をはかりうると期待したからにほかならない。

　しかしながら、このような基本姿勢はその後の過程で次第に実質的な修正を迫られていくが、直接規制を導入したジョンソンにしても「自主的」というレトリックでこの重大な修正を粉飾し、1968年の法的規制の導入にあたってもそれが

第5章　アメリカ資本輸出規制の終焉　　193

「一時的」なものであることを強調せざるをえなかったことは、アメリカの伝統的な基本原則に対する追従と配慮を示すものであった。ちなみに68年の『ドル防衛白書』は次のようにのべている。「事情がゆるす限りすみやかな撤廃に重点をおいている。……アメリカ国際収支ポジションが改善するにつれ、過度の資本輸出が突然に発生しないかという懸念なしに規制策を漸進的に緩和することが可能であろう」。これと類似の表現はウィリアムズ報告においても、あるいはのちのシュルツ声明にも見出しうるが、その間に相違があったとするならば、ドルの危機が深刻化していく過程でそれが単なる希望的な観測に過ぎなかったか、あるいはドルのポジションが改善されるにつれてそのタイム・テーブルがより現実味を帯びたものであったかだけのことに過ぎなかった。

　古典的なレッセ・フェールの信奉者であるニクソンにとって、資本輸出規制の撤廃は選挙公約の一つであったが、ニクソンの新経済政策に大きな影響を与えたといわれるウィリアムズ報告は次のような勧告を行った。「資本規制はアメリカの利益にならず、その効果は失われてきていると当委員会は考える。それ故当委員会は次のように勧告したのである——これから3—5年にかけて徐々に廃止されさらにこの措置が資本が多量に流出しないような方法で行われること」。

　しかしながらニクソンが公約の実現にあたって新たな障害として見いだしたものは、それまでの対外的な要因のほかに生産と雇傭を輸出するものとして多国籍企業のビヘービヤーに挑戦的な態度を示す労働組合とこれに便乗する保護主義の台頭であった。資本輸出規制の撤廃に対する労組の対決姿勢は、上掲のウィリアムズ報告の中にも少数意見の形で表明されていたが、これを一層先鋭な形で展開したのは1971年の9月アメリカの議会に提出された「バーク・ハートケ法案」（1972年外国貿易投資法案）であった。そこにはアメリカ系多国籍企業の子会社収益に対する課税の強化や海外所得に係る税額控除の撤廃などのほか、雇傭を維持する観点から対外投資を規制する権限を大統領に付与しようとする提案までが含まれていた。このような国内事情との関連でみると、金・ドル等価交換性の偶像を自らの手で破壊した71年8月のニクソン・ショックやさらに73年2月の10％ドル切下げの舞台裏では、一見アメリカの国際収支改善の目的に齟齬する資本自由化の要請がわが国に対して執拗にくり返されたことからも明らかなごとく、そこには国内の保護主義を慰撫しながら、多国籍企業の論理を貫徹するための内外の条件を作り上げようとする意図が、同時に秘められていたように思われるのである。そのような個人的な揣摩憶測はさておくとしても、10％ドル切

下げの直後に74年末を目標とするアメリカ資本輸出規制の段階的な撤廃計画がシュルツ財務長官によって発表されたことは、この規制が本来的にドルの切下げを回避するための弥縫策であった限りにおいて、あるいはまた上述のようなニクソンの個人的な志向やドルの切下げの後における保護主義的な動きの鎮静化からみても当然の帰結であった。しかしながら共同フロートの脆弱性とEC通貨のフロート・アップを危惧するEC諸国にとって、ドルの国際収支節度のシンボルとも称すべきアメリカ資本輸出規制の撤廃はにわかに首肯し難いものであった。従って3月16日のECおよびG10（Group of Ten）合同の蔵相会議コミュニケにおいて、アメリカ資本輸出規制の段階的な撤廃の計画が、「同国の国際収支ポジションの大幅改善に時期的に一致するよう意図されたもの」であり、撤廃までの過渡期間中にとられる措置が「為替市場の状況および国際収支基調に妥当な配慮を払いつつ実施されるであろう」ことを強調したことは、EC諸国の要請に応えたものと伝えられる。10％ドル切下げ以後も波状的に襲いかかる通貨不安の中でIMFの固定相場制度は名実ともに崩壊し、世界的総フロート時代を迎えることになったが、ウオーターゲート事件やマルクをめぐる緊張の中でドル不安が増幅された過程において、資本輸出規制の撤廃は事実上問題とはなりえなかった。しかしながら、73年7月のスワップ枠の拡大や欧米間における金利較差の調整、あるいはアメリカ貿易収支の改善などを背景として73年の夏場以降ドルは復調を示し、秋口における共同フロートのミニ危機にもかかわらずドルが相対的な安定を持続するにつれて、73年のIMF総会の直後には第一弾の規制緩和を予想する観測も流れはじめたが、規制緩和計画の具体化を迫ったのは周知のごとくに石油危機の発生であり、石油自給面の優位性を背景に73年の11月以降ドルが急激な上昇をみせるに至ったためである。第21表にも明らかなように、もともと各国の石油自給度と為替相場の騰落の間には合理的に算定できるような相関性をみとめ難いが、それは反面的にフロートの内蔵する心理的な増幅作用によってドルが過大に評価される結果となったことを示すものである。このようなドルの過大評価は累次のドル切下げ効果を減殺し、アメリカの国際競争力を再び低下させることが懸念されるとともに、一方のヨーロッパ諸国にとっても輸入インフレを加速化させることによってインフレとの闘いを一層困難なものにすることが危惧されるに至った。そのような状況の中で73年12月7日付のロンドン・タイムズは、アメリカのシュルツ財務長官と西ドイツのシュミット蔵相がドルとマルクの相場関係を安定させるとともに、そのための方法としてアメリカの資本輸出規

第5章　アメリカ資本輸出規制の終焉　　　　　　　　　　195

制の撤廃と西ドイツの資本流入規制の緩和をシンクロナイズさせる点で合意に到達した事実を報道したが、それに先立つ12月の5日、バーンズ連邦準備制度理事会議長は「近く段階的に規制を撤廃するが、他国においても同じく資本流入規制の撤廃がありうるであろう」[注46]と議会で証言を行っていたのである。そして12月26日アメリカは遂に資本輸出規制の緩和に踏み切り、金利平衡税の実効税率を0.75％から0.25％に引き下げるとともに、民間企業の対外直接投資規制と金融機関のガイド・ラインについても緩和策を実施したが、特記すべきことは、民間企業の対外直接投資については本国に対する投資収益の送金を免除するとともに、残高の20％を限度として既存の債務についても返済をみとめるに至ったことであった。[注47]

　さらにアメリカの議会では、1974年の1月9日ロイス国際経済小委員会が規制撤廃計画の速やかな実行を政府に勧告したが[注48]、74年1月29日大方の予想を裏切って6月末の期限満了をまたずに金利平衡税をはじめとする一連の資本輸出規制に突然終止符がうたれることになったのは、OPEC諸国による原油価格の値上げに伴う国際環境の悪化に対処することが主眼であった。1月の上中旬にかけて急騰を示したドルが74年2月のドル切下げ直前の水準まで接近する一方、主要石油消費国の国際収支が一段と不透明の度を加える状況のなかで開催された1月18日の20カ国委員会蔵相会議は、懸念される為替切下げ競争の自制などについて申し合せを行った。しかしながらそれも束の間、翌1月19日にフランスが共同フロートからの離脱を決定したことは、30年代における近隣窮乏化政策の再来を想わせるものとして各国に衝撃を与えることになった。その直後にフランスも自らフランの買支えを行ったが、事態の悪化にそなえて1月26日にはニューヨーク連銀が市場に介入し、かねてより論議をよんでいたフロートのルール作りについての検討も一段と緊急の度を加えるに至った。また1月23日にはBISに対してもSDRの保有がみとめられるなど流動性対策がすすめられる一方、EC内部における金問題の検討も急速にクローズ・アップされることになった。アメリカの資本輸出規制の撤廃もこのような一連の動きにつらなるものであり、これに対応して日本、ヨーロッパの主要国も相次いで資本流入規制の緩和に踏み切ることになった。アメリカの資本輸出規制撤廃の狙いは、その第一がドルの過大評価の防止であり、第二がアメリカの資本輸出によって主要国の国際収支を補填するためであったことは申すまでもないが、第三の目的は上述の理由とは一見矛盾するようであるが、石油の値上げに伴って同じく貿易収支の赤字への転

第21表　アラブの石油カットと

	主要国のアラブ石油依存度（％）					主要国の
	一次エネルギーに占める石油のウェイト ※1	石油消費に占める輸入原油のウェイト ※2	石油輸入に占めるアラブ諸国のウェイト ※3	一次エネルギーに占めるアラブ原油のウェイト(A)		スミソニアン・セントラル・レート（米セント）
イタリア	79.1	98.0	86.3 ('72)	66.9	Lit Com Fin	0.171969
フランス	70.5	97.3	79.3 ('72)	54.4	Fr.Fr.Com Fin	19.5477
オランダ(注)	58.4	100.0 (推定)	71.9 ('73 1/4)	42.0	D.GL	30.8195
西ドイツ	58.2	76.2	74.6 ('73 1/6)	33.1	DM	31.0318
イギリス	51.8	91.7	63.0 ('73 1/7)	29.9	£	260.57
ベルギー	63.7	70.0 (推定)	59.0 ('72)	26.3	Be.Fr.Com Fin	2.2316
アメリカ	46.1	9.0	28.4 ('73.9)	1.2		
カナダ	51.8	0	19.8 ('72)	0	Ca. $	92.5
日　本	76.4	89.4	43.2 ('73.8)	29.5	¥	0.3247

注：PIW（'73.10.29）によるとオランダの原油輸出入実績は次のとおり
　　　　　輸入量合計　2,600千B/D　(100％)
　　　　　内　需　　　　600　　　　(23.1％)
　　　　　原油再輸出　1,200　　　　(46.8％)
　　　　　製品輸出　　　800　　　　(30.1％)

落が予想されるアメリカ自身としても、国際収支対策上規制の撤廃によってオイル・ダラーの吸収を必要としたとみることが可能である。規制撤廃の直後シュルツ財務長官が「この規制の撤廃の目的は、単にアメリカの対外投資を促進するだけでなく、同時にアメリカに対する投資を促すことにある」と語ったことは、アメリカの資本輸出規制撤廃の真意が那辺にあったかを端的に示すものである。[注49]

8　ユーロ市場の将来性

　ユーロ・ダラー市場の形成と発展は、アメリカの国際収支の赤字と1958年の

第5章　アメリカ資本輸出規制の終焉

為替相場の変動との相関性

為替相場動向				アラブの石油 cut と為替相場変動との相関性	
中東勃発直前（10/5）※4	1974.1.3 ※4	対ドル変動率			相関率（B/A %）
		スミソニアン比	10/5比 (B)		
0.176987	0.161500	− 6.09	− 8.75	イタリア	13.08
0.168425	0.158500	− 7.83	− 5.89		8.80
23.55	20.7700	6.25	− 11.80	フランス	21.69
23.08	20.1700	3.18	− 12.61		23.18
39.9000	34.9000	13.24	− 12.53	オランダ	29.83
41.41	36.0700	16.24	− 12.90	西ドイツ	38.97
241.38	228.55	− 12.29	− 5.32	イギリス	17.79
2.7060	2.3862	6.93	− 11.82	ベルギー	44.94
2.7150	2.3850	6.87	− 12.15		46.20
99.33	100.83	9.01	1.51	カナダ	0
0.3759 1/4	0.3552 1/2	9.41	− 5.50	日　本	18.64

資　料
※1　石油連盟資料　原資料—BP 統計集。
※2　太陽神戸銀行月報　原資料—OECD, *Oil Statistics,* etc.
※3　石油連盟資料。
※4　ロイター、ニューヨーク市場売相場。

西欧主要諸国における交換性の回復という基本的な要因のほかに、いくつかの制度的な制約によって規定されてきたものであり、アメリカの外国人財産管理法や57年に強化されたイギリス為替管理法とともに忘れることの出来ない第三の要因はアメリカの連邦準備制度理事会が定める Regulation Q の存在であった。しかしながらこの規制は62年に外国公的機関の預金に対して適用が免除されたのをはじめ、70年および73年の改正によって期間30日以上の大口 CD についても適用が停止されることになり、その結果は73年における米銀のユーロ・ダラー取入れの状況からも明らかなように、ユーロ・ダラー市場に対する影響力を急速に低下させることになった。第四の制度的要因はアメリカの資本輸出規制であ

り、それがユーロ・ボンドとユーロ・クレジットの発展に起爆剤的な役割を演じたことは既述のごとくであるが、それなるが故にこの規制の撤廃に伴う影響はとりわけ注目に値するところである。それのみでなく Regulation Q の停止に伴う影響はいずれかといえば短期のユーロ・ダラー市場に対するものであったが、資本輸出規制撤廃の影響は長・短期のユーロ金融市場に止まらず、ユーロ資本市場にも跨ることが予想されるのである。一例としてアメリカ系多国籍企業のボンド代り金はユーロ・ダラー預金に滞留することによって、ユーロ資本市場とユーロ金融市場を連動し、第43次国際決済銀行年次報告書も指摘するように、72年のユーロ・ダラー市場を供給面から拡大させる一大要因となったが、それはさらにユーロ・クレジットの原資を構成することによって、長・短金融を結節させるパイプの役割をも果している。従ってアメリカの資本輸出規制の撤廃とともに、アメリカの多国籍企業や手続面で特恵的な待遇を与えられた外国の政府・公共企業体がニューヨーク市場にシフトするような場合、G・ベルの指摘するようにユーロ・ダラー市場はニューヨークの限界的な第二部市場と化し、香港・シンガポールなどと同じく地域的な偏倚性を強めることにもなりかねない（ユーロ市場の将来性等に関する下記の見通しは本稿執筆時点のものである）。

　しかしながら、当面は短期のユーロ・ダラー市場には依然として比較優位を保持し続けるだけの余地が残されているのみでなく、一頃懸念されたようなアメリカ系多国籍企業の期限前決済や外国企業のニューヨーク起債にもある種の限界が予想されるのである。仮にアメリカの資本輸出規制の撤廃が、程度の差こそあれユーロ・ダラー市場の将来にマイナスの影響を与える可能性があることは何人も否定しえないところであるとしても、その反面において供給面ではオイル・ダラーの流入が日程にのぼるとともに、需要面でも石油消費国の国際収支補填の動きに加えて、資源開発に伴う潜在需要が天文学的な規模に達するものと予想されるなど、新しい状況が形成されつつあることも考慮すべきである。アメリカの資本輸出規制の撤廃とともに今後は一段と金利・為替裁定の余地が拡大され、世界的な統一市場の形成がおしすすめられることになるであろうが、ユーロ市場は幾度か危機を克服してきた過去の歴史が示すように、アメリカの資本輸出規制の撤廃に伴う失地を回復すべく、さらに新しい可能性の開拓に向ってチャレンジしていくことになるものと思われる。

　それではアメリカの資本・金融市場の特殊性にも触れながら、現段階において予想されるニューヨークとユーロ市場の今後における競合と共存の可能性につ

第 5 章　アメリカ資本輸出規制の終焉　　199

いて若干の展望を試みることとするが、手初めに資本市場面の考察を行うに当って両市場における一流銘柄の起債条件を比較してみることにしよう。第 22 表は 1974 年 2 月中旬の時点におけるものであって、可変的な金利部分についてはこれを除外して考えることが必要であるが、アメリカの市場条件は単位当りの金額も大きく、期間、発行コストの点においてもはるかに卓越している。それのみでなくニューヨークの市場機能は高度にソフィストケートされ、第二市場の発達は他の比肩を許さないだけでなく、市場の規模自体も極めて広範である。ちなみに Euromoney 誌が伝えるところによれば、ニューヨーク市場における 72 年の起債実績は民間の公募債が 340 億ドル、私募債が 120 億ドルに達したほか、アメリカ政府機関の起債は 530 億ドルにも達している。[注52]このように大規模かつ効率的な市場の門戸が解放されるに伴って、やむなくユーロ・ボンド市場に資金調達の場を求めていたアメリカの一流多国籍企業や一部の外国政府、公共企業体がニューヨーク市場に復帰の機会をうかがうに至るであろうことは、歴史的な経緯を顧みるまでもなく必然のごとくに思われるが、外国民間企業のニューヨーク資本市場への新規参入には現状においていくつかの制度的な制約が加えられている。その第一は証券取引に関するアメリカの連邦および州政府の規制であり、とくに問題とされるのは 1933 年の有価証券法によって投資家保護の観点から起債者の業務と財務に関して、ディスクロージャーの原則が規定されていることである。その手続には登録の申請から発効まで 20 日間程度を必要とするだけでなく、財務諸表はアメリカの会計方式に準拠し、かつ独立した会計士の手によって連結決算の形で作成されなければならないのである。しかしながら、メリルリンチ社の Urcinoli 会長は、ディスクロージャー原則の煩雑さは多分に誇張されたものであり、アメリカ特有の会計処理は棚卸資産の評価や固定資産の償却方法など数項目に過ぎないことを指摘するとともに、職員報酬の公開原則は外国企業に適用されていないことを強調している。筆者が個人的に本邦証券業界の実務家に感触を訊したところでも、アメリカのディスクロージャー原則はわが国の有価証券報告書の作成よりも簡便であるとのことであり、絶対的な制約ともみなし難いが、アメリカの証券取引委員会が外国の企業に対してどの程度まで緩和的な措置を講ずるか、今後の動きが注目されるところである。

　それに関連して Ray Garrett SEC 委員長は最近ロンドンにおいて「SEC としてもアメリカの資本市場で資金の調達をはかる外国の企業に対して便宜をはかりたいが、投資家保護の見地から現行の規則を大幅に譲歩するつもりはない」との

第22表 アメリカ市場とユーロ・ボンド市場における一流銘柄起債条件の比較

(1974年2月15日現在)

		金額 (100万)	ドル相当額 (100万ドル)	期間	金利	発行 価格	満期まで の利回%	発行 コスト	起債 コスト
アメリカ長期債	公募	US $100	100	25	8 1/2	100	8.50	1 1/4%+ $150,000	8.64
	私募	US $50	50	20	8 3/4	100	8.75	3/4%+ $50,000	8.85
ユーロ・ボンド市場	ドル建 長期債	US $40	40	15	8 5/8	99 1/2	8.51	2 1/2%+ $150,000	8.85
	ドル建 中期債	US $30	30	7	8 1/4	98 1/2	8.37	2 1/4%+ $150,000	8.90
	ドル建 転換社債	US $45	45	15	4 3/4 ※	100	4.69	2 1/2%+ $150,000	4.92
	マルク建 長期債	DM100	36.7	15	9	98 1/2	8.99	3%+ $150,000	9.40
	マルク建 中期債	DM50	18.4	7	9 1/2	100	9.28	2%+ $20,000	9.69

注：※ 転換プレミアムは10―12%。
出所：*Euromoney,* Mar. 1974, p.73.

べ、依然として「外国企業の報告基準についてはアメリカの企業と同列に扱う」との方針を明らかにしている。[注53]

　第二の障壁は1934年の有価証券法が同じく投資家保護の見地から、流通市場にもディスクロージャーの原則を適用していることであり、証券の発行者は最近の財務状況をはじめとする重要な事項について定期的に報告することを義務付けられている。

　第三は社債の格付け機関が従来カナダを除く外国企業の格付けに応じなかったため、機関投資家がこの種の債券の購入を手控えていたことである。しかしながら *Euromoney* 誌（1974年3月号）によれば最近格付け機関が外国債の格付けにも応ずることを決定したとのことであり、事態は今後次第に改善されることが期待されるものの、知名度の低い外国の企業は同一ランクのアメリカの企業に比して依然としてハンディを免れないであろう。

　第四は州のInsurance Commissionによって生命保険会社の外国証券取得に限度が設けられていることである（ニューヨーク州の場合は資産の1％）。

第5章　アメリカ資本輸出規制の終焉

　以上のような制度的諸制約をさけるには一つの方法として私募債方式をあげることができるが、この方式は登録費用の節減など起債者にとっては利点があるとしても事前の根廻しを含む幹事会社の負担が大きく、起債額も消化面の制約から相対的に小規模とならざるをえないであろう。このような点でユーロ・ボンド市場には外国の民間企業を主体とする第二部市場として、なお存続の余地が残されているものと考えられるとともに、最大の焦点と目されるアメリカ系多国籍企業のニューヨーク資本市場へのシフトも、1974年2月7日付のフィナンシャル・タイムズによれば20億ドルを若干上回る程度と予測されており、しかもその推定自体も第14、15表の既往実績からみると余裕含みの数字とも思われるのである。
注54

　次にユーロ金融市場に対する規制撤廃の影響を検討することにするが、これをもっとも衝撃的にうけとめたのは、ほかならぬ米銀のロンドン支店であった。6節でもふれたように米銀のロンドン支店は、米銀内部における戦略の変化と銀行間競争の激化を通じて、近年急速に業務基盤と収益の低下を免れなかったが、とりわけ後発米銀の後退には著しいものがあった。ちなみにこれら後発米銀の1972年における収益率は、連邦準備制度加盟銀行の国内収益率（0.8％）はおろか、ナッソー支店の0.64％をも下回り、既にロンドン進出の基盤を喪失しつつあったとみることができよう。それのみでなく Brimmer 報告によると国際銀行的な
注55
基盤を欠く中小米銀の中には Shell Branch の閉鎖を考慮している例が少なくないが、既述のような Shell Branch 創設の経緯からみてもそれは資本輸出規制の撤廃とともにその本来の目的が失われるであろうことを示唆するものといえよう。これに対して74年2月13日付の *Journal of Commerce* 紙によるとイギリス、西ドイツにおいて小売銀行的な業務を兼営する大手の米銀は、規制の撤廃にもかかわらず依然として強気であると伝えられるが、大手の米銀といえども卸売中心の銀行の中には、最大の顧客であるアメリカ系多国籍企業の動向次第で、業務の本国への移転を予想する向きが少なくなかったのである。果してユーロ金融市場に危惧されたほどの変革が起りうるか否か、その判定は今後における事態の推移に委ねざるをえないとしても、まずユーロ金融市場の需要面を大きく支えてきたアメリカ系多国籍企業の動きについて観察することにしよう。

　アメリカ系多国籍企業の外部負債残高は、さきにもふれたように1970年末で113億ドル、72年末で150—160億ドルと推定されており、そのうちで銀行借入れによるものは70年末で49億ドルに達している。短期の借入れは70年末

現在で23億ドルであったが、72年末では25億ドル前後と推定されており、さしあたり借入のシフトが予想されるのはこの短期借入れの部分である。Morgan Guranty Trust Co. は借入シフトの予想される金額を上述の短期借入に相当する25億ドル程度とみているが、First National City Bank はより楽観的であって、借入残高の20％は愚か短期借入中のものについても急激な期限前返済の可能性はないものと観測している。[注56] このような観測の数字的な裏付けは必ずしも明らかではないが、多国籍企業の戦略としても一段と自由化された金利・為替の裁定や通貨リスクのヘッジをはかるためには、ユーロ金融市場と絶縁するよりもこれを補完的に活用し続ける方が望ましい対応といえるのではあるまいか。連邦準備制度のRegulation DとMの存在（国内の預金および海外からの取入れ資金に対してそれぞれ8％の準備率を賦課）は、アメリカの銀行における資金コストを高めると同時にそれが顧客に転稼される可能性を含んでおり、74年3月25日付のロンドン・タイムズによると対外投資を計画するアメリカの企業はアメリカの銀行を敬遠し、ために数億ドルの案件が米国外の銀行によってハイジャックされたと報じている。加えてアメリカにおける銀行借入には、10―20％におよぶコンペ預金が慣例とされることも急激なシフトを抑制する実体的な要因の一つと考えられるが、コンペ預金についてはSECからディスクロージャーを要求されるだけでなく顧客の拒絶反能が強いので、将来はウェイトが低くなると予想する向きもある。[注57]

その反面において今後の為替・金利動向によっては外国の民間企業がユーロ市場からニューヨークの銀行借入れに転換することも予想されるが、その場合には貸出制限（1社当りの貸出は融資銀行の資本金プラス剰余金の10％以内）が適用されることになり、外銀規制法案の成り行きによっては在米外銀にもこれが適用される可能性がないとはいえない状況である。

このようにしてみるとユーロ金融市場からニューヨークへのシフトにはある程度の限界が予想されるが、その反面においては既にふれたようないくつかの新しい需要要因を指摘することができるのである。その第一は政府・公共企業体のユーロ・ダラー借款であり、1974年3月15日付の *International Report* 誌によれば74年における政府、公的機関の取入れ額は200億ドルをこえるものと予想されている。[注58] 74年2月の石油消費国会議でアメリカの財務長官はユーロ・ダラー借入れの倫理を説き、OECDの東京会議でも借入順位の設定が討議されたと伝えられるが、74年度のユーロ・クレジット市場は昨年に倍する400億ドル程

度の規模に達するとの観測がなされるなど需要の不足を嘆くどころか、むしろ借入れのラッシュに伴う金利の高騰や、発展途上国に対するアベーラビィリティの不足をいかにして調整するかが問題とされているのである。

　このような政府借款に加えて、今後の資源開発に必要とされる潜在的な資金需要は天文学的な規模に達するものと予想されている。1974年3月4日付のフィナンシャル・タイムズによると、天然ガスの海上輸送設備だけでもここ2—3年間で400億ドル前後に達するものといわれるが、その他北海の石油開発に150億ドル、北米のパイプ・ライン建設に160億ドルが必要とされ、さらに原子力発電所の建設費も1990年までには120億ドルをこえるものと観測されている。これらの大量かつ長期の資金需要に対応するには担保、財務比率などについての伝統的な銀行貸付基準の再検討や新しい危険負担原理の探究などが必要とされるが、米銀筋は石油開発の専門家をはじめ多彩な技術陣を擁して新分野の開拓に満を持しているとも伝えられる。

　一方、ユーロ・ダラー市場の供給面に目を転ずると、アメリカのRegulation Qは依然として30日未満の預金に対する付利を禁止しているため、ユーロ・ダラー市場は今後ともこの種の短期資金を吸収するマグネットとして機能し続けるものと思われる。[注59] また既にふれたようなアメリカのRegulation DおよびMによってアメリカの預金コストはそれだけ実質的に高められることになるので、ユーロ・ダラー預金は相対的に有利な金利を提供することが依然として可能であろう。しかしながらユーロ・ダラーの優位性を脅かすいくつかの動きがみられることも同時に注目を要するところであり、その第一は73年にアメリカの議会に提出された73年金融制度法案であって、5年以内を目標として預金金利の上限規制の撤廃やユーロ・ダラーの取入準備率の免除などが企図されていることである。第二は非居住者に対する利子、配当の支払いについて源泉徴収税の適用を免除しようとする動きが同じくアメリカでみられることである。第三はヨーロッパ・サイドにおいてもユーロ・ダラー預金に対する準備率の設定や統一銀行法の制定などが懸案となっていることであり、いずれも近い将来には実施が困難とみられるものの、その動きは依然として注目を必要とする。

　ユーロ・ダラー市場の将来にとってマイナスの材料となるこれらの問題は、いずれも将来の政策課題に過ぎないが、その反面においてユーロ・ダラー市場の飛躍的な拡大を期待させているものは、いわずと知れたオイル・ダラーの流入である。昨年には226億ドルを記録したといわれる中東産油国の石油収入は、1974

年3月5日付のウォール・ストリート・ジャーナル紙（*Wall Street Journal*）によると本年は850—1,000億ドルに達するものと観測され、世銀の見通しによれば、80年には世界の国際流動性4,000億ドルのうち、2,800億ドルをペルシア湾岸の5カ国が占めるものと予測されている。[注60] 将来の見通しについては諸説紛々として帰一するところがなく、また石油価格の軟化の傾向や工業製品輸入の増加などからこれら諸国の手取りが減少することはさけられないであろうが、オイル・ダラーが依然としてユーロ・ダラー市場の一大供給要因であることは否定できない。

中近東諸国のうちで最大の石油産出国として知られるサウジ・アラビアは預金の80%をチェースやモルガンのようなニューヨークの大銀行に預入し、クウェートなどの旧スターリング地域諸国も73年の6月末現在で12億ドルをイギリスの銀行に預金しているといわれるが、これらの諸国が保有するユーロ・カレンシーは約100億ポンド前後と推定されている。[注61] 74年のユーロ・ダラー市場への流入額は全く推測の域を脱しないが、上掲の *Wall Street Journal* 紙は400—500億ドルと推定しており、その規模の全貌を推しはかるにはBISの推計による72年のユーロ・カレンシーが910億ドル、ユーロ・ダラー市場の規模が700億ドルであったことと対比するだけで十分であろう。しかしながらここで注目されることは、政治的な配慮や資産運用技術の不馴れもあって、これまで短期の資産運用に関心をよせていたアラブ諸国の投資態度に変化がみられることである。1974年4月3日付のフィナンシャル・タイムズによれば本年もアラブ諸国の石油収入の6割は短期資産の運用に充てられるが、2割程度は域内の経済開発に向けられるものと観測されている。インフレと通貨不安の定着した状況の中で、アラブ諸国が実質的な価値の保証を欠く金融資産から実物資産へと資金の運用を転換するのは、理の当然というべきであろう。しかしながら特筆に値することは、アラブ諸国が単に不動産や金などの遊休資産の購入に止まらず、工業化への熱意を示しつつあることであり、一例としてフランスがイランとの間で石油の精製施設やパイプ・ラインの建設をはじめ、5基の原子力発電所の建設を含む10年間50億ドルの双務的な取決めを行ったことは、このような時流の変化を先取りしたものと評価することができるであろう。アラブを加えた最初のコンソシァム銀行である Banque Franco-Arabe d'Investissments Internationaux（パリ）を1969年に創設したのもフランスであったが、最近中近東地域に多国籍銀行が蝟集しつつある現象は、ユーロ・ダラー市場を媒介とする伝統的な資金の吸収方式

だけではオイル・ダラーの導入に限界があることを示唆するものである。そしてまたアメリカの資本輸出規制撤廃の直後、7億ドルのオイル・ダラーがアメリカに流入したと伝えられたことは、シュルツの期待通りに規制撤廃の影響がアメリカにより恩恵的に作用する可能性を示唆するとともに、ユーロ・ダラー市場の挑戦者としてのニューヨーク市場の復活を予科せしめるものがあった。しかしながらウォーターゲート事件の再燃や3月のアメリカ貿易収支の赤字転化などを嫌気して、ドルが再び全面安を示すような状況の下で、不動産投資以外にオイル・ダラーのニューヨーク還流のニュースが途絶えたことは、本格的な石油代金の回収期が到来しないためともいわれるが、一面においては資金の流れを窮極において決定する要因が構造的な市場条件のみでなく、局面的な金利、為替相場の動向や、政治、経済情勢などの投資環境そのものにほかならないことを物語るものである。

9 むすび

戦後のブレトン・ウッズ体制は経常取引の自由・無差別原則を加盟国に義務付ける反面、資本取引については管理の必要性をみとめ、国際資本移動の攪乱的な影響を遮断することによって多角的な固定相場体系の確立と安定をはかろうとした。アメリカの資本輸出規制はこのようなIMF理念のアメリカ的実践ともいうべきものであったが、基軸通貨国のアメリカにとって、ドル防衛は同時に国際通貨体制の防衛をいみするものであり、ドル防衛策とともにIMFの補強と改造の計画が形影の相伴うがごとくに展開されたのも故なしとはしないのである。しかしながらアメリカの国際通貨外交と国際収支戦略を貫く基本線は、金・ドル等価関係の維持と国内均衡優先の思想であり、背反する二つの原理が矛盾を露呈するにつれて、ケネディ以来の内外均衡共存の政策は弥縫に弥縫を重ねることになった。それの帰結は金の二重価格制の導入に伴う事実上のドル体制の形成であったが、それが単に金とドルの等価性を名目的に維持するためのフィクションであっただけでなく、アメリカの国内経済政策運営を国際収支面の制約から解放する防波堤の役割をになったことについては縷言を要しない。その路線はさらに71年8月の金交換停止とスミソニアンの合意へと延長されていくが、60年代の初頭にはじまる一連の弥縫的な政策展開の過程で、アメリカの対外ポジションは、短期借、長期貸の傾向を強め、ますます不健全な債権国としての特質を露呈するこ

とになった。ちなみに 1960―72 年の間にアメリカの直接投資は、2.7 倍の増加を示して 72 年末には対外総資産の 47％ を占めるに至ったが、それが既にふれたような EC 共同市場の形成や技術・賃銀面のギャップなどの理由だけでなく、ドルの過大評価によって加速化された側面もあることは改めて申すまでもない。一方の対外流動債務もアメリカにおける国際収支の慢性的な赤字と、とりわけビナイン・ネグレクト政策の結果、膨張を続けた過剰ドルの累積を反映して 1960―72 年の間に 4 倍近くの増加を示したが、とくに外国の公的機関に対する流動債務は、72 年末現在で負債総額の 39％ を占めるに到った。直接投資が投資資本の流出を通じて、あるいはアメリカの貿易との代替効果や投資受入国における輸出競争力のダイナミックな発展などを齎すことによって、流動負債の増加を加速化する要因となったことは一般の認めるところである。しかしながら、さらに考慮すべきことは、シドニー・ロルフが指摘するように、アメリカの直接投資の多くが規制を免れるために行った海外での借入が、アメリカから流出した短期資本によって賄われたことであり、アメリカの対外直接投資規制が無意識のうちにアメリカの国際収支基盤を堀りくずすことになったことは、歴史の狡智とも称すべきであろう。[注62]

このような矛盾を一層劇的な姿で展開したのは、1971 年 5 月のマルク・フロート直後にサムエルソンが指摘したような、アメリカの企業、銀行を主体とする通貨投機であった。「投機筋はだれだったのか。米国企業、銀行およびこれより比重は小さいが個人の米国人だった。……米国はその多国籍企業に対し強制的な資本輸出規制を加えてはいる。しかし 12 月 31 日およびその他の粉飾決算日にだけ対外投資を認められたワク内におさめているかぎり、企業はどんな通貨投機も自由にできる」のであった。[注63] このようにして資本輸出規制の網目をぬって増大したアメリカの直接投資は、ドル体制下で一層の激化を示した短期資本の移動を随伴しながら、ブレトン・ウッズ体制の固定相場制度を崩壊に導く原動力となったのである。

その後世界的な規模で導入されたフロートは、資本移動の抑制を本来的な目的の一つとするものであったが、多国籍企業の主人公にとって固定相場を人為的に維持するための「資本移動規制は為替相場の不安定にもまさる障害となっている。……市場の諸力によって決定される変動相場は完全なものとはいえないとしても、政府の行動によって規定されるものよりは遥に優れている」と評価された。[注64] しかもアメリカ議会のロイス国際経済小委員会が、資本移動を前提としなが

第5章　アメリカ資本輸出規制の終焉

第23表　アメリカの国際貸借残高　　　　　　　（単位：百万ドル）

年	1960	1970	1971	1972
非流動資産（イ）	66,158	149,865	164,586	180,932
うち直接投資	31,865	78,178	86,198	94,031
うち証券投資	9,558	19,597	21,704	24,893
うち金融機関の対外債権	3,074	7,185	7,965	9,436
流動資産（ロ）	19,359	16,899	16,128	18,353
資産合計（ハ）	85,577	166,764	180,714	199,285
非流動負債	19,830	50,681	55,252	65,719
うち直接投資	6,910	13,270	13,655	14,363
うち証券投資	9,951	25,567	30,055	38,560
流動負債・公的負債（ホ）	21,029	47,006	67,847	82,931
うち公的流動負債	11,888	20,623	47,610	57,330
負債合計（ヘ）	40,859	97,687	123,099	148,650
ネット・ポジション				
非流動性（イ）－（ニ）	46,328	99,184	109,334	115,213
流動性（ロ）－（ホ）	－1,670	－30,107	－51,719	－64,578
合計（ハ）－（ヘ）	44,658	69,077	57,615	50,635

出所：U. S. Dept. of Commerce, *Survey of Current Business,* Aug, 1973, p.21 より作成。

ら金融の独立性を回復し、輸入インフレの圧力を回避するためにはフロートの長期化が必要であるとのべ、フロート下で存在の意義を喪失した資本輸出規制の撤廃を勧告したことは、上述の思想が一業界人の個人的な意見に止まらなかったことを示すものである。はしなくも発生した石油危機は、モース報告の窮極の狙いとする固定相場制度への復帰の前提を破壊するとともにフロートの有効性を実証することになったが、それとともに石油消費国の国際収支不均衡に対処するには、これまで敵視してきた資本移動の自由化をも国際的に認知せざるをえなくなったのである。かくして国際決済のメカニズムは図式的にみると、固定相場制と資本移動管理のブレトン・ウッズ的フレーム・ワークから、フロートと資本移動自由化の組合せ方式へと転化したものとみることができるであろうが、各国における景気局面の相違や経済政策の不統一、あるいは昨年末で1,500億ドルに達したといわれるユーロ・カレンシー市場の存在などを考慮する場合には、時々の状況に従ってフロートと資本移動の管理を弾力的に併用せざるを得ないのが実情である。1973年3月以降のフロートが管理されたフロートであったことは今更言及するまでもないことであるが、石油危機の発生以来ドルの過小評価や為替切下げ競争の誘発などが危惧されるにつれて、流動性対策や資本移動の促進策とともにフロートのガイド・ラインの作りが20カ国委員会で鋭意検討されていることは、こ

れまた周知のごとくである。このようにして、資本移動を含めた新しい国際決済のルールを模索しつつあるのが世界の現状であるが、20カ国委員会案として伝えられるフロートのガイド・ラインには、IMFと予め協議して設定した Normal Zone を為替相場が逸脱したり、外貨準備が望しい水準をこえる場合に介入の義務を生ぜしめるなど、フランスがかねてより主張していた目標相場圏（Target Zone）制度、あるいはアメリカの主張する客観指標ないしはこれに類する思考の復活をそこにみることができるのである。その実効性は別としてもこのようなフローティングの新しい管理方式は、石油危機以来アメリカの潜在的な経済力が再認識され、決済通貨としてのドルの優位性が持続されたこととも相俟ってドル体制の再現を想わせるものがあり、74年3月23日付の *Business Week* は「アメリカが責任を負担せずに国際通貨制度の支配者たることを認めるものだ」[注65]とのある中銀関係者の不満を伝えている。アメリカの資本輸出規制の撤廃は、一方でアメリカの国際収支に対する悲観論を生み出すとともに規制の再導入を懸念させているが、反面ではアメリカの資本流出は愚か経常収支の赤字をも優に補填するようなオイル・ダラーの還流を期待する強気論をも台頭させている。いずれが正鵠をえた見方であるかはいずれ時が解決するであろうが、注目すべきことはオイル・ダラーの還流に対する強気論がドル体制の復活を示唆する見解に直結していることである。[注66]

しかしながら問題はキンドルバーガーの指摘するように「ドルは為替手段と計算単位として生き残るであろうが、それはもはや国際的ないみで価値の保蔵手段でも延払の価値基準でもない」[注67]ことであり、現状ではドルを含めて通貨からの全般的な逃避現象さえみられることを深く省みることが必要である。また、20カ国委員会の検討を通じて、暫定的に複合通貨単位への脱皮がはかられているSDRも複雑さの故に凋落を免れなかった「ユルコ」の運命を想起させるだけでなく、肝心のアラブ諸国が実物の価値以外には関心を示していないともいわれるだけに、金と絶縁されたSDRがどこまで国際的な支持をかちうるかは疑問といわざるをえないであろう。

こうしたいみで最も貴重な商品であるとともに最強の通貨でもある金の価格が、各国通貨の信認の低下する過程で独歩高を演じてきたことは、金が価値の保蔵手段として最大の信認をかちえていることを黙示するものといえるであろう。それのみでなく1974年4月24日のEC蔵相理事会が懸案の市場関連価格による域内金決済の復活を合意したことは、単にEC通貨統合の再建やEC諸国の国際収

支の補填にもたらす効果だけでなく、膠着状態にある国際通貨体制再建の前途に重大な波紋を投げかけるものである。アメリカがこれまでのように金廃貨の主張を固執し続けることは、ドルの地位を自らの手で貶斥するものであり、政府筋の反対にもかかわらずロイス米下院議員が EC の決定に歓迎の意を表明し、金廃貨の急先鋒ボルカー米財務次官が辞任したことなどは、アメリカの金政策の底流に変化が起りつつあることを示唆するものではあるまいか。問題は金の再評価と金決済の導入にアラブ諸国がいかなる反応を示すかということであるが、1974年3月23日付 *The Guardian* 紙[注68]は、IMF が一定の条件の下でアラブ諸国の投資に対して金価値保証をあたえる可能性を示唆するとともに、同年4月1日付の *American Banker* も産油国に対する金決済が EC の内部において問題とされていることを伝えている[注69]。金問題の展開にはなお予断を許し難いものがあるが、それは資本輸出規制の撤廃を契機とするオイル・ダラーの世界的な再配分とフロートのガイド・ラインによって、ドル本位制の復活と永続を夢みる一部の志向に対して厳しい対決を迫るものであり、今後の帰趨がとくに注目される所以である。

第 II 部 フロート下の国際通貨制度改革

第6章　ランブイエ通貨合意の体制論的考察
——ユニバーサル・アプローチの崩壊——

1　はじめに

　かねて予想されたごとくにキングストンの IMF 暫定委員会は、為替相場制度と金および増資の三大懸案事項について包括的な最終の合意に到達し、石油危機以来の Immediate Steps の仕上げを完了した。しかしながらキングストンの会議が人々の心に強く印象付けたものは、信用供与機能の自己目的的な肥大化であり、IMF の開発援助機関への変貌であった。確に通貨面においては IMF の監視機能が確認され、将来 Stable but Adjustable な平価制度へ復帰するための手続きも規定されたが、それは IMF の理念と現実のギャップを修飾するための法的な偽制にしか過ぎなかったのである。何となれば為替安定の実際の運営が、今後 IMF の手からランブイエで合意された先進主要国の協議体制に移譲されるであろうことは、火をみるよりも明らかであり、通貨面における IMF の存在は、依然として de jure なものに過ぎないように思われるからである。
　今にして思えば、異質的な加盟国の諸通貨をイコール・フッティングに並列することによって単一の通貨圏に包摂し、発展段階の較差を過渡期間の概念によって超克しようと試みた IMF のユニバーサル・アプローチは、むしろ戦後の過渡期が生み出したユートピアにしか過ぎなかったのである。過渡期間の実質的な終焉とともに発生したのは、南北問題の台頭と G10 を中核とするスーパー・システムの形成ではなかったか。それが GAB（一般借入取決め、General Agreement to Borrow）や金プールあるいはスワップ協定などを通じて de facto の通貨体制を作り上げ、その後スミソニアンからランブイエへの軌跡を描くに至ったことは申すまでもないが、IMF の通貨面における地盤の沈下は、IMF が

EPUに対する参加を自ら拒否した瞬間に早くも開始されていたのである。スキャンメルの言葉を借りるならば、爾来IMFは第二バイオリンの地位に転落せざるをえなくなったのであり、キングストンにおけるIMFの挽歌は、IMFの通貨面における自己疎外化の帰結でもあったのである。

1975年11月のランブイエにおける通貨合意は、IMFの断層の中から自生的に形成されてきた複数基軸通貨体制を改めて確認したものであり、それがキー・カレンシー・アプローチ（Key Currency Approach）の原体験ともなった三国通貨協定（Tripartite〔MoneyまたはMonetary、場合によってはCurrency Stabilizationが挿入されることがある〕AgreementまたはPact）との歴史的なアナロジーを想わせるのも故なしとはしないのである。とりわけ30年代に創設されたBISは、定例会議を中心とする中銀間の協力をはじめとして、金、外国為替の国際清算についても優れた経験と実績を示してきたが、今後はIMFに代ってランブイエ体制下の国際中央銀行として一層重要な役割を演ずることが期待されるのである。

2 キングストン会議の意義

1976年の1月7、8の両日、ジャマイカの首都キングストンで開催されたIMFの暫定委員会は、前年1月の暫定委員会を皮切りとして、IMFの舞台で白熱的な論議が展開されてきた為替相場制度と金および第六次増資の三大懸案事項について、最終の合意に到達した。これらの問題がそれぞれに固有のインプリケーションを含んでいることは否定できないが、通有することはいずれもが石油危機の発生に伴う国際流動性の偏在に対する対応を示すものであったことである。1974年6月の20カ国委員会は、「通貨制度改革概要」の第Ⅰ部を構成するStable but Adjustableな平価制度への復帰を棚上げし、第2部のImmediate Stepsに重点を指向することを決定したが、キングストン会議を特徴付けるものは、Immediate Stepsがここで曲りなりにも終止符をうたれるに至ったことである。

1974年のIMF総会において、ウィッテフェーンIMF専務理事は、IMF暫定委員会の検討事項として、概ね次のような問題点を指摘した。(1) オイル・マネーのリサイクリング問題、(2) 国際収支の調整問題、(3) IMF協定の改正問題（クォータの変更、フロートの位置付け、金・SDRなど準備資産の処理、IMF

引出権の簡素化など)、および (4) 第六次増資問題が、すなわちこれであった。

まずオイル・マネーのリサイクリング対策としては、1974年6月にSDRのバスケット方式が暫定的に採用されたのをはじめ、1974、75年には石油資金特別融資制度が導入された。この制度は1975年末に失効し、特別信託基金の設立によって代替される予定であったが、IMF保有金の具体的な売却方法が未決定なため、しばらく存続を認められることになった（当面は1975年からの繰越し金3億SDRに加うるに、西ドイツなどの拠出金7億SDR、合計10億SDRをもって運営が継続されることになった）。この石油資金特別融資制度は今後の状勢によってさらに延長される可能性も皆無とは断定し難いが、キングストンの会議で懸案の特別信託基金が漸く創設を合意されたことは、この問題が大詰めを迎えたことを示すものといえよう。

次に国際収支の調整問題は、フロートの位置付けをめぐる問題であり、1975年6月の暫定委員会では極めて尖鋭的な米仏の対立にまで発展したが、デッド・ラインと目されていたキングストンの会議で最終の合意に到達しえたのは、米仏の神学論争がランブイエにおいて既に終止符をうたれていたからにほかならない。キングストンの会議は、新しい協定案の中でフロートを認知し（第4条第3項）、IMFの監視機能を確立したが、それと同時に投票権の85％以上の賛成を条件として、将来 Stable but Adjustable な平価制度に復帰するための条件を規定した（同条第4項）。フランスは1975年6月の段階から将来平価制度に復帰するための条件を規定上明記し、IMFに監視機能を付与することを主張していたが、一方のアメリカはフロートを認知させ、平価制度への復帰に当っても拒否権の確保を求めており、第4条の改正案は米仏両国の主張を折衷したものと解される。しかしながら、後述のごとくに為替相場の監視機能が今後、主要先進国の協議機構に移譲され、近い将来平価制度への復帰も困難とみられる状況において、このような協定の改正は、既に観念的な法規の体系と化していたIMFの修辞学的な粉飾以外の何ものでもないように思われるのである。

第三の規約改正問題では、金問題が規約改正との関連で取り上げられるに至ったが、モース報告以来の懸案であった金の公定価格の廃止については、既に1975年の1月に合意が成立していたのであり、これをうけたキングストンの会議において金はニューメレール機能を正式に剥奪され、今後は「SDR又はIMFが指定する共通尺度」によることとなった。現行バスケット方式の可否は別としても（SDRの価値決定についてはコミュニケの第7項(5)により、基本的な

変更は 85％、それ以外は投票権の 70％以上の賛成を条件として変更することが可能となった)、フランスも既に SDR の価値尺度機能を容認するに至ったので、問題の焦点は、それのコロラリーとして発生した中銀の金取引と、IMF 保有金の処理に向けられていたのである。しかしながら中銀の金取引についても G10 諸国は、1975 年の 8 月に規約の改正後 2 年間の暫定措置として、総量規制を実施するとともに、IMF と BIS に対して定期的に報告を行うことを合意していた。また IMF 保有金の放出についても同じく、1975 年の 8 月に 1/6 を公定価格で加盟国に返還し、1/6 を放出することについて合意が成立していたが、キングストンではさらに残りの 2/3 についても、85％の多数決で開発途上国に対する収益配分の途を開くに至ったのである。アメリカのロイス委員会はかねてより、加盟国に対する返還に反対し、保有金全量の市場放出を要望していたが、4 年間に渉って 25 百万オンス（場合によっては 17.5 百万オンス）に及ぶ保有金を市場に放出するのみでも金価格が暴落し、特別信託基金の資金調達に支障を来すことも予想されるので、ランブイエの首脳会談では、中銀の市場購入を平行的に許容することとした。この決定に対しては、オランダや開発途上国の代表までが異議を唱えたが、キングストンでは正式に BIS の入札を認めるとともに、具体的な処理方法をそこでの検討に委ねることになったのである。BIS が中銀の代理人として行動するか否かは現状では明らかでないが、特別信託基金の所要資金を確保するには、BIS を通ずる中銀の介入が何らかの形で必要とされることになるものと思われる。BIS の金市場に対する介入は、IMF 保有金の放出が市場に与えるインパクトを中和することになるであろうが、それの帰趨によっては、金の価格帯が自然発生的に形成され、各国金準備の再評価がこの面からも促進されることになりかねない。とくに、暫定期間の経過後は G10 諸国の中銀も金の売買を自由化されるので、金の準備、決済通貨機能が飛躍的に向上することは必然のごとくに思われる。このような状況は、金廃貨のスローガンにもかかわらず、金が本来の機能を実質的に回復しつつあることを示すものであり、キングストンの会議が回避した資産決済の問題が将来俎上にのぼる場合には、金の国際通貨面における役割が新たな論議をまき起すことになるであろう。

　最後の増資問題については、1975 年 1 月の暫定委員会で 32.5％の増資と産油国のクォータを倍増する方針が決定されたが、その後アメリカのクォータをめぐって論議が紛糾したものの、同年 8 月の暫定委員会ではアメリカのクォータを 21.55％とし、その拒否権を確保させるため特別多数決を 85％とすることで合意

が成立した。従ってキングストンにおける各国の関心は専ら一般引出権の簡素化に集中したが、暫定委員会に先立って1976年1月の6、7の両日に開かれた開発途上24カ国の蔵相会議は、一般引出権のファースト・クレジット・トランシェを3倍に拡充することを要求した。最終的には、国際流動性の膨張を危惧する西ドイツなどの反対もあって、第六次増資の行なわれるまでのつなぎとして、クレジット・トランシェと総枠がいずれも45％ずつ増枠されたほか、補償融資制度もこれまでの25％から50％に拡大されることになった。このような追加信用の供与は、金拠出の廃止とも相俟って、IMFの保有する自国通貨のUsabilityを高めることが必要となり、とりわけ8億ドル前後と推定されるアラブ諸通貨の活用が俎上にのぼったが、結局は産油国の反対から6カ月以内に結論を出すことで落着した。

ちなみに産油国の反対理由としては次のようなことが考えられる。

(1) 金利が安いこと、(2) 信用の供与が自動的になされること、(3) 産油国の中には経常収支が赤字に転化する国もあること、(4) 産油国はSDR制度に参加していないが、SDRによる自国通貨の価値保証を求められる恐れがあること。

以上縷説したごとくにキングストンの暫定委員会は、IMF保有金の具体的な処理方法やアラブ諸通貨の活用方法などの細目について若干の技術的な詰めを残したものの、これをもって石油危機以来の諸懸案に一応の終止符をうつに至ったのである。しかしながらこのようなキングストンの成果をもって、ブレトン・ウッズ体制の再建と評価し、あるいはIMF体制の新発足とみるのは果して妥当であろうか。このような疑問をキングストンの会議に投げかけざるをえないのは、Immediate StepsをStable but Adjustableな平価制度に復帰するまでの中間的な幕間劇とみるためではなく、キングストンの会議が何よりもIMFの変貌を強く印象付けるものであったからにほかならない。1976年1月13日付のロンドン・エコノミスト誌は、「我々はIMFを必要とするか」と題して、IMFが既に通貨のコントロールを喪失し、開発援助機関の一翼へと変質してしまったことを指摘するとともに、IMFは世銀と合併すべきではないかとの警告を発した。事実キングストンの会議を特徴付けるものは、南北問題の高揚を背景とする信用供与機能の肥大化と、為替安定機能の実質的な空洞化にほかならなかったのである。確に優れて通貨的な為替相場制度の問題については、既述のように新しい協定の第4条によって、IMFの監視機能が明記され、将来平価制度に復帰するための手続も規定された。しかしながらその解決にはランブイエの通貨合意を前提とせ

ざるをえなかったのであり、そしてまた為替の安定に関する今後の運営が、実質的に IMF の手から先進主要国の新しい協議体制に移譲されることは必定のごとくに思われるのである。通貨問題の中核的な概念であった金問題についても、キングストンにおける関心は、金の通貨的な側面よりも、援助の資金を生み出すべき文字通りの金の玉子に向けられたのである。IMF における南北問題の高揚が、石油危機以降とりわけ顕著になった非産油途上国の窮状を背景とするものであり、先進国としても資源、援助政策上その要求に妥協しあるいはこれを先どりせざるをえなくなったことは申すまでもない。しかしながら IMF が南北問題と通貨面における自壊作用との二つの選択肢にさしかかったのは、通常 50 年代の末葉から 60 年代初頭のことといわれるが、このような IMF の分解過程も一つには、IMF の選択したユニバーサル・アプローチの非現実性に帰因するものであったのである。

　IMF の基本理念は申すまでもなく、金とドルの等価交換性を軸として、対ドル固定相場の体系を世界大的な規模で構築しようとするものであった。金・ドル等価の原則は、あとでもふれるように、三国通貨協定のセンター諸国が大戦によって消去されたあとも、アメリカのみが対外公的金決済の原則を踏襲し続けた戦中戦後の歴史的現実をそのままに反映したものであった。そしてまた加盟国の対ドル固定相場の維持義務は、経常取引の自由化原則とも相俟って、戦時中に急激な膨脹をとげたアメリカの生産力に市場を確保するためのブレトン・ウッズ精神の通貨的な表現にほかならなかった。問題は加盟国の異質的な諸通貨をイコール・フッティングに並列することによって単一の通貨圏を構成しようとし、経済発展段階の較差を過渡期間と稀少通貨の概念によって超克しようと試みたことである。しかしながら過渡期間の実質的な終焉とともに顕在化したのは、南北問題と EC 通貨ブロックの胎動であり、IMF は 1962 年に補償融資制度を創設し、1969 年に緩衝在庫融資を導入するなど南北問題への対応を迫られる反面、通貨面では実在性を回復する機会を逸したまま de jure の体制と化していったのである。スキャンメルは戦後の国際通貨体制を創建するに当り「法的なシンメトリーを追求するよりも、現実のアシンメトリーを承認し、キー・カレンシー・アプローチに従った方がより現実的であった」[注1] かも知れないとのべているが、IMF 体制の分解を生み出したものは、通貨体制の基盤を構成すべき世界経済の異質性を捨象して、無媒介の単一通貨圏を即自的に形成しようとしたユニバーサル・アプローチの非現実性に帰せられねばならないのである。ホワイトとケインズの華麗なる通

貨論争のかげに埋没されてきたが、フランスの描いた戦後の通貨体制構想は、主要キー・カレンシー諸国の間における通貨協定を指向するものであった。それは周知のごとくにウィリアムズ教授（John H. Williams）のキー・カレンシー・アプローチを代弁したものであったが、ウィリアムズ教授は、ドルとポンドの為替安定協定によって戦後の通貨体制を始動させ、ヨーロッパ諸国にはそれの復興をまって、この協定の適用を拡大させようとしたのである。何となれば「国際通貨体制が余りにも野心的で世界の政治、経済的な諸条件が解決されない限り一般の用に供しえないならば、それまでには長い時間が必要とされるであろうが、小数の国を含むスキームから出発した方が現実的であり、それは範囲が限定されるという意味では野心的ではないが、協力の度合いにおいては遥に野心的」であった[注2]からである。いうなればこのような IMF の理念と現実の断層から生れてきたのが南北問題であり、de facto の通貨体制にほかならなかったのである。南北問題はさておくとしても、このような de facto の体制こそ、戦後の EPU から 60 年代の国際金融協力を経過して、スミソニアンからランブイエにいたる国際通貨劇の立役者であったのであり、IMF はいわばそれの法的な仮象にしか過ぎなかったのである。

3 スーパー・システムの形成

ロイズ銀行頭取のフランクス（Oliver Franks）が南北問題の世紀を告げた 1958 年は、通貨面においても戦後の秩序が再編成の動きを示し始めた年でもあり、その年の 12 月には西欧主要通貨の交換性が実施された。のみならず、その前年にはこのような事態を予見して EC 諸国がローマ条約を締結し、通貨統合への歩みを早くも始動していたのである。

西欧主要通貨の交換性回復に伴う短期資本移動とアメリカの恒常的な対外不均衡を背景として、金・ドル等価交換の基本原則が動揺し、崩壊の危機に曝される中で、IMF はドルが稀少であった時代と同じく、西欧通貨が稀少となった時代にも同じく能力の限界を露呈するに至ったのである。この段階で IMF はドルの平価調整を回避するための便法として、1961 年 7 月に一般引出権の適用を短期資本の移動に基づく資本収支の赤字補填に拡大したのみなく、国際流動性の増強によって特殊アメリカ的な国際流動性の不足を補強しようと試みたが、このような 60 年代の初頭における主要先進諸国の IMF 補強工作の展開は、IMF にとっ

第1表　GAB参加国とコミットメント

	金　額（自国通貨建）		ドル相当額 （百万ドル）
United States	US $	2,000,000,000	2,000
Deutsche Bundesbank	DM	4,000,000,000	1,000
United Kingdom	£	357,142,857	1,000
France	F	2,715,381,428	550
Italy	Lit	343,750,000,000	550
Japan	¥	90,000,000,000	250
Canada	Can $	208,938,000	200
Netherlands	f.	724,000,000	200
Belgium	BF	7,500,000,000	150
Sweden	SKr	517,320,000	100
合　計			6,000

出所：J. Keith Horsefield, *The International Monetary Fund, 1945—1965,* Vol.I, 1969, p.512.

て「予期されなかった、まったくうれしくもないスーパー・システムをつくり出す」結果となったのである。

　草創の頃からIMFの直面したジレンマは資金の不足であり、創業からヨーロッパの復興に至る期間はマーシャル援助に依存せざるをえなかったが、とりわけ1956年7月のスエズ危機には、IMFの資力面における脆弱性が覆い難いものとなった。1959年に50％、1964年に25％とIMFの増資が相次いで実施されたことは、この間の事情を物語るものであるが、IMFの増資には金拠出条項が桎梏となったのみでなく、ドルそれ自体の支援に必要な西欧通貨の調達には自らなる限界があったのである。IMFは1963年2月に貸出通貨の多様化によってドルの負担を緩和する一方、これに先立つ1962年10月に協定第7条第2項の稀少通貨条項を援用して、先進10カ国との間で60億ドルに相当する自国通貨建のスタンドバイ・クレジットを締結した。これがGAB（一般借入取決め、General Agreement to Borrow）と称されることは申すまでもないが、IMFに非加盟のスイスも、ディロン米財務長官の意向を体して打診を続けていたヤコブソン専務理事の工作が奏功し、1964年6月11日付の専務理事宛書翰によって、専務理事の借入要請が必要とみとめられる場合には、2億ドル相当額を限度として IMFを経由することなく、直接関係国に借款を供与することを約束したのである。GABの成立を促した第一の理由は、上述のようなIMFの増資に内在する制約を補完するためであり、GABの更新は最終的に4年目毎と決定されたが、

当初の検討段階でIMFの事務当局が増資の場合と同じく5年目毎の検討を提案したことは、この間の事情を裏書きするものといえよう。第二は、後述のスワップ協定の効果が期待に反したため、1961年11月のディロン・ヤコブソン会談によって何らかの補強工作が平行的に必要とされたことである。第三はこの制度が、主要先進国相互の互助的な支援システムの観を呈しながら、その実は「過剰ドルをアメリカの金準備によって吸収するかわりに西ヨーロッパ通貨の供給による一時的吸収を試みたものにほかならない」ことである。

GABの返済期間は3―5年とし、金決済を原則としていたが、1974年9月30日の10カ国蔵相会議により返済は金、SDR、通貨のいずれによることも可能になった。

第2表 連邦準備制度のスワップ協定
（単位：百万ドル）

	ファッシリテイの金額
Austrian National Bank	250
National Bank of Belgium	1,000
Bank of Canada	2,000
National Bank of Denmark	250
Bank of England	3,000
Bank of France	2,000
German Federal Bank	2,000
Bank of Italy	3,000
Bank of Japan	2,000
Bank of Mexico	180
Netherlands Bank	500
Bank of Norway	250
Bank of Sweden	300
Swiss National Bank	1,400
Bank for International Settlements	
（スイス・フラン―ドル）	600
その他	1,250
合　計	19,980

出所：Federal Reserve Bank of New York, *Monthly Review,* Sep. 1975, p.200.

このGABとローザ・ボンドが主要先進国の政府ベースでなされた国際金融協力であったとするならば、これと前後して実施されたスワップ協定、金プールおよびバーゼル協定はいづれもが中銀ベースの国際金融協力にほかならなかった。スワップ協定(Swap Agreement)は周知のごとく、1961年3月のマルク、ギルダーの切上げを契機とするドル不安に対処するため、アメリカの財務省がニューヨーク連銀を通じて為替市場に介入を開始したことをもって嚆矢とするが、これは金とドルの等価性をアメリカの金交換によって維持しようとしたIMFの創草の原理に対する重大な修正を迫るものであった。財務省の介入に引続いて1962年2月には連邦準備制度が介入を開始し、同年3月にスワップ協定が発表されたが、

この協定はニューヨーク連銀とフランス中銀が為替の介入資金として50百万ドルに相当する自国通貨の預け合いを実施したのを皮切りとし、1963年3月には10カ国の中銀およびBISとの間で、110億ドルに相当する協定網が確立された（なおこの協定は3カ月毎に同一のレートで清算されるため為替保証をうけることになる）。この協定は1971年8月のニクソン・ショックによって一時停止されたが、アメリカは1973年7月に再開し、その規模は1975年7月末現在で200億ドル近くに達していた（第2表）。このような短期の国際金融協力と平行して、1961年6月よりローザ・ボンドが発行され、カナダ、イタリア、スウェーデン、ベルギー、オーストリア、スイスの各中銀とBISにこれを保有させることによって、中銀段階における過剰ドルの凍結がはかられたのである。

上述の諸対策が過剰ドルの吸収とドル相場の支持によって金とドルの等価性を維持しようとするものであったのに対して、1961年11月に発足した金プールは、金の需給調整に伴うアメリカの負担を先進主要国に分散することを企図したものであった。アメリカは1961年10月にイギリスおよびヨーロッパ大陸諸国に非公式の協定を申入れていたが、ベルギー、フランス、西ドイツ、イタリア、オランダ、スイス、イギリスの各中銀はニューヨーク連銀と協力して、2.7億ドル相当の金をプールし、ロンドン金市場に出動することを約したのである。その後、フランスは1967年6月に協力を中止し、1968年3月には金プールも解体して金の二重価格制に移行したが、さらにこれが1973年11月に廃止されるまで、主要先進国の中銀によって金のシンジケートが結成されたのである。上述の諸措置が必ずしもドル防衛に限定されたものでないことは、イギリスが1964年11月に10億ドルの引出しを行うことによって、GABの第一回発動がなされたことからも明らかであるが、基軸通貨の一翼として、ドルの前衛的な役割を負担してきたポンドの支援を目的として、先進国の中銀によって結成されたのは、1961年3月のバーゼル協定 (The Basle Arrangements) である。この協定は、1974年11月のイギリス予算案でヒーリー蔵相がこれの廃止を声明するまで、幾多の変遷をくり返してきたが、その間にはポンドのみならず1964年にイタリア・リラの支援にも活用され、さらに1968年の7、11月には、仏・フランを梃子入れするために合計33億ドルの信用供与が実施された。そのうちの14億ドルはアメリカの連邦準備制度によって調達されたものであり、「フランスと米国との間の政治上の不和の状態を考えると」[注5] 中銀ベースによる協力の有効性が明らかにされたのであった。

ここで簡単にバーゼル協定の展開過程を素描すると（第3章参照）、(1) 第一回発動は1961年3月に実施されたマルク、ギルダーの切上げ後も、これら諸通貨の再切上げ、あるいはポンドの切下げなどのルーマーが絶えなかったため、その翌週にベルギー、フランス、イタリア、オランダ、スウェーデン、スイス、イギリス、西ドイツの8カ国中銀が、為替相場の再調整を否定するとともに、為替市場で緊密に協力しつつあることを声明したことに始まる。借款の額は明らかでないが、ピーク時には325百万ポンドに達した。支援は色々な形で行われたが、公的保有が112百万ポンド、中銀が商業銀行を通じて間接的に保有するものが85百万ポンドとなっており、公的保有分は主としてイギリスのT/Bに投資された。借入利子は年率3%であり、1964年12月末が返済の期限と定められた[注7]。(2) 1963年2—3月には、第二回発動をみたが、(3) 1964年にはバーゼル・タイプの協定が成立した。その背景をなしたのは、1963—64年にかけてのイタリアの国際収支悪化に伴うリラ投機の発生であり、イタリアは上述のスワップ協定などにより1,225百万ドルのファシリティを享受したが、そのうちの550百万ドルはヨーロッパの中銀とアメリカ財務省の支援によるものであった。イギリスも先物コミットメントの増大に対処すべく、1965年9月にベルギー、カナダ、フランス、イタリア、オランダ、スイス、西ドイツの中銀より、5億ドルの支援を仰ぐとともに、IMFからの引出しに先立って、11カ国の中銀およびBISとの間で30億ドルにのぼるポンドの支援協定を締結した。

さらに(4) イングランド銀行は、1965年9月オーストリア、ベルギー、カナダ、西ドイツ、オランダ、イタリア、日本、スウェーデン、スイスおよびBISと新しい協定を結んだが、その内容は公表されなかった。この協定は1966年6月に満了する予定であったが、3月に実施された総選挙と、5、6月の海員ストの結果発生したポンドの動揺に対処するため第一次バーゼル協定が締結された。

(5) 1966年6月の第一次バーゼル協定（First Basle Group Arrangement）は、上記の9カ国中銀とBISの間で締結されたが、フランス中銀は期間3カ月、相互の同意で更新できることを条件とする別途の協定を締結した。アメリカも特別のファシリティを供与することを約束し、その額は合計10億ドルに達した。この協定の特色は、第一が従来の協定に比して返済期間が長期化（従来は3カ月）したことであり、第二はイギリスの対外不均衡をファイナンスするものではなく、非居住者ポンド残高の減少に伴うイギリスの外貨準備の補填を目的とするものであった。

（6）1968年9月には、第二次バーゼル協定が成立し、オーストリア、ベルギー、カナダ、デンマーク、西ドイツ、イタリア、日本、オランダ、ノルウェー、スウェーデン、スイス、アメリカの各中銀とBISは20億ドルのファシリティを供与した。有効期間は1968年9月から10年間とし、返済は6年から10年の長期に渉ることが認められた。この協定は、1971年9月に2年間延長され、1973年9月および1974年3月に若干の修正が加えられた上、イギリスの一方的な宣言の形でさらに延長された。この協定の特色はBISが運営の窓口となったことであり、BISは市場からの中期借入れと、スターリング地域通貨当局の預託によって資金を調達し、不足した場合には参加国の中銀に資金を要請することになった。いま一つの特色はスターリング地域に対して最低ポンド比率（Minimum Sterling Proportion）の維持を代償として、総準備の10％をこえる公的ポンド準備に対して、ドル価値保証を与えたことである。イギリスとスターリング地域諸国との協定は、書翰を交換する形で、1968年9月25日に発効した。最低ポンド比率は相互の協議によって決定され、協定には示されないのが通例であった。[注8]

なお上述のようなポンドの値価保証が迅速に実施されたのは、EMA（European Monetary Agreement）において中銀の保有する相互の通貨に対して、ドル価値保証が与えられていた故智にならったものであった。[注9]

ここでの問題は、上述のような60年代における一連の国際金融協力の機能そのものよりも、むしろ、それを支え、推進してきた主体面に着目することである。その場合にはIMFが重要な通貨問題についてコントロールを喪失し、次第に象徴的な存在と化していく過程で、通貨問題の主導権を逆に確立していった新しい体制の形成を識別することができるのである。既述のようにIMF協定第7条第2項に基づくGABは、一見するとIMFの体制内における補強工作のごとくにもみられるが、上述のようにスイスが発動の可否を最終的に判定する権限を留保したごとく、IMFも発動に当っては参加国の主体性を尊重せざるをえなかった。参加10カ国の発動条件は、GABを補足すべきバウムガルトナー書翰によって規定されているが、IMFの専務理事がGABの発動を要請した場合には、まず参加国が協議の上、自国の国際収支状況を勘案して供与可能な金額を専務理事に通告することとし、参加国の意見が一致しない場合には、加重投票によって決定することとされていた。[注10] このように一見するとIMFの体制内的な機構のごとくであって、しかも体制外的な独立性を保持したGABの鵺的な色彩が、これを契機として結成されたG10の性格にそのまま投映されたのも、あるいは理の当然

第3表　主要国際金融

機構		加盟国	主たる会		
			名称	場所	参加国
IMF		102カ国（63年9月末現在）ソ連、共産圏（ユーゴを除く）およびスイスは非加盟	総会理事会	ワシントン	全加盟国任命理事5カ国（米、英、仏、独、印）選任理事13カ国（日本ほか加盟国に同じ）
OECD		米、英、加、西独、仏、伊、蘭、スイス、スウェーデン	……	パリ	加盟国に同じ
OECD	第三作業部会（パリ・クラブ）	米、英、加、西独、仏、伊、蘭、スウェーデン、日本、ベルギー（スイスは特別参加）	……	パリ	〃
	EMA	EEC6カ国、EFTA7カ国、スペイン、アイスランド、アイルランド、ギリシア、トルコ	EMA管理委員会	パリ（事務局はBIS）	OECD理事会で任命された7カ国（米国はobserverとして出席）
BIS		25カ国（西欧17カ国、東欧共産圏7カ国、米国）	理事会	バーゼル	英、西独、仏、伊、ベルギー、蘭、スウェーデン、スイス（米国はobserver）
金プール		米、英、西独、仏、伊、蘭、スイス、ベルギー	……	（管理は英蘭銀行	加盟国に同じ
EEC		6カ国	通貨評議会	ブリュッセル	〃
スワップ取決め（ニューヨーク連銀）		取決め相手国　加、西独、仏、伊、英、蘭、オーストリア、スイス、スウェーデン、ベルギー、日本などの中央銀行およびBIS			
米国、短中期借款		外貨建債券：西独、伊、スイス、オーストリア、ベルギードル建債券：加、伊、BIS、スイス（推測）			

出所：日本経済調査協議会『OECD加盟と日本経済』昭和39年、35頁。

であるのかも知れない。GABの構成国は、第3、4表のごとくにOECDの第三作業部会（WP3、国際収支の均衡促進政策に関する作業部会、Working Party on Policies for the Promotion of Better International Payment Equilibrium）およびBISにおける定例中銀総裁会議のメンバー国と同一であり、形式的にはIMFからの独立性を保ちながら、10カ国蔵相会議としてIMF体制の中に非公式ながらビルト・インされていったのである。もともとOECDの第三作業部会

第 6 章 ランブイエ通貨合意の体制論的考察

協力機構一覧（昭和 39 年）

合内容			備 考
	頻度	出席者	
	年 1 回 随時	蔵相、中央銀行総裁、数百名 理事 18 名	
	1—2 カ月毎	大蔵次官、局長、中央銀行総副裁、理事、局長級 34 名	
実質上第 3 作業部会と一体（形式的には IMF 機構の一部）			Stand-by credit 62 億ドル（内スイス 2 億ドル）
	年数回	中央銀行副総裁、中央銀行、大蔵省局長	
	月 1 回	中央銀行総裁およびそれに準ずる実力者 17—18 名	1961. 3—9 および 1963. 2—6 バーゼル協定はこの産物
大綱は BIS 理事会で決められる			プール基金 270 百万ドル
	月 1 回	大蔵次官、局長、中央銀行副総裁、理事約 30 名	
			スワップ取決め額合計 2,050 百万ドル（63 年 12 月末現在）
			（外貨建）：1963 年発行額 730 百万ドル（12 月末） （ドル建）：発行額 559 百万ドル（10 月末）

においては、IMF とは別個の立場で、先進諸国の間における国際収支の均衡と為替の安定をはかるためのマルチラテラル・サーベイランスが定例的に実施されていた。このような政策面の協議と調整に加え、G10 の具体的な活動を示すものとしては、上述の GAB をはじめとして、SDR の初期段階における検討や、スミソニアンの多角的な平価調整、あるいは OECD のセーフティ・ネットなど、重要な国際通貨問題の処理を列挙しうるが、既にふれたような G10 諸国の中銀[注11]

間における暫定的な金の取引規制や、ランブイエで合意された為替相場の安定協定も、同じくこのような G10、あるいはこれを中心とする主要先進国の間で検討され、実施に移されることになったものである。

スミソニアン以降は20カ国委員会が設立され、G10の合意も、それの後身である暫定委員会の承認を最終的に必要とするに至ったことは、

第4表　主要国際金融協力機構メンバー

G10	OECD EPC WP3	BIS
米	米	米
英	英	英
西独	西独	西独
仏	仏	仏
日	日	日
イタリア	イタリア	イタリア
カナダ	カナダ	カナダ
オランダ	オランダ	オランダ
ベルギー	(ベルギー)	ベルギー
スウェーデン	スウェーデン	スウェーデン
(スイス)	スイス	スイス

出所：行天豊雄編著『国際通貨制度』昭和50年。
注：括弧内はオブザーバー。

これまた周知のごとくである。その創設は、アメリカが当初意図したごとく開発途上国の発言権を強め、IMF の南北問題に対する傾斜に拍車をかける結果となったが、IMF の意思を実質的に決定してきたのは、依然として先進10カ国の蔵相会議であり、とりわけ石油危機以降に同じく非公式ながら登場してきた5カ国蔵相会議に他ならなかったのである。

ちなみに5カ国蔵相会議は、1974年9月7—8日にパリ郊外で開催され（イタリアも中途より参加）、信用不安の回避について合意した。9月28—29日のワシントン5カ国外相・蔵相会議においては、オイル・マネーの公的還流について合意、さらに1975年1月13日以降は、暫定委員会および10カ国蔵相会議の steering committee 的な役割を演ずるに至った。

このような政府ベースの活動と平行して、中銀間の国際金融協力を結節する中核体として機能したのは、BIS であった。BIS については一般に理解されるところが少ないので次章で詳述することにするが、ここで指摘しておきたいことは、1950年に結成された EPU（ヨーロッパ決済同盟、European Payment Union）の政策面を OEEC（欧州経済協力機構、Organization for European Economic Co-operation）が担当し、BIS がそれの清算技術的な側面を負担することによって、主要先進国の政府と中銀が、それぞれの権能に応じた新しい協議体制を、早くも形成しつつあったことである。その後 OEEC は、アメリカの援助負担公平化の要請とも相俟って、1961年に OECD（経済協力開発機構、Organization for Economic Co-operation and Development）に改組され、これを契機として アメリカとカナダも新に加盟することになった。また同じ年にアメリカはスワップ協定の円滑な実施をはかる上から、積年の怨讐を捨てて、BIS にも非公式ながら代表を派遣することになった。1964 年には日本も 8 条国への移行を契機として、これにならうことになり、ここに OECD の第三作業部会を拠点とするパリ・クラブと、BIS を中心とするバーゼル・クラブは、それまでのヨーロッパ的な機構から主要先進国を網羅した IMF のスーパー・システムへと脱皮していくことになったのである。

4　BIS の生誕と復活

　BIS は既述のように 60 年代以降の通貨不安の中で、先進諸国の中銀間における国際金融協力の中核として機能してきたが、BIS はランブイエ体制下においても先進諸国中銀の中銀として益々重要な役割を演んずるものと予想される。

　BIS は 1930 年 5 月 17 日に、バーゼルで開業したが、創設の一つの機縁となったのは、賠償銀行の俗称によっても示されるようにドイツ賠償事務の遂行にあった。賠償銀行の設立については、1920 年のブリュッセル会議でベルギーの代表が発議し、シャハトも同様の提案を行った。シャハト案はドイツの公債を国際機関に預託し、これを見合として各国の中銀が銀行券を発行することとし、これを後進地域の開発に使用することによって、ドイツの輸出市場を確保する一方、利息収入をドイツの賠償支払いに充当させようとするものであった。とくに BIS の設立を促す直接の契機となったのは、1930 年 1 月の第二回ハーグ会議で決定され、同年の 9 月から事実上実施に移されたヤング案であった。ヤング案は、周知のごとくに賠償委員会の廃止や、ラインからの撤兵などによって賠償の経済化をおしすすめるとともに、年次給付の総額と度数を確定し、繁栄条項（一定の景気回復指数が 1925―28 年の水準に復した場合には、年次金を逓増する方式）を廃止した。BIS との関連で注目されることは、年次金の減額をはかるために、無条件年次金を引当としてドイツの公債を発行し、これを国際金融市場で消化させることによって、賠償年次金の資金化をはかったことである。このような複雑かつ技術的なヤング案の実施に伴って、賠償年次金の受領、保管および賠償関係公債の元利払などの業務を遂行するには、特殊な国際金融機関が必要とされた。しかしながら、1930 年にはドイツの政治経済情勢が悪化して、公債の発行が不可

能になったのみでなく、1931年6月のフーバー・モラトリアム、あるいは1932年7月のローザンヌ会議によって賠償の支払いが停止されたため、1934年には早くもBISの賠償銀行的な機能も、中断のやむなきに至った。

BISに内在するいま一つの特性は、中銀の中銀としての機能であるが、ヤング案では、未開発地域に対する開発資金の供与なども予定されており、この構想が仮に実現した場合には、第二次大戦後のIMFと世銀の機能を併せ有する一大国際銀行が生誕していたかも知れないのである。BISの定款は第1章第3条により、「本銀行は各中央銀行の協力を促進すること及国際金融業務の為に附加的便宜を供すること並に関係当事者との間に締結せらるる協定に依り本銀行に委託せらるる国際金融に関し受託者又は代理者として行動することを目的とする」と規定しているが、その機能は、中銀間の協力とファシリティの供与および国際決済の受託ならびに代理業務の三大目的に大別される。第三の目的が賠償受託業務を示すとすれば、第一と第二はBISの国際中央銀行的な機能を営業の目的に掲げたものであった。このような中銀の中銀としてのBISの生誕は、ヨーロッパの人々が懐抱し続けた国際銀行構想の系譜につらなるものであり、その源流は1675年にパリのTheophile De Pineauがジュネーブの市議会に提出したChristian Bank構想に遡るともいわれる。19世紀の末葉にはFrancoisやLevyなどによって世界銀行券の発行が提案され、今世紀の初頭にもLuzzattiやDelacroixなどの国際中央銀行案が提唱された。上述のシャハト案もこのようなヨーロッパの思想的背景の中から生れたものであるが、そこで提案された人工的な信用の創造は、今日のSDRを想起させるHendersonのCurrency International Certificate構想（1932年5月に発表）、あるいはまた世界経済会議でイギリスの提案したInternational Fund（イギリスが各国から15—20億ドルの資金拠出を仰ぎ、これを原資として各国の中銀に信用を供与するプラン）や、ケインズの世界銀行構想に継承されていくのである。

しかしながらBISの生誕に最も警戒的であったのは、それによってロンドンの優位が脅かされることを危惧したイギリスである。イギリスはBISを賠償銀行的な機能に限定しようとしたが、それとは対蹠的にアメリカの金融資本は、「一つの国際中央銀行として、これを自らの金融資本の支配下に収め」ようとしたのである。BISは、定款第22条によって金の売買をはじめとして各国の中銀との間における預金、貸出、外国為替手形の売買など、いわゆる国際中央銀行的な業務も認められてはいるものの、このような各国の意見と思惑の相違からBISは、

各国中銀との競合を慎重に回避することを求められるに至ったのである。

一例として定款第5条は、「本銀行の業務は関係国の中央銀行の通貨政策に合致することを要す」とのべるとともに、第25条によって一覧持参人払手形（銀行券）の発行、為替手形の引受、政府に対する貸付、不必要な不動産の保有などを禁止された。また第23条によりBISと各国の銀行、個人、法人との取引は、当該国の中銀が異議を申し立てない場合に限られた。その他規約の改正にもきびしい規制が設けられたが（第60条）、これは後にBISの存続に幸することになった。なおBISの存続期間は、当初「国際決済銀行に関する条約」第3条によって15年間とされたが、1930年6月に無期限とされた。

両大戦間におけるBISの活動が、加盟国の中銀に対する信用供与機能を通じて最高潮に達したのは、フーバー・モラトリアムに始る1931年のことであり、BISは中銀間のシンジケートを組成するとともに、自らも緊急クレジットの供与に乗り出した。その当時の主な活動状況は注17のごとくであるが、1931年にBISが供与した緊急クレジットの総額は50億スイス・フランにのぼり、同年の初頭における国際短期債務残高の1割に達したのである。しかしながらBISの金融支援活動も30年代の初頭における短期資本の撹乱的な影響を遂に克服することができなかったが、その理由の第一は、金融恐慌の多くの原因がアメリカで自生したものであり、第二はBISの資金不足によるものであった。シュロス（H. H. Schloss）が指摘するように、BISが資金面の制約に直面せざるをえなくなったのは、(1) BISが信用創造を認められず、(2) 資本金の25％までしか払込まれていなかったことに加えて、(3) 各国の中銀が預金を引揚げたことによるものであった。[注17] その結果BISは「活動の重点を国際金融の積極的な援助から自行の資産を安全かつ流動的な状態に維持するという消極的な態度に転換せざるをえなかった」のであり、「有力な国際金融機関というより、むしろすぐれた国際調査機関として現われるに至った過程の第一歩はこのときにふみ出された」[注18]のである。

このようにしてBISの賠償、信用供与機能が消滅ないし後退したあとも、戦中戦後の一時期を除いて今日まで連綿として持続されてきたBISの機能は、定例会議（定款によって最小限年10回、うち4回はバーゼルで開くことが定められている）を中心とする中銀間の協力であり、それが定款の第一目的に掲げられていたことは極めて示唆深いものがある。1933年の世界経済会議も経済委員会の第二委員会において、為替の安定化をはかる上で中銀間協力の有効性を再確認し、「BISは中銀間の一層緊密な連携を計るのみでなく、共同の行為を媒介する

ために益々重要な役割を果すべき」ことを決議するとともに、「BIS は中央銀行が対立する意見の調整を計るために行動し、共同して協議する上で不可欠な機関である」ことを確認したのである。アメリカはこれを時期尚早としたが、元来アメリカは BIS の創設に当っても乗り気でなく、第二次大戦後は IMF 体制の確立を機に BIS の廃止を強く希望したのであった。アメリカが BIS の創設に消極的な姿勢を示した第一の理由は、上述のような金融資本家の積極論とは対蹠的に、産業資本家が金利の上昇期に投資負担の増嵩するのを忌避したためである。第二は後進地域に対する BIS の資金供与を梃子としてドイツがアメリカの輸出市場を蚕食するのを危惧したためであり、第三はアメリカがドイツとの間で単独協定を締結したため、ドイツの対米支払いには BIS を経由する必要性が消滅したためである。

BIS は、国際決済銀行設立条例によってスイスの公租公課を免除される（第6、7条）とともに、その財産、資金、預金などは戦時といえども差押や没収を免れ、金、通貨の輸出入も禁止または制限をうけない（第10条）ことを保証されていた。創立当初から国際連盟との関係をさけるとともに、本店の所在地を選定するに当っても特定加盟国の影響が相対的に稀薄なバーゼルの地を選んだ BIS は、大戦中も当然のことながら中立を宣言して交戦国との取引を回避する一方、万国赤十字社の財務代理人として活動した。しかしながらこの間には総会、理事会も停止のやむなきに至るとともに、ニューヨークにおける BIS の資産もアメリカの手で凍結されたため、その活動は僅かに調査活動を持続するのやむなきに至ったのである。

しかしながら第二次大戦の終焉は、BIS に苛酷なる死刑の宣告を迫ることになったのであり、1946年10月25日のブレトン・ウッズ条約第5条は、「能フ限リ速カナル時期ニ於ケル国際決済銀行の清算」を勧奨するに至ったのである。BIS の清算を強硬に主張したのはベルギーであり、大戦中における BIS の運営と活動を検査すべきことを要求したが、一部には BIS に加盟する中銀が必要な措置をとらない限り、IMF に加盟する資格すら剥奪しようとする強硬論さえもが台頭した。BIS に対する敵視的な空気が醸成された第一の理由は、戦時中における BIS の活動が連合国にとって利敵行為とみなされたためである。BIS がチェコ中銀を接収したナチスの要求に応じて、その金塊を引渡したことや、ドイツが戦時中も BIS に対して賠償の支払いを継続したことが誤解を生み出したのみなく、ドイツの為替管理に関する調査さえもが、枢軸国の商取引に利便を提供し

第6章　ランブイエ通貨合意の体制論的考察　　　231

たと曲解された。第二はBISに拠る中銀とIMFを構成する政府官僚との反目によるものといわれ、ブレトン・ウッズ会議で「各国代表はぶあいそうに中央銀行家たちを訪ねて、国際決済銀行の解体を求め、ヘンリー・モルゲンソーは誇らかに彼の生涯の野心の成就を宣告した―高利貸しどもを国際金融の神殿から（中略）追放する」[注23]と。第三は地域主義に対するワシントンの反感によるものであり、ヨーロッパ的な機関と目されていたBISは、差別と制限の温床と目されていたのである。

　しかしながらその後の状勢の中でさしものアメリカ財務省も、BISの清算に圧力をかけることの困難を悟らざるをえなくなったのであり、アメリカとしても他国の政府がBISの清算に消極的な反応を示す限り、本件を未決のままに放置せざるをえないことを決定した。BISの清算が執行を猶予された第一の理由は、BISの法的地位が定款のみならず条約およびスイスの条例によって厳格に規定されていたことであり、一例としてスイスの国際決済銀行設立条例は、加盟国の「合意あるに非ざれば右条例を廃止しざること、これに改正又は追加を為さざること」と定めていた。第二は戦後の混乱の中で状況を同じくするヨーロッパの諸国にとって、中銀間の協議と協力が必要とされたことであり、第三はIMFや世銀と異なってBISの活動には柔軟性が期待されたことであって、事実BISは一時的な緊急融資に応じうるだけの資力をも保有していたのである。[注24]

　このようにして死刑の執行を免れたBISの復活を物語る最初の事例は、1946年の12月に定例会議が再開されたことである。同じく1946年には世銀との提携を開始し、1948年には17百万フランの信用を世銀に供与したのをはじめとして、スイス・フラン建世銀債の発行にあたってその代理人ともなったのである。また1950年の4月には、西ドイツもBISに代表を派遣することになったが、それと同時にBISは定款を変更して、ポルトガル、アイルランド、アイスランド、トルコなどにも門戸を解放し、ソ連、スペインを除くヨーロッパの中銀が大挙してBISの傘下にはせ参ずることになったのである。

　BISのすぐれた機能の一つは、戦前の賠償事務や金の国際清算によっても示されたようなクリアリング機能であるが、伝統的な清算機能を活用することによってBISの役割を飛躍的に向上させることになったのは、1950年の9月から1958年の12月まで実施されたEPUである。EPUの概要については拙稿（「アジア決済同盟構想の展開と評価」。本書の第4章）でも付言したので割愛するが、BISはEPUあるいは、それがのちに発展的に解消されたEMAの代理人として、

清算機能を分担するに至ったのである。

　EPU は域内の債権、債務を BIS に対する債権債務に転換することによって域内の多角的な清算を実施し、西欧主要通貨を交換性の回復に導く原動力となったが、問題は IMF の理想とする多角決済の最初の実験に対して IMF が、内部の思想的な不統一もあって、参加を自ら拒んだことである。時の IMF 専務理事グートは、IMF が EPU に参加しない場合には、ヨーロッパが IMF と相容れない国際通貨政策を形成することになることを危惧し、EPU との間で特別の取り決めを締結することを主張したが、そのためには先ず EPU の理事会に IMF の代表を派遣し、非公式な関係を積み上げながら、将来 EPU との間に公式の関係を樹立しようと試みたのである。しかしながらそのような IMF の接近に対しては、ヨーロッパ諸国がむしろ警戒的な態度を示したのであり、とりわけイギリスは EPU の独自性を主張した。しかしながら EPU と IMF との陰湿な確執は、1952 年における EPU の更新を契機として解消の方向に向ったのである。IMF と EPU の和解を齎したのは、EPU に対する債権を累積し続けたベルギーに対して IMF が 50 百万ドルのスタンドバイ・クレジットを供与したためであり、同年 7 月に OEEC の理事会は IMF に対して謝意をのべ、IMF もはじめて EPU の理事会に代表を派遣することになった。1953 年に EPU が更新されるに当っても、IMF との協力が強調されたが、IMF も OEEC に Consultation の報告書を送付するなど情報の交換を開始した。しかしながら、IMF が EPU に対する参加を拒絶し、BIS が IMF に代ってそれの清算機能を代行した瞬間から、「IMF が通貨問題の主流から疎外されることになった」ことは否めないのである。

　上述のような歴史的考察に従うならば、IMF は発足の当初からむしろ de jure の体制に止っていたと評価することが出来るのであり、EPU の発足からランブイエに至る戦後国際通貨体制の歴史を現実に書き綴ってきたのは、IMF の理念と現実の断層の中から de facto の体制として形成されてきた G10 および BIS のスーパー・システムにほかならなかった。スキャンメルも指摘したように、「IMF は自らの権威を確立する点において誤りを犯した。IMF の生涯の最初の 12 年間を通じて、IMF は戦争直後の時期における諸問題を処理する為に設立された地域的、機能的な各種の ad hoc な諸機関（筆者注、OEEC、EPU、EMA など）にとって第二バイオリンを弾くことになったのである。（中略）1959 年以降は IMF がブレトン・ウッズの規定に基づいて機能し始めるや否や、IMF のコントロールを依然として主要国の手に一段と集中させるような事態が発生したのであ

る」。このようにして IMF 体制の下でスーパー・システムの形成されていく歴史は、キー・カレンシー・アプローチの現実への適合性を検証していく過程であり、ランブイエの通貨合意も同じ軌道の延長線上に連るものであったが、そこに至るまでにはキー・カレンシー・アプローチを生み出す原体験ともなった三国通貨協定への道程を顧みる必要があるであろう。

5　世界経済会議と三国通貨協定

　上述のウィリアムズ教授が最初の論文を発表したのは、1936年12月のことであるが、キー・カレンシー・アプローチは、米英仏の三国によって同年9月に結成された三国通貨協定を発想の根源とするものである。そのようなみで同じくキー・カレンシー・アプローチの所産ともいうべきランブイエの為替安定協定は、多分に三国通貨協定の現代版を想わせるものがあり、さらにそれの序曲的な1933年の世界経済会議（International Conference on Monetary and Economic Questions）を彷彿させるのも故なしとはしないのである。確かに世界経済会議の段階における後進地域の開発や農産物問題は、今日の南北問題や資源問題とは次元を異にし、通貨面においても当時は金本位制度の再建がア・プリオリな目標とされる反面、為替の切下げが不況克服の捷径と目されていたのである。あるいはまた三国通貨協定の時代とは異なって、金の介入、決済通貨機能が事実上停止され、金の公定価格も正式に廃止された今日の状況が、30年代との単純な歴史的類推を許容し難いことは否定すべくもないが、激動する政治経済情勢の中で為替相場の安定を志向し続けた30年代の経験は、それでも矢張り今日の状況を考察する上で幾多の先訓と示唆を与えてくれるのである。

　第一は世界経済会議とランブイエ首脳会談の明暗が、通貨問題の成否にかかっていたことであり、ランブイエの首脳会談が事実上通貨問題に始って通貨問題に終ったことは、世界経済会議の轍を未然に防止したものとして高く評価すべきであろう。周知のごとくに世界経済会議の構想は、1930年12月に行なわれたアメリカのSachett駐独大使とブリューニング（Brüning）ドイツ首相との会談に淵源するが、それはドイツの非武装化や賠償、戦債あるいは国際借款などの問題を、経済専門家の個別的な処理から高度の政治的な解決に移譲しようとするものであった。

　この構想はその後米英仏三国の間で実施の可能性が検討されたのち、1932年

7月9日のローザンス会議によって適当な時期と場所で会議を開くことが決定されたが、1933年6月12日に国際連盟は66ヵ国をロンドンに招請し、ここに世界経済会議が開催されることになったのである。世界経済会議の焦点は、戦債の支払い（当初は議題から外されていたが、ローズヴェルトが開会の演説で付言し、議題に採択されることになった）と会期中の関税休戦および為替相場の安定化であったが、これらの問題が各国の思惑を反映して相互に交錯し、会議を一層困難にしたことは否めない。とりわけ世界経済会議を挫折に追い込む直接の契機となったのは為替相場の安定化問題であり、7月4日の独立記念日にローズヴェルトは訓令を送り、為替相場の安定に関する取り決めには非公式かつ暫定的なものであっても一切これに応ずる意思のないことを明らかにしたのである。その後金ブロックの結成に走った一部のヨーロッパ大陸諸国は、これに憤激して流会を策したが、会議の継続を求める意見が支配的であった。しかしながら、一国が反対してもこれによって拒否権の成立が認められるなどの妥協的な運営方式が採用されたため、会議は殆んど実質的な成果をあげることなく、7月26日に閉会された。

ちなみに世界経済会議は、財政金融委員会（The Monetary and Financial Commission）と経済委員会（The Economic Commission）に二分されたが、財政金融委員会は、さらに当面の諸措置（Immediate Measures for Financial Reconstruction）と恒久的な諸対策（Permanent Measures for the Re-establishment of an International Monetary Standard）を検討するため、それぞれに小委員会を設置した。第一委員会は信用政策、物価、通貨の安定、為替管理、戦債、国際借款の再開などを議題にしたが、7月20日に戦債問題の決議が成立したほかは、概括的な討議に終始した。本論との関係でむしろ興味深いのは第二委員会であり、そこでは中銀の機能、中銀間の政策調整、銀問題、金為替本位制度と金の節約、通貨準備の配分などが討議されたが、7月20日には銀価格の安定に関するアメリカ案が採択されるとともに、為替の安定をはかる上で中銀間の協力が必要とされ、とりわけBISの重要な役割が再確認された。アメリカのみは留保したが、ここでは次のようなAnnexed Statementが承認された。

（1）金本位制度の適正な運営をはかるには、各国の中銀が国際収支の基礎的な均衡を維持するような対策をたてること、（2）金の移動によって喪失国、受入国に影響が及ぶことを妨げてはならないこと、（3）各国の中銀は公表された固定価格で金の売買に応じること、（4）中銀は外貨準備に影響を与えるような情報を交換すること、（5）中銀の機能は国際的な性格をもっており、金本位制

度の機能を充足するには政策の調整を必要とすること、(6) 中銀が見解を異にする場合には相互に協議することとし、BIS は対立を調整する上で必須の機関であること。[注29]

　世界経済会議で為替相場の安定がとくに問題とされたのは、この会議に先立ってアメリカが金管理政策を実施し、ドルの意図的な切下げを続行したためである。フランスは 1928 年にポアンカレー内閣が 8 割に及ぶ仏フランの切下げを断行して為替切下げ競争に先鞭を付けたが、そのフランスが世界経済会議でドル、ポンドの高位安定化を主張したのは、1931 年のポンド切下げによって仏フランの切下げ効果が大幅に減殺されていたためであり、またランチエ（rentier）保護の上からも仏フランの再切下げが困難であったためである。ベルギー、ポーランドもフランスと同じく切下げを先行し切下げ効果の防衛につとめたが、イタリアがフランスに同調したのは、フランス式のランチエを育成することによって国債の大量消化を企図したためである。スイスとオランダも為替の安定を通じて自国の国際金融センター的な機能を維持しようとした。それに対してアメリカもフーバーの時代には、恐慌を国際金融現象として把えることによって、為替安定の必要性を認識していたが、1933 年 3 月 4 日に大統領の職を襲ったローズヴェルトは、就任の演説において「国際関係がいかに重要であるとしても、その必要性は健全な国民経済の創設に席を譲る」とのべることによって、国内均衡優先の思想を打ち出していた。ニューディール政策の展開を意図するローズヴェルトにとって為替の安定を求める金ブロック諸国の主張は遽にうけ入れ難いものであったが、ローズヴェルトもその反面においては自らの行った関税休戦の提案が為替論争によって挫折するのを危惧したのであった。従って 1933 年の 4 月に開催されたワシントン会議の前夜までは、ローズヴェルトも「一方において自国の国内物価の上昇政策のため余地を残しておこうとしながら、他方において、おそらくは通貨価値の安定という形態で実施される、ある種の国際経済協力体制を依然として考えていた」[注30]のである。それでは独立記念日に何故ローズヴェルトは、戦宣布告的な訓令を送ることによって、世界経済会議を崩壊に追い込まねばならなかったのであろうか。それの直接の原因となったのは金ブロック諸国が、世界経済会議と平行的に検討のすすめられていた為替安定の紳士協約を、公式かつ拘束的なものに改変することを要求したためであった。その真相については諸説紛々として帰一するところを知らないが[注31]、ランブイエ首脳会談との対比において世界経済会議の挫折が物語る第二の先訓は、一見逆説のごとくではあるが、紳士協定なるが故

に有効でありかつ受け入れ易いことであった。世界経済会議を顧みてアインチッ
ヒは、金ブロック諸国がインフォーマルな協定に甘んじたならば、ローズヴェル
トとしても敢てこれに干渉を試みなかったであろうと述懐していたが、その協定
が明るみに出る場合には商品、株式の価格が暴落し、インフレーショニストの策
動する恐れがあったのである。

　深井英五氏も「華盛頓に於て行われたる国別予備会商は、倫敦会議を如何に進
行せしむべきやの打合のほか、此の為替協定を主要の話題とした。日本も其の会
商に招かれたが、先きに到着した英仏と米との間に於て、何等かの協定を試みん
とする大体意向の一致を見たと云うことを私は聞かされた」とのべているが、世
界経済会議の舞台裏で協議された為替安定の構想はいかなるものであったのであ
ろうか。その詳細は明らかにする術もないが、シュレジンガーは、そこで提出さ
れたブリット構想なるものが、米英仏の三国で共同の為替安定基金を創設するこ
とによって、ドル、ポンド、フランの安定をはかろうとする方式であったことを
明らかにした。またキンドルバーガーは、米英仏三国の中銀が4―5百万オンス
を限度（限度をこえる場合には再検討を加える）とする金の売買によって、為替
の安定をはかるための協定が成立していたことを明らかにしたが、P・アインチッ
ヒも世界経済会議の最初の週末に調印されようとしていた紳士協約は、アメリカ
が At a Moment Notice の条件でこれを停止する権利を保留しながら、1ポンド
＝4.05ドル近辺でドルとポンドの相場を安定させようとする内容のものであっ
たとのべている。以上のように紳士協定の内容については諸説が区々としている
のみでなく、実際問題としては各種の試案が作成されたとも伝えられているが、
それにもかかわらずこれらを総合する場合には、1936年の9月に成立した三国
通貨協定の萌芽形態をそこに見出すことが出来るのである。

　このような為替安定協定が日の目をみるには1936年まで待たなければならな
かったが、1933年7月3日にフランス、イタリー、ベルギー、オランダ、ポー
ランド、スイスの6カ国はゴールド・ブロックの宣言を発表し、「現行の金平価
と法律の枠内で夫々の国が金本位制度の自由な機能を維持することを確認」した
のである。しかしながら金ブロック諸国は、米英など貿易相手国の為替切下げに
抗して旧平価を維持するに至ったため、貿易収支は悪化し国内経済もデフレ圧力
に呻吟したが、財政も折からの不況と相俟って膨大な赤字を記録するに至ったの
である。のみならず金ブロック諸国はこのような財政の破綻を救うべく、増税あ
るいは緊縮政策を採用することによって矛盾を一段と増幅することになり、遂に

は為替管理を実施して金本位制度の名目化をはかるか、平価の切下げまたは金ブロックからの離脱を余儀なくされるに至ったのである。各国の対応を摘記すれば、大要下記のごとくである。[注37]

　1934年5月…イタリア為替管理実施。1935年3月…ベルギー切下げ、金ブロック離脱。1936年4月…ポーランド為替管理実施。1936年9月25日…フランス通貨法（最低25.19％、最高34.35％の切下げを含む）を議会に提出し、10月1日に成立。オランダ、蘭領印度支那も金本位制停止。スイス切下げ。10月5日…チェコスロバキア再切下げ。なお、結成当時の金ブロックは世界貿易の1/4（スターリング・ブロックは1/3、ドル・ブロックは1/8）を占める反面、金準備は226.3億フラン（スターリング・ブロックは48.2億フラン）に達し、ほぼドル・ブロックに匹敵していた。

　フランスが平価の切下げを決定した9月25日の夜、アメリカのモーゲンソー財務長官は、米英仏三国の間で為替安定の協定が成立したことを発表し「英国政府と同様に、右仏蘭西政府の決定が、国際経済関係安定の為に、一層鞏固なる基礎を樹立すべしとの希望を以て歓迎」[注38]するとともに、仏・フランの切下げが国際通貨面に撹乱的な影響を及ぼすのを防ぐため「適当にして利用可能なる財源を、引続き使用する」ことを声明した。米英仏三国の紳士協定は、のちにベルギー、オランダ、スイスを加えた6カ国で運営されることになるが、同年10月12日にアメリカの財務省は、これを補足するものとして「英米仏三国金輸出相互協定」の成立を発表した。何となれば、三国通貨協定の実効性を確保するには、介入に伴う債権、債務の清算に当って取得外貨に対する金交換を保証することが必要とされたためであり、このためにアメリカは24時間の解除条件付で双務的に他の為替平衡勘定または安定基金に金の売却を行う旨の声明を発表したのである。

　この英米仏三国金輸出相互協定は、田中金司博士の指摘されたように、[注39]往年の金本位制度とは性格を異にするものであったが、その第一は金の輸出およびイヤマークの対象が協定国の為替平衡勘定または安定基金に限定されたことである。その限りにおいてこの協定は1934年に制定されたアメリカ金準備法の国際版とも称すべきものであったが、同時にフランスも1936年の通貨法によって金の国家集中を行うとともに、それの第1章第5条によって金の輸出入と取引は、フランス銀行が特別の許可を与えない限り一切禁止された。

　第二の特色は金の売却価格が固定されなかったことである。アメリカは、1オンス35ドルに1/4％の手数料を加えた価格で売却することとしたが、アメリカ

といえどもそれが公益に反する場合にはトーマス修正法に基づいてこれを切下げることが可能であった。ヨーロッパ諸国の中で金価格を固定したのはベルギーだけであり、イギリス、オランダの金平価は名目的なものに止まっていた。またオランダ・ギルダーはドルに対して実質20％前後の切下げ状態に陥っていたが、フランスは通貨法第1条によって上述のごとくに大約34％から25％の間で金平価の変更が可能であり、スイスも35％から26.5％の範囲で同じく変更が認められるなど、金価格のワイダー・バンド制が導入されていた。米英仏三国金輸出相互協定に関するアメリカの発表に対応してイギリスとフランスも声明を行ったが、そこで金の売却条件がとくに明示されなかったのは、そのような各国の事情を反映したものであった。このような金本位制にして金本位制に非ざる三国通貨協定が、修正金本位制度と呼称されるに至ったことは、敢て付言するまでもないが、世界経済会議の挫折を顧みて「多数の独立した国々と協議するよりも三ないし四つのグループ間で協議した方が遥に容易である」とのアインチッヒの述懐[注40]は、ここに漸く実を結ぶことになったのである。

　アインチッヒは世界経済会議の崩壊を通貨政策面における国際スピリットの欠如に帰し、「各国が他国の直面する問題と困難を理解せず、国際的な配慮に基づいて自国の通貨政策を調整することを学ばなかった」[注41]不幸を慨嘆した。しかしながら世界経済会議の対立と抗争は、世界経済の内包する異質性を反映したものであって、同じアインチッヒも、アメリカの立場からみればアメリカの姿勢は正当であり、フランスの立場からみればフランスの主張も妥当であったことを認めざるをえなかった。世界経済の宿命的な亀裂を直視したアインチッヒは、むしろ各国が金ブロックの例にならった方がよかったかも知れないと語ったが[注42]、1932年の7月にはオッタワ会談によってスターリング・ブロックが既に形成されており、世界は地域的歴史的な紐帯を機縁として経済、金融、通貨の同質性をブロック毎に追求しつつあったのである。周知のごとくに18世紀の中葉から第一次世界大戦にかけてのヨーロッパ大陸には、ラテンとスカンジナビヤおよびドイツ、オーストリアの各通貨同盟が鼎立していた。その後スカンジナビヤ通貨同盟は、スターリング・ブロックに従属し、独墺関税同盟は枢軸陣営を形成していくことになるが、ラテン通貨同盟も世界経済会議の崩壊とともに上述の金ブロックに変容をとげたのである。いうなれば三国通貨協定は、ナチスの枢軸陣営に対抗すべく、金ブロックとスターリング・ブロックの盟主であるフランス、イギリスがドル圏の主軸たるアメリカとの提携によって結成した三大民主主義陣営の通貨同盟にほ

かならなかった。三国通貨協定の成立には、アメリカのドル切下げが一巡し、新関税法の制定とも相俟って金がアメリカに流入したことも経済的背景として無視しえないであろう。しかしながら、「英米仏通貨政策に関する協定は、その経済的意義とは比較にならない程重要な政治的意義をもつ」ていたのであり、その背景にはナチスによるヴェルサイユ条約の破棄やムッソリーニのエチオピア侵攻、あるいはアメリカにおける大統領選挙の接近などの政治的諸要因が伏在していたことを銘記すべきである。

6 ランブイエの通貨合意

ランブイエ首脳会談の場合もそれの成立と合意を促した背景の一つには、程度の差こそあれ、三国通貨協定におけると同じく国内的、国際的な政治上の配慮が働いていたとみることができる。ユーロ・マネー誌は1975年6月の暫定委員会に先立って早くも米仏の両巨頭による通貨問題の処理方式を予見していたが、それは首脳会談のもつ政治的なデモンストレーション効果を多分に示唆するものであった。事実南ヨーロッパや地中海域における政情の変化や全欧安保会議をひかえて、西欧の結束を一段と強化する必要があったことは否定すべくもないであろうし、同時に不況と失業を克服し、一連の南北経済会議に対処するためには、経済、資源、援助、あるいは貿易の面で先進主要国における政策の調整が必要とされたであろうことも論を俟たない。首脳会談の議題が本来の通貨問題のみでなく、景気、貿易（含む東西貿易）、援助、資源の6項目に拡大されたことは、このような状況を反映したものとみることができる。しかしながらより直卒に表現するならば、このような議題の多くは、本来的な通貨問題を回避するための便法として意図的に水増しされたかの感も拭い難いのであり、通貨問題こそむしろ三国通貨協定の時代と同じく、単なる為替技術的な問題に止まらず高度の政治的な問題と化していたのである。昨年6月の暫定委員会の直後にベネット米財務次官が後任の人選もまたずに突如として辞任したことは、米仏の通貨論争によって西欧の結束が乱れることを危惧した国務省との対立によるものと伝えられるが、その真相は詳にしえないとしても、このようなエピソードは通貨問題が国際政治的な観点から大乗的な解決を必要とするに至っていたことをある程度物語るものといえるであろう。

ランブイエ首脳会談の成立と合意を促した一つの背景が政治的なものであった

とするならば、第二の要因は金と増資をめぐる米仏の対立が1975年8月の暫定委員会で解消し、残された為替相場制度の問題についてもドルの復調を背景として休戦の機運が熟しつつあったことである。フロートに対する消極的な評価は、既に1974年のBISあるいはIMF総会のころから散見されたが、この問題が急速にクローズ・アップされた背景としては、その年の秋以降におけるドルの急落に伴って主要貿易相手国の輸出競争力が脅かされることになり、フロートの内蔵するマイナス的な作用とも相俟って国際貿易、ひいては世界経済の縮小過程が加速化されることも危惧されたためである。1962年の5月にカナダが固定相場に復帰した理由も、不況下におけるドルの過小評価がカナダの輸出と輸入代替産業に打撃を与えたためであったが、1975年の2月にフルカード仏蔵相が固定相場制度への復帰を説き、スイスがECの共同フロートに食指を動かし始めたのも、同じくこのようなドルの過小評価に対する防衛をいみするものであった。周知のごとく1976年の6月には、ビジネス・ウィーク誌やウォール・ストリート・ジャーナル紙などがフロート批判論を展開したが、同年8月にアメリカ議会のロイス小委員会は依然としてフロートを各国の自由裁量に委ねるべきであると勧告した。しかしながらその報告書においてもフロート下における為替相場の不規則性やコスト・カバーの増嵩などが指摘され、フロートによってむしろインフレが促進され、中長期的な計画の策定し難いことなどが問題とされていたのであった。1975年6月の暫定委員会で為替相場制度問題が白熱したのもそのような状勢を反映したものであったが、その翌月の7月10日にフランスがECの共同フロートに復帰した理由も、一つにはEC通貨統合の推進によって固定相場制度の実験をデモンストレートし、ECの結束を固めることによってドルのフロート・ダウンを牽制するためのものであったのである。しかしながらフランスの固定相場制度への即時復帰論は、1975年7月末の独仏首脳会談を境として後退を示すことになったが、フランスのフロート批判論はもともとがドルの過小評価に対する攻撃的な概念であり、フランスの姿勢の軟化も西ドイツの説得によるよりは、ドルの急速な復調に帰せらるべきものであった。一方のアメリカにおいても、ラッファー教授は上述のロイス小委員会において、アメリカの輸出業者がフロートに積極的な態度を示したのも、一つにはドルの過小評価によって輸出が促進されたためであると証言していたが、ドルの過小評価が是正されるに伴って、アメリカとしてもフロート一辺倒の主張に修正を迫られるに至ったものとみられるのである。

ランブイエの合意を導いた第三の要因は、複数基軸通貨体制が現実に形成されつつあったことであり、1975年のIMF年次報告書が、独立フロート11カ国と共同フロートの7カ国によって、世界貿易の69.6％が占められている事実を指摘したことは、これら諸通貨の特殊な役割を公認したものである。しかも主要国の通貨は、1973年3月以降の管理フロートの過程でさらにドル圏とEC通貨圏に収斂されつつあったのであり、世界の通貨状況を事実上規定し

第5表 IMF加盟国為替相場制度の態様
（1975年6月末）

		加盟国数	貿易シェアー（1974年の輸出入）
独立フロート		11	46.40%
特定国の通貨にペッグ	米ドル	54	12.4
	フランス・フラン	13	0.4
	英ポンド	10	1.6
	スペイン・ペセタ	1	—
	南阿・ランド	3	—
	小　計	81	14.4
複合通貨単位にペッグ	SDR	5	5.0
	その他	14	7.4
	小　計	19	12.4
一定の方式でペッグを変更		4	2.0
共同フロート		7	23.2
合　計		122	98.4

出所：IMF, *Annual Report*, 1975.

ていたのは、二大通貨圏の間におけるフロート体制にほかならなかった。資本取引の8割と貿易の6割以上をアメリカに依存するカナダは申すまでもなく、輸出の81％、輸入の85％（いずれも1973年）をドル建とする日本も、ドルに対する相場の安定を重視してしばしば介入を実施してきた。他方において1969年のハーグ会議を契機として通貨統合への具体的な展開を開始したECは、幾多の迂余曲折を経過しながらも独自の通貨圏を形成しつつあったが、EC通貨圏の内部においても「ドイツ・マルクが（フランスの意図とは係りなく）基軸的な通貨となった」[49]のである。さらに注目されることは、このような西ドイツがドル・マルク枢軸関係の形成を政策的に指向しつつあったともみられることであり、「EC通貨統合の盟主である西ドイツの連銀は、1973年7月の狂熱的な為替相場の変動以来、アメリカ及びEC諸国の通貨当局と密接な提携の下に、マルクのドルに対する変動をモデレートなものとすべく組織的に努力してきたのである」[50]。周知のごとく1975年6月のBIS総会においてジルストラ総裁は、EC通貨圏とドル圏との間における為替相場の安定化を要務としたが[51]、既にふれたように同年のIMF年次報告も、為替相場の安定には先進主要国の協力が不可欠であり、キー・カレンシー諸国の為替相場が安定する場合には、世界貿易の69％がZone of Stabilityによってカバーされるであろうことを示唆したのである。ランブイ

エで合意された為替安定協定が、キー・カレンシー・アプローチの実践を意味することは論を俟たないが、世界の 81 カ国がそれぞれの通貨をドルやポンドなどのキー・カレンシーにリンクしている現状からみても（第 5 表）、基軸的通貨の安定は爾余の諸通貨を為替相場の他律的な変動から防衛することにもなるのである。上述のウィリアムズ教授も、世界の通貨が安定するには、主要国の経済を健全に保つことが先決であり、そこで為替の安定が確保される場合には爾余の国々にもそれが容易に均霑されると考えていたが、ランブイエの通貨合意はこのようにして形成されようとしつつあった複数基軸通貨体制を高度の政治的な立場から確認したものにほかならないのである。

ランブイエの首脳会談で合意された為替相場の安定に関する紳士協定は、2 カ月間に渉って検討の続けられた米仏案を土台にしたものといわれるが、1975 年 11 月 17 日に発表されたコミュニケからは、その詳細を窺い知るすべもない。ただ巷間に伝えられているのは、先進主要国の間における新しい協議機構のみであり、1975 年 11 月 19 日付のガーデイアン紙によると、中銀は為替相場の erratic な変動を防止するため BIS と連携してデイリー・ベーシスで市場に介入し、蔵相代理は週ベースで、また蔵相は定期的に為替相場を監視することになるものといわれる。これは既述のような de facto の体制を公認したものであるが、その意義は、第一に EPU 以来のアド・ホック的な機能をより恒常的な機構に定着させたことである。第二は中銀と政府の権能を明確にするとともに、相互の連携関係を一つのハイアラーキーに再編したことであり、第三はこれによって為替相場の監視機能が一層強化されることが期待されることである。1974 年末にヘルシュタット事件の再発を防ぐため、BIS に設けられた Blunden Committee の早期警報制度は、BIS の市場監視機能の一端を示すものである。委員会は G10 およびルクセンブルグとスイスの代表によって構成され、4 カ月毎に会合を開き市場の監視を行った。

当面はこのような協議機構を通じて相場変動の因子ともなるべき経済実体面の調整がはかられるとともに、為替相場が経済実勢を反映しない erratic な動きを示す場合には、200 億ドルに垂んとする既存のスワップ協定を発動して市場への介入が試みられることになるであろう。問題はアメリカが介入の義務を負担するか否かであり、この点に関しては依然としてサイモン米財務長官とフルカード仏蔵相の発言に懸隔がみられる。しかしながらニューヨーク連銀の Hayes 元総裁が明らかにしたごとく、1962 年にスワップ協定が創設されて以来発動された

300億ドルのうち、140億ドルはアメリカが引出したものであり、このようにしてみるならばアメリカの市場介入も既成の事実であったのである。Hayes 氏はさらに、二大通貨ブロックの為替安定協定が政府間で締結されるならば、連銀としてもこれを促進することが可能であるとのべており、ランブイエの通貨合意に基づいて中銀間の日常的な協議と介入は、今後一段と組織的に実施されることが期待される。

しかしながら、ここで注目されることは、フルカード仏蔵相が、「フレッキシビリティがリジディティを意味しないとしても、一定の変動幅が必要とされることは明かである」と語っていることであり、中銀間のインフォーマルな介入方式を何らかのスキームに定着させようとする努力は、今後も依然として試みられることになるであろう。それはかつての IMF 体制下におけるがごとき硬直的なものであるよりは、一層柔軟であり、また紳士協定の有効性を確保する上からも公表を差し控えられることになるであろうが、参加国のビヘービヤーに大枠の基準を設定するには、何らかのフォーミュラが必要とされるのではあるまいか。

昨年の 5 月 20 日にフランスは、EC 共同フロートへの復帰に当ってスネークの手直し案を EC 蔵相理事会に提出したが、対ドル介入ルールの修正については 6 カ月以内に再検討を加えることとし、対ドル介入帯（Zones d'Intervention Adjustables）の構想についても、自動的なフォーミュラの設定を見送ることになった。この介入帯の設定に当ってはアメリカの参加が希望されていたが、そこでは介入帯それ自体のガイド・ライン的な効果とともに、それの設定と維持に当ってアメリカと EC の中銀間における日常的な協力が期待されていたのである。1970 年 10 月のウエルナー報告に付属するアンショー報告で提案された共同体水準は、固定的な基準レートの導入を前提としていたが、この構想はレートそのものが中銀間の協議によって変更される指標相場（Reference Rate）的な概念を基本とするものであったとみることができる。1975 年 11 月のヘラルド・トリビューン紙は、フランスを中心とする EC 諸国がスーパー・スネークあるいはドラゴンズ方式とも称すべきスキームを想定していることを明らかにしたが、この場合の基準点（Basic Point）は状況によって可変的なものとされるので、この方式は 10％程度のバンド（バンド自体も可変的であり、次第に縮小していく）をもつグライデイング・パリティのごときものと解される。

今後いずれの方式が採用されるかは、予測の限りではないが、伝えられるような EC 通貨の対ドル 10％の変動幅は、1975 年の 1 月から 10 月までの間におけ

る仏・フランの対ドル相場の変動が最大限20%前後であったことを勘案する場合には、フランス的な立場からみれば、固定とフロートの中間色を想わせるものがあり、ランブイエ以後の為替相場制度が、かつてのSDRと同じくシマ馬的なものとならざるをえないであろうことを示唆するものといえよう。しかしながらフルカード仏蔵相は、ランブイエの通貨合意をもってStable but Adjustableな平価制度に至るための一里塚と認識し、新しいIMF協定の第4条がこのための条件を規定したのも、平価制度に対するフランスの根強い願望を反映したものとみることができる。たしかに石油危機に伴うインフレも漸くにして鈍化の傾向を示し、オイル・マネーの累積も当初に予想された水準を遥に下回りつつあるが、近い将来には固定相場の円滑な運営に不可欠な財政・金融政策の一元化はもとよりのこと、金本位制度的なゲームのルールを復元させることも至難である。それのみでなく、石油ショック以後の世界経済は、適正な成長を維持する上で不可避的ともみられる経常収支の不均衡を、資本の移動によって積極的に補填せざるをえないような国際収支構造の変革に直面するに至っている。従ってランブイエの通貨合意によってフロートを脱却し、あるいはフロートの変動を完全に除去しうるかのごとくに考えることは余りにも楽観的であり、それの課題はフロートの不規則な変動をいかにして緩和するかにおかれている。これを要するに今日の状況が、本来的に固定相場制度にも純粋のフロートにもなじみ難いことは申すまでもなく、強いて今後の体制を名状するとするならば、三国通貨協定が修正の名を冠せられたのと同じように、修正フロート時代とでも呼称さるべきではなかろうか。

7 むすび

　開発途上国ではじめて開催されたジャマイカの暫定委員会が宛ら南北問題の会議と化したことは極めて象徴的であり、それはIMFが通貨節度の番人から南北援助機関の一翼へと変貌したことを如実に示すものであった。そしてまたIMFは通貨面においても、法的なフィクションとしての形骸を依然として保全することができたが、キングストンの会議はIMFにとって、EPUの創設以来複数基軸通貨国の間で形成されつつあったde factoの通貨体制に対する城下の盟にほかならなかったのである。従ってIMFにおける創草の第一原理であった為替相場の安定機能は、今後このような基軸通貨国の協議体制に委ねられることになるであろうが、そこにおける経済、金融政策の調整が、これまでと同じように通貨の

第6章　ランブイエ通貨合意の体制論的考察　　　245

対外的な側面のみを偏重し、それの事後的な調整に追われる限りにおいては、事態の急速な改善は困難であろう。このようなみにおいて中銀総裁会議をはじめとするBISの中銀間協力は、今後ますます重要な役割を担うことになるであろうが、BISは既述のように、為替安定協定の日常技術的な運営の面でも中核的な機能を発揮することが期待される。この面におけるBISの機能は、当面中銀間における情報の交換と集積およびスワップ協定網を構成する一員としての市場介入に止まるであろうが、1968年の新バーゼル協定やOECDの共同起債計画におけるがごとく、BISが将来多角介入の窓口的な機能を負担することも絶無とは断言できないであろう。1975年の3月末現在におけるBISの総資産は419億金フラン、米ドルに換算して210億ドル近くに達しているが、為替安定政策の効果を高めるには、30年代の初頭、あるいは1960年代におけるBISの活動を彩ったような国際金融協力に、これらの膨大な資産を活用することが必要とされるに至るであろう。BISは既にふれたように戦前のドイツ賠償をはじめとして、戦後のEPUとEMAの運営を通じてすぐれた清算機能を発揮してきたが、1973年の6月に発足したECの通貨協力基金も、将来の計画としてはBISを窓口とする多角介入と多角清算を予定している。当面は単なる記帳事務に止まっており、それの本格的な稼動には、なお多くの時間と困難を必要とするであろうが、ゆくゆくはBISがその清算機能を活用することによって、ドル圏とEC通貨統合とを連動し、名実ともに複数基軸通貨体制下の国際中央銀行として活動することも強ち白昼の夢ではないであろう。BISが誇るいま一つの特色は創設以来の伝統的な中立性であり、かつてはソ連もBISを通じて金を売却したと伝えられるが、既にふれたようにソ連を除く東欧諸国の中銀もBISに参加しているのである。BISが中立国のスイスあるいはスウェーデンのみならず、アルバニア、ブルガリア、チェコスロバキア、ハンガリー、ポーランド、ルーマニア、ユーゴスラビアなど東欧圏の各中銀をも傘下に包含していることは[注58]、BISが独り先進主要国の中銀間協力のみでなく、東欧圏との通貨協力を促進する上においても極めて有利な立場にあることを示すものである。BISの機能のうちで最近とくに注目されつつあるのは、IMFの保有金を放出するに当って入札能力を認められたことであり、あるいはまた1975年8月の暫定委員会において、G10諸国の中銀が金の取引規制を実施する上で、その取引状況をIMFとともにBISに対しても定期的に報告することを義務付けられたことである。この処理は一面においてBISによる金価格の安定操作を期待してのものともいえるであろうが、それは同時にBISが戦

前に実施していた金の国際清算機能に着目してのものとも解される。このような事態の進展は、IMF保有金の具体的な放出方法がBISの検討に委ねられたこととも相俟って、「これまでIMFが占めていた通貨問題のdrivers seatがBISに移譲された」ことを端的に物語る証左ともいえるのである。

第7章　国際通貨制度改革問題の一考察

1　はじめに

　戦後の国際通貨秩序を規定してきたブレトン・ウッズ体制が、1971年8月のニクソン新経済政策によって、名実ともに崩壊してから10数年を経過して、再びブレトン・ウッズ体制への回帰が叫ばれている。その間世界の経済は、中世の黒死病時代を想わせる狂乱的なインフレを経験する反面、30年代の大不況以来、ついぞ経験しえなかったような激しい景気の後退に呻吟した。そのような状況の中から澎湃として台頭してきたブレトン・ウッズ体制への回帰の動きは、いうなれば為替相場のみならず、物価の安定とともに、高水準の雇用を達成した戦後のベル・エポックに対する一種のノスタルジアにほかならない。そこには、とりわけ為替相場の安定に対する願望と憧憬がひめられているが、それは必ずしもブレトン・ウッズ体制の固定相場制度を、そのままの形で復元しようとするものではないのである。何となれば国際通貨制度の改革は、本来的に evolutional なものであり、政治的にも経済的にも、理念と構造を異にするブレトン・ウッズ体制は、既に帰らざる河のようなものでしかないからである。
　もともとブレトン・ウッズ体制は、大恐慌の再来を防止することが最大の眼目であり、ナチスのニュー・オーダーに対抗して展開されたニュー・ディールの国際版にほかならなかった。しかしながらそれを達成するための手段として選択されたものは、民間部門と競合し、これを圧迫することが危惧されるニュー・ディール政策そのものではなくて、それと同一の経済効果を齎すことが期待された自由貿易の促進であり、ブレトン・ウッズ体制の固定相場制度と短期信用供与のメカニズムは、自由貿易の達成とドルの過大評価を防止するための、制御装置にほか

ならなかった。しかしながら一元的な世界市場の形成と、それに対応するグローバルな通貨圏の無媒介的な再編は、あくまでも理念先行型の観念的な構図にほかならなかったのであり、それの基盤を構成するアメリカの政治的、経済的な優位性が後退するに伴って、ブレトン・ウッズ体制は、理念と現実との乖離に苦悶せざるをえなくなったのである。[注1]

　ブレトン・ウッズ体制の創設者達が予想しえなかった第一の誤算は、60年代の初頭に結成された先進10カ国グループ（G10）を母胎として、今日の経済サミットの形成に至る新しいスーパー・システムの登場である。それは政治面におけるアメリカのグローバルな戦略が、国連の安全保障理事会から、北大西洋条約機構（NATO）へと矮小化していく過程に照応するものであり、通貨面においても、ドルのヘゲモニーに立脚するブレトン・ウッズ体制は、複数の基軸通貨国による集団管理体制へと変質せざるをえなくなった。第二は、新興独立国の簇生と、それの債務国への転落を背景として、南北問題が60年代の初頭に、同じくブレトン・ウッズ体制の内部にも浸透し、とりわけ第一次石油ショックの発生を契機として、IMFが南北援助機関の一翼へと決定的な変貌を遂げざるをえなくなったことである。それと相呼応して、かつてはブレトン・ウッズ体制の与件的な存在にしか過ぎなかった開発途上の国々は、新国際経済秩序の確立を標榜し、あるいは最近におけるがごとく、累積債務問題を梃子として、大国中心の既存の国際通貨秩序に対する鋭角的な挑戦を試みるに至ったのである。第三は、各種の金融・商品市場の復活と発展が、ドルの基盤を掘り崩すに至ったことであり、ロンドン金市場の復活は、ドルと金の角逐に恰好の舞台を提供した。とりわけユーロ・ダラー市場をはじめとして、世界の各地に形成されたオフショアの金融市場は、膨大なホット・マネーの温床と化し、ブレトン・ウッズ体制の固定相場体系を根底から破砕した。とりわけ最近におけるこれらの市場の展開には、誠に瞠目すべきものがあり、そこにおいて上場されている品目は、主要国の通貨や金利などに拡大され、取引の形態も清算取引やオプション取引に及んでいる。

　そのような状況において、ブレトン・ウッズ体制の固定相場制度をそのままの形で復元することは、非現実的とのそしりを免れ難いのであり、近い将来に形成されるであろう新しい為替相場制度は、ブレトン・ウッズ体制と比べて、かなり柔軟なものとならざるをえないのである。いうなれば変動相場制度の柔軟性と、固定相場制度の節度をいかなる形で調和するかが、そこにおける課題であり、両者の中間的な目標相場圏（Target Zone）制度が、国際通貨制度改革の懸案とさ

れている所以でもある。しかしながら最近の事態は、大方の予想を遥に上回る急激なテンポで展開されており、1985年の9月、ニューヨークにおいて開催されたG5蔵相会議においては、早くも事実上目標相場圏の設定について合意が成立したものと観測されるに至っている。一方国際流動性問題については、フランスが開発途上国をバックとして、SDRの新規配分を提唱しているが、IMF理事会は、SDR制度を根本的に見直す方針を定めている。そのようにして変動相場制度を公認し、SDRを国際通貨制度の中心とすることを決定したキングストン体制は、僅かに10年の歳月を経過しないうちに、早くも事実上崩壊の過程を辿ることになったのである。

2 改革問題の展開過程

　公的レベルにおける国際通貨制度の改革作業が、1983年に開催されたウィリアムズバーグ・サミットの合意に基づいて、正式に始動されたのは、その年の秋のことであり、それの具体的な検討は、10カ国蔵相代理会議に付託された。その翌年のロンドン・サミットにおいては、1985年の半ばまでに、作業を完成させることが合意されたが、それはかねてよりアメリカの通貨当局者が示唆していた新しい国際通貨会議の1986年開催説とも符合するものとみられていた。国際通貨制度の改革論議は、当初変動相場制度の見直し論の形で登場してきたが、そのような論議は、皮肉にも世界の主要通貨が、変動相場制度に移行した直後の1973年半ば頃に、早くも散見されたのであり、そのような意味において、今日の国際通貨制度改革問題の源流は、70年代の中葉に遡ると称することも可能である。

　これを制度論的にみるならば、国際通貨制度改革の動きは、金の廃貨とともに、変動相場制度の公認を二大眼目として、1978年の4月に発効したIMFの新協定に対する造反をいみするだけでなく、第一次石油危機下の緊急避難的な経過措置から、正常化への転換のプロセスとして把えることが可能である。周知のようにIMFの新協定は、1974年の6月に公表された「国際通貨制度改革概要」(Outline of Reform) のうち、当面の措置に係る第二部を条約の形で具体化したものであり、その第一部においては、「安定的かつ調整可能な平価制度」(Stable but Adjustable Par Value System) が、終極的な目標である恒久的な為替相場制度として措定されていた。それに対応するものが、新協定の第4条第4項で

あり、そこにおいては世界の経済が安定性を回復した暁には、85％の多数決によって、安定的かつ調整可能な平価制度への移行を決定できることが規定されている。今日の世界経済は、なお幾多の不安定要因を内蔵しているが、世界の状況は、漸くにして二回に渉る石油ショックの後遺症から解放され、インフレの鎮静化などから判断しても、本格的な国際通貨制度の再建を検討するための条件が、次第に熟成しつつあるかのごとくにも観察されるに至ったのである。

然らずといえども新協定は、「中間段階として、同じく85％の特別多数決で"国際通貨制度の進展に応ずるため"、何らかの措置がとれるものとして、情勢の変化に即応しながら、平価制度への接近を徐々に行ってゆけるような配慮も加えてある」。見方によっては、現在 evolutional な形で展開されつつある国際通貨制度改革の動きは、IMF の新協定が定める 85％の多数決をまたないで、「情勢の変化に即応」しながら、なし崩し的に恒久的な制度に移行しつつある現実を、逆に投映したものとみることもできるのである。

そのような de facto の国際通貨制度改革の展開過程は、便宜上三つの局面に区分することが可能である。第一は、1973年に変動相場制度が導入された直後の段階であり、その年の6月に BIS は、いち早く変動相場制度に対する批判を展開した。両大戦間の経験や、1962年におけるカナダの第一次フロートの終焉が物語るように、不況下において変動相場制度に対する批判が台頭することは、一種の歴史的な経験律のようなものである。加えて第一次石油ショック直後の状況においては、為替相場の切下げ競争など、近隣窮乏化政策の蔓延が懸念されるに至ったのであり、アグレッシブな介入の禁止を目的とする指標相場（Reference Rate）制度が、1974年にいち早くイシアー（Wilfred Ethier）とブルームフィールド（Arthur I. Bloomfield）によって提唱されたのも、そのような事態の発生を未然に防止するためであった。この点でとくに注目されることは、この構想が20カ国委員会におけるイシアーの属人的なつながりを媒介として、1974年の10月、IMF 理事会によって、変動相場制度のガイド・ライン・3 として採択されるに至ったことである。そこにおいては、目標相場圏という言葉が正式に使用され、それに接近させるための介入は、IMF によって勧奨されることになったが（ただしそれの設定に当っては、IMF の同意が必要とされる）、アグレッシブな介入は、指標相場制度と同じく禁止された。

それに続く第二の局面は、上述の時点と若干オーバーラップするが、1974年の9月に発表されたフランスのフルカード案（Fourcade Plan）に始まって、第二

次石油ショックの発生した80年代の初頭に至るまでの期間であり、そこにおける最大の関心事は、弱いドルの克服であった。この段階においては、上述の目標相場圏制度が、20カ国委員会を舞台とするアメリカ主導型の国際通貨制度改革作業の展開過程で姿を消し、1977年4月の「監視制度要綱」(Principles for Exchange Rate Policies) においては、完全に抹殺されることになったが、皮肉なことは、この制度が対ドル為替相場の安定装置として、逆にIMFの枠外において、広汎な支持を獲得するに至ったことである。[注6]

フルカードは、1975年の5月、フランスがスネークに復帰するに当っても、再び域内における指標相場制度の導入とともに、対ドル共同体水準（調整可能な対ドル介入帯）の設定を提唱した。前者は、やがて1976年6月のドイセンベルク案 (Duisenberg Plan) と1978年のイペルセル案 (Ypersele Plan) を中間項として、既にEMSの為替相場制度に定着しており、後者はランブイエ・サミットの直前にディスクローズされたボア (Boa) またはドラゴンズ (Dragons) 構想と呼ばれるものに発展した。[注7]周知のようにランブイエ・サミットの結果、為替市場に対する介入は、乱高下の防止だけに限定されたが、目標相場圏構想は、政権が交替した後も、依然としてフランスの中核的な国際通貨戦略として終始一貫継承され続けてきた。そのようないみにおいてフランスの主導する国際通貨制度改革の動きは、EMSと同根の現象であり、従ってそれは変動相場制度を公認したキングストン体制に対するブレーメン体制の挑戦とも称することができるのである。

しかしながら目標相場圏構想は、ドルのヘゲモニーに対抗して、EC通貨統合の求心力を強化しようとするヨーロッパ主義のシンボルと目されたのみでなく、70年代の末葉には、ドル不安の激化する過程で、大西洋主義に立脚するキャラハンの五極通貨構想や、ローザ構想などにより、大西洋の両岸においても、支持を獲得することになったのである。[注8]それだけでなく、この局面においては、目標相場圏の導入を中核として、より広汎な国際通貨制度改革案の整合化と体系化が試みられることになったのであり、1979年には、ジスカール・デスタンが私設顧問、ポニアトゥスキー (M. Poniatowsky) の名によって、ルーブルを含む四極通貨構想を発表した。それをさらに論理的に彫琢したものは、イタリア銀行元副総裁のオッソラ (R. Ossola) によって、1981年に発表された「新三国通貨協定案」である。また同じ年には、イギリスのリーバー卿 (Lord Liver) が、ケインズの国際清算同盟案の復刻版とも称すべき世界中央銀行の創設案を提唱したが、

過渡的な措置としては、同じく目標相場圏の導入を提言した。それと相前後して、アメリカにおいては、金本位制度への復帰論が台頭し、国際通貨制度を再建するために第二のブレトン・ウッズ会議を開催すべきであると、声高に主張し始めた。[注9]

この局面の特徴は、目標相場圏の導入に止まらず、より広汎な政策の裏付けが同時に重要視されるに至ったことであり、上述のローザ構想においては、為替相場政策を補完するために、経済政策面における節度の維持や、ニューヨーク金融・資本市場の開放などを梃子とする大規模な資本還流対策などが提言された。第二は、ポニアトウスキー案やオッソラ案、あるいはアメリカの金本位制度復帰論にもみられるように、70年代の末葉における激しいドル不安の中で、金の復権を求める構想が相次いで登場するに至ったことである。この段階における国際通貨制度改革論は、いずれも弱いドルの状況を背景とするものであり、この問題の解決をはかるためには、単なる調整問題に止まらず、流動性問題や信認問題の領域にまで立入ったより整合的、より体系的な対処案が必要とされるに至ったのである。

しかしながらこれらの構想力にみちた提言は、80年代の初頭における第二次石油ショックの発生と、欧米主要国の政変によって挫折せざるをえなくなったのであり、国際通貨制度改革の動きは、ここに第三の局面を迎えることになったのである。第三段階の特徴は、70年代とは対蹠的に、強いドルの状況が現出されたにもかかわらず、それが国際通貨制度改革の気運を高揚し、やがては世界大的な規模における国際世論を形成するに至ったことである。この段階における国際通貨制度の改革論は、強いドルに対処するためのものであったが、それを主導したのは、フランスのミッテラン大統領である。それの宿願とする適正相場圏 (Zone of Probability) 構想は、1981年に、ECの第5次中期経済計画に取り入れられたのみでなく、その翌年のベルサイユ・サミットを契機として、国際的にも一大キャンペーンが展開されることになったのである。とりわけ80年代の初頭における世界的同時不況と国際金融不安を背景として、国際通貨制度改革の動きは、ジスカール・デスタンをはじめとして、シュミットやキッシンジャーなど、欧米の一流政治家が支持するところとなり、さらにはUNCTADや非同盟諸国首脳会談も、これに同調した。とりわけ南北間の橋渡しに挺身したのは、ニュー・ジーランドのマルドーン前首相兼蔵相であり、その提唱によって1983年の秋には、『新しいブレトン・ウッズを指向して』(*Toward a New Bretton Woods*) と題する報告書が、英連邦諸国蔵相会議に提出された。この報告書は、単なる国際通貨問題に止まらず、国際貿易の諸問題をも包摂し、前者についても調整問題のほ

かに、流動性問題や経済開発との関連についてまで、各種の提言を行った。為替相場制度に関しては、同じく目標相場圏の導入を勧告したが、報告書は、むしろ国際流動性問題を重視し、SDRの新規配分、GABの利用面における拡大、IMFにおける資金の充実と特別融資制度の拡充、および融資条件の緩和とともに、商業銀行の開発途上国に対する融資を、国際機関による低利の融資に切換える必要性などを提言した。[注10]

そのようにして国際通貨制度改革の動きが第三世界にまで拡散するに伴って、流動性問題がクローズ・アップされるに至ったことは、この段階における特色の一つであるが、開発途上国といえども調整問題を等閑視していたわけではない。むしろ変動相場制度は、保護主義を台頭させ、国際間における貿易と投資の流れを阻害することが危惧されたのみでなく、国際流動性を軽視するものとして、開発途上国の白眼視するところでもあった。しかしながら一般的な傾向として、開発途上国が流動性問題に関心をよせ、先進国が調整問題を重視していることは、否めない事実であるが、各国の立場は、斉一性を欠き、フランスやイタリアは開発途上国と同じく、SDRの新規配分を提唱した。一例として1983年の秋に発表されたフランスのドロール案（Delors Plan）は、アメリカの為替市場に対する不介入政策を難詰し、ドルの準備通貨としての機能を低下させるべきであると主張する反面、SDRの新規配分や累積債務の処理などについても提言を行った。[注11]
SDRの新規配分については、インフレの再燃を理由として、アメリカや西ドイツなどが反対し、同じくフランスの主張する目標相場圏の導入についても、当初はイタリアとベルギーが、僅に賛意を表明するに過ぎなかった。とりわけ変動相場制度を支持するアメリカは、現行制度の大幅な変更に反対し、国際通貨会議の開催についても、消極的な態度を示してきたが、変動相場制度の矛盾が露呈される中で、次第に政策の転換を余儀なくされ、いつしかフランスや開発途上国の改革路線に歩みよりを示すことになったのである。そのようにしてこれまで一部の政治家やエコノミストの私案に止っていた国際通貨制度の改革問題は、ウィリアムズバーグ・サミットを契機として、IMFの枠内で公式に検討されることになっただけでなく、1985年9月のニューヨークにおけるプラザ合意によって、世界の主要国は、暗黙の裡に目標相場圏の導入を指向して、急角度の政策転換を行うことになったのである。しかしながら国際通貨制度の改革は、それによって終焉したわけではないのであり、ジスカール・デスタンが1983年に発表した論文の中でも明らかにしているように、ECUの強化と目標相場圏の導入がそれぞれ第

一、第二段階の目標とするならば、金を含む資産決済問題の解決は、国際通貨制度の改革が到達すべき窮極の目標であり、前途はなお程遠いものを想わせるものがあるのである。

3 変動相場制度の矛盾

相次ぐドル防衛策の強化と国際金融協力の展開にもかかわらず、50年代の末葉以来、恒常的な信認の低下に喘ぎ続けてきたドルは、1982年の半ばを転機として、奇蹟的ともいうべき復調をとげるに至った。アメリカの貿易収支と経常収支が悪化を続けたにもかかわらず、ドルがその後も独歩高を持続した理由は、1979年の10月に導入されたアメリカの新金融調節方式と、軍事費の突出などに基因する財政赤字の増加に伴って、空前の高金利水準が現出され、それと期を同じくして実施された日本やイギリスにおける為替管理制度の撤廃を契機として、大量の資本がアメリカに流入したためである（同時にアメリカにおけるインターナショナル・バンキング・サービス創設の影響も無視することができない）。その結果としてドルの実質実効為替相場は、1980年から1984年10月の間に63％も上昇し、強いドルの副作用は、アメリカのみならず、国際的にも伝播されることになった。第一には、ドルの高騰とは対蹠的に過小評価に陥ったフランスなどの貿易相手国が、輸入インフレの防止と自国通貨の防衛上、リフレ政策への転換を抑止せざるをえなかったことであり、雇用の増加を公約として登場したフランスのミッテラン大統領が、就任以来一貫して、国際通貨制度の改革を提唱し続けたのも、一つにはそのためである。

第二は、強いドルと、それの基因であるアメリカの高金利が、80年代初頭の世界的な不況とも相俟って、東欧諸国や、ラテン・アメリカを中心とする開発途上諸国の累積債務問題を激発させ、国際金融システムを震撼させるに至ったことである。それまで国際通貨制度の改革に、消極的な態度を示してきたアメリカが、1982年8月のメキシコにおける金融危機を転機として、態度を豹変するに至ったのは、そのためであり、1982年の12月、中南米を歴訪した直後に、時の財務長官レーガンが、新しい国際通貨会議の開催を提唱するに至ったことは、これを象徴するエピソードと称することができるであろう。第三は、各国の金融政策が、金利から通貨供給量のコントロールを重視する政策に転換されるとともに、金利の変動が激しくなり、それに伴随して国際資本移動の波動が増大したことで

ある。それに対応して為替相場の不安定性も増幅され、経済実勢から乖離した為替相場の不整合性（misalignment）も激化した。とりわけアメリカにおいては、経常収支の悪化が、景気の回復に水をさす結果ともなり、80年代の初頭における世界的な景気の後退とも相俟って、保護主義を蔓延させることになったのである。当初は、教条主義的なマネタリズムに立脚して、為替市場に対する不介入政策を堅持してきたアメリカが、次第に態度を軟化せざるをえなくなったのも、一つにはドルの過大評価に伴って、アメリカの輸出競争力が低下し、保護主義が台頭するに至ったためである。

　そのような強いドルの波紋は、経済面だけではなくて、政治面においても米仏間の緊張と対立を激化させ、一時は西欧同盟の崩壊さえも危惧されるに至ったのである。1982年のベルサイユ・サミットに先立って、アメリカが為替市場に対する介入を実施したのも、そのような政治的配慮に基づくものとみられているが、同じく80年代の初頭における中南米の政治的、経済的な混乱は、ホワイトハウスの心胆を寒からしめるものがあったのである。一例としてリーガン大統領は、1983年の4月、中南米に関する施政演説の中で、カリブ海と中米におけるソ連の脅威を、第二次世界大戦の前夜におけるナチスの経済侵略に擬することによって、アメリカ人の危機感を煽り立てていた。同じくジスカール・デスタンも、国際通貨制度の混乱が、西欧文明の崩壊につながることを警告したが、国際通貨制度改革問題の基底に伏在するものは、西欧的秩序の崩壊に対する危機感であり、それは単なる循環的な問題ではなくて、「世紀を周期とするような構造的な変動」[注14]として把えることが可能である。

　現象的にみるならば、国際通貨制度改革問題の背後には、上述のような各種の政治的、経済的な諸要因が、局面によってそのウェイトを変え、あるいは相剋的に作用し合いながら、伏在していたが、通貨面からみるならば、それは余りにも過大な期待をよせられてきた変動相場制度の神話に対する反省にほかならなかった。周知のように50年代の初頭にいち早く変動相場制度の擁護論を展開したのは、フリードマン（Milton Friedman）であり、彼は変動相場制度の導入が早ければ早い程、自由・多角的な貿易が実現され、安定的な金融政策の自律性が確保されると主張した。[注15]それの前提として想定されていたのは、為替相場の変動による国際収支の自動調節作用であり、まず第一に変動相場制度が、自由貿易の促進に貢献するものとみられた理由は、固定相場制度下とは違って、国際収支上の理由から、政府が貿易や決済に直接的な規制を加える必要性がなくなると考えられ

たからにほかならない。第二に変動相場制度が、安定的な国内金融政策の自律性を保証すると考えられた理由は、為替市場に対する介入が必要とされないために、固定相場制度下にみられたようなインフレまたはデフレの伝播を遮断することができると考えられたためである。また為替相場の変動によって国際収支の調整を行うことは、非伸縮的な国内諸価格の変動によって調整を行う場合よりも、遥に効率的であり、しかも資源の配分を変更することも必要とされないため、より好ましい方策と考えられていたのである。そこには後年におけるビナイン・ネグレクトの思想的な前駆症状を見出すことも可能であるが、フリードマンは、上述の理由から変動相場制度をもって、「貿易による各国間の相互依存関係を各国の国内通貨の最大限の独立と結びつける手段」[注16]であるとして、これに絶賛を惜しまなかったのである。

それだけでなくフリードマンは、通説となっていた変動相場制度下における為替相場の不安定性を否定して、それが不安定であるのは、国際貿易を左右する経済の基礎的諸条件が不安定なためであるとのべるとともに、投機は為替相場の安定性を害うよりも、それの安定化に寄与していると主張した。また為替相場の決定が硬直的な行政措置の代りに、自動的な市場の作用に委ねられる場合は、為替相場の変動が急速かつ自動的に、しかも継続的に行われることになるので、戦後のイギリスにおいて反復されたような外国為替の危機は、発生しなかったであろうと臆断した。[注17]フリードマンが変動相場制度を提唱した50年代の初頭においては、ヨーロッパの主要国といえども、まだ貿易の自由化を達成するまでには至らなかったため、フリードマンは変動相場制度の効用として、自由貿易の促進効果を強調し過ぎたきらいがある。それに対して1969年に、同じく変動相場制度の擁護論を発表したH・ジョンソン（H. G. Johnson）は、それが万能ではないとのべながらも、変動相場制度が経済政策の自律性に及ぼす効果に力点をおくなど、[注18]若干の違いはあるが、これら二人の代表的な経済学者による変動相場制度の擁護論は、ほぼ同一の論拠に基づくものとみることができる。

しかしながら70年代の初頭以来の変動相場制度下における経験は、上述のような期待を完全に裏切る結果となったのであり、まず変動相場制度の擁護論が前提とする国際収支の自動調節作用についてみても、経常収支の動きと為替相場の変動は、対蹠的な動きを示す場合が少なくなかったのである。一例としてキンドルバーガーは、1974年の上半期に、マルクの対ドル相場が40％の上昇を示したにもかかわらず、西ドイツの経常収支が依然として黒字を持続していた事実を

あげ、為替相場の変動が経常収支の不均衡を自動的に調節する機能は、皮肉にも第一次石油ショックによって終焉したと主張した[注19]。たしかにクーパー（R. N. Cooper）も指摘するように、為替相場の変動する原因が後述のように、期待によって支配される資本取引に基因するものであるとしても、経常収支の不均衡が投機筋の予想に織り込まれることによって、やがては為替相場の変動要因となることも否定することができないのである[注20]。経験的にみても、80年代の初頭におけるアメリカの経常収支の改善が、70年代の末葉におけるドルの過小評価に少なからず由因するものであったことは、容易に想像されるところであり、為替相場の国際収支調節作用を全面的に否定し去ることには、矢張り問題がある。

しかしながら短期的には、J・カーブ効果が働くほか、貿易収支面に為替相場の変動が効果を顕現するまでには、かなりのタイム・ラグが必要とされる。「財市場（goods market）においては、調整過程が働かなかった」[注21]と断定するのは、やや勢急であるが、この問題を考察する場合には、価格要因のほかに、資源の賦存状態や、産業構造の相違と生産性の較差、あるいは貿易財の品質や引渡条件、アフター・サービスなどの非価格的な諸要因を、同時に考慮することが必要である。しかしながら市場機能の不全を専ら制限的な貿易政策に帰因させ、貿易の自由化によって、為替相場の自動調節作用を貫徹させようとするがごときは、現実を無視した観念論というほかはないのである。

何となれば資本移動が大幅に自由化され、資本市場の統合が進展しつつある今日の状況において、為替相場を大きく規定するものは、伝統的な財・サービスのフローではなくて、各種通貨建資産のストック相互の間における変化にほかならないからである。一説によると国際間における資本取引の規模は、国際貿易の15倍に達しているとも伝えられているが[注22]、その結果として為替相場は資産市場説（Asset-Market Theory）の名によって知られているように、財・サービスの相対価格というよりも、「内外の資産保有者が、その価格である国の通貨、債券など金融的、実物的効果をもつストックをすすんで保有しようとする相対価格」[注23]として定義付けられるに至っている。しかもこれらの資産取引は、単に取引の規模が大きいだけではなくて、調整に時間が必要とされる財・サービスの取引とは違って、経済政策の効果が顕現する前に、将来の収益に対する期待の変化を通じて、即時的に調整が行われる[注24]。その結果として為替相場は、ファンダメンタルズから乖離し、購買力平価説は、現実的な妥当性を喪失せざるをえないことになったのである。

次に変動相場制度の擁護論者が期待した金融政策の自律性にしても、同じく現実の検証には堪えることができなかったのであり、既述のように、アメリカの高金利が支配する状況においては、フランスなどの国々も、自国通貨の防衛と輸入インフレの防止上、金融政策の緩和に踏み切ることができなかった。また変動相場制度の擁護論者は、固定相場の時代とは違って為替市場に対する介入が行われないために、景気循環を遮断することができると主張したが、それも同じくキンドルバーガーがいち早く批判したように、幻想に過ぎなかったのである。もともと変動相場の景気遮断効果なるものは、B・コーエン（Benjamin J. Cohen）が指摘したように、「すべての資本移動を捨象した国際収支ビヘービヤーのモデルから演繹された」ものに過ぎなかったのであり、フローとしての資本移動をみとめたマンデル・フレミング・モデル（Mundell-Fleming-Model）といえども、同じような限界を免れることができなかったのである。たしかに固定相場制度の下では、資本が移動すると、中央銀行が介入を実施し、それが不胎化されない限りは、介入に伴って銀行のマネタリー・ベースが変化するので、その結果として所得と支出も変化することになる。しかしながら変動相場制度下においても、仮に資本が流出すると、その国の為相場が下落し、貿易収支の改善を通じて、国内の所得と支出が増加することにもなるのである。

しかも大量の国際資本移動によって、為替相場の不整合性が示現される場合には、さまぎまの経済的なコストを負担せざるをえないことになるのであり、それを回避するためには、一段と国際間における金融・財政政策の協調が必要とされる。申すまでもなく過大に評価された通貨は、インフレの鎮静化に寄与する反面、その国の非工業化に拍車をかけ、国内経済にデフレ圧力を斉すだけでなく、保護主義を促進する。それに対して過小に評価された通貨は、福祉を失い、インフレ圧力を増大させるとともに、通商摩擦にさらされることにもなる。従って各国は現実の問題として、変動相場制度下においても金融政策の遂行に当って、国際収支や為替相場の状況を考慮せざるをえないことになり、その結果として景気循環の国際的な伝播を免れることができなくなるのである。結論としていえることは、「固定相場制度下において、ヨーロッパとカナダは、国際収支の過度の変動をさけるために、アメリカの金融政策に追随したが、変動相場制度下においては、実質為替相場の過度の変化をさけるために、アメリカの金融政策に追随せざるをえないことになったのである」。

さらにフリードマンは、上述のように、変動相場制度下においては、為替相場

が安定すると主張したが、ブレトン・ウッズ体制下の50年代末葉から60年代の末葉に至るまでの間には、主要国の為替相場が5％以上変動することがまれであったのに対して、変動相場制度下においては、逆に一日に3％から5％もの大幅な変動を示す場合も、決して珍しくはないのである。両大戦間期における国際短期資本の均衡破壊的な動きを原体験とするヌルクセ（N. R. Nurkse）の主張とは対蹠的に、変動相場制度下における為替相場の安定性を強調したフリードマンの仮説は、1950年から1962年にかけて行われたカナダの第一次フロートをモデルにしたものとみられている。[注30] たしかに両大戦間期の経験とは違って、第一次フロート下のカナダにおいては、為替相場が極めて安定的な推移を示したが、その原因は、機動的な介入政策や、対ドル実勢相場の水準に対する市場の信認に加えて、アメリカの直接投資が資本財の輸入を伴随し、資本の流入が財・サービス勘定の悪化によって相殺されたためとみられている。[注31]

しかしながら変動相場制度下における為替相場のビヘービヤーは、フリードマンの期待を裏切って、均衡相場から乖離した過剰反応（overshooting）を呈することもまれではなかったのであり、とりわけ今日では為替相場の不安定性よりも、むしろ不整合性が問題とされるに至ったのである。その原因を中央銀行の介入政策に帰着させようとするフリードマンの所説は、ナンセンスに過ぎないが、ドーンブッシュ（R. Dornbusch）は、それを既に概説したような財市場（good market）と資産市場（asset market）との間における調整速度の相違によるものと主張した（Exchange Rate Dynamic Model）。一方、変動相場制度下における為替相場の乱高下に対する説明としては、それを商品市場などのオークション市場に通有の現象とする説や、為替相場の決定を、他人が反応するように行動する投機家の集団的な行動に求める自己実現的投機説（Self-fulfilling Speculation. Bandwagon Effects も、これによって部分的に説明される）[注32]があげられる。また外国為替の伝統的な直物（spot）と先物（forward）取引に加えて、清算取引（future）やオプション（option）取引までが、フィラデルフィアなどの取引所において行われ、IMM の取扱が、1983年4月現在における全米為替取引の10％近くに達していることも、その一因とみられている。[注33] そのほかにも変動相場制度下において、為替相場が不安定性を露呈した理由としては、不完全な情報に基づく投機家のビヘービヤーや、ペソ問題（peso problemes）、あるいはバブル（bubbles）現象などが指摘されているが、[注34] FAS・8のような制度的な諸要因も同じく、無視することができないのである。

またフリードマンが、変動相場制度の導入に伴って、自ら解消されるものと主張したイギリスの外国為替危機にしても、「変動相場は、イギリスの政策当局を対外的な拘束から解放しなかったし、固定相場に比べて、国内政策目的を追求する上においても操作の余地を拡大するものではなかったのである[注35]」。

同じく変動相場制度の自由貿易促進効果なるものも、幻想にしか過ぎなかったのであり、最近の事態は、これとは全く逆の現象を呈するに至っている。もともとフリードマンが、その論拠としたような「国際収支上の理由から保護を求めることは、多くの場合第二義的な動機に過ぎない[注36]」のであり、変動相場制度は、むしろ保護主義の台頭を促すことになったのである。それは、既に関説したごとく国際間の資本移動と、それに伴う為替相場の不整合性に基因するものであり、その結果として資本取引は自由化され、その反面において貿易取引が、事実上大幅の規制に服するという逆説的な現象が発生することになったのである。

4　G10蔵相代理会議の改革案

ウィリアムズバーグ・サミットの合意に基づいて、国際通貨制度改革の問題点を発掘すると同時に、それの検討をすすめてきた10カ国蔵相代理会議は、予定通り1985年の6月、東京において開催された10カ国蔵相会議に「変動相場制度の機能」[注37]（*The Functioning of the International Monetary System*）と題する報告書を提出した（以下報告書と略称）。報告書は、序章と結論のほかに、それまで代理会議において検討が続けられてきた四つの分野、すなわち①変動相場制度の機能、②国際的監視の強化、③国際流動性の管理および④IMFの役割について、それぞれ独立の章を設けている。全体的にみて本報告書は、現行制度の大幅な変革を嫌い、フランスの主張する目標相場圏の導入やSDRの新規配分に反対して、国際的サーベイランスの強化と市場原理の活用を重視するアメリカの主張を大幅に取り入れた結果となっている。その結論は、2年ごしの作業にもかかわらずヴィジョンとパースペクティブを欠き、余りにも常套的であり過ぎたが故に、「この問題の検討に最も懐疑的であった人々さえも、失望を禁じえなかった[注38]」と伝えられるようなものになってしまったのである。

まず変動相場制度の機能については、これを積極的に評価し、それに代るべき制度は、非現実的であるとの結論を下しているのが報告書の特徴である。その理由として報告書は、国際収支の調整と、開放的な貿易・決済制度の維持、およ

びインフレの遮断と、金融政策の自律性に寄与した変動相場制度の役割を指摘し、「弾力性の劣る制度が過去10年間の緊張に耐ええたか否かは疑問である」とのべている。そのような変動相場制度に対する報告書の結論は、前節でのべたような最近における理論的実証的な分析の成果とも、矛盾することになったのであり、仮に変動相場制度が真に有効なものであったとするならば、主要国の経済政策を調整するために、国際的なサーベイランスを強化しようとする報告書の勧告も、それ自体が無意味なものとならざるをえなかった筈である。

　一般に変動相場制度は、第一次石油ショックの経験を顧みるまでもなく、外的なショックに強いといわれているが、変動相場制度は、「種類を異にする貿易財（例えば石油や食糧などの貿易財）相互の間における相対価格の変化に対しては、効果的な遮断を斉すことができないのであり、（中略）、実物的なショックに対する防衛としては、相対的に不利益となっている」[注39]。何となれば変動相場制度の下では、固定相場制度下におけるがごとく国際収支が国内の消費に対する緩衝器とならないし、為替相場の変動によって、種類を異にする貿易財相互の相対価格を変化させることもできないからである。

　しかしながら変動相場制度を有効として、これを高く評価した報告書といえども、名目為替相場の短期的な不安定性と、実質為替相場の中期的な変動を、変動相場制度の短所としてみとめざるをえなかったのである。この点については、変動相場制度を金科玉条とするアメリカの通貨当局やIMFといえども、フリードマンのようなアカデミズムとは違って、70年代の中葉から変動相場制度下における為替相場の乱高下を、防止する必要性を認めていたのであり、1974年の10月にIMFの理事会が採択したフロートのガイド・ラインによって、「一方方向の相場変動をなだらかにする」(leaning against the wind)ための介入が許容されたことは、これを裏書きしている。一般に為替相場の乱高下が忌避されるのは、それによって国際間の貿易や投資が阻害される恐れがあるためであるが、報告書は、外交文書に特有の修辞学によって事態を糊塗し、明確な結論を下すことをさけている。むしろ報告書は、一般的な結論として、開放的な貿易・決済制度の維持にとって、変動相場制度が果した役割を評価し、為替相場の乱高下は、有効かつ低廉なヘッジ技術の開発によって、対処することが可能であると主張した。[注40]しかしながら報告書といえども、最終的には、上述のような楽天的な結論とは打って変って「実質為替相場の大幅な変動により、保護主義的な圧力が高まり、資源の配分が歪められる危険性がある」と警告せざるをえなかったのである。

報告書は、為替相場の不安定性が、貿易と投資に及ぼす不確実性と危険性について、IMFの調査を引き合いに出しているが、IMFの調査そのものが、作成者と発表の時点によって、その結論を異にしていたのである。ちなみに1984年の7月に発表された調査は、1973年から1982年にかけて世界貿易の伸びが、1963－72年の半分以下（4.1％）に鈍化し、1980－82年にそれが全く停滞した原因を、主として世界的な実体経済の停滞に帰着させ、為替相場の不安定性は、統計的にみて重要ではないとの結論を下している。しかしながら同じ年に刊行された別の調査においては、為替相場の不安定性が、国際間の貿易と投資に重大な影響を及ぼすことは、疑問の余地がないとのべるとともに、その口の下から、それは変動相場制度が、貿易と投資の障害となっていることを意味するものではないとの矛盾した説明を行っていたのである。[注41]

　それだけでなく、この調査は、変動相場制度が、インフレとの闘いにとって不可欠な節度を維持し、為替相場の短期的な変動に伴う摩擦的な失業の発生を防止した点などを指摘して、変動相場制度のパフォーマンスが著しく良好であったと評価しているが、それは本報告書の総括とも、トーンを同じくしているように思われる。しかしながらその反面においてIMFの調査は、変動相場制度のパフォーマンスが、外的ショックに対する遮断効果、国際収支の自動調節作用、保護主義の抑制および為替相場の安定性などの点において、満足すべきものではなかったことを認めるとともに、変動相場制度が、外貨準備に対する需要を低下させ、経済協力の必要性を排除するものではなかったことを是認している。[注42] もともとこの調査は、為替相場の不安定性が、経済の基礎的諸条件の不安定性を反映したものであるとする点において、[注43] フリードマンやH・ジョンソンの衣鉢をつぐものといえるが、その対策としてマクロ経済政策の節度を維持し、国際的な協調をはかることが必要であるとのべている調査書の勧告は、そのままG10蔵相代理会議の報告書にも取り入れられている。

　仮に一歩を譲って、IMFの調査が指摘したように、既述のような世界貿易の停滞が、変動相場制度に基因するものか、景気の後退によるものかは軽々に断定することができないとしても、変動相場制度下における為替相場の不整合性が、保護主義の台頭を誘発し、自由貿易に脅威を与えるに至った事実は、何人も否定することができないのである。それだけでなく最近における極めて衝撃的な現象は、世界貿易の40％が、バーター貿易によって占められるに至ったことであり、それの主因は、外貨不足あるいは兵器生産の多角化などによるものとみられてい

るが、変動相場制度との関連が皆無とは、何人も断定し難いように思われるのである。キンドルバーガーは、変動相場制度下において、世界市場が分断され、バーター制度に近似したものになるとのべているが、変動相場制度下における為替相場の不安定性と不整合性には、国際通貨の機能を剥奪し、通貨アナーキズムを招来することを危惧させるものがあったのである。

そのような為替相場の歪みを生み出した原因は、既に関説したように国際間の資本移動によるものであり、さすがに現状維持的な報告書といえども、ここ10年ほどの間に、為替相場に及ぼす資本取引の影響が、次第に増大している事実をみとめるとともに、その原因は、資本市場の調整が、財・サービス市場のそれよりも迅速に行われるためであるとのべている。さらに報告書は、不確実な状況の下においては、政策のスタンスやファンダメンタルズについて、適正な評価を下すことが困難なため、市場が過剰反応を惹起する可能性を指摘する反面、為替相場を歪めるとともに、調整を遅らせている要因として、とくに法律や規則に基づく制約などの制度的な硬直性の存在を強調した。そこには市場の効率性を無条件に信奉する変動相場制度擁護論に特有の経済哲学を見出すことが可能であるが、実証的にみると、70年代の初頭以来、アメリカとイギリスと日本において実施された資本取引の自由化は、むしろ為替相場の不安定性と不整合性を、逆に増幅する結果を招くことになったのである。

それでは一体報告書は、いかなる方策によって変動相場制度のジレンマに対処しようとしているのであろうか。報告書は、まず第一に固定相場制度への復帰を非現実的として退けるとともに、国際間における資本移動の規制に対しても、反対の態度を明らかにした。資本取引に対する規制については、アメリカにおいてもトービン（James Tobin）が、直物為替取引に対する課税を提唱したのをはじめとして、バーグステン（C. F. Bergsten）やケネン（Peter B. Kennen）なども、何らかの形で資本取引を規制すべきことを提唱し、あるいはそれに対する支持を表明している。資本取引の規制には、その効果に限界が予想されるだけでなく、抜道を封ずるために規制が規制を生む恐れがあり、あるいは現状において、アメリカに対する資本の流出を規制する場合には、アメリカの金利が上昇することを懸念する向きもある。しかしながらその反面においては、規制の効果を積極的に評価する意見も皆無ではなく、またアメリカの金利に及ぼす影響にしても、日本が内需を振興することによって、資本の還流を企図する場合には、同一の現象が発生することも予想されるのである。むしろ外国資本の流出に対しては、連邦準

備制度が金融政策を緩和し、あるいはアメリカの財政赤字を削減することによって対応を試みるべきであり、またアメリカが不胎化されないドルの売介入を実施する場合にも、同一の効果を期待することが可能である。いずれにしても複数の国民通貨が併存している状況において、国際間の資本移動を自由に放任する反面、為替相場の恒常的な安定性と長期的な整合性を所期することは、本来的に矛盾律以外の何ものでもないのである。資本市場の国際的な統合化に対応して、国際通貨の安定性を確保するためには、クーパーも主張するように、世界共通通貨を創出することが[注48]理想的であるが、この種の構想は、国際社会の現状からみても、白昼の夢の域を脱することができない。それだけでなく、資本取引の自由化と、国際資本市場の統合が促進される場合には、世界各国の金融政策が、事実上ウォール街の意思によってコントロールされ、意図すると否とにかかわらず、キンドルバーガーのいう「ドル本位の国際化」[注49]が貫徹されることにもなりかねないのである。

　以上のように固定相場制度への復帰とともに、資本取引に対する規制をも退けた報告書が、為替安定の処方箋として支持を表明したのは、為替市場に対する中央銀行の介入であり、そこでは1983年の5月に発表された「ジュルゲンセン・レポート」(*Jurgensen Report*、正式には『為替市場介入に関する作業部会報告書』、*Report of the Working Group on Exchange Market Intervention*)の結論を承認する形となっている（以下レポートと略称）。この作業部会は、1982年のベルサイユ・サミットにおける合意に基づいて、為替市場に対する介入の効果を測定するため、サミット参加国の大蔵省と中央銀行のスタッフによって構成されたアド・ホックの委員会である。既に関説したようにベルサイユ・サミットにおいては、ドル高の修正を求めるフランスと、為替市場に対する不介入政策を堅持するアメリカの主張とが真向から対立したが、最終的には破局的な事態をさけるために、サミットを構成する国々の間における経済・金融協力を強化し、国際通貨制度の建設的な展開に向って努力を重ねることが合意された。それは国際通貨制度改革問題の展開にとって、一つの転機をなすものであったが、とりわけそこにおいて成立した通貨合意 (Statement of International Monetary Undertaking) によって、アメリカの提唱するIMFの多角的サーベイランスと引換えに、ジュルゲンセン作業部会の設置が合意されるに至ったことは、アメリカにおける介入政策の転換を決定付ける素因の一つともなったのである。既に関説したようにアメリカは、ベルサイユ・サミットに先立って、為替市場に対する介入を行ったほか、その年の6月中旬、EMSにおいて行われた基準レートの再

調整に当っても、日本や西ドイツなどの中央銀行とともに、協調介入を実施することによって、介入政策の転換をなし崩し的に行いつつあったのである。

アメリカが為替市場に対する介入に消極的な態度を示してきた理由としては、まず市場の効率性に対する信奉をあげることが可能であり、次のようなフリードマンの言葉は、それを古典的な形で表現したものということができるであろう。「自分自身のものではない資金を危険にさらしている政府の役人たちのほうが、自分自身の資金を危険にさらしている民間人よりも、外国為替市場で生じやすい変動についてよりすぐれた判断を下す」[注50]ことはありえない。

しかしながら為替市場のビヘービヤーは、入手可能な情報を適正に反映したものであるよりは[注51]、しばしば近視眼的な思惑によって幻惑され、不確実な予想や単なる流言によって過剰に反応する場合も少なくないのである。従ってフリードマンといえども、通貨当局が「一時的な変動を安定化させ、しかも基礎的な調整を妨げない」限りにおいて、市場に介入することを容認せざるをえなかったが、その場合には、通貨当局がそれによってもうけるか否かが基準とされたのである。[注52]しかしながら通貨当局の介入がもうけを伴わなくても、為替相場の安定に寄与した例は、決して少なくないのであり[注53]、レポートも収益性基準は、介入操作を行うための事前の指針としては、余り役に立たないとして、フリードマン説を退けるに至ったのである。

アメリカが為替市場に対する介入を忌避してきたいま一つの原因は、それによって金融政策の自律性が失われることを危惧したためである。一例としてドル高を是正するために、ドルの売介入を実施する場合には、逆の場合とは違って、介入政策が、外貨準備の保有量、または対外借入れのアベーラビリティによって制約されることはないが、その反面においては、国内の流動性が増加するために、インフレ圧力を醸成することになる。それを防止するためには、公開市場操作を同時平行的に実施することによって、これを不胎化することも可能であるが、不胎化された介入（sterilized intervention）は、為替の需給調節とインフォーメーションの提供を通じて、為替市場に影響を与える反面、国内経済の基礎的諸条件に対しては、金融的に中立であるので、短期的な効果しか期待することができないのである。[注54]従ってレポートが指摘するように、不胎化された介入が持続的なインパクトを斉すためには、それが国内政策の変更と連動して行われることが必要であり、その場合には、不胎化されない介入（unsterilized intervention）に近いものとなる。ジュルゲンセン・レポートが、不胎化された介入よりも、不胎化

されない介入の効果が有効であるとのべたのは、そのためであるが、レポートは、さらにアメリカが、それまで難色を示してきた協調介入の有効性を公認した。

　ジュルゲンセン・レポートは、結論として介入が、為替市場の短期的な変動を圧縮する上で有効であったことを認めるとともに、カーター政権の末期に実施されたアメリカの介入政策のように、市場参加者の信認を回復させるためなどの短・中期的な目的のために、介入が利用された例を指摘した。それに対して通貨当局が相当の期間にわたって、目標値を設定した例としては、EMS のほかに、1977年のイギリスにおける経験が列挙されたに過ぎなかった。しかしながら介入政策をめぐる国際間の動きは、乱高下の防止と為替操作の禁止を目的とする初次的な段階から、協調介入の有効性を承認する段階に発展し、さらには目標相場圏の導入に向って、劇的な展開を示すことになったのである。

5　目標相場圏と国際的監視

　これまで国際通貨制度改革の最大の争点と目されてきた目標相場圏制度とは、物価や実勢相場などの客観指標（objective indicators）、あるいは参加国の間における協議に基づいて、基準相場を設定し、同一の基準に基づいて、それの定期的な見直しを行おうとするものであり、その点においては、指標相場制度と同一である。しかしながら、後者が競争的な切下げを回避するためにアグレッシブな介入（agressive intervention）を禁止し、不作為義務を定めるに過ぎないのに対して、目標相場圏制度は、目標相場を維持するための能動的な介入を容認、支援し、あるいはこれを義務付ける。さらには 1976 年に、オランダ大蔵省のオールト（C. J. Oort）財務官が、ロンドンの王立国際問題研究所で発表したプランのように、単に為替相場を調整するための引き金とするだけではなくて、経済政策を調整するためのガイド・ポストにしようとする構想までがこれに含まれる。[注55] 目標相場圏の実施に当っては、それを公表するか否かの問題をはじめとして、変動幅をどうするか、あるいはそれを国により、状況によって可変的なものにするか否かなどの技術的な問題も少なくない。もともと目標相場圏制度は、固定相場制度と変動相場制度との中間型、あるいはそれらの混合型であり、それの選択には、かなり大きな採量の幅がある。従ってその態様に応じて目標相場圏の機能も、為替市場に対する公的ガイダンスに過ぎないものから、変動相場制度の弾力性に固定相場制度の節度を調和させようとするものまで、無限にそのニューアンスを異

にすることが可能である。EMS の場合には、単なる為替相場の安定装置に止らず、EC 通貨統合を達成するための中核的な戦略の一つとして位置付けられており、機能的にみても、そこでは、経験を積み重ねるにつれて、為替相場の調整が、経済政策の調整によって補完されるような体制が、次第に整備されつつある。

介入政策面に限ってみても、目標相場圏制度は、世界の主要通貨が変動相場制度に移行した当時危惧されたような介入の交錯（operations at cross purposes）を未然に防止する上においても有効である。それだけではなくて目標相場圏制度は、協議方式に基づく協調介入に、自動性の原理を装着させることによって、協調介入の機動性と効率性を一段と向上させることも可能である。それの円滑な運用をはかるためには、介入に伴う債権・債務の清算と、介入資金を供与する短期の信用メカニズムを整備することが必要とされるが、その態様としては、60 年代のスワップ協定のように、介入残高に価値保証を与えるとともに、双務的に短期の信用を与える（それを補完するものとしては、ローザ・ボンドやカーター・ボンドの発行があげられる）に過ぎないものから、EMS のように中央機関がこれを多角的に管理するものまでが考えられる。そのようにして目標相場圏制度の導入は、単なる為替相場政策面の協力だけに止らず、国際金融協力の展開や、資産決済の導入にまで発展し、調整問題のほかに、流動性問題や信認問題を包含する国際通貨制度の全面的な改革に波及する可能性を孕んでいるのである。

アメリカにおいても、ローザなどの民主党よりの学者やエコノミストは、既述のように 70 年代の末頃から目標相場圏制度を支持する動きを示してきたが、これに反対ないしは消極的な意見が、アメリカにおいて大勢を支配してきた理由は、目標相場圏制度が固定相場制度への第一歩と目されたからにほかならない。それは、申すまでもなく、国内の経済政策が国際収支面から拘束されることを忌避したためであり、それに対して変動相場制度は、アメリカのモンロー主義的な為替相場政策の維持に、恰好の論理を提供してきたのである。

一方、目標相場圏制度を終始一貫して主張し続けてきたのは、変動相場制度の公認と金の廃貨をスローガンとするアメリカ主導型の国際通貨制度の改革に対して、孤独な闘いを続けてきたフランスであり、目標相場圏制度は、フランスの主導する国際通貨改革路線の中核的な戦略を構成してきたのである。従って目標相場圏の導入をめぐる論争は、単なる為替技術的な問題ではなくて、アメリカとフランスの国際通貨外交の根幹にふれる問題でもあったのである。

報告書によると、1985 年の 6 月、東京における G10 蔵相会議に提出された目

標相場圏制度は、拘束力のかなり緩和されたものであり、導入のテンポが、漸進的かつ段階的なものと想定されていたのみでなく、為替市場に対する介入も硬直的な義務付けを伴うものではなかったとみられている。しかるにフランスの提案する目標相場圏の導入に対して支持を表明したのは、イタリアだけであり、ベルギーが中期的な課題として、これに条件付の賛成をしたに過ぎなかったとも伝えられる。報告書は、目標相場圏の技術的な側面について持続的な検討を求める意見と、これを非現実的とする多数説を併記するに止り、現状においては、次のような理由から目標相場圏の導入が望ましくなく、また実行もできないとの結論に到達したのである。

（1）望ましい為替相場圏について、コンセンサスをうることが至難なこと、（2）為替相場の決定要因が十分に解明されていないため、目標相場圏の幅が広くなり過ぎて、錨の役目を果すことができないこと、（3）関係国の間における政策の分担が困難なこと、（4）市場がゾーンをテストしようとするため、市場の不安定性が増幅されること、（5）市場の相場観と一致しない水準に為替相場を維持することは、コストが高くつく上、成功しえないこと、（6）健全かつ安定的な国内政策の遂行が制約されること。

そこにおいても指摘されているように、目標相場圏制度の最大の難点は、均衡相場の策定が至難なことであり、均衡レートを測定するためには、余りにも多くの測定できないような要因が存在するため、不可知論を唱える人々も少なくない。トービンの言葉を借りるならば、均衡レートを測定するに当っては、単に両当事国だけではなくて、世界経済の進路を見きわめることが不可欠であり、さらには世界中の金持が、将来のポートフォリオについて抱いている選好を考慮することさえも必要とされるのである。またファンダメンタルズについてのコンセンサスがえられない場合には、市場の行動が、推量によって支配されるためでもある。[注56] 仮に国際資本移動を捨象して、購買力平価をもって均衡相場と仮定するにしても、物価やコストの取り方、基準時点の選択などの点で、技術的にも問題が少なくない。また経常収支を均衡させるような為替相場をもって均衡レートと解するとしても、そのような基準となるべき状態が現実に実在した例は、皆無である。EMS においては、便法として実勢相場が基準レートを設定する場合の基準として援用されているが、市場諸力が自ら均衡相場を形成するものでもないことは、変動相場制度下の経験を顧みても明らかである。勢い目標相場圏制度の導入に当っては、ローザが提唱したように、購買力平価、経常収支、名目金利と実質

金利の比較、資本の流出入などを考慮しながら、協議方式に基づいて、大数観察的に蓋然的な為替相場（probable rates）を決定し、試行錯誤的にこれを修正していく以外には、方法がないともいえるのである。[注57]

上述のような理由から、目標相場圏制度の導入を退けた報告書は、それに代るべき為替相場安定の対案として、国際的サーベイランスを強化すべきであると勧告したが、その理由としてあげられたのは、前節でふれた介入政策の効果にも、限界がさけられないためである。周知のように国際的サーベイランスは、OECD、ガット、世銀、BISなどにおいても実施されているが、IMFは新協定の第4条に基づいて、個別国を対象とするサーベイランスを行っている。その理由は、IMFの新協定によって、為替相場制度の選択が自由に認められることになったものの、それは行動の自由を認めたわけではなくて、これを放任する場合には、為替操作が横行することも懸念されたためである。その後ベルサイユ・サミットにおいては、既述のような理由から、SDRのバスケットを構成する5大国の政策について、それの及ぼす対外的な影響および相互作用を分析し、評価するために、多角的サーベイランスを行うことを決定した。その翌年のウィリアムズバーグ・サミットにおいては、これを強化することについて合意が成立したが、そのための委員会が、未に創設されていないことからも明らかなように、その決定は単なる口頭禅の域を脱しえないのが実情である。

報告書も、この種の国際的サーベイランスが、主要国の間における政策の協調を促進する上で、効果を発揮しえなかったことを認めているが、さりとて報告書は、現行の国際監視体制に大幅の変更を加えようとするものでもない。その提言は、たかだか国際的サーベイランスにおけるIMFの中心的な役割を強調するに止っているが、現実の問題としてOECDの第三作業部会における大臣レベルのサーベイランスに比べると、IMFのサーベイランスは、一段と格の低いものとみられているだけでなく、OECDとIMFとの間には、EPUの発足当初から、微妙な問題が伏在していたのである。[注58]報告書が、今後は、構造政策の必要性を勧告しながらも、依然として先進国のサーベイランスに果しているOECD第三作業部会の役割を高く評価しているのは、そのためともみることができるのである。

その他にも報告書は、IMFの第4条サーベイランスを強化するために、IMFの借入れを必要としない国々に対しても、それを実施することを提言するとともに、多角的サーベイランスについては、対象をG5から先進10カ国に拡大すべきであると勧告している。またIMFの実施するサーベイランスは、対称性と公

平を旨として、それまでのような為替相場政策だけではなくて、あらゆる経済政策に適用されるべきであるとの提言を行っている。サーベイランスの機能としては、審査機能（review function）、匡正機能（correction function）、創造機能（creative function）があげられるが、サーベイランスが単なる情報の交換と報告、陳情と不服の申立、事実の確認と監査に止らず、それ以上の匡正・創造機能を発揮するためには、強制力を伴うことが必要である。しかしながら報告書の勧告は、対話と「仲間同志」の圧力に期待するだけであって、制裁あるいは強制力を伴わないサーベイランスには、それの実効性を疑問視せざるをえないのである。サーベイランスの結果は、秘密扱いとされるが、一部には、これを公表することによって、当事国に間接的な圧力をかけようとする意見も提出された。それはカーター政権下におけるドルのトーク・ダウン方式を踏襲するようなものであり、徒に市場を刺戟するだけであって、方法論としては稚拙というのほかはない。

アメリカが目標相場圏制度の対案として、国際的サーベイランスを提唱した理由は、一般に為替相場の安定にとって、経済政策の調整が不可欠とみられているためでもあるが、現実はむしろ目標相場圏制度の導入によって、アメリカの経済政策が、国際収支面から拘束されるのを忌避したためとも考えられるのである。沿革を辿ってみると、目標相場圏制度は、国際的サーベイランスと同じく、もともとは各国の為替相場政策を監視するための方法論の一種であり、国際的サーベイランスが目標相場圏制度と異なるのは、単一の客観指標によらないで、協議と判断に基づくだけのことである。そのようなアプローチが可能性として登場してきた理由は、単一の客観指標によって判断を下すためには、現実が余りにも複雑なためでもあるが、その反面において「判断に基づくアプローチは、基本的な不一致と監視過程の脆弱性を隠蔽するための隠蓑としても、役立つことができるためである」。

とくにIMFの多角的サーベイランスについては、創設以来大国、就中アメリカに対して、軟弱な姿勢を示し続けてきたIMFに対する基本的な不信感を拭いえないだけでなく、市場の動きを先取りするような形で、サーベイランスを敏速に実施し、機動的に対応することができるか否かは、依然として疑問といわざるをえないのである。もともと経済政策の協調と経済変数の収斂は、EMSや経済サミットの経験に徴してみても、一朝一夕に達成できるものではないのであり、況んや目標相場圏制度の節度さえも受入れ難いような先進諸国が、拘束力のより緩和された国際的サーベイランスによって、対外的な配慮の下に、国内の経済政

第 7 章　国際通貨制度改革問題の一考察　　271

策を犠牲に供することができるとは、容易に想像することができないのである。
　最後に、報告書の提言する流動性問題と、IMF の役割について若干付言すると、そこには市場原理を万能視し、多角的な援助方式を忌避するレーガン政権の経済哲学が、色濃く反映されているのを見出すことが可能である。まず流動性問題に関しては、資本市場を経由する流動性の供給方式を高く評価しているのが、報告書の一大特色である。それを促進するために報告書は、資本取引の自由化と資本市場の開放、債務国の信用状態に関する情報の蒐集と活用、国際銀行活動に対する監督の強化、債務国に対するサーベイランスの必要性などを提言している。そのようにして報告書においては、民間主導型の流動性供給方式が重視される反面、1984 年のロンドン・サミット以来、フランスが主張し続けてきた SDR の新規配分案は、インフレの再燃を理由として、容れられず、SDR を緊急時の安全網とする案についても、同じく合意がえられなかった。また SDR の全部または一部を、IMF に委付し、あるいは IMF の貸出と返済を SDR によって行おうとする提案も否決された。なかでも注目に値することは、報告書が、SDR の創設された当時とは、情況が変化していることを強調するとともに、SDR の将来における役割を再検討しようとしている IMF 理事会の方針を支持する立場を明らかにしていることである。周知のように SDR は、IMF の新協定によって、共通のデノミネーターであるとともに、主たる準備資産としての役割を保証されるに至ったが、その SDR が、変動相場制度とともに、根本的な見直しを迫られるに至ったことは、冒頭でもふれたように、キングストン体制の崩壊を示唆するものということができるのである。
　さらに報告書は、IMF の役割について言及し、第一次石油ショックの発生以来、開発援助機関の一翼へと転落するに至った IMF の回転基金的な性格を復元することが要務であると主張した。そのために資金の調達面においては、出資の原則を再確認するとともに、借入れは例外的な場合に止めるべきであると提言した。他方において IMF の貸出については、増枠融資制度の漸進的な撤廃を勧告し、コンディショナリティの有効性を確認した。また報告書は、世銀との間における補完性の確立についても、いくつかの提言を行っているが、とくに新鮮味は感じられない。むしろ IMF は、この際文字通りの国際為替安定基金に脱皮し、各種の信用供与機能は、世銀グループに委譲すべきであり、仮に IMF の信用が、依然として民間の資金を動員するための触媒として必要とされるのであれば、BIS を為替相場の国際的な安定基金として、活用することを考慮すべきではあるまい

か。

6 むすび

　上述のようにG10蔵相代理会議の作成した改革案は、余りにも現状維持的であり過ぎたために、それによって新しい国際通貨秩序の再構築はもとよりのこと、当面の事態を収拾することさえも、困難とみられていたのである。同じく報告書の基調を支配するに至ったアメリカの主張にしても、一見すると論理的な妥当性を保持しているかのごとくにもみられるが、それが果してどれだけ現実的な妥当性をもちうるかは、疑問といわざるをえなかったのである。それを裏書きするかのごとくに、1985年の9月22日、ニューヨークのプラザホテルにおいて開催された5カ国蔵相会議を転機としてアメリカは、それまでの国際通貨戦略を大幅に転換せざるをえないことになったのである。そこにおいて発表された声明は、為替相場が各国の基礎的諸条件を反映したものとなることが必要であるとのべ、「ドル相場の秩序ある調整を促す」ために協力を行うことが明らかにされた。そこには協調介入の文字を見出すことができなかったが、5カ国の中央銀行は、果敢な為替市場介入を一斉に展開した。それまでアメリカは、介入を乱高下の防止に限定していただけでなく、カーター政権の末期を除くならば、小規模の介入を間歇的に実施するに過ぎなかったのである。しかしながらG5蔵相会議においてアメリカは、漸くにして特定の相場水準を達成するための介入に踏み切ることになったのであり、それはde factoの目標相場圏制度の導入を示唆するものでもあったのである。事実同年9月26日の朝日新聞は、5カ国の間で対ドル目標相場が設定され、相互に介入予定額を通報し合うことが決定されている事実を明らかにした。

　東京におけるG10蔵相会議から日ならずして、アメリカが国際通貨戦略の一大転換に踏み切らざるえなくなった一つの理由は、アメリカの議会や財界を中心として、強いドルの是正を求める声が急速に台頭し始めたためであり、とりわけビジネス・ラウンド・テーブルを中心とする有力財界人は、1985年の7月末に、目標相場圏制度の導入をレーガン政権に要望した。その背景をなしたのは、申すまでもなくドルの過大評価に伴って、アメリカの輸出競争力が低下したためであり、その影響は農業部門にまで波及した。それまでアメリカは、国内の保護主義に対抗するため、貿易の相手国に対して、貿易と資本取引の自由化を要求してき

たが、上述のようなアメリカの国際通貨戦略の転換は、産業資本や農業資本の論理が、ウォール街の処方箋にあき足らなくなったことを示唆するものともいえるのである。

　第二の原因は、それと裏腹の関係にあるが、アメリカの議会における保護主義の猖獗であり、議会に上程されていた300をこえる保護主義法案の帰趨によっては、世界の貿易に重大な影響を及ぼすことも危惧されるに至ったのである。上述の5カ国蔵相会議が、レーガン新通商政策の発表前夜に、鳴物入りで開催されたことは、この間の事情を暗黙のうちに物語るものともいえるのである。[注62]

　第三は、アメリカの厖大な経常収支の赤字が、アメリカの景気を鈍化させ、債務国への転落を促すに至ったことである。第四の理由は、IMFのコンディショナリティに反発するブラジルなどの累積債務国が、折からの国連総会において、結束を強化しようとしていただけでなく、メキシコの大地震が、累積債務問題の処理に、再び暗影を投げかけるに至ったためである。

　当初は、協調介入の効果に疑問を抱く向きも少なからずみうけられたが、ドルは、声明に謳われた「秩序ある調整」とは逆に、空前の大暴落を記録した。しかしながら世界の為替取引が、一日に1,000億ドルから1,500億ドルに達する状況において、中央銀行の介入は、九牛の一毛のようなものである。[注63]従って為替相場の持続的な安定化をはかるためには、主要国の間における経済政策の協調が必要とされるのであり、5カ国蔵相会議は、各国別にそれぞれの重点的な経済政策の方途を策定した。しかしながら、三極間にはインフレを恐れる西ドイツが、リフレ政策の展開に難色を示すなど、微妙な不協和音が発生しただけでなく、アメリカの財政赤字についても急速な改善は、至難とみられるに至っている。そのような状況は、国際的サーベイランスなるものが、いかに言うは易く、行うに難いものであるかを例証するものであり、仮に主要国の間における経済政策の協調が破綻し、あるいはドル安が一段落して対米証券投資が再燃するような場合には、再びドルの反転を懸念する向きも少なくない。しかしながらそのような場合には、腰を据えた介入や、金利の調整などによって、対応が試みられるだけでなく、フランスはそのような事態に対応するために、「秘密の計画」なるものが、既に合意されていることを明らかにしている。それは謎以外の何ものでもないが、恒久的な為替相場の安定化は、資本移動の自由化を絶対視する経済哲学をいつ、いかなる形で見直すかに係っているともいえるのである。いずれにしてもドル高是正の問題は、単なる局面的な現象ではなくて、これまで展開されてきた国際通貨制

度改革作業の一こまにしか過ぎないのである。既にふれたように、当面の国際通貨制度改革の焦点である目標相場圏制度の導入については、既に暗黙のうちに国際的なコンセンサスが次第に醸成されつつあるかのごとくにも観測することができるのであり、今後はそれの肉付けが急がれることになるのである。1985年の10月、ソウルで開かれたIMF総会においては、開発途上国によって構成される24カ国グループ（Group of 24）が、「国際通貨制度の機能と改善」[注64]（*The Functioning and Development of the International Monetary System*）と題する報告書を提出した。そこでは、先進国の間における経済政策の協調や為替市場に対する介入とともに、目標相場圏の導入が勧告されている。しかしながらその報告書は、当然のことながら年間150億SDRの新規配分、補償融資制度の拡大、利子補給基金の創設、信託基金の復活およびIMFの融資条件の緩和など、流動性問題の拡充に力点をおいている。ソウルのIMF総会は、これらの問題を含む国際通貨制度改革の諸問題について、1986年の4月にワシントンで開催されるIMFの暫定委員会において、検討を行うことを決定した。一方アメリカの議会筋は、1985年の11月に、主要国の議員や財界人を糾合して、在野の国際通貨会議を開催する準備をすすめており、「第二のブレトン・ウッズ会議」をスローガンとする国際通貨制度の改革問題は、そのようにしていよいよ本格的な検討の段階を迎えることになったのである。この点でとくに注目されることは、1988年にアメリカとフランスにおいて大統領選挙が実施されることであり、それの帰趨によっては、資産決済の領域においても、何らかの新しい動きが出てくることも予想されるのである。とりわけアメリカにおいては、金融政策面におけるマネタリズムの挫折とともに、サプライ・サイダーズの動きが注目されるところであるが、周知のように1984年の共和党大会においては、「金本位がインフレの抑制に有効である」[注65]との綱領が採択された。もともと目標相場圏制度は、民主党の国際通貨戦略であり、それに対してサプライ・サイダーズは、依然として金本位制度への復帰、ないしは商品バスケット本位の導入を主張し続けている。事態はなお流動的であるが、現在既に形成の途上にある新しい国際通貨秩序が、90年代の、いな21世紀の国際通貨体制の名に値するためには、単なる現状の追認に止らず、時代を先どりするようなヴィジョンと構想力が必要とされるのである。

第8章　国際通貨の現状と課題
―― 国際通貨制度改革問題を中心として ――

1　はじめに

　円高問題は、今やわが国最大の国民的関心事となっている。昨年の秋以来の急激な対ドル円相場の上昇は60％近くに達し、1987年の1月19日には瞬間的に1ドル＝150円の大台を突破して149円98銭を記録した（本稿の脱稿後さらに円高が進行したがその背景等については、末尾の「追記」を参照されたい）。その結果わが国の経済成長を支えてきた自動車や電気、通信などの輸出関連産業が円高の直撃をうけたのみでなく、NICsとの競争にさらされる輸入代替産業も、操業の短縮などの苦境に追い込まれている。

　その間物価は、石油価格の低迷とも相俟って、鎮静化を続けるなど、円高のメリットもみられない訳ではないが、円高に伴う不況色が浸透、拡散する中で、雇用情勢も急速に悪化し始めている。政府、日銀は、貿易摩擦の緩和と円高の抑制を兼ねて、公定歩合の引下げを主軸として内需の振興をはかってきた。

　その結果日銀の公定歩合は、史上最低の水準にまで低下し、金余り現象の余波は、土地や株式の騰貴などの副作用を生み出すに至っている。中長期的な対応としては、輸出依存型のわが国経済構造の変革が必要とされているが、国際競争力を有するわが国のハイテク関連産業は、円高と貿易摩擦に対処するため、対米直接投資に活路を求めようとしている。しかしながら一部では、早くも投資摩擦の発生が危惧されているほか、産業の空洞化が、やがてわが国の経済成長や雇用、あるいは対外収支に及ぼす影響が懸念されるに至っている。

　そのようにして円高問題は、わが国の経済に、マクロとミクロの両面から劇的な変革を迫りつつあるが、円高問題を考察するに当っては、国際通貨制度改革問

題の一こまとしてこれを把えることが必要である。今日われわれが直面している円高問題は、単なる"ショック"現象ではなくて、わが国の黒字が解消されれば、それですむ問題でもない。

いまや世界の主要国は、戦後のブレトン・ウッズ体制が、1971年のニクソン・ショックによって名実ともに崩壊してから、十数年を経過して、漸く国際通貨体制の再建に、本格的に取り組む姿勢を示すに至っている。その原因は、最近の円高によって端的に象徴されるように、国際通貨の状況を、ジャングルの法則の支配するままに放置する場合には、西欧同盟が金融・通貨面から崩壊することさえも懸念されるに至ったためである。

従って円高問題も、よりグローバルな視点からみるならば、国際通貨制度の改革によって、その終息を求められようとしているのであり、われわれとしては、ここ1—2年のうちに日本経済の運営はもとよりのこと、ひいてはわが国の企業や家計の行動までも大きく規定するような新しい国際通貨秩序の枠組みが構築されようとしている事実を見失ってはならないのである。しかもそれは単なる循環的な問題ではなくて、「世紀を周期とするような構造的な変動」[注1]であり、パクス・アメリカーナの投影であるブレトン・ウッズ体制が、20世紀のシステムであったとするならば、形成の途上にある新しい国際通貨体制は、複数基軸通貨国の集団管理による21世紀のシステムとなることが予想されるのである。

2 国際通貨の現状

(1) 宮沢・ベーカー合意

アメリカが保護主義の台頭や農業危機、あるいはラ米諸国を中心とする累積債務問題の激化などに対処するため、G5の介入・金融政策面における協調によって、強いドルの是正に乗り出したのは、1985年の9月のことであった。それがプラザ合意と呼ばれるものであり、それを転機として急激な円高が招来されることになったことは周知のごとくである。[注2]

プラザ合意の欠点は、ドルの上限については、暗黙のうちに合意が成立しても、ドルの下限については、協議が行われなかったことである。もともとアメリカは、為替相場の乱高下を防止しても、特定の水準における為替相場の安定をはかろうとする試みに対しては、拒否的な態度を示してきた。その結果としてプラザ合意は、ドルの過大評価を是正することには奏功しえたとしても、それの過小評価に

対しては、無防備であった。

　たしかにドルの適正相場を策定することは、至難であり為替相場の国際収支調整機能にも限界がある。従ってアメリカの対外不均衡が改善せず、貿易面の保護主義が緩和されない限りは、ドルの下落を求める誘因を根絶し難いことも事実である。しかしながらドルの暴落は、アメリカの輸入インフレを誘発し、外国資本の流れを逆転させることによって、アメリカにおける金利の上昇と景気の後退を招来することにもなりかねない。

　それだけではなくて、ドルの暴落は、貿易相手国の景気を悪化させ、世界経済を縮小均衡に陥れることによって、逆にアメリカの貿易収支の改善を阻害することにもなる。とりわけアメリカが債務国に転落し、1980年代の末には、ネットの対外債務が6,000億ドルから9,000億ドルに達する[注4]（年間の支払額も500億ドルから700億ドルになるが、昨年の貿易収支の赤字、1698億ドルと比較してみよ）ものとみられている状況において、ドルの信認が崩壊する場合には、戦慄すべき破局的な状態が現出されないとも限らないのである。

　そのような状況の中で昨年の夏頃には、ボルカー・ペール（時の西独連銀総裁）会談により、西ドイツがアメリカの要請する協調的な金利の引下げに同意する反面、アメリカもドルの下落を防止するために協調介入に応じたとみる向きも少なくなかったのである[注5]。しかしながら1987年のはじめに総選挙を控えていた西ドイツは、上述のようなアメリカの要請を拒否するに至ったため、アメリカの中間選挙（1986年11月4日）を目前にした10月31日に、宮沢蔵相とベーカー財務長官は、日本が公定歩合の引下げをはじめとする景気刺激策をとることを条件として、為替市場で協力することを確認するに至った。

　それと相前後して発表されたアメリカの経済諸指標の改善とも相俟って、円の対ドル相場は、150円から160円台に反落し、日本の輸出攻勢を懸念するECは、二国間のみによる為替安定の合意に不満を表明するに至ったのである。

　とくにその年の暮に発表されたアメリカの貿易収支の悪化や、イランに対する武器売却問題のエスカレート化、ボルカー辞任説の再燃に加えて、アメリカの高官がドル安容認論を新聞に発表したため、ドルの下落は一段と加速化された。その結果、フランスの学制改革に端を発するフランス・フランの動揺とも相俟って、EMSが、第11回目の為替相場の再調整を余儀なくされたのみでなく、西ドイツの公定歩合引下げにもかかわらず、ドル売りの激化する中で、円は既述のように史上最高値を記録した。第二回目の宮沢・ベーカー会談が、急遽開催されたの

は、それから間もなくのことであったが、ドルの下落は、2月の初めに国債の入札を控えていたアメリカにとっても、等閑視することができなかったのである。

(2) パリ合意の概要

日銀は、円ドル相場の安定を金融面から支援するために、公定歩合引下げの可能性を示唆していたが、第二回宮沢・ベーカー会談は、上述のような1986年10月末の合意を再確認する結果となったのである。そこでは円とドルの為替相場が、概ね経済のファンダメンタルズに合致している（broadly consistent with underlying economic fundamentals）ことが合意され、為替市場で協力することが声明に謳われた。[注6] 問題は、いかなる相場水準をもって適正とみるかであるが、アメリカのさる高官は、1月の日米蔵相会談において、1ドル＝150—160円の目標が設定された事実を明らかにした[注7]（なお153円は、第一次宮沢・ベーカー会談の合意が成立する直前の相場水準であった）。

それは公表こそされていないが、円とドルの目標相場圏が、宮沢・ベーカー会談によって事実上設定されたことを示唆するものといえるのである。事実1987年1月24日、ベーカー財務長官との会談を終えて帰国した宮沢蔵相は、円が150円を突破するような状況においては、アメリカと協調介入を行うことで合意が成立した事実を明らかにした。[注8] それだけでなく1月28日に、円がニューヨーク市場において150円を突破する勢を示した時には、ニューヨーク連銀の為替市場に対する介入が伝えられ、それをうけて円は152円20銭に反落した。

そのようにして第二次宮沢・ベーカー会談によって、無際限の円高には、一応の歯止めが設けられることになったが、第一次会談の経験に鑑みて、わが国はG5蔵相会談の開催を呼びかけるとともに、それを機に公定歩合の引下げを実施する意向を明らかにした。一方のアメリカも旧臘のベーカー・シュトルテンベルグ（西独蔵相）会談を通じて、通貨とマクロ経済の両面にわたる政策の協調を、西ドイツの総選挙が終了した段階で実施すべく打診を行ったほか[注9]、イギリスとフランスに対しても、極秘裡に同じような交渉を持続してきたものと伝えられている。

しかしながらG5蔵相会議の開催は、予想外に難航せざるをえなかったのであり、その背景としては第一に西ドイツが、1月にアメリカの行ったドルのトーク・ダウンを不満としたことがあげられる。第二は西ドイツとしても、連立与党との政策協定を前にして、アメリカの主張する内需振興策をコミットしえない立場に

あったためである。第三は 1986 年の 6 月以来アメリカが、ひそかに交渉を行ってきた参考相場圏（Reference Zone）の導入案が、西ドイツの支持をえられなかったためである。事態を憂慮したケンプ米下院議員は、レーガン大統領に親書を送り、財政・金融政策の協調問題は、一時棚上げにし、ドルの下限を設定する通貨価値の一時的な据置き（temporary standstill）だけに焦点をしぼるべきであると勧告した。[注10]

そのような経緯をへて G5 と G7（イタリアは欠席）蔵相会議が、パリにおいて開催されたのは、1987 年 2 月の 21、22 日のことであったが、そこにおいては、過般の日米蔵相合意と同じく、為替相場が概ね経済の基礎的諸条件に合致していることが確認された。従ってそれ以上の為替相場の大幅な変動は好ましくないので、各国は為替相場を現行の水準に安定させるために協力することになったのである。そのために各国は、経済政策の協調に努力することとなり、一例としてアメリカは諸悪の根源と目されている財政赤字の圧縮に努める反面、日本は財政・金融面から内需を拡大し、黒字の是正をはかるとともに、西ドイツは 1988 年に実施する所得税、法人税の減税規模を拡大することになったのである。

アメリカの主張する参考相場圏構想については、合意が成立しなかったが、東京サミットで合意された経済成長、インフレ、経常・貿易収支、財政収支、金融情勢、為替相場など、多角的サーベイランスのための客観指標を改善していくことについては、合意が成立した。そのほか保護主義に対する懸念と新ラウンドの貿易交渉に対する支持が表明され、貿易・通貨面における NICs の責任が強調されたことは、パリ合意の一つの特色といえる。

(3) パリ合意の意義

パリ合意は、短期的な為替安定の側面と、中長期的な国際通貨制度改革問題の一環としての視点から、その役割を評価することが可能であるが、市場にはいずれの点においても、その効果を一時的とみる向きが少なくなかったのである。まず為替相場の安定が疑問視された一つの理由は、コミュニケの表現が期待されたよりも抽象的であったためである。いま一つのより基本的な理由は、そこで合意された経済政策の調整が困難と見られ、それが効果を発揮するまでには、タイム・ラグが必要とされるためである。それかあらぬか、その後も一向に改善の傾向を示さないアメリカの貿易収支赤字を焦慮するオートナー商務次官が、円の 10％から 15％の切上げを主張するなど、為替相場の調整を求める強硬論は、依然と

して後を絶たなかった。

とりわけ為替市場に対する協調介入について、コミュニケが明記しなかったことは、徒に為替市場の猜疑心を募らせる結果ともなったのである。しかしながら1月の28日に、ブラジルが対外債務の利払いを拒絶したことを背景として、円がニューヨーク市場において、150円の大台を突破する勢いを示した際も、その直前にニューヨーク連銀の市場介入が伝えられたために、円の上昇は、その後一か月間に亙って抑止されることになった。

事実円は追記のように1987年3月の下旬に至るまで、アメリカの貿易収支の改善など、経済諸指標の改善をバックとし、152円から153円の前後で、安定的な相場展開を示してきた。さらに3月の上旬には、イングランド銀行が介入を行い、マルフォード米財務次官補がアメリカの介入政策に変化がないことを声明したことなどもあり、為替市場は小康を持続した。そのような為替相場の安定が、今後とも持続されるか否かは、主要国の政治的、経済的なパフォーマンスのいかんにかかっているが、それが事実上の目標相場圏（Target Zone）の形成を意味するものであるとするならば、その性質上定期的に相場水準の見直しが行われることは、むしろ理の当然である。

次に中長期的な国際通貨制度改革問題との関連についてみると、西ドイツ蔵相は、パリ合意が新しい通貨秩序への移行を意味するものではないと主張したが、それは事態の認識というよりも、現行制度の改革に対する心情的な拒絶反応の表出とみることができるのである。現在アメリカが提唱している参考相場圏構想は、客観指標を引き金として、自動的な為替相場の調整と経済政策の変更を、各国に実施させようとするものであり、通貨主権を護持しようとする西ドイツにとって、そのような改革案は容認することができないためである。

しかしながら具体的な方法論はさておくとしても、変動相場制度の見直しは、ウィリアムズバーグ・サミット以来の懸案事項であり、当初はこれに消極的な態度を示してきたレーガン米大統領も、1986年の一般教書において「今夜、私はベーカー財務長官に対して、世界各国が通貨の役割とその関係について討議するための会合を開くべきかどうか検討するよう指示」したことを明らかにした。アメリカは、国際通貨制度の改革に合意した後も、方法論的には、フランスの主張する目標相場圏構想に対して、多角的監視の強化を主張し、昨年の東京サミットにおいては、そのための前提として客観指標の導入を提唱した。しかしながら舞台裏では米仏の歩みよりが行われ、フランスによって提唱された参考相場圏構想

は、いつしかポスト・パリ合意の中心的な課題として、逆にアメリカによって主導されるという皮肉な結果を招くことになったのである。

3　国際通貨制度改革の展開

(1) 変動相場制度の矛盾

　現在の国際通貨関係を規定している法律的な枠組は、1978年の4月に発効したIMFの新協定である。そこでは加盟国に対して為替相場制度を選択する自由を付与する反面、それの報告と監視（サーベイランス）を義務付けることによって、恣意的な行動を規制した。新協定の眼目は、金の廃貨とともに変動相場制度を公認したことであるが、新協定は変動相場制度という名称を正式に使用することをさけ、第4条第2項に定める「加盟国が選択するその他の為替取極」にこれを含めている。

　為替相場の弾力化は、1960年代の末葉以来アメリカが推進してきた国際通貨戦略であり、70年代における国際通貨制度改革の目玉商品であった。アメリカがこれを支持した理由は、変動相場制度が70年代初頭の第一次石油ショックを遮断する上で有効とみられていたのみでなく、自由多角的な貿易の促進と、安定的な金融政策の自律性がそれによって確保されるものと信じられていたからにほかならない。

　1950年代の初頭にいち早く変動相場制度を提唱したミルトン・フリードマンによると、変動相場制度が自由・多角的な貿易の促進に寄与すると主張された理由は、為替相場の変動によって国際収支が自動的に調節されるため、国際収支上の理由から、政府が貿易や決済に直接的な規制を加える必要性がなくなると考えられたためであった。また変動相場制度が、安定的な国内金融政策の自律性を保証するとみられた理由は、為替市場に対する介入が必要とされないために、固定相場制度下におけるようなインフレまたはデフレの国際的な伝播が遮断されると考えられたためである。そこでフリードマンは、変動相場制度によって内外の不均衡が是正され、「貿易による各国間の相互依存関係を各国の国内通貨の最大限の独立と結びつける」[注15]ことが可能であると断定した。

　その基底に伏在していたものは、新自由主義に特有の市場原理万能の思想であり、為替相場の変動によって、国際収支は自動的に調節されるものと考えられていたのである。さらにフリードマンは、ヌルクセ以来の通説となっていた変動相[注16]

場制度下における為替相場の不安定性を否定し、為替相場が不安定なのは、経済の基礎的諸条件が不安定なためであると主張した。それだけではなくてフリードマンによって、投機は為替相場の安定性を害なうよりも、それの安定化に寄与しているとの逆説的な所説が展開されたが、それは政府の市場介入を忌避するとともに、為替市場の自動調節作用を全幅的に信頼する自由放任主義的経済哲学の表白にほかならなかったのである。

しかしながら1973年以降の変動相場制度下における経験は、フリードマンの御託宣が幻想に過ぎなかったことを示すものであり、変動相場制度は、保護主義の台頭を促すことによって自由貿易の後退を招くとともに、国際資本移動の激化に伴って金融政策の自律性を阻害する結果ともなったのである。

変動相場制度下における世界貿易の停滞も、一つには為替相場の乱高下のみでなく、不整合性によるものであり、それの基因と目されるのは、国際間における大量の資本移動である。一説によると国際間における資本取引の規模は、貿易取引の10数倍にも達するものとみられており、しかもそれらの国際資本取引は、貿易取引が調整にタイム・ラグを必要とするのに対して、将来の期待に基づいて瞬間的に調整が行われるのが特色である。

とりわけ主要国における為替管理の自由化は、通貨のフューチュアー取引やオプション取引の拡大とも相俟って、その傾向に拍車をかけ、地球大的な規模におけるカジノ化現象を招来した。為替相場は、これを自由に放任しておくには、余りにも重要な変数であり、何らかの形でこれに修正を加えようとする気運が高揚するに至ったのは、そのような状況においてであった。

(2) 変動相場制度見直し論の台頭

変動相場制度の見直し論は、世界の主要国がフロートに突入した1970年代の初頭にいち早くフロートのガイド・ラインとして登場し、1974年の6月にはIMF理事会が、為替相場の乱高下を防止するための介入とともに、切下げ競争の防止を主眼とする目標相場圏の設定を承認した。それらはいずれもフロートの乱用を防止することが目的であったが、その年の9月には、時のフランス蔵相フルカードが、ヨーロッパ共同体における指標相場（Reference Rate）の導入と、対ドル介入帯の設定を提言した。前者は幾多の迂余曲折を経た後、今日のEMS（欧州通貨制度）として現実に定着し、後者はランブイエ・サミットを皮切りとして、フランスが一貫して提唱し続けてきた国際通貨制度改革の中核的戦略として踏襲

されてきたのである。

　フランスの真意は変動相場制度下における為替相場の乱高下を防止することよりも、一定の水準におけるドルの安定化を主たる目的とするものであった。フランスは、1970年代におけるアメリカ主導型の国際通貨制度改革作業の過程においても、固定相場制度への復帰を提唱し、変動相場制度の導入を主張するアメリカに対して鋭角的な挑戦を展開した。IMFの20か国委員会において、上述の目標相場圏構想は抹殺されることになったが、それとは対蹠的にフランスはこの目標相場圏の導入を中核的な国際通貨戦略として、華麗な通貨外交を展開することになったのである。そのようにしてみるならば、それ以来フランスによって推進されてきた国際通貨制度改革の動きは、EMSと同根の現象であり、変動相場制度を公認したキングストン体制に対するブレーメン体制の挑戦とも称することができる。[注19]

　事実キングストン体制下においては、フランスの主張が容れられず、IMF新協定の第4条第4項において、「総投票権数の85％の多数により、国際経済の条件が安定的なしかし調整可能な評価を基礎とした広範な為替取極の制度の導入を許容するものであることを決定することができる」と規定されるに止った。しかしながら変動相場制度を公認したIMF新協定の発効と相前後して、変動相場制度の見直し論が台頭するに至ったことは、ヘーゲルのいう歴史の狡智を想わせるものがあったのである。

　すなわち1977年の秋には、ケネディ政権下の財務次官であったローザが、円とドルとマルクとの間に為替相場の指標を設定する構想を発表したのをはじめとして、翌年の3月には時のイギリス首相キャラハンが、上述の三通貨のほかに、ポンドとフランス・フランを加えた五極通貨の間に、目標相場圏を導入する案を提唱した。さらに1979年には、フランスのジスカール・デスタン大統領が、私設顧問ポニアトゥスキーの名において、ルーブルを含む4極通貨の安定化構想を打ち出し、1981年にはイタリアのオッソラ、イギリス労働党のリーバー卿が、相次いで同種の構想を発表した。[注20]

　それらはいずれも弱いドルの状況を背景とするものであったが、それとほぼ時を同じくしてアメリカでは、サプライ・サイダーズが金本位制度への復帰と第二のブレトン・ウッズ会議の開催をスローガンとして登場するに至ったのである。これらの構想は、第二次石油ショックの発生や主要国の政変などにより、陽の目を見るまでには至らなかったが、変動相場制度の見直し論は、1980年代の初頭

における強いドルの状況の下において、むしろ一段とエスカレートするに至ったのである。

(3) 米仏の和解

1980年代の初頭における世界的な不況と国際金融不安を背景として、国際通貨制度改革の動きは、シュミットやキッシンジャーなど、在野の政治家だけではなくて、UNCTADや非同盟諸国首脳会談もこれを支持するところとなり、国際通貨制度の改革問題は、国際世論ともいうべきものを形成するに至ったのである。当初は、これに拒否的な態度を示してきたアメリカも、1982年のメキシコ金融危機と、アメリカにおける保護主義の台頭を転機として態度を豹変し、その年の末には時のアメリカ財務長官リーガンが、為替相場の安定と途上国の救済をはかるために、新しい国際会議を開催することを提言した。

とくに画期的な出来事は、1983年のウィリアムズバーグ・サミットにおいて、通貨問題をめぐる米仏間の対立が土壇場において解消され、国際通貨制度改革のゴー・サインが出されるに至ったことである。それまで一部有識者の個人的な提言に過ぎなかった国際通貨制度の改革問題は、G10蔵相会議で正式に検討されることとなり、そのための日程が定められるとともに、蔵相代理会議によって問題点の発掘が行われた。

その結果1985年の6月には、「変動相場制度の機能」と題する報告書が提出され、変動相場制度の機能、国際的監視の強化、国際流動性の管理およびIMFの強化について、作業の結果が報告された。しかしながら本報告書は、現行制度の大幅な変革をさけ、フランスの主張する目標相場圏制度の導入やSDRの新規配分に反対するとともに、「仲間同志の圧力」による多角的監視の強化を謳うに止った。

一方開発途上国の代表によって構成される24カ国グループは、1985年の10月、ソウルにおいて開催されたIMF総会に、「国際通貨制度の機能と改善」と題する独自の改革案を提出した。そこではSDRの新規配分やIMF融資制度の拡充など、いずれかといえば流動性問題に力点がおかれていたが、為替相場制度については、先進国における経済政策の協調や、為替市場に対する介入政策に止らず、目標相場圏制度と客観指標の導入などの革新的な提言が行われた。

それに対して上述のG10蔵相代理会議の報告書は、2年越しの作業にもかかわらず、ヴィジョンを欠落し、余りにも守旧的であり過ぎたが故に、それによっ

て国際通貨制度の再構築はもとよりのこと、当面の事態を改善することさえも困難とみられるに至ったのである。そこにはアメリカの主張が大幅に取入れられていたが、当のアメリカは、一年前のロンドン・サミットの頃から、近い将来フランスや開発途上国の指向する国際通貨制度の改革路線に転向することが予想されていたのである。[注21]

その後のアメリカの動きは、正しくこの観測を裏書きするようなことになったのであり、それを決定的なものとしたのは、1985年9月22日のプラザ合意であった。その背景については、別稿に譲るが、[注22] 上述のようなG10蔵相代理会議の報告書が発表されてから僅か1—2カ月のうちに、アメリカはマルフォード財務次官補を東京、ロンドン、フランクフルトに派遣し、政策の変更について僚国の同意と協力を求めるに至った。それだけでなくアメリカは、プラザ合意のプラグマチズムにあき足らず、為替とマクロ経済の両面から主要国の経済をコントロールするための「包括的経済計画」を策定するに至ったのである。それは目標相場圏とサーベイランスをミックスしたようなものであり、それの前提としてアメリカは10の客観指標を導入する構想を、1986年の東京サミットで正式に提案した。

冒頭で関説したアメリカの参考相場圏構想は、為替相場を基準として、協調介入と経済政策の調整を実施しようとするものとみられるが、参考相場圏という名称を考案したのはフランスであり、1986年の11月にバラデュール仏蔵相も参考相場圏構想を提言した。米仏案の異同は明らかではないが、上述のような経緯をへて、フランスが変動相場制度のアンチ・テーゼとして提唱し続けてきた目標相場圏構想は、開発途上国のみならず、アメリカまでが支持するところとなったのである。

4 目標相場圏制度

(1) 目標相場圏構想の系譜

目標相場圏制度を最初に提唱したのは、1930—40年代におけるアメリカの経済学者、グラハムであったともいわれるが、[注23] 第一次石油ショックが発生した直後の1974年5月に、いち早くそれと同類の指標相場制度を創唱したのは、イシアーとブルームフィールドであった。[注24] 指標相場制度といい、目標相場圏制度というも、その内包は論者によって相違し、両者の相違は判然としないが、イシアー・ブルームフィールド案は、アグレッシブな介入（競争的切下げ）の防止を主たる目的と

するものであった。従ってそのための不作為義務を課する以外、何らかの客観的基準または協議に基づいて、基準相場の設定と定期的な見直しを行い、必要に応じて迅速な基準相場の変更を行う点においては、目標相場圏制度と何ら異なるものではない。

しかしイシアー・ブルームフィールド案は、為替市場に対する介入政策だけに上述の原則を適用し、公的信用や資本移動規制あるいは金融政策などについては、何ら言及しなかったのであり、それらの点をどう規定するかによって、目標相場圏構想は多様なバリエーションを示すことになる。

イシアーとブルームフィールドが指標相場構想を発表した翌月には、既述のようにIMFの理事会が、フロートのガイドライン（3）として、目標相場圏の導入を承認した。それによると加盟国の相場が目標相場圏に接近する場合は、ガイド・ラインの（1）と（2）に定める「一方方向の変動をなだらかにする介入」が免除され、逆にそれを逸脱する場合にはそれが実施されることになる。その目的は競争的な切下げの防止におかれていたため、目標相場圏の設定に当ってはIMFとの協議が必要とされるほか、それの適用に当っては、他国の利益を害するほど、為替相場が目標相場圏から逸脱していることが条件とされる。

たしかに競争的な為替相場の切下げは、第一次石油危機下の状況においては、憂慮すべきものがあったが、所詮為替操作の危険性は、一種の忌憂に過ぎなかったともいえるのである。むしろ変動相場制度の欠点は、為替相場の大幅な短期的変動と実質為替相場の持続的な不整合性にみられたのである。

その点で目標相場圏制度は、介入の交錯を回避する反面、介入の機動性と効率性を高めることにより、為替相場の乱高下を防止する上で効果的とみられたのである。加えて目標相場圏が公表され、それが協調介入によって防衛される場合には、市場に対するアナウンスメント効果が期待されるだけでなく、通貨当局の節度も促されることになる。目標相場圏構想の中には、単なる為替相場政策のガイド・ポストに過ぎないものも含まれているが、この制度の特色は変動相場制度の弾力性と固定相場制度の節度を調和させようとすることにある。そのためには目標相場圏制度が、介入政策のみならず、経済政策の協調を促進するためのサーベイランスによって補完されることが望ましい。

上述のように為替操作の禁止を目的とする指標相場制度から、為替相場の不整合性を是正し、一定の相場水準における為替相場の安定を目的とする目標相場圏制度に力点を移行させた最初の試みは、1974年9月のフルカード案であり、ラ

ンブイエ・サミットの直前にディスクローズされたフランスのドラゴンズ構想は、[注27]それの延長線上の所産である。さらに目標相場圏制度を単なる為替相場政策の指針に止らず、政策協議の引き金にしようとしたのは、1976年の6月に、オランダ大蔵省のオールト財務官が提唱した構想である。[注28]この構想は、その翌月に発表されたドイセンベルグ案を中間項として、EMSに具体化されていくことになったのであり、EMSが為替相場の安定のみでなく、経済政策の協調と経済変数の収斂を目的として掲げているのも、決して故なしとはしないのである。

(2) 目標相場圏構想の問題点

目標相場圏制度は、変動相場制度下における為替相場の短期的な変動に対処するだけではなくて、既述のようにそれの不整合性を是正するための用具とみられるに至っているが、目標相場圏の導入に当っては、まず基準相場の設定が必要であり、そのためには均衡相場ないし適正相場の策定が前提とされる。フランスのミッテラン大統領は、目標相場圏の代りに、「適正相場圏」という言葉を用いているが、それは変動相場制度下における為替相場の不整合性を是正することに、力点がおかれていることを黙示するものとも解しうる。

ちなみに為替相場の不整合性とは、「市場相場が基礎的均衡（fundamental equilibrium）から乖離していること」[注29]を指称するが、問題は不整合性の度合を測定するための基準となる均衡相場の策定が、事実上不可能に近いことである。

一般的には、購買力平価が均衡相場に相当するものと考えられており、中にはドーンブッシュのように購買力平価の妥当性を短期的にも長期的にも否定する学説もあるが、為替相場が短期的には購買力平価から逸脱しても、長期的には為替相場が収斂されていく碇とみる説が依然として後を絶たない。[注30]

しかしながらそれは経験的にみて、為替相場の上昇局面が、それの反動である下降局面によって結果的に相殺されるだけのことであって、何ら理論的な根拠を有するものではない。基準時点のとり方にしても、物価が長い期間にわたり、均衡水準において安定していた時点が、現実に存在していたか否かも疑問であり、その取り方次第によっては、乖離の度合も極めて恣意的なものとならざるをえない。

さらに物価指数の採り方にしても、輸出入価格によるのか、卸売物価によるか、あるいは消費者物価によるべきかは、多分に議論の分れるところである。その点で注目されるのは、ウィリアムソンの所説であり、[注31]彼は卸売物価と労働コストを

使用した複合的な指標を用いるべきであると提言している。商品バスケット指標を使用する構想は、後述のように目新しいものではないが、最近では参考相場圏に商品本位を接合しようとする試みが浮上している。そのような物価基準方式のいま一つの欠点は、物価統計の発表が遅れるため、先見性の必要とされる為替相場のガイド・ポストとしては、適格性に問題があることである。商品本位制度を主張するアメリカのサプライ・サイダーズは、速報的な一次産品の現物および先物商品価格指数を基準とすべきであると提言しているが、それは物価基準に対する上述のような批判に応えるためである。

そのほか均衡レートの基準として、国際収支を用いる方式があり、それの具体例としては、外貨準備を基準とする1972年のシュルツ・ボルカー提案から、カーター政権下の経常収支目標に至るまで、各種のバリエーションが存在する。国際収支を基準とする場合にも、物価の場合と同じく統計の発表が遅いことが難点であり、ためにバラッサは国際収支の実績ではなくて、それの予測を基準とすべきであると提案した。[注32]

そのような客観指標の導入は、目標相場圏の見直しに自動性の原理を装着させることによって、迅速かつ効率的な調整を促すことになるが、それの選択に当っては上述のように問題も少なくないので、実際問題としては EMS のように実勢相場を基準とし、協議方式によってそれの見直しを行う方が、より現実的と思われる。そのほか目標相場圏制度の実施に当っては、変動幅や見直しの時期、あるいは早期警報装置の導入のほか、それを公表するか否か、いかにして介入政策と経済政策の調整を実施するかなどの技術的な問題が少なくない。しかしながら最も深層的な問題は、目標相場圏制度が固定相場制度への一里塚とみられていることであり、アメリカが当初これに敵視的な態度を示してきたのも、そのためであった。

(3) 参考相場圏構想

アメリカの歴代政権は、特定の水準における為替相場の安定に反対してきたが、1984年のソロモン・レポート (David C. Murchison and Ezra Solomon, *The Misalignment of the United States Dollar and the Japanese Yen*) は、物価と国際収支を基準として1ドル200円を適正相場とする一種の目標相場圏的な発想を明らかにした。円の国際化と金融の自由化によって、円とドルの不整合性を是正しようとする処方箋は、逆効果に終ったが、1985年9月のプラザ合意

は、それまで目標相場圏制度の導入に反対し続けてきたアメリカの国際通貨戦略にとって、一大転換を示すものであった。事実主要国がドルの上限について合意に到達したことは、目標相場圏制度への第一歩であり、ドルの下限と一定の変動幅について合意に到達したパリ会議は、それの仕上げにもたとえることができる。

そのようなアメリカの国際通貨戦略の転換は、ベーカー財務長官の登場した段階からある程度予想されていたことであるが、1985年3月3日のニューヨーク・タイムズは、既に関説したようにアメリカの通貨当局が、大要次のような「包括的経済計画」を検討している事実を明らかにしていた。[注33]

①主要国の為替相場は、往年のように厳格に、あるいは、EMSのようにゆるやかに固定される。最も公算が大きいのは、目標相場圏制度の導入であり、その場合為替相場目標は公表される（それだけでなく同紙は、ブレトン・ウッズ体制下におけるがごとき固定相場制度が復活する可能性さえも、依然として残されているとのべていた）。

②為替相場目標は、世界経済の制御装置の一つであり、経済成長、雇用、物価、金利水準、財政赤字、貿易収支についても、主要国で協議の上、目標が設定される。

③主要国は年に四―五回、国内経済の諸目標について協議を行い、これを公表する。

④目標から逸脱した場合には、緊急の会議を招集し、国内経済政策の調整を促すために、政治的な圧力が加えられる。

⑤新制度の発足は、2年後とするが、上述のアプローチは、レーガン政権第二期の経済目標とする。

1985年4月のIMF暫定委員会においては、多角的監視を行うために、客観指標を導入することの可否が検討され、その翌月の東京サミットにおいては、インフレなき成長と貿易・投資の開放（opening）、および為替相場の安定などの目的を達成するために、10の客観指標（GNP成長率、インフレ率、金利、失業率、財政赤字比率、経常収支、貿易収支、通貨供給量の伸び、外貨準備、為替相場）を使用して、多角的な監視を強化することが合意された。わが国においては、目標相場圏の導入と多角的監視の強化を二律背反的なものとみる傾向が強いが、両者はともに管理フロートの一形態であり、両者の相違は方法論的なものにしか過ぎないのである。[注34]事実、上述の「包括的経済計画」は、目標相場圏制度の導入と多角的監視の強化を、ともに包摂しようとするものであり、それが最近の参考相場圏構想によって、一元的に組成されるに至ったとしても、何ら異とするには当[注35]

らないのである。

　この参考相場圏という呼称を正式に用いたのは、1985年の末に発表されたフランスのルベギュ案[注36]が最初であるが、それの概要は、次のようなものであった。

　①はじめは、基準相場や変動幅を厳密に計算する必要はない。基準相場は、協議方式に基づいて経験的に決定される。その後は、理論的に為替相場を決定するものとし、IMFが国際収支の動向を勘案して算定する方法も考えられる。

　②変動幅は、5—10％とし、当初は非公開とする。

　③為替相場が変動幅を逸脱する場合には、関係国と協議の上、国内経済政策の変更などを実施する。

　④前述のメカニズムは、漸進的に制度化される。

　フランスのバラデュール蔵相も、1987年の2月に、再びEC通貨（のちのECU）、と円およびドルとの間に参考相場圏を導入する案を、EC通貨評議会に提案したと伝えられており[注37]、この構想は1987年4月に検討されることになった。いずれにしてもこれまでの国際通貨制度の悲劇は、超大国のアメリカが自国本位の邪説を強行し、改革の軌道を歪めてきたことであるが、そのアメリカがフランスの主張する目標相場圏制度に相乗りをし始めたことは、国際通貨制度改革作業の前途を明るいものにしている。

5　経済的サーベイランス

（1）為替相場調整の限界

　アメリカのみならず日本や西ドイツが目標相場圏制度の導入に反対した背景には、多分に後述のような政治的思惑が伏在していたためともみられるが、為替技術的にみても、そこには既述のように均衡相場の策定が困難なだけでなく、介入政策にも自らなる限界が予想されるためである。変動相場制度の擁護論者、フリードマンが介入政策に反対したのは何ら不思議でもないが、その理由は、為替相場の変動が小規模で一時的な場合には、介入をまたずとも投機取引によって自動的に補正が行われると考えたためである。逆に大規模かつ長期的な変動に対しては、介入政策は不適切であるだけでなく、本来的にそれが一時的なものか否かを事前に識別することができないことをもって、介入に反対する理由とした[注38]。それに対してIMFは、既述のように1974年の6月に、目標相場圏の設定とともに、乱高下を防止するための「一方方向の相場変動をなだらかにするための介入」をみ

とめたが、その後20カ国委員会において国際通貨制度改革の作業が進められる過程で、目標相場圏制度は放棄され、乱高下を防止するための介入だけが認知されることになった。

そのような既往の発想に一大転換を斉すことになったのは、1982年のベルサイユ・サミットであり、それを転機として、アメリカの提唱する多角的サーベイランスの強化と引き換えに、介入の効果を測定するための作業部会が設置されることになった。それに基づいて1983年の5月に発表されたのが「ジュルゲンセン・レポート」と呼ばれるものであり、そこではフリードマンが主張した介入の収益性基準を退けるとともに、不胎化されない介入、とくに協調介入の有効性が公認された。[注39]

不胎化されない介入が有効であるのは、為替の需給調節とインフォーメーションの提供を通じて、為替市場に直接影響を与えるだけでなく、通貨供給量の変化を通じて、国内経済の基礎的諸条件に影響を与えるためである。しかしながら客観的にみても一日の外国為替取引が1,500億ドルをこえる状況において[注40]、中央銀行の介入は、九牛の一毛のごときものでしかないのであり、通貨不安に対処するためには、為替市場介入だけではなくて、それの基因である主要国の経済政策の調整と経済変数の収斂が要務とされる。

介入政策のみで基礎的不均衡を是正しえないことは、1960年代のスワップ協定（主要国中央銀行間における介入資金の預合い）の経験を顧みるまでもないが、プラザ合意以降の急激な円高にもかかわらず、日米の貿易不均衡が容易に解消されないため、最近では為替相場そのものの調整効果が疑問視されるに至っている。もともと為替相場の調整によって貿易収支の不均衡が是正されるまでには、かなりのタイム・ラグが必要とされ、為替相場の調整に伴う輸出入金額の変化が、数量面における逆の変化を上回る場合には、むしろJカーブ効果が働くことになる。[注41]

アメリカの貿易収支が依然として改善されない理由としては、日本の輸出企業が過去に蓄積された利益を吐き出す形で、円高に対処してきたことも一因であるが、アメリカの貿易収支赤字の1/4を占めるカナダや東南アジアなどの新興工業国が、ドルに追随して自国通貨の下落を容認したことも一つの理由としてあげられている。そのほかの原因としては、自動車産業をはじめとするアメリカの企業が、輸出シェアーを拡大するよりも、便乗値上げを行うことによって、利潤の拡大をはかろうとしたことなどが指摘されており[注42]、ボルカーFRB議長も「整合化された為替相場によって内外ともに可能になった新しい競争の機会を、経営者が

追求し、開拓する意思と能力をもっているかどうかは、甚だ疑問である」[注43]と非難した。

アメリカの対外不均衡の原因としては、さらに多国籍企業の海外生産が増大するにつれて、アメリカの産業が空洞化したことがあげられるが、そのためにアメリカでは、企業競争力の強化が叫ばれている。レーガン米大統領は1987年の一般教書の中で競争力の強化を訴えたほか、1月の下旬に通貨・通商面の対策のみならず、科学・技術開発の促進など、広範な分野にわたる国際競争力強化法案を議会に提出した。

それに先立って発表された1987年の大統領経済報告書は、80年代の前半におけるアメリカ製造業の国際競争力の低下が、生産性の低下や法外な賃上げによるものではなくて、ドルの上昇に基因するものであると主張した。しかしながら同報告書は、アメリカの国際競争力を強化するために、実質所得の低下を招く為替相場の切下げのみに依存すべきではないとのべ、国際競争力強化法案を上程する必要性を力説するとともに、主要先進国の間における経済的パフォーマンスの収斂と経済政策の協調が、為替相場の安定に不可欠であると主張していたのである[注44]。

(2) 裁量性から自動性へ

1987年のアメリカ大統領経済報告書は、アメリカの貿易収支赤字の原因として、80年代の初頭におけるドルの上昇と、それに伴う輸出競争力の低下をあげるとともに、日本とヨーロッパにおける景気の回復が、アメリカに立遅れたためであると主張した[注45]。その帰結としてアメリカは、自国の輸入インフレを誘発するのみでなく、貿易相手国を不況に陥れることになるドル切下げ一辺倒の政策をさけ、日本と西ドイツに内需の拡大を迫るに至ったのである。それに対して西ドイツは、アメリカの財政赤字が、諸悪の根元であり、財政の赤字は金利の上昇を通じてアメリカの国際競争力を低下させていると反論した。既述のようにパリのG5蔵相会議において、アメリカが財政赤字の削減に努力する一方、日本や西ドイツが財政・金融面から内需の拡大につとめることになったのは、そのような経緯をふまえてのものである。

日本や西ドイツに内需の拡大を求めるための論理としてアメリカは、それらの国々における貿易黒字の原因が、貯蓄が投資を上回っているためであるとし、国内の投資を増加すれば貿易収支の黒字が解消されるかのごとくに主張してい

る。しかしながらこれらの国々の実情をみると、金利は史上最低の水準まで低下し、金融の自由化や国際化とも相俟って、金融政策の有効性は極度に低下している。一方の財政は、アメリカと同じく立直しを迫られているのが実情であり、ミクロ的にみても競争力を有する輸出関連企業は、国内投資よりも、海外生産に活路を見出そうとしている。商品別にみても、貿易黒字の担い手である自動車や電気・通信などの輸出が、国内景気の振興によって内需に転換され、わが国の出超が是正されるものでもないのである。一方の輸入面においても、わが国の対米輸入は、食糧や原材料が大宗を占めているため、所得・価格弾力性がもともと低い上に、国内が不完全雇用の状態にある限り、内需が拡大してもアメリカからの輸入が急激に増加するとは考えることができない。従ってレーガン第二期政権下における内需拡大の処方箋は、下手をすると第一期政権下における東京金融市場の自由化や円の国際化の要求と同じように、的外れの結果に終る公算が少なくないのである。

　しかしながらアメリカは、そのような経済政策の調整を具体化するためのメカニズムを、国際通貨面から強化し、それの実施を裁量的なものから自動的、かつ強制的なものに改めようとしている。当初はアメリカと同じく多角的サーベイランスの強化を主張していた日本や西ドイツも、客観指標の導入による自動的な調整方式には、追随することができず、逆にアメリカとフランスを軸とする改革の路線から取り残される破目に陥ったのである。

　当初アメリカは、IMFを中心とする多角的監視の強化を主張していたが、ベルサイユ・サミットの結果、G5諸国の間における多角的監視を強化することで合意が成立した。IMFの監視機能が導入されたのは、1978年の新協定によるものであるが、それは旧態然として為替操作の防止を目的とするものであって、実効性の点においても問題が少なくなかったのである。[注46]しかもそれは双務的ベースのもので、加盟国の経済政策が、他の加盟国に及ぼす対外的な影響と相互作用を分析し、評価するものではなかった。そこで多角的監視の強化が要務とされるに至ったが、その場合の実施方法は、「仲間同志の圧力」に期待するものであって、サーベイランスに特有の「基本的な不一致と監視過程の脆弱性を隠蔽するための隠れ簑」[注47]と化す恐れが多分にあったのである。

　仮に日本や西ドイツなどがアメリカの主張する多角的監視の強化に同調した理由が、そのようなサーベイランスの脆弱性を計算した結果であったとするならば、羊頭狗肉も甚だしいと言わざるをえないのである。しかしながら当のアメリカは、

そのような便宜主義的な対応にあき足らず、既に関説したように客観指標を導入することによって、経済政策の調整、あるいはそのための協議を自動的に実施するためのメカニズムを導入しようとするに至ったのである。客観指標の導入は、各国の政策目標を計量化することになり、実績が目標を逸脱した場合の責任を明確にできるとともに、主要国の間における経済政策の整合性を事前に確保する上においても有効とみられている。

　主権の喪失を恐れる西ドイツは、そのような客観指標の導入に強く反対したが、最近における協調利下げの経験からも明らかなように、サーベイランスとは、もともとアメリカの経済政策に他国の従属を迫るための用具にほかならない。

　問題は客観指標相互の関連性とウェイト付けであるが、クローケットは、客観指標を、①政策指標、②パフォーマンス指標、③直接的変数に分類し、通貨供給量の伸びと財政赤字比率と外貨準備の変化が①に、経済成長率、インフレ率と経常収支が②に属するのに対して、③には金利、為替相場、投資・貯蓄比率を含めている。[注48] 中でも金利は、国際資本移動の増加とともに、為替相場の安定にとって極めて重要なファクターとなっているが、変動相場制度の導入を契機として、各国で実施された通貨供給量の量的コントロール方式は、金利の変動を激化させることによって、為替相場の不安定性を一段と増幅した。しかしながらそのような通貨供給量の量的コントロール方式は、次々に挫折し、[注49] その後の協調的な利下げ政策の展開によっても象徴されるように、主要国の金融政策は、為替相場を無視してこれを遂行することが最早不可能となるに至ったのである。

(3) EMS のパフォーマンス

　国内経済政策の運営に当って、為替相場を重視するアプローチをさらに推し進める場合には、目標相場圏制度に帰着することになるのであり、市場相場が目標相場圏から逸脱する場合には、協調介入が行われるだけでなく、経済政策面においても、コンサルテーションが実施されるか、あるいは自動的に適切な対応が講ぜられることになる。

　1987年のアメリカ大統領経済報告は、東京サミットにおいて為替相場をはじめとする10の経済指標を使用して、主要国の経済目的と見通しを調整するとともに、合意された軌道から実績が逸脱する場合には、介入政策のみならず、適切な匡正策を講ずることになったことを高く評価している。[注50] それらの客観指標は、中期的な指標と直接的な指標に区分することが可能であり、為替相場の安定とい

う目的を達成するためには、より直接的な為替相場指標と金利指標が重視されることになる。当初は10の客観指標を提唱していたアメリカが、参考相場圏(それはアメリカが、かつて敵視していた目標相場圏というエモーショナルな名称をさけただけであって、目標相場圏と実質的には大差がないものと思われる)を主張するに至ったのも、そのためであり、それは客観指標の導入と矛盾するものではない。

既述のように目標相場圏制度を、いち早く具体化したのは、EMSであり、EMSがそれのECにおける地域的な実験であったとするならば、フランスによって主導されてきた国際通貨制度改革の動きは、それのグローバルな外延的拡大にほかならない。もっとも一口にフランス案といっても、ドロール案には、ドルの準備通貨機能を剥奪しようとするネガティブな側面が強く打ち出されているが、既述のポニアトウスキー案やルベギュ案などは、いずれも、円とドルとECUの間に目標相場圏を導入しようとするものであった。EMSの生みの親とも称すべきジスカール・デスタンも、最近ECUの育成を第一段階とし、第二段階においてECUと円とドルとの間に目標相場圏の導入をはかろうとする構想を明らかにした。[注51]

EMSは、欧州通貨安定圏の形成を目的として、1979年の3月に発足したものであり、加盟国の保有する金・ドル準備の20%部分を裏付けとして発行されるECUを、ニューメレール(価値尺度)、公的決済手段、準備資産として使用しているほか、2.25%(イタリアのみ6%)の変動幅をもつ目標相場圏制度を導入して、強力な信用機構によってこれを補強している。EMSは過去7年間に11回の為替相場調整を余儀なくされたが、その間におけるマルクの切上げ幅は年平均2%程度であり、EMSは人類史上まれにみる為替相場の混乱期に際会しながら、それの安定化に成功した。とくに1983年の3月以来、フランスが経済政策の一大転換を行ったため、EMSは為替相場の安定とともに、経済的パフォーマンスの収斂についても、成果を収めることができた。そのようなEMSの成功は、石油価格の下落など、経済的与件が改善されただけではなくて、EMSの節度が効果を発揮したためであり、一例として上述のようなフランスの経済政策の転換も、3回にわたるフランス・フランの切下げが、政治家の心理に失政の烙印を押すことによって可能にされたものであった。

いま一つの要因は、ドルが堅調であったためであり、その反面ドルのトーク・ダウン(ドル安誘導)が再現された1987年の1月には、既に関説したように、

マルクの切上げを含む為替相場の再調整を余儀なくされた。そのような状況の中で、EC の中央銀行筋は、EMS の改革案を提出するに至ったのであり、そこでは変動幅の範囲内における介入の強化や金利の調整、あるいは ECU の利用度の向上のほかに、一定限度まで中央銀行だけで為替相場の再調整を実施できるようにする案などが俎上に上っているという。それと同時にフランスのバラデュール蔵相も、既述のように参考相場圏の導入を提唱し、ECU と円とドルの間における為替相場の安定を主張するに至ったのである。[注52]

6 国際通貨制度改革の展望

(1) 商品バスケット構想の台頭

ワシントン・ポスト紙によると、参考相場圏を提唱しているアメリカの財務省は、これを商品本位に連動させようとしているが、各国の大蔵大臣や中央銀行の総裁は、参考相場圏のみならず、商品本位制度に対しても反対を続けているという。[注53] 商品本位制度の導入案は、一見すると唐突の感を免れ難いが、通貨の価値を商品バスケットによって規定しようとする構想は、エリザベス女王時代からアングロサクソンになじみの深いものであった。もともと金属貨幣の不足していたアメリカにおいても、商品本位制度は、植民地時代から自然発生的に導入され、独立戦争の時代に普及した。[注54]

商品本位制度は、インフレによる通貨価値の目減りを防ぐのが本来の目的であり、いうなればインデックスゼーション付の通貨制度のようなものである。そのような構想が、1930 年代の通貨混乱期に、フィッシャーやグラハムによって提唱され、世界的なインフレとドル不安に明け暮れた 70 年代の末葉から 80 年代の初頭にかけて蘇生したのも、決して故なしとはしないのである。

一例として 1982 年の 3 月、議会に提出されたアメリカの金委員会報告書も、商品本位制度が、短期的な経済の安定化に寄与するかどうかは疑問であるとしながらも、弾力性に富み、政治的な操作が困難なだけでなく、長期的な価格の安定性と予測可能性において、他のいかなる本位制度よりも優れているとの超党派的な結論を下すに至った。[注55]

周知のようにアメリカのサプライ・サイダーズは、当初金本位制度への復帰を提唱し、その後もマンデルら一部の理論的指導者は、依然として金本位制度への復帰を主張し続けているが、[注56] 1980 年代の中葉にかけてインフレが収束され、金

価格が低迷する過程においては、サプライ・サイダーズも戦術の転換を余儀なくされるに至った。それを例証するものがケンプ・ロット法案の名によって知られる1982年均衡金融政策および物価安定法である。それは金利を商品価格指数にリンクさせることによって、物価の安定をはかろうとするものであるが、ワシントン・ポスト紙がそれを金本位制度に到達するための巧妙な隠れ蓑にほかならないと論評していることは、注目に値する。[注57]

商品本位制度の場合は、金ほど本位商品の供給が硬直的ではないが、反面、金に比べると価格の安定操作がより困難である。この種の構想の中で最も壮大なものは、第三世界の産出する20—30種類の商品によって構成されるバスケット通貨の創出を提唱したマンデス・フランスの構想である。仮にそれらの商品が値下りをする場合には、国際機関が買い支えを行い、それに基づいて発行される準備単位は、各国の中央銀行によって保有されることになるので、景気対策としての効果も期待されることになる。[注58]

そのようにして商品本位制度は、国内における物価の安定のみでなく、一次産品対策を通じて開発途上国の経済にも貢献することになるが、アメリカの財務省が商品本位制度を導入することによって、石油や農産物の価格安定をも同時に企図しているか否かは明らかではない。しかしながら連邦準備制度のジョンソン副議長やヘラー理事などは、商品バスケットの価格指数を新しい金融政策のガイド・ポストとする意向を明らかにしており、商品本位制度の導入案を、荒唐無稽として一笑に付するのは禁物である。[注59]ヨーロッパにおいても商品本位制度は、EMSの原動力ともなった1977年のジェンキンズ演説などにおいて、夙に勧告されているところであり、[注60]ECUがECの統一通貨に脱皮するためには、現行の通貨バスケット方式を商品本位制度に転換させることが必要とされるのである。

(2) 若干の展望

円高によって氷山の一角を露呈するに至った国際通貨制度改革の動きは、1987年4月のIMF暫定委員会を皮切りとして、経済サミットから秋のIMF総会に至る一連の国際通貨会議において一つの山場を迎えることになるものと思われる。そこにおいては、参考相場圏の導入が論議の焦点になるであろうが、それは過般のパリ合意によって既成の事実となっており、残された問題は、客観指標の改善を中心とする技術的なつめだけである。

総論賛成、各論反対の立場をとっている西ドイツといえども、既に早期警報装

置を内蔵したEMSの協議機構に参加しており、三極間の参考相場圏に反対する理由として、ECの歴史的な特殊関係や経済的連帯性と等質性をあげるだけでは、説得力に乏しいといわざるをえない。西ドイツは為替相場の安定化を制度化することには反対しても、アド・ホックの介入を通じて対ドル相場の安定化につとめてきたのであり、そのような自家憧着的な言動が、むしろ国際通貨の安定を阻害する一因となっていることを忘れてはならない。

しかしながらこの点で注目されることは、1970年代初頭のシュルツ・ボルカー提案が、フランスをはじめとするEC諸国の反対によって挫折したのに対して、参考相場圏の導入に当っては、西ドイツと日本だけが孤立化しつつあることである。

軽率な予断は禁物であるが、参考相場圏の導入は、もはや時間の問題であり、要はなし崩し的に新しい国際通貨制度に移行しつつある現実を、いかなる「言葉」によって追認するかの問題にしか過ぎないともいえるのである。もともと変動相場制度は、第一次石油危機下の状況が生み出した緊急避難的な暫定措置であり、ブレトン・ウッズ体制に代るべき新しい制度というよりも、Non-systemに過ぎなかった。仮にそれを意図的に創造したものがあったとするならば、それは市場諸力を自由に放任することによって、予定調和を見出そうとしたアメリカのビナイン・ネグレクト政策以外の何ものでもなかったのである。

その果ては、中世末期の黒死病時代にも匹敵する通貨不安が招来され、その反動としてブレトン・ウッズへの回帰が叫ばれるに至ったのである。しかしながらパクス・アメリカーナの崩壊とともに、新しい国際通貨秩序は、複数の基軸通貨国によって主導される集団的管理体制へと移行せざるをえなくなっている。それだけでなく国際間の相互依存性が高まるとともに、ブレトン・ウッズ体制下の内政不干渉主義は大幅な修正を余儀なくされ、各国の通貨主権も制約を免れない状況におかれている。とりわけ民間金融市場の統合が進展するにつれて、主権国家は通貨面から、20世紀のアナクロニズムと化そうとしている。さりとてSDR本位制度を始めとする世界通貨構想は、依然として白昼の夢を脱しえないのであり、今日の通貨状況は、資本移動の自由化と為替相場の安定という相矛盾する二つの原理の調和を求めて、模索を続けざるをえないのが実情である。

そのような状況の中で為替相場制度も、ブレトン・ウッズ体制に比べると、より柔軟なものにならざるをえないのであり、固定相場制度と変動相場制度の中間型とも称すべき目標相場圏制度の導入が、今日的な課題として登場してきたのも

そのためである。しかしながら目標相場圏制度は万能ではなく、それによって千年至福の時代が招来されるものでもない。EMS の経験が物語るように、われわれはそれによって、不安定性の中における相対的な安定性を追求するほかはないのである。

　もとより国際通貨制度の再建に当っては、上述のような調整問題のほかに、流動性問題と信認問題に対処することが必要である。前者を代表する累積債務問題は泥沼の状態に陥っているが、本来的に南北問題は、スフィンクス的な謎を秘めており、一朝一夕に有効な対応策を見出すことは至難である。しかしながら既に関説したように商品本位制度の導入は、流動性問題に寄与するだけでなく、国際通貨制度の改革作業がこれまで回避してきた信認の領域に、事態の進展を促すことにもなるのである。もともとアメリカの国際通貨思想の系譜からみると、目標相場圏構想は、ローザやバーグステンなどによって代表されるように、いずれかといえば民主党よりの通貨戦略といえるのである。それは 1960 年代の初頭に展開された国際金融協力の現代版であり、本来的に金を含めた信認問題をタブー視する偏向を免れることができないのである。

　それに対して共和党の正統的な通貨思想は、変動相場制度であったが、マネタリズムが敗退したあとの指導理念として浮上しつつあるものは、サプライ・サイダーズの金本位、とりわけ商品本位制度構想である。そのような意味でアメリカのみならずフランスの大統領選挙が予定される 1988 年は、国際通貨制度の行方を展望する上においても、極めて重要な年となることが予想されるのである。

7　むすび

　円高と貿易摩擦に対処するためには、前川レポートによって提言されたように、輸出志向型の経済体質を改善することが必要であるが、それの一助としてわが国の先端的な輸出産業は、東南アジアを中心とする NICs に生産拠点を移動するのみでなく、アメリカ本土への企業進出をも急ぎつつある。それはやがて日米間における生産、所得、貿易、雇用の再配分を促すことになるであろうが、現地の企業買収や市場の争奪が激化する場合には、貿易摩擦が投資摩擦に変化する恐れがある。この点で第一次石油ショックの直後に、アラブの企業買収がアメリカ議会筋の警戒心を触発し、アラブ投資調査法案が上程されたことは、もって他山の石となすべきであろう。

今にして想うならば、1971年のニクソン・ショックは、世界大的な規模における固定相場の体系と自由貿易のシステムに終止符をうち、ドルの傘の下における戦後の繁栄が終焉したことを告げる警鐘のようなものであった。しかるにわが国は、高度成長時代の増強された生産力を背景として、あたかも世界市場が無限に拡大し続けるかのごとき幻想にかられて、輸出の拡大に狂奔してきたのである。その果は繊維、鉄鋼、造船、家電から IC に至るまで、次々と輸出自主規制の網をかぶせられることになり、その間隙を縫ってめまぐるしく市場と産業の転換を反復せざるをえなかった。質よりも量を重視し、世界経済の構造的な変化を無視したわが国の輸出企業は、徒に生産力の肥大化を招き、経済的な亡国の民のごとくに地球上を彷徨せざるをえなくなっている。1987年1月12日付のウォール・ストリート・ジャーナル紙は、メルセデス・ベンツが販売価格を平均23％引き上げたにもかかわらず、販売が逆に増加（1985年、8万9,903台、1986年推定、9万3,000台）したことを引合いに出して、価格弾力性の高い日本製品の脆弱性を論評している。

　もともと自由貿易論は、強者の論理であり、管理貿易論の拡散する中で、市場の開放は、いつしか赤字国が黒字国に対して要請する片務的なモラルに転化せざるをえなくなったのである。それは商業政策によってグローバルに貿易の自由化を達成しようとする古典派経済学の価値の理論と、構造政策によって域内自由化の前提条件を確保しながら、複合的、段階的に経済領域の拡大をはかろうとする歴史主義の生産力の理論との対立が、はしなくも露呈されたものでもあった。[注61]

　後者の接近法に立脚するのは、申すまでもなく EC であり、今日の EC は共同市場の形成によって水平的な分業体制を確立するとともに、無数の連合・通商関係をはりめぐらすことによって、旧植民地諸国との間における垂直的な分業体制をも包摂するに至っている。それだけでなく EC は、ブレトン・ウッズ体制の崩壊と期を一にして、通貨統合計画を発足させ、EMS の創設によって域内における為替相場の安定化に奏功したのみでなく、三極間における目標相場圏の導入を、いち早く提唱して、国際通貨制度改革の展開を主導してきたのである。とくに1986年は、単一欧州条約の調印を完了し、ローマ条約を改正することによって、域内市場の拡大と通貨統合の確立に巨歩を進めるとともに、これまでタブー視されてきた政治統合への限りなき接近を試みることになった。[注62]

　それに対してわが国は、「自由貿易という旧式の木馬に跨って」、徒に無政府主義な輸出戦略を展開してきたのである。時としては太平洋経済圏の形成が提唱さ[注63]

れたこともあったが、それは政治家と財界人の放言に終始し、ECが着実に統合の完成と強化と拡大に向って、実績を積み重ねてきたのに対して、わが国はショックと外圧の名の下に、1970年代を無為に過ごす結果となってしまった。国際通貨面においてもわが国が国際通貨体制の進歩に貢献しえたのは、最近における宮沢・ベーカー合意を除くならば、近衛内閣時代の新秩序というスローガンだけであり、わが国独自のヴィジョンと構想力の展開が切に待望される所以である。[注64]

（追記）

本稿の脱稿した直後の1987年3月25日、東京外国為替市場において円相場は、それまでの史上最高値を更新し、一時、148円40銭まで上昇した。その原因は、アメリカの景気が低迷を続け、市場に円の先高観が定着しつつあった時に、ベーカー米財務長官がパリのG7において、ドルの特定水準における安定目標が合意されなかった、と発言したことが伝えられたためであった。加えてニューヨーク連銀の介入が出遅れたため、市場にはパリ合意の実効性を疑問視するムードが支配的となったが、日米英独各中央銀行が協調介入を実施し、フランスも少し遅れてこれに参加したため、円は149円台に反落した。主要国中央銀行の協調介入は、パリ合意の原則を行動によって確認したものであるが、今回の円高圧力の再燃は、通貨当局者の不謹慎な発言が、いかに重大な影響を及ぼすものであるかを示す教訓であり、反面的に目標相場圏の公表をさける場合には、為替安定の効果が逆に減殺されることを例証するものともいえるのである。

第9章　国際通貨制度改革問題の断想

1　キングストン会議の示唆するもの

IMFの挽歌

　1976年1月17日のロンドン・エコノミスト誌は、「IMFが必要か」と題して、通貨のコントロールを喪失したIMFは世銀と合併すべきではないかとの疑問を投げかけた。この衝撃的な警告すら予想外にセンセーションをまき起さなかったことは一体何をいみするのか。それはIMFの権威がなし崩し的に凋落し、IMFの解体が既に時間の問題に過ぎなかったことを心ある人々に強く印象付けていたからにほかならない。

　確かにキングストンの会議では、若干の技術的な詰めを残しながらも、為替相場制度と金および第六次増資の三大懸案事項について、包括的な最終の合意に到達することが可能となった。それによって1974年6月の20カ国委員会を皮切りにIMFで展開されたImmediate Stepsの仕上げも完了した。しかしながらこれをもって、ブレトン・ウッズ体制の再建と評価し、新しいIMF体制の発足とみるのは、果して妥当であろうか。

　キングストンの会議を支配したのは、IMFにおける通貨問題の実質的な空洞化であり、その空隙をうめたのが南北問題の高揚にほかならなかった。通貨問題の中核的な概念であった金も、ここでニューメレール機能を正式に剥奪されたが、より多くの関心が払われたのは、通貨問題としての金よりも、援助を生み出す文字通りの金の玉子に対してではなかったか。すぐれて通貨的な為替相場制度の問題については、フロートの認知とIMFの監視機能が明記され、Stable but Adjustableな平価制度への復帰の条件も合意された。しかしながらそれは現状

の追認にほかならず、為替の安定に関する実際の運営は、今後IMFから主要先進国の協議機構に移譲されることになるであろう。

従って新しいIMF協定の第4条は、通貨面に関する限り、既に観念的な法規の体系と化していたIMF体制の修辞学的な粉飾であり、理念と現実の乖離を弥縫するための法的な擬制にしか過ぎなかったのである。既にIMFは、石油危機以降における南北問題の高揚につれて、世銀の短期融資部門へと変貌していた。そしてまた為替安定の初志を忘れて独歩しつつある信用機能のみの肥大化は、金拠出の廃止や保有金の処理とも相俟って、IMFをして不健全な救済機関と化してきた。このようなIMFの変貌は、一つには非産油途上国の窮状を背景とするものであるが、それは同時に通貨面におけるIMFの自己疎外化の帰結でもあったのである。キングストンにおける南北問題の狂騒曲は、IMFの挽歌であり、これをIMFの解体とみるよりも、それの再建として把えることは、一種の教科書的なフェティシズムに過ぎないのである。

IMFの分解過程

金とドルの等価交換を軸として、加盟国通貨の対ドル固定相場の体系を世界大的な規模で構築しようとするのが、IMFの理念であった。金とドルの等価交換性は、三国通貨協定の複数センター諸国が消去されたあとも、金の公的対外決済をアメリカのみが踏襲していた戦争直後の歴史的現実をそのまま反映したものであった。そしてまた固定相場制度の確立は、戦時中に膨張したアメリカの生産力に市場を確保するための、ブレトン・ウッズ体制の通貨的な表現に過ぎなかった。しかしながら異質的な諸通貨をイコール・フッティングに並列することによって単一の通貨圏に包摂し、加盟国の発展段階的な較差を過渡期間の概念で超克しようとする試みは、非現実的な野心以外の何ものでもなかったのである。

過渡期間の実質的な終焉とともに露呈されたのは、申すまでもなく南北問題の発生とECの通貨ブロックへの胎動であり、IMFが二つの選択肢に直面したのは、1950年代の末葉から60年代の初頭にかけてのことであった。ロイズ銀行のフランクス頭取が南北問題の黎明を告げたのは、1958年のことであったが、60年代の初頭には、IMFとしても南北問題への対決を迫られるに至ったのである。

キングストンで増枠された補償融資制度が、1960年代の初頭における開発途上国の交易条件の悪化を背景として創設されたのは、1962年のことであり、1969年には緩衝在庫融資制度も設立された。とりわけ論議をよんだのは、SDR

と開発のリンク問題であり、その根因の一つは、IMFがG10を中心とする国際流動性の増強策を退けて、ユニバーサル・アプローチを選択した方法論の誤りにも帰せられるのである。この問題は最近下火になったが、それというのも一つには、キングストンで設立の合意された特別信託基金が、近く廃止の予定と伝えられる石油資金特別融資制度のみでなく、この問題の代案として、アメリカあたりから推進されたためでもあったのである。

フランクスの予言がなされた1958年は、通貨面においても戦後の秩序が重大な挑戦にさらされた記念碑的な年でもあった。同年12月に実施された西欧主要通貨の交換性の回復を予見して、その前年にはローマ条約が成立し、ECは統合への胎動を開始していた。のみならず肝心の金・ドル等価の原則さえもが、アメリカの慢性的な対外不均衡と交換性回復後の短資移動の中で翻弄されることになったのである。IMFは戦後のドルが稀少であった時代と同じく、西欧通貨の稀少性に対しても無力であった。

このような状況の下でIMFは、新しく台頭した先進工業諸国に体制外的な支援を仰がざるをえなくなったのであり、それがGABであり、金プールやローザ・ボンドであり、あるいはまたスワップ協定であったことは申すまでもない。問題はこのような一連の国際金融協力を個々的な機能として把えることではなく、これらの活動を支えてきた主体性に着目することである。そしてその場合には、そこに新しい体制が実質的に形成され、IMFが通貨面で象徴的な存在と化しつつあったことが判別されるのである。

スーパー・システムの生誕

周知のごとくにGABを契機として形成されたG10は、10カ国蔵相会議として非公式ながら、IMFの体制内にビルト・インされていくが、そのメンバーはOECDの第三作業部会を構成する国々と同一であった。そこではマルチラテラル・サーベイランスを通じて、先進諸国の間における国際収支の均衡と為替の安定を計るための政策の調整が定例的に実施された。そこでの具体的な活動を示すものとしては、GABやSDRの検討のみならず、金の二重価格制やスミソニアンの多角的な平価調整、あるいはOECDのセーフティ・ネットなどの重要な問題が、このようなG10を中心として検討され実施されてきた。

スミソニアン以降は20カ国委員会が設立されたが、それはもともとが開発途上国の発言力を強めることによって、日本やEC諸国を牽制しようとするアメリ

第9章　国際通貨制度改革問題の断想

カの発想に基づくものであり、IMFの南北問題化に拍車をかける水先案内となったことは否めない。その結果G10の合意も20カ国委員会の後身である暫定委員会の最終的な承認を必要とするに至ったが、その後もIMFの意思を実質的に決定したのは依然として10カ国蔵相会議であり、とりわけ石油危機以降に同じく非公式ながらIMFの舞台に登場し始めた5カ国蔵相会議であった。1975年8月の暫定委員会で合意された中銀の金取引規制にしても、ランブイエの為替安定協定にしても、いずれもがこのような主要先進国のグループの間で実施されることになったことは、これの例証ということができるであろう。

政府ベースの活動と平行的にG10諸国の中央銀行も、金プールやスワップ協定およびバーゼル協定などの国際金融協力を展開したが、それの中核となったのは、1930年に設立されたBISである。BISがヤング案の実施とともに、中銀の中銀的な職能を期待されて誕生したことは周知のごとくである。しかしながらアメリカは産業資本家の反対もあって、BISの創設に参加せず（株式はモルガン商会などが保有）、IMFも地域主義に対する反感やBISの戦争中の活動が親ナチス的とみられたことなどの理由から、同じくこれに敵視的な態度で臨んだのである。

その結果としてBISは、ブレトン・ウッズ協定の第5条によって速かな清算を宣告されるに至ったが、1930年代からの経験と実績が戦後の混乱の中で再認識されたのも理の当然であった。1946年にはBISの定例会議が再開され、1950年にはソ連、スペインを除くヨーロッパの諸国が大挙してBISに参加した。とりわけBISの復活を物語る顕著な事例は、のちにヨーロッパの主要通貨を交換性の回復に導く原動力ともなったEPUが、1950年に創設され、BISがそれの清算機能を担当するに至ったことである。ここで問題となるのは、IMFの理想とする多角決済の最初の実験に対して、IMFが自ら参加を拒んだことであり、爾来「IMFは国際通貨問題の主流から疎外され」[注1]、第二バイオリンの地位に転落せざるをえなくなったのである。[注2]

さらに注目すべきことは、EPUの成立を契機として、主要先進国の政府と中銀が、それぞれの機能に応じて新しい協議体制を早くも形成しつつあったとみられることであり、OEECはEPUの政策面を、BISはそれの技術面を分担し合ったのである。OEECは1961年にOECDに改組されたが、これを機にアメリカとカナダが加盟し、BISに対しても同じく非公式ながら代表を派遣することになった。1964年には日本もこれにならうことになり、パリ・クラブとバーゼル・クラブはかくしてヨーロッパ的な機構から主要先進国の国際協議機構へと脱皮し

ていくのである。それは IMF にとって「予期されなかった、まったくうれしくもないスーパー・システム」の生誕をいみするものであったのである。

ユニバーサル・アプローチの非現実性

　南北問題の台頭とスーパー・システムの生誕は、IMF の理念と現実のギャップが生み出した鬼子的存在であり、このような事態を招いたのは、IMF の選択したユニバーサル・アプローチの非現実性にも由因するものであった。スキャンメルも指摘したように、戦後の通貨体制の創建に当っては、「法的なシンメトリーを追求するよりも、現実のアシンメトリーを承認し、キー・カレンシー・アプローチに従った方がより現実的であった」かも知れないのである。フランスの通貨体制案は、ホワイトとケインズの華麗なる論争のかげに埋没されてきたが、それは主要キー・カレンシー国の間における通貨協定を指向するものであった。

　この接近法を論理的に構成した第一人者がウィリアムズ教授であったことは、これまた付言するまでもないであろうが、それは戦後の通貨体制をドルとポンドの為替安定協定によって始動させ、ヨーロッパの復興をまってこれらの国々にも適用を拡大しようとするものであった。何となれば、「国際通貨体制が余りにも野心的なため、世界の政治経済的な諸条件が改善されない限り、一般の用に供しえないならば、それまでに長い時間が必要とされる」からであった。

　ウィリアムズのキー・カレンシー・アプローチは、最初の論文が 1936 年 12 月に発表されたことからも窺えるように、それは同年 9 月に成立した三国通貨協定の原体験に基づくものであった。世界経済会議の挫折を顧みてアインチッヒは「数多くの国々と協議するよりも、3 ないし 4 の国と協議した方が遥かに実行し易かった」と述懐したが、戦前戦後を通ずる世界の通貨状況は、IMF の理念としたごとき無媒介の単一通貨圏を即時に構成しうるものではなかったのである。周知のごとくに 19 世紀の中葉から第一次大戦にかけてのヨーロッパには、ラテン、スカンジナビヤ、独墺の各通貨同盟が鼎立していた。その後スカンジナビヤ通貨同盟は、スターリング・ブロックに従属し、独墺関税同盟は枢軸陣営を形成するとともに、ラテン通貨同盟も世界経済会議の崩壊後、金ブロックへと変貌していった。三国通貨同盟はナチスの枢軸陣営に対決するため、スターリング圏と金ブロックの盟主である英仏がアメリカとの提携によって結成した民主陣営の通貨同盟にほかならなかった。今日の EC 通貨統合も、経済、通貨の同質性を求めながらさまざまな通貨同盟が興亡を繰り返してきた長いヨーロッパの歴史的な基

盤の上に構築されようとしているのである。従って歴史性も経済的な異質性をも捨象した IMF 体制は、むしろ戦後の過渡期が生み出したユートピアに過ぎなかったとも考えられるのである。

ランブイエ通貨合意の意義

　戦後の通貨体制の歴史は、ドルの万能主義の下に構築された IMF 体制が、ドルの動揺と崩壊とともに観念的な仮象と化していく過程で、通貨面の運営が先進主要国の協議機構に占奪されていく過程でもあった。しかも 1973 年の 3 月以降における管理フロートの経験は、世界の主要通貨が次第に EC 通貨圏とドル圏に収斂されつつあることを示すものであった。日本とカナダはドルに対する相場の安定を重視し、EC のスネーク諸国はマルクを主軸として独自の通貨圏を形成してきた。のみならず西ドイツ連銀は、さらにマルクとドルの安定化に意を用いることによって、ドルとマルクの枢軸関係をも暗黙の裡に形成しつつあったともみることができるのである。1975 年 6 月の BIS 総会においてジルストラ総裁は、EC 通貨圏とドル圏との為替安定を提唱したが、ランブイエの通貨合意は、形成過程におけるこのような複数基軸通貨体制を公認したものにほかならない。[注7]

　それは正しく三国通貨協定の現代版を想わせるものがあるが、それの前奏曲としての世界経済会議は、ランブイエ首脳会談との対比においていくつかの歴史的な教訓を示唆するものがある。

　確かに無批判な類推をさけるべきことは申すまでもなく、1930 年代において論議された後進地域の開発や農産物問題は、今日の南北問題や資源問題とは次元と規模を異にする。また通貨面においても今日と状況を異にするのは、当時は金本位制度の再建がア・プリオリな目標であり、為替の切下げが不況克服の捷径と目されていたことである。

　しかしながらランブイエ首脳会談を顧みて興味をひかれるのは、第一にそれが通貨問題に始って通貨問題に終ったことである。世界経済会議はドイツの賠償や非武装化などの問題を政治的な立場から包括的に処理することを狙いとしたが、アメリカの金本位制停止とともに通貨問題は前面に登場したのである。しかしながら通貨問題を忌避するの余りに貿易や戦債などの問題が通貨問題と錯綜し、これによって会議の混乱が一段と増幅されたことは否めない。ランブイエのテーマも同じく通貨問題からの逃避を計るために、貿易や資源、援助などの問題が水増しされた。しかしながら、ドルの復調を背景に米仏の間で休戦の機運が熟してい

たため、最大の通貨問題について唯一最大の成果を収めえたことは、世界経済会議の轍を未然に防止したものとして高く評価することが可能である。

　第二は逆説のごとくではあるが、ランブイエの通貨合意が紳士協定に止ったことである。世界経済会議においては、フランスがドルの高水準における安定化を求めたが、ニューディール政策を意図するローズヴェルトは、7月4日の独立記念日に通貨休戦の破棄を訓令した。しかしながらそれの直接の契機となったのは、平行的に検討の進められていた為替安定の紳士協約を、フランスが公式かつ拘束的なものにせよと迫ったためであった。紳士協定なるが故にランブイエの通貨合意に消極的な評価を下すことは、世界経済会議の挫折例を顧みるまでもなく、ウィリアムズ[注8]のいうように、紳士協定なるが故に有効であり、かつ、受け入れ易い一面を無視した見解といわざるをえない。

修正フロート時代

　2カ月間に渉る米仏通貨協商を基礎とするランブイエ合意の詳細は、その性質上明らかにされていないが、伝えられるような中銀（デイリーに情報を交換し、介入を行う）、蔵相代理（週ベースでレビューする）、蔵相（定期的にレビューする）の立体的な協議機構は何をいみするのか。第一はこれによってEPU以来の協議体制を、一時的、アドホック的なものから恒常的、定例的なものに改変したことである。第二は中銀と政府の権限と機能を明確化したことであり、第三はこれによって為替相場の日常的な監視と政策の調整が、一段と強化されることが期待されることである。

　当面はBISを中心とする中銀間の協議と調整を通じて、相場変動の因子ともなるべき経済実態面の調節がはかられ、200億ドルに垂んとするスワップ網によって、エラティックな相場の変動に対処することになるであろう。問題はアメリカが介入の負担を負うか否かであるが、この点は実情が明らかでない。1975年フランスはEC共同フロートへの復帰に当って対ドル介入帯の設定を提案したが、見送りとなり、指標相場制度の構想も棚上げにされた。同年11月17日のヘラルド・トリビューン紙は、スーパー・スネークあるいはドラゴンズ方式とも称すべき構想を、フランスなどのEC諸国が主張していることを明らかにした。これは10％程度のバンドをもつグライディング・パリティ方式のごとくであり、介入の基準点は状況によって可変的なものとされる。いずれの方式が採用されるかは予測の限りではないが、フルカード仏蔵相が、スタビリティはリジディティ

を意味しないとのべながらも、変動にはマージンが存在しなければならないと語ったことは、依然として注目に値しよう。[注9]

ちなみに伝えられるような10％の変動幅は、1975年の1年間における仏フランの対ドル変動率が最大限20％程度であったことからみても、フロートと固定の中間色を想わせるものがある。フルカードはランブイエの合意をもってStable but Adjustableな平価制度への一里塚と認識し、新しいIMF協定の第4条もこのための条件を規定した。確かにインフレは鈍化し、オイル・マネーの累積も当初の予想を下回りつつあるが、固定復帰の条件ともいうべき財政・金融政策の一元化や、金本位的ゲームのルールを復元させることは至難である。のみならずIMFの創草期と違って今日では、経常収支の赤字を資本移動によって積極的に補填せざるをえないような国際収支構造の変革に直面している。従ってランブイエの通貨安定協定によってフロートを脱却し、あるいはフロートの変動を除去しうると考えることは楽観的であり、それの課題は、フロートの変動をいかにして緩和するかにあるのである。このような状況をめぐって「米仏の勝ち負け論」も散見されるが、今日の状況は本来的に固定にも純粋のフロートにもなじまないのである。強いて今後の体制を名状するならば、嘗ての三国通貨協定が修正金本位制度と呼ばれたように、修正フロート時代とでも呼称すべきではなかろうか。

BISの役割

世界経済会議は数少ない合意の一つとして、中銀間協力の必要性をみとめるとともに、それの中核としてのBISの役割を強調した。たしかに戦前のBISは、1931年の金融恐慌の中で世界短期債務残高の1/10に相当する金融支援活動を行ったが、資金面の制約からその後は調査活動に専念せざるをえなくなったのである。BISの活動は定例会議における中銀間の協議を特色の一つとするが、今後はさらに日常的にも一段と連携が密になされるであろう。その結果として状況によっては、BISも市場への介入に参加することになるであろうが、1968年の新バーゼル協定やECの共同起債計画におけるがごとく、将来BISが市場介入の窓口になることは考えられないであろうか。1975年の3月末現在におけるBISの総資産は419億金フラン、米ドルにして210億ドル近くに達しているが、これらの尨大な資産が先進国中銀間の金融支援に活用される可能性は果してないものであろうか。

BISの第二の特色は中立性であり、ソ連も嘗てはBISを窓口として金を放出

した。東欧諸国も BIS への拠出に応じており、BIS のこのような中立性は、コメコン諸国との交流を促進する上においても有利であろう。

　第三は BIS のクリアリング機能であり、戦前はドイツ賠償の清算のみでなく金の国際清算にも当っていた。戦後は既述のように EPU、EMA の清算機能を負担したが、当面はそれの記帳事務に止っているとしても、1973 年 6 月に発足した EC の通貨協力基金も BIS を窓口として多角介入と多角清算を行うことを予定しているのである。通貨協力基金の本格的な稼動にはなお時間と困難を伴うであろうが、BIS が将来ドル圏と EC 通貨統合の清算機能とを連動する可能性も、むげには否定できないように思われるのである。

　BIS の機能のうちで最近とくに注目されるのは、IMF 保有金の放出に当って、入札能力を認められたことである。あるいはまた 1975 年 8 月の暫定委員会によって、G10 諸国の中銀は、金の取引状況を IMF とともに BIS に対しても、定期的に報告することを義務付けられるに至ったのである。このような処理は、単なる金価格の安定操作のみを目的としたものでなく、BIS の清算機能が同時に着目されたものとも解釈されるのである。既に縷説したごとく、BIS はランブイエ通貨体制の下における中銀の中銀として、重大な役割を演じることになるであろうが、この点で注目されるのは、IMF 保有金の具体的な放出方法が、BIS の検討に委ねられたことである。それは単に金の領域のみに止らず「これまで IMF が占めていた通貨問題の drivers seat が BIS に移譲された」ことを端的に示す証左ともいうことができるのである。[注10]

2　黒字国責任論の政治力学

　いわゆる黒字国責任論が再燃して以来、この問題の視点は、ともすると日米間の通商的な側面にかたよりがちであったが、本来その国際通貨的なインプリケーションを無視する訳にはいかない。

　黒字国責任論はサンファンにおいて、新大西洋通貨同盟の基本原理に措定され、一面においては EC スネーク（欧州共同体の共同フロート）の手直し論と吻合するだけでなく、ポスト・キングストンの課題を処理するうえでも重要な布石となるであろう。

ドル本位的発想の復活

　黒字国責任論の再燃は、アメリカにおける保護主義の通貨的な表現とみられるが、国際通貨の論理で武装された黒字国責任論の基底にあるものは、依然としてドル本位の思想であり、ドルの非対称性の論理である。

　1970年のニクソン経済報告は、「ドルは基軸通貨なるがゆえに、自ら平価を変更できない」と主張したが、1976年6月3日のアメリカ下院銀行委員会におけるバーグステン証言は、多分に往年のドル本位的思考法の復活を想わせるものがある。

　もっともドルのニューメレール機能が正式に剥奪された今日の状況では、さすがのバーグステンも、正面からドルの基軸通貨性を打ち出してはいない。しかしバーグステンは、金が事実上の再評価によって近い将来準備通貨機能を拡大する可能性を危惧し、キングストンの合意が国際準備の70％を占めるドルの役割を明らかにしなかったことに不満を表明したのである。

　バーグステンが主張したいま一つのドルの特殊な役割は、ドルの介入通貨機能である。これから派生する問題は、「ドルが依然として為替市場に対する各国の介入手段に使われているため、アメリカは自国通貨の為替相場をコントロールしにくい」結果となることである。従ってバーグステンは、円高の抑制を意図する日本の介入政策と、イタリア、イギリスの為替減価政策によって、ドルは過大評価を強いられていると主張した。

　1971年8月15日のドルの金交換性停止は、このような介入面におけるドルの非対称性を、フロートによって脱却しようとする試みであり、ECの多角的介入方式は、これをドルの外側から是正しようとする実験であった。しかしECの多角的介入は短命に終わり、ドルの準備、介入通貨機能は、ブレトン・ウッズ体制下と同じく依然として中枢的な役割を担ってきた。

　ドルの対外価値は、他国の介入政策によって他律的に規定されるだけでなく、ブルームフィールドが指摘するように、ドルは固定相場時代のように自らの切り下げによって、非対称性を調整する途をも閉ざされた。

　バーグステンはこれを管理フロートの片務性と呼び、「各国がイギリスのように為替相場を押し下げ、日本のように円の上昇を抑制することによって、アメリカの貿易収支が赤字を持続するならば、アメリカとしても物の面で報復を加える以外に選択の途がない」と警告した。

　ただ1976年8月のドルの堅調は、多分にアメリカの経済実勢を反映したもの

であり、介入政策の相場形成にもおのずから限界がある。むしろ注目されるのは、バーグステンが、「大量の円買いによる逆方向の介入は十全でない」と主張していることである。

双務的な介入には時差の関係だけでなく、当事国の間における利害の調整など困難な問題が少なくない。しかしアメリカの市場介入は、これまで相対的に短期かつ小規模であり、ドルの介入面における非対称性も一つには、アメリカの介入に対する消極的な態度にある。いわば自らの介入義務を否定したフロートの片務性とは、一面においてドルを万国通貨の尺度として、他国に一方的な軌道の修正を迫るドル本位的な発想の復活にほかならない。

「民主主義」擁護の通貨協力

バーグステンは議会証言の中で、為替相場の問題をサンフアン首脳会議の第一議題とし、アメリカは日本や西ドイツなどの黒字国に対して、景気を拡大するか、切り上げをするか、対策を迫るべきだと勧告した。いわばアメリカの通貨当局が演出した「政治ショー」の舞台裏では、黒字国責任論が高度な政治的判断のもとで、より普遍的な通貨原理に昇華される機会をうかがっていたのである。

サンフアン首脳会議は、デタントの後退と第三世界の挑戦の中で、危機感を高めつつある「民主主義」陣営代表の強化合宿であり、南北と東西の問題に対する外延的な政策の調整とともに、経済、貿易、通貨などの分野において「民主主義」の内包する危機の予防を目的とした。

とりわけ焦眉の急務となったのは、イタリアの支援であり、イタリアを共産主義の対立概念としての「民主主義」の体制の中につなぎとめることであった。従って、通貨面におけるサンフアンの課題も、「いかにして断片的な通貨制度を、苦悩するイギリスとイタリアを救えるような全面的な制度に拡充するか」、その方法を討議することであったのである。

結論からいえば、「民主主義」の擁護のために打ち出されたサンフアンの通貨協力は、調整過程における黒字国と赤字国との責任の分担方式であり、赤字国の自助努力を前提とする多国間支援の原則であった。

たしかにコミュニケは、黒字国責任論を明確に規定することを避け、表面的にはむしろ赤字国責任論が浮き彫りにされた。しかしコミュニケは、相互依存の高まる中で、内外の政策面における協力を確認し、経済政策の形成に当たっては、「他の諸国での経済活動の進路を考慮」するだけでなく、各国は内外の適切な政策に

よって、「恒常的または構造的不均衡を是正ないし回避するよう、それぞれの経済と国際通貨問題を運営することの重要性を認識」した。

このような声明は、はたして黒字国の責任を免責し、調整過程のすべての責任をもっぱら赤字国に転嫁したものと解すべきであろうか。現実にはジスカール・デスタン仏大統領は、サンフアン会議の終了後、日本を引き合いに出して、黒字国は対外ポジションの悪化を甘受すべしと語っているのである。

黒字国と赤字国との間における迅速にして、有効かつ対称的な調整については、IMF新協定の第4条第4項でも既に言及されている。黒字国責任論は、かくして赤字国責任論と、さらにはこれを前提とした赤字国に対する多国間支援の原則とともに、サンフアン通貨協力の三本柱を形成しているのである。

緊張緩和時代とは背景を異にするが、もともと主要国の首脳会議は、多分に1973年の新大西洋憲章構想を彷彿とさせる。その演出者であるキッシンジャーは、サンフアンの会議に先立つ6月の25日、ロンドンにおける講演の中で、日米欧同盟関係の重要性を強調した。73年のニクソン外交教書は、同盟関係の強化とともに再調整を強調し、「ただ乗り」を拒否する姿勢を明らかにしたが、サンフアンで合意された先進工業国の協力にも、再調整の概念が裏打ちされていたと解される。

かくして、本来的にはドル本位的な発想の所産である黒字国責任論も「新大西洋通貨同盟」の普遍的な通貨原理に定着され、円とマルクに対して再調整を促すための公案となったのである。

赤字国に対するアメとムチ

サンフアンの首脳会議は、一面、イタリアの更生計画を策定するための債権者会議であったが、このことは会議の日程が急拠イタリアの総選挙直後に繰り上げられたことからも容易に想像されよう。イタリアの対外債務は、既に166億ドルを超え、一方の外貨準備は一時、輸入の僅か1.3カ月分まで落ち込んだ。リラの減価と課徴金の価格面へのハネ返り、あるいは鉱工業生産の回復などに伴う輸入圧力を前にして、イタリアの外貨準備は危機的状況に直面していた。

1976年5月には、西ドイツからの金担保借款の再借り入れやBISからの6億ドルの借款が成立したが、ニューヨーク連銀とのスワップ枠の自動的な発動も、キングストンで増枠されたIMFクレジット・トランシェの引き出しも拒絶されたイタリアとしては、最悪の場合には金準備の残り5/6に活路を求めねばならな

かった。

しかし総選挙の結果、与党のキリスト教民主党の辛勝が判明するや、ハーフェルカンプ EC 副委員長は、ただちに第二次マーシャル・プラン構想を発表し、IMF も増枠分の引き出しを内諾するなど、イタリアの支援工作は、にわかに動き出した。サンフアン首脳会議で、暗黙のうちに、イギリスとともにイタリアを主たる対象として、「過渡的な赤字」を救済するための多国間援助の原則が打ち出されたことも、何ら怪しむには足りない。しかし赤字国の支援には同時に、「基本的な均衡を回復する確実な計画」の裏付けを必要としており、いわば赤字国に対するアメとムチの政策であった。

サイモン米財務長官は、かねてよりイタリアがベルトをしめない限り、支援は「カネを窓から捨てるのに等しい」とのべ、イタリアの自助努力を求めていたが、アメとムチの政策はバーグステンの証言でも問題にされていたイギリスとイタリアの為替政策に、国際管理のタガをはめることでもあった。

IMF はイタリアに対する増枠分の引き出しを内諾するに当たって財政金融面の引き締めと所得政策を要請したが、多国間支援の先例ともいうべき 53 億ドルの対英スタンドバイ・クレジットの供与に当たっても、アメリカと西ドイツは、40 億ドルに相当する財政支出の削減をイギリスに要求したとも伝えられる。

このような現象は、スワップの発動に対するアメリカの政策の硬直化とも相まって、国際的な金融支援の方式が、しだいに国際監視の傾向を強め、IMF と同じく自動的なものから、しだいに条件的なものへと変貌しつつあることを物語る。

イタリアの資金所要額は、産業復興計画との関連で 100 億ドルを上回るとみられているが、支援規模はまだ確定していない。また支援の方法も、一時は前述の第二次マーシャル・プラン構想や、OECD 金融支援協定の発動がクローズ・アップされたが、最近とみに脚光を浴びつつあるのは、アメリカの財務省が推進する IMF のスーパー・トランシェ構想である。その詳細は明らかではないが、伝えられるような第五トランシェ（現在は第四トランシェまで）の創設には、当然のことながら IMF 協定の改正が必要とされ、急場の用には供しえない。

現段階では個人的な推測にとどまるが、ここで当然注目されるのは、1 月の暫定委員会のコミュニケの中に設けられたエスケープ・クローズである。そこでは、「さらに IMF は資金不足の初期段階に、本ファシリティに基づいて支援を与えることができる」と規定されている。

この規定は本来一次産品輸出国の支援を本義とする補償融資制度に関するものだが、1976年6月には運用が大幅に緩和され、韓国やポルトガルに対しても融資が拡大された。IMFのスポークスマンは、この方針を今後も持続すると語っているが、幻のスーパー・トランシェは、本来発展途上国の支援を目的とする補償融資の流用によって、日の目をみることも予想される（原資には1962年に創設されたIMF一般借入協定の発動が想定されている模様）。

問題は先般国際的に物議をかもしたシュミット発言からもうかがわれるように、イタリアに対する支援が、共産党の入閣を御法度としていることである。しかしイタリアは、これまでにも国際借款を受けるたびごとに要請された経済再建の公約をついぞ履行しえなかったし、今後イタリアが共産党の協力を排除しながら、効果的な政策を達成できるかどうか疑問である。

動き出したECスネークの手直し

サンフアンで合意された通貨協力の原理は、ECスネークの手直し作業を通じて、EC統合計画のメカニズムの中に装着されようとしている。

1976年7月12、13両日の欧州理事会では、欧州議会の議席配分を最終的に決定し、ECスネークの手直しについても今後の進展が期待されるに至った。これはチンデマンス報告が統合再建の前提条件として提示した、政治統合の「成功の犠牲」と、通貨統合の「失敗の犠牲」を乗り越えるための記念碑的な挑戦ともいうべきであろう。

ECの通貨統合は、石油危機と通貨不安の過程で、マルク通貨圏と単独フロート諸国に分断されたが、その原因は外生的な要因だけでなく、要素移動も域内経済政策の協調も不完全な状況の中で、固定相場の原則を維持しようとしたためである。

ともかく通貨統合を再建するには、西ドイツの主張するムチの政策だけでは不十分であり、ECスネークそれ自体にも手直しが必要とされたのである。

フランスは1975年の7月、ECスネークに復帰するに当って手直し案を提出した。そのねらいの一つは対ドル介入帯の設定によるドルの安定化であり、いま一つはスネークのルール緩和によって、仏フランの自衛と同時に、イタリア、イギリスの包摂を意図したものであった。

この段階では、1974年にブルームフィールドなどが提唱した指標相場（Reference Rate）の導入や変動幅の拡大などの諸計画が棚上げとなったが、フ

ルカード仏蔵相は、1976年3月フランスが再びスネークから離脱するに際しても、非公開かつ弾力的な変動幅と、6カ月おきの検討を条件とする調整方式を提案した。

　1976年4月の欧州理事会は、このような手直し案の検討をEC蔵相理事会に付託したが、7月の欧州理事会でオランダから提出されたスネークの手直し案も、参考相場圏（Reference Zone）の設定に実効為替相場を適用すること以外は、基本的にフランス案を継承したものとみられる。

　オランダ案は、現行のスネークをそのまま温存する一方、離脱中の国々に対しては、固定相場的な基準レートに代えて、6カ月程度の間隔で調整可能な非公開の参考相場圏を設定する。調整の基準としては客観的な指標を用いないで、市場相場の推移を参考にするので、クローリング・ペッグ方式に近いが、最終的にはEC委員会の承認を必要とし、各国の拒否権も認められる。

　随時調整可能な指標相場の目的は、第一が実勢に応じて為替相場を迅速に調整すること、第二は参考相場圏の維持を義務付けないので、各国の介入負担が軽減される反面、アグレッシブな介入を禁止することによって、競争的な切り下げを防止することである。

　オランダ案では、依然としてスネーク参加国と参考相場圏を設定する非参加国に二分されるが、各国は中期経済政策の調整を求められ、非参加国の為替相場についても、参考相場圏に近付けるための介入を金融的に支援することによって安定化が試みられる。

　7月の欧州理事会は、11月末までに成案をつくることを決定したが、この構想は財政政策の調整など困難な問題をかかえているものの、政治的な妥当性を喪失したチンデマンス報告のtwo-tier-system（一・二軍制）に代わるものとして今後の帰趨が注目される。本格的な検討は西ドイツの総選挙後としても、タカ派のオランダまでがスネークの手直し論に同調した理由は、一つにはギルダーが売り投機にさらされたためであり、近い将来ミニ・スネークに危機が訪れる場合には、この構想の具体化が急がれることになろう。

　このような意味で、挫折したとはいえ、マルクの切り上げと仏・フランの切り下げを軸として、域内通貨の多角的な調整を試みた1976年3月14日のEC蔵相理事会は、指標相場の導入をめぐる事実上の前哨戦でもあったのである。

ポスト・キングストンの課題

　スネークの手直し案は、EC通貨統合再建の現実的な接近法とみられるが、それは同時にIMFの模索しているポスト・キングストンの課題に対しても、一石を投じよう。前述のバーグステン証言は、通貨面における未解決の問題処理をアメリカの通貨当局に強く要望しているが、未解決の問題とは、インターナショナル、マネタリー・コンファランスにおけるウィッテフェーン（IMF専務理事）演説の示唆するように、資産決済の問題と、国際準備の構成とコントロール、および対称的な調整過程のルールである。

　IMF専務理事は、「われわれの直面する最大の挑戦は、為替相場の分野にある……為替相場の選択は加盟国の自由であるが、行動の自由は認められない」とのべている。アメリカのヨー財務次官も、キングストンの合意が構造的不均衡の是正を必要としないとみるのは誤解であり、これから生まれ出る通貨制度は、この問題の解決を必要とする旨の発言を行なった。

　つまり、ポスト・キングストンの課題としては、フロートの管理が優先的に取り上げられる可能性があることであり、サンフアンの通貨合意は、ポスト・キングストンの課題を解くうえでも重要な道標となるであろう。

　フロートの管理方法としては、第一に新しいIMF協定に定めるIMFの監視機能の強化である。その規定は、加盟国にオーダリーな経済成長と為替相場の安定化を義務付けるとともに対外競争力を有利に継続するための為替操作を禁止している。このために加盟国はIMFに必要な情報を提供し、場合によってはIMFとの協議を必要とされる。しかし、このような監視を有効にするには、なんらかの客観的な基準が必要である。

　第二は、ガイド・ラインの設定である。IMFの理事会は1974年6月13日付の決議によってガイド・ラインを採択した。そこでは為替相場の短期的な安定を図るために、スムージングないしモデレーティングな介入を認める反面、為替操作を目的とするアグレッシブな介入を禁止した。

　また為替相場の目標相場圏（Target Zone）と準備保有目標を基準として、それぞれの目標に為替相場を接近させるための介入を歓迎している。ランブイエの通貨合意は、為替相場の安定化を指向していたが、サンフアンの関心は、為替操作の排除、構造的不均衡の是正に移行している。

　その点でバーグステンは、日本の介入政策を難詰し、「準備の増加は、準備の減少と同じく各国が不適切な為替政策なり、国内政策なりを採用していることを

思わせる指標である」とのべている。現状では目標相場圏も準備保有目標も未設定だが、バーグステンの証言は、外貨準備の増減を為替相場調整の引き金とするアメリカの伝統的な考え方を踏襲している。

ECのスネーク手直し案は、外貨準備指標の導入に否定的であるが、指標相場の前提とするアグレッシブな介入の禁止は、赤字国の競争的な切り下げに対して抑止的な作用を期待されるとしても、競争的な切り上げを予想し難い現状においては、黒字国の切り上げに作動しにくい。その意味でアメリカは調整過程の対称性を確保するうえからも、指標相場に準備保有目標を装着しようと試みるであろう。

しかし1975年8月のロイス委員会は、資産決済を拒絶して、アメリカだけに許容された債務の増減による対外ファイナンスの特権を維持しようとした。このように外貨準備の客観指様は、調整過程の責任を一方的に他国に転嫁しようとする、ドル本位の論理を貫徹するためのテコ以外のなにものでもない。

3 円高圧力の論理と国際間の動き

事実の誤認

いまをときめくアメリカのバーグステン財務次官補（当時はブルッキングス研究所主任研究員）がはじめて円安批判論を展開したのは、1976年6月3日のことであったが、晴天の霹靂のごとくにこれをうけとめた人々のうち果して何人が迫りくる事態を正当に評価しえたであろうか。筆者なども1976年の7月段階でありうべき円の対ドル直物相場の水準を270円とみていたが、これに同調してくれたのは、共同通信社の高木経済部長などごく一部のジャーナリストに過ぎなかった。円高のピークを285円から290円と観測するむきが支配的であったその当時の状況で、270円説は全くの暴論であるのみか、しばしば売国奴的な発言ともみなされかねなかった。しかしながら円高に対する企業の対応を遅延させ、国際的な緊張と摩擦を不必要に激化させる結果を招いたのも、一つにはこのような希望的観測や感情的な価値判断にほかならなかったのである。

たしかにわが国の貿易収支が黒字基調を持続したにもかかわらず、円の対ドル直物相場が1976年の9月26日に285円30銭を記録したあと、再び円安に転じた一つの原因は、総選挙の見通し難や原油の値上げ機運など不安要因が伏在していただけでなく、借款の供与を中心として長期資本の流出が増大したため、市

場がドル不足におち入っていたためである。さらにいま一つの要因としてあげうるのは、強い通貨の双壁とみられていた円とマルクの連動性がマルク切上げの接近とともに分断され、円に対する関心が一時的に離散したことである。

しかしながら同時に注目されることは、わが国では一般にアメリカの円安批判論が1976年の秋頃から急速に退潮したものと理解されていたことであり、その理由としては後でもふれるようにわが国の対米反批判がアメリカ側にも十分納得されたものと伝えられためである。しかしながら当のアメリカにおいては円安批判論がむしろ一段とエスカレートしつつあったのであり、バーグステンも1976年の10月18日、アメリカの両院合同国際経済小委員会においてわが国の対米反批判の一つ一つについて反論を行っていた。その詳細は後述に譲るが、氏は日独英の三国を引合いに出して、これらの国々が依然として国際競争力の維持と雇傭機会の増加を目的として介入を行っていると非難した。そしてこのような「為替相場の介入政策は最近アメリカやヨーロッパで台頭しつつある保護主義的な圧力と関連がある」とのべるとともに円の切上げを重ねて強く要望していたのである。事実日本製のカラーテレビに対する輸入制限がアメリカの国際貿易委員会に提訴されたのは、1976年の9月23日のことであり、土光ミッションがヨーロッパの激しい対日批判の洗礼にさらされたのも上述のようなバーグステンのアメリカ議会における第二次の円安批判と奇しくも日を同じくしていたのである。このような事実の誤認が総選挙を控えての作為的な世論操作に基づくものか否かは、明らかでないが、これを善意に解釈するとしても、驚くべきほどのインフォーメーション・ギャップが日米間に存在していたことだけはたしかである。

管理フロートの片務性

1977年1月の貿易収支は、周知のように4億7千万ドルの赤字を記録し市場も大幅のドル不足に直面したが、円の対ドル直物相場は1月19日に290円の大台をこえ、その後急速に円高を指向することになった。その理由は、原油の値上げが予想を下回るとともに、わが国の公定歩合の引下げが遅れたため、非居住者の証券投資が増加しただけでなく、本年も引続いて巨額の出超が見込まれたためである。しかしながら国際通貨情勢が年初来小康を続ける中で、円だけが独歩高を演じた理由の一つは、日銀の介入政策が消極的となったためであり、それが日米首脳会談から主要国首脳会談に至る一連の国際会議において円高圧力の高まることを懸念してのものであったことは想像に難くない。

そのような円高圧力に理論的な根拠を提供したのは、ブレトン・ウッズの時代と同じく今日の管理フロート下においても厳然と存在するドルのアシンメトリーにほかならなかった。周知のようにキングストンの暫定委員会はドルのニューメレール機能に終止符をうったが、ドルは国際準備の7割を占めて準備通貨機能を負担し続けるのみでなく、依然として広汎な介入通貨機能を営んできた。とりわけフロートによって資産決済面における片務性から正式に解放されたドルのアシンメトリーがいまなお典型的な形でみられたのは、このようなドルの介入通貨機能の側面においてであった。

1976年の6月にバーグステンは「ドルが依然として為替市場に対する各国の介入手段として使われているため、アメリカは自国通貨の為替相場をコントロールし難い」と主張し、これを管理フロートの片務性と呼称した。管理フロート下においても赤字国は為替相場の下落を放置し、あるいはこれを促進する一方、黒字国も中銀の市場介入を通じて為替相場の上昇を抑制する傾向が強いため、そこにはドルの過大評価を斉すようなバイアスが依然として発生する。このような発想はニクソン政権下における受動的国際収支戦略論の系譜につながるものであるが、1973年の8月に発表された *U. S. Views on Major Issues of Monetary Reform* の中でアメリカが「ブレトン・ウッズの主目的が競争的な devaluation の制限であるとするならば、競争的な undervaluation の制限が将来重要な役割を演じなくてはならない」と主張したのもこのためである。バーグステンの円安批判論もこのようなアメリカの伝統的な思考方式を継承したものであるが、これに対してわが国は昨秋来(1)日銀の介入を否定し、(2)仮にこれが行われたとしても相場の乱高下を防ぐためであるとのべ、さらに(3)わが国の黒字がサイクリカルなものであって、(4)景気の回復に伴って是正されるものであると反論した。しかしながら既に付言したように1976年の10月18日にバーグステンは、その年の上半期における対日債務の増加(25億ドル)と対日債権の減少(4億ドル)が、わが国の外貨準備の増加に見合っていることを指摘して(1)の申立てを否認した。(2)の説明に対しては日銀の介入が常に同一方向で行われた事実を強調し、さらに(3)と(4)の抗弁に対してはサイクリカルな変化の方向と規模を予測することが困難であり、これを正当化する場合には事実上すべての介入を是認することになるだけでなく、それによって為替相場に反映さるべき構造的な変化さえもが隠蔽されることになると反論した。しかしながらこのような日米間の論争に最終的な審判を下す結果となったのは、21億ドルの赤字を見込んで

いたわが国の1976年度の経常収支が、逆に46億ドルもの黒字を記録するに至った冷厳なる事実にほかならなかったのである。

経常収支目標の整合性

　円高圧力の論理を構成する第二の原理は、石油危機以降における二極分化の過程の中で非産油国の間における経常収支目標の整合性が強く要請されるに至ったことである。ブレトン・ウッズ体制の頃から一般に指摘されていたことは、黒字国の調整がとかく遅れ勝ちであったため、調整の負担がそれだけ過重に赤字国に転嫁される傾向がみられたことである。1960年代の後半から70年代の初頭のようにドルだけが独り陥没している状況においては、このような調整の責任をアメリカの国際収支の赤字によって負担させることも可能であった。

　しかしながら問題は、石油危機の発生以来赤字国の数が増大しただけでなく、これらの国々はトリレンマによって政策の選択幅が縮小する中で、政治社会的な安定性さえも脅かされており、調整の負担能力が著しく低下していることは否めない。このような状況の下で最近における赤字国の対応の仕方には多分に1930年代の近隣窮乏化政策を想わせるものがあるが、その反面においては第三世界の挑戦に加えて東西の勢力均衡がくずれるとともに、ユーロ・コミュニズムの台頭が急を告げる中で自由世界の一体性が急務とされている。1977年5月の主要国首脳会談がNATOの首脳会議に先立って開かれたことはこれを象徴するものであるが、カーター政権の提唱する3台の機関車論や経常収支の再配分計画は、このような自由世界のいわば恐怖の団結が生み出した経済運営の原則であり、通貨外交の理念にほかならない。

　経常収支を調整の基準とする発想法は、サイモン前財務長官の頃からみられたところであるが、この考え方は一見すると長期資本取引を重大な関心事とするアメリカの伝統的な対外戦略からみてもやや異質の感を免れない。一例としてバーグステンも、(1) 各国の重商主義的な考え方からみて、貿易収支や経常収支について適正な水準を策定することが困難であるとのべる反面、(2) アメリカにとっては政治的に最もセンシチブな長期資本取引を含む基礎収支目標が妥当であるとの見解を明らかにしていた。IMFも従来は基礎収支を重視する立場をとっていたかのごとくにみられるのであり、「国際通貨制度第一次改革概要」の6および1974年6月の最終報告第1部7において、公的準備が不釣合に変動した場合などに招集される「特別の検討」にあたって、IMFはまず基礎収支と内外の経済

政策について対象国の説明をうけることとし、経常収支についてはその他の諸目標とともに IMF が綜合的な判断を下す場合に相互の斉合性が問題とされるに過ぎなかった。

バーグステンが基礎収支概念を重視したいま一つの理由は、シュルツ・ボルカー提案として知られる公的準備目標が経済実勢を反映しない短期資本移動を含んでいたためである。基礎収支目標はいわば公的準備目標のアンチ・テーゼとして提起されたものであるが、これに対して経常収支目標は、ある意味において公的準備目標のコロラリーとして発生したものとみることが可能である。外貨準備目標が後退した理由は、第一に適正な準備目標の策定が不可能であり、第二は準備水準が目標から乖離するような場合にも、各国が資本取引に介入することによって経常収支の黒字を cheat することが可能とみられたためである。従って経常収支目標は本来公的準備目標の抜穴対策として登場する必然性を内包するものであったが、今日これが強調されるゆえんのものは、管理フロート下においても各国の主たる関心が依然として経常収支におかれているため、各国の経常収支目標がそれぞれの介入政策によって、相互の整合性を欠くことを防止し、それを是正することが必要とされたためである。[注12]

マネージされた貿易

経常収支目標を達成する方法として、クリューガー・ミネソタ大学教授は、(1) アメリカの赤字で受動的に調整する方法、(2) 各国がシュルツ・ボルカー提案の趣旨に則り、国際的な協議を通じて合意に到達する方法、および (3) 1930 年代と同じく不安定かつ競争的な切下げを実施する可能性を指摘した。しかしながら今日の状況が (2) 以外の選択を許容し難いことは明らかであり、問題は調整政策の具体的な内容と優先の順位である。

バーグステンは 1975 年 10 月の議会証言において、各国の対内的、対外的な経済状況を総合的に判定する場合の指標として、雇傭と物価と対外収支の 3 項目を掲げるとともに、経済体制の開放度に対応してマクロ政策とミクロ政策(所得政策やマン・パワー政策など)および為替相場政策の併用、または単独の適用を勧告した。この図式に基づいてバーグステンは、開放体制下で物価が安定をみせる反面、失業と黒字をかかえる西ドイツに対してはリフレ政策の必要性を強調し、封鎖的で失業とインフレを内蔵しながら黒字を累積するわが国に対しては、マン・パワー政策によって補完された円の切上げを勧告した。

IMFマニラ総会の結論は、このような内外調整政策の有機的な関連性を欠くものの、国内政策による調整を第一義としたが、来るべき首脳会議においても、日米独3カ国の景気対策が一つの焦点と目されていることは申すまでもない。しかしながら周知のように西ドイツのシュミット首相は「アメリカから経済学を学ぶ必要はない」と述べるとともに、アメリカも所得税の還付計画を撤回するなど早くも首脳会談の成果には、悲観的な見方が出始めている。第二の調整方法は貿易面の措置であり、主要国首脳会談でも東京宣言の早期達成や、保護主義的な貿易制限の自粛などが声明されるものとみられている。しかしながら自由貿易の原則がいまや完全に地を払いつつあることは衆目の認めるところであり、とりわけ部門別のインバランスを重視するヨーロッパはとかく貿易面の制限措置に走り勝ちである。たしかに為替相場の調整効果にはタイム・ラグが伴うだけでなく、その影響も広汎であり、一時的かつ局所的な不均衡の対症療法としては、ヨーロッパの対応の仕方にも、一面の真理が存在することは否めない。

　しかしながら自由貿易を標榜するカーター政権は、2国間のインバランスを多角的に解消しようとするのみでなく、その効果のより一般的な為替相場の調整を選好し勝ちである。アメリカが日本に対するECの保護主義にしばしば警告を発したことは、日本の輸出攻勢がアメリカにシフトすることを懸念したものとみられるが、上述のバーグステン証言でも「すべての産業に等しく関係する問題に対処するため、特定商品の輸入だけを制限するのは大変な誤りである」とのべられていることは、アメリカの一般的な思考方式を示唆するものといえよう。1975年末のアメリカン・バンカー紙も保護主義の台頭は、失業よりもドルの過大評価に由因するものであり、為替操作によってもたらされる競争条件のゆがみが是正されるならば、アメリカとしても自由貿易の衝撃を恐れるものではないと強調していた。しかしながらさしものカーター政権も国内の保護主義的な圧力にはもはや抗し難い状況にあったのであり、日本製のTV輸入に対するITCの関税引上げを契機として日米間の政府ベースによる自主規制交渉にのり出さざるをえなかった。この方式はかねてより秩序ある輸出を国是として打ち出していた福田政権の構想とも吻合するものであるが、この問題の展開は、自主規制の名を借りた形式論理学によって世界の貿易も同じくマネージされるに至ったことを示すものである。

「監視制度要綱」の成立

　上述のような欧米諸国の貿易面における制限措置も、あるいみにおいては IMF 協定の掲げる希少通貨条項の事実上の発動であり、シュルツ・ボルカー提案にも盛られていた黒字国制裁論の具体化ともみることができる。このような状況の中で注目されることは、インバランスに対する対応を異にしていた欧米間に思想的な接近がみられることであり、1977 年 1 月 8 日付のロンドン・エコノミストが黒字国の切上げを要望したのをはじめ、最近ではイギリスのキャラハン首相までが公然とこれを主張するに至っている。バーグステンがアメリカの議会に強く訴えかけてきたのも「日本などの例からみて、為替市場に対する直接、間接の介入を多角的に監視し、これを効果的に実施するための新しいメカニズムを作ることの重要性」であった。

　周知のようにマニラの IMF 総会は、為替相場政策の監視と介入のルールに関する報告書を、1977 年の 4 月までに作成することを決定したが、これをうけて 4 月の 28 日から 29 日にかけてワシントンで開かれた暫定委員会は、加盟国の為替相場政策に対する「監視制度要綱」を採択した。ここでは加盟国の為替相場政策について三つの基本原則が掲げられているが、中でも最も注目されるのは「国際収支の効果的な調整を妨げるため、または加盟国に対し不公正な競争上の優位を得るために為替相場または国際通貨制度を操作すること」が禁止されたことである。この原則がこれまでに反復されて来たアメリカの円安批判論を思想的な背景とするものであることは容易に想像されるところである。とくにバーグステンの対日反批判にもみられたような「為替市場への同一方向の長期にわたる大規模な介入」が加盟国との討議の対象とされたことは、注目に値する。また国際収支上の目的による公的、準公的の過大な対外貸借、経常取引あるいは支払いの規制または促進および、資本の流出入に対する規制、または促進措置、あるいはこのような効果を齎す国内金融政策の実施などが同じく討議の対象とされたことは、上述のような経常収支目標が暗黙のうちに前提とされていることを示すものといえよう。第二の原則は為替相場の短期的な乱高下に対処するための介入が認められたことであり、これは既成の事実と化しているランブイエ合意の追認以外の何ものでもない。第三のより注目すべき原則は加盟国の介入に当って「介入通貨発行国を含む他の加盟国の利益を考慮すること」が条件とされたことであり、これは上述のような介入面におけるドルの片務性を考慮したものである。このような「監視制度要綱」は、一見すると甚だ微温的なようにもみうけられるが、為替相

場政策の操作を封ずることによって、国際監視の対象がランブイエ段階における為替相場の短期的な安定から、ポスト・サンフアンの課題とする構造的不均衡の是正問題に拡大されたことは明らかである。

またIMFの理事会は加盟国の為替相場政策に対する監視の一般的実施状況を毎年検討することとし、「専務理事は定期協議が行なわれるまでの間、加盟国の為替相場が原則にしたがっていない恐れがあると考える場合は当該国と秘密裡に協議し、結果を審議開始後4カ月以内に理事会に報告」することとなった。このガイド・ラインは制裁の規定を欠いているが、1977年4月27日付のフィナンシャル・タイムズ紙は、これに違反した加盟国に対して、将来IMFの信用供与が停止されることは明らかであると報じている。このような制裁が黒字国のビヘービヤーに対してどの程度の拘束力を発揮するかは疑問であるが、細目の規定を欠くだけにそれの実効性は今後の運用にまつほかはあるまい。

de facto の平価制度

アメリカのサイモン前財務長官がマニラのIMF総会において調整過程の引き金としての客観指標を導入することに反対したのは、その策定が困難視されただけでなく、ヴェールをかぶった固定相場制度への接近を示すことが危惧されたからにほかならない。しかしながら「歴史の経験が示すところでは、釘づけ相場制度の実施が可能な時には何らかの形でほどほどの釘づけ相場のとりきめがあらわれ、それがad hocベースのものに発展するか、主要国の多角的な交渉によって生み出される」のである。[注13]

この点で注目されることは、フロート下における中銀の介入が、固定相場時代の実績を上回っていることであり、ニューヨーク連銀の元 Senior Vice President のクームスはこのような中銀の為替安定操作によって、世界の通貨状況が1930年代の末葉と同じくフロートから de facto の平価制度に復帰しつつあるものと観察している。周知のようにクームスは目標相場圏構想の真摯な推進者の一人であるが、その真意は双務的な介入のルールを確立することによって、ドルの節度を回復し、60年代を彩った国際金融協力を再現することにある。大御所のローザ元財務次官もカーター政権にこの構想の実現を建言したともいわれ、[注14] 民主党の政権下でこの構想が地歩を固めつつあることは否定できまい。[注15]

一方のヨーロッパにおいてもフランスは1975年の5月にEC共同フロートへの復帰に当ってこの構想を提唱したが、1975年の6月に発表されたオランダの

ドイセンベルグ構想がこれを基本的に継承したものであることは縷言するまでもない。この構想は黒字国西ドイツの反対などから正式に採択されるまでに至らないが、1977年末に開かれる特別の欧州理事会で検討される予定である。

　今度の「監視制度要綱」は、とくに目標相場圏に言及していないが、その理由の一としては、アメリカが自ら介入義務を負担することを依然として躊躇したためとも解される。クームスも「何らかの協定に基づいて為替相場に対する標準的なターゲットを市場がアクセプトすれば、中銀の介入を著しく効果的なものにすることができよう。」と述べているが、とくに「監視制度要綱」のガイド・ライン3の原則が狙いとする介入目的の交錯を防ぐためには、非公式な目標相場圏のとりきめが必要かつ有効なものとなるであろう。もともとこの構想は非公開を原則とするものであり、1977年4月1日に実施されたECフロート参加国の一部再調整はドイセンベルグ構想の事実上の実践にほかならない。またイギリス、フランス、イタリアまでが中銀の介入あるいは対外借款や経済政策の調整を通じて為替相場の安定を図りつつあることは、クームスが指摘するような事実上の平価制度が既に形成されつつあることを裏書きするものである。円についても非公式ながらある種のアクセプタブルな相場水準が想定されているものと想像されるが、バーグステンが最近の円高を歓迎する発言を行っていることは、270円台がアメリカにとってもアクセプタブルな相場水準であることを示唆するものと解される。たしかに円の先行きには石油の値上げや参議院選挙の帰趨など不確定な要因があり、今後内外金利差の解消に伴って大規模な円シフトがみられるような場合には、一時的な円安場面も想定することができるかも知れない。しかしながらその反面においては、ECスネークの再調整がいずれにしても不可避的とみられるような状況の下で、円の割安感が台頭することも予想されるだけでなく、上述のような理由からわが国の黒字が持続される限りにおいて円高への圧力が基本的に解消されるとは考え難い。もともと目標相場圏の構想は経済実勢に即応した迅速な調整を狙いとするものであるが、新しい監視制度の運用と円の行方を見定めるには、いかなる相場水準で日銀が本格的な介入を試みるかがポイントということができるであろう。

4 目標相場圏（ターゲット・ゾーン）構想の台頭

ローザ構想

ローザ元米財務次官が1977年の11月10日、アメリカの上院銀行委員会において提唱した目標相場圏構想は、単にドル不安の対症療法としてのみでなく、ポスト円高を展望した場合の国際通貨体制のあり方にも一石を投ずるものとして、今後の帰趨が注目される。

そこで明らかにされたローザの為替安定化構想は、二つの骨格によって構成されており、第一の対処案は非居住者の保有するドルを、株式や社債などの長期的な金融資産、あるいは土地などの実物資産に投資させることによって、過剰ドルの吸収を図ることである。第二の対策は、円とドルとマルクとの間に可変的な為替相場の指標（Parameters of Reference）を設定し、これを維持するために共同介入を実施することである。

このような対処案は、いずれもローザ自身がケネディ政権下で1960年代の初頭に、展開した国際金融協力の復活を意図したものであり、基本的な思想には格別の新鮮味がない。第一の対処案は申すまでもなくローザ・ボンドの民営方式ともいうべきものであり、それはドル危機の発生とともに対米証券投資の落込みが危惧される状況の中で、ブラウン・ブラザース・ハリマン社のパートナーとしてのローザ個人の立場を同時に反映したものであったかも知れない。第二の為替安定策は、ローザ自身が明言している訳ではないが、同じく60年代にローザが主導したスワップ協定の発動を意図したものであることは想像に難くない。

しかしながら問題は、固定相場制度下の1960年代とは異なって、フロート下の現状では介入によって維持すべき相場目標それ自体が不明確であり、それによって生ずる債権、債務の決済メカニズムが欠落していることである。

ローザ構想はあとでもふれるように、資産決済の問題には依然として口を閉じているが、それに先行するものとして可変的な目標相場圏の設定が必要とされたのも一つにはこのようなフロートの特殊性によるものである。

ローザ構想の窮極の目的が為替相場の管理（management of exchange rate）にあることは縷言するまでもないが、このような構想の登場はドルの切下げ政策が挫折ないしは限界に直面することによって、何らかの対応を迫られるに至ったアメリカの政治経済的な諸状況を反映したものといえる。フロートの物神論が

石油危機後の状況の中で次第に魔力を喪失しつつあったことは申すまでもないが、1977年の半ば以降のドル不安は、同年の12月26日付、ビジネス・ウィーク誌が警告したように、OPECの防衛規制を触発しECのブロック化を助長する惧れがあったのみでなく、アメリカの物価や貿易、資本取引にも重大な悪影響を及ぼしつつあったのである。とりわけ12月のBIS定例会議において、EC諸国の主張する共同介入政策の協議が不調に終わった直後に、西ドイツまでが資本取引の間接規制にふみ切らざるをえなかったことは、ECのブロック化を危惧するの余り、急遽スワップ協定を発動せざるをえなかった1973年7月当時の状況を彷彿とさせるものがあったのである。

ニューヨーク連銀とキー・カレンシー・アプローチ

日米独の三極間における為替安定化の構想をはじめて公にしたのは、マッキノン教授であったが、その翌年の1975年にはキンドルバーガー教授なども同様の提言を行った。同じく1975年6月のBIS年次総会では、ジルストラ総裁がドルとEC通貨圏との為替安定政策を提唱し、それに先立つ1974年の6月にはIMFもフロートのガイド・ラインを採択していた。その背景としては、石油危機以降の分極化現象の中で、ブレトン・ウッズ体制の反動ともいうべき「フレッキシビリティ」の行き過ぎを「ディシプリン」によって補正することが必要とされたからにほかならない。

一方1973年以降のフロート下において世界の通貨状況は、次第にドル圏とマルク圏とに収斂されつつあったのであり、81カ国が世界貿易の7割を占める先進主要国の通貨にリンクしていることを明らかにした1975年のIMF年次報告書は、このような構想の定着を促すための条件が現実に熟成されつつあることを示すものであった。

このような事態の進展は、基軸通貨国の経済節度を回復し、その間の為替相場を安定化させることによって、その効果を爾余の国々にも均霑させようとしたキー・カレンシー・アプローチが、現実との適合性を求めるための場を提供するものであった。キー・カレンシー・アプローチ的な発想は、1924年に出版されたケインズの『貨幣改革論』(*Tract on Monetary Reform*) にも見出すことができるが、これを創唱したウィリアムズの構想は、1936年に成立した三国通貨協定の原体験に基づくものであり、今日の状況が多分に30年代の再来を想わせもものであることは多言を要しない。

もともとキー・カレンシー・アプローチは、ウィリアムズ自身をも含めたニューヨーク連銀と、これを中心とするニューヨーク・バンカーの通貨思想であり、同じくニューヨーク連銀の出身であるローザや、かれの思想的な分身ともいうべきクームスなどがキー・カレンシー・アプローチを継承していることも単なる偶然ではないのである。

そのような意味において、ローザ構想の本質を理解し、今後の通貨体制を展望する上においても、アメリカの国際通貨思想を二分してきたキー・カレンシー・アプローチの沿革と特色を理解することが必要である。ニューヨーク・バンカーが正面から対決したいま一つの潮流は、申すまでもなくIMFによって代表されるユニバーサリズムにほかならないが、それとても本来は戦後の国際通貨面におけるヘゲモニーをイギリスから奪還し、それをさらにニューヨークからワシントンに移譲させようとしたアメリカ財務省の官僚的な発想の所産に過ぎなかったのである。[注18]

ウィリアムズ教授のキー・カレンシー・アプローチには、カッセルが同調し、フランスがブレトン・ウッズの会議において代弁したが、この構想は、不幸にもホワイトとケインズの華麗なる通貨外交のかげに埋没せざるをえなかった。しかしながら「皮肉なことには、ブレトン・ウッズの30年間に生起しつつある経済秩序の特色を最も明確に示すものは、ハルとモーゲンソーのユニバーサリズムではなくて、ウィリアムズのキー・カレンシー・システムであった」[注19]。

事実、IMF体制に先行し、それの解除条件とも称すべきものであった米英金融協定は、キー・カレンシー・アプローチの最初の実験にほかならなかった。同じくIMFの理想とする多角決済制度を達成する上で原動力となったのは、EPUであり、スキャンメルの言葉を借りるならば、これに対する参加を拒むことによってIMFは第二バイオリンの地位に転落せざるをえなくなったのである。[注20] 1961年にEPUの政策面を担当したOEECはOECDに改組され、清算技術面の管理に当たっていたBISとともに、ヨーロッパ的な地域機構から先進主要国の協議機構へと止揚されて行った。とくに1962年のGAB（一般借入協定）を契機としてOECDの第三作業部会を根城とする先進主要国がG10を結成したことは、「IMFにとって予期されなかった、まったくうれしくもないスーパー・システムを作り出す」[注21] 結果となったのである。

いうなればG10はIMFの院政的な存在であり、スワップ協定やローザ・ボンドをはじめとして、バーゼル協定やSDRの初期段階における検討などは、いず

れもが G10 諸国の通貨当局によって主導されたものであった。

最近では周知のように、スミソニアンの多角的調整や OECD のセーフティ・ネット、金保有の総量規制あるいは第三次バーゼル協定などの重要案件が、いずれも G10 あるいはこれを中心とする先進主要国の手によって決定されてきた。

スミソニアン以降は、日本と EC の発言権を低下させるべく、20 カ国委員会が設立され、G10 の合意もそれの後身である暫定委員会の承認を必要とするに至ったが、皮肉にも 1973 年のナイロビ総会を契機として 5 大国蔵相会議が組成されたことは、基軸通貨国中心の体制が逆に求心力を強めるに至ったことを示すものである。このようにして、国際通貨体制の歴史を事実に即して観察する場合には、基軸通貨国を主体として自然発生的に形成されてきた de facto の体制をそこに識別することができるのである。

このような観点に立つならば、若干の信用供与機能を別として、IMF なるものは、抽象的な所詮は法規の体系としての de jure な体制にしか過ぎなかったのであり、戦後の国際通貨体制を現実に指導してきた原理が、キー・カレンシー・アプローチにほかならなかったことは明白である。そのような意味において、為替政策の運営上、政府と中銀の権能を明確に位置付けたランブイエの主要国首脳会談は、キー・カレンシー・アプローチの結晶ともいうべき de facto の複数基軸通貨体制をはじめて正式に確認したものといえる。

キー・カレンシー・アプローチの特色

IMF 体制の崩壊も、一つには、加盟国の発展段階的な較差を過渡期間の概念と稀少通貨条項によって克服し、単一の通貨圏を無媒介に形成しようとした方法論上の欠陥に由因するものであった。このようなユニバーサリズムに対抗して、ウィリアムズは、戦後の国際通貨体制をドルとポンドの為替安定協定によって始動させ、ヨーロッパ諸国に対してはこれの復興をまって協定の適用を拡大する構想を抱いていた。なんとなれば、「国際通貨体制が余りにも野心的で、世界の政治、経済的な諸条件が解決されない限り一般の用に供しえないならば、それまでには長い時間が必要とされる。従って小数の国を含むスキームから出発した方が現実的であり、それは、範囲が限定されるという意味では野心的ではないが、協力の度合いにおいては遥に野心的」[注22] であったからにほかならない。

上述のような方法論上の対立に加えて、ニューヨーク・バンカーが IMF の創設に反対したいま一つの理由は、IMF が国際銀行家の関心事とする資本取引の

規制を認容したためであり、さらには、IMFの信用供与機能によって金融節度の国際的な喪失が危惧されたからにほかならない。キー・カレンシー・アプローチの難点は、その構想が断片的であり、かつプラグマティックなるが故に体系的な理論構成に欠けていることである。従って多分に筆者の個人的な偏向は免れ難いであろうが、その特色をいくつか摘記するならば、次の通りである。

第一は国際通貨機構を創設して世界大的な通貨圏を形成するよりも、基軸通貨国相互の非公式な金融協力を経験的に積上げることによって、世界的な為替相場の安定を終極的に達成しようとしており、ユニバーサリズムの多角主義に対して双務主義的な性格が濃厚である。

このような思考方式は、ローザ構想の中にも見出すことができるのであり、ローザは、「日米独の為替安定化が厳格な協定になることはないし、またなるべきでもない」と述べるとともに、「このようなゲームのルールは経験的に検証されることによって徐々に発展させられることになるであろう」と述べているのである。

第二の特色は基軸通貨国それ自体の金融節度を重視することであり、ローザも「ドルの対外価値は政府の命令で決定されるものでなく、基本的には国内経済状態の反映に過ぎない」として、エネルギーの節約や金融・財政面の節度など五つの項目に亘って提言を行っているのである。

既にふれたローザ・ボンドの民間版的な構想も、一つには過剰ドルの吸収のみならず、アメリカに還流する外国資本によって他律的に決定されるマネー・サプライの統制を同時に意図したものであった。

第三の特色は、金融節度を重視するとともに、安定的な資本の流れを確保する上からも固定相場的なものに対する選好が本来的に強いことであり、第二次大戦の直後に、キー・カレンシー・アプローチのイデオローグ達が厳格な金本位制度の再建を強く要望したのも、一つには官僚統制を排除しながら市場秩序の自動的な調節を期待したからにほかならない。この派の人々のキャッチ・フレーズともなっているバジョットの「通貨は自らを管理しえず」との格言は、人為的な管理の必要性を求めたものとして、一見逆説のごとくにもみられるが、ローザ構想の基本を貫くものは1960年代の中葉に行なわれたローザとフリードマンとの論争にもみられるように、固定相場的なものに対する信条にほかならない。しかしながらローザといえども、今日ではブレトン・ウッズ体制に対する復古の思想を徒に鼓吹するものではなく、後述するような弾力的な指標相場制度の導入案は、むしろ変動相場制度の「フレッキシビリティ」を固定相場制度の「ディシプリン」

によって調整しようとするものといえる。

　第四の特色は、キー・カレンシー・アプローチといえども基本的にはドル本位的な発想の制約を免れえないことであり、ローザがドルに代位する準備資産の創出に反対して1964年に職を投げうったエピソードはこれを端的に物語る。ローザは上述の議会証言においても、SDRが通貨としての一般的な受容性と流通性を欠いている段階におけるドルの決済通貨機能と価値保蔵機能を強調しており、ローザの勧告するアメリカの能動的な市場介入にしても、それは本来的にドルの特殊な役割に対応する義務であり、ドル本位を貫くための政策的な対応でしかなかったのである。

指標相場制度のメカニズム

　上述のようなキー・カレンシー・アプローチがローザ構想の基本的な原理であるとすれば、指標相場制度はこれを達成するための技術的な方法論にほかならない。指標相場制度とは、1974年にイシアーとブルームフィールドによって提唱され、その翌年にウィリアムソンが同調した新しい為替相場制度の構想である。その骨子は、(1) 後述のように客観的な基準または国際間の協議に基づいて目標相場 (Target) ないしは目標相場圏 (一種のワイダー・バンド) を設定する。(2) 次にこれを同一の基準に基づいて定期的あるいはその都度変更する。(3) これを維持するための介入は義務付けられないが、(4) 競争的な切上げないし切下げは禁止される。この制度の第一の目的は、介入負担の緩和を図るとともに、制裁などによる国際的な摩擦をさけながら迅速な調整を実施することによって、固定相場制度の硬直性を排除しようとするものである。第二の目的は相互にアクセプタブルな目標相場ないしは目標相場圏を設定することによって、参加国の金融政策を調整するとともに、介入目的の交錯を回避しようとするものである。いうなれば指標相場制度とは、変動相場制度の「フレッキシビリティ」と固定相場制度の「ディシプリン」を結合させることによって、それぞれの制度の長所を活用するとともに、国際間における介入政策の調整と効率化を狙いとする修正フロート制度とも称すべきものである。

　わが国では一般に指標相場制度に対する関心が稀薄であるが、ローザ構想の登場をまつまでもなく、石油危機以降の状況の中でフロートの見直し機運が高まるにつれて、指標相場制度の構想が独り学界で論議の対象とされるのみでなく、国際通貨制度の中にも次第にとり入れられつつあったことは注目に値する。

第9章　国際通貨制度改革問題の断想

　周知のように1974年の6月にIMFの理事会が採択したフロートのガイド・ラインは、(3)の原則として加盟国がIMFと協議して中期的に適切な目標相場圏を設定することを認めた。

　目標相場圏という概念は、20カ国委員会の検討段階においては片鱗すらもうかがうことができなかったのであり、そこにはイシアー、ブルームフィールドの思想的な影響力をみとめることが可能である。（ただしウィリアムソンは、三つの点で両者が微妙な相違を示していることを指摘している。①IMFのガイド・ラインは介入政策だけに限定されない。②IMFはスムージング・オペレーションをいかなる場合にもみとめているが、イシアー、ブルームフィールド案ではバンドの中でのみこれを許容する。③イシアー、ブルームフィールド案は公開主義を採っている）。[注25]

　フランスが対ドル介入帯の設定とともに、長期的な課題としてEC通貨統合の内部における指標相場制度の導入を提案したのも、フランスが最初にスネークへの復帰を行った1974年6月のことであった。その後次第に肉付けを試みられたフランス案の最大の特色は、変動幅それ自体までが可変的なものとされたことである（バンドは漸次縮小していくが、当初は10％程度とし、その幅も国と時点によって異なる）。これがスーパー・スネークまたはドラゴンズ方式とも呼ばれたのは、ドイセンベルグ案と同じく、ECスネークの外側にこれを設定することを意図していたものとも解される。

　周知のように1976年の6月、オランダのドイセンベルグ蔵相は、欧州理事会に対して指標相場制度を提案したが、目標相場に実効為替相場を適用し、これを維持するための金融支援を提言した他は、イシアー、ブルームフィールド案の原理と同じであり、また可変的な変動幅を例外とするならば、上述のフランス案を基本的に継承したものでしかなかったのである。

　ローザがカーター政権に対して指標相場制度の採用を最初に勧告したのは、大統領選挙の余燼もさめやらぬ1976年12月のことであったが、[注26]ローザ構想の一つの難点は、この制度の運営に必要な細目の技術的なつめが欠けていることである。

　一般に、目標相場圏の設定と見直しの基準としては、外貨準備の増減、実勢相場、あるいは物価上昇率の較差などがあげられているが、周知のようにドイセンベルグ案は物価基準を理想としながらも、策定上の困難から実勢相場基準の採用を提唱した。外貨準備基準はこれまでアメリカが伝統的に主張してきた調整の方

式であり、最も簡明であるだけに自動的な調整には適しているが、この方式に対しては各国の反対が強いだけでなく、外貨準備の操作が可能であり、かつ客観的な明瞭性が災いして投機筋に恰好の標的を提供する危険性もなしとはしない。

　この点で注目を必要とするのは、1976年の12月20日付、ビジネス・ウィーク誌の報道であり、そこでは各国工業製品の相対価格を基準として、IMFが目標相場圏を導入する作業をすすめつつあることが明らかにされていたのである。物価基準の採用には、対象品目や基準時点のとり方などに問題があるが、この基準の導入は主要国の間における経常収支目標の整合性を重視するカーター政権の通貨戦略とも符合する。この他にも目標相場圏構想を実施に移すには、これを公表するか否かの政策的な判断を必要とし、さらには1977年12月10日付ニューヨーク・タイムズが伝えるように、目標相場の定期的な見直しを行うまでの期間中に、クローリング・ペッグ方式を適用するか否かなどの技術的な問題が残されている。

ローザ—構想の意義

　周知のように1977年4月のIMF暫定委員会は、キングストンで合意されたIMF協定改正案の第4条第3項の（b）に基づいて、為替相場政策の「監視制度要綱」を制定した。大方の予想に反してこの段階で目標相場圏が登場しなかったことも、一つにはそこでの関心がドルの過大評価をいかにして防止するかに置かれていたためである。そこでは「為替市場に対する同一方向の長期に亘る大規模な介入」がIMFとの協議の対象とされたが、それは1976年の10月にわが国が行った対米反批判に対してバーグステンがアメリカの議会で行った反論の内容とも符合し、アメリカの円安批判の論理がそのまま、IMFの「監視制度要綱」にとり入れられたことを示すものである。また介入に当っては「介入通貨発行国の利益を考慮すること」がガイド・ラインの（3）に掲げられたが、それは同じく他国の為替操作によってドルが過大評価に陥ることを防止するための規定であった。

　しかしながら、このような原則は、介入面におけるドルのアシンメトリーを不可侵の前提としたものであり、それは一面において、アメリカの構造的な不均衡を、他国の調整において是正しようとするドル本位的発想の残屑ともいうべきものであったのである。

　P・ケネンも指摘するように、各国の中央銀行は公表こそ差控えても、それぞ

れの目標相場圏を念頭に置いているであろうことは想像に難くない[注27]。問題は各国の恣意に基づいて設定された目標相場圏をいかにして調整するかであり、そのための基準とルールを欠く場合には、介入政策の対立が国際間の深刻な緊張にまで発展しかねない。1977年以来の円をめぐる日米間の対立は、不幸にしてこのような懸念を現実のものとすることになったが、上述のようなガイド・ラインの（3）によって介入目的の交錯を防止するためには、その竿頭をさらにおしすすめて指標相場制度を導入することが必要である。アメリカにおける最も熱心な目標相場圏構想の推進論者の一人であり、ニューヨーク連銀の介入責任者でもあったクームス元 Senior Vice President は次のように述べている。「何らかの協定に基づいて為替相場に対する標準的な目標を市場がアクセプトするならば、中銀の介入を著しく効果的なものとすることが可能である」[注28]。ローザの構想する指標相場制度にも問題がない訳ではないが、自らの介入を否定し続けたアメリカとしても選択的な円高誘導政策の遂行過程においては逆介入の必要性を痛感せざるをえなかったのであり、このような状況において、一方では共同介入の必要性を叫びながら、他方においてローザ構想の指標相場制度を白眼視するわが国の識者の態度には、論理的な矛盾を覚えずにはいられない。

　なんとなればローザ構想の実施可能性はさておくとしても、それの論理的な帰結としての共同介入＝多角介入は、キングストンで積み残された未解決の問題の一つであり、介入面におけるドルのアシンメトリーもそれによってはじめて超克することが可能とみられるからである。しかしながらその反面において同時に注目すべきことは、共同介入に伴って発生する債権、債務の清算、つまりは資産決済のメカニズムについて、ローザ自身が何らの言及をも行っていないことである。

　アメリカが共同介入を行う場合には、47億ドルの為替安定基金のほかに、200億ドルをこえるスワップ協定を発動せざるをえないであろうが、この場合には当然のことながら外国為替の取得が必要とされる。

　アメリカが外国為替をはじめて取得したのは1961年のことであったが、1975年の8月にロイス委員会は、これの保有を禁止する旨の勧告を行った。最近では1977年に来日したクラウスのように外国為替の保有を必要とする意見も散見されるが、連邦準備制度は外国の政府証券に対する投資を禁止されたままである。あるいはまた70年代の初頭に発生した介入債務が完済されていない現状で、スワップ債務を新たに積上げる可能性を選択することに対しては、依然として議会筋の抵抗が予想される。従ってローザがポスト・キングストンのいま一つの課題

である資産決済の問題に対して、発言を差控えているのもうなずけない訳ではないが、ローザ構想がゾロータスやルッツなどの複数基軸通貨本位制度案と相通ずる面をもちながら、それの論理的な延長としての CRU 構想をかつて拒否したローザのドル本位的な姿勢だけは、依然として変わらないものと思われる。

むすび

果たしてローザ構想は、アメリカの通貨当局がドル本位の特権を象徴する基礎収支面の「強いドル」を強調する反面において、ヨーロッパの抵抗と保護主義の台頭を前にして経常収支面における「弱いドル」を肯定せざるをえなくなったジレンマを解くための処方箋といえるであろうか。

ローザ構想の最大の難点は、単に技術的な細目と体系的な構想力に欠けるだけでなく、アメリカ的な立場から見るならば国際均衡を重視するの余りに、反リフレ的な性格を拭い難いことである。従ってアメリカの直面する失業と貿易収支の赤字に想いを致すだけでもなお幾多の困難を予想させるものがあり、1977年11月18日にアメリカのロイス委員会が、ドルの目標相場圏を維持するための介入を禁止する旨の勧告を行ったことはこれを裏付ける（なおここで不必要な黒字を蓄積する黒字国に対して、稀少通貨条項の適用が勧告されたことは、アメリカ議会筋の保護主義的な傾向が通貨面に反映されたものとして注意を要する）。

一方のヨーロッパにおいても、通貨統合の再建は依然として難航し、旧臘の欧州理事会においてもドイセンベルグ構想が格別の進展を約束されたような徴候はみられない。

いずれにしてもローザ構想は、いまなお国際間で進行しつつある調整過程の落し子であるが、これが実施に移されるためには、構造的な不均衡の是正問題が或る程度の収束をみることが必要である。

そのような段階に到達するまでには、幾多の階梯が必要であり、この点で注目されるのは、アメリカのバーグステン財務次官補がかつて提言したドル本位制度を維持するための通貨戦略である。[注29]

第一の選択はビナイン・ネグレクト的な Force Majeure System であり、第二がドル残高の価値保証を前提とした The Gurantees Approach であるとするならば、第三の選択は固定相場と資産決済を中核とする Masket-based System であった。

第一の戦略が他国の為替管理を誘発し、ローザ構想的な第三の選択がアメリカ

の節度を必要とするのに対して、第二の方法は若干の金融コストを負担するのみで、デフレ政策とドル切下げ政策の実施を可能とする。

現実の態様は、これらの方法をミックスしたものとならざるをえないであろうが、第一の方法が挫折に直面しつつある現状をおいて、アメリカの通貨戦略が、方向としては、第二あるいは第三の選択肢にさしかかっていることだけは否定できない事実である。

1977年12月末のビジネス・ウィーク誌は、カーター政権の通貨外交が大きく旋回しつつあることを報道しているが、我々としても単なるプロセスにしか過ぎない円高問題の帰趨のみに幻惑され、その後に訪れるであろう国際通貨問題の胎動を見失ってはならないであろう。

（追記）　本稿の脱稿時に、アメリカも必要な場合には介入を行う旨の大統領声明が発表された。介入の具体的な方策は明らかにされていないが、それが介入面におけるドルのアシンメトリーの自己否定であり、ローザ構想的なものへの初次的な接近を示唆するものであることは否定できないであろう。

5　ローザ構想の原点

ローザ構想の構図

旧臘のカーター声明を皮切りとして、1978年の新春早々にはアメリカの財務省が西ドイツ連銀との間で10—20億ドルと推定されるスワップ協定を新たに締結し、連邦準備制度もドル防衛を目的とする公定歩合の引上げを行った。このような一連の措置は、1977年の半ば以降に展開されたビナイン・ネグレクト政策の転換を意図したものであり、カーター政権の国際通貨外交が、同年11月アメリカの議会で発表されたローザ元財務次官の勧告に従って、徐々に軌道を修正しつつあることを示唆している。

ローザ構想は、国内政策面と為替政策面の対策から成り、国内政策面では石油収支の改善や、モデレートな金融政策の推進など五つの項目に渉って提言がなされた。一方の為替安定政策は長期的な対策と短期的な対策に区分され、長期的な対策としては、株式、社債あるいは土地などによるドル残高の吸収が提唱されている。本来の目的は過剰ドルの吸収にあるが、それは同時に外国資本の流出入によってアメリカの国内金融、ひいては景気動向に齎される撹乱的な影響を中和し

ようとするものである。一方短期的な対策としては、円とドルおよびマルクの三基軸通貨の間に可変的な参考相場圏を設定し、共同介入によってそれの安定化をはかろうとする。ローザ自身はとくに言及している訳ではないが、共同介入に当って為替安定基金の活用とスワップ協定の発動が考慮されていたことは想像に難くない。

為替政策面におけるこれら二つの対応策は、1960年代にローザが国際通貨外交場裡で展開したローザ・ボンドとスワップ協定の関係に対応する。1963年にアメリカが西ドイツに対する50百万ドル相当のスワップ債務の返済を肩代りするために、ローザ・ボンドが発行されたことは、スワップ協定の補完的な機能を狙いとしたものであることを示している。1977年12月のBIS定例会議においてもローザ・ボンドに類する証券の発行が検討された模様であるが、ローザが民間の株式や社債にこのような役割を託したのは、ドル不安によって対米証券投資の落込みを懸念する投資銀行家の利益を代弁したものとみることが可能である。

上述のように国内政策面における基軸通貨国の節度を重視し、その間の為替安定化を推進する接近法は、キー・カレンシー・アプローチと呼ばれるが、そのような意味においてローザ構想は、1930年代以降アメリカの国際通貨思想を二分して来たキー・カレンシー・アプローチの70年代における復活といえる。キー・カレンシー・アプローチは、いわばローザ構想の基本哲学に相当するものであり、これを達成するための技術的な手段が、参考相場圏の導入と、60年代の初頭を彩った国際金融協力の再現にほかならない。従ってローザ構想のインプリケーションを理解するには、最近の時点におけるドルの状況を把握するのみでなく、それの原点に遡って通貨思想史的な考察を加えることが必要である。

ローザ構想の原点

ローザ構想の原点を構成するキー・カレンシー・アプローチを創唱したのは、ハーバード大学のJ・H・ウィリアムズ教授であり、それの原体験となったのは1936年の三国通貨協定であった。三国通貨協定とは、ドル圏とポンド圏および金ブロックの盟主国である米英仏の3カ国によって締結された為替安定協定であり、30年代に展開された為替切下げ競争の講和条約とも称すべきものであった。為替の安定化については、1933年の世界経済会議の舞台裏でも秘かに検討されていたが、各国の利害と思惑の交錯から世界経済会議は挫折のやむなきに至った。その結果として世界は民主主義陣営と枢軸陣営に分裂し、民主主義陣営それ自体

第9章 国際通貨制度改革問題の断想

もドル圏とポンド圏および金ブロックの鼎立を招来した。

このような状況の中でP・アインチッヒは「多数の独立した国々と協議するよりも3ないし四つのグループ間で協議した方が遥に容易である」と述懐したが[注30]、これより先の1924年に刊行された『貨幣改革論』においてケインズは、夙にキー・カレンシー・アプローチ的な構想を発表していた。ケインズは次のように述べていた。「イギリス本国とアメリカ合衆国以外の国は、独立の本位制度をもつのは適当でないだろう。その他の国にとって、最も賢明な方法は、為替本位制度により、通貨の基礎をポンドかドルに置き、いずれかに対して為替相場を固定......することである。おそらく（カナダ以外の）イギリス帝国とヨーロッパ諸国はポンドを本位とし、カナダと南北アメリカはドル本位を採用するであろう」[注31]。

1936年に発表されたウィリアムズの構想もこれと同一の発想に基づくものであり、それの骨子は次のようなものである[注32]。(イ) 世界の通貨制度は、第一次大戦前の金本位制度のような単一の形態をとる必要はなく、(ロ) 異質的な国々は、異質的な通貨制度を必要とする。為替平衡資金または安定基金のある国とない国、自給自足の可能な国と然らざる国とでは、通貨のメカニズムを異にするのが当然である。(ハ) しかしながら国際貿易と海外投資のウェイトが高いアメリカやフランスなどの国々は為替相場の安定を希求する。(ニ) そこで世界の為替相場を安定させるには、主要国、とくにイギリスとアメリカの協力が不可欠の前提となる。なんとなれば、これらの両国は資本の輸出国として双璧をなすのみでなく、世界貿易の半ば以上を占有し、世界の景気をも左右する経済力をもっていたからにほかならない。

基軸通貨国相互の為替安定を達成するためにウィリアムズが掲げた第一の方法論は紳士協定であり、それによって協定の実効性と相互のアクセプタビリティを高めようとしたのである。ローザ構想も、日米独の三国間における為替の安定化構想は、厳格な協定に高められる可能性もないし、その必要もないと述べているが、これはウィリアムズの方法論をそのまま継承したものということが出来よう。キー・カレンシー・アプローチを特徴付けるいま一つの属性は、それのモデルともなった三国通貨協定と異なって、国内政策面における基軸通貨国の節度を重視したことである。ウィリアムズは国際通貨の安定が主要国の金融節度にかかっていることを力説したが、同じく国内政策面の節度を重視するローザ構想は、この点においてもウィリアムズの衣鉢をつぐものと称することができる。

二つの国際通貨思想

　IMF体制は三国通貨協定との歴史的な連続性の上に構築されたものであるが、IMF体制の形成にあたって二つの国際通貨思想が鋭角的な抗争を展開したことは、意外にも一般に知られていない。世上ではこれをケインズとホワイトの論争として把えているが、それは同一の次元における正統派内部の思想的な対立でしかなかったのである。世界大的な規模における国際通貨機構の創設を意図したケインズとホワイトの構想は、ユニバーサル・アプローチと呼ばれるが、これと真っ向から対決したのはウィリアムズを中心とするキー・カレンシー・アプローチにほかならない。

　もともと三国通貨協定の交渉に参画し、前年の1935年にも米英仏白の為替安定協定の可能性を検討していたホワイトが、戦後の国際通貨体制の再建に当っても、ウィリアムズと同じく三国通貨協定を念頭に置いていたことは事実である[注33]。一方のケインズにしても、キー・カレンシー・アプローチの先駆者的な構想を発表していたことは上述のごとくであり、清算同盟に関する最初の草案においても「通貨同盟は合衆国とイギリスとによって創設さるべきものであって、両国は創設国家と呼ばれ、特別の地位が与えられるべきであることを提案する」と述べていた[注34]。たしかにケインズは、双務主義を否定し、多角主義を奨揚したが、ケインズ案では、ドル・ブロックやスターリング・ブロックなどに属する国々の自由裁量を尊重し、清算同盟における二重の地位を認めようとした[注35]。そのような意味においてホワイト案の指向するユニバーサリズムは、ケインズよりも遥に徹底したものであったが、ホワイトの思想を窮極において規定したものは、30年代の悪夢であり、それの再来を防ぐためには信用供与機構の恒久化をはかるとともに、通貨ブロックと複数為替相場制度の一掃が必要と考えられたのである。

　ホワイトとケインズのユニバーサリズムに反対したウィリアムズも、アメリカの代表団の一人として世界経済会議に出席し、三国通貨協定の交渉にも参加したが、その構想は上述のように国内政策の節度を尊重した点を除くと、三国通貨協定の自動的な延長に過ぎなかった。ウィリアムズは1943年の7月に発表した国際通貨構想の中で、ユニバーサル・アプローチの提案する国際通貨機構の創設が果して世界の為替安定化に寄与しうるか、との疑問を提起した。ウィリアムズは、それよりもむしろ大国の節度とその間における非公式な協力の重要性をここでも強調したのであり、戦後の為替安定協定を米英間で始動させ、ヨーロッパの国々には戦後の復興をまって参加を呼びかける方が現実的であると主張した。たしか

に発展段階を異にする世界の異質的な諸通貨を画一的なルールで規定しようとするユニバーサル・アプローチは非現実的とのそしりを免れないが、ウィリアムズは主要国に対しては厳格な金リンクを要求する反面、若い国々に対しては為替安定の義務を緩和することが必要であり、むしろ望ましいことと考えたのである。ウィリアムズの言葉を借りるならば、「国際通貨体制が余りにも野心的で、世界の政治経済的な諸条件が解決されない限り、一般の用に供しえないならば、それまでに長い時間が必要とされるので、少数の国を含むスキームから出発した方が現実的である。それは範囲が限定されるという意味では野心的ではないが、協力の度合いにおいては遥に野心的」[注36]であったともいえるのである。

キー・カレンシー・アプローチの特色

ケインズ、ホワイト案に遅れて1943年の5月に発表されたフランスの国際通貨制度案は、金本位制度への復帰を狙いとしながらも、固定相場制度による各国通貨のクリアリングを目的としたものであった。フランス案の一つの特色は、キー・カレンシー・アプローチに準拠していたことであり、三国通貨協定と同じく第一に主要国の間で為替安定協定を締結し、その他の国に対しては条件の成熟するのをまって参加を求めようとしたことである。主要国の間における為替協力をすすめるにあたっては、定期協議あるいは常設委員会（Monetary Stabilization Office）の創設を必要としたが、常設機関の設置には必ずしも拘泥するものではなかった（その場合にも加盟国の国際収支状況、為替取引などに関する調査と情報の交換は行われる）[注37]。また外国為替残高の担保として金の差入れを提案したが、その目的は金本位制度の再建を意図したのみでなく、金の節度維持機能を活用しようとしたものであった。

キー・カレンシー・アプローチは、もともと体系的なフレーム・ワークを欠いているが、若干の重複をいとわずにその特色を概括するならば、第一はIMFのような国際通貨機構の創設に反対し、主要国の間における非公式な金融協力の経験的な積上げを重視することである。ローザ構想も、日米独の三国間における為替の安定化について、「このようなゲームのルールは、経験的に検証されることによって発展させられることになろう」と述べているが、ローザ構想にもみられるような、機動的弾力的な紳士協定に対するプラグマティックな信条は、キー・カレンシー・アプローチの真骨頂といえよう。しかしながらこのような経験主義的な接近法は、1960年代にローザが展開した国際金融協力の方式にも明らかな

ように、多分に機会主義的な印象を免れない。事実体系的な構想力に欠けることが、キー・カレンシー・アプローチの弱点であり、思想的にユニバーサリズムの後塵を拝した理由も一つにはここにある。

第二はユニバーサル・アプローチの多角主義に対して、双務主義的な性格が強いことであり、ユニバーサル・アプローチが世界大的な通貨圏の無媒介な確立を指向したのに対して、キー・カレンシー・アプローチは通貨ブロックの存在を既成の事実として措定する。ローザ構想においても「西ドイツは、その周辺にある一群のヨーロッパ諸通貨が相対的な安定を達成するための支柱として機能しており、日本もやがては東南アジアにおいて同様の役割を遂行する」ことが期待されているのである。

第三はユニバーサリズムが国際連盟方式の通貨版であるのに対して、キー・カレンシー・アプローチは、ウォルター・リップマンの大国方式を反映したものであり、キー・カレンシー・アプローチが現実的な妥当性をもちながら、世に容れられなかった理由も一つには、大戦直後の時代思潮の中で、それが非民主的とうけとられたためである。[注38]

第四の特色はこれまでにもしばし付言したように、国内政策面の節度を重視することであり、内政不干渉を建前とするホワイト（当初案では内政面にもふれていたが、後に撤回された）、ケイズ案と相を異にする所以である。[注39] ウィリアムズの構想がケインズ案やホワイト案に比して、より金本位制度的であったのもこのためであり、最近においてもこの派の人々には固定相場的なものに対する執着が強い。ローザ構想がブレトン・ウッズ体制への復帰を否定しながらも、目標相場圏の設定を提唱したことは、このような視点から理解さるべきである。固定相場に対するローザの志向を端的に示すものは、1960年代の後半におけるフリードマンとの有名な論争であり、ローザが変動相場制度に反対した理由も一つには、フロート下において、調整過程や国際取引を導くための水準点が存在しなくなることを恐れたからであった（なお1960年に出版された *Monetary Reform for the World Economy* において、しばしば fixed point of reference、または reference point という言葉が使用されていることは、興味深い）。

ウォール街の論理

カッセル[注40]やポーランドのカルビンスキー[注41]などもウィリアムズと同じく、キー・カレンシー・アプローチ的な国際通貨制度案を発表したが、アメリカの内部で

キー・カレンシー・アプローチを強力に支持したのは、ニューヨークの国際銀行家であった。IMFの設立構想が俎上にのぼる以前の段階から、National Bank of New Yorkのフレーザーやチェース銀行のオールドリッチは、米英間における為替安定化の構想を発表し、のちに米英金融協定として陽の目を見るに至るが、それはウィリアムズ構想の具体化以外の何ものでもなかった。[注42]

IMFの協定案が議会に上程される直前に、米国銀行協会、都市銀行協会および準備加盟銀行協会は、一勢に反対の狼火をあげ、IMFの機能を世銀に移管すべきことを主張した。皮肉にも今日のIMFは、ウォール街が危惧したように南北援助機関の一翼と化しつつあるが、ウォール街がIMFのユニバーサリズムに反対した理由は、IMFと世銀を併せた資金の規模が、179億ドル（うちIMF88億ドル）に達する予定であったためである。最終的にその額は91億ドルに減額され、発足後今日に至るまでIMFはユーザブルな自己資金の欠乏に難渋することになるが、IMFに対するウォール街の敵視的な態度には、次のような特有の利害と思惑が交錯していた。

第一はIMFの信用供与機能がニューヨーク・バンカーの海外与信と競合し、これを脅かすことが懸念されたことである。第二はそれによって金融節度の国際的な喪失が危惧されたことであり、いうなればIMFのユニバーサリズムは、キー・カレンシー・アプローチの聖域を犯すものとみられたのである。第三は資本取引に対する規制を容認するIMFが、国際投資銀行家の利益と相容れなかったことであり、「商業銀行が為替取引と短期の貿易金融によって利益をえていたのに対して、投資銀行は起債と償還の円滑化を計るために通貨の安定とともに、相対的に自由な取引を求めていた」。[注43]

第四はワシントンとニューヨークの対立であり、それの主体に着目するならば、財務官僚と国際銀行家の反目であった。もともとIMF体制なるものは、国際金融のヘゲモニーをイギリスからアメリカに奪還し、それをさらにウォール街からワシントンに移譲させようとした財務官僚の権力構想を反映したものでもあった。[注44]国際金融の殿堂から高利貸どもを追放すると公言したのが、財務長官のモーゲンソーその人にほかならなかったことは記憶に値しよう。

第五の理由は個人的な推測以外の何ものでもないが、ニューヨーク連銀対連邦準備制度の確執であり、そこには富田・松方論争によって象徴される日銀対大蔵省、横浜正金銀行の対立を想わせるものがある。ニューヨーク連銀は少なくとも第二次大戦前までは、対外的にアメリカの中銀的な役割を営んでいたのであり、

一例として1971年の8月にスワップ協定を停止したニクソン政権に対するクームス（前ニューヨーク連銀副総裁）の批判には、過去の栄光を傷つけられたニューヨーク連銀の怨念を読みとることが可能である。この点で最近ローザがミラーの登場を歓迎し、それによってニューヨーク連銀の地位が高められるであろうとコメントしていることは注目に値する。[注45]

ウォール街・ワシントン複合体制

アメリカがユニバーサリズムを指向する方針を固めたのは、1942年のこととみられているが[注46]、それは時のハル国務長官が通商面で展開した自由貿易原則の通貨面における対応にほかならなかった。もともとハルはウィルソン流の理想主義者であったが、財務長官のモーゲンソーは大企業の利益追求を嫌悪し、これを補佐したホワイトも東部のエスタブリッシュメントに敵対的なニューディール左派に属していた[注47]。IMFのユニバーサリズムはこのような民主党の国際通貨理論であり、ウィルソン主義とニューディール左派の思想的な化合物であったが、一方のキー・カレンシー・アプローチは、上述のようにウォール街を中心とする共和党の論理と化したのである。

しかしながら民主党の構想は、議会審議の過程で後退し、その活動はブレトン・ウッズ協定法や National Advisory Council on International Monetary and Financial Problems によって制約されることになるが、とりわけ後者は国務長官を議長に立てようとするウォール街の野望を抑止したものの、財務省の権限を極力制限することを目的として設立されたものであった。[注48]

のみならずトルーマンの時代には、ウォーレスやイックス、チェスター・ボウルスなどの「ニューディーラーズが一人一人政治の舞台から姿を消してゆき、その代りにウォール街の代表者が政府の部局のいろいろなポストを占めるようになった。1946年ないし1948年の間トルーマン内閣によって新たに任命された125人のうち66人は、金融業者、工業資本家ないしは会社顧問弁護士であった」[注49]。その中にはロックフェラー財閥のブラックやダレスをはじめとして、モルガン財閥あるいはディロン・リードやブラウン・ブラザーズ（ローザもパートナーの一人）などの金融機関の代弁者が含まれていた（第1章参照）。

ホワイトがソ連のスパイ容疑で起訴されたのは、1948年のことであるが、冷戦の進行とともに理想主義の挫折に直面したユニバーサリズムの旗手は、マッカーシズムの魔手にさらわれることになったのである。一方の民主党も国際政治

情勢の変貌する過程で次第に体制政党へと後退していくが、ケネディといえども「三つの最も重要な閣僚の地位—国務、国防および財務のいずれかをロヴエットに提供」[注50]せざるをえなかった。そのロヴエットとは、J・マックロイとならび称せられるウォール街の指導者の一人であり、東部エスタブリッシュメントとの接融を欠いていたケネディは、既成社会の懐柔戦術としても、ロヴエットに組閣の人選を委任しなければならなかったのである。その結果として登場したのが、フォードのマクナマラ国防長官とディロン・リードのディロン財務長官であり、いずれもが共和党員であった。国防だけは民主党員のラスクを選任したが、ラスクといえどもロックフェラー財団の最高幹部の一人であったことは特筆に値する。ローザがニューヨーク連銀から財務次官の要職に転じたのもこの時であるが、本来的に共和党の国際通貨理論であったキー・カレンシー・アプローチが、民主党のケネディ政権下で花を開くに至ったのもこのような時代の中においてであった。しかしながら当のローザも、ユニバーサルな国際通貨制度改革を求める時の流れには抗しえず、1964年に辞職するが、彼はドルに代位するCRUにも、ユニバーサルなSDRに対しても、ともに反対し続けた。とくにローザ・ボンドのような小細工を弄しないと公言したニクソンの登場とともに、ローザは雌伏の時代を迎えることになったのであり、そのニクソン・ショックによってスワップ協定が停止されたことは既にふれたごとくである。

むすび

　アメリカ国内におけるユニバーサリズムの退潮と軌を一にするかのごとくに、戦後の国際通貨体制を現実に主導するに至ったのは、キー・カレンシー・アプローチの論理であり、それを単にIMF体制のメタモルフォーゼの過程としてとらえるのは、教科書的なフェティシズムの産物にほかならない（この点については本書の第6章および本章の1〔節〕でのべたので割愛する）。ガードナーもブレトン・ウッズ体制の欠陥として、経済主義、普遍主義（ユニバーサリズム）および法制主義の3点を指摘したが、イデオロギー的な価値判断を別とするならば、戦後国際通貨体制の軌跡を正しく理解し、明日への展望をリアルに探るには、キー・カレンシー・アプローチの展開過程を直視することが必要である。
　1977年末以来のカーター通貨外交の転換は、西ドイツを中心とするECの抵抗やサウジ・アラビアなどの警告を契機とするものといわれるが、より重要な影響力を行使したのはローザ自身をも含めたウォール街の反撥ではなかったか。

1978年1月16日付の *Time* によれば、カーターのドル防衛声明も7カ国歴訪の直前に財務長官が、大統領に自ら懇請したものと伝えられている。同誌はさらにドルの下落が外国人と国際銀行家を懸念させ、アメリカの経済にとっても由々しい問題であるとして、海外生活費の増嵩や輸入インフレの増進、あるいは期待に反する輸出の動向や多国籍企業の操作などを指摘した。それのみでなく、「外人投資家は大量の資本をアメリカから引揚げようとしている。このような逃避によってドルは一段と安くなり、アメリカとしても外国為替市場に対して大規模な介入を行わざるをえないであろう」と警告した。同年1月9日付のウォール・ストリート・ジャーナル紙がその社説において、「ドルの下落はアメリカの貿易収支よりも、政府と連邦準備制度が、アメリカの主たる輸出と証券およびその他の金融資産の価値を守ることを怠ったためである」と論評したことも、これと気脈を通ずるものがある。

いずれにしてもローザ構想はウォール街の声とみるのが妥当であり、思想史的な沿革を顧みても根深いものがあるが、それの完全な実施には、国際間における構造的な不均衡の是正問題が、ある程度の収束をみることが必要である。また目標相場圏の設定にしても技術的な問題が少なくなく、スワップ協定を発動するにしてもアメリカとしては外国為替準備を必要とする。しかしながら1978年1月10日の上掲紙によるとアメリカの財務省は、外国の中銀に対して市場性のない政府証券を発行し、それによって介入に必要とされる外国為替を調達したとも伝えられる。円の介入についてはなお若干の時が必要とされるであろうが、アメリカはローザ構想に特有の経験的な漸進主義に基づいて、既にそれの具体化をはかりつつあるものと観測することが可能である。わが国ではローザ構想の実施可能性について否定的な見方が支配的であるが、ある中銀総裁は1978年1月のBIS定例会議において、今後6カ月以内にドルとマルクのリンクが始動される可能性を指摘している（1月10日付上掲紙）。またD・ロックフェラーを発起人の一人とする日米欧委員会は、かねてより5ないし10カ国による国際通貨制度の枠組を提言していたが、1977年にはクーパー国務次官がこれと同旨の発言を行った。このような状況は新しい国際通貨の秩序が、好むと好まざるとにかかわらずキー・カレンシー・アプローチの軌道に沿って次第に形成されつつあることを示唆するものであり、ローザ構想の展開については、息の長いタイムスパンで見守る必要がある。

6 代替勘定設立構想の矛盾と限界

ベオグラードの停滞

　代替勘定の創設をめぐる国際通貨制度論争は、ユーロ・ダラー市場の規制問題とも相俟って、1980年の国際金融界にとって最大の関心事となることが予想される。しかしながら多分にトリックじみたこの種の国際通貨制度論争には、いささか食傷の感を覚えざるをえないのが実情である。S・クラークがいみじくも指摘したようにもともと「国際通貨制度の歴史は、数多くの実りある提案が、近視眼的な政治指導者たちの政治的な圧力によって抹殺されてきた」砂漠のようなものであった。その目的は時代によって異るが、代替勘定の創設を求める構想にしても、萌芽的な形態としては、ブレトン・ウッズ協定の交渉段階から厳存していたものであった（第3章）。世界はまたしても、蝸牛のような国際通貨制度の改革をすすめるために、尨しい人間の英知とエネルギーをその代償として浪費し、シシュフォスのごとくに無益な努力を積み重ねようとするのか。それは単に代替勘定の創設問題が、本来的に技術的な性格をもつだけではなくて、高度の政治的な判断を必要とし、最も楽観的な観測を下すにしても、それが妥協の産物に終ることはさけ難い運命のように思われるからである。

　周知のように1979年のベオグラード総会の直前までは、楽観的なムードが支配し、ラロジエールIMF専務理事も代替勘定の設立に関しては、ベオグラードの総会において原則的な合意が成立し、1980年のはじめにも現実に可動されるかのごとき見解を個人的に発表していた。その真因は、国際通貨ドルの自然発生的な退位を肯定する反面、ドルの人為的な廃貨に対しては依然として拒絶反能を示してきたアメリカの財務省が俄に態度を改めたためであった。事実ソロモン財務次官が1979年の8月、オーストリアのアルプバッハにおいて、代替勘定の創設に「大いに意を用うべきである」と発言したことは、われわれの記憶にも新しい。

　しかしながらそのような前評判にもかかわらずベオグラードの総会は、1980年の4月にハンブルグで開かれる予定の暫定委員会に対して、その後の進展状況を報告させる決定を合意するに止った。たしかにわが国やフランスの代表は、代替勘定の創設が国際通貨制度の改善に寄与するとのべ、ミラー米財務長官もそれが「国際準備資産と一元的に管理された国際通貨制度に対する信頼を高めるための新しくして重要な接近」であると演説した。

しかしながら主要国の見解には、理念的にも技術的にも、容易に克服し難いようなギャップが存在していたことも事実である。コミュニケは「このような勘定について適切な構想がまとまれば、国際通貨制度の改善に寄与するであろう」と総括したが、それは主要国の対立を外交辞令によって糊塗するための巧妙な作文にしか過ぎなかった。中でもカナダの代表は「この問題の結論を出す前に極めて重要な技術的諸問題がとり残されている」ことを明らかにした。むしろ奇怪であったのは、代替勘定の設立に賛意を表明したアメリカまでが、デッド・ラインの設定に強く反対したことである。代替勘定の創設は、後述のようなコストの負担を伴うので、アメリカとしても現段階においては議会筋を徒に刺激するようなコミットメントを回避せざるをえなかったものとみられている。周知のように1980年には、アメリカのみならず西ドイツにおいても総選挙が実施され、フランスも1981年は大統領の改選期に当っている。そのようにして政治の季節が来復しようとする中で、代替勘定の創設問題は、各国の政治的な思惑に翻弄されて、早くも停滞と変容を余儀なくされるに至ったのである。

二つの制度路線

創設されようとする代替勘定の基本的な性格を決定するものは、その目的であり、ニューヨーク連銀の四季報（1979年の夏期号）が指摘したように、細目の技術的な方法論はその目的のいかんによって自ら異ったものにならざるをえない。周知のようにブレトン・ウッズの創世期における代替勘定の設立構想がスターリング地域の解体を企図したものであったとするならば、1957年に発生したスエズ危機とアメリカの景気後退を直接の契機とする60年代初頭の構想は、当然のことながら国際流動性の増強を目的とするものであった。ブレトン・ウッズ体制の崩壊から石油危機の発生に至るまでの代替勘定案が、固定相場制度への復帰と資産決済原則の導入を意図するものであったのに対して、1977年4月のウィッテフェーン構想に始まる代替勘定の設立構想は、SDR本位制度の確立を窮極の目的としていた。

アルプバッハにおけるソロモンの演説も、ウィッテフェーン構想以来の理念をそのまま継承したものであって「代替勘定は無統制な複数通貨制度に陥るような過ちを犯すことなく、真に国際的な準備資産としてのSDRを広汎に使用するための具体的な行動」であると主張した。たしかに過剰ドルを凍結し、為替相場の安定性を確保するだけであれば、1960年代のローザ・ボンドやのちのカーター・

ボンド、あるいは 1977 年にイギリスが実施したように短期の対外公的債務を中長期のそれに切かえるだけでもすむ筈である。事実黒字国通貨の拠出を特徴とする 60 年代初頭のベルンシュタイン案やモードリング案は、スワップ協定の恒久化とともに、双務的なファンディング方式の多角化を狙いとしたものであり、むしろこのような構想の方が複数基軸通貨体制の形成に向って収斂しつつある現実の国際通貨状況とも符合する。それとは逆に赤字国の通貨残高を、新しい準備資産によって代替させようとしたトリフィンの世界中央銀行構想は、代替勘定を媒介として SDR 本位制度を確立しようとするウィッテフェーン構想の先蹤をなすものといえる。

理念的にみると国際的に管理された統一通貨制度としての SDR 本位制度が、複数基軸通貨体制よりも好ましい制度であることは申すまでもない（EMS も ECU をパラレル・カレンシーとして育成する方針を決定し、1994 年に EU は統一通貨、ユーロを発行した）。もともと複数基軸通貨体制なるものは、バーグステンがかつて指摘したように、往年の金銀複本位制度や金為替本位制度と同じように、準備通貨相互の乗替えを不断に誘発し、国際流動性のコントロールをも困難に陥れることを危惧させる。

現実の SDR は、国際決済手段としてはもとよりのこと、準備資産としても不完全である。それのみでなく民間には、SDR の保有がみとめられないので、SDR は介入通貨としての機能もヴィークル・カレンシーとしての機能も具有していない。従って SDR 本位制度の確立を指向する代替勘定の創設機運が高まるとともに、SDR の機能強化策が俄に論議され始めたのも決して偶然ではない。

しかしながら EC と異なって経済的な同質性も、歴史的な連帯性も稀薄な国際社会の現実を直視する場合に、SDR を世界大的な規模のパラレル・カレンシーに育成することは、百年河清をまつようなものであり、イングランド銀行のリチャードソン総裁も次のようにのべている。SDR 本位制度はすべての国々に資産決済の原則を強制することになり、その上「デフレとインフレの二つの圧力を調和させながら、予見できないような国際流動性の適正量を政治的な決定に基づいて創出することは、遠い将来といえども不可能である。……むしろ過渡期間中に培われた経験を基盤にして、準備センター相互の協力を展開するとともに、センター国と準備通貨保有国との間で短期的な不安定性をできるだけ軽減するような協定を発展させるほうが、遥に現実的と思われる」[注53]。

アメリカの願望

　アメリカが SDR 本位制度の確立を志向し始めた背景には、星条旗とともにドルの永遠を希求し続けてきたアメリカ人特有の倒錯的な深層心理がひそんでいたことは否定できないであろう。それはあたかもケインズが、ポンドの没落を容認する代償として、金とドルの支配に抵抗し、これを観念的に否定するための便法として逆にユニタスの導入をホワイトに迫った心境を想わせる。そこにはまた ECU と EMS に対抗して、SDR と IMF の復権をはかろうとする通俗的な鞘当て意識を読みとることも可能である。

　しかしながらアメリカの SDR 本位制度に対する執着には、いくつかの現実的な経済計算が裏うちされていたことも事実である。第一はパンドルフィ暫定委員会議長の発言からも明らかであるが、1960 年代の後半におけるアメリカが、国際流動性の増強によって金交換の圧力をかわそうとしたように、そこでは金投機の緩和が期待されていることである。[注54] 第二は筆者がこれまでにもしばしば指摘したことであるが、過剰ドルに SDR 価値保証を付けることによって、アメリカは若干の金融コストを負担するのみで、ドルの相対的な自律性を回復することも可能なことである。それはバーグステンが提唱した The Guarantees Approach に相当するものであって、ビナイン・ネグレクト政策の Force Majeure System と、善良なドル本位を指向する Market Based System との中間に位するドル本位の第三の選択でもある。すなわちアメリカが代替勘定を媒介とする SDR 本位制度の確立に賛意を表明するに至ったことは、アメリカが政治的にもローザらの指向する善良なドル本位の経済的な重圧に堪え難くなったことを、反面的に物語るものともいえよう。

　第三はオイル・マネーの凍結とそれのリサイクリングを目的とするものであり、その限りでは 1978 年の 4 月にジャビッツらの有力上院議員が主張した提言の変容である。その内容は 500 億ドルから 1,000 億ドルのオイル・マネーに SDR 価値保証を付け、それを発展途上国向けの援助に振り向けようとするものであった。周知のようにその年の 12 月には、アメリカ議会のロイス委員会がカーター政権に対して、代替勘定の創設を勧告したが、それは上述のジャビッツ提案を審議した結果として、アメリカの議会が到達した結論にほかならなかったのである。ただここで注目されることは、同年春のキャラハン構想によって触発されたジャビッツ提案が、ローザ構想と同じく複数基軸通貨体制の形成を指向するものであったのに対して、ロイス勧告では SDR 本位制度、ないしはこれに準ずる路線

が想定されていたことである。なんとなればロイス勧告では、過剰ドルとSDR、またはその他の準備資産との代替が提言されていたからである。（もっともその後段は、金またはECUとの和解の途を、予め設定したものと解することができるかも知れない。）第四は上記2の理由とも重複するが、代替勘定を媒介とするSDR本位制度は、偽装されたドル本位に転落する可能性がひめられていることである。

ドル流出の歯止め

マルクが基軸通貨に止揚されることを嫌う西ドイツが、SDR本位制度の確立を指向する代替勘定の創設に対しても、伝統的に消極的な態度を示してきたことは、一見すると矛盾しているように思われる。しかしながら西ドイツとしては、それが「ドルの流出に歯止めをかけることもなく、アメリカが国際収支の赤字を持続することに対して、白紙委任状を与える結果となることを危惧せざるをえなかったためである」[注55]。ベオグラード総会の席上、マットフェッファー西ドイツ蔵相は代替勘定が「それ自体として健全かつ魅力的なメカニズムを創出するだけでなく、国際流動性のコントロールとともに、準備資産の構成上の変化に由因する不安定性の防止」に寄与すべきであると主張した。それは一見すると、代替勘定のメリットとして国際流動性のコントロールと為替相場の安定性を指摘したアルプバッハのソロモン演説とも符合するように思われる。しかしながらSDR本位制度を窮極の目的とする代替勘定は、国際流動性と為替相場の両面において、制禦作用を自動的に発揮するとソロモンが主張したのに対して、マットフェッファーの演説はドルの歯止め装置を欠如する代替勘定が、SDR本位制度の美名のもとに、本来の目的に逆行する事態を生ずることを恐れたものとも解しうる。筆者も1979年秋に来日したウィッテフェーンIMF前専務理事に対して同様の懸念を表明したが、同氏の回答は、アメリカにおける国際収支改善の努力を徒に評価し、むしろ代替勘定の目的がSDR本位制度の確立にあることを強調するに止った。しかしながら新しく創出されるドル残高が、保有国の裁量によるとはいえ、無際限にSDRに代替される場合には、SDRの信認が損なわれるだけでなく、依然としてアメリカの政策によって国際通貨体制の運営が左右されるドル本位の弊害を克服することが困難である。

最も理想的な形としては、運転資金を除いた一切の旧ドル残高をSDRに代替し、新しいドル残高に対しては、資産決済の原則を適用することが望ましい。資

産決済原則の導入は、1970年代初頭の代替勘定設立構想の基本的な理念であったが、強制的なドル残高の代替にはアメリカの面子問題がからむだけでなく、運転資金の適正量を把握することも困難である。それに代る便法としては、任意代替の方式を採用せざるをえないであろうが、その場合には資産決済の原則を導入することが困難となり、ドルの歯止めをはかるためには、IMFの監視機能など、非自動的な方法に頼らざるをえなくなる。

しかしながらその場合にも、1974年の「国際通貨制度改革概要」が付表の5に掲げたように、アメリカの対外公的債務が一定の限度をこえる場合に、これを準備資産によって償還させ、あるいは代替されたドル残高を、10年から30年にわたる年賦払いの条件で償却させることも一つの方法である。現状においては、この種の償還あるいは償却が問題としてとり上げられている形跡すらなく、ウィッテフェーンも経団連の講演会で筆者の質問に対し、この種のことは問題外であるかのごとき発言さえも行った。

このような状況の中でその実施可能性はさておくとしても、不健全な国際通貨制度の混乱に対処するために、いくつかのドラスチックな提言や観測が民間から提起されつつあることは、それなりに注目を必要とする。第一は1979年7月のインターナショナル・レポート誌が、かつてのピック提言と同じく、アメリカの新政権によって新旧ドルが分離される可能性を予言していることである。第二は1979の9月にバーンバウムを座長とするニューヨーク投資銀行の経済顧問団が、アメリカの金準備を再評価し、金・ドル交換性を回復すべきであると提唱したことである。このような提言は非現実的なようでもあるが、昨今の通貨不安を打開するためには、一見無謀とも思われるこの種の衝撃的な療法以外に妙案がないことも事実である。

若干の技術的問題

上述のようにドル残高の代替を、加盟国の裁量に委ねざるをえないとすれば、代替勘定の規模を実質的に決定するものは、SDRのもつ魅力以外の何ものでもない。代替勘定の創設問題と平行して、SDRの化粧直しが論議されている理由は、主としてこのためである。SDRの魅力を構成する第一の要素は金利であり、その場合には長期金利の適用やフローティング金利の導入なども一考に値するが、当面の段階では掛目（バスケットを構成する国々のうち、上位5カ国の短期金利を平均したものの80％が現状）の引上げが最も有力とみられている。

SDR の金利は、本来為替リスクとの関連において総合的に決定さるべき性質のものであり、SDR の金利に掛目が付けられているのも SDR のリスク・ヘッジ機能が勘案されたためである。しかしながら 1979 年 9 月のモルガン銀行月報が指摘したように、SDR の金利はバスケットを構成する 16 カ国の平均金利よりも不利であり、為替リスクのヘッジ手段としても、上位 5 カ国の通貨でバスケットを構成する場合に比して見劣りがする。従って現在の SDR は「元本の評価という点においても、金利の面においても不十分なユニット」であり、1975—79 年の間における SDR の実効利回りは、金のみでなく、主要国の通貨に対しても見劣りのする結果となっている。[注56]

　このような金利および為替リスクとの関連で最大の争点となっているのは、代替勘定の運営に伴って発生する損益の配分である。現在想定されているところによると IMF に預託されるドルは、アメリカの金融市場で運用されることになるが、その場合には受取利息と支払利息との間にギャップが生ずる。また預託時から償還時までの間には、当然のことながら為替相場の変動に伴って為替損益が発生する。この場合のコストは、本来アメリカが負担すべきものと考えるのが妥当であるが、ソロモンはアルプバッハの段階から、「参加国の権利と義務の妥当な均衡と、コストの公平な分担」を求めていた。その基底に横たわるものは、代替勘定をスワップと同じように黒字国、赤字国双方の共同責任とする思想であり、そのような発想は 1978 年春のキャラハン構想にも片鱗を認めることが可能である。しかしながら代替勘定は、スワップと違ってアメリカ・サイドにおける能動的な為替安定の努力を必要とするものではなく、またスワップのように債務の償還義務も明らかでない。もともと現在の過剰ドルは、アメリカの放漫な過去の政策運営の所産であり、その責任を一部黒字国に転嫁することは、国際協調の理念にもとるのみでなく、結果的には SDR そのものの魅力をも実質的に低減させることになる。

　上述のような金利とともに、SDR の魅力を高めるためのいま一つの方法は、流通面における SDR の改善である。現在 SDR の移転は、IMF のデジグネーションによって行われているが、このような方式による限りにおいて、SDR の民間保有を促進することは不可能である。しかしながら SDR の第二市場が形成される場合には、準備資産の構成を変化させるために SDR が頻繁に譲渡されることにもなる。一部には SDR の民間保有を促進し、SDR に介入通貨機能をもたせようとする意見もみられるが、ポラックやアメリカの財務省は、これに反対してい

るとも伝えられる。このような矛盾した動きは、SDR本位制度の確立をうたい文句とする代替勘定の建前論とも背離するが、当面の段階ではBIS以外の国際機関に対してSDRの保有を認めることで妥協が成立するものとみられている。

失敗への途

現在一般に観測されている代替勘定の規模は、50億ドルから100億ドル程度に過ぎない模様であり、アメリカの財務省もこれに大きな期待をよせることを戒めている。従って為替相場の安定に寄与する効果も、心理的なもの以外には期待することが困難であり、国際流動性のコントロールにしても、それはあたかも「タイタニック号の水をスプーンでかい出すようなもの」でしかないであろう。ウィッテフェーンも理想としては、1,000億ドル程度の規模が望まれるが、現状では時間をかけて努力を積上げるしか方法がないと述懐していたことを筆者は記憶する。[注57]

従って当初は、代替の機会を一回限りとする案が有力とみられていたが、現状ではこれを半永久的に継続せざるをえないものとみられている。しかしながらその場合には、通常のSDRを今後とも増発し続けるか否かの問題が発生する。発展途上国が代替勘定の創設に反対しているのも、このような事態を危惧するためである。この点でとくに注目されるのは、フランスがベオグラードの総会において、SDRと開発のリンクを支持する旨の発言を行ったことであり、今後はこの問題をめぐって事態がますます紛糾することも懸念される。

従って仮に近い将来代替勘定が創設されたとしても、それが為替相場の安定と国際流動性のコントロールに及ぼす影響については、控え目に評価せざるをえないのであり、その理由は単に規模が小さいだけでなく、過剰ドルの分布にも問題がみられるためである。1979年末現在で国際流動性は、5,500億ドルに達し、そのうちの2,900億ドルは外国為替によって構成されていたが、その77％を占めるドル準備は、大部分がG10諸国の保有するところであった。[注58]これらの国々は、ユーロ・ダラー市場に対する資金の放出を自粛しているので、金を買う以外には資産多様化の途がとざされている。従って問題が所在するのは、むしろ産油国と非産油途上国であり、その一例として非産油途上国は、1978年に稼得された黒字の大部分をドル以外の主要国通貨に転換したものと観測されている。しかしながら現在討議されている代替勘定の設立構想には、市場外でこれらの国々に、準備資産の転換を認めるような工夫が、特にこらされているともみうけられないの

である。

　リムマー・ドヴリーは、このような代替勘定の設立構想を、早くも「失敗への道」[注59]と呼んだが、徒に不毛の国際通貨制度論争が反復される昨今の状況の中で、筆者としても僅に共感を覚えたのは、ローザ元米財務次官やドヴリーが1981年5月以降のIMF金放出を停止して、これをSDRのバッキングに使用すべきことを提言したこと位のものである。このような提言は、これまで複数基軸通貨体制への路線を主導してきたローザの基本的なアプローチと異るが、SDRが金やECUとの共存をはかるためには、それ以外に活路を見出すことは不可能であろう。最近ではOPEC諸国においても、先進7カ国の通貨にOPEC通貨と金を加えたオタイバ方式を選好しようとする機運が台頭し始めている。IMFやアメリカの財務省が、今後とも空疎な金廃貨政策のイデオロギーを踏襲し続ける限り、SDR本位制度の確立を指向する代替勘定は、またしても砂上の楼閣のようなものに転落せざるをえないであろう。反面においてローザ等が主張するように、SDRが何らかの形で金との和解を求める場合には、トリフィンが提言するようにSDRとECUが連動され、OPEC諸国をも包摂する世界統一通貨への展望が開かれることにもなるであろう。幸か不幸か過般のゴールド・ラッシュは、金についても為替と同じように、管理されたフロートを必要とする段階が訪れつつあることを示すものであるが、このような秋にこそIMFとしては不毛の論議に寧日を費すよりも、虚心担懐に国際通貨体制のあり方を問い直すべきではなかろうか。

7　SDRと開発のリンクに関する覚え書

南北問題の滲透

　オリバー・フランクスが1960年代を南北問題の年と呼んだ1958年は、彼が同じく国際流動性問題に関しても戦後はじめて警鐘を乱打した年であり[注60]、そこで予言されたこれら二つの徴候は、やがてブレトン・ウッズ体制の命運を大きく左右する致命傷となったのである。周知のように1958年は、西欧主要国の通貨が交換性を回復した記念すべき年であったが、本来であればIMFの協定に掲げる通貨理念が大西洋世界の現実の中に漸く定着しようとした瞬間に、IMFが南北問題と国際流動性の創出という二つの異質的な原理の挑戦に直面せざるをえなかったことは、歴史のアイロニーとでも称すべきものであろう。何となればこれ

ら二つの問題は、IMFの創設に当って異端として斥けられた原理であり、それを裏付けるものとしてIMFの旧協定第14条は、IMFが「救済若しくは復興のための便宜を与える」ものではないことを明確に規定していた。同じく国際流動性の創出に関しても、IMFはもともとバンコール勘定の振替によって、赤字国の必要とする国際流動性を、自動的に創出しようと試みたケインズ案の対案的な存在であり、IMFの基本的な性格を規定したクォータ制度は、本来的に信用創造の原理と相容れえない概念であった。いうなればこれら二つの問題は、ブレトン・ウッズ体制の理念と現実のギャップから発生した鬼子的な存在であり、もともとIMFのユニバーサリズムに反対するJ・H・ウィリアムズらのキー・カレンシー・アプローチは、為替安定の目的を基軸通貨国相互の金融協力に委ねる反面、戦後の復興と開発を世銀に委譲することによって、IMFの存在意義を真向から否定しようとしていたのである。[注61] その後の経過を顧みても核の独占と、これに対応するドルのヘゲモニーが次第に崩壊していく過程で、アメリカのユニバーサリズムは、国連とIMFからNATOとOECDに後退せざるをえなくなったのであり、今日の複数基軸通貨体制の基盤を構成する大西洋同盟の形成は、Pax Americanaを支えてきたInner Empire[注62]における相互依存性の高揚に対応するものであった。これに対して南北問題の発生は、ドルのヘゲモニーと、これを継承した大西洋同盟諸国の多極的支配機構によって主導されてきた戦後のブレトン・ウッズ体制に対するFar Empire諸国の挑戦とも称すべきものであった。

　周知のように南北問題の基盤を形成したのは、新興発展途上国の政治的な独立と経済的な窮乏との矛盾であり、発展途上国はこれを克服するために、労使間の団交方式を国際協議の場に持ち込むことになったのである。その結果としてブレトン・ウッズ体制とは異質の国際経済秩序が徐々に形成されることになるが、当初の段階では貿易と援助に力点がおかれたため、1964年の第一回UNCTADも国際金融面においては、「本会議の目標と決定との関連から然るべく研究する体制を整える必要がある」[注63]と勧告するに止った。しかしながらその前年の1963年には、補償融資制度が早くも創設されていたのであり、1966年にはクォークの25％を限度とする補償融資枠が50％まで拡大されたほか、1969年には緩衝在庫融資制度が新たに設けられることになった。これらの融資制度はIMFにおける一般引出権制度の特例をなすものであり、今日みられるようなIMFの援助機関化はこの時代に旺胎するものといえる。とりわけ1969年の第二回UNCTADには、ホロヴィッツ・イスラエル中銀総裁の利子平衡基金案などの注目すべき提案

がなされたほか、SDRと開発のリンクに関しても、専門家グループが1965年に作成した *International Monetary Issues and the Developing Countries* と題する報告書が提出され、UNCTADにおいて正式に検討される運びとなったのである。

リンク構想の系譜

　国際流動性を創出し、これを開発にリンクさせようとする構想は、1929年に発表されたシャハト案に萌芽的な発想を見出すことが可能であり、それはドイツの国債をやがて創設される世界中央銀行に預託した上で、これを裏付けとして加盟国の中央銀行が発行する銀行券を後進地域の開発に使用させようとしたものである。[注64]

　しかしながら一般には、ケインズの国際清算同盟案をもって、国際流動性の創出を開発にリンクさせようと試みた最初の構想とみなすのが通例であり、ケインズは赤字国の国際収支上の必要性に応じて、国際流動性がバンコール勘定のオーバー・ドラフトによって、自動的に供給されるメカニズムを計画したのである。この場合の赤字国は必ずしも発展途上国に限られるものではなかったが、ケインズ案は、IMFと違って戦後の救済と復興および再建を目的とする国際機関に対しても、清算勘定の開設を許容することによって、これらの目的をも同時に達成しようとしていたのである。[注65]

　上述のようにオリバー・フランクスがロイズ銀行の株主総会において国際流動性問題に言及したのは、1958年2月のことであり、その目的は国際流動性の絶対量よりもそれの遍在を国際的な行動によって是正しようとしたものであった。フランクスはポンドが世界貿易の40％をファイナンスしているにもかかわらず、イギリスの外貨準備が国際流動性総量の僅か4％に過ぎない事実を指摘して、激しいデフレの到来を警告したが、フランクスの危機感を煽ったものは、スエズ危機とアメリカにおける景気の後退であった。それに対してトリフィンは、特殊時代的な現象形態を捨象して、これを流動性ジレンマ論の形で金為替本位制度そのものの内在的な矛盾として理論の普遍化をはかったのである。

　オリバー・フランクスに触発されて、1958年の8月に国際流動性の創出を提唱したのがスタンプであり、スタンプは、国際流動性を補強するためにIMFが基金証券を発行し、発展途上国における投資を促進するために、その一部を世銀と国際金融公社に供与すべきであると主張した。[注66]

スタンプ案は、往年のシャハト案と同じく不況対策的な色彩が濃厚であるが、1962年には新スタンプ案が発表された。そこではIMFの信用創造と加盟国における基金証券の保有額に限度が設けられたほか、完全雇傭状態にある加盟国に対しては、オプト・アウトをみとめるとともに、基金証券についても何らかのバッキングの必要性を強調するなど、いくつかの点で修正が試みられたのである。[注67]

このようなスタンプ案に続いて1959年に発表されたのがトリフィンの世界中央銀行案であり、トリフィンは金為替本位制度の自動的不安定要因と化している基軸通貨残高を世界中央銀行に預託させることによって、準備資産を創出しようとした。世界中央銀行の投資は、当初は勢いドルとポンドに集中せざるをえないが、基軸通貨国の残高が償還されるに従って、回収された資金の一部は、世銀債およびこれに類する債券に投下され、発展途上国の経済発展に不可欠な長期投資に振り向けられることが想定されていた。[注68]

その後1966年にはシトフスキーがスタンプ案に類するリンク構想を発表したが、シトフスキー案の特色は、準備資産の使用を不完全雇傭状態におかれた赤字国から物資を購入する場合に限定し、リンクに伴って発生するインフレ圧力の緩和をはかろうとしたことである。その結果として上述のような赤字国だけが、自国通貨を対価としてIMFから準備資産を購入し、これをIDAに引渡すことになるが、それの使用は、発展途上国が上述の赤字国から物資を購入する場合に限定されることになったのである。[注69]この構想は新スタンプ案におけるオプティング・アウトの発想とも軌を一にしているが、スタンプやシトフスキーが論理の構成に当ってモデルとしたアメリカの経済は、次第に不完全雇傭下の赤字国から、超完全雇傭下の赤字国へと変貌しつつあったのである。[注70]

発展途上国の突上げ

上述のようなスタンプのリンク構想は、コストのかからない国際流動性の創出を通じて、発展途上国に追加購買力を供給し、その当時の人々を危惧させていた世界的な景気の後退に対処しようとするものであった。これに対して発展途上国が開発のリンクを主張し始めた理由は、国際流動性の配分と、そのための論争を、10カ国だけのグループに限定しようとしたオソラ委員会の閉鎖性に対する反撥によるものであった。発展途上国が今日もなお主張し続けている国際流動性の再配分と、国際通貨機関における意思決定過程の変革は、この時点で創唱されたものであり、従ってこれら二つの問題は、本来的にコインの表と裏のような関係に

おかれていた。

これを明確に代弁しているのは、1965年に専門家グループによって作成された上掲の報告書であり、そこでは概ね次のようなことが勧告されていた。①国際通貨制度の改革は、先進国と発展途上国の経済の成長にともに貢献するものでなければならない。②国際通貨制度の改革は貿易、援助政策と平行的にすすめられなければならない。③発展途上国は、追加流動性を合法的かつ緊急に必要としているが、その一部は準備資産の増加により、残りはIMFなどにおける信用の拡大によって賄われるべきものである。④国際通貨制度の改革は真に国際的なものでなくてはならない。⑤発展途上国は、その利益と関心の程度に応じて、国際通貨制度の改革に至るまでの論議と新しいとりきめの運用に参加すべきである。[注71]

先進国はUNCTADにおけるこのような国際通貨制度の改革路線に反対し、これをIMFの専管事項にしようとしたが、発展途上国はUNCTADが国際通貨問題を討議する権限を有すると反論して、上掲の報告書を正式に採択した。[注72]しかしながら最終的には、この問題をIMFで検討することについて妥協が成立し、一方の10カ国グループも1966年には、IMF理事会と協議することを代理会議に指示することになった。その結果として限定された形ではあったが、発展途上国も国際流動性問題の討議に参加することになり、国際流動性の創出を先進工業国に限定しようとする構想は、最終的に放棄されることになった。[注73]

しかしながらSDRと開発のリンクに対しては先進国が依然として反対し続けたため、発展途上国は再び専門家グループの意見を求めたが、そこでも同じくSDRと開発のリンクを支持する旨の勧告がなされたのである。とりわけ1970年に策定された第二次開発の10年計画においては、この問題が重要な戦略の一つとして採択され、1972年にはSDRの配分に当ってこの問題を検討すべきことが勧告された。[注74]

とりわけ通貨不安の頻発する1970年代の初頭には、発展途上国もSDRに対する関心を高め、1973年の7月にはテクニカル・グループがSDRと開発のリンクに関する報告書を、20カ国委員会に提出した。しかしながら1973年の国際通貨制度改革第一次概要は、SDRを開発にリンクすると仮定した場合の具体的な方法論を併記するに止り、1974年の国際通貨制度改革概要もこれをそのまま踏襲するに過ぎなかった。[注75]

それに対して、発展途上国が1974年に発表した新国際経済秩序を樹立するための行動計画においては、IMFと世銀の意思決定過程に発展途上国が参加すべ

きであると勧告するとともに、SDRと開発のリンクを速やかに実施すべきであると宣言した。その後発展途上国を中心とする幾多の会議において、この原則が再確認されたのみでなく、1979年のIMF総会においては、フランスがこれを支持する発言を行った。また1980年のワシントン総会においてはアメリカまでがこれに追随し、IMFの総務会は後述のように、SDRを開発に直接リンクする方式を早急に実現することを促すに至ったのである。

リンクの方法

SDRを開発にリンクする方法は、直接的または組織的方法（Direct or Organic Link）と間接的または非組織的方法（Indirect or Inorganic Link）に区分され、前者はさらに四つの方法に細分される。

非組織的なリンク方法とは、SDRを配分された先進国が、その一定割合に相当する自国通貨をIDAのような国際開発機関に対して自発的に拠出する方法であり、拠出をうけた国際開発機関は、発展途上国の経済開発にこの資金を利用する。この方法は1967年にパーテル(Patel)が創唱したものであるが、シトフスキーのように資金の使用を拠出国の援助に結び付けて、ひもつきとする方法もある。この方法の長所は、(1) IMF協定の改正を必要としないので、実行に移しやすく、(2) 議会の承認もえられ易い上に、(3) 個々の先進国にとっては拠出をオプト・アウトすることも可能である。

コロンボ（Colombo）やデル（Dell）およびプレビッシュがこの方式を支持した理由は、上述のような弾力性を高く評価したためであるが、もともとこの方式は、組織的なリンク方法によると、準備資産の創出が複雑になるとして、これに反対したハーバラーやジョンソンらの批判に応えるために考案されたものであるという。

しかしながらこの方式には、反面においていくつかの短所が存在することも事実であり、最大の難点は拠出の決定が先進国の自発的な意思に委ねられるため、先進国が拠出を拒否し、あるいは拠出の条件を先進国の国際収支状況に関連させることも考えられることである。

次に組織的なリンク方法とは、SDRの配分と開発援助の結びつきをより明確に規定しようとするものであり、それによって非組織的な方法に内蔵される上述のような欠点が克服される反面、最大の難点はIMF協定の改正が必要とされることである。この方法は、SDRの創出が正式に決定される以前から提唱され

ていたものであり、スタンプ案やトリフィン案などが、この方式に該当するが、1969 年にはアメリカの上下両院合同経済委員会も、IMF の規約を改正して、先進 18 カ国が配分された SDR の 25% を IDA に拠出すべきであると勧告した。[注80] 組織的なリンクの方法には、次のような四つのバリエーションがある。[注81]

(1) 発展途上国の SDR 配分枠を拡大する方法…SDR を IMF のクオータに基づいて配分するこれまでの方式には、発展途上国の不満が絶えないので、SDR の配分に限って、特別の基準を設定しようとするものである。この方法によれば、IDA などの国際開発機関が関与することもなく、IMF だけの問題として処理できる利点があるが、適正な配分の基準を確立するまでには、多くの時間と労力を必要とする。

(2) 国際開発機関に直接 SDR を配分する方法…この方法は単純明快であり、議会の予算手続なども必要とされない。しかしながら国際開発機関に直接 SDR を配分するためには、協定第 17 条第 3 項に定める「その他の保有者」に国際開発機関を認定するだけでなく、依然として協定の改正も必要とされる。

(3) 先進国だけが SDR を間接的に国際開発機関に拠出する方法…IMF の加盟国を先進国と発展途上国に類別し、後者については SDR の配分が全額みとめられるのに対して、先進国については配分された SDR の一定割合を国際開発機関に拠出することが義務付けられる。この方法のメリットは、(2) の方法による場合よりも、SDR が発展途上国にとって全体として有利に配分される結果となることである。

(4) IMF によって代替された準備通貨を国際開発機関に移転する方法…これは IMF が SDR を特別に発行し、それによって代替したドル、ポンド、またはこれら通貨の発行国が IMF に対して支払う利息の一部を、国際開発機関に移転する方法である。この方法は上記の各方法と別個に行うことも、あるいはこれに付随して実施することも可能である。

リンクの問題点

SDR と開発のリンクに関しては、様々な賛成論と反対論が発表されているが、1973 年の 7 月にテクニカル・グループが作成した報告書は、それぞれの論点を概ね次のように併記している。[注82]

(1) 賛成論

(イ) SDR と開発のリンクは、発展途上国に対する資源の移転に寄与する。これ

までに創出されてきた準備資産は、産金国や準備センター国に対しても配分されたが、リンクを通じてそのうちの一部は発展途上国に再配分されることになる。

(ロ) 発展途上国は開発に必要な資金のかなりの部分が、SDR と開発のリンクによって、供与されることを期待することができる。

(ハ) SDR と開発のリンクによる援助はひもつきではないので、援助の質的な改善を期待することが可能である。

(ニ) リンクは、直接的には金融資産の供給を通じて、間接的には貿易の拡大を通じて、発展途上国の経済開発を促進することになる。

(ホ) 先進国が経常収支の黒字政策を追求したとしても、リンクによって発展途上国は、経常収支の赤字を持続することが可能であり、あるいはそれに伴う緊張を緩和しながら調整過程の円滑な機能を助長することができる。

(2) 反対論

(イ) リンクは国際通貨制度の運営を複雑にし、結果的にみて間接的なコストが直接的な利益を上回ることになる。

(ロ) 国際流動性の創出と開発金融とは別個の問題であり、SDR を開発金融にリンクさせる場合には、国際金融界に疑心暗鬼を生じさせ、新しい国際通貨制度に対する信認を確立することが一層困難になる。

(ハ) 国際通貨制度の改革は、ブレトン・ウッズ体制の内蔵するインフレ・バイアスの排除を目的とするものであるが、SDR の創出は開発需要の圧力をうけて過大となり、インフレを招来する恐れがある。

(ニ) リンクによって発展途上国の取得する SDR は、保有されるよりも費消される傾向が強いので、総需要を直接増大させることになる。これに対して加盟国の総需要管理政策は、海外からの追加的な需要に対応しにくいので、インフレが加速化される。

(ホ) SDR のリンク部分に対する最終的な責任を発展途上国が負担する場合には、SDR の信認が低下するし、先進国が負担する場合には、通常の配分をうける場合よりも過大な責任を負担することになるので、予め法的な承認をとり付けることが必要である。

(ヘ) 先進国の議会がリンクに対応して通常の援助をそれだけ削減することも考えられるので、リンクによって発展途上国に対する金融資産が当該部分だけ純増するとは考えられない。

(ト) 国際収支の不均衡は主として先進国間の問題であるので、国際収支の調整

問題はリンクによって解決されるものではない。先進国が競争力に物をいわせてリンクに伴う追加需要の争奪を続けるならば、この問題はむしろ短期的にみると悪化する。

㈥ SDR に基礎をおく国際通貨制度は、準備資産の創出に当っても加盟国の間における資産の移転を伴わないが、SDR と開発のリンクはこれに逆行することになる。

SDR と開発のリンクに関する問題点は、この報告書によってほぼ網羅されつくしているように思われるが、報告書の作成された時点では発展途上国が SDR の配分枠を拡大する方式を支持したのに対して、何らかの形でリンクを支持する先進国は、SDR を間接的に国際開発機関に拠出する方式を推奨した[83]。しかしながら IMF の第35回ワシントン総会は、既述のように SDR を開発に直接リンクする方法を採択し、これの早急な実現を促すことを合意するに至ったのである[84]。

それが国際開発機関に対して SDR を直接配分する方法を意図したものか、発展途上国に対する配分枠の拡大を狙いとしたものかは明らかでないが、SDR と開発のリンク問題が本来的には、IMF のクオータ制度に対する不満に由因するものであったことは、依然として銘記しておくことが必要である。周知のように第八次増資に当っては、クオータの算定基準を見直すことについて合意が成立したが、問題は個別的な基準よりも IMF のクオータ制度そのものが早くも矛盾を露呈し、IMF が基金方式それ自体からの脱皮を迫られていることである。その詳細は割愛するが、SDR と開発のリンクは一つの歴史的な必然とでもいうべきものである。しかしながらその場合には SDR の信認が低下し、世界的なインフレの発生を危惧する声が依然として根強いが、われわれとしてはその前に、SDR とはそもそも何であったかを、いま一度リアルに問い直してみることが必要である。

8 円の目標相場は 200 円程度か ——プラザ合意の意味するもの——

アメリカの戦略転換

1985年9月22日、ニューヨークのプラザ・ホテルで開催された5カ国蔵相会議の通貨合意は、これまで変動相場制度の大幅な変革に反対を続けてきたアメリカの国際通貨戦略の転換を示すものとして注目に値する。アメリカは、政策の変更について主要国の了解を取り付けるため、ひそかにマルフォード米財務次官

補を東京、ロンドン、パリ、フランクフルトに派遣したが、2週間前には既に5カ国蔵相会議の日程と大筋の合意内容が決定されていたという。

1985年6月に東京で10カ国蔵相会議が開催されてからいくばくも経ずして、そのような政策の一大転換が行われた背景としては、累積債務問題の再燃やアメリカの成長鈍化と債務国への転落のほかに、保護主義の蔓延をあげることが可能である。とくにプラザの5カ国蔵相会議が、アメリカの新通商政策発表の前夜に、しかも鳴り物入りで行われたことは、これを象徴的に物語っている。

その原因は、申すまでもなく、ドルの過大評価に伴って、アメリカの輸出競争力が鈍化し、輸入代替産業が敗退しつつあったためである。過去の経験を顧みても、アメリカの対日貿易収支が悪化した1970—71年、1977—78年には、日米間における通商摩擦が発生している。暦年でみて1984年の対日貿易赤字は、アメリカの貿易赤字全体の1/3に達し、それが対日通商摩擦の激化につながっていることは、いまさら多言を要しない。

以前から民主党系のエコノミストは、ドルの過大評価をもってアメリカの貿易赤字の元凶とみなしており、一例としてバーグステンは、1983—84年におけるアメリカの貿易収支の悪化の2/3をドル高に帰している。それに対してフェルドスタインなどは、これに反対してきたが、政治的にみると強いドルは、レーガン政権の掲げるアメリカのルネサンス計画にとって、中核的な戦略をなすものであった。

通貨面からのブッシュ支援

レーガン政権が上述の転換を行った背景としてフィナンシャル・タイムズ紙は、一つのエピソードを伝えている。それによると、保護主義がアメリカを制圧する場合には、次期アメリカ大統領の候補と目されるブッシュ副大統領の名声が失墜するため、友人であるベーカー財務長官が、通貨面から側面的にこれを支援したものであるという。

そのようにドル高是正問題の背景には、複雑な政治的、経済的な要因がからみ合っているが、とりわけ注目に値することは、アメリカの有力財界人によって構成されるビジネス・ラウンド・テーブルが、7月の下旬、目標相場圏の導入を、レーガン政権に要望するに至ったことである。

これまでアメリカは、為替相場の乱高下を防止するための介入を許容しても、特定の相場水準を達成し、あるいはこれを維持するための介入には、反対を続け

てきた。その理由は、変動相場制度が固定相場制度に変容し、経済政策の自律性が失われることを懸念したためであった。しかしながら変動相場制度は、経済政策の自律性はおろか、為替相場の安定化や国際収支の自動的調整を保証せず、自由貿易を逆に破壊したのである。

プラザの5カ国蔵相会議は、為替相場が国際収支の調整に寄与するためには、ファンダメンタルズを反映したものになることが必要であると述べ、主要通貨の対ドル相場が秩序ある上昇をたどることが望ましいと声明した。そのために各国は「有益とみられる際」に、対ドル各国相場の「秩序ある上昇」を促すため、より密接に協力する用意があると述べ、各国別に経済政策の方途を決定した。

しかしながらEC諸国は、ドルの過大評価を日米間の問題として、これを白眼視する態度を示している。その原因は、円がドルのみではなく、EC通貨に対しても過小評価の状態にあり、貿易面においてもECは、アメリカと同じく被害者意識を持っていたためである。EC諸国は、経済政策の協調だけでなく、協調介入についても消極的であり、これまでの介入は「口先だけの介入」にとどまっている。

暗黙のうちの目標相場圏

それに対して日本だけが積極的に介入を実施し、円主導型の調整を展開してきたのは、円が狙い撃ちにされたためとも邪推されるのであり、そこには暗黙のうちに何らかの目標相場圏が設定されているようにも思われるのである。たしかに5カ国蔵相会議の声明の中には、目標相場圏はおろか、協調介入という言葉すら見当たらない。しかし、それが事実上目標相場圏の導入にほかならないことは容易に推察されるところであり、1985年9月26日の『朝日新聞』は、現実に各国別の対ドル目標相場を設定し、介入予定額を通報し合うことが決定済みであると報道した。

円の目標相場は明らかにされていないが、ソロモン・レポートの勧告などから判断しても、1ドル=200円程度は考慮しておくべきではあるまいか。もともと適正相場とは、あってなきがごときものであり、為替相場が投機筋の予測によって支配される変動相場には、過剰反応がつきものである。その点で目標相場圏の導入は、単に円の過小評価を是正するだけでなく、円の過大評価を防止するためにも必要である。

当面の段階においては、市場心理を撹乱しながら、機動的な介入を行うことに

よって、ドル高の是正が試みられるであろうが、1日の為替取引量が1,000億ドルを超える状態において、中央銀行の介入は九牛の一毛のようなものである。従って、補完的な経済政策の協調が必要であるが、アメリカの財政赤字は、急速な改善が困難であり、三極間には早くも微妙な不協和音が奏でられ始めている。

わが国の場合も、内需の拡大や輸入の自由化によって、貿易収支の黒字を解消することは不可能であり、円高が一段落した段階においては、日米間の金利格差が是正されない限り、対米証券投資が再燃する恐れもある。しかし、ドルが反転する局面においては、腰を据えた介入が実施されるだけでなく、金利の手直しをはじめとして、思い切った対策が打ち出されるものと思われる。

フランスは、そのような事態に備えて、既に「秘密の計画」が合意されていることを明らかにしている。それは謎以外の何ものでもないが、破局的な段階においては、国際資本移動の規制もやむをえまい。もともと為替相場の不整合は、国際資本移動に基因するものであって、資本市場の開放化は、ドル高の是正にとって逆療法以外の何ものでもないのである。

9　国際通貨制度のコペルニクス的転回

ルーブル合意の確認とは

1987年のIMF総会のハイライトは、ルーブル合意の有効性とそれの維持が確認されたことである。その限りにおいては、ある通貨当局者の発言として伝えられるように、「目新しいことは、何一つなかった」ともいえる。しかしルーブル合意には、短期的な為替安定の側面と、長期的な国際通貨制度改革との関連性が含まれている。たしかに為替の安定という側面については、余り変哲がなかったとしても、長期的な視点に立つ場合には、歴史に残るような重大な総会であったということができるのである。

何となればルーブル合意の確認は、世界の為替相場制度が変動相場制度から、参考相場圏制度へとコペルニクス的な転回をとげるに至った現実を国際的に公認したことを意味するからにほかならない。たしかに主要国の通貨当局者は、投機筋のアタックを警戒し、あるいは君子豹変のそしりをかわすためか、依然として目標相場圏ないし参考相場圏という言葉の使用をさけている。しかしルーブル合意によって、何らかの為替安定帯が設定されたことは、公然の秘密となっており、目標相場圏に反対してきた西ドイツやイギリスも、今年の総会ではルーブル合意

を賛美するに至ったのである。

いまにして想うならば、目標相場圏構想の先駆ともいうべき指標相場制度がイシアーとブルームフィールドによって創唱されたのは、1974年のことであり、それをECの場において達成したものがEMS（欧州通貨制度）であった。その構想は同時にランブイエ・サミット以来、フランスの主導する国際通貨制度改革の動きに継承され、いま漸くにして国際的にも正統性をみとめられるに至ったのである。

参考相場圏の行方

上述の指標相場制度が為替操作の禁止を主眼とするのに対して、目標相場圏制度は定期的な見直しが行われるまでの間、合意された水準における為替相場の安定を狙いとする。しかし一口に目標相場圏といっても、介入政策や金融・経済政策に関する規定の仕方によって、内容が相違する。一方参考相場圏に至っては、概念が全く不明確であり、目標相場圏制度との相違も判然としない。

最初に参考相場圏という言葉を用いたのは、フランス大蔵省のルベギュ財務官であり、その特徴は、①基準相場と変動幅の設定基準が厳密なものではないこと、②変動幅が5―10％とゆるやかなこと、③非公開であること、④変動幅の維持は、介入よりも国内経済政策の調整によること、⑤漸進的に制度化されるものであることであった。

いうなればそれは固定相場制度に対するアレルギーの強い国々の支持をうけやすいように、節度を大幅に緩和したものであって、最終的には目標相場圏制度に到達するための過渡的な制度として位置付けられている。それはフランスがランブイエ・サミットの直前に提唱したドラゴンズ構想を彷彿とさせるものがあるが、そこではECスネークの外周に10％程度のゆるやかな対ドル介入帯を設定し、それを漸次圧縮していく方針が明らかにされていたのである。

既述のようにEMSと、フランスの主張してきた目標相場圏制度とは、本来的に同根の現象であり、参考相場圏制度の最終的な帰着は、目標相場圏制度の極致ともいうべきEMSの外延的な拡大にほかならないとも考えることができるのである。周知のようにEMSは発足以来11回の為替相場調整を経験したが、その間におけるマルクの切り上げは、年率にして2％程度であり、最近アメリカでもEMSの再認識を迫る新聞論調が出始めたことは、注目に値する。

ルーブル合意をこえて

　ジスカール・デスタン前仏大統領は、ECU（欧州通貨単位）の拡充を第一段階とするならば、、目標相場圏の導入は第二段階であり、国際通貨制度改革の最終段階は資産決済の導入であると主張した。1960年代のスワップ協定を引き合いに出すまでもなく、固定相場もそれ自体では、為替の安定をはかることが困難である。その点でIMF総会の席上、ベーカー米財務長官が、金を含む商品バスケット指数の活用を提唱（イギリスも同旨の提案を行った）したことは、近い将来、国際通貨制度の改革作業がジスカール・デスタンのいう第三段階に進展する可能性を示唆したものといえる。

　アメリカは、ルーブル合意の直前にも、商品バスケットに参考相場圏をリンクする案を提唱したが、当面はヘラー連邦準備制度理事らの主張するように、それによって金融政策の調整を行うのが目的である（それは1982年のケンプ・ロット法案でも謳われている）。もともと商品バスケット構想は、アダム・スミスやアメリカの独立戦争以来、アングロサクソンに特有の通貨理念であり、1982年にはアメリカ議会の金委員会も、これを超党派に支持する決議を行った。

　とりわけこの構想を熱烈に支持しているのは、ケンプ米下院議員らのサプライサイダーズであり、商品バスケット本位は金本位に復帰するための隠れ簑にほかならない。

　この問題はアメリカの大統領選挙が行われる1988年にかけて、一段と熱を帯びてくるであろうが、商品本位制度は通貨の安定や世界景気の調整だけではなく、かつてマンデス・フランスが主張したように、開発途上国の援助とも関連するだけに、広汎な論議を呼び起こすことになるものと思われる。

10　大詰めに近づいた国際通貨制度改革

商品バスケット導入の原則合意

　1988年4月13日、ワシントンで開催されたG7蔵相会議は、現行為替相場水準の維持、商品バスケットの導入、アジアNICS（新興工業国）の調整促進、および累積債務問題に対するケース・バイ・ケースの対応について、大筋の合意に到達した。

　なかでも帰趨が注目されていたのは、商品バスケットの導入問題であり、会議の結果、商品バスケットは多角的サーベイランス（相互監視）を強化するための

追加的な指標として、これを開発することが合意された。周知のように1987年秋のIMF総会で提唱されたベーカー構想は、バスケットの中に金を加えようとしたため、センセーションをまき起こしたが、上述のG7蔵相会議のコミュニケは、何ら「ゴールド」の四文字に言及していない。

その理由は、後述のように商品バスケットにおける金と石油の取り扱いについて、各国の意見が一致しなかったためであり、この種の細目的な問題は、蔵相代理レベルの検討に委ねられることになった。とまれ、サーベイランスの強化については合意したものの、客観指標の導入をめぐって、足並みの乱れていた各国が、ベネチア・サミットで合意された七つの指標のほかに、商品バスケットの導入についてまでも、原則的な合意に到達した意義は、決して少なくない。

そのような商品バスケットの導入は、現行の為替相場水準を維持する旨の合意とも相まって、ルーブル合意の仕上げを意味するものといえる。何となれば、ルーブル合意の骨子をなすものは、アメリカの狙いとするサーベイランスの強化と、フランスの示唆する参考相場圏の導入にほかならないからである。

もともとワシントンのG7蔵相会議は、1988年6月に開かれるオタワ・サミットの幕間劇のようなものであり、積み残された問題は、サミットで討議された上、秋のIMF総会に諮られることになるものと思われる。当初、主要国の為替と経済をコントロールしようとするアメリカの包括的経済計画は、第二期レーガン政権の下で実施される予定であったが、現状では次期政権下にずれこむことが必定である。

一時はそのために第二次ブレトン・ウッズ会議の開催を求める意見も少なくなかったが、目下のところでは、とくにそのための国際通貨会議が開催される公算は少ないものとみられている。

いずれにしてもウィリアムズバーグ・サミットに端を発する一連の国際通貨制度の改革作業は、いよいよ大詰めを迎えつつあるが、一部のヨーロッパ諸国は、より長期的な国際通貨制度の改革を主張するに至っている。この問題は、EC（欧州共同体）の中小国を含むG10蔵相会議において検討されることになったが、その場合にはフランスのバラデュール蔵相が提唱した、国際通貨制度再建の三つのアプローチがたたき台になるものとみられている。そのような意味でワシントンのG7蔵相会議は、ルーブル合意の仕上げにとどまらず、ルーブル合意を超えるための出発点として、歴史的な意義をもつものといえよう。

ケンプ・ロット法案の具体化

一般に1987年秋のIMF総会におけるベーカー提案は、あたかも青天の霹靂のようにみられているが、1987年2月のワシントン・ポスト紙は、つとにアメリカの財務省が参考相場圏と商品バスケットの導入を検討している事実を明らかにしていた。

もともと商品バスケットは、アングロサクソンになじみの深い通貨制度であり、エリザベス王朝時代のオックス・ブリッジ大学の土地賃貸料は、小麦価格に連動されていた。アメリカでは、独立戦争時の軍人給与が4品目の商品バスケットにリンクされていたのをはじめとして、南北戦争や1930年代にも商品バスケット構想が台頭した（拙著『金と国際通貨』参照）。

商品バスケットは、インフレによる目減りを防ぐのが目的であり、通貨不安の再燃した1970年代の末葉から80年代の初頭にかけて、この種の構想が復活したのも、故なしとはしないのである。事実1983年のアメリカ金委員会は、最善の通貨制度として商品バスケットを、超党派的に支持する決議を行った。

当初、金本位制度の復活を企図していた共和党のサプライサイダーズも、インフレの収束とともに金の魅力が後退する過程で、商品バスケットの導入に戦術を転換した。その好例が1982年のケンプ・ロット法案であり、昨今のアメリカの国際通貨戦略は、すべてそれに胚胎するといっても、決して過言ではない。

この法案は、通貨の量的コントロールを重視するマネタリズムに対して、通貨の質、つまり金利を優先する点において、民主党の金融政策と同一であるが、民主党の政策と異なることは、金利目標の基準として商品バスケットの導入を主張したことである。さらに注目されることは、物価の安定を重視するこの法案が、単に国内の金融政策だけではなくて、商品バスケットを国際通貨制度の改革に結び付けようとしていたことである。

既にアメリカの連邦準備制度は、ジョンソン副議長が議会で証言したように、金融政策の遂行上、ドル相場と金利構造のほかに、商品価格を重視する政策を採用している。それはまさしくケンプ・ロット法案の具体化にほかならず、商品バスケット方式は、既になし崩し的に実施されつつあるともいえるのである。

ケンプ・ロット法案が、卸売物価指数や消費者物価指数の代わりに、商品取引所における一次産品の現物と先物の価格指数を利用しようとしたのは、卸売・消費者物価指数の発表が遅れ、先見性を欠くためである。それに対して商品市況は、現在および将来の需給状態を反映して、時々刻々敏感に変動するので、ある程度

インフレの早期警報装置としても、利用することが可能である。

商品バスケットの問題点

　各国の金融政策が物価の安定を至上の目的としていることは、あえて縷言するまでもないが、そのための手段として商品バスケットを、金融政策の中間目標とすることについては、ワシントンのG7蔵相会議においても、いくつかの問題点が指摘された。

　第一は、商品価格指数がしばしば偶発的、投機的な要因によって左右され、インフレに対する誤った信号を発信しかねないことである。

　エンジェル連邦準備制度理事によると、*Economist*誌や、連邦準備制度などが作成している九つの商品価格指数の平均指数が、後日消費者物価指数に影響を与えなかった回数は、1920年から1987年までの67年間に三回、過去の20年間には僅か一回に過ぎなかったとのことである。[注85] しかしながら、商品バスケットのもたらす情報の歪みをいかにして是正するかは、依然として未解決の問題であり、G7蔵相会議が商品バスケットを、自動的な調整のトリガーとすることに難色を示したのも、現状においてはやむをえないであろう。

　G7蔵相会議において提起された第二の問題点は、既にのべたように、商品バスケットにおける金と石油の取り扱いに関する問題であった。アメリカは金のバスケットにおけるウェイトを15％にしようと提案したが、一部の国は1987年の原材料消費額に占める金の割合が、1.5％に過ぎなかったことを理由として、これに反対した。アメリカの共和党の内部においては、党大会の都度、金本位制度の復活を求める声が増大しており、金をバスケットから放逐することは不可能といえる。目下のところでは、金のウェイトを5％から15％とすることで、妥協が成立するものとみられている。

　一方、石油をバスケットに編入することについても、難色が示された理由は、それが政治的な要因によって支配されやすいためである。石油は原材料消費の50％を占めているだけに、その取り扱いは微妙であり、最悪の場合には、IMFとしても石油を含むものと、含まないものと、二本建てで商品価格指数を発表せざるをえないものと観測されている。

　第三の問題は、商品バスケットをドル表示とするか、各国の自国貨表示とするかの問題である。自国貨表示とする場合には、商品価格がSDR（IMF特別引き出し権）に対して不変であっても、ドルが下落し、自国通貨が上昇すると、金融

政策の緩和を迫られることにもなりかねないので、日本や西ドイツはこれに反対したとも伝えられている（もっとも、最近来日したペール西独連銀総裁は、自国貨表示を表明した）。

　自国貨表示の場合には、商品価格の変動だけではなくて、為替相場の変動効果が同時に織り込まれることになるので、これら二つの目標を有機的に組み合わせることが可能である。その代案としてドル表示とする場合には、ドルが往年の金の代わりに、商品バスケットにリンクし、そのドルに対して各国が対ドル為替相場の安定をはかることになる。いずれの方式でも結果は同じであるが、ドル表示の場合には、ドルの非対称的な基軸通貨性を承認せざるをえないことになる。

ルーブル合意を超えて

　ルーブル合意は、それまで特定の為替相場水準を維持することを、頑強に拒んできたアメリカの国際通貨戦略が、コペルニクス的な転換をとげたことを示す画期的な出来事であった。それは大数観察的に相場水準を設定し、為替変動幅を非公開とするとともに、それを維持する方法として、経済政策の協調を重視している点などからみても、ルベギュ仏財務官の提唱した参考相場圏の実験を試みたものといえる。

　しかしながら、参考相場圏は目標相場圏に到達するための過渡的な制度であり、為替安定の目的を達成するためには、より一層の制度的な完成が必要とされる。ブラック・マンデーによって象徴される第一次ルーブル合意の破綻は、主要国の経済政策が対立し、協議の代わりに、市場の暴力を借りて調整を行わざるをえなかったことに基因する。すなわち、ルーブル合意の敗因は、参考相場圏を設定しても、それを維持するための強制力と、迅速な調整を自動的に行うためのメカニズムが欠落していたことによるものであった。

　それに対してEMS（欧州通貨制度）の場合には、目標相場圏を公開するだけではなくて、変動幅の一定限度まで為替相場が変動すると、警報装置が鳴って各国の対応を促進し、それが変動幅の上下限に到達すると協議機構が発動される。そのうえ介入に伴って、為替減価国の準備が減少することは、そのような国にとって制裁を意味することにもなる。

　もともとEMSと、フランスによって主導されてきた国際通貨制度改革の動きは、同根の現象であり、ドルと円に対するEMSの拡大は、ジスカール・デスタン仏前大統領などによって、つとに提唱されてきたものであった。最近バラデュー

ル仏蔵相は、ルーブル合意の仕上げをもって国際通貨制度再建の第一のアプローチとし、EMS の拡大を第二のアプローチとする改革案を発表したが、そこでは SDR が三極間の国際通貨基準となることが予定されている（ただし SDR を主たる準備資産、国際決済手段とすることに対しては、否定的である）。

EC は、1992 年に予定される域内市場の完成を目標として欧州中央銀行と欧州統一通貨を創設する動きを示しているが、ECU が真に EC の統一通貨に脱皮するためには、1977 年のジェンキンズ報告などによって提唱されたように、商品本位を導入することが必要である。

バラデュール蔵相の提唱する第三のアプローチとは、そのような本位制度の導入にほかならないのであり、その場合に第一のコロラリーとしてあげられているのは、金と商品からなる商品本位制度の導入案である。商品本位はインフレという名の課税を免れるだけでなく、マンデス・フランスが主張したように、途上国援助や世界景気の調節にも貢献する。

第二のコロラリーは、金を含む通貨バスケットを基準とする世界通貨の創出案であり、その場合には物価の変動に応じて、各国の通貨が毎年再評価されることになる。そのような構想力の豊かな提言は、とかく大国本位の迷蒙と姑息な妥協によって支配されてきた国際通貨の世界に、道理を復活させ、新しいビジョンを注入するものとして、刮目に値する。

（補遺）インタビュー 「金融自由化　私はこう考える（中）」

金融自由化

私はこう考える

▶中◀

島崎久弥　関東学院大学教授

内圧も高まり不可避
円に基軸通貨役望む米

（9）経済　14版　1984年（昭和59年）4月13日

——日米金融摩擦は、どこにあるのか。

島崎　わが国も、資本市場の自由化・円の国際化を求める米国の要求の一つは、ドルが過大評価されているのが個別の貿易摩擦のおもいは、ドル高にあるのだから、ドル高の修正を求めているのだが、ドルの過大評価市場の自由化を望んでいると、レーガン米財務長官ら米国の首脳は、一月のレーガン・ドル声明で、ソロモン・レポートを出したうえで、一月のレーガン・スタンフォード大学のエズラ・ソロモン教授が米国の対日赤字はソロモン・レポートにあるだそうして下さい、というわけだ。ドルの実質実効為替レートはキャタピラー、米国の巨大農業機械メーカーキャタピラーは米モルガン銀行と、ドル高の被害をこうむっている会社の一つとして、単相関係数が高いキャタピラーは米モルガン銀行と、ドル高の被害をこうむっている会社の一つとして、東京市場を位置づけて、その資金運用先の一つとして、東京市場を位置づけているのではないか。

——どうして米国の対日要求の重点がドル高から、資本市場開放、金融自由化へ、とりあえず移ったのか。

島崎　貿易摩擦が円の形で、それに、米国の巨大企業を投資家とし、資金運用先の一つとして、東京市場を位置づけて、その資金運用先の一つとして、円・ドル高再投され、為替相場する形で世界の資本市場の統合化されるのは、ウォール街が主導しているのではないか。

——外圧だけではないユーロ円のような金融自由化が進む。

が安定する必要があるのか。ドル安、しかも市場原理方向の世界資本市場というよりも、世界資本市場というよりも、国の実際に動けば、国の希望額に比べて、世界の資本市場を動けば、資本が米国へ流入して、米国の景気回復をおりう。また、電子の対日貿易摩擦に対して、発電機関連機器の日本からの輸入急増など、産業構造上の面から見た、米国の対日貿易摩擦が、円安定性と自由実施されることになる為替相場は農産物の自由化といっているのではないという面もある。農産物の自由化の一環として、対日要求を強くつけているのではないか。ソロモン・レポートを受ける形として、一ドル＝二〇〇円など、内圧の第一は、経済の国際化によっている。同時に、証券会社の同質化が進む金融機関同士の同質化が進む。統合と競合が拡大すれば、国内の金利規制が効かなくなる。また金利規制が効かなくなる。また金融利用者の大資金が、金融制度の違ったユーロ市場に流出するのを放置しておく手はないので、金利規制などを取り払う必要が出てくる。

——では、金融自由化は、どう進むべきか。

島崎　行政原理原則は、自主性を尽くすすべて、自主性を基本として、原則自由、例外規制に徹することが、当面の最優先の金利自由化の一環として、預金と貸し出しの利率の自由化、自由化の一環として、預金と貸し出しの利率の自由化、外圧と競争の過程が進むとするならば、金融技術的な対応も打ち出せる。

——農産物問題とは違い、金融自由化を求める日本側の圧力も強まっている。

島崎　その通り。関西の金融機関をはじめ、金融界を広く含んで、業界も自由化をつよく要望している。その内の金融機関をはじめ、金融機関をはじめ、農協系機関にもユーザー側を含むで、信用金庫の声も出ているのではないか。公開された金融市場はそれだけメリットが多くなる。日本企業は銀行への依存度を低くしている。預金、貸出、債券引受、投信販売、信託業務——まで、銀行の業務領域を広げなくてはならない。金融機関の金融商品やサービスの向上が図られる。そこへ外圧が加わってくる。金融制度調査会、証取審でも金融自由化は結論を出している。

島崎　不可避なほど、自由化は金融の国際化を進めるのか。

「金融自由化 私はこう考える(中) 島崎久弥・関東学院大学教授

——わが国に、資本市場の自由化と円の国際化を求める米国のねらいは、どこにあるのか。

島崎　日米金融摩擦は、昨年十一月のレーガン訪日で、一気に表面化したが、米国の対日要求の大筋は、スタンフォード大学のエズラ・ソロモン教授がまとめたソロモン・レポートにある。つまり、円はドルのコバンザメのような存在から脱却し、自立して下さい、というわけだ。ドルへの需要圧力が緩和されれば、それだけドルへの負担(ドル高圧力)も軽減されるという理屈だ。

島崎　貿易摩擦打開の変形という側面がある。ドルの過大評価(ドル高)が個別の貿易摩擦を招いているのだから、ドル高円安を是正しようというわけだ。ソロモン・レポート作成の裏には米国の産業機械メーカー、キャタピラー社のモルガン会長がついている。輸出比率の高いキャタピラー社はドル高で輸出競争力を減殺され、ドル高の被害をこうむっている会社だ。

それに、米国の巨大企業や投資家は、資金運用先の一つとして東京市場を位置づけて、その市場の自由化を望んでいる。このことは、リーガン米財務長官がかつていたウォール街の利益にもかなう。

為替相場　不安定に
——そうした米国の対日要求の背景をどう見るか。わが国の金融自由化で、円安ドル高が是正され、為替相場が安定するのだろうか。

島崎　いまのドルの強さは米国の高金利に加えて、途上国から米国への資本逃避、米国の景気回復などによるものだ。また米国の対日貿易赤字は円安〔著者訂正〕だけに原因があるのではなく、電子関連機器の日本からの輸入急増など、産業構造上の要因も見逃せない。だから、金融資本市場の自由化が円高につながるという米国の発想は乱暴だ。

むしろ、金融資本市場が自由化されれば、ウォール街が主導する形で世界の資本市場の統合化が進む。しかも、市場原理万能主義の資本市場は、経済の実態より期待を先取りして動くから、地球的規模で資本市場はカジノのようになり、為替相場は不安定になる恐れがある。

ただ私は、米国は国際通貨体制の再建の一環として、対日要求を突きつけているのではないかと見ている。ソロモン・レポートをよく読むと、一ドル＝二〇〇円を適正相場として、一定幅の目標相場圏(ターゲット・ゾーン)を設定しようとしているように思える。そして、円に対しては基軸通貨(キーカレンシー)の一つとしての役割を求めているのではないか。

農産物問題と違い
——金融自由化を求める日本国内の圧力も強まっている。

島崎　その通りだ。国内の金融市場を取り巻く環境も自由化を求めていたから、外圧をきっかけに急テンポで自由化が進みつつある。この内圧の存在が、農産物の自由化問題とは全然違う点だ。内圧の第一は、経済の国際化だ。経常収支の大幅な黒字定着で日本経済が資本輸出型となり、東京市場に世界的な銀行家の役割が期待されている。だから、海外市場と同じ資本取引の慣行やルールを、東京市場にも導入しなければならなくなりつつある。第二に金利選好が広がったこと。個人はもちろんのこと、企業も余裕資金をより有利に運用するため、直接、自由で公開された金融市場にどんどん参入するようになっている。また証券会社が高利回りの金利自由商品を登場させたため、銀行としても対抗上、金利規制の撤廃を検討せざるをえないところにきている。同時に、証券を含む金融機関同士の同質化が進み、業務が競合するようになった。第三に、償還期限の迫った「期近債」といわれる国債が近く大量に出回るので、金利規制が有名無実化する寸前にある。

自主性保ち対応を
——熟柿(じゅくし)が落ちるかのように金融自由化が進むのか。

島崎　不可避なことだ。自由化は金融の効率化を進めるというメリットがある。預金者、投資家や借り手の要求にこたえうる金融商品やサービスの向上が進む。頭取就任祝いとか創業何周年とかを口実に預金集めをする、従来の顧客を無視した過当競争はできなくなるだろう。行政の過剰介入も不要になる。

一方、デメリットもある。通貨当局の権限の及ばないユーロ円市場が拡大すれば、国内の金融政策が効かなくなる。とくに金融引き締め時に困る。また金利自由化で弱小金融機関がたちゆかなくなる恐れもある。

——では、金融自由化は、どのように進めていくべきか。

島崎　行政当局は、自主性を見失わずに、軟着陸させるべきだ。外圧と業界の思惑、利害にほんろうされ、その場限りの金融技術的な対応策を打ち出せば、禍根を残す。」

第III部 プレモダンの国際通貨制度

第10章　古代の振替決済制度考

1　古代メソポタミア

　振替決済制度（以下振替制度と略称）の創始を、「遅くとも14世紀前半」[注1]とする説も一部には散見されるが、その濫觴はむしろ古代ギリシアやエジプトは愚か、さらに遥か昔の古代メソポタミアにまで遡るとみることができる。事実振替[注2]制度の起源については、古来論争が絶えないが、その原因の一つは、その論証に当って歴史や経済学のみならず、考古学や言語学などの専門的な知識が必要とされることが一因とみられる。それかあらぬか、マックス・ウェーバーのごとき不世出の碩学ですら、「翻訳ずみのテキストやそのほか他人が既に用いているところからの孫引きをたよりに主張する私のような者は、（中略）確定的な結論を云々できる状態にはない」[注3]と古代史研究の苦渋を、述懐せざるをえなかった。そのようにしてみるならば、著者のごとき浅学卑才の門外漢が、古代の振替制度について、その素描を試みるがごときは、本来的に無謀とのそしりを免れえないが、さりとはいえ金融システムの歴史的発展過程を鳥瞰するに当たって、その先蹤をなす古代の振替制度に関する考察を全く等閑視することは、画龍点睛を欠くも同然といわざるをえない。

　古代メソポタミアにおける振替制度の先駆的な学究として、その名を逸することができないのは、申すまでもなくマックス・ウェーバーである。ウェーバーは、専ら中世期の資料に準拠して、銀行業の起源を両替商に求めたホール（Margaret Winslow Hall）やド・ローバー（Raymond de Roover）の主張とは対蹠的に、いち早く銀行業の始原が振替業務に派生すると提唱した。[注4]その説は1960年代のボーゲルト（R. Bogaert）の所説とも一致するが、[注5]皮肉なことにボーゲルトは後

述のごとく、ウェーバーとは逆に、古代メソポタミアにおける振替業務の存在について、否定的な見解を明らかにした。もともとウェーバーは銀行の起源を両替商に求める説に反対していたが、それについての消極的な理由は、「バビロニアの場合のように（中略）いかなる雑種通貨も存しないところには両替業はなかった」[注6]ためである。

　反面ウェーバーが、振替業務をもって、銀行業の始原とする積極的な理由は、「振替業務から信用授与者としての銀行業者の業務が発展したため」である。ウェーバー自身の言葉を借りてこれを敷衍するならば、「銀のシェーケルで勘定はされたけれども、しかしそれで支払がおこなわれたわけではない。したがって銀行業者は、（中略）支払猶予をなさしめたり（彼が現金で支払手段を調達することができないような場合においてすらも）、あるいは将来の支払を履行するものとして売手から保証をうけたりしなければならなかった」[注7]ためである。最近におけるヴィーンホフ（Klass R. Veenhof）の研究によると、商業信用が供与されたのは親族や親しい友人に限られ、取引の大部分は現金でなされたが、信用取引の場合にはしばしば約束手形が用いられた。[注8]ヴィーンホフによると、その役割は、口座相互の振替や小口債務の取立だけでなく、隔地間のキャッシュレス送金や債務の取立にまで使用されたとみられている。[注9]それに対してウェーバーは現金の支払を節約するため、振替の手段として銀行切符（Bankbillet）が使用された事実を指摘したが[注10]（それが銀行券に相当するか否かは明らかでない）、ウェーバーはその流通が、商人間のローカルな取引に局限されていたと主張した。さらにウェーバーは銀行の信用供与機能にふれ、商業信用だけでなく、銀行がコムメンダ信用や、企業信用を供与したとのべているが、一例としてムラージュ銀行（Banque Mourashou）は振替業務を受託しただけでなく、王宮や商人に対して貸付を行い、貿易商とパートナーを組んで資金を提供した。[注11]そのほか大麦貸付の大宗を占めていた女神官は、紀元前3000年頃になると個人向の大麦貸付も行った。その頃には神殿とともに専門的な金貸しが、事業用の貸付や投資を行うに至ったが、[注12]商人の中には交易に専念するだけではなく、卸商であるとともに投融資の業務を兼務するマーチャント・バンカーが登場した。[注13]

　ウェーバーは「バビロニアの銀行業者が信用の仲介をするようになったことについては、鋳貨が存在しなかったことに、その原因がある」[注14]とのべているが、その竿頭を一歩進め、貨幣の不在に振替の起源を求めたのは、ポランニー（Karl Polanyi）である。ポランニーによると、振替は「交換用の貨幣の不在と市場の

不在を埋め合せ（中略）、市場の代替物として（中略）物々交換を行うための補助」[15]であった。何となれば振替により、「メソポタミアにおけるもっとも初期の寺院経済や初期のアッシリアの交易人は、貨幣素材を介在させずに勘定の清算 (clearing) を」[16]行うことが可能であったからである。古代メソポタミアにおける貨幣と市場の不在を説くポランニーの所説に対して最も網羅的ともいうべき批判を展開したのは、シルバー（Morris Silver）である[17]。最近の研究でも、銀が単なる価値尺度機能に止らず、都市部や大口取引の交換手段に用いられ、大麦などの農作物も、地方や小口の取引で貨幣の役割を果していたことが明らかにされている[18]。とくに第一王朝時代のバビロニアでは、神殿が銀製の串や棒状（時として円形）の地金を鋳造し、頭部に印刻された神像によって、その品位を保証したが、ウェーバーも銀行業者によって刻印された銀塊が、貨幣として流通していた事実を認めている[19]。そのような観点からデーヴィス（Glyn Davies）は、古代バビロニアの振替業務が、プトレマイオス朝下のエジプトより遅れていたのも、穀物が唯一の（国内的）交換・支払手段であったエジプトに比して、バビロニアの貨幣制度が発達していた証左であるとの逆説を展開した[20]。

　上述のようにポランニーは振替の実在によって、貨幣の不在とともに、市場の不在をも立証しようと試みたが、神殿、王宮、銀行によって品位を保証された銀塊は、市場の不在を物語るよりも、むしろその拡大に寄与したことが容易に想像される[21]。事実バビロンの東部には、門が設けられ、市場においては魚、羊、陶器、不動産などの取引が行われるとともに、貴金属商などが軒を列ねていたことが知られている[22]。もともと市場では、王宮の余剰農産物や役人に給与として支給された大麦が、代理人によって処分され、ウル3世時代には約30人の商人が、国産品や輸入品の配送等に従事していた[23]。その場合に市場メカニズムが機能していたか否かについては、意見が分かれているが[24]、仮にそれが不完全であったとしても、その萌芽的な動きが古代メソポタミアにみられたことは事実である。従ってシュタインケラー（Piotr Steinkeller）が指摘したように、市場経済はその後の歴史的過程を経ることによって、段階的に発展したとみるのが妥当な見解と思われる[25]。そのような状況の中で、「近東における市場の存在を全面的に否定したポランニーは、支援者の間においてすら、支持するものがいない」[26]との否定的な評価さえみられ、「ポランニーのパラダイムは、人類学者の忠誠を集めるには程遠いものがある」[27]と批判されるに至っている。

　従って古代メソポタミアにおける振替業務は、ポランニーの主張したごとく、

貨幣ないし鋳貨の不在または不足に起因するよりも、現金あるいは現物輸送の危険と手間を省くために、古代メソポタミアにおいて考案された金融技法と解すべきである。たしかに振替業務が行われるためには、ウェーバーが指摘したように、預金業務の形成がそれの前提条件とされるが[注28]、その当時債務の決済時には、書記と証人の立会、および楔形文字による粘土板の作成等、複雑な法的要件を充足することが要務とされ、預金口座の振替によって決済を行う場合には、別途その旨の指図が必要とされた。その結果としてこの種の複雑な業務が、法的手続きに習熟した銀行に委ねられることになったのは理の当然である。ボーゲルトによるとバビロンのエギビ（Egibi）は、預金者の指図に基づいて王室や顧客とする商人、および親族らの第三者に対して、口座の振替による決済業務を行っていたが[注29]、ウォーターマンもムラージュが、利付預金の受入と口座間の振替決済を行っていたと主張した[注30]。しかしながらボーゲルトはエギビによるイレギュラー預金（irregular deposit）の受入を否認するとともに、ムラージュについても、貸付に用いられた預金が金銭ではなくて不動産であったことを指摘して[注31]、古代バビロニアにおける預金銀行の成立について否定的な見解を明らかにした。結論としてボーゲルトは、古代バビロニアの銀行が近代的な銀行とはいえず、エギビといえども合資会社組織による貿易、食品加工、土地取引などの多様な事業活動の一環として、第二義的に銀行業務を兼営していたに過ぎないことを強調した[注32]。

しかしながら1963年には、古代バビロニアにおけるマーチャント・バンカーの生誕説が台頭し[注33]、注13のごとくこれを支持する最新の研究も少なくない。仮に古代メソポタミアの銀行が、マーチャント・バンカーの域を脱しえなかったとしても、そのこと自体では、その当時における振替業務の不在を立証するものではない。一例としてボーゲルトは、旧著において確証がないとの理由から、古代メソポタミアにおける振替業務を疑問視し、通信事情の不全を理由として、隔地間における付替（transfer）の可能性も同じく否認していたが、近著ではエギビによる振替業務をみとめるに至っている[注34]。とくにヴィーンホフは注10のごとく、逆に約束手形によって口座間の振替が行われていただけでなく、隔地間の送金や債務の取立までが行われていた事実さえも実証している。

一般にボーゲルトを除く金融、銀行史の専門家は、古代メソポタミアにおける振替業務の実在に前向きの姿勢を示しており、ホーマー（Sidney Homer）は、紀元前3000年頃から預金、貸出業務と並行して、付替業務が行われていたと主張した。イギリスにおける郵便振替（National Giro）の研究者として知ら

れるデーヴィスも、古代バビロニアとエジプトでは付替による決済（transfer payment）が行われていたとのべ、ドーファン・ムーニエ（A. Dauphin-Meunier）は、同じく同一銀行内の口座振替だけでなく、遠隔地との付替も行われていたと主張した。これらの金融、銀行史研究者の考古学的、古文書学的論拠は、必ずしも明確ではないが、最近ヴィーンホフらの考古学、古代史の専門家が、同一銀行内の口座振替だけでなく、隔地間の資金付替についてまで、意欲的な研究成果を発表しつつあることは、古代経済史の研究に新しい次元を約束するものとして刮目に値する。

2 古典ギリシア

振替をいみする giro の語源がギリシア語の gruos（ring, circle, revolution, circuit）に由来することは、ギリシアと振替制度とのただならぬ関係を示唆するものといえよう。しかしながら意外なことに、古典ギリシア（アテネの民主制が確立した紀元前510年から、マケドニアによって征服される紀元前322年までの期間）における振替制度の存否については、19世紀の末葉以来学界における論争が絶えなかった。一例としてこれを支持する陣営においても、トゥテエイン（Jules Toutain）は、当座預金の開設、信用状の発行、小切手の使用とともに、口座振替が行われていたとの主張を展開したが、George M. Calphoun は口座振替についてはこれを支持したものの、異なる銀行間のクリアリングについては明言をさけていた。そのような状況の中で20世紀前半の支持派に衝撃を与えた出来事は、陣営の旗手として、古典ギリシアにおける振替とクリアリング制度の発達を主張していたハーゼブレーク（Johannes Hasebroek）が、ラウム（B. Laum）の反論に抗しえず、為替手形による国際清算（clearing）のみならず、同一銀行内の振替と複数の銀行間におけるクリアリングさえも、自己否認するに至ったことである。ハーゼブレークは、ウェーバーの弟子の中でも、最も指導的な役割を果していたが、上述のごとくそれまでのモダニズムを否認し、一転して、紀元前4世紀のアテネをプリミティブとするビュッヒャー（Karl Bücher）説の妥当性を肯定した。

振替の存否をめぐる上述の論争の背後には、プリミティビスト（Primitivist）とモダニスト（Modernist）との19世紀末葉以来の古代社会文明論争が伏在しており、それを捨象して恣意的に特定の言説をとりあげて自説の論拠とするが

ごときは、事態の正鵠を誤ることになりかねない。そこでまずこの論争の素描を試みることにするが、プリミティビストとは、ビュッヒャーを始祖とし、紀元前10世紀頃までは、ロードベルトウス（Karl Rodbertus）が1860年代に提唱したオイコス（oikos）経済にほかならないと主張する学派であり、貿易と貨幣の重要性を否定する。それに対してモダニストとは、1895年に、古代の末期には輸送や商品交換制度が発達していたとのべて、貿易と貨幣の役割を強調したマイヤー（Eduard Meyer）を鼻祖とする一派である。ハーゼブレークはこれを Modernizing Attitude と名づけたが、モダニスト派の特色は市場を重視したことである。ウェーバーはいずれにも組せず、古代ギリシア・ローマの軍事的政治的志向性に力点を置いた。[注44] しかしながら1933年にロストフチェフ（Michael Rostovtzeff）は、「ヘレニズム時代までに、古代世界の経済と近代世界の相違は、質的ではなくて、量的なものにすぎなくなった[注45]」とのべ、爾来1950年代までは、モダニスト的な見解が一世を風靡するに至った。

しかるに1950年代にパラダイム・シフトを齎したのは、ポランニーをはじめとする Columbia Group であり（19世紀に至るまで、経済生活は他の社会関係から独立——Formalism——しておらず、新古典派経済学は近代社会以外に適用しえないと主張。これを Substantivism という）、ポランニーは小切手、帳簿操作による振替を否定した。[注46] 1970年代までにプリミティビスト派の中心となったのは、ポランニーのゼミに参加していたフィンリィ（M. I. Finley）であり、[注47] その出版以来1/4世紀に渉って論争の的となった *Ancient Economy* においても、フィンリィは貨幣について多くを語らなかったのみでなく、それについて否定的な言辞を弄していた。振替についてもフィンリィは別稿で、譲渡式の手形とともに、それが存在したことを否定し、預金と決済制度は、振替（giro）の域に達していなかったと主張した。[注48]

プリミティビスト派のミレット（Paul Millett）によると、[注49] フィンリィが1952年に上梓した *Land and Credit* 以来、アテネにおける信用の研究にとって、最も重要な貢献をしたのはボーゲルトであり、1960年代半ば以降に出版された2冊の本を、プリミティビスト派を代表する「入念で透徹した学術的記念碑」と称賛した。そのボーゲルトといえども、紀元前4世紀以降、口頭（預金者が銀行に出向けない場合は文書）の指図によって、銀行帳簿の上で振替が行われた可能性を無視しなかった。しかしながらアテネの市内には多数の銀行が蝟集していたので、複数の顧客が、同一の銀行に預金口座を開設する例はまれであったとの

べて、振替の盛行を否定した。また小切手の使用についてもこれを否認し、隔地間あるいは異なる銀行間のクリアリング（これはのちにローマが地中海世界を征圧したパクス・ロマーナの時代にはじめて達成されたと主張）についても、否定的な見解を明らかにした。[注50]

さらに1970年代にはデーヴィスが、古典期のアテネでは振替が知られておらず、アテネ最大のパシオン（Pasion）銀行ですら現金取引を行っていたと主張[注51]するなど、プリミティビスト的な見解は、最近の時点においても依然として後を絶たなかった。一例としてマイクル（Scott Mikle）は、デーヴィスと同じく、[注52]決済が現金の輸送によって行われ、その当時は複式簿記も、貸借記の観念さえも存在しなかったと主張した。とくにフィンリィ・アプローチを踏襲するミレット[注53]は、その当時、手形や小切手が存在しなかったため、銀行間の決済が現金または現物でなされたと主張しただけでなく、同一銀行内の振替さえも決定的な証拠がないと主張して、その存在を否定した。[注54]ハウゲゴ（Christopher Howgego）も、隔地間の組織的なクリアリングを否定しただけでなく、現送をさけるための取決めは僅に3件みられたに過ぎないとのミレット説を引用して、同じく同一銀行[注55]内の振替についてさえも疑問符を投げかけた。

そのようにしてみるならば、古典ギリシアの振替に関する20世紀の半ば以降における否定的な見解の台頭は、多分にプリミティビスト派の興隆と符合するものとみられるが、この点で最近とくに注目されることは、「ここ10年間の学問がモダニズム的見解を決定的に支持する」[注56]に至ったとみられることである。それがあらぬかコーエン（Edward E. Cohen）の振替に関する主張は、フィンリィ、ボーゲルトらのプリミティビストに比べると、遥に積極的であり、古典ギリシアにおいては、現送の手間とコストと危険をさけるため、銀行決済が日常茶飯事であったと主張している。そこでは標準的な取引手続が定められ、第三者への付替を行うために銀行は、資金供給者の氏名、金額、受取人の氏名等を、一定の書式によって記録した。[注57]キャッシュレスの決済（振替）は、同一の銀行内に限られたが、顧客がA行宛の支払指図書によって商品の代金を支払った場合に、B行はA行から直に銀の引渡をうけなくても、売手の預金口座に貸記した。従って現代の手形交換所に類するようなインターバンクの清算とりきめがなく、またその存在が実証されなくても、支払指図書による決済は可能であったとのべている。[注58]同じく黒海で資金を必要とする人が旅行する場合にも、現金の携行を必要とせず、パシオン銀行の発行する保証状（一種の旅行信用状と考えられる）を持参することに

よって、現地での資金調達が可能であったと主張した。[注59]

そのようなモダニズムの復活は、1930年代から今日に至るまで持続されてきたアゴラー（Agora、アテネの市）の発掘調査によって、紀元前5、4世紀のアテネにおいて市場と工業化と金融機構が、かなり発達していた事実が、認知されるに至ったためである。最近では貨幣経済の発展に伴って、アテネにおける農工産品市場の発達と、貿易の拡大、公共支出の増大、農業部門に対する依存度の低下などが確認されている。[注60]

上述のような振替とクリアリングの基底をなしたのは、申すまでもなく古典ギリシアの貨幣と銀行制度であり、次にそれらの鳥瞰を試みることにしよう。古代ギリシアは農業、織物生産、冶金、造船等の技術だけでなく、都市国家という政治形態までも古代メソポタミアから移入したが、対外決済手段としての貴金属の使用も、フェニキアとの通商を契機として導入されたものであった。[注61]最初にコインが鋳造されたのは、イージャイナ（Aegina）との説もあるが、紀元前7世紀にリディアで鋳造された琥珀金貨の流入に伴って、ギリシアがホーマー的な自然経済から貨幣経済に移行したのは、紀元前6世紀のソロモン（Solomon）の時代である。貨幣鋳造の目的については、アリストテレスの国際貿易説をはじめとして、傭兵への支払やシニョレージの取得を目的とする説等多岐に渉るが、最近では小額コインの発掘に伴って、むしろ国内における小売取引の促進を目的としたとみる説が脚光を浴びている。[注62]紀元前5世紀にアテネは、アテネ商人の優遇をはかるため、同盟国に自国の貨幣と度量衡の使用を強制したが、傘下の都市国家における鋳造と小アジアからの通貨の流入は、依然として後を絶たなかった。[注63]もともと小アジアの影響をうけたギリシアの神殿や公立銀行においては、早くから両替が行われていたが、紀元前5世紀には専門の両替商が登場した。古典ギリシアにおいて、両替商が銀行の起源をなすことは、tableまたはcounterをいみするtraferaからtrapezite（銀行家）という言葉が派生したことからも容易に推認できるが、「貨幣導入の必然的帰結」として、銀行が紀元前4世紀に登場するに至ったのは、寺院の預金業務を徐々に蚕食してきた一部の両替商が、預金、貸出業務に転向したためであった。[注64][注65]

ボーゲルトによると、名前の判っている最古の銀行は、紀元前5世紀頃のAntisthénèsとArchestratosであり、引退後の銀行経営は、解放奴隷のパシオンによって継承された。[注66]パシオンと同時代のアテネには、Socinomos、TimodèmosおよびAristolochosがあり、パシオンの没後は、その寡婦を娶った

同じく奴隷上りのポルミオン（Phormion）が事業を承継した。ポルミオンは銀行業のほかに、パシオンの経営していた楯製造業や、商業分野にも進出した。ポルミオンが賃借していた銀行と製造業は、紀元前364—363年以降の10年間、4人の共同経営者に賃貸されたが、同契約の期間満了後は、記録が滅失し、消息が絶えたままである。[注67]

　プリミティビストとモダニストとの意見の対立は、上述の振替とクリアリング、およびより基底的な銀行制度のみならず、金融市場についても歴然たるものがあり、次にその一斑を概観してみよう。金融市場の自立性については、ごく最近においても、プリミティビストのミレットがこれを否定し、金融市場は社会関係とイデオロギーの中に埋め込まれていた（embedded）と主張している。何となれば、社会の周辺部に生きる外国人や解放奴隷出身の金融業者は、利息の徴収を認めたが、親類縁者が相互扶助の精神に基づいて、相互に信用を供与し合っていたアテネ市民は、道徳的に利息の徴収を罪悪視していたからにほかならない。[注68]それに対してモダニストのコーエンは、紀元前4世紀のアテネにおいて、個人が交換と市場のプロセスを通じて、自由に金銭的利益を追求していた事実を指摘して、これに反論した。さらにコーエンは、銀行が海事金融を行っていただけでなく、香水の製造や鉱山、不動産等に対する生産、消費者金融、あるいは貿易金融のほかに、政治家や軍事計画に対する融資まで行っていた事実を指摘した。[注69]

　もともと海事金融への銀行の関与については、19世紀にモダニストがいち早くこれを主張していたが、やがてプリミティビズムの興隆とともに、否定的な見方が支配した。[注70]しかしながら最近においては、プリミティビストの間でも、この問題について意見が分れ、ミレットは生産的投資や海事金融を否認したボーゲルトの研究を、「ギリシアの銀行史にふさわしくない」と酷評するまでに至っている。[注71]そのほかアテネの銀行が信用創造を行ったか否かの問題については、プリミティビストの間においても、これを肯定する見方が台頭している。一例としてこの問題に否定的なボーゲルトの所説[注72]に対して、ミレットは、預金が銀行に対する預金者の貸付であったことを指摘するとともに、パシオンがその預金を原資として、自己の裁量で貸付を行っていた事実を強調した。[注73]一例としてパシオンは、市内の市場であるアゴラーよりも、外港のPiraeusを活動の拠点とし、海外にも駐在員を派遣していたため、預金の大宗を占めていた貿易商人の資金を使って、海事金融に関与した。[注74]たしかに古典ギリシアの銀行が、プリミティビスト派の主張するように、現代の銀行に比して、完成の度合において遥に劣後するとしても、そ

れが「両替商と質屋[注75]」の域を脱しなかったとのフィンリィの所説は、正鵠を欠くものといわざるをえない。とまれ前節でもふれたように、新しい考古学的発掘を転機として、プリミティビスト的な言説が、近年急速に修正されつつあることは、時代の趨勢ともいうべきものであり、古典ギリシアの銀行、金融史がやがて大幅に書き変えられる可能性も無下には否定できない。振替やクリアリングについても同然であり、一例として1973年の秋に、フロリダ州立大学の入手したギリシア語のパピロスの中には、時代こそプトレマイオス朝期に下るとはいえ、第三者に対する銀行宛の支払指図書（小切手）のコピーが含まれていた。その結果として古代ローマ以前の古代会社における小切手の使用を全く認めていなかったボーゲルトが、紀元前87—84年に小切手が既に使用され、しかもそれが決して例外的ではなかった事実を認めるに至ったことは、それの一つの例証である。[注76]

3 ヘレニズム期

ヘレニズム期とはアレキサンダー大王の没年（紀元前323年）からクレオパトラの他界した年（紀元前30年）に当り、ギリシアの貨幣、銀行制度[注77]をローマに移植するための導管に相当する時代であった。[注78]とくにギリシアおよび後記ヘレニズムとローマを結節し、東西両地中海域のイタリア商人と銀行を結び付ける橋渡し的役割を演じたのは、デロスであった。最初貿易を行うためにデロスを訪れたイタリア商人は、やがて市民権を取得してそこに定住し、デロスの銀行家となった。デロスは勃興するローマに密着していただけでなく、シチリアや南イタリアのギリシア植民地も、コリントやデロスの複製であり、それを承継したデロスの商人、銀行家の影響は、全地中海域は愚か、ゴールやスペインの奥地にまで滲透した。とくにローマがデロスの商敵カルタゴとコリントを敗ったため、紀元前166年に地中海における自由港を宣言したデロスは、金融とクリアリングのセンターに脱皮し、デロス銀行（Bank of Delos）は、ローマの諸銀行が意図的に模倣するモデルとなった。[注79]

紀元前167年以前に、デロスの土着民が、通商あるいは銀行を営んでいた証拠は見当らないが、外国の銀行家が定住していたことについては、争いがない。紀元前2世紀以降、神殿が後退するにつれて、これらの銀行はデロスの繁栄にとって不可欠のものとなった。[注80]

デロスの銀行は、イタリア人あるいはローマ人が主力を占めていたが、ギリ

シアの植民地であったシチリアをはじめとする南イタリアの銀行家も同じくデロスに定住していた。もともとデロスは隊商によって遠くアラビア、インド、バクトリア、中国から運ばれてきた東方の商品の主たるクリアリング・ハウスであった[注81]。オルシンガー（Roger Orsingher）によると、そこにおける決済は、現金取引の代りに、受取書を伴った信用取引と書類指図による支払いによって行われ、そのため顧客ごとに銀行勘定が設けられた。銀行との通信および債務の決済に当っては、本人の出頭あるいは口答の指図に代って、書類による指図が用いられるようになった[注82]。そのようにしてみるならば、デロス銀行は、「単に東西の地中海を結節する役割を果したのみでなく、後期ヘレニズムと古代ローマに伝承された振替制度の原型ともなったのである」[注83]。民間銀行の発達は、ヘレニズムの新しい特色であり、一部の銀行は商人と同じくassociationを形成した[注84]。ヘレニズム時代の諸都市では、神殿銀行も発達したが、民間銀行には比すべくもなく、デロス以外にはその活動が余り知られていない[注85]。一例としてレイドロー（W. A. Laidlaw）は、国や神殿が収入の取立を外国人の銀行家に委託したとは考えられないとして、この説を否定するとともに、神殿が銀行のサービスを利用したとしても、その預金は安全をはかるためであって、支出の多くはクリアリング・ハウスとしての銀行経由でなされたとのべている。神殿の管理に当ったのは、公立銀行（public bank）であり、四半季ごとの賃貸料の決済等、寺院収入の大部分は、公立銀行を経由した[注86]。紀元前2世紀には、ある程度の独占権を行使する国立銀行が、小アジアの沿岸地域を中心に台頭し、プトレマイオスの支配下では王立銀行（royal bank）に脱皮した[注87]。次にプトレマイオス朝下のエジプトについて、その貨幣、銀行制度と、そこにおける振替の発達について概観することにしよう。

ペロポンネソス戦争（紀元前431―404年）後ギリシアの諸都市は荒廃し、もともと国土が農耕に適さなかったため、兵役から解放された多くの農民が帰農するにも余分の土地がなく、政府は不満をそらすために海外移民を奨励した。マケドニアのフィリップおよびアレキサンダー大王のペルシア侵寇も、そのような時代の流れに沿った動きであって、ギリシアはシリア等に広大な植民地を形成した。エジプトでは紀元前4世紀末にプトレミー王朝が創始され、富裕層は投資対象を産業、貿易、海運、両替、徴税の請負に求め、金貸しは海事金融や民間向の短期貸付を行った[注88]。銀行の創設されたのも、プトレマイオス朝下であり、バーター中心の農業社会にギリシア世界の貨幣経済が持ち込まれた。銀行は預金、支払い、振替のほかに、税金の受払い、民間の勘定との受払い、土地や貴重品を担保とす

第10章　古代の振替決済制度考

る貸付を行った。紀元前3世紀のプトレマイオス朝時代には、王立銀行と特許銀行（concessionary banks）の二種類の銀行が存在した。後者は数が少なく、高値で入札したものに対して特許が与えられた。[注89]

王立銀行はアレキサンドリアをはじめ、各都市や主な農村に支店および分店を設置し、王室がこれを独占したため、為替と通貨は国家の管理する一元的なシステムに統制された。[注90] 王立銀行は税収の受入れ（そのため地方支店は tax offices と呼ばれた）のほか、民間の預金を受け入れるとともに貸付を行った。[注91]

ここで注目されることは、上述のような銀行制度よりも、プトレマイオス朝下のエジプトでは、古代ギリシア以前の文明を象徴する倉庫制度が発達し、それが銀行制度と並行して銀行機能を営んでいたことである。[注92] ちなみにプトレミー・一世は貨幣を国定し、貨幣による対政府債務の支払いを定めることによって、銀行制度の発達を促したが、反面貨幣経済の限界（銀鉱山がないため、銅貨を大量に鋳造したが、国庫への支払いは銀貨に限られた）[注93] から主産物の大麦、とくに小麦が価値保蔵手段として用いられた。しかし税金の一部支払いと自給自足経済下の支払手段として以外に、穀物の交換手段としての役割は限られていた。[注94] 穀物（主に小麦）が支払手段として用いられたのは、land tax と民間の賃貸料であり、それがプトレマイオス朝下エジプトの貨幣経済化を制約したことは否めないが、常雇いのものだけでなく臨時雇の縁者の手間賃もエステートにおける勘定に振り込まれるなど、予想以上に貨幣経済は農村部にまで浸透していたものとみられている。[注95] しかしながらロストフチェフが指摘したように、王室や政府の奨励と銀行の発達によって、貨幣の使用が大衆化したものの、伝統的な穀物経済を排除することはできず、穀物は依然貨幣の等価物であった。[注96] プトレマイオス朝下のエジプトで振替が発達したのも、一つには穀物が貨幣としての役割を果たしていたため、帳簿上の振替によって現物の移動をさけることが必要とされたためであった。ボランニーののべるところによると、「プトレマイオス朝エジプトではギリシア式の銀行業務方法がその頂点に達したが、貨幣の振替は存在しなかった。ただ穀物その他の基本物資の振替は、国立銀行を通じて非常に手のこんだやり方で行われた」。[注97]

しかしながらそれに対してプライジィグケは、国営倉庫（Staatsspeicher）による穀物振替（Korngiro）のほかに、民間銀行（特許銀行）による金銭振替（Geldgiro）が行われていたと主張した。[注98] 穀物振替は自ら施設を保有する大地主や、その必要性のない零細な小作人と違って、国営倉庫を利用した中小の地主にとっ

て、納税や債務の支払いに欠くことの出来ない制度であった。一方主要都市の民間銀行は、金融業者、商人、旅行者に金融サービスを提供し、農業関係者だけでなく、多くの村民が預金あるいは当座預金を開設して決済に利用した。船主や荷主や船員も民間銀行を利用し、とりわけギリシア商人の利用が活発であったが、役人の給料も銀行の口座に振込まれた。一例としてＡがＢに対して支払いをするに当って、Ａが銀行に預金勘定をもち、Ｂがこれを有しない場合に、銀行はＡの勘定を借記して、Ｂに現金を支払った。またＡが預金口座を持たず、Ｂが口座を有する場合に、Ａは銀行に現金を持参し、Ｂの勘定を貸記した。あるいはＡ、Ｂともに銀行口座を有する場合に、銀行はＡの勘定を借記し、Ｂの口座を貸記した。

　銀行は預金者からの書面による授権（慣例的な支払指図書の行使）なしには、預金勘定からの支払に応じなかった。トゥテェインは、小切手も一般に用いられていたと主張したが、アッシャー（A. P. Usher）は、「一般的」と称するのは誇張であり、15世紀以前の小切手ないし支払指図書の使用は偶発的、散発的と思われるとのべて、これに疑義を表明した。しかし既に関税したごとく、1973年にフロリダ州立大学の入手したパピルスには、支払指図書（紀元前１世紀には４通、１—２世紀には19通）が含まれており、近代の小切手と同じ要件が記されているので、小切手が支払手段として流通していたものと推定されるに至った。またトゥテェインは、あらゆる銀行が他の都市や国にコルレスをもっていたとのべているが、最近の研究においても、異なる銀行間の振替については、依然として確証がえられないものの、第三者の勘定を貸記することにより、同一の効果をあげることが可能であった。

　これを要するにプトレマイオス朝下のエジプトでは、貨幣経済が予想されたよりも普及していたが、「東方の穀倉」としての宿命とコイン不足が相乗して、王立銀行を基幹とする穀物振替と、特許銀行を主体とする貨幣振替が相即的に発展した。王立銀行は、地中海の商業・クリアリング・センターであるアレキサンドリアを中心として津々浦々に至るまで、国家的監視と統制の下にネットワークを張りめぐらし、国庫と銀行の間の交互計算勘定を通じて、現物と貨幣の両面で高度の振替操作を行なった。しかもそれらの振替に当っては、書面による支払指図書が用いられ、第三者に対する支払いに当っても、近代的な小切手が使用されていた事実には、驚きの念を禁じえない。

4 古代ローマ

　古代ローマの銀行は、前節で関節したごとく、紀元前4世紀末にギリシア世界から輸入されたものであり、紀元前4世紀の半頃には、緊急事態に対処するため、臨時に public banker を任命したが、その責任は限られていた。民間銀行（argentarii）は、試金、両替、振替、競落人に対する貸付等を行ったが、紀元前2世紀末には両替商（nummularii）が活動し始めた。1世紀の初めには預金銀行（deposit banker, coactores argentarii、管財人と両替商、銀行を兼ねる）が登場し、共和政の末期には argentarii を中心として銀行部門が発達した（coactores は、銀行ではなくて、管財人である）。アンドロー（Jean Andreau）は、argentarii が発足した頃には、既にギリシアに預金銀行が実在していたため、argentarii が両替商あるいはシルバー・スミスから発展したとの説を否定した。一方2世紀の前半まで試金と両替に特化していた nummularii も、その後預金銀行に発展したが、argentarii との違いは、競売に参加しなかったことである。[注112]

　argentarii は預金と決済を取扱い、金貸し（feneratores）は文字通り金貸しを行ったが、argentarii は若干の貸付を行い、金融業務全般に従事したのに対して、金貸しはその収益源を金銭の貸付に依存した。[注113]

　国は第二次ペロポンネソス戦後の危機時を除くと、借入れをしなかったが、帝国内の各都市は借入れを行った。現物の貸出は、農村部において、とりわけ初期の頃には全貸出のかなりの部分を占めていた。貧者の負債は、賃借料の滞納に帰因するが、貴族は仲間同志で融通し合い、銀行を余り利用しなかった。従って銀行借入は卸商、工人、商店主、貴族層に属さない資産家によってなされ、前貸しのほかに貿易金融や海事金融も行われた。金銭による貸出はイタリアや属州の田舎でも行われ、ローマ経済の重要な側面を示すものであった。特筆すべきことは、紀元前2世紀の後半から、銀行が競売（auctions）に関与し始めたことであり、売手への支払いと買手への信用供与を行った。[注114]金貸しは利息をとって貸出を行ったが、利息を始めその活動は政府によって規制された。[注115]銀行は貸出の原資としてirregular 預金を受け入れるとともに、受払いを記録した帳簿を備え付け、同じく顧客の保管する帳簿と頻繁に照合を行った。顧客の借り越しが判明した場合は、差額を銀行に返済しなければならなかった。[注116]

　貴族出身の金貸しは、自己資金だけでなく、他のエリートから預託された資

金を貸付に回し、資金の投資先を求める元老院議員や騎士達と借手との仲介者的な役割を演じた。多くの元老院議員や騎士だけでなく、皇帝までが貸付を行ったが、他の金融業者と違って、何らの規制もうけることがなかった。[117]

アンドローによると、2―3世紀の法律家は、金融業者が封印されない預金 (irregular deposits) を受け入れていたにも不拘、そのような契約が存在した事実を認識しておらず、封印された預金 (regular deposits) のみが真の預金であって、利付の irregular 預金を貸付 (loans) と考えていた公算が強いという。[118] 今日では預金を当座性のものか、貯蓄性のものかに分け、前者に対しては付利をしない代りに様々な銀行サービスを提供している。[119]

振替もそのような銀行サービスの一つであり、ウェーバーは「ローマにおいてはじめて、今日の意味における当座勘定取引が発展した。すなわち預金制度、ならびにその預金をば、銀行業者の手による債務決済のための特殊な手段として認める制度が発達した」とのべ、振替制度の発達に言及した。[120] 古くはシュターレル (Paul Stahler) も、古代ローマにおける帳簿制度と交互計算制度の発達をあげて、振替と支払指図書の存在を論証したが、[121] ドーファン‐ムーニエはさらに、民間銀行が信用状の発行と帳簿上の相殺によって、帝国内の遠隔地間においても現送を伴わない送金が保証されていたと主張した。[122] そのほか著者が管見した限りでも、Rupert J. Ederer、N. F. Hoggson、アッシアー、ハイヒェルハイム、オルシンガー等も、古代ローマにおける振替制度の発達説を支持している。[123]

それに対してクローク (J. A. Crook) は、顧客の書面による支払指図は、銀行の顧客と知人の間の決済または資金の移動に限られていたとのべ、海外における未知の人同志の帳簿上の取引には懐疑的である。またAがBに対して債務を負い、BがCに対して同じく債務を有する場合には、債務者Bの同意なしに直接AがCに対して返済することも、原則としてみとめられなかった。[124]

そのほかデーヴィスは、プトレマイオス朝下のエジプトのように中央集権的な国営の振替制度が、古代ローマに存在しなかったことを指摘するとともに、その理由としては第一にローマが一元的な銀行制度の確立に失敗するか、その努力を怠ったこと、第二に統一的な貨幣制度が確立されていたことを指摘した。[125] ボーゲルトも古代ローマ時代の銀行が地方に支店をもたず、コルレスやパートナーとも決済や為替操作を行わなかっただけでなく、遠隔地、同一市内を問わず銀行間で compensation（清算）が行われなかったことを理由として、遠隔地の付替や異なる銀行間の口座振替を否認した。それのみでなく同一の銀行内における口座

振替についてさえも、その可能性を認めつつ、確たる証拠がないと反論した。たしかに銀行間の資金協力が全くみられなかった訳ではないが、3世紀の金融危機によって銀行は消滅し、地方で徴収した税金をローマに送金するために、振替は徴税請負人によってなされたに過ぎないと主張した。[注126]

それに対してアンドローは、上述のような否定的見解とは異なり、同一銀行内における口座振替をみとめたのみでなく、同一市内の銀行間においても、求償制度こそみられなかったものの、銀行間で勘定を持ち合うことによって付替に支障なきを期したことがパピルスによって立証されていると主張した。しかしこの種の付替は、隔地間の銀行間では、不可能ではないまでも、個人的関係に依存するために極めて稀であり、遠隔地の付替ないし外国為替操作については、ほとんどとりきめがなされなかったと主張した。[注127]そのように振替または付替の範囲と度合については、論者によってかなり主張を異にしているが、次に銀行制度の立ち遅れと幣制の統一をもって、上述のように振替の阻害要因とするデーヴィスの主張を検討してみることにしよう。

デーヴィスは既述の如く、ローマの幣制統一とそれに伴うコインの普及により、振替が不振であったと主張したが、モーレイ（Neville Morley）も、その近著において、ローマ時代は振替だけでなく、中世の域内貿易に重要な役割を演じた為替手形も発達しなかったとのべ、それも一つには幣制の統一により取引コストが軽減されたためであると主張した。加えて商人がエリートである地主に対して支払いを行う場合いも、同じローマ市内でなされため、コインが嵩張る等の障害は、余り問題にならなかったと主張した。[注128]そこで古代ローマの幣制を一瞥してみると、イタリアが公式の計算単位として as を確立したのは、紀元前6世紀であったが、最初に銀、銅貨が定期的に鋳造されたのは、紀元前4世紀末のことであった。共和制の末期には銀デイナリウス（denarius）が鋳造されたが、ローマ人は銀、銅貨を選好し、金貨が鋳造されたのは、内戦やシーザーの暗殺時等の緊急時であり、銅貨も品位、重量の悪化と偽造通貨の流通に伴って、信認が低下したため、146—114、82—46年には鋳造が停止された。[注129]さらにローマ時代には、賠償と戦利品の減少、中国や印度からの贅沢品の輸入に伴う貿易収支の逆超、新鉱の涸渇、域外蛮族への貢納により、次第に通貨供給量が減少した。[注130]そのような状況の中で振替は、後述の paper money とともに、むしろ金属貨幣に対する需要を緩和し、通貨供給量の不足を補った。[注131]それでもなお、コインが不足したため、それに対処するため、シーザーは、個人によるコインの退蔵を禁止したが、遂に[注132]

3世紀には、悪鋳→インフレ→両替商の崩壊等一連の経済危機が発生した。[133]

次にハウゲゴは、コインの移動を伴わないでマネーを移転させる組織的な手段としての為替手形が発達しなかった理由として、貿易差額が税金と賃貸料の取立て、および土地所有権の移転によって相殺されたことなどを指摘した[134]。それは徴税請負人（publicani）により振替制度（permutatio）が維持、運営された可能性を示唆するが[135]、公立銀行的な役割を演じていた徴税請負人が振替制度を多用したことは、幣制の統一が振替を無用化したとの上述のモーレイ説と真っ向から対立する。徴税請負人の振替制度とは、ローマと海外属領に本支店を有する徴税請負会社を通じて隔地間の資金移動を安全かつ効率的に行うため、ローマの政府が属州に送金する場合に、会社に指図し、属州で取立てた税金等の一部を、属州の長官に支払わせるシステムである[136]。政府は極力公金の輸送を最小限にしようとしたが、軍隊が駐留していない属州の場合は、現送がさけられなかった[137]。ハウゲゴは、時として私人もこの制度を利用したかも知れないとのべているが[138]、ボーゲルトはこの振替制度が商業目的には使用されなかったと反論した[139]。しかしながら、古代ローマの振替が徴税請負人のシステムだけに限定され、民間の振替が全く行われなかったと断定するのは早計である。一例としてキケロがローマにおけるアパートの賃料をAtticusに支払わさせる代りに、Atticusは彼の債務者であるアテネのXenoに対し、その債務をキケロの息子（Marcus）に弁済させることによって、キケロはアテネの息子にコインを現送することなく送金することが可能であった[140]。

次にデーヴィスとボーゲルトは、既述のごとく振替が存在しなかった第二の理由を銀行制度の不備に帰したが、この点に関してもバーローは、紀元前2世紀に帳簿上の付替が行われていたことを示す有力な証拠があると主張した[141]。既述のごとく支払指図書、振替、小切手は、紀元前3世紀のギリシアに出現し、1世紀のプトレマイオス朝エジプトでもこれらの信用手段を用いた同様の取引が行われていたが[142]、この種の銀行サービスは、ローマ時代に断絶した訳ではない。そこでも預金者が銀行に対し、顧客の代りに支払いをなすことを授権したreceptumや小切手（ただし裏書譲渡はできず、知人間のみで流通）により、ペーパー取引が行われていた。たしかにエリートは銀行を利用しなかったが、共和制末期には、銀行家の地位も向上した。また支店やコルレスもなかったが、商人を通じて、遠隔地の銀行と業務提携を行った[143]。銀行は顧客の金融マネージャーであり、クリアリング・センターとして機能したが、銀行は多様な信用手段（syngraphae、 partes、nomina、attributio、delegatio) に媒介された信用取引の結節点であった。これらの信用手段はコインの現送よりも安全かつ迅速な決済や送金が可能なため、コインに代替し、既述のごとくコインの不足気味なローマ時代には、むしろこれを補完する役割を果たしたのである。上述のようなローマ時代の銀行や振替制度に対する評価の違いは、多分にプリミティビスト対モダニストの論争を反映したものとみられるが、ローマ時代における異なる銀行間の口座振替の欠如（振替はエリート層に局限された）と為替手形や小切手の不在を主張するハウゲゴですら、古代ローマにおける貨幣経済の滲透について力説せざるをえなかった。上述のニアー・マネーの簇生は、金属貨幣以外に貨幣なしと主張していたフィンリー説に対する無言の挑戦であるが、テミン (P. Temin) は初期のローマ帝国が市場経済であったことを力説して、ローマの経済システムを独立した市場の巨大な集合に過ぎないとするフィンリー説を誤りと断定した。

　ホプキンズ (K. Hopkins) は、税消費地ローマの金納が、輸入の増加と属州における輸出の拡大を促した効果を指摘したが、ホプキンズは政治都市としてのメトロポリスと周辺部における産業革命との関連性を考究する新しい都市研究の先駆者として夙に知られている。事実イタリア半島は人口、とりわけ奴隷の労働力が減少したことによって農業が停滞する反面、これと競合する属州の農業と商工業が、逆に一段と発展した。もともとローマ人は、生産と兵役を蔑視したが、中央の政治不安と内乱、出生率の低下を補うための蛮族の移民と、なしくずし的な同化、経済的には蛮族の忠誠を購うための貢納の増加や、輸入の増大に帰因する貴金属の不足および財政難に対処するための税負担の増加と、通貨改革、つまり悪鋳によって、さらに混迷の度を加えた。その結果西ローマ帝国は、デイオクレティアヌスとコンスタンティヌスによる東洋専制的「コーポラティブ帝国」への再編も空しく、紀元 476 年ゲルマンの傭兵隊長に帝位を奪われて、名実ともに崩壊した。これを金融的側面からみると、紀元 293 年の通貨改革は、「帝国の demonetization」を招来し、ディオクレテイアンの発行した新貨は額面による通用力を喪失して、税金の支払いや軍隊の支給等も現物払への移行を余儀なくされた。さらには通貨に対する信認の低下を加速したインフレと景況の悪化に伴う金利の変動に伴って、経済は停滞し、貿易も中断を余儀なくされた。かくしてローマの幣制と軍事力によって統一的な通貨地域を形成していた地中海世界は、ビザンチンの東ローマ帝国と、これを挟撃するサラセンとゲルマン、フランク、さらにはノルマン等の蛮族が跳梁する世界に分裂することになったのである。

第 11 章　スペイン・ドル体制と銀の国際移動

1　はじめに

　明治の初頭、わが国において洋銀と呼ばれたメキシコ・ドルをはじめとするスペイン・ドル系の通貨群は、16世紀以来数世紀にわたり、文字通りの国際通貨として、世界に君臨した。その流通圏は、南北二つのアメリカ大陸から西インドと太平洋の島々に及び、さらにはウラジオストックからシンガポールに至る極東の全域にわたっていた。それに比肩することができたのは、僅にオーストリアが1751年以降発行し続けたマリア・テレサ・ターレル（Maria Theresa Thalers）ぐらいのものであった。マリア・テレサ・ターレルは、エジプト、アビシニア、スーダンにおいて流通しただけではなく、東印度や極東にも伝播されたが、それとても普及度の点においては、スペイン・ドルに到底比すべくもなかったのである。[注1]
　1822年に、ニュー・サウス・ウエールズの知事、トーマス・ブリスベン（Thomas Brisbane）は、スペイン・ドルの価値を絶賛して、次のような頌詞を捧げた。すなわちスペイン・ドルは、「数世紀にわたって、地球の隅々にまで、その恩恵を撒布した通貨であり、（中略）商業面で地球上至るところに流通していたその拡がりからみて、世界の貨幣と呼ぶに相応しい通貨といえる。（中略）それはわれわれの大陸を囲繞する大洋のように、地球上の異る地域の様々な物産を、世界のあらゆる地域に運搬することを助ける一大流通手段」であった。[注2]
　そのようなスペイン・ドルの国際通貨性は、スペインの政治的、軍事的なヘゲモニーが、イギリスによって簒奪された後も、保持されたのであり、それがスターリング本位制度によって、完全に代替されるためには、「20世紀初頭の東亜における金為替本位制導入の一般化」[注3]をまたなければならなかったのである。ス

ペイン・ドルが、極東をはじめとし、世界の全域にわたって広く伝播された理由は、重商主義時代の植民地において、貨幣の鋳造が禁止される反面、スペインとの交易および海賊による略奪などによって、自然発生的にスペイン・ドルがそれらの地域に流入するに至ったためである。イギリスがシリングを導入することによって、スペイン・ドルを駆逐し、全植民地の通貨制度を一元的に再編成しようと試みたのは、イギリスが金本位制度を採用した 1816 年から 9 年後の 1825 年のことであった。しかしながらその試みは挫折し、イギリスが大英帝国の通貨制度をスターリング本位制度によって統一するためには、なお世紀を単位とするスペイン・ドル系通貨群との「国際通貨闘争＝角逐の過程」[注4]をへなければならなかったのである。そのためにイギリスが最初に採用した方策は、1820 年から 1822 年にかけて、モーリシァスおよび西インド向に鋳造された「アンカー・マネー」（anchor money、裏面に錨が印刻されていた）の導入であった。後にアメリカとイギリスで鋳造された貿易ドル（trade dollar）や香港と日本の円銀および仏領印度支那の貿易ピアストル（Piastre de Commerce）銀貨などは、いずれもこの系譜につらなるものであった。それらの「アンカー・マネー」は、1825 年の大蔵省覚書がイギリス本国のシリングを導入しようとしたのに対して、スペイン・ドルをモデルとするものであった。それは通俗的な比喩を借りるならば、「毒を以て毒を制す」るようなものであったが、アメリカの新貿易銀貨と、海峡植民地における一時期の日本円銀のほかは、スペイン・ドル系通貨群によって逆に征圧される破目に陥ったのである。

アンカー・マネーとスペイン・ドル系通貨群との通貨戦争は、所詮同一の銀系通貨相互の角逐に過ぎなかったが、スペイン・ドルの終焉に決定的な役割を果したのは、既述のように金為替本位制度の導入にほかならなかった。それの機縁となったのは、1870 年代以降の激しい銀価格の低落であり、アメリカは 1900 年に金本位制度を採用（1873 年にはすでに跛行本位に移行していた）することによって、カナダ（1853 年、金本位を採用）や英領ホンジュラスとともに、ドル圏を形成した。それに対してルピー圏をはじめとする銀系のイギリス植民地は、金為替本位制度を導入することによって、ポンド体制の中に包摂されることになったのであり、日本も 1897 年（明治 30 年）に金本位制度を採用したものの、その実体は金為替本位制度に類するものであった。最後まで銀系通貨の孤塁を守っていたのは中国であり、銀を廃貨するとともに、外国為替を無制限に売買することによって、法幣の価値を安定させる金為替タイプの通貨制度に移行した

のは、実に1935年(昭和10年)のことであった。

そのようにしてみるならば、スペイン・ドルとポンドの角逐は、窮極的に銀本位と金本位との闘争にほかならなかったともいえるが、イギリスの古典的金本位制度は、植民地あるいは従属国における銀系通貨を否定するよりは、むしろそれを温存し、それとの和解をはかることによって、はじめて存立することが可能であったのである。そのようなイギリス本国の金本位制度と植民地や従属国の銀本位制度を連動する役割を果したのは、インドや海峡植民地などのそれを典型とする植民地型の金為替本位制度にほかならなかった。従ってスペイン・ドル体制の興亡の歴史は、ポンド体制の前史を形成するのみでなく、それの対自的な存在としてのポンド体制が、形成されていく過程を反面的に物語ることにもなるのである。

2　スペインの貨幣制度

スペイン幣制の確立

スペインの貨幣制度は、1772年に至るまで、すべて1497年の布告（Ordinance of Medina del Campo of 1497）に基づくものであり、スペイン・ドル体制の歴史は、そこに胚胎するといっても過言ではない。注5

アラゴンのフェルディナンド5世（Ferdinand Ⅴ）とカスティリアのイサベラ（Isabella Ⅰ）は、1469年に成立した婚姻によって、1479年に統一国家を成立させるとともに、1492年には、グラナダに侵寇して、ムーア人を追放し、ローマ法王からカソリック王の称号を付与された。それと期を一にして、スペインの法制および行政制度が整備され、それまで紊乱していた貨幣制度や度量衡制度も、一元的な統制に服することになったのである。ちなみに、1497年の布告は、その第65条によって、貨幣に関する大権を、王権の不可欠な要素とし、7カ所の鋳造所における刻印について規定するとともに、大貴族や修道院の発行する貨幣を無効とした。注6

1497年の貨幣制度は、カスティリアの重量単位であったマルク（marc = 230,0465グラム）を基礎とするものであり、1金マルクは、純度98.96％のエクセレンテ（excelent of Granada）金貨 $65\frac{1}{3}$ 枚に相当した。金貨には、1/2、1、2エクセレンテがあった。1銀マルクは、純度93.01％のレアル（real = royal）銀貨67枚に相当し、1/4、1/8、1レアル銀貨が鋳造された。1合金マルクは、192ブランカ（blanca）と等価とされ、2ブランカは1マラベディ（maravedi）

に相当していた。[注7]

このマラベディは、1497年に確立されたスペイン貨幣制度の計算単位をなすものであり、1レアルは34マラベディ、1エクセレンテは375マラベディに、それぞれ相当していた。[注8]マラベディの語源は、アラブ・ディナール（dinar）の別名であるマラベット（marabet = saint、ディナールにはコーランの銘が刻印されていた）、あるいは11世紀にスペインに侵寇したAlmoravides王朝のmarabiti（アラビア語のmoney。almorabitini→morabitini→marabitini→maravedi）に由来するものともいわれる。カスティリアにおいては、1072年に、それまで決済に用いられてきたゴートのスウエルド（sueldo＝ローマのsolidus）を、マラベディと呼称するに至り、11世紀から12世紀にかけてアルフォンソ6世（Alfonso Ⅵ）は、スウエルドと全く同一のマラベディ金貨を鋳造した。その後1250年には、マラベット（marabet）銀貨が鋳造されたが、その後純量が引き下げられてmarabotinと呼ばれ、やがては計算単位へと変質していくことになったのである。[注9]

スペインの各種貨幣の中で、後に最も重要な役割を演ずることになったのは、レアル銀貨である。レアル銀貨がはじめて鋳造されたのは、ピーター1世治下の1350年頃のことであった。その後、ヘンリー2世（Henry Ⅱ、1369—1379）の時代には、純度がなし崩し的に引き下げられ、ピーター1世時代に3.48グラムを含有していた銀の純量は、0.20グラムまで低下した。1391年の1月にヘンリー3世は、その純量を3.24グラムに引き上げたが、ヘンリー4世（1454—1474）の時代には、再び悪鋳された。1471年には、3.2グラムの銀を含有する新しいレアル銀貨が鋳造されたが、1/4レアル銀貨は、クゥアルテイリョおよびクゥアルティーノとして、人々に親しまれるに至った。[注10]

1497年には、メディーナ・デル・カンポの布告に基づいて、レアルの純量が3.24グラムと規定され、それの倍数または約数の純量を含有する一群のレアル銀貨が鋳造された。この貨幣制度は、その後145年間にわたって持続されたが、なかでも特筆に値することは、スペイン・ドル体制下の国際通貨として、世界に君臨した8レアル銀貨が、そこで鋳造されるに至ったことである。

8レアル銀貨は、ピアストル（piaster）、ペソ（peso）、デューロ（peso duro、一般にduroと呼ばれた。duroとはhardを意味する）あるいはduro fuertesと呼ばれた。チャールズ5世（Charles Ⅴ）治下の1530年頃には、ドル（dollar dolera）と呼ばれるに至ったが、ドルという呼称は、1519年にボヘミアのシュリッ

第1表 カスティリア、ナバラ、アラゴン、カタロニア、バレンシアの貨幣制度一覧
(1500—1640年)

		名 称	鋳造開始時	重 量（グラム）	純重量（グラム）	純 度	評 価
金貨	カスティリア	Excelete = 2 ducados	1497	7,00	6,93	98,96	750mrs (Maravedis)
		1/2 Excelente	1497	3,52	3,48	98,96	375mrs
		Escudo	1537	3,38	3,10	91,67	350mrs
		〃	1566	〃	〃	〃	400mrs
		〃	1609	〃	〃	〃	440mrs
		Doblòn = 2 Escudos	1566	6,76	6,20	91,67	800mrs
	ナバラ	Ducados	1513	3,52	3,48	98,96	6£5s(375mrs)
	アラゴン	（カスティリア参照）					
	カタロニア	Principat = Ducat	1493	3,54	3,5	98,9	22s
		Corona = Escut	1537	3,38	3,1	91,6	21s
		1/2 Treintino = 1 Ducat	1599	3,5	3,46	98,9	30s
		Florin = 1/2 Ducat	1614	1,75	1,73	98,9	16s 9d
		Onzen = 1/3 Treintino	1618	2,33	2,3	98,9	22s
	バレンシア	Excellent	1481	3,52	3,48	98,9	21s
		Corona	1544	3,4	3,1	91,2	19s 8d
		〃	1556	〃	〃	〃	21s
		〃	1591	〃	〃	〃	22s 6d
		〃	1621	〃	〃	〃	26s
		〃	1631	〃	〃	〃	32s
銀貨	カスティリア	Real	1497	3,44	3,2	93,0	34mrs
		Real de a 8	1566				272mrs
		〃	1642				340mre (=10R)
	ナバラ	Real	1513	3,44	3,2	93,0	68 cornados (34mrs)
		Real de Plata castellano	1524				11s 4d (34mrs)
	アラゴン	Real de Plata	1519	3—3,2	ca.2,9	ca.93	24 menudos (2s)
	カタロニア	Croat = Real	1595	3,22	3,08	95,8	2s
		Croat	1617	2,98	2,77	93,0	2s
	バレンシア	Real	1522	2,7	2,48	91,7	18d
		〃	1547	2,6			18d
		〃	1610	2,3（?）	2,03	89,35	18d
		Reales castellanos	1536	3,44		3,2	93,0	22d/23b（法定./市場取引）
			1614	〃	〃	〃	24d

第11章　スペイン・ドル体制と銀の国際移動　　　　401

第1表　続き

		名　称	鋳造開始時	重　量(グラム)	純重量(グラム)	純　度	評　価
銅貨	カスティリア	Blance	1497	1,2	0,029	2,4	1/2mrs
		〃	1552	1,2	0,02	1,7	1/2mrs
		〃	1566	1,2	0,01	0,1	1/2mrs
		Cuartillo	1537—66	2,88	0,63	22,0	8,5mrs
		Cuarto	〃	1,35	0,14	—	4mrs
		Ochavo	〃	0,68	—	—	2mrs
		Cuartillo	1599	6,7	—	—	4mrs
		〃	1602	3,25	—	—	4mrs
	ナバラ	Cornados	1513	1,02	0,02	2,4	2d (1/2mrs)
		Tarjas	1561	ca.2	0,6	30,2	2s 8d (8mrs)
		Cornados	1604	1,02	Ca.0	?	2d
		〃	1608	1,02	—	—	2d
	アラゴン	Miajas = Menudos = Diners	1519	1,1—0,8	? (Vellòn)	?	1d
	カタロニア	Diner	1523	ca.0,8	0,24	30,0	1d
		Ardit	1610	1,6	—	—	2d
		Menut = 1/2 Ardit	1610	0,8	—	—	1d
	バレンシア	Diner	1501—03 (注)	0,8	0,122	15,3	1d
		〃	1607—10	0,8	0,056	6,94	1d

注：バレンシアでは、1503—31年にベロンを鋳造しなかった。1531—40年には、旧重量、純度により鋳造が再開された。
　　本表は次の文献によって作成されたものである。E. J. Hamilton, *American Treasure*, pp.45-136; O. Gil Farres, *Historia de la moneda espanola*, pp.225-43, 265-73, 283-97; V. Vàzquez de Prada, *Historia economica y social*, pp.631-62.
出所：Renate Pieper, *Die Preisrevolution in Spanien (1500—1640)*, Wiesbaden, 1985, SS.127-130.

ク伯（Count Schlick）が鋳造したヨアヒムターレル（Joachimsthaler）に淵源するものといわれている。正式にはグルデン・グロッシェン（gulden-groschen）と呼ばれたが、一般にはそれの素材である銀の産出された「ヨアヒムの谷」（thalはドイツ語で tal = valley を意味する）が俗称となり、さらにそれが省略されて、ターレルと呼ばれるに至ったのである。[注11]

その後、ターレルは、シュリック伯によって鋳造された銀貨だけではなくて、

中部ヨーロッパにおいて発行された同一サイズの貨幣に対する一般的な名称に転化したのである。その理由は、ヨアヒムの谷における銀の生産が、1533年に87,000マルクを記録し、ザルツブルグとチロルの全鉱山を合せた額を凌駕していたためであった。その後、ヨアヒムターレルの轡にならって、ハプスブルグ帝国の諸侯や諸都市は、相次いで同種の貨幣を発行した。ブランデンブルグ選挙候（1521年）、ビュルテンブルグ大司教（1523年）、リューベック市（1528年）などは、その代表であり、デンマーク（1532年）やスウェーデン（1534年）も、同じくターレルを発行した。そのほかブルグンディ、オランダ、フランス、アルベティンなどもターレルを発行し、スペインも同じくPhilipps und Dickethalerを発行した。[注13]

スペイン幣制の混乱

1530年代に入ると新大陸からの金の流入は減少過程を辿り、1536年には金貨の流出が流入を上回るに至った。そのような状況の下でエクセレント金貨は過小評価に陥ったため、チャールズ5世（Charles V）は、エクセレントの鋳造を停止するとともに、22カラット金貨を鋳造した。この金貨はエスクード（escudo）と呼ばれ、それから30年後にはフィリップ2世（Philip II）が2エスクードに相当するピストーレ（pistole）および4エスクードを発行した。このピストーレは16世紀の終りにかけて、エスクードにとって代り、国際取引に広く用いられることになったのである。[注14] 銀貨については改鋳を必要としなかったが、チャールズ5世はデザインを斬新なものに改めるとともに、自己の名前とその母后であるカスティリアの女王ホアンナ（Joanna the Mad）の名前を刻印することにした。この時点では1、2、4レアルの各銀貨が鋳造され、8レアル銀貨の鋳造は停止された。[注15]

ここで注目に値することは、1528年に早くもメキシコから、鋳造所の設置について請願がなされたことである。その理由は、スペイン人の新大陸への移住が増加するにつれて、交換手段の不足が顕在化する一方、地金を本国に積送し、そこで鋳造された貨幣を再び逆送させることは、危険であり、非効率であったためである。交渉はかなり遷延したが、1535年に漸く王室の許可がおり、その翌年にメキシコは鋳造所の稼動を開始した。[注16] その後1605年にはボゴタ、1701年にはグァテマラにも、鋳造所が創設された。

新大陸で採掘された鉱石は、精錬された上、最終的にすべて貨幣に鋳造された

が、銀地金は法律によって、最寄の財務官に提出することを義務付けられた。その場合には税金として10％（1725年。当初は1/5）が賦課されたほか、鑑定料として1％が徴収され、精錬に必要とされる水銀の費用は、控除された。上述の公租公課の支払後、銀地金は、驟馬によってメキシコ・シティの鋳造所に運搬されたが、納税済のマークがない地金は、鋳造をみとめられなかった。鋳造所は、1マルクの地金を69レアルに分割し、そのうちの65レアルを所有主に還付した。貨幣には、本国の場合と同じく、鋳造所と鑑定人の名前が刻印され、メキシコで鋳造された貨幣にはṀのマークが刻印された。当初は鋳造を民間に委託したが、民間には地金の買取用資金が潤沢でなかったため、鋳造には長い期間が必要とされた。そこで鉱山主は、便法として銀地金をディスカウントで、メキシコ・シティに居住する商人や銀買取銀行に売却するに至ったが、1729年に王室は鋳造所を官営に改めるとともに、地金の購入に充てるため、50万ペソの回転基金を創設した。[注17]

メキシコの鋳造所は、スペイン・ピアストルを模倣して、メキシコ・ピアストルを鋳造したが、1メキシコ・ピアストルは、純銀24.4356グラムに相当した。このメキシコ・ピアストルはメキシコ・ドルまたはメキシコ・ペソとも呼ばれ、1536年には1/4、1/2、1、2、3、4、8レアルの各銀貨が鋳造された。[注18]

これらの銀貨には裏面にヘラクレスの柱が刻印されていたが、それはギリシア神話の中で、ヘラクレスがガデスを攻めるに当って破壊したというジブラルタルの海面に屹立する柱を象ったものであった。そこにはさらに二本の柱をはさんで、PLVSVLという文字が刻印されていたが、それはPLVS VLTRA = plus ultraの意味であり、コロンブスの新大陸発見によって、ヘラクレスの設定した境界の外に、新しい大陸が存在することを示唆したものと解釈されている。[注19]

これらの銀貨は、1572年、フィリップ2世（Philip II）によって改鋳されたが、その理由は、それらの銀貨が専ら植民地のローカル用に製造されたものであり、本国に送るためには、計算の上からも、heavy coinageにすることが必要とされたためであった。[注20]

それより先の1545年には、ペルーのポトシ（Potosi）において、最大の銀山が発見され、運送の手間と危険をさけるために、フィリップ2世は1571年に、鋳造所をポトシに開設した。すでに1565年には、リマにも鋳造所が開設されていたが、ペルーに居住するスペイン人は、ニュー・スペインよりも遥に少なかったので、そこで鋳造される銀貨は、ローカルの用に供するよりも、移出を目的と

するものであった。そのようにスペイン本国の政策が変更されるに伴って、メキシコをはじめとする新大陸の鋳造所において鋳造される貨幣は、8レアル銀貨が大宗を占めることになったのである。しかしながらそれら銀貨の鋳造は、技術的に未熟なインディアンの強制労働力に依存せざるをえなかったために、品質が劣り、ヨーロッパにおいて再鋳されるものも少なくなかった。とくにペルーの鋳造所において製造された銀貨は、品質が粗悪であったため、1650年の布告によって、ペルー製の銀貨はスペインにおける流通を禁止されるとともに、再鋳を指令された。その影響はヨーロッパやアメリカ大陸にも波及し、17世紀の半にイギリスの植民地において、ペルー製の銀貨が事実上廃貨されたのも、そのためであった。[注21]

上述のようなペルー製銀貨の悪鋳に伴う幣制の混乱は、一過性のものに過ぎなかったが、より基本的な問題は、17世紀に入ってスペインの貨幣制度が、恐るべき破局を迎えつつあったことである。それは一口で表現すると、スペインの幣制が「青銅の時代」に移行し、銅貨（vellon）の発行がオランダの叛乱にもまして、スペイン帝国の屋台骨を揺がすに至ったことである。[注22]スペインが大量の銅貨を発行するに至ったのは、相次ぐ戦争や内乱、あるいはペストの流行および王室の濫費と大土地所有制の増加などに基因する財政の赤字に対処するためであった（それ以前の1642年には、貨幣の悪鋳が行われたが、それにも限界があったためである）。ちなみに1650年代における流通貨幣の最低92％は、銅貨であり、その後は95％以上が銅貨によって占められることになった。[注23]その結果として銀貨のプレミアムは急激に増大し、1650年が50％であったのに対して、1664年には150％、1670年から1675年には200％、1680年の2月には275％に達した。[注24]

ベロンが濫発されたのは、17世紀の最初の四半世紀のことであり、次の四半世紀には発行が減少したが、それは不景気を反映しただけではなくて、王室が銅さえも鋳造所に提供できないほど、財政的に窮乏していたためであった。そこでやむなくベロンに刻印し、その呼称単位を変更するなどの便法を講ぜざるをえなかった。それに対してフィリップ4世は、1651年にベロンを流通から引揚げ、金銀複本位制度を確立しようとしたが、その試みは成功をみるに至らなかった。[注25]

（ハ）カルロス・ドルとメキシコ・ドル

相次ぐ戦乱にもかかわらず、18世紀の前半にスペインは、通貨の安定を回復するに至ったが、スペインの幣制改革が最初の成功を納めたのは、1686年のことであった。1680年にスペイン政府は、ベロン・インフレーションの収束をは

かるため、銅貨を流通から引揚げることを命令したが、それが奏功した理由は、銅の産業用需要が増大し、銅が貨幣の流通過程から引揚げられたためであった。1686年の10月には、フェルナンド・イサベラ以来、不変の価値を維持してきたレアル銀貨の純分を、20％低下させるとともに、その重量を1マルクの1/67から1/84に変更した。しかしながらそれは国内向だけであり（国内用の8レアル銀貨はescudoと呼ばれることになった）、新大陸において鋳造される銀貨の価値には、何らの修正も加えられなかった。その結果としてスペインの貨幣制度は、新しい銀貨（new silver）と古い銀貨（old silver）の二本立となり、古い銀貨は不変の価値を維持し続けた。それは古い銀貨については、国際通貨としての信認を保持させる反面、新しい銀貨に対しては、過大評価を是正することによって、海外への流出を抑制しようと試みたものであった。しかしながら、1686年に設定された金銀の比価は、他のヨーロッパ市場（ハンブルグでは1対14.80、イギリスでは1対15.39であった）におけるよりも、依然として高目（1対16.48）であったため、金が流入する反面、銀は他のヨーロッパ諸国に流出し続けた。それでも国内用の新しい銀貨は銅の流通に代位し、古い銀貨は国際通貨として使用されることによって、スペインの幣制は漸くにして、内外ともに安定を見出すことになったのである。[注26]

そのようなスペインの二元的な貨幣制度は、1716年に追認され、植民地の金・銀貨にはNational、本国の金・銀貨にはProvincialの名が冠せられることになった。[注27] ナショナル・ゴールドには、1、2、4、8エスクードがあり、そのなかでは8エスクードが最も利用されていた。1エクスードは、純度が22カラット（91.7％）で、1マルクの1/68の重量に相当していた。ナショナル・シルバーは、1/2、1、2、4、8レアルからなり（純度91.7％、1マルクの1/68）、そのうちで最も普及したのは、すでに関説したごとく8レアル銀貨であった。これらのナショナル・ゴールドとシルバーは、スペインの本国と植民地で鋳造され、そのいずれにおいても使用することが可能であった。それに対してプロビンシャル・ゴールドとシルバーは、既述のように海外への流出を抑制するために、ナショナル・ゴールドおよびシルバーに比べて、品位と重量が劣っていた。従ってそれらは補助貨幣として、かつスペインの本国においてのみ流通をみとめられたが、新大陸においては、鋳造も使用もみとめられなかった。プロビンシャル・シルバーは、純度が82.64％、1マルクの1/77の重量に相当していた。プロビンシャル・シルバーは、上述のように補助貨幣として鋳造されたものであり、ために貨幣単位も1/2、1、2レア

ルに限定されていた。2レアル銀貨は、1750年までにペセタ（peseta）と呼ばれるようになり、さらに19世紀に入るとスペインの貨幣単位となったのである。プロビンシャル・ゴールドは、ベインテン（veintén）と呼ばれ、純度が90.6％、1マルクの130.56分の1の重量に相当していた。このベインテンは一種類だけであり、銀貨のようにそれの倍数または約数に相当する貨幣単位は、存在しなかった。ベロンは、小額の取引に用いられ、1ベロンは34マラベディに相当し、計算単位として使用された。[注28]

ナショナル・マネーは、価値が安定していただけではなくて、発行量も多額にのぼったため、国際取引上、他の追随を許さないような文字通りの国際通貨としての地歩を確保したが、偽造が頻発し、縁を削り取られた貨幣が流入するに伴って、秤量貨幣と化するに至った。そこで1752年にフェルディナンド6世（Ferdinand VI）は、古い貨幣を廃貨しようとしたが、偽造貨幣や外国の貨幣のみならず、過大評価されたプロビンシャル銀貨が新大陸に流入し、幣制の混乱は依然として根絶することができなかった。そこでフェルディナンドは、スペインで鋳造された貨幣の新大陸における流通を禁止するとともに、スペイン本国および外国の貨幣を、その純度と純分により、新大陸で鋳造された貨幣によって回収しようとした。[注29]

とくに1772年の5月には、秤量による貨幣の流通に終止符をうつため、カルロス3世（Charles III）によって、スペイン貨幣の大改鋳が実施された。[注30]その結果、不完全なものを除き、旧貨幣は2年間等価で新貨幣に交換され、それ以降は地金の価格によって受領されることになった。また金メッキを施された銀貨が、金貨として流通するのを防ぐために、レアルとエスクードのデザインを異るものにしたほか、プロビンシャル貨幣が新大陸で流通するのを防ぐために、スペインで鋳造される貨幣と新大陸における貨幣にも、同じような差違を設けた。[注31]さらに1772年以降、スペインの銅貨と銀貨には、国王の肖像が刻印され、とくにカルロス3世とカルロス4世の時代に鋳造された8レアル銀貨は、カルロス・ドル（Carolus Dollar）、またはピラー・ドル（Pillar Dollar）と呼ばれた。このカルロス・ドルは中国人の間で絶大な信認を博したのみでなく、マレーおよび内陸のマレー・シャム諸州においても、本位貨幣として流通した。とりわけラーマン、レジェ、パタニ、ケランタンなどにおいては、ピラー・ドル以外は受領されることがなかったとも伝えられている。[注32]

1772年の布告は、金、銀貨の純分と重量およびそれの許容限度について、何

らの変更をも行わなかったが、カルロス3世は鋳造所の監督官に対して、秘かに金、銀貨の純度を引き下げるように指示した。それによりナショナル銀貨は、91.7%から90.1%に、プロビンシァル金貨は 90.6% →89.1%、ナショナル銀貨は 91.7% →90.3%、プロビンシァル銀貨は 82.6% →81.2%に、それぞれ純度が引き下げられた。[注33]

1772年の貨幣制度は、1848年まで踏襲され、メキシコがスペインから独立（1821年）した後に発行したメキシコ・ドル（Mexican Dollar）も、これを継承した。[注34]初期のメキシコ・ドルは、イトルビィーデ（Iturbide）が皇帝に就任した1822年に発行され、メキシコ共和国の生誕した1824年からその存在を明確なものにした。当初メキシコ・ドルのデザインには三種類があり、最初の旧型とマクシミリアン型および新型がそれであった。旧型はマクシミリアン皇帝（Emperor Maximilian）の勅令によって廃止されたが、一対の秤が刻印されたスケール・ドル（Scale Dollar）は、中国における評判が芳しくなかったので、再び旧型が使用された。[注35]

チャルマーによると、メキシコ・ドルの純分と純量は、鋳造の場所と時代によって異っていたが、1824—1835年の平均含有量は 371.84 グレーンであった。1836—1841年には 374 グレーンとなったのをはじめとして、1873年には 375¾ となり、その後も引続き純度を高めていった。1891年にイギリスのロイヤル・ミントが、11,846枚のメキシコ・ドル（その 3/4 はそれ以前の6年間に鋳造され、大部分がメキシコの鋳造所で発行されたものであった）を検査したところ、その純度は標準と違わず、重量も驚くほど標準に近いものであった。[注36]

3 スペイン植民地の銀生産

（イ）ヨーロッパの貴金属飢饉

ヨーロッパにおける通貨制度の確立に一新紀元を画したのは、8世紀にシャルルマーニュ（Charlemagne）大帝が導入した制度であり、それは純銀 1.7 グラムのペニー（denarius）銀貨をもって基本とした。新しいペニー銀貨 12 枚は、旧貨の1シリング（solidus）に相当し、20 シリングは、重量の単位である1ポンドに等しいものとされた。シャルルマーニュの貨幣制度は、やがてヨーロッパのキリスト教国に伝播され、ヨーロッパ大陸ではフランス革命時まで、イギリスでは周知のように 1960 年代に至るまで、この制度が墨守されるに至ったのであ

注37
る。

　現実に流通していたのはペニー銀貨だけであり、バーター取引が大宗を占めていた初期の時代においては、とくにその痛痒が感じられなかった。しかしながら12世紀の末から13世紀を通じて、ヨーロッパの人口が増加し、経済が発展するにつれて、より高額の貨幣が要望されるに至ったのは、理の当然である。そのような状況の中で、ジェノアは1172年に4ペニーに相当する銀貨を発行し、ピサとフローレンスとベニスがこれに追随した。さらに1252年にはジェノアとフローレンスが、ジェノヴィニィ（genovini）とフローリン（florins）をそれぞれ発行し、1284年にはベニスがドゥカート（ducats）と称する金貨を発行した。なかでもフローリンとドゥカートは、中世のドルとして君臨し、近代金貨の鼻祖として、ヨーロッパ各国の模倣するところとなったのである。しかしながら、14世紀の終りから15世紀のはじめにかけて、ヨーロッパは、「貴金属の一大飢饉」（The Great Bullion Famine）に遭遇し、未曽有の不景気に呻吟することになったのである。その時代における貨幣の不足を端的に示すものは、ベニスを除くヨーロッパの主要国において、貴金属貨幣の鋳造が停滞を続けた事実である。一例としてフランスにおける銀貨の鋳造は、1392年に急減し、1402年頃にはその極に達した。その結果として、北部ならびに東部の国境地帯を除くと、銀貨の鋳造は全く中止された。金貨の鋳造も、1390年代の初頭に転機を迎え、1405年頃までに金貨の鋳造は、事実上停止されるに至った。そのような現象は、フランスだけではなくて、フランダースとイギリス、およびベニスを除く地中海沿岸の都市国家やハンザ諸都市にも、同じくみることが可能であった。
注39

　その原因として第一に指摘することができるのは、ヨーロッパが東方貿易の門戸であったレバントに対して入超を持続し、それの決済上、巨額にのぼる貴金属、とりわけ銀がヨーロッパから流出せざるをえなかったことである。中世期以来ヨーロッパは、香料、生糸、染料、真珠、宝石などの奢侈品だけでなく、重要原材料までも、レバントからの輸入に依存していた。一例として良質の生糸は、ペルシア、中国およびカスピ海の沿岸を原産地とし、明礬も1462年にローマの近郊で発見されるまでは、小アジアやシリア北部からの輸入にまつのほかはなかった。またロンバルジアや南ドイツの新興ファスチアン織産業は、14世紀から15世紀にかけて、原料とする棉花の供給を、トルコ、シリア、アルメニア、エジプトおよびキプロスに仰いでいた。15世紀には赤字の大宗を占める香料の貿易が、ベニスに独占される反面、ヨーロッパの新しい奢侈品に対する市場も次第に開拓

されて、事態は改善の傾向を示したが、ヨーロッパのレバントに対する貿易の入超は、依然として解消されなかった。[注40]

　第二の原因としては、東方に対する行商をはじめとする旅行者や巡礼などの支出に加えて、騎士団の遠征やレバント地域の紛争に伴う軍事支出の増加などがあげられる。その反面においては、ジェノアをはじめとするヨーロッパ商人の仲介する第三国貿易（一例としてダニューブ渓谷やウクライナの穀物は、コンスタンチノーブルに輸出された）や運輸収入によって、既述のようなレバント向貿易、貿易外赤字の一部が補填された。また、まれには為替手形も使用されたが、東方に対する対外不均衡の決済に当っては、最終的に大量の貴金属を輸出せざるをえなかったのである。[注41]

　上述のような諸々の要因に加えて、ヨーロッパの貨幣ストックが逼迫した原因としてあげることができるのは、ヨーロッパにおける貴金属、とりわけ銀の生産が停滞したことである。ヨーロッパにおいて手形の裏書と割引が、慣行としてみとめられるに至ったのは、1640年以降のことであり[注42]、中世期から近世初頭のヨーロッパにおいて、銀が通貨として果した役割には、想像を絶するものがあったのである。ヨーロッパにおける銀の生産は、14世紀を通じて減少の過程を辿ったが、それは資源の枯渇に加えて、洪水や落盤などによる坑道の廃棄や、黒死病の発生に伴う労働力の不足と賃金の上昇によるものであった。銀生産の低下に伴う貨幣の不足は、ハンガリー、とくにスーダンからの金の供給によって、一部相殺されたが、1440年代から1450年代には、第二の貴金属飢饉が発生した。その場合には銀生産の低下が、バルカンを中心とする銀山の修復に伴って、一部緩和されたのに対して、スーダンおよびハンガリーからの金の供給が、逆に減少した。その結果として金の不足が顕著となり、1390年から1420年を通じて、1対10—11を示していた金銀比価は、1460年にジェノアにおいて、1対12.5を記録した。総体的にみてもヨーロッパは、再び貨幣の不足に呻吟することになったのであり、ジェノアにおけるドゥカートの鋳造は、1444年、1445年、1449年—1450年に、年間約10万枚を算するに過ぎなかった。銀貨（それは大部分が地金貨幣であった）も、1404—1412年および1427—1441年に比較して、年間ベースで、80％もの減少を記録した。[注43]

　そのような状況の中で、預金銀行または振替銀行（deposit or giro bank）による当座貸越、バンク・マネー、あるいはジェノアのクリアリングやミラノにおける財務省証券の発行などは、貴金属の不足を緩和する上で何がしかの貢献をし

たが、前回の貴金属飢饉とは違って、各種の銅貨や卑金属の地金が動員されたことも、一つの特色であった。そのほかにも対応策として用いられたのは、貨幣の悪鋳であり、それによって政府支出の増加やインフレーショニストの圧力、および国際収支の逆超に対処しようとしたのである。ちなみにヨーロッパ主要国の貨幣単位が含有する純銀の量（グラム）を一瞥すると、1250年から1500年の間に、イギリスでは324→172に低下し、フランスで80→22、ミラノが70→8.6、ベニスが20→6.2、フローレンスでは35→5.7に、それぞれ減少した。しかしながら、それらの対策にもかかわらず、ヨーロッパにおける貨幣ストックの不足は、克服することができなかったのであり、それが基本的に解決されるためには、新大陸の発見をまたなければならなかったのである。

（ロ）黄金郷伝説

15世紀にヨーロッパに流入した金は、アフリカを原産地とするものであったが、その当時のヨーロッパ人にとって、アフリカは遠い未知の国であった。当初ヨーロッパ人が接近したのは、エジプトあるいは北アフリカであったが、それらの地域を訪れるジェノア、ポルトガル、スペインの商人は、当然のことながらクリストファー・コロンブスの地図（Christopher Columbus map、1488—1492年頃に作成された）に描かれていた砂金の産地、ティビール島（Isle of Tibir）に達しようとした。ジェノアは衣類、宝石等の産業が金を必要としていたために、軍事的な遠征や他国との競争だけではなくて、経済的な理由からも、金の探査を行わざるをえなかった。ジェノアのヴィバルディ兄弟（Vivaldi brothers）は、バスコ・ダ・ガマ（Vasco da Gama）に先がけて、13世紀の末にアフリカ周航を試み、1447年にはマルファンテ（Malfante）が、最初のサハラ探険者として、その名を喧伝されるに至った。1455—1456年にアントニオ・ディ・ノル（Antonio di Nol）は、遂にティビール産金の積出地とみられるガンビアに到達したが、それらの冒険的事業はいずれもポルトガル人との協力の下になされたものであった。

ポルトガルが遠く海外に新天地を求めるに至った理由としては、14世紀の政治的な混乱を契機とする没落貴族の冒険的商人への転身、食糧の不足、砂糖経済の齎したダイナミズム、漁業基地の拡大、皮革や奴隷および染料とともに金に対する熾烈な渇望をあげることが可能である。ポルトガルは、1415年にシュータを占領し、モロッコの西海岸に勢力を扶植した後、アルギンに交易の基地を設けて、金と衣類のバーター取引を開始した。ポルトガル人は、さらにセネガル、ガンビアお

よびギニアの探険を試みたが、なかでもガンビアは金の発見にとって、一つの段階を画するものであった。続いてポルトガルは、シエラレオネを基地として、アフリカの産金地帯を探耕し、遂にサン・ジョルジュ・ダ・ミナ（São Jorge da Mina）に到達した。この地はやがてポルトガルに対する金の主たる供給源となり、1505年頃には年間17万ダブリューンの純金が本国に搬送された。ポルトガルは、アフリカの金を決済手段として、東洋の香料を輸入したが、ギニアとミナからの帰路は公海を辿ったため、それがカーボベルデ島やブラジル（1500年）を発見する機縁ともなったのである。しかしながらポルトガルによる金の発見は、その量が限られており、交易を通じて入手されたものであった。しかもポルトガルの経済に占める金の重要性は、1520年、とりわけ1450年以降急激に減退することになったのである。[注47]

一方、1479年統一国家を形成し、1492年にグラナダに侵寇したスペインは、ジェノア人コロンブス（Christopher Columbus）の献策を容れ、やがて新大陸を発見するに至ったのである。コロンブスは金と奴隷を探求するだけではなくて、キリスト教を伝導するとともに、東方の支配者との間に政治的な関係を設定することを指示されていた。コロンブスが最初に金を発見したのは、サント・ドミンゴであったが、西インドにおいて金が採取されたのは、1492年から1525年までの短期間に過ぎなかった。スペイン人は、インディアンが1千年かかって産出した金を、僅か2－3年の間に奪取したのち、砂金の採取に着手したが、金の生産が頭うちになった理由は、強制労働の余波として、食糧の生産が減退したためであった。サント・ドミンゴの金は、1510年をピークとして生産が減少し、プエルト・リコも1511年から1515年にピークを迎えるに至った。1511年に開発を始めたキューバにおいても、1516年には早くも鉱山業からの撤退が行われた。そのようにして西インドにおける金の生産は、1511年から1520年の間にピークを迎え、それ以降は銀の生産が、主体となるに至ったのである。[注48]

その後、スペインは、中米およびベネズエラにおいて金の探査を行い、パナマ地峡はCasilla del oro（Golden Castille）と名付けられた。しかしながら、パナマにおける金の探査は、強制労働に伴って、人口の減少を招くことになったのであり、パナマはむしろ後にヨーロッパに対する銀の積出港として知られることになった（ちなみに太平洋岸のパナマと大西洋岸のノンブレ・デ・ディオスは、一世紀にわたって新大陸とヨーロッパとの間における船積の45％を取り扱った）。また、東ベネズエラは金よりも真珠を産出し、西ベネズエラにおいては早くより

ドイツのヴェルザー（Welsers Company）が、ヨアヒムタールの鉱夫を率いて採掘に当っていたが、その計画は成功しなかった。しかしながら少量とはいえ、金が産出されたために、黄金郷（El Dorado）伝説は、人々の冒険心をかきたてることになった。黄金郷伝説は、地上の楽園を求める中世期の伝説と、金が赤道の高温によって作られるという俗信の所産であるが、スペイン人はその夢を追求することによって、金を現実に発見できなくても、広大な地域を発見し、それを占拠する結果となったのである。[注49]

ペルーは、後述のように1545年以降、とりわけポトシ銀山の採掘が開始された1570年以降、スペイン・ドル体制を支える銀の主たる生産地として、脚光を浴びることになった。当初ペルーは、インディアンから略奪したアタフアルパ（Atahualpa）の財宝により、金の生産地として注目されることになった。その財宝の価値は6億マラベディをこえたが、それだけでなく1531年から1540年におけるペルーの産金量は、その期間にセビーリャに輸入された金の量に匹敵していた。その他チリーにおいてもゴールド・ラッシュが発生し、1550年頃にはニュー・グラナダ王国において、ブリティカ（Buritica）金山が発見された。そこからスペイン本国が輸入した金は、ピーク時の1551年から1560年にかけて、42,620キログラムに達した。1560年代には銀の開発が盛行したため、金の生産は鈍化したが、金価格の上昇に伴って、金の産出は再び増大した。[注50]

メキシコにおいても、1519年にコルテス（Hernan Cortés）が侵略して以来、財宝の略奪や砂金の採取が行われたが、コルテスは奴隷を使役するだけでなく、村落から鉱山労働者を徴発するエンコミエンダ制度（encomienda system）を導入した。これにより村民は就労に必要とされる食糧、衣類、運搬具などを自費で賄っただけでなく、木材の伐採や造営を行い、その上毎年16カラットの金、1,650ペソを、進貢しなければならなかった。メキシコにおける金の生産は、疫病の流行などによって減少し、労働力は銀の生産に転換された。1546年には、有名なザカテカス（Zacatecas）銀山の開発が開始され、銀の生産は金を凌駕するに至ったが、1545年頃から新しい採鉱技術が導入され、簡単な洗鉱鍋とインディオの婦人労働力に依存する旧式の開発方式は、終焉を告げることになったのである。[注51]

(ハ) 銀の一大周期

当初新世界の銀産業は、1451年から1540年にかけて勃興した中部ヨーロッパにおける鉱山ブームの延長のようなものであった。技術面においてもそれを継

承したに過ぎなかったが、その規模には格段の相違があった。ちなみに1526年—1536年にピークを記録したヨーロッパの銀生産は、年間35万マルクであったが、その額はその当時、新世界からセビーリャに輸入された貴金属の1/10に過ぎなかった。とくに1550年代には、低品位の鉱石から銀を精錬するために、水銀を破砕した鉱石に接触させてアマルガメーションを作り、それを蒸留して銀を抽出するアマルガメーション方式（amalgamation process）が導入された。それ以来新世界における銀産業は、巨額の資本と大量の労働力を必要とするに至ったのである。それはドイツの例や、同じ植民地のタバコや金の生産と違い、砂糖と同じように複雑な精錬を必要とした。[注52]

メキシコの金山は、熱帯の南部に偏倚していたが、ザカテカス、グアナフアト（Guanajuato）、パチウカ（Pachiuca）、レアル・デル・モンテ（Real del Monte）、ソンブレレーテ（Sombrerete）などの銀山は、北部に所在していた。坑内の排水技術が幼稚であったその当時において、乾燥した北部の気候は天恵のようなものであり、温和なインディアンの集落は労働力の供給に利便を提供した。[注53]

メキシコの銀生産は、1590年代にピークを迎えたが、グアナフアトの銀生産が低下したのは、1632年のことであった。メキシコにおける銀生産の約1/3を占めていたザカテカスの銀生産は、むしろ1570年から1620年代にかけて着実に上昇し、1636年以降は生産が減少したとはいえ、その水準は1580年代および1590年代の実績を、大幅に下回るものではなかった。そのようにして生産の動向は、鉱山によって区々としていたが、メキシコにおける銀の生産が低下した理由は、労働力の不足よりも、水銀の供給不足によるものとみられている。[注54]

その当時水銀の生産地としては、スペインのアルマデン（Almadén）とスロベニアのイドリア（Idria）およびペルーのフアンカヴェリカ（Huancavelica）が知られていた。イドリアの水銀は、オーストリア皇帝が所有していたが、その産出量は少なく、新世界に対する供給も間歇的なものに過ぎなかった。アルマデンの水銀は、ニュー・スペインに供給され、フアンカヴェリカの水銀は、通常ペルーに供給された。フアンカヴェリカにおける水銀の産出は、17世紀を通じてアルマデンの生産を上回っていた。それらの水銀は、スペイン王室または特許を与えられた行政官が独占していたが、メキシコの銀山が水銀の不足に陥った理由は、王室がアルマデンの水銀を、ペルーにシフトしたためであった。[注55]そのほかの理由としては、賃金をはじめとして、食料費や設備費が増嵩する反面、鉱山主の報酬が固定されていたことが指摘されている。しかも1630年代には、王室が信

第2表　アメリカにおける銀の生産

年	ニュー・スペイン	ペルー	合計 金額	合計 重量
	ペソ	ペソ	ペソ	キログラム
1521—1530	60,727	—	60,727	2,620
1531—1535	467,411	2,262,809	2,730,220	117,764
1536—1540	879,777	833,787	1,713,564	73,912
1541—1545	2,079,744	745,975	2,825,719	121,884
1546—1550	3,292,577	10,000,000	13,292,577	573,358
1551—1555	5,083,916	13,000,000	18,083,916	780,026
1556—1560	5,194,166	8,000,000	13,194,166	569,113
1561—1565	9,176,310	9,000,000	18,176,310	784,012
1566—1570	10,410,000	7,000,000	17,410,000	750,958
1571—1575	9,775,000	5,000,000	14,775,000	637,300
1576—1580	10,000,000	13,000,000	23,000,000	992,075
1581—1585	9,125,000	21,000,000	30,125,000	1,299,403
1586—1590	9,415,000	23,000,000	32,415,000	1,398,179
1591—1595	8,925,000	26,000,000	34,925,000	1,506,444
1596—1600	7,635,000	27,000,000	34,635,000	1,493,936
1601—1605	9,730,000	34,000,000	43,730,000	1,886,237
1606—1610	11,175,000	34,000,000	45,175,000	1,948,565
合計	112,424,628	233,842,571	346,267,199	14,935,786

出所：Ádám Szászdi, "Preliminary Estimate of Gold and Silver Production in America, 1501—1610", Herman Kellenbenz, *Prerious Metals in the Age of Expansion,* Stuttgart, 1981, pp.165-6 より作成。

用ベースによる水銀の供給を停止したため、負債をかかえた鉱山主は、鉱山を放棄せざるをえなくなったのである(しかしながら1660年代以降は、水銀の不足に対処するために溶解法が復活し、爆薬による地下の採掘がすすめられるにつれて、18世紀以降ニュー・スペインの銀生産は増大した)。[注57]

メキシコに続いて1570年から1572年には、アマルガメーション方式が、ペルーにも導入され、シャウヌー(Pierre Chaunu)のいう「銀の一大周期」が訪れることになったのである。その結果としてペルー(16世紀にペルーとは、南アメリカの全体を示す言葉であった)は、フランス語で富のシンボルとされ、英語圏ではポトシが、そのような意味で用いられた。ポトシの銀が発見されたのは、1545年のことであり、1564年まではインディアンの使用していた古い採掘方式が、そのまま採用されていた。1560年代には不況が到来し、閉山が増大したが、副王トレド(Francisco de Toledo)によって、1570—1572年には、アマルガメーション方式や、インディアンの強制労働を制度化したミタ(mita system)が導

第11章　スペイン・ドル体制と銀の国際移動　　　415

入された。[注58]

　ベークウェル（Peter Bakewell）によると、ポトシの銀生産はアマルガメーション方式の導入後、1575年から1590年にかけて、約6倍の増加を示した。1592年にはそれまでのピークを記録したのみでなく、他の植民地にも例をみない高い生産水準を示した。1575年から1600年におけるポトシの銀生産は、スペインの領有するアメリカ植民地全体の生産量の1/2を占めたが、それはフアンカヴェリカにおける高水準の水銀の生産によって、支えられたものであった。[注59]

　ポトシの銀生産を支えたいま一つの要因は、低廉かつ豊富な労働力であり、逆にポトシの衰退を招いたのも、一つには労働力の不足にほかならなかった。いま一つの衰退の要因は、水銀の不足であり、17世紀の末葉に、フアンカヴェリカにおける水銀の生産が停滞したためであった。しかしながら、1630年には、既述のようにアルマデンの水銀が、ニュー・スペインの代りにポトシに供給されたため、17世紀における水銀の不足は、それほど深刻なものではなかった。ポトシが衰退した第三の要因は、地表部の鉱脈が枯渇し、深層の開発が進められるにつれて、コストが増嵩したためである。またその当時の技術力では、深層からの採掘にも、自らなる限界を免れえなかったためである。[注60]

　上述のような理由から、ポトシの採掘が次第に困難となるにつれて、銀の採掘は周辺部に拡散され、一例として1660年までには、ポトシの納付したロイヤリティの40％が、周辺の鉱山によって占められることになった。オルロ（Oruro）は（ポトシ地区に属していない）、同じく鉱脈の枯渇を免れなかったものの、17世紀を通じて、ポトシに次ぐ新大陸第二位の銀生産を記録した。[注61]

　なお、新世界における貴金属の生産については、国庫の受領したロイヤリティや貨幣の鋳造額を基準にして、各種の推計が行われており、その数字もフンボルト（Alexander von Humboldt）以来、枚挙にいとまがない。第2表は1970年代の初頭に、スツァスツディ（A. Szászdi）が、先学の発表した数字に、独自の調整を加えて作成したものであり、それによると1521年から1610年にかけて、新大陸で産出された銀の2/3はペルーから、残りの1/3がニュー・スペインから産出されたものであることが明らかである。[注62]

　後期植民地時代の1760—1810年にかけて、メキシコの銀産業は、品位の低下（アマルガメーション方式による低品位鉱石の精錬は、1763年に66％であったが、1804年には85％に上昇した）、坑道の深層化と排水作業の負担増および賃金をはじめとするコストの増加、あるいは貴金属価格の下落などの制約要因にも

かかわらず、未曽有のブームを記録した。その原因は、政府が課税の一時的な停止、雇用面の援助、坑道の掘削や設備の建設に対する信用の供与などの支援を与えたほか、水銀や爆薬の価格が引き下げられたことによるものであり、そのような政府の助成策は、同時にテクノロジーの進歩にも寄与することになったのである。[注63] なお1695年から1814年までにメキシコの産出した貴金属の額は、第3表のごとくであった。

ペルーにおいても、スペイン王室は、1776年以降鉱山の育

第3表 メキシコの貴金属生産（1695―1814年）
（単位：ペソ）

1695/99	19.6	1755/59	65.7
1700/04	25.3	1760/64	58.5
1705/09	28.5	1765/69	60.9
1710/14	32.8	1770/74	80.8
1715/19	35.0	1775/79	91.0
1720/04	50.3	1780/84	100.3
1725/09	52.0	1785/89	93.2
1730/04	52.5	1790/94	109.7
1735/09	47.7	1795/99	121.2
1740/04	48.6	1800/04	104.6
1745/09	59.6	1805/09	122.0
1750/04	64.6	1810/14	47.1

出所：Manuel Orozco y Berra, "Informe sobre la acuñación en las Casas de Moneda de la República", Anexo to the Memoria of the Secretaría de Fomento(Mexico, 1957). John H. Coatsworth, "The Mexican Mining Industry in the Eighteenth Century", N. Jacobsen and Hans-Jürgen Puhle (eds.), *The Economies of Mexico and Peru during Late Colonial Period*. Berlin, 1986, p.28 より再録。

第1図 ペルーの銀生産（1771―1824年）

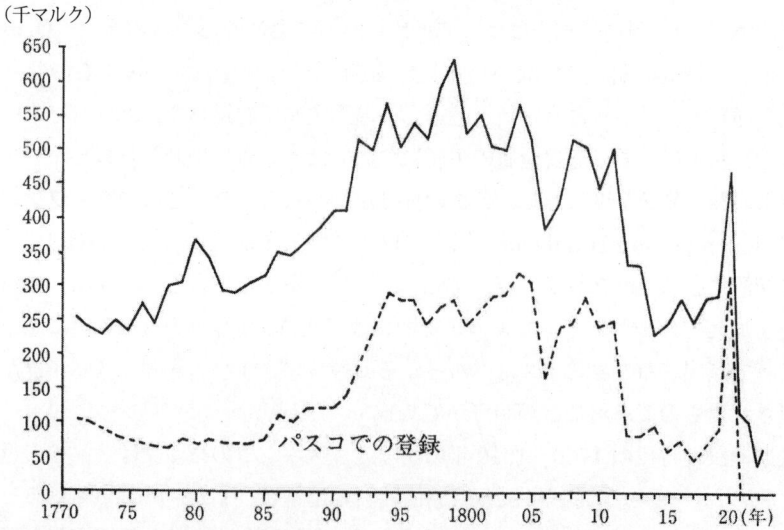

出所：John Fisher, "Mining and the Peruvian Economy in the Late Colonial Period", Jacobsen and Puhle, *op.cit.*, p50.

成策を導入し、鉱山の近代化と活性化をはかったが、メキシコの場合と同じく、1787年にはギルドが結成された。そのほか水銀、労働力、資本の供給も改善されたため、ペルーにおける銀の生産は拡大を続け、1799年にそのピークを迎えた（第1図）。しかしながら、1812年以降は、ヨーロッパの戦乱やラテン・アメリカの革命に伴う経済の混乱、セリョ・デ・パスコ（Cerro de Pasco）における銀山の崩壊、水銀の不足や資本の逃避などにより、銀の生産が減少した。[注64]

4 スペイン・ドルの東洋伝播

（イ）貴金属のスペイン本国への流入

　新大陸で産出された貴金属は、一部現地に留保されたものを除くと、スペイン本国またはマニラに積送され、そこを経由して最終的には中国をはじめとする極東の諸地域に伝播されることになったのである。そこでまず新大陸からスペイン本国に積送された貴金属の流れを概観してみることにするが、この問題に関する古典的な研究を発表したのは、ハミルトン（Earl J. Hamilton）であった。それによると、民間人は所有権を申立てると、すべての地金を分析所に提出し、分析をうけた後、それを延棒にして、刻印と納税を行うことを宣誓しなければならなかった。すべての地金は、分析所に提出することを、法律によって義務付けられ、分析をうけた上、税金を支払わない限りは、地金の売買、貸借、質入れを禁止されていた。しかしながらペルーのように治安の悪い地域においては、脱法行為が横行した。分析された地金は封印され、鉱山の公証人によって保管された帳簿と船積地における公簿に、所有者の名前が登録されている場合に限って、船積がみとめられた。1/5税の支払われていない密売買の地金、およびそれによって植民地で鋳造されたコインは没収され、それを行ったものは死刑に処せられた。それが本国向の船上で発見された場合には、没収され、4倍に相当する罰金が賦課された。新大陸で産出された貴金属は、ニュー・スペインのベラ・クルス、ニュー・グラナダ（コロンビア）のカルタヘナ、ホンジュラスのアマティークとトルックシーリョ、パナマのノンブレ・デ・ディオスとポルト・ベロ（ペルーの場合は、まずカリャオで船積された上、パナマの上記二港でガリオン船に積みかえられた）から船積された。これらの貴金属を積載した船は、自ら武装し、船団を組むとともに、アルマダ艦隊によって護衛された。しかしながら、それらの財宝は、時として海賊やオランダ、イギリスなどの敵国によって略奪された。[注65]

第4表　スペインの金銀輸入額　　　　　　（単位：ペソ）

期　間	公　的	民　間	合　計
1503—1505	97,216.5	273,838.8	371,055.3
1506—1510	213,854.0	602,382.5	816,236.5
1511—1515	313,235.0	882,318.5	1,195,553.5
1516—1520	260,217.5	732,979.0	993,196.5
1521—1525	35,152.5	99,017.5	134,170.0
1526—1530	272,070.5	766,366.5	1,038,437.0
1531—1535	432,360.5	1,217,870.5	1,650,231.0
1536—1540	1,350,885.0	2,587,007.0	3,937,892.0
1541—1545	757,788.5	4,196,216.5	4,954,005.0
1546—1550	1,592,671.5	3,916,039.5	5,508,711.0
1551—1555	3,628,506.5	6,237,024.5	9,865,531.0
1556—1560	1,568,495.5	6,430,503.0	7,998,998.5
1561—1565	1,819,533.0	9,388,002.5	11,207,535.5
1566—1570	3,784,743.0	10,356,472.5	14,141,215.5
1571—1575	3,298,660.5	8,607,948.5	11,906,609.0
1576—1580	6,649,678.5	10,602,262.5	17,251,941.0
1581—1585	7,550,604.0	21,824,008.0	29,374,612.0
1586—1590	8,043,212.5	15,789,418.0	23,832,630.5
1591—1595	10,023,348.5	25,161,514.0	35,184,862.5
1596—1600	10,974,318.0	23,454,182.5	34,428,500.5
1601—1605	6,519,885.5	17,883,442.5	24,403,328.0
1606—1610	8,549,679.0	22,855,528.0	31,405,207.0
1611—1615	7,212,921.5	17,315,199.0	24,528,120.5
1616—1620	4,347,788.0	25,764,672.0	30,112,460.0
1621—1625	4,891,156.0	22,119,522.5	27,010,678.5
1626—1630	4,618,801.0	20,335,725.5	24,954,526.5
1631—1635	4,733,824.5	12,377,029.5	17,110,854.0
1636—1640	4,691,303.0	11,623,299.0	16,314,602.0
1641—1645	4,643,662.0	9,120,140.5	13,763,802.5
1646—1650	1,665,112.5	10,105,434.5	11,770,547.0
1651—1655	2,238,878.0	5,054,889.0	7,293,767.0
1656—1660	606,524.0	2,754,591.5	3,361,115.5
合　計	117,386,086.5	330,434,845.8	447,820,932.3

出所：Earl J. Hamilton, *American Treasure and the Price Revolution in Spain, 1501—1650,* NY, (1934), rept, 1977, p.34.

ハミルトンによると、王立分析所の役人は1/5税および熔解、分析、マークのために徴収した手数料を、毎年王室に報告するとともに、植民地の役人も商館（House of Trade）に対して、王室用金・銀の数量、重量、純度および乗組員の人数、

金銀をはじめとする商品の価額を、同じく報告することになっていた。公私の財宝について、その数量を記載した船舶の記録は、商館において保管されたが、滅失を防ぐために新大陸を出航する各船舶は、その船の記録とともに、同時に出航する僚船の携行する記録の写を積載した。商館は、受領した王室用財宝の価額を植民地の役人に報告し、発送した数量と一致するか否かを検証した。ハミルトンによると西インドの財宝は、1659年に至るまで、すべてセビーリャの商館を最終の目的地とし、商館に搬入された貴金属は、重量を計測した上、金庫に格納された。ハミルトンは、セビーリャの商館における記録に基づいて、1503年から1660年に至る間に輸入された公的、私的の貴金属を、5年刻みの数字で発表した（1536年以前については、民間の財宝に関する記録が滅失しているため、それについては、同一の時期における公的財宝に、1536—1660年の輸入総額に占める公的財宝の比率、26.6％を乗じて、算出されている）。[注66]

それによると1503—1505年から1591—1595年には、輸入が着実に増加したが、1601年から1630年には逆に減少した。1631年から1660年における落ち込みは顕著であり、その原因としてハミルトンは、次のような諸要因を指摘した。①違法取引の増加、②貴金属価格の固定化と採掘費の増嵩、③埋蔵量の枯渇、④海損の増加、⑤労働供給力の減退、⑥東洋貿易の拡大、⑦民間財宝の引渡遅延、⑧市場価格を超過するベロン建民間財宝の引渡、⑨フィリップ4世の末期における差押の復活、⑩西インドにおける富の蓄積と人口の増加に伴う現地留保の増加。[注67]

その後、テパスケ（John J. Tepaske）は、西インドにおける王室主計官の記録により、第5表のように、1591年から1800年にかけて、メキシコおよびペルーからスペイン本国に送付された公的収入の数字を明らかにした。それによると16世紀の最後の10年間にスペインに対する金銀の輸出は増大したが、1600年以降は減少し、とくに17世紀の半ばには、急激な落ち込みを示している。ハミルトンの推定によると、スペイン本国に対する貴金属の輸出が急激に減少したのは、1640年代のこととされているが、植民地主計官の記録によると、それは10年程後に発生したことになっている。この記録はハミルトンのデータと違って、1660年以降にも及んでいるが、貴金属のスペインに対する輸出は、17世紀の末葉に至るまで、減少の過程を辿っている。18世紀の前半には多少増加を示したが、1750年代にはペルーからの輸出が停止されたのに対して、メキシコからの輸出は、イギリスとの交戦およびハバナの一時的な喪失により、1760年代に急減し

第5表 メキシコとペルーから送付された公的収入

年	ペルーからの発送 ペソ(272マラベディス)	ペルーからの発送 キログラム	メキシコからの発送 ペソ	メキシコからの発送 キログラム	カスティリヤ向送付の合計 ペソ	カスティリヤ向送付の合計 キログラム	ハミルトンの推計 ペソ	ハミルトンの推計 キログラム	ペルー(%)	メキシコ(%)
1591―1600	19,957,476	510,133	9,333,073	238,563	29,290,549	748,696	34,738,540	887,952	68	32
1601―1610	17,249,406	440,912	10,711,341	273,793	27,960,747	714,705	24,931,089	637,264	62	38
1611―1620	11,711,677	299,362	6,104,678	156,042	17,816,355	455,404	19,126,038	488,881	66	34
1621―1630	11,553,339	295,315	6,606,659	168,873	18,159,998	464,188	15,733,273	402,158	64	36
1631―1640	17,484,705	446,927	8,732,471	223,211	26,217,176	670,138	15,592,931	398,571	67	33
1641―1650	14,956,483	382,302	2,981,421	76,208	17,937,904	458,511	10,437,237	266,786	83	17
1651―1660	8,595,357	219,706	4,317,139	110,350	12,912,496	330,056	4,707,433	120,327	67	33
1661―1670	3,568,493	91,214	3,991,220	102,020	7,559,713	193,234	1660年以降未詳		47	53
1671―1680	2,089,103	53,400	9,967,125	254,770	12,056,228	308,170			17	83
1681―1690	307,387	7,857	4,770,990	121,951	5,078,377	129,808			6	94
1691―1700	842,091	21,525	2,580,425	65,958	3,422,516	87,483			25	75
1701―1710	1,658,007	42,381	5,240,459	133,951	6,898,466	176,332			24	76
1711―1720	77,411	1,978	7,186,736	183,700	7,264,147	185,678			1	99
1721―1730	1,035,681	26,473	6,098,799	155,891	7,134,480	182,364			15	85
1731―1740	1,427,272	35,409	8,510,710	211,142	9,937,982	246,551			14	86
1741―1750	545,000	13,522	6,436,368	159,680	6,981,368	173,201			8	92
1751―1760	―	―	16,123,480	400,007	16,124,480	400,007				100
1761―1770	―	―	7,482,801	185,641	7,482,801	185,641				100
1771―1780	―	―	15,787,230	385,729	15,787,230	385,729				100
1781―1790	―	―	29,593,184	723,050	29,593,184	723,050				100
1791―1800	―	―	39,845,843	966,062	39,845,843	966,062				100
合　計	113,058,888	2,888,415	212,402,152	5,296,592	325,461,040	8,185,008			35	65

出所：J. F. Richards, *Precious Metals in the Later Medieval and Early Modern Worlds*, Durham, 1983, p.442.

たほかは、1790年代に至るまで、高水準を持続した。ペルーからの輸出が減少した原因として、テパスケは、ハミルトンのあげた理由のうち、埋蔵量の枯渇と貴金属の現地留保は、ペルーに該当するものであると主張した。とくにテパスケの強調したのは、副王による王室収入の留保であり、一例として16世紀の最後の10年間にそれは、リマからスペイン本国に向けて輸出された収入の64％を占めていた。ペルーの場合には、現地における防衛、行政、教育、慈善などの費用が増大したため、現地留保の比率が増大したが、メキシコの場合にも、同じ傾向を免れなかった（ちなみに1590年から1640年には、メキシコにおける所得の約1/2が本国および極東に輸出されたが、次の40年間にはそれが約1/3となり、17世紀の最後の20年間には1/4前後に減少した。しかしながら、メキシコからの輸出の減少は、埋蔵量の枯渇によるものではなかった）。そのような結果として1660年に至るまでペルーは、本国向貴金属輸出の60％ないしはそれ以上を占め、1750年まではメキシコを凌駕していたが、1591年から1800年には、逆

第11章　スペイン・ドル体制と銀の国際移動　　　421

にメキシコが、新大陸から本国に輸出された貴金属の95％前後を占めることになったのである。[注68]

上述のようにテパスケは、ハミルトンとは逆に植民地側の資料に準拠して、ハミルトンのデータに欠けていた1660年以降の貴金属の流れについて推計を行うとともに、源泉地別の供給パターンを浮彫りにした。しかしながら、1660年以前に

第6表　スペインの貴金属輸入

（年間、100万リクス・ダラー）

期　間	商館の記録	エバレート （1973年）	モリノー （1968年）	モリノー （1985年）
1601—10	9.1			9.1
1611—20	8.9			9.2
1621—30	8.5			9.7
1631—40	5.5			9.1
1641—50	4.2			6.9
1651—60	1.7			7.0
1661—70	0.9		10.0	15.5
1671—80	1.0	13.8	13.4	13.9
1681—90	0.4	8.2	10.0	14.0
1691— 1700	0.3	12.4	13.1	14.2

出所：A. Attman, *American Bullion in the European World Trade, 1600—1800*, Göteborg, 1986, p.18.

ついては、概ねハミルトンと同一の結論を示しており、その限りにおいては、ハミルトン説の妥当性を裏書するようなものとなっている。

ハミルトン説は、それ以前にみられた根拠のない臆断や、旅行者の見聞に基づく学説とは違って、公文書によるものであるだけに客観性をもっているが、アットマン（Artur Attman）は、次のような理由から、ハミルトンやガルシア・フエンテスの所説に反論を加えた。第一の理由は、17世紀の中葉以来、新大陸とスペイン本国との貿易のターミナルが、セビーリャからカディスに移転したことである。そのような変化は1630年代の初頭からみられたが、1679年にはカディスが新大陸との貿易の中心となり、1717年には商館も、セビーリャからカディスに移転した。第二の理由はモリノー（M. Morineau）やエバレート（J. Everaert）が指摘したように、17世紀の半ば以降、外国人の商人がスペインの代理人（cargadores）を利用し始め、スペインの法的支配を逃れるに至ったことである。その結果としてカディスが貿易の中心となっただけではなくて、商館によって記録されない取引が増大した。従ってハミルトンの依拠したセビーリャの商館における記録は、もはやスペインと新大陸との貴金属取引について、その全貌を伝えるものではなかったのである。それに加えてスペインの貴金属取引は、それ自体1660年以降、大幅の変質を余儀なくされるに至ったのである。その理由はフランス、オランダ、イギリス、フランダースおよびジェノアの商人が、新

大陸との貴金属貿易に参入し始めたためであった[注69]。さらにエバレートは、ペルーからのガリソンおよびメキシコからの艦隊の到着に関するフランス領事の報告により、またモリノーは新聞報道に基づいて、新大陸からの貴金属の輸入に関する推計を行った（第6表参照）。それによって1660年から1700年の間における貴金属のスペイン本国に対する流入は、1590年代と同じく巨額にのぼっていた事実が明らかにされたのである[注70]。

（ロ）フィリピンの銀貿易

ハミルトンは、既述のように新大陸からスペイン本国に輸出された貴金属が、17世紀の初頭以来減少の一途を辿るに至った理由の一つとして、セビーリャを経由せず、直接マニラを被仕向地とする銀の輸出が増大したことをあげている。本来その当時のフィリピンを含むアジアは、1493年に改訂された教皇教書に基づく教皇分界線により、布教目的上ポルトガルの支配下におかれていた。しかしながら16世紀には経度の計測が困難であったため、それはあくまでも推定の域を脱しなかったので、マジェランは、カール5世に献策して、地図の見直しをさせた。それに基づいて、1520年にスペインは、フィリピンの領主権を主張するとともに、1564年にこれを占領した。スペインがフィリピンに遠征隊を派遣した目的は、中国から胡椒を入手するためであったが、スペインはフィリピン群島にエコノミエンダ制度を導入しようとした。しかしながら採算がとれないために、スペインは中国の商品と新大陸の銀を交換するための仲継基地として、マニラを利用することになったのである[注71]。

新大陸で産出された銀は、マニラに駐屯する軍隊や行政機関、あるいは教会組織および二隻のガリオン船を維持するために、フィリピンに積送されたが[注72]、それは同時に絹や陶磁器など、中国産の貿易品を輸入するための決済手段に充てられた。それだけでなくマニラは、胡椒、羽毛、じゅうたん、象牙、ひすいなど東南アジア特産物の仲継貿易の拠点として、ヨーロッパを経由するよりも、有利な条件で、それらの商品を新大陸に再輸出することが可能であった。その結果として商人は、投資額の4倍から5倍にも達する高い利潤を稼得することが可能であった。しかしながら、皮肉にも中国産生糸の急激な流入は、メキシコにおける絹の生産を破壊し、フィリピン貿易の発展を加速化するに至ったのである[注73]。反面マニラを経由する東洋の物産は、アカプルコを経てペルーに運搬されたため、メキシコは新大陸における域内貿易の中枢的な地位を占めることにもなったのである。

第11章 スペイン・ドル体制と銀の国際移動　　　423

第7表　カスティリアおよびフィリピンに対する銀の輸出
（イ）メキシコからの公的保有銀の輸出（1581—1800年）

	カスティリア向		フィリピン向		メキシコからの輸出合計		のカスティリア向割合	割合フィリピン向の	入の割合輸出された全収
	ペソ（272マラベディス）	キログラム	ペソ	キログラム	ペソ	キログラム			
1581—1590	9,040,136	231,075	1,259,651	32,198	10,299,787	263,273	88	12	
1591—1600	9,333,073	238,563	466,016	11,912	9,799,089	250,475	95	5	44
1601—1610	10,711,341	273,793	1,174,782	30,030	11,886,123	303,823	90	10	50
1611—1620	6,104,678	156,042	2,541,652	64,967	8,646,330	221,009	71	29	55
1621—1630	6,606,659	168,873	3,620,573	92,545	10,227,232	261,418	65	35	54
1631—1640	8,732,471	223,211	3,672,874	93,882	12,405,345	317,093	70	30	48
1641—1650	2,981,421	76,208	2,206,810	56,408	5,188,231	132,616	57	43	36
1651—1660	4,317,139	110,350	1,508,388	38,556	5,825,527	148,906	74	26	36
1661—1670	3,991,220	102,020	1,379,509	35,262	5,370,729	137,282	74	26	34
1671—1680	9,967,125	254,770	1,628,439	41,625	11,595,564	296,395	86	14	34
1681—1690	4,770,990	121,951	1,952,190	49,900	6,723,180	171,851	71	29	24
1691—1700	2,580,425	65,958	1,661,385	42,467	4,241,810	108,425	61	39	21
1701—1710	5,240,459	133,951	1,248,873	31,922	6,489,332	165,873	81	19	
1711—1720	7,186,736	183,700	1,010,868	25,839	8,197,604	209,539	88	12	
1721—1730	6,098,799	155,891	1,889,403	48,295	7,988,202	204,186	76	24	
1731—1740	8,510,710	211,142	1,510,826	37,482	10,021,536	248,624	85	15	
1741—1750	6,436,368	159,680	1,761,649	43,705	8,198,017	203,385	79	21	
1751—1760	16,123,480	400,007	2,106,972	52,272	18,230,452	452,279	88	12	
1761—1770	7,482,801	185,641	1,948,564	48,342	9,431,365	233,983	79	21	
1771—1780	15,787,230	385,729	2,900,749	70,874	18,687,979	456,603	84	16	
1781—1790	26,593,184	723,050	2,239,929	54,728	31,833,113	777,778	93	7	
1791—1800	39,845,843	966,062	4,936,031	119,674	44,781,874	1,085,736	89	11	
合計	221,442,288	5,527,667	44,626,133	1,122,885	266,068,422	6,650,552	83	17	

第7表の続き（ロ）　民間保有銀の輸出（1591—1660年）

	メキシコ→フィリピン		西インド→カスティリア(注)		西インドから輸出された民間保有銀の合計		フィリピン向輸出の割合
	ペソ(272マラベディス)	キログラム	ペソ	キログラム	ペソ	キログラム	
1591—1600	578,170	14,779	80,429,809	2,005,866	81,007,979	2,070,645	1%
1601—1610	3,516,513	89,886	67,398,533	1,722,774	70,915,066	1,812,660	5%
1611—1620	5,048,118	129,035	71,271,339	1,821,767	76,319,457	1,950,802	7%
1621—1630	5,423,822	138,638	70,237,962	1,795,353	75,661,784	1,933,991	7%
1631—1640	3,509,871	89,716	39,706,145	1,014,929	43,216,016	1,104,645	3%
1641—1650	1,759,706	44,980	31,806,791	813,013	33,566,497	857,993	6%
1651—1660	2,015,681	51,523	12,920,005	330,248	14,935,687	381,771	13%
合　計	21,851,881	558,557	373,770,604	9,553,950	395,622,486	10,112,507	6%

注：Earl S. Hamilton, *American Treasure and the Price Revolution in Spain, 1501—1650* (Cambridge, Mass., 1934), p.34 による。
出所：Richards, *op.cit.,* pp.444-5.

　ハミルトンは、第7表のようにメキシコからフィリピンとスペイン本国に輸出された銀を公的部門と民間部門に分けて推計を行ったが、まず公的部門のフィリピン向銀の輸出は、比較的モデレートなものであった。公的部門における銀のフィリピン向輸出は、フィリピンの占領直後から実施され、軍隊や行政機関、教会組織および諸々の事業を維持運営するために、植民地時代を通じて終始一貫持続された。ちなみに1581年から1800年に至るまでの220年間を通じて、メキシコからフィリピンに輸出された銀は、それ以外の地域に送られた王室収入の17%を占めるに過ぎず、残りの83%はスペイン本国に輸出された。しかしながら、17世紀の前半を通じて、フィリピン向の公的部門における銀の輸出は1/4をこえ、とりわけオランダの脅威が増大した1640年代には、40%以上がフィリピンに輸出された。[注74]

　それに対して民間部門のフィリピンに対するメキシコからの銀の輸出は、同じくハミルトンの推計によると、1591年から1660年を通じて、平均6%程度に過ぎなかった。しかしながら、エリオット（J. H. Eliott）は、1597年にメキシコからフィリピンに輸出された銀の量が、同じ年にメキシコから大西洋を経由して本国に輸出された銀の量を上回ったと反論している。[注75]

当初フィリピンの銀貿易は、船と資金と勇気さえ所有していれば、誰でも参入することが可能であり、マニラと西インドにおける輸出入税の増収を齎すことによって、フィリピンの銀貿易は、商人だけではなくて、王室や植民地の居住者にとっても、歓迎すべきものとみられていた。しかしながら、それによって、西インドと本国との通商を蚕食されたセビーリャの商人は、これを不満とし、残滓のような中国の商品を輸入する代りに、大量の銀が中国に搬出されつつあることに警告を発した。また銀の流入に伴ってフィリピンの物価が高騰し、本国の国庫収入も減少したために、王室も16世紀の後半以降、フィリピンの銀貿易に対する規制を相ついで実施した。すなわち、1591年の4月には、フィリピン総督のゴメス・ペレス・ダスマリマス（Gomez Perez Dasmarimas）によって、中国産布帛の着用が禁止され、1593年の11月には、フィリップ2世によって、西インドのフィリピンに対する貿易の禁止と制限、フィリピン輸入商品のペルー、パナマ等に対する再輸出の禁止等が布告された。またフィリピンから新大陸に帰航する船舶に対しては、商品価格の1/3に相当する金の運搬を命ずることによって、中国商品の輸入を抑制しようとした。しかしながらこれらの禁令が、効果を発揮しなかったため、1604年の11月には、フィリップ3世が同様の禁令を改めて公布した。それによって西インドから中国とフィリピンに対する航行は、原則として禁止され、次のような条件のもとに300トンの船が、毎年2隻、ニュー・スペインからフィリピンに向けて航行を許可されるに過ぎなくなった。①船は軍隊とその必需品およびニュー・メキシコに来航した目的の商品を運搬すること。②国庫のために航行するものは、その費用を貨物の代金によって支弁すること。③毎年積載する貨物の価格は8レアル銀貨で、25万ペソをこえてはならないこと。④帰航時の銀は50万ペソ（利息を含む）をこえてはならないこと。⑤この貿易はフィリピンの市民だけに限られること。この規制は、1702年まで踏襲され、その年にマニラから再輸出される商品は、30万ペソ、帰航時の銀は60万ペソまで、ガリソン船による運搬をみとめられた。1734年には物価の上昇に対応して、その額がそれぞれ50万ペソと100万ペソに引き上げられた。これらの禁令は無視されたといわれるが、テパスケは1620年以降、公式統計上フィリピンの銀貿易が減少した事実を指摘し、その理由として、次のような事由を列挙した。①非合法的にアジア貿易に従事していた船舶が、王室によって拿捕されたこと。②ペルーなどから出航していた船舶は、太平洋を横断しなくても、アカプルコあるいはその周辺で、東洋の物産を入手することができたこと。③オランダがアジアの

貿易に参入し始めたこと。④フィリピンに生糸や胡椒を供給していた華南の沿岸に、騒擾が発生したこと。⑤最大の要因として、密輸が増大したこと。[注77]

上述のようなフィリピンの銀貿易は、スペインの銀貨が東洋に流布されるための導水路となったのであり、それは後述のように、本国を経由するスペイン銀貨の東洋への伝播が迂回的、間接的であったのに対して、より直接的な径路をなすに至ったのである。

ちなみにスペイン・ドルは18世紀にモーリシアスの本位貨幣となり、ホンコンにおいても16世紀頃から同じくその地における貨幣の流通を支配するに至った（1842年には法貨に指定された）。1596年にはスペイン人やポルトガル人によって、ゴアにもスペイン・ドルが導入された。海峡植民地においても、スペインのフィリピン占領に伴って、スペイン・ドルが流入し、1823年に法貨とされたほか、1867年にはメキシコ、ボリビアなどのスペイン・ドル系の銀貨が、同じく法貨に指定された。スペイン・ドルは次第に南部のシャムにも普及し、1857年には正式に法貨とされた。仏領インド支那には、19世紀の後半にフランス軍によって導入されたが、1889年にフランス・ピアストルが法貨とされたため、スペイン・ドル系銀貨の輸入は禁止された。[注78]

中国にはスペイン・ドルが流入する以前から銀貨が流通し、1450年代以降は、民間の取引に銀が大々的に使用されるに至った。既述のようにフィリピンとの交易が開始されるに伴って、中国はマニラに到着した新大陸の銀を大部分吸収することになったが、スペイン・ドルの中国への流入とともに、税金も銀で徴収されることになった。西インドの銀がどれだけ中国に流入したかについては、推定することさえも困難であるが、マニラを訪れた船舶のうち中国船は、1600年が30隻のうちの25隻、1631年が46隻のうちの33隻を占めていた。もともと中国では、銀が余り産出されなかったが、銀は日本からも輸入され、その量は1600年に20万キログラムに達したものとみられている。しかしながらそれとても、新大陸から流入した銀に比べれば微々たるものであり、その額は1600年に3百万ペソ、重量にして8百万キログラムを記録した。[注79]

マニラに輸出された銀が、中国や東南アジアの諸地域に吸収されていったのと同じように、スペイン本国にとっても「新世界貿易がもたらした貴金属は、（中略）スペインにさしたる寄与もせず、ただ帳簿の上に痕跡をとどめるのみで通過」するに過ぎなかった。[注80] 事実スペインは、17世紀の後半を通じて、貴金属の大部分を海外に再輸出していたのであり、その傾向は少なくとも1780年まで持

続されたのである。スペインの銀が再輸出された主な被仕向地は、オランダをはじめとして、フランスおよびイギリスであり、オランダに対する貴金属の輸出は、1680年代の初頭に、6—7百万リクス・ダラーに達していた。18世紀には、少なくとも年間6—8百万リクス・ダラーにのぼる対外決済手段のかなりの部分が、スペインによって供給された（一部はブラジルの金によって賄われた）。フランスに対するスペインの貴金属輸出は、1660年代以降、少なくとも年間2—4百万リクス・ダラーに達し、18世紀には年間4—6百万リクス・ダラーにのぼったものと推定されている。イギリスも1780年代に至るまで、スペインに対して年間1—2百万リクス・ダラーの出超を記録しており、それは貴金属によって決済された。そのほかスペイン王室の貴金属は、イタリア、ポルトガル、ドイツの金融業者に対する金融債務の返済に充てられた。加えてスペインは、不断の植民地防衛のために、膨大な軍事費を海外に送金しなければならなかったのである。[注81]

　スペインの輸出品は、ラテン・アメリカ産品の再輸出を含め、羊毛、ワイン、オリーブ油、鉄、コチニールなどのようなごく少数の原材料と一次産品に限られる反面、繊維、リンネル、金属製品、航海用具、紙、穀物などを輸入していた。スペインの輸出品のうち、その大宗を占めていたのは羊毛であり、品質がすぐれていたために、17世紀の半ば頃までは、イギリス、オランダ、ドイツなどに輸出されていた。しかしながらもともとスペインの羊毛は、高価であった上に、インフレと重税に伴って、1680年にスペイン産羊毛の価格は、イギリス産のそれを2倍近くも上回るに至った。[注82]

　加えてその当時のスペインは、熟練労働力の不足やギルドの制限的な慣行などに起因する生産面の隘路に直面しており、その生産は人口の増加に伴う需要の伸びに対応することができなかった。さらに需給のギャップは、ラテン・アメリカにおける購買力の増加によって、一段と増幅され、他のヨーロッパ諸国に対する輸入の依存度を、激化させることにもなったのである。しかしながら、外国人に対しては、新大陸との間における直貿易が法律によって禁止されていたため、スペインの商人は外国の生産者に名板貸を行った。とどのつまり1659年には、フランスが無税ですべての商品を、カタロニアに輸出する権利を取得し、1667年にはスペインの国境が、イギリスの商品に対して開放されることになった。そのような状況の中で新大陸における富の蓄積は、スペイン本国よりも、オランダやイギリスやフランスなどのヨーロッパ諸国の発展を、刺戟する作用を齎すことになったのである。[注83]

第8表　東方に対する貴金属の流れ（1600—1780年）

(単位：100万リクス・ダラー)

	1600年頃	1650年頃	1700年頃	1750年頃	1780年頃
1. オランダ					
バルチック	2	2.5	2	2	3
レバント	0.6	0.8	1	1.5	1.5
極　東	0.3	0.4	2	3	3.5
合　計	2.9	3.7	5	6.5	8
2. フランス					
レバント	...	1	0.5	1	1
極　東	—	—	0.5	2	2
合　計	...	1	1	3	3
3. イギリス					
バルチック	—	...	...	...	...
レバント	...	...	...	...	...
極　東	0.1	0.4	1.5	(2)	(2)
合　計	...	...	...	...	—
4. その他（ポルトガル・デンマーク・スウェーデン）					
極　東	1	0.4—0.5	0.5	0.7	0.7
合　計	1	0.4—0.5	0.5	0.7	0.7

出所：Attman, *op.cit.*, p.76.

　反面スペインの貿易面における入超と対外債務の増加は、貴金属の輸出によって決済されることになったのであり、それらの貴金属、とりわけ銀は、さらにオランダやイギリスなどのヨーロッパ諸国を経由して、それら諸国のバルチック海沿岸諸国や、レバントおよび東南アジアに対する入超を決済するために再輸出されることになったのである（それらの決済は、主としてスペイン・ドル、メキシコ・ドル、オランダのリクス・ダラー、イタリアのドゥカートンによって行われた）[84]。

　ちなみにバルチック貿易は、紀元1000年頃から重要性を加え、沿岸部だけではなくて、ハンザ都市のリューベックを通じて、内陸部のロシアやポーランド、ルスアニア市場まで拡大した。16世紀の末葉には、オランダがバルチック貿易を支配し、17世紀を通じて覇権を維持し続けた[85]。ヨーロッパは皮革、毛皮、油脂、水産物、木材、穀物、航海用具等を輸入したが、貿易相手国の消費需要が伸びなかったため、ヨーロッパは恒常的に入超を記録していた[86]。

　レバントは、バスコ・ダ・ガマによってケープ経由のインド航路が発見される

第9表 ヨーロッパから東方への地金輸出（1600—1780年）

(単位：100万リクス・ダラー)

	1600年頃	1650年頃	1700年頃	1750年頃	1780年頃
バルチック向	2	2.5	2	2	4
レバント向	1	2	2	2.5	2.5
極東向	1.4	1.7[1]—1.3[2]	4.5	7.7	8.2
合　計	4.4	6.2—5.8	8.5	12.2	14.7

注：[1] 日本からの銀を含む。
　　[2] 日本からの銀を除く。

　まで、東方貿易の中継点であった。レバント貿易は15世紀にジェノアが撤退して以来、ベニスによって独占されてきたが、1570年代にはキャラバン交易が復活した。また16世紀には、フランスとイギリスとオランダが、相ついでレバント貿易に参入した。ヨーロッパはすでに関説したように、東方の香料、砂糖、染料、宝石、棉花、明礬、中国やペルシアなどで生産された高級生糸などを輸入し、その見返りとして、織物や金属製品を輸出した。しかしながら、それだけでは輸入の超過を相殺することができなかったため、差額は貴金属によって決済され、その一部はインドなどの東南アジアに伝播された。[注87]

　ポルトガルがケープ回りのインド洋航路を発見したのは、15世紀の終りから16世紀初頭のことであり、1580年代にはオランダが、インド洋航路に乗り出した。1600年にはエリザベス女王が、イギリス東印度会社に特許状を下付し、さらに1602年にはオランダ東印度会社が創設された。ヨーロッパは東洋との貿易を開始して以来、輸入するものはあっても、輸出するものがなく、慢性的な逆超を持続してきた。オランダは日本の貴金属や銅をインドや中国に輸出し、その他の国もインドの綿布やペルシアの絨緞などを対象とする域内の第三国間貿易によって、貿易差額の一部を補填した（さらに、18世紀の末にイギリスは、阿片の貿易によって、中国に対する入超を是正しようとした）。[注88]

　ヨーロッパから東方への貴金属の流れ、とくに銀の国際的な移動を促進し、スペイン・ドルを東南アジアに流布させる基因となったのは、上述のような東方貿易の逆超だけではなくて、東に行けば行くほど、銀が金に対して割高になっていたためであった。時のイギリス造幣局の長官ニュートン（Isac Newton）が、1717年に作成した報告によると、ヨーロッパにおける金銀比価が1対14.5ないし15であったのに対して、日本および中国においては、1対9あるいは10の

割合であり、インドにおいては 1 対 12 であった。1858 年に徳川幕府が、ハリス（Townsend Harris）と開港条約を締結した当時のわが国における金銀の法定比価は、1 対 5 であった。そこで外国人はドルを 1 分銀にかえ、それを 1 対 5 の比率で小判に交換したうえ、上海でそれを 1 対 15 の比率で銀にかえることにより、200％の利益をあげることができたのである。なおヨーロッパに比べて、銀が東洋において割高であった理由として、リーブンス（D. H. Leavens）は、新大陸で産出された銀の東洋への流入が、ヨーロッパに比べて遅かったため、銀価格に対する影響がそれだけ軽微であったためであると説明している。[注90]

増井経夫氏は、日本では新井白石が、金の輸出を禁止しようとしたのに対して、中国ではこれを放置したために、金が極度に減少し、「ヨーロッパ諸国が金本位制に定着していったのに、中国、インド、メキシコがいつまでも銀本位制から離脱できなかったのも、このような経緯が背景にあった」とのべておられる。[注91] 周知のように金本位制度を最初に採用したのはイギリスであるが、その背景の一つとしては、ポルトガルがイギリスに対する入超を決済するために、ブラジルの金を大量にイギリスに再輸出した事実を無視することができないのである。

イギリスは 18 世紀の初頭に穀物、その後は穀物のほかに織物を、ポルトガルに輸出する反面、ポルトガルからはワインとブラジルの砂糖を輸入していた。ブラジルの棉花が輸入されるようになった 1785 年まで、イギリスのポルトガルからの輸入は停滞的であり、とりわけ 1726 年―1765 年にイギリスは、ブラジルに対して巨額の黒字を記録した。[注92] 加えてイギリスとポルトガルは、1703 年のミシュエン条約（Methuen Treaty）により、ポルトガルの植民地におけるイギリス製の衣類に対する関税の撤廃、ポルトガル産ワインに対する特恵の供与、ブラジルとの交易の自由化について合意したほか、スペイン王位継承戦争に当って、両国は同盟を結び、イギリスの軍艦がポルトガル船の護衛に当った。イギリスはブラジルに対しても、巨額の出超を記録し、ポルトガルとブラジルはその貿易差額を金によって決済した。その結果イギリスは、1694 年から 1727 年までの 33 年間に、1,400 万ポンドの金貨を鋳造し（それは 1558 年から 1694 年までの 136 年間に鋳造された金貨の発行額、1,500 万ポンドに匹敵するものであった）、それによって金兌換制の基盤を確立することができたのである。[注93]

5 むすび——国際貿易、金融センターの変遷

　スペインは、新大陸から収奪した貴金属収入を、工業基盤の育成に活用することができず、新大陸における需要の増加を、他のヨーロッパ諸国や中国などの東南アジア諸地域からの供給によって、カバーせざるをえなかった。それだけでなくスペインは、膨大な軍隊と警察および官僚組織を維持するために、国際収支と財政の赤字に直面した。そのような債務国スペインの経済を支えてきたのは、新大陸で産出された銀であり、その銀の本国への流入が減退するに伴って、スペインの経済が梗塞状態に陥ったのも理の当然といえる。スペインの没落は、ウォーラーステインの言葉をかりるならば、「経済地理的には16世紀の『世界経済』の中心に位置していながら、スペインはこの『ヨーロッパ世界経済』を自国の支配的な社会層の利益に結び付けうる国家機構をつくらなかった、というより、つくれなかったこと、これである。(中略)スペインはついにヨーロッパの最強国とはなりえなかった。それどころか、まずは半辺境への、ついで純粋の辺境への道を歩む運命にあった」[注94]。

　一例としてスペインは、広大な地域に跨る植民地を維持するだけでなく、それに伴って頻発した国際間の紛争に対処せざるをえなかった。とりわけフランドルにおける半ば恒常的な戦争を持続するために、スペインは資金の調達とその回金を、ジェノアとポルトガルおよびフッガーをはじめとする南ドイツの金融業者に依頼しなければならなかった。彼等はカスティリアにおける歳入を引当にして、スペインの王室に資金の前貸を行うとともに、それらの代り金をフランダースや中部ヨーロッパ、あるいは北イタリアに回金した(これを asientos de lao provisiones generales と呼んだ)。当初はジェノアの金融業者が、ブザンソンの定期市を通じて、スペインの王室に信用を供与したが、1626年以降は、ポルトガルの金融業者がこれに代位した。それは地中海貿易から、大西洋貿易への転換に照応するものであったが、皮肉にも大西洋貿易とインド・極東貿易の幕明けは、セビーリャの衰退を招くことになったのである(ちなみにセビーリャの貿易は、1510—1550年の伸びが8倍であったのに対して、1550—1610年は3倍に止り、1575年以降は南米とヨーロッパ、アフリカ、アジアなどとの貿易の伸びに及ばなかった)。既述のようにカスティリアは、新大陸の需要する衣類などを供給できなかったため、ポルトガルを除くと、貿易の中心地は、勢いオランダや

イギリスなどの北欧に移行せざるをえないことになったのである。ポルトガルといえども、キャラバン貿易の復活や、東インド貿易に対するオランダとイギリスの参入（とりわけ1611年のオランダによる香料列島の占領）などにより、イベリア半島の貿易は衰退の過程を辿らざるをえなかったのである。そのような状況の中で1531年には、アントワープに恒常的な取引所（Bourse）が創設されることになったのであり、それに続いてリスボンに取引所が開設されたのは1580年、セビーリャにはさらに遅れて1583年にはじめて取引所が開設されることになったのである。

　アントワープが、ブルージュに代って国際貿易・金融の中心地となった理由は、1482年以降のフランドル地方における戦乱のほかに、土砂の堆積に伴ってブルージュの外港における荷物の積込や荷揚げに支障を来たしたこと、イギリスの衣類やポルトガルの香料の取引が、アントワープに集中されたこと、あるいは外国の商人に対しても、年間を通じて貿易が自由にみとめられたことなどによるものであった。その結果、外国の商人に対して一定の期間だけ、貿易の制限を撤廃するに過ぎなかった定期市（Fair）は、存在の意義を失うことになり、外国の商人がアントワープに定住するとともに、年間を通じて商取引を行うための取引所が開設されることになったのである。アントワープにおいては、取引規模の拡大に伴って、一年中規則的に取引が行われるに至ったのみでなく、取引の標準化が進められ、サンプル取引が導入された。そこでは商取引を共通の目的とする限り、すべての商人に門戸が解放された。

　アントワープにおける決済は、リヨンのようなクリアリング・ハウスにおけるものではなくて、個別に、取引が成立してから1カ月後に実施された。そのほかアントワープでは、教会の利子禁止法をのがれるために、deposito（一定期間一定額を利子付で貸出す方式）と呼ばれる金融方式が開発された。

　商品取引の面でリヨンは、アントワープに一籌を輸していたが、「リヨンにおいて手形取引は最初から主要業務であり、真の資本市場がアントワープに先立って、リヨンから発達したことは考えうることである」。そこにはクリアリング・ハウスが創設され、それによって同一の地域内における現金の節約がはかられるとともに、手形取引によって、異なる地域間の現金取引が節減された（リヨンでは手形の引受さえも行われていた）。手形取引は現金の節約をはかるだけではなくて、短期の貿易信用にも用いられたが、教会法の規制をのがれるため、民間の資本取引に用いられたのは、上述のdepositumのほかに、Recambiumと呼ば

れる償還手形であった。それは不渡の場合に手形の所持人が支払人に対して償還請求を行うことをみとめる制度であるが、16世紀以前には貸付を偽装するための方法として利用された。それは償還時の為替相場が確定できないために、投機的であったが、反面ではそれによって、利息だけではなくて、為替差益を稼得することも可能であった。[注100]

しかしながらリヨンは、アントワープに匹敵するほどの国際金融の中心地とはならなかった。その理由はフランス王がこの都市を、自己の金庫にしようとしたためであった。リヨンは商業センターとしても、アントワープの後塵を拝していたのであり、いうなればリヨンは、その当時におけるヨーロッパ第二の都市としての地位に甘んじていたのである。[注101]

しかしながら、アントワープも、16世紀の後半におけるネーデルランドの叛乱を契機として、没落することになったのである。その理由は、戦火によって多大の物理的な損害をうけただけではなくて、職人、水夫、商人、金融業者を輩出していたワルーン人が、彼等の保有する資本とともに、北部に逃避したためであった。[注102] その結果として北部ネーデルランドの中心であるアムステルダムが、新しい国際商業、金融センターとして登場し、往年のアントワープの地位を継承することになったのである。

アムステルダム国際金融市場を特徴付けるものは、1609年に創設されたアムステルダム銀行（Exchange Bank of Amsterdam）であり、600フローリンをこえる手形の決済は、すべてアムステルダム銀行の勘定相互の振替によって決済された。そのために商人は、アムステルダム銀行に決済上必要とされるコインまたは地金を預託し、銀行はそれを精査した上で、代り金を預金者の勘定に貸記した。預金者はその残高の振替によって国際決済を行ったのであり、そのようなみみで[注103] アムステルダム銀行は、文字通り17世紀の国際手形交換所と化するに至ったのである。

アムステルダム銀行は、ルネッサンス期のイタリアにおける振替銀行の轍を踏むことを恐れ、のちにはオランダ東印度会社や市当局に対する貸付を行ったものの、民間の貸付（当座貸越）を禁止されていた。アムステルダム市は、1614年に市立貸付銀行（Municipal Loan Bank）を別途に創設し（その後ロッテルダムにも、同じく開設された）、ロンバード人による信用を規制し、高利の取締りに当るとともに、個人の商取引に対する貸出を行った。しかしながら商人は、手形取引や同業者間の前貸によって、より有利な条件で資金を調達することが可能

であった。17世紀には手形の裏書や割引が行われ、少数のマーチャント・バンカーが手形取引に特化し始めた。保守的な商慣習にもかかわらず、若干の前貸が許容されるようになったほか、商品、株式、年金、不動産を担保とする短期、長期の前貸や、約束手形による個人融資も実施された。[注104]

オランダは独立とともに、オランダ東印度会社を設立して、東洋との直貿易に乗出した。1602年にはアムステルダムの取引所に、オランダ東印度会社の株式が上場され、17世紀の末葉から18世紀にかけて、オランダの国債や、ドイツ、オーストリア、イギリスおよびロシアの外債などが上場された。そのほかイングランド銀行やイギリスの東印度会社、あるいは南海会社（South Sea Company）の株式なども上場され、バースという言葉はそれ以来、ヨーロッパ大陸の国々において、証券取引所の代名詞として用いられることになったのである。[注105]そのほかアムステルダムは、17世紀に商品取引で発達したフューチュアー（Future）取引を、株式取引に導入するなど、各種の技術革新を行った。[注106]

そのようにして国際商業、金融の中心地が変転していく過程でスペインは、ウォーラーステインのいう「純粋の辺境への道」を辿ることになったのである。しかしながらそれにもかかわらず、スペイン・ドル系の通貨群は、東洋における国際通貨として、その後も牢固として、その信認を保持し続けたのである。その原因はチョードリー（E. N. Chaudhuri）が、いみじくも指摘したように「アラブの金ディナール、ベニスのドゥカート、スペインの8レアルのような特定の貨幣が、国際銀行界において指導的な役割を確保すると、商人は決済に当って、それを受けとる前に分析を行う必要がないし、鋳造所の刻印だけで、それの内蔵する価値とそれが本物であることが証明された」[注107]ためであった。

第12章　ポンド・スターリングの形成

1　はじめに

　本稿はスターリング・ポンドの発祥から19世紀の中葉における金本位制度への移行に至るまでのイギリスの通貨制度をクロノロジカルに鳥瞰したものである。本稿は別稿「スペイン・ドル体制と銀の国際移動」(『経済系』第159集、本書の第11章) とともに、著者の宿願とする国際通貨ポンドの歴史的考察の序章に充てるため、覚書的に執筆したものである。そのうちの19世紀初頭から中葉にかけて展開された「地金論争」および「銀行主義」と「通貨主義」の間における「通貨論争」については、経済思想史的研究をはじめとして、すぐれた研究が、汗牛充棟の感を覚えるほど、数多く発表されている。従ってそれらの問題については、詳細を先学の研究に譲り、概要を摘記するに止めた (なお本稿の作成に当っては、関東学院大学経済学会より、1989年度特別研究費の支給をうけた。ここに記して感謝の意を表したい)。

2　ポンドの起源

(イ)　古代ローマ幣制の影響

　「すべての道はローマに通ずる」。古くから人口に膾炙している箴言は、ヨーロッパにおける通貨の歴史を考察する場合にも、そのまま妥当する。オーマン (Charles Oman) の言葉を借りるならば、紀元400年当時の文明社会は単一の貨幣を使用していたのであり、それらの貨幣は金貨であれ、銀貨であれ、仮にロンドンやリヨンやローマで鋳造されたものであっても、外観と形状を同じくし、

相互に交換することが可能であった。そのような事態が完全に変化し、すべての文明社会を通じて、普遍的な通用力を有する共通の貨幣が存在しなくなったのは、それから約200年後の紀元6世紀頃のことであった。[注1]

イギリスにおいては、6世紀の頃に sceats と称する小額面の銀貨と、thrymas と呼ばれる若干の金貨が発行されたが、それらは200年ほど前に、イギリスにおいて流通していたローマの貨幣を模倣したものであった。イギリスが定期的に貨幣を鋳造し始めたのは、6世紀以降のことであるが、それは商業目的によるものであって、国王の鋳造特権を発動しようとするものではなかった。[注2]

その時代にイギリスで金貨が発行された理由は、メロヴィング王朝時代のフランスにおいて金が産出され、それが貿易の決済手段として、イギリスに流入したためであった。7世紀の終りから8世紀以降、数世紀にわたって、イギリスにおいては金貨に代って、銀貨が流通の大宗を占めることになったが、それはメロヴィング王朝の貨幣が次第に銀貨（denarii）によって代表されるようになるとともに、西ヨーロッパにおける貿易の拡大に伴って、相互に受け入れられるような貨幣の流通が、自然発生的に増加したためであった。その結果としてイギリスの sceats（または senarii）は、メロヴィング王朝時代のフランスにおける denarii（または deniers）と同一の重量を保有することになった。また上述の thrymas も同じくメロヴィング王朝の金貨によって影響されたものであり、その重量は solidus の3分の1に相当していた。[注3]

イギリスが模倣したメロヴィング王朝の貨幣制度は、周知のように後期ローマ帝国の幣制を伝承したものであった。ローマ時代には、denarius 銀貨のほかに、銅貨および aurei と呼ばれる金貨（当初は25denarii に相当した）が流通していたが、denarius は品位が引き下げられたため、金貨は退蔵され、コンスタンチン皇帝の時代に solidus 金貨が鋳造された。[注4]

そのようなローマの貨幣制度を継承したシャルルマーニュ（Charlemagne、742—814年）は、新しい貨幣制度を確立し、1 libra（livre）= 20 solidii、1 solidus = 12 denarii と制定した。フランスはナポレオン戦争の時までこの制度を踏襲し、イギリスは1971年に10進法に移行するまで、12進法を墨守した。今日でもポンドの略号に £、シリングに s、ペンスに d が使用されているのは、そのためである。ちなみに penny は、denari が denny または penny と訛ったものである。[注5]

カロリンガ朝の時代には、金貨が流通場裡から姿を消し、シャルルマーニュ

第12章　ポンド・スターリングの形成

第1表　ヨーロッパ主要国別貨幣単位の呼称

ラテン語	イタリア語	フランス語	英　語	オランダ語	ドイツ語	スペイン語
libra	lira	livre	pound	pond	pfund	libra
solidus	soldo	sou	shilling	schelling	schilling	sueldo
denarius	denaro	denier	penny	penning	pfennig	dinero

出所：John Porteous, *Coins in History*, London, 1969, p.249.

はdenarius銀貨だけを鋳造した。金貨は東方貿易の決済に使用するため、ごく僅かだけ鋳造され、それ以外には計算単位として用いられるに過ぎなかった。金貨が流通しなくなった理由として、ピレンヌ（Henri Pirenne）はイスラムの侵寇を契機とする西欧経済の崩壊をあげているが、その他の原因としては、フランク人の銀選好や小額貿易に対する決済通貨の必要性、あるいはsolidusの品位の低下などが指摘されている。[注6] なお第1表は、ローマのlibra、solidusおよびdenariusが、その後ヨーロッパの主要国において、どのような名称で呼ばれるに至ったかを、一表にしたものであり、それからもローマの貨幣制度が、いかに大きな影響力をヨーロッパ各国の幣制に及ぼしたかをうかがい知ることができる。

(ロ) ポンドの語源

上述のようにイギリスの貨幣制度は、ローマの幣制に端を発したものであり、その影響は色々な形で現在にも及んでいるが、ローマのdenariusは、さらに遠く古代インドのdináraに淵源するものとみられている。デル・マー（Alexander Del Mar）によると、リグ・ヴェーダ（Rig Veda）の中には、一定の貨幣を意味する言葉として、長い間使用されてきたdináraという文字がみられ、アラブのdinarやローマのdenariusは、それに由来するものであった。[注7]

一方上述のようにポンドの語源となった古代ローマのlibraは、イタリア半島およびシシリー島のlidhraに淵源するものであり、シナリアの諸都市において流通していたlitraという銀貨の名称も、同じくそれから派生したものであった。このlitraはungiae、unciaeまたはonciae（ラテン語のuncia）に12等分されたが、それは同じく12オンス（unciae、ounces）に相当するローマのasと同じものであった。このasは銅の延棒、1フィートの長さを示しており、12オンス、12インチに相当した（unciaの24分の1は、ギリシア人によってグラムと翻訳された）。従ってこのlitraは、古代ギリシアのobol（紀元前6世紀には、鉄または銅製の棒状をした釘であったが、のちには0.7グラムの銀貨の名称になった）

と同じであり、6銀 obol は一つかみ（handful）に相当するので、drachma と呼ばれた。[注8]

この2ドラクマは1 stater に相当したが、古代ギリシアにおける銀貨の発行には、アイギナ（aeginean、aeginetic）制度とユーボイック（euboic、時として corinthian、attic とも呼ばれている）制度があり、前者の場合には1ステーターの重量が、195グレインであったのに対して、後者は130—135グレインであり、1ステーターは1マイナ（mina）に相当した。このマイナは壺またはひょうたんから派生した言葉であり、紀元前10世紀の終りには、フェニキアやバビロニア（1 talent = 60 minae、1 minae = 60 shekels）の重量単位として用いられたが、この言葉はリグ・ヴェーダの中においても、金に関連して用いられていることからも明らかなように、インドからバビロニアに伝播されたものとみられている。[注9][注10]

そのようにしてみるならば、ポンドの歴史が、人類の文明史とともに、古い沿革を有していたことは明らかであるが、ポンドとはラテン語の pondo が示すように、本来的に重量を意味している。のちにハリス（Joseph Harris）が指摘したように、「古い時代にあっては、所与の額の貨幣の名称は、どんな種類の鋳貨の名称にも基づかず、重量のさまざまな大きさの名称に合致していたように思われる。すなわち、タレント、シェックル、マイナ、ドラクマなどのように、またそれより後代のポンドやマークのように。（中略）諸鋳貨はその名称を、それぞれの国で用いられていた特定の重量の呼びかたから採ったのであって、鋳貨は当初、これと正確に一致する重さを持ったのであった。貨幣の基準額もまた基準重量で呼ばれた。フランスにおけるリーヴル、イングランドとスコットランドにおけるポンドの如くである」。[注11]

ちなみに libra とは天秤をいみし、それは本来銅の延棒（asses of copper）を計量するための用具にほかならなかった。しかしながら libra という言葉は、銅の延棒を計量するための天秤から、それによって計量される一塊の銅の重さを示す言葉に変化したのである。それはギリシア語で天秤を示す talanta が、ホーマーの時代に金の重量単位として用いられた talanton に転化したのと同然である（なおこの talanton は、原始貨幣として広く用いられた牝牛の金価値を示す単位であった）。それに対してポンドは、上述のように重量そのものの単位として用いられたのである。[注12]

当初古代ローマにおいては、牝牛または羊が貨幣としての機能を果していたが、

第12章　ポンド・スターリングの形成　　439

銅は早くから同じく貨幣として用いられていた。銅が使用された理由は、イタリアが銀を産出しない代りに、銅の賦存に恵まれていたためであり、紀元前5世紀にローマは、家畜の代りに銅を支払手段とすることを決定した。その後紀元前4世紀には、銅貨が鋳造されたが、asの減価に伴って、紀元217年には、その鋳造が停止された。[注13]

(ハ)　スターリング・ポンドの導入

フェヴァー（Albert Feavearyear）は、「イングランドのポンドの歴史はイングランドのペニーの歴史とともに始まる」とのべているが、[注14] denier または obole（これは752年にPepinによって発行された銀貨であるが、ギリシア名がそのまま使用された）に代って、新しくペニー（penny）、ハーフ・ペニー銀貨を発行したのは、マーシャの王オッファ（Offa, 757—796年）であった。これらの銀貨が発行されたのは、イギリスの国内における商取引上の必要性に基づくものではなくて、宮廷費を捻出するためであったとみられているが、それだけではなくて、通行料や罰金などが貨幣で算定されていたほか、大陸との通商上の決済にも、貨幣が必要とされていたためであった。[注15] 7世紀の半ば頃には、sceats銀貨が6世紀に発行されたthrymas金貨を駆逐しつつあったが、そのsceatsもやがてpennyによって代替されることになった。従ってフェヴァーはイギリスの貨幣制度が銀本位によって発足し、18世紀までこれを持続した後、漸進的に金本位制度に移行することになったとみているのである。[注16]

一方670年代には、1ポンドから240のdenierが鋳造されていたが、8世紀の末にシャルルマーニュによって確立された幣制が、ノルマンによってイギリスに導入されたのは、10世紀のことであった。[注17] その場合にイギリスにおいて現実に流通したのは、ペニー銀貨であり、ポンドは計算単位に過ぎなかった。反面ペニーはその当時の経済的規模に適合していたが、小額面のため計算には不便であり、ポンドが計算単位として用いられるに至ったのはそのためであった。上述のようにカロリンガ朝の幣制改革に当って、ポンドと同じくghost moneyであるshillingが導入されたのも（solidiは古代ローマの計算単位であった）、同一の理由に基づくものであった。その結果一例として、14,412ペニーは、60ポンド1シリングに簡略化することが可能になった。[注18] ちなみにシリングとは、「切りとられた断片」をいみし、それは支払いが秤量貨幣によって行われていた時代に、貨幣の重量不足を補うため、秤の中に投げ入れられた銀の小片に対して、サクソン

人が与えた名称であった。[注19]

　18世紀におけるヘンリー8世（Henry Ⅷ、1509―47年）の時代に至るまで、金や銀を計量するために、イギリスにおいて用いられていたポンドの重量は、タワー・ポンド（tower pound）と呼ばれている。タワー・ポンドとは、それがロンドン塔の中における鋳造所において使用されていたためであり、別名造幣官をいみする monyers pound とも呼ばれた。[注20] タワー・ポンドは、古くからサクソン人の社会において用いられていた重量の単位であり、トロイ・ポンドに比べると、16¼だけ重量が軽く、1ポンドは5,400グレインに相当していた。

　12世紀の頃になるとペニーは、sterling と呼ばれるようになったが、その理由については諸説が紛々としている。その起源について、一例としてラウンズ（William Loundes）は、1695年に発表された評論の中で、次のような所説を紹介している。第一は最初に貨幣の鋳造が行われたと伝えられるスコットランドの城の名前に由来するという説であり、第二はそこで鋳造された貨幣に刻印されていたと想像される星の紋様に起因するという説である。第三の説はその起源を、ユダヤの星と呼ばれた古代ユダヤ人の債務証書の名前に求め、第四はイギリスにおける債務証書の作成者が、easterlings と呼ばれたことに派生するというものである。[注21]

　フェヴァーは、easterlings 説を支持できないと退ける反面、スターリングは、初期の貨幣に刻印されていた星、またはエドワード懺悔王時代のいくつかのペニー貨に刻印されていたむく鳥に起因するように思われるとの所説を紹介している。その当時のスターリング銀貨は、純度が一定していたために、ヨーロッパの大陸で名声を博し、世界の多くの地域で通商に用いられるようになった。それ以来イギリスの貨幣制度は、スターリングまたはスターリング・ポンドの名前によって、総称されることになったのである。[注22]

3　銀貨の悪鋳と改革

（イ）中世イギリスの悪鋳

　既述のように当初貨幣の呼称は、その重量と一致していたが、流通の過程において、貨幣は磨損し、自然発生的に重量が減少しただけでなく、盗削によって意図的に価値の引下げが行われた。あるいは国王も貨幣の重量、のちには品位を引き下げるために、貨幣を悪鋳したため、貨幣の呼称は重量と乖離することになっ

たのである。

　1066年のノルマン侵寇後も、アングロ・サクソンの貨幣制度はそのまま踏襲されたが、偽造とともに歴代の王朝を悩ませたのは、貨幣を削り取る盗削が横行したことであった。エドワード1世（Edward Ⅰ、1272―1307年）は、公衆の怒りを鎮めるために、生贄として多くのユダヤ人を訴追したり、国外に追放したりした。さらに1279―80年には、groats（4ペニー）、ペニー、ハーフ・ペニー、ファーシング（fathing）を発行したが、エドワード1世は貨幣を悪鋳し、タワー・ポンドから鋳造されるペニー銀貨の個数を、それまでの240箇から243箇に増加した。それ以来ポンドの呼称は、重量から乖離することになったのである。なお1300年には、鋳造所がウエストミンスターからロンドン塔に移転したが、その理由は外国貿易の拡大に伴って、鋳造所の重要性が増大するとともに、外国から流入した大量の貨幣や地金を再鋳する必要性に迫られたためであった。[注23]

　その後も貨幣の悪鋳は持続され、1464年までにタワー・ポンドから鋳造されるペニー銀貨の個数は、450になり、その重量も22.5グレインから12グレインに半減した。ヘンリー8世（Henry Ⅷ、1509―47年）以前の時代に行われた悪鋳は、専ら重量の引下げによるものであったが、ド・ローヴァー（Raymond de Roover）によると、中世期における悪鋳は、財政上の必要性に基づくものではなくて、次のような二つの複合的な理由によるものであった。[注24]

　第一は貨幣の摩滅と削損および偽造に対処するため、国庫の負担となるそれら貨幣の改鋳や新しい貨幣の鋳造を行う代りに、現状を追認して、標準を引き下げるという便法をとったことである。第二の理由は、貿易収支の悪化に伴って、正貨が流出したためであり、その結果国内の流通過程に残されたのは、粗悪な貨幣だけであった。それに加えて正貨の輸出需要が増大するにつれて、市場における地金の価格が高騰し、鋳造価格（mint price）を上回るに至ったため、鋳造需要も涸渇し、鋳造所はしばしば数年間にわたって、開店休業の状態に陥った。正貨の流出に伴って物価も上昇し、通貨の不足に対する議会の不満が増大したため、政府は地金の輸出を抑制するために法令を発布したが、効果があがらなかったため、政府は最後の手段として、貨幣の悪鋳を実施せざるをえなかったのである。一例として地金の輸出を抑制するためには、法王庁に対する税金の物納化や、バーター貿易の導入などが勧告されたが、1390年には、外国の商品を輸入する商人に対して、最低その半額を国内の羊毛や錫などの購入に充てさせることを命令したStatute of Employmentが制定された。イギリスの商品を見返りとして購

入するための期間は、当初の3カ月から8カ月に延長されたが、この条例はイタリアのマーチャント・バンカーのようにシティに恒久的な施設を有する外国の商人に適用されなかっただけでなく、輸出に特化していたステープル商人や、冒険商人の首を逆に締める結果になった。そのようにして個別の取引ごとに、輸出入の均衡をはかろうとする政策は挫折した。地金主義者（bullionist）は、地金の輸出を抑制するだけではなくて、その供給を増加させるため、1397年と1421年に、羊毛などを輸出するに当っては、一定の外国金貨を鋳造所に提供することを義務付けた。これらの方策は、ブルグンディから報復をうけただけでなく、信用手段の活用などによる国際決済メカニズムの発達に伴って、1463年に同じく失敗した。[注25]

(ロ) 大悪鋳の時代

「ヘンリー7世（Henry Ⅶ、1485—1509年）の即位はイギリスの中世期的貨幣に終止符をうつことになった」[注26]。ヘンリー7世は、後述のようにソブリン（sovereign）金貨を発行するとともに、1504年には12ペンスに相当するテストーン（testoonsまたはtesters）銀貨を発行した。この銀貨には、はじめて国王の肖像が刻印されただけでなく、注目に値することは、このテストーン銀貨がやがてシリングと改称されるに至ったことである。

次のヘンリー8世（Henry Ⅷ、1509—47年）は、フランスとの戦争に伴って、正貨が流出し、通貨不足に陥ったため、スターリングの重量を10分の1だけ引き下げる一方、金貨の10％引上げを行った。それを契機として、ヘンリー8世は、タワー・ポンドを廃止し、金銀用の重量単位として、それよりも4分の3だけ重いトロイ・ポンド（Pound Troy、5737.5グレイン）を採用した[注27]。ちなみにトロイとは、中世フランスの商業都市であり、そこにおける度量衡の単位は、国際的にも広く用いられていた。また一説によるとトロイとは、プルータスの聖徒伝に登場するロンドンの修道僧の名前ともいわれるが、このトロイ・ポンドはヘンリー5世（Henry V、1413—22年）の頃に、貴金属の細工師によって使用されていた。[注28]

ヘンリー8世は、それまで悪鋳の行われた理由とされていた経済的な必要性よりも、国庫の補填や戦費の調達などの財政上の必要性に基づいて、1543年以降大悪鋳（Great Debasement）を行った。しかもその特徴は、それまでのような重量の引下げだけではなくて、純度の引下げを行ったことである。1543年に

は、銀貨の純度を、1トロイ・ポンド当り40分の37、または11 oz. 2 dwtから、6分の5または10オンスに引き下げた。それと同時に政府は本位銀のシニョレージを、1トロイ・ポンド当り、1シリングから8シリングに引き上げた。そのようにして財政の増収をはかろうとしたヘンリー8世の治政下において、銀貨の純度は、1544年に10オンスから9オンスに、1545年にはさらに6オンスに、最終的に1546年には4オンスへと引き下げられ、テストーンの重量は不変であっても、銀の含有量は100グレインから40グレインに低下した。それと同時に鋳造平価の引上げを行ったので、1543年以前の銀貨はもとよりのこと、その年のテストーンまでが熔解された。それは政府が悪鋳をしなくても、鋳造平価を大幅に引上げるとともに、シニョレージや鋳造手数料を引き下げさえすれば、地金の供給が増加することを示唆するものであった。[注29]

　ヘンリー8世の没後、摂政政府は鋳造平価を引き上げたが、地金の供給を増加させるには至らなかった。1551年には、80グレインの新テストーンが発行されたが、それの銀含有量は、20グレインに過ぎず、純度は5分の1から4分の1に低下した。1551年の4月には布告を発し、ヘンリー8世およびエドワード6世（Edward VI、1547—53年）時代の粗悪なテストーンを12ペンスの代りに9ペンスとし、さらにその年の8月には6ペンス（1グロートは3ペンスから2ペンスに、1ペニーを2分の1ペニーに）に引き下げることにした。1551年の10月には、新しい金貨を発行するとともに、銀貨の標準を改善する旨の布告が公布され、粗悪なテストーン貨2枚と、80グレインの純銀を含む新しいシリングとの交換を行った。当初は貨幣に対する信認が回復せず、金や外国の通貨は退蔵されたままであったが、1552年の3月、新しいエンジェル（angel）とクラウン（crown）金貨を発行するとともに、銀貨については、11½₀オンスの標準銀1ポンドから127クラウン、24ハーフ・クラウンまたは60シリングを鋳造することになった。「この新しい鋳造規則は、大悪鋳に終止符をうち、より徹底した通貨改革への途を開くことになったのである」。[注30]

(ハ) エリザベス1世の通貨改革

　メアリー（Mary、1553—58年）女王の時代には、若干の悪鋳が行われたが、粗悪な貨幣を廃貨することによって、イギリスの幣制を再建したのは、エリザベス1世（Elizabeth I、1558—1603年）であった。エリザベス1世が通貨改革の必要性を痛感したのは、「悪貨は良貨を駆逐す」との有名な言葉によって知られ

るグレシャムの建言によるものと伝えられている。エリザベス1世の通貨改革は、入念な計画に基づき、いくつかの段階に分けて、極秘裡に遂行され、そのためには小委員会が創設された。[注31]

機の熟すのをまって、エリザベス1世は1560年の9月に布告を発し、粗悪なテストーンの引き下げを実行することとし、1551年以前にヘンリー8世とエドワード1世によって鋳造された40グレインの銀を含有するものは、6ペンスから4½ペンスに、1551年以前にエドワード6世の発行した20グレインの銀を含有するに過ぎないテストーンは、6ペンスから2¼ペンスに、それぞれ引き下げられた。エリザベスは、これらの粗悪な銀貨を一定の期限内に回収して、新しいシリングに切りかえる計画をたて、96グレインの重量と88⁴⁄₅グレインの純銀を含有する新しい銀貨を発行した。古いテストーンには極印が付され、1561年2月9日の布告により、同年4月以降は流通を禁止された。それ以降は、鋳造所において地金として受け入れられるに過ぎなくなった。またグロートの額面価格以下の粗悪な貨幣についても、1561年の6月12日に布告が公布された。その結果同年7月20日以降は、法貨性を剥奪され、9月20日以降は地金として受け入れられることになった。そのようにして銀貨の改鋳は、約1年で完了したが、エリザベス1世は同時に各種の金貨を発行するとともに、過去数年間の実勢に基づいて、金銀の比価を1対11と定めた。[注32]

フェヴァーは、エリザベス1世の通貨改革が成功した理由として、セシール（William Cecil）の指導の下に、過去の経験に学んだこと、効率的な政府を指揮し、そのためには意思の疎通をはかる反面、その意に反して行動するものを厳しく罰したことをあげたが、エリザベスは金属の純度を回復したとしても、貨幣の価値を回復することはできなかった。幣制の混乱と不確実性は克服されたが、1564年の物価は1558年とほぼ同一の水準にあり、物価は左程下落しなかった。[注33]

その原因は物価の硬直性によるものであり、1542年から1551年のインフレ期をみても、物価が2倍近くも上昇したのに対して、ポンドの純度は3分の1低下したに過ぎなかった。しかしながらエリザベス1世の通貨改革は、貨幣不足を招来し、小額貨幣の不足とも相俟って、低所得者の不満を醸成した。それを解決することになったのは、新世界からの貴金属の流入であり、エリザベス1世の死去するまでに、物価は即位の時に比べて、50％も上昇した。[注34]

そのほかエリザベス1世の事蹟の中で注目に値することは、第一に実施こそしなかったが、1561—1562年にハンマーの代りに、機械によって貨幣の縁にギザ

ギザを刻む mill money の導入に関心を示したことである。この方法は1552年に、フランスのメストレル（Mestrell）によって開発され、ピエール・ブロンデュー（Pierre Blondeau）によって普及されたものであり、1639年にはルイ13世が、この方法を採用した。イギリスにおいてこの方法が正式に導入されたのは、1663年の2月のことであり、それによって貨幣の削損を防止することが可能になった。[注35]

第二は既述のような新貨幣への切りかえに当って、混乱をさけるために落し門（portcullis）を刻印されたテストーン銀貨を、スペインやポルトガルの貨幣と競争させるため、アジアにおいて流通させようとしたことである。その当時新しく創設されたイギリス東印度会社は、インドやペルーにおける支払いにあてるため、スペイン・ドルの輸出許可を申請したが、エリザベス女王は宣伝のために、女王の肖像と落し門の刻印された銀貨以外には、許可を与えなかった。1601年には6千ポンドのクラウン、ハーフ・クラウン、シリング、6ペンスの銀貨が発行されたが、それはイギリスの重量ではなくて、スペイン・ドルを標準にしたものであった。さらに女性の肖像はイスラム人が好まないため、落し門とイギリスの武具が刻印されたが、インド人はこの貨幣を受け入れなかった。しかしながら東印度会社はチャールズ2世の時代まで、独自の貨幣を発行しなかった。[注36]

エリザベス女王の統治した時代は、銀の支配した時代であり、1560年からエリザベス女王の没した1603年までに鋳造された銀貨が、4,594千ポンドに達したのに対して、金貨の鋳造は769.5千ポンドであり、銀貨の比重は金銀を合せた鋳造高の85.66％を占めていた。

ちなみにチューダー王朝の創始された1485年から1526年には、金貨の鋳造が76.3％を占めていた。しかしながら1526—44年にかけて、金貨の鋳造比率は37.38％に低下し、それとは対蹠的に銀貨の鋳造は、趨勢的に増加の一途を辿ったのである。[注37]

4 過度期の本位制度

（イ）金貨の登場

紀元前52年の冬から紀元前51年の春にかけて執筆されたといわれるシーザーの『ガリア戦記』（*Commentaii de Bell Gallico*）の中には、ブリタニアにおいて「銅や金の貨幣、もしくは一定の重さに量られた鉄の棒を貨幣の代りに使

っている」ことが記載されている。古代ブリトン人が最初に金貨を鋳造したのは、紀元前150年頃のことであり、それはマケドニアのフィリップ時代の金貨をモデルにしたゴールの金貨をさらに模倣したものであったが、紀元383年以降、イギリスにおける金貨の鋳造は既述のように、6世紀に至るまで中断された。既述のようにその後若干のthrymas金貨が鋳造されたが、7―8世紀頃から金貨は姿を消すことになった。その間全ヨーロッパを通じて、商取引に広く用いられていたのは、ビザンチンのベザント（bezant、ソリドゥス金貨＝ノミスマの別名、「中世のドル」と称される）と、アラブのディナール（dinar）であったが、それらは法貨ではなくて、地金として受け入れられたに過ぎなかった。

　西ヨーロッパの国々が独自の金貨を鋳造し始めたのは、13世紀の半ばのことであった。それの先駆は、ナポリおよびシチリヤ王国を継承したフレデリック2世（Frederick Ⅱ）が、1231年に鋳造したaugustaleとする説もあるが、それはイスラムの影響をうけて、それらの地域で間歇的に鋳造された中世期的金貨の系列に属するとする見方がある。ショー（W. A. Shaw）によると、ヨーロッパにおける金貨の歴史は、13世紀のイタリア半島に始り、それの原点を構成するのは、1252年にフローレンスにおいて鋳造されたフローリン（florin）金貨にほかならなかった。その後1284年には、ベニスにおいて、ducatoが鋳造されたが、13世紀中葉以降のイタリアにおける金貨の鋳造は、地中海貿易の拡大に照応するものであった。そのほかフローレンスの場合には、東方貿易の出超に伴って金が流入し、またベニスの場合にはヒュペルペロン（hyperpyron、ベザントの蔑称）の信認が低下したために、レバノンにおける新しい決済通貨の必要性が増大したことや、ベニスが出超を記録していたハンガリーにおいて金が発見されたことなどの事由によるものであった。

　このフローリンを模倣して、ヘンリー3世は1257年に、金ペニーを発行したが、時期が尚早であったため、その試みは挫折した。1343年にはエドワード3世が、フローリン、1/2フローリンおよび1/4フローリンを鋳造した。それは貿易の促進（イギリスの主たる貿易相手国であるフランダースにおいては、金フローリンが流通していたが、プレミアムが高いため、イギリスにとっては不利であった）、と物価の下落を抑制することを目的とするものであり、議会はイギリスとフランダースで通用する共通の金貨を鋳造することによって、貨幣同盟を創設すべきであるとの決議を行った。1344年の1月、エドワード3世は、その当時ヨーロッパの大陸で汎く流通していたフローリンと同一の金貨（フローリン、レオパルド

＝leopard、ヘルム helm）を発行し、これを法貨としたが、もともと国内では金貨に対する需要がなく、ヨーロッパ大陸の商人も、未知の新しい金貨を受け入れようとはしなかった。そのような状況の下で1344年の7月に、フローリンは法貨性を喪失し、翌8月以降は、地金として流通するに止った。エドワード3世は、1344年から46年にかけて、金貨の第二次鋳造を行って、ノーブル（noble）を発行した。ノーブルはフローリンとのリンクを切断し、1ポンドの3分の2に相当する銀マルクを基準にした（エドワード3世は、6シリング8ペンスで流通させようとしたが、金が過小評価となったので、金貨はヨーロッパ大陸に流出した）。その後金銀の法定比価と市場実勢との乖離、削損や磨滅などによる貨幣の貶質化に対処するため、1346、1350、1414年には、それぞれ金貨の悪鋳が実施された。しかしながら1460年と1465年には、逆に金の含有量が、それぞれ10％ずつ引上げられ、重量も120グレインと旧に復した。このノーブルは、リヤル（ryal）またはローズ（rose）とも呼ばれたが、1465年には、さらに6シリング8ペンスで流通するエンジェル（angel）が発行された。さらに1489年には、ヘンリー7世が、20シリング金貨を発行した。それはソブリン（sovereign）と呼ばれたが、純度が994.8、その重量は240グレインで、近代ソブリンの2倍近くに相当した。[注43]

　ジェイムズ1世（James I、1603—25年）の時代には、ユナイト（unites、laurelsとも呼ばれた）を新に発行したが、イギリスにおける近代貨幣の幕明けを告げることになったのは、1663年にチャールズ2世（Charles II、1660—35年）によって鋳造されたギニー（guinea）金貨であった。ギニーとは現在の西アフリカにおけるガーナに当るゴールド・コーストの地名をとったものであり、王立アフリカ会社（Company of Royal Adventurers of England Trading in Africa、略称 Royal Africa Company）によって運搬された金が素材とされた。ギニーは盗削を防止するために、それまでのハンマーの代りに、機械によって鋳造された縁刻貨幣であった。[注44]

（ロ）複本位論争

　1344年以来イギリスは、金貨を持続的に発行することになり、爾来イギリスは銀本位から金銀複本位制度に移行したとみることができる。カーライル（William W. Carlile）のように「本当に銀の代替が行われたのは、アンの統治時代ではなくて、エドワード3世の時代である」と主張するのは、誇張に過ぎる[注45]

としても、オーマンがのべているように「グロートとノーブルが、幾度かそれぞれの重量を調整した後で、12対1の固定的比率で固定され、そして普遍的な受領性をかちえた時点から、それまで銀ペニーを唯一の法貨とする単本位制をとっていたイギリスが、実際上、金と銀を今後無制限の法貨とする複本位となった」[注46]とみることは、妥当と思われる。

　それに対してフェヴァーは、既述のように「サクソンの時代から18世紀まで、ポンドは銀本位に基礎をおいていた。この期間の大半を通じて、金貨はまったく使用されなかった。金貨は14世紀の中頃から定期的に発行されてはいたが、それをもって通貨が複本位に基礎をおいていたと考える誤りは避けなければならない」[注47]とのべている。第2表においても明らかなように、1344年以降、ロンドンの鋳造所において鋳造された金貨は、金額的にみると決して少ないものではなかったが、それにもかかわらず、フェヴァーの指摘するように金貨が流通しなかったのは、いかなる理由によるものであろうか。第一は金貨が本来的に国内における流通よりも、貿易通貨として用いられたためであり、第二は後述のように金銀比価が銀に有利に設定されていたために、グレシャムの法則が働いたためである。

　フェヴァーは、14世紀の中葉における複本位制度が有効に機能するためには、両方の金属が固定された比率で無制限に通貨と交換されることが必要であるが、鋳造手数料、鋳造税、地金輸出の制限などによって、複本位の機能が阻害された。その結果として「国の内外におけるいずれか一方の金属のまとまった量の動きが貨幣単位の価値に影響し、一方の金属が流出すれば他方が自動的に流入してくる」という複本位の機能が妨げられていたと主張する。しかしながら鋳造手数料や鋳造税は、金銀貨のいづれか一方に対してだけ、差別的に適用されたものでなく、それぞれの鋳造価格を実質的にそれだけ変化させたに過ぎないのである。また重商主義時代には貴金属の輸出入に規制が加えられていたが、その態様は時代によって異っていただけでなく、その効果も既述のように限られていた。仮にそのような制度的な制約を免れなかったとしても、金銀比価が長らく銀に有利であったため、過大評価された金が海外に流出せざるをえなかったことは、多くの論者のみとめるところであった。なおフェイ（C. R. Fay）が指摘したように、1670年に銀が過大評価された場合には、「グレシャムの法則が、同じ銀貨の異る成分に限られ、粗悪な銀貨が国内の流通過程に残されたのに対して、標準重量の銀貨は退蔵または輸出された」[注48]。

　ド・ローヴァーも、イギリスが1344年以降複本位を採用したと速断するのは

第12章　ポンド・スターリングの形成　　　449

第2表（2-1）　ロンドン鋳造所における金銀貨の鋳造高

年	純金（ポンド）	銀（ポンド）
	（£15 to lb.Tower）	
1344	31948	3,507
	（£13.3s.4d. to .Tower）（① 266—270d.tolb.Tower）	
	7,378	37,326
1345	9,970	25,129
1346	4,611	7,746
	（£14 to lb.Tower）	
	3,714	
1347	36,593	4,612
1348	43,300	8,235
1349	11,001	4,255
1350	36,298	9,409
1351	1,490	7,608
	（£15 to lb.Tower）	（300d.to lb.Tower）
	94,087	17,364
1352	72,609	87,896
1353	53,857	112,314
1354	124,508	46,736
1355	84,750	48,294
1356	8,278	28,330
1357	77,243	18,137
1358	112,167	12,315
1359	97,909	10,422
1360	62,909	6,144
1361	207,870	6,020
1362	131,140	14,164
1363	37,746	3,148
1364	20,482	2,840
1365	15,651	1,485
1366	16,519	—
1367	11,115	—
1368	25,203	2,194
1369	72,715	1,535
1370	22,205	1,945
1371	15,446	801
	（£15 to lb.Tower）	（300d.to b.Tower）
1372	21,826	174
1373	14,597	453
1374	9,642	465
1375	10,414	4,168
1376	5,645	2,915
1377	4,101	225
1378—84	34,160	8,848
1385—87	34,363	3,272
1389	27,366	354
1390	24,402	2,243
1391	23,031	2,736

第2表の続き（2-2）

年	純金（ポンド）	銀（ポンド）
1392	25,420	410
1393	13,040	222
1394—95	27,108	368
1396	8,050	212
1397—98	34,350	1,469
1399	16,635	1,434
1400—02	21,985	859
1403	4,479	161
1404	4,707	452
1405	3,320	87
1406	5,407	101
1407	2,981	80
1408	2,170	8
1409—11	Missing	Missing
	（£16.13s.4d.to lb.Tower）	（360d.to lb.Tower）
1412	149,870	2,911
1413	138,822	5,463
1414—17	313,503	28,069
1418—19	47,748	3,157
1420	43,313	2,220
1421 to 31 March 1422	98,472	3,326
1422—24	329,108	10,386
1425	57,760	2,418
to 20 April 1427	51,307	4,059
1427	12,703	898
1428	28,192	1,745
to 31 March 1430	25,480	4,342
1431	21,681	4,222
1432	10,890	2,200
1433	8,163	1,292
1434	10,575	855
1435—36	13,422	1,331
1437	5,658	820
1438	5,251	2,216
to 18 Dec.1439	9,090	6,433
1440—43	19,943	4,920
1444	4,057	233
1445	2,700	310
June 1447	4,567	3,865
June 1448	1,458	132
	（£16.13s. 4d.to lb.Tower）	（360d. to lb.Tower）
1448—49	3,408	1,052
1450	5,950	6,953
Easter 1452	6,918	16,184
Easter 1453	4,367	6,139
Easter 1454	2,058	5,408
Easter 1455—56	2,488	8,204

第 2 表の続き (2-3)

年	純金（ポンド）	銀（ポンド）
1457	2,136	9,994
1458	1,408	5,491
1459	321	4,655
1460	1,885	10,560
1461—62	Missing	Missing
1463—64	4,887	17,827
	(£22.10s.to lb.Tower)	(450d.to lb.Tower)
1465—66	278,752	103,752
1467—68	Missing	Missing
1469	45,997	15,276
1470	51,509	15,122
14 April 1471	Missing	Missing
1471—75	170,226	68,022
1476—77	50,697	11,802
1478	25,173	3,923
1479	23,562	5,091
1480	31,014	3,657
1481	17,865	1,829
1482	17,280	3,208
1483	10,485	5,819
1484	16,537	13,326
1485	8,737	4,641
1486	10,622	7,693
1487	7,762	3,571
1488	9,029	4,971
1489	5,312	5,107
1490—94	Missing	Missing
1495—98	73,687	36,463
1499—1500	40,207	44,912
1501—02	54,544	39,321
1503	28,622	14,575
1504	36,277	25,896
1505	47,522	45,148
1506	95,546	38,514
1507	85,601	30,302
1508	122,683	23,987
1509	119,241	9,241
1510	69,147	3,303
1511	50,479	1,248
1512	26,919	10,383
1513	73,138	13,562
1514	31,934	4,464
1515	41,987	1,024
1516	53,933	180
1517	Missing	Missing

第 2 表の続き (2-4)

年	純金（ポンド）	銀（ポンド）
1518	48,110	1,000
	(£22.10s.to lb.Tower)	(450d.to lb.Towes)
1519	54,862	14,237
1520	36,272	64
1521	24,869	1,860
1522	14,670	14,238
1523	9,137	17,560
1524—26	(£27 to lb.troy) (standard gold) (£25.2s.6d.to lb.troy) (Crown gold)	(45s.to lb.troy) Missing
1527—30	176,262	260,298
1531—36	Missing except	
1 Mar.1533 to 30 Oct.1534	27,311 (crown)	46,051
1537	837 (standard) 25,401 (crown)	42,519
1538	14,145[2]	27,646
1539	44,903[2]	61,525
May 1540	19,090[2]	25,842
1541	769 (standard) 10,862 (crown)	18,587
		48s.to lb.troy
1 July 1542 to 31 March 1544	15,595 (23 carat)	52,927 (833 fine)
31 March 1545	165,931 (23 carat)	149,287 (750)
31 March 1547	206,085 (22 carat) 107,580 (20 carat)	176,155 (500) 120,240 (333)
April to Sept.1547	107,190 (20 carat)	27,872 (333)
1548	Missing	242,680
April 1550	Missing	1,000,000
June 1551	Missing	
	(£36 to lb.troy) (standard gold)	(£3 to lb.toroy)
1 April 1552 to 3 May 1554	611 plus ?	15,000
25 Dec.1553 to 25 Dec.1555	58,968	137,805 17,592
	Plus 250 fine pence	13,020
1556—9	Missing	Missing

第12章　ポンド・スターリングの形成　　　451

第2表の続き（2-5）

年	純　　金	22カラット金	銀
	（£36 to lb.troy）	（£33 to lb.troy）	(60s.to lb.troy)
Recoinage 1560—2	—	—	783,248
General coinage			
1558—72	42,868	235,957	865,684
1572—81	97,309	—	766,015
1582	35,424	—	78,705
1583—92	} 235,113	3,198 }	1,087,855
1593		17,960	
31March 1594	8,667	6,851	252,384
31March 1595	716	26,598	283,998
31March 1596	1,936	16,141	108,630
31March 1957	1,739	6,691	128,538
31March 1598	11,516	3,831	27,003
31March 1599	912	15,123	20,154
31March 1600	3,067	14,098	23,726
1Sept.1601 to	（£36.10s.to lb.troy）	（£33.10s.to lb.troy）	（£3.2s.to lb.troy）
31Aug.1602 to	1,292	21,737	115,169
31March 1603			
31March 1604	1,344	23,162	223,346
31Oct.1604	—	8,450	
		（£37.4s.tolb.troy）	} 382,115
31March 1605	330	106,330	
	（£40.10s.to lb.troy）		
31March 1606	5,806	171,725	325,906
31March 1607	3,106	149,603	176,346
31March 1608	1,349	136,820	153,082
31March 1609	1,959	126,819	74,453
31March 1610	427	77,086	22,731
31March 1611	195	38,390	20,641
30Nov.1611	101	40,410	
	（£44.11s.to lb.troy）	（£40.18s. 4⅘ d.to lb.troy）	} 20,105
31March 1612	1,608	31,633	
31March 1613	3,094	299,707	6,424
31March 1614	1,925	324,612	15,355
31March 1615	1,715	167,263	1,801
31March 1616	924	251,915	12,322
31March 1617	988	262,668	1,465
31March 1618	1,233	152,451	216
31March 1619	515	148,828	470
	（£44.to lb.troy）	（£41.to lb.troy）	
to 31March 1625	5,473	1,116,245	204,428
1625—41	—	2,822,151	
1625—42	12,658	—	} 8,766,545
1641—46	—	289,140	
1646—49	—	—	
1649—53	—	72,515	383,295
1653—59	—	約127,500	約616,700

第2表の続き (2-6)

年	22カラット金	銀
	£41 to lb.troy	62s.to lb.troy
1659	1,924	2,118
to 31 March 1661	(£3.17s.10½ d.oz.³))	
1662	4,439	243,640
1663	31,305	364,391
	(£3.17s.10½ d.an oz.)	(62s.to lb troy)
1664	9,649	216,490
1665	69,321	75,365
1666	92,530	32,804
to 21 Dec.1666	42,284	34,751
to 21 Dec.1667	117,344	53,386
1668	222,444	122,708
1669	120,667	46,398
1670	117,576	132,580
1671	194,078	124,171
1672	86,887	273,990
1673	127,150	304,930
1674	87,540	41,185
1675	53,945	5,754
1676	242,442	314,765
1677	243,036	451,729
1678	130,201	24,742
1679	560,076	253,001
1680	603,836	198,103
1681	312,354	92,185
1682	186,517	29,589
1683	376,736	229,744
1684	319,220	53,660
1685	564,204	94,773
1686	648,281	59,814
1687	421,370	250,630
1688	589,375	76,231
1689	134,864	96,573
1690	51,159	1,995
1691	57,222	3,731
1692	120,223	4,160
1693	54,094	1,995
1694	64,780	2,277
1695	753,079	160
1696	145,548	62
		2,511,853*
1697	126,469	2,192,196*
1698	495,145	326,628*
1699	148,445	60,444
1700	126,223	14,898
1701	1,249,520	116,179
1702	170,172	359
1703	1,596	2,226

第2表の続き (2-7)

年	22カラット金	銀
1704	—	12,422
1705	4,859	1,332
1706	25,091	2,889
1707	28,362	3,639
1708	47,192	11,628
1709	115,317	78,811
1710	173,630	2,532
1711	435,664	76,781
1712	133,400	5,532
1713	613,826	7,232
1714	1,379,602	4,855
1715	1,826,480	5,093
1716	1,110,420	5,113
1717	709,566	2,939
1718	140,642	7,114
1719	688,960	3,444
1720	885,859	24,279
1721	272,500	7,170
1722	594,716	6,147
1723	388,098	149,106
1724	273,808	3,121
	(£3.17s.10½ d.an oz.)	(62s.to lb.troy)
1725	58,360	7,734
1726	872,963	2,592
1727	292,779	2,049
1728	539,874	2,644
1729	—	6,371
1730	91,628	3,478
1731	305,768	2,182
1732	373,473	2,620
1733	833,947	3,580
1734	487,108	4,929
1735	107,234	3,460
1736	330,579	5,310
1737	67,284	3,720
1738	269,837	—
1739	283,854	10,528
1740	196,245	—
1741	25,232	9,486
1742	—	—
1743	—	7,440
1744	9,812	7,836
1745	292,966	1,860
1746	474,492	136,431
1747	37,146	4,650
1748	338,523	—

第12章 ポンド・スターリングの形成

第2表の続き (2-8)

年	22カラット金	銀
1749	710,687	—
1750	558,597	—
1751	450,663	8,103
1752	572,657	58
1753	364,876	59
1754	—	59
1755	224,690	59
1756	492,983	121
1757	—	16,612
1758	651,814	62,586
1759	2,429,010	105
1760	676,231	133
1761	550,888	31
1762	553,691	3,162
1763	513,041	2,629
1764	883,102	15
1765	538,272	19
1766	820,725	298
1767	1,271,808	—
1768	844,554	—
1769	626,582	—
1770	623,779	68
1771	637,796	—
1772	843,853	335
1773	1,317,645	—
1774	4,685,624	—
1775	4,901,219	—
1776	5,006,350	315
1777	3,680,996	—
1778	350,437	—
1779	1,696,118	254
1780	—	—
1781	876,795	62
1782	698,074	—
1783	227,083	—
1784	822,126	203
1785	2,488,156	—
1786	1,107,383	—
1787	2,849,057	55,459
1788	3,664,174	—
1789	1,530,711	—
1790	2,660,522	—
1791	2,456,567	—
1792	1,171,863	252
	(£3.17s.10½d.an oz.)	(62s.to lb.troy)
1793	2,747,430	—
1794	2,558,895	—
1795	493,416	295
1796	464,680	—

第2表の続き (2-9)

年	22カラット金	銀
1797	2,000,297	—
1798	2,967,505	—
1799	449,962	—
1800	189,936	91
1801	450,242	33
1802	437,019	62
1803	596,444	72
1804	718,397	73
1805	54,668	183
1806	405,106	—
1807	—	108
1808	371,744	—
1809	298,946	115
1810	316,936	121
1811	312,263	—
1812	—	53
1813	519,722	90
1814	—	161
1815	—	
		(66s.to lb.troy)
1816	—	1,805,252
1817	4,275,337	2,436,298
1818	2,862,373	576,279
1819	3,574	1,267,273
1820	949,516	847,717
1821	9,520,759	433,086
1822	5,356,788	31,430
1823	759,748	285,272
1824	4,065,075	282,071
1825	4,580,919	417,536
1826	5,896,461	608,606
1827	2,512,637	33,020
1828	1,008,559	16,288
1829	2,446,755	108,260
1830	2,387,881	152
1831	598,547	33,696
1832	3,737,065	145
1833	1,225,270	145
1834	66,950	432,775
1835	1,109,718	146,665
1836	1,787,782	497,719
1837	1,253,088	75,385
1838	2,855,365	174,042
1839	504,311	390,654
1840	—	207,900
1841	378,473	89,641
1842	5,972,052	192,852
1843	6,607,849	239,580
1844	3,563,949	610,632

注：①ハーフ・ペンスおよびファーシングにとっては、28・₂d。②すべてをクラウンとする場合には、2—3%加算する必要がある。③法的評価は次のとおり。1661年8月20日から43ポンド14シリング8ペンス。④銅貨の鋳造高は省略。

1662年1月28日から44ポンド10シリング（トロイ・ポンド。金貨は1717年までプレシアム。表においては1ギニー21シリングで評価）。

出所：Sir John Craig, *The Mint*, Cambridge, 1953, pp.411-9.

誤りであり、フェヴァーと同じくポンドは銀本位に立脚していたと主張した。ド・ローヴァーはその論拠として、第一に銀ペニーが計算貨幣であったことを指摘し、3ポンド6シリング8ペンスの代りに10エンジェルで契約が行われると、エンジェルは6シリング8ペンスから7シリング6ペンスに切り上げされたので、債権者に有利で、債務者に不利となる。第二の理由として近代の複本位が金銀比価を固定していたのに対して、中世のイギリスの場合には、必要に応じて金貨を切り上げたり、切り下げたりすることによって、容易に変更することが可能であったと主張する。一例として金銀複本位制に反対したハリスも、標準尺度は不動でなければならないとのべ、1オンスの銀はつねに1オンスの銀に値しなければならないが、「銀と金とは、それら相互の関係では、他の商品の場合と同じように、それら一方のものの量が増加したり減少したりするようなときには、それに応じて価値が変化する」と主張した。しかしながら銀ペニーの価値も、中世期の相次ぐ悪鋳の結果、その呼称は変らなくても重量が半減したばかりでなく、純度さえも引き下げられたのである。

　問題は金銀の比価であるが、それが一定でなかったことは、ド・ローヴァーの主張するように複本位の本質を損うものではない。それが布告によって頻繁に変更されたことは、王権の恣意的な発動を有効に規制するための制御装置が欠落していたことを示すものであるが、反面においては法定比価と市場比価、および内外における法定比価相互の乖離に伴って貴金属が流出するのを防ぐために、いかに腐心していたかを逆説的に物語るものともいえるのである。時代によっては、鋳造当初のギニーによって代表されるように、金銀の比価が法定されない並行本位の時代も存在したが、並行本位といえども広義の複本位制度に包摂され、それの下位概念を構成する。たしかに1344年以降の複本位制度は、19世紀のそれに比べると制度的に不完全であり、さらには既述のように1344年の7月に、フローリン金貨の法貨性が剥奪されるなど、複本位を構成する要素さえも、時代によっては欠落せざるをえなかったのである。しかしながらそれ故に1344年以降のイギリスにおける貨幣制度を逆に銀本位制度と規定することは、あたかもイギリスの金本位制度が、銀本位制度から非連続的に移行したものであるかのごとき錯覚を覚えさせることにもなりかねない。もともと金銀複本位なるものは、金本位がエボルーショナルな形で、銀本位から転化する過程における過渡的な制度であり、理念と現実は必ずしも整合しなかったのである。

（ハ）銀の不足

　金銀複本位制度下においては、並行本位の場合を除くと、計算単位である銀を基準として金の価値が示される比価（ratio）が法定され、それによって金貨と銀貨は一元的な貨幣制度を構成することになる。しかしながら仮にイギリスの比価が近隣の国々における比価を下回る場合には、過小評価された金は輸出され、逆に銀が国内に流入する。

　しかしながら1474年には、イギリスの比価が11.15であったのに対して、ドイツは11.12、フランスは11.00、イタリアが10.58、スペインが9.82であったため、ロンバート人やユダヤ人は裁定取引を行った。1300年から1500年（アメリカの発見は、1492年）にかけて、ヨーロッパにおける金が、東方貿易と、アフリカの東および北海岸からの新産金に依存していたのに対して、銀はハンガリー、トランシルバニア、サクソニー、ボヘミアから産出されたが、貴金属の供給は停滞的であり、景気はデフレ的な圧力を免れえなかった。フランスにおいては、1360年以降比価の低落が顕著であったが、それは銀の生産が低下したためであり、イギリスとてもその例外ではなかった。[注52]

　アメリカが発見された当時の比価は、1対11前後であり、当初はコルテスらによって略奪された金がヨーロッパに流入したが、1521—44年には銀の年平均生産量が金の12.6倍に達するとともに、金額的にも金を凌駕した。とくに1581—1600年に銀の供給は、重量ベースで金の56.8倍、金額ベースでは4倍も上回った。1700年には、重量ベースでみると金の30倍程度に減少したが、金額的には金の2倍に達していた。そのような状況の中で、比価は1対11から1対15程度に変化し、金の価格が36％上昇したのに対して、銀は26.7％下落した。[注53]

　1344年にイギリスの第二回目の金貨鋳造の試みが失敗したのも、金貨が過小評価されていたためであるが、アメリカの発見から17世紀の末に至るまで、イギリスの銀は過大評価されていた。その結果として流通の主体が銀貨によって占められただけでなく、良質の金、銀貨は熔解、輸出、退蔵に向けられた。[注54]

　しかしながら17世紀に入ると金の生産が増加する反面、銀の生産が減少し、とりわけ1689年以降、英仏戦争の勃発後は、カディスからの安定的な銀の供給が杜絶した。そのような事態のほかに、銀の市場価格が鋳造価格を上回ったため、銀貨の鋳造が停滞を続けたのに対して、金貨の鋳造は増加し、1676—1695年には、銀貨の数倍に達した。しかしながら海外の比価に比べると、割安であったイ

第3表　ヨーロッパの金銀比価（1252—1506年）

年	イタリア フローレンス	ベニス	ミラノ	フランス	イギリス	ドイツ A	ドイツ B	スペイン	ブルグンディ
1252	10.75	..	..	..	..	..	..	..	..
1257	..	..	..	..	9.29	..	..	..	..
1284	..	10.84	..	..	..	..	..	..	..
1296	11.10	..	..	..	..	..	..	..	..
1303	..	..	..	..	..	..	..	..	12.1
1305	10.88	..	..	..	..	..	..	..	..
1308	..	..	..	..	..	..	..	..	..
1315	..	..	..	..	..	..	..	..	..
1324	13.62	13.99	..	..	..	..	..	..	..
1338	..	..	..	12.61	..	..	..	..	..
1343	..	..	..	..	..	..	..	..	..
1344	..	..	..	..	12.59	..	..	..	..
1344	..	..	..	..	11.04	..	..	..	..
1345	11.04	..	..	..	..	..	..	..	..
1346	..	..	..	11.11	11.57	11.33	..	..	..
1347	10.91	..	..	..	..	..	..	..	..
1348	..	..	..	..	..	..	..	..	12.1
1350	..	14.44	10.59	..	..	..	..	..	..
1351	..	..	..	..	..	..	12.3（リューベック）	..	..
1353	..	..	..	..	11.15	..	..	..	..
1361	..	..	..	12.0	..	..	..	..	..
1365	..	..	..	..	..	11.37	..	..	..
1375	10.77	..	..	..	..	..	12.4（リューベック）	..	..
1379	..	13.17	..	..	..	..	..	..	..
1380	..	..	..	..	..	..	..	..	..
1386	..	..	..	..	..	..	10.76（ライン州）	..	..
1391	..	..	..	10.74	..	..	..	..	..
1399	..	11.69	..	..	..	..	11.16（ライン州）	..	..
1400	..	..	11.630	..	..	..	..	..	..
1402	10.58	..	..	..	..	..	..	..	..
1406	..	..	..	..	..	..	10.66（ライン州）	..	..
1411	..	..	..	..	..	..	12.0（リューベック）	..	..
1412	..	..	..	..	10.33	..	..	..	..
1417	..	12.56	..	10.67	..	..	..	..	..
1421	..	..	..	10.29	..	..	..	..	..
1422	10.16	..	..	..	..	..	..	..	..
1427	..	..	..	9.00	..	..	..	..	..
1429	..	11.04	..	..	..	..	..	..	..
1432	..	..	..	10.87	..	..	..	5.822	..
1435	..	..	..	12.32	..	..	..	..	..

第 12 章　ポンド・スターリングの形成　　　　457

第 3 表の続き

年	イタリア			フランス	イギリス	ドイツ		スペイン	ブルグンディ
	フローレンス	ベニス	ミラノ			A	B		
1441	‥	‥	‥	‥	‥	11.12	‥	‥	‥
1443	‥	12.1	‥	‥	‥	‥	‥	‥	‥
1446	‥	‥	‥	‥	‥	‥	‥	‥	‥
1447	‥	‥	‥	11.44	‥	‥	‥	‥	‥
1450	‥	‥	10.965	‥	‥	‥	‥	‥	‥
1455	‥	‥	‥	‥	‥	‥	12.2 (リューベック)	‥	‥
1456	‥	‥	‥	11.77	‥	‥	‥	‥	‥
1460	9.33	‥	‥	‥	‥	‥	‥	‥	‥
1462	9.37	‥	‥	‥	‥	‥	‥	‥	‥
1464	11.42	‥	‥	‥	11,15	‥	‥	9.824	‥
1471	10.58	‥	‥	‥	‥	‥	‥	‥	‥
1472	‥	11.13	‥	‥	‥	‥	‥	‥	‥
1474	‥	10.97	‥	11.00	‥	‥	‥	‥	‥
1475	‥	‥	‥	‥	‥	‥	‥	10.41	‥
1480	10.83	‥	‥	‥	‥	‥	‥	10.87	‥
1485	10.46	‥	‥	‥	‥	‥	‥	‥	‥
1486	‥	‥	‥	‥	‥	‥	‥	10.98	‥
1488	‥	‥	‥	11.83	‥	‥	‥	‥	‥
1495	10.46	‥	‥	‥	‥	‥	‥	‥	‥
1497	‥	‥	‥	‥	‥	‥	‥	10.01	‥
1500	‥	‥	10.975	‥	‥	‥	‥	‥	‥
1506	‥	‥	‥	‥	‥	‥	‥	10.262	‥

注：ドイツ A…リューベック鋳造所における金銀の購買価格により算定。
　　　　　B…鋳造所の布告により算定。
出所：W. A. Shaw, *The History of Currency*, (1896), rept. NY, 1967.

ギリスの金貨は、海外に輸出されたために 1660 年代の初頭には、貨幣が不足し、金利が高騰した。そのような状況の中で、1660 年代には、金利の引き下げが行われたほか、1661 年には金銀の地金と鋳貨の輸出が禁止されたが、それらの輸入を促進する観点から 1663 年には、逆に金銀の地金と外国貨幣の輸出が自由化された。しかしながらその効果がみられなかったため、1666 年には鋳造促進法 (Act for Encouraging of Coynage) が制定され、シニョレージの廃止と鋳造手数料の減免 (1/2) が実施された。それにもかかわらず 1666 年以降も銀貨の鋳造は、市場価格が鋳造価格を上回ったことや、銀の地金を輸出できても、銀貨を輸出できないことなどの理由から、依然として停滞を続けざるをえなかった。[注55]

それと同時に 1662 年には、縁刻コインの鋳造法案が成立し、その翌年には既

述のようにギニーが鋳造された。しかしながら良質の縁刻コインは、削損や輸出と退蔵の対象とされ、国内には粗悪なハンマー・コインだけが流通した。

一例として流通していたコインは、鋳造後50年以上を経過し、中には100年以上も昔のコインが含まれていた。[注56]とりわけ英仏戦争の勃発後は、物価が上昇し、イングランド銀行（対仏戦争を遂行するため、1694年に創設された）の対外軍事費の送金や、政治情勢の混迷を背景とする資本の逃避とも相俟って、為替相場が下落した。そのような状況の中で銀地金の輸出と銀貨の退蔵も一段と激化し、その結果としてイングランド銀行券などの信用貨幣と貶質銀貨が、流通の大宗を占めることになった。銀貨の代りに需要の増大したギニーの相場は、当初20シリングであったものが、1690年には21シリング6ペンスとなり、1695年には30シリングに高騰した。その結果として金は過大評価となり、銀の代りに金が、海外から流入することになったのである。[注57]

（二）大改鋳

1696年から1699年にかけて実施された大改鋳（great recoinage）は、銀本位を堅持するとともに、それの修復を基本的な哲学とするものであったが、それは逆にイギリスが金銀複本位制度から、金本位制度に移行するための出発点ともなったのである。

イギリスにおける粗悪銀貨の流通が、人々の関心を集めることになったのは、1694年の末に、既述のごとく為替相場が急落し、金銀の相場が高騰したためであり、この問題をめぐって数多くのパンフレットが発表された。議会もこの問題をとり上げ、1695年には貨幣の削損や輸出について調査を実施するとともに、その対策を講ずるため、庶民院に委員会が創設された。委員会は貨幣の改鋳を勧告し、その後さらに10％の切下げ（devaluation）を提言した。庶民院はこれを承認したが、何らの措置もとらなかっただけでなく、その年の3月には、削損と偽造を処罰し、貨幣を額面以上で受け取ることを禁止した貴族院の法案に修正を加えた上で、これを可決した。議会における審議の過程で、二つの陳情がなされたが、その中にはロック（John Locke）の *Short Observations on a Printed Paper* も含まれていた。その年の5月には、イギリスの大蔵省に助言が求められたが、1695年9月12日には、時の大蔵次官ラウンズ（William Lowndes）によって、報告書（*A Report containing an Essay for the Amendment of the Silver Coins*）が提出された。[注58]

ラウンズは理論よりも改鋳を行うための現実的な方法論を重視したが、銀の価格が上昇したのは、国際収支に及ぼす戦争の影響と金の過大評価によるものと断定し、銀の価格を現行の水準で安定させようとした。その当時の銀の市場価格は、鋳造価格が5シリング2ペンスであったのに対して、6シリング5ペンスであった。そこでラウンズは、純度を変えないで、重量を20％引き下げて、「クラウン貨ごとに6シリング3ペンスのfootに引上げるべきである」と勧告するとともに、それによってギニーの価値は1ポンド5シリング近辺に自動的に調節されると主張した。[注59] しかしながらラウンズ案の最大の特色は、鋳造比率の変更によるデノミネーション（denomination）を提言したことであり、その理由として人々の監視の下では、重量を頻繁に変更するdepreciationが困難であるのに対して、デノミネーションは気付かれずに実施することが可能であると主張した。ラウンズがデノミネーションを提案したのは、人々が1ポンドの20分の1に相当するシリングになじんでいるためであり、そこでsceptre（またはunite）やテストーンなどの新しく鋳造される貨幣の重量をへらす反面、その額面価格は標準重量を有するそれまでのシリングと同一にするのが便利であると主張した。[注60] ロックの表現を借りるならば、ラウンズは、「ペニー、シリング、半クラウン、クラウン等々のわが国の貨幣の現在のすべての呼称が、それぞれ5分の1少い銀を含有するか、さもなければ5分の1価値の少い鋳貨に付けられるかすべきだ」[注61] と主張したのである。

　ニュートン（Isaac Newton）など1―2の例外を除くと、ラウンズ案は物価、とくに輸入価格の上昇を招くことなどの理由から、支持をうることができず、政府もこの案を採択しなかった。[注62]

　それに対してロックの提案は、銀貨の重量をエリザベス1世以来の標準の重量に復帰させようとするものであったので、"restoration" と呼ばれた。ラウンズの報告書に対する反論として、1696年に出版された『貨幣の価値の引上げに関する再考察』（*Eurther Considerations concerning Raising the Value of Money*）の中でロックは、銀が文明化された世界における商業の道具であり、尺度として用いられているのは、銀が内在的な価値をもっているためであり、銀の量によって、あらゆる物品の価値が測定されるためであると主張した。ロックによると貨幣とは、銀を一層商業に適したものとするために、公的刻印によって、その量を確定したものであり、公権力によって定められた標準、すなわちそれぞれの呼称のもとに定められた銀の量は変更されるべきではない。それは公権力が

法律の認めるすべての契約を履行する保証人にほかならないためであり、それ以前に含有していたよりも少ない量の銀を有するに過ぎない正貨を、同一の呼称の下で鋳造することによって、標準を変更するのは、公権力の手で削り取りと同じことを行い、それを強制することにほかならない。そこでロックは、「鋳貨の引上げというのは、気のいい人々をだますもっともらしい言葉に過ぎない」[注63]とのべて、ラウンズに反対するとともに、銀の流入をはかるには、貿易差額の拡大によるべきであると主張したのである。

　1695年の12月に庶民院は、①削損貨幣の幣害を除去する最も効果的な方法は、貨幣を改鋳することであること、②改鋳に当っては、量目と品位に関する鋳造所の標準を遵守すること、③改鋳の費用は公衆が負担すること、④削損クラウン、半クラウンは、一定の期限後、民間取引の決済や納税に使用できないこと、⑤一定の期間内に削損貨幣を改鋳するため、それらの貨幣を鋳造所に提出すべきことなどを決議した。それに基づいて、1695年の12月19日に国王は、削損銀貨の流通を、1696年の1月1日以降禁止するとともに、同年4月2日以降は、一切の支払にこれを使用できないことを布告した（その後この期限は延長された）。[注64]

　1697年の末までには、90％の作業が完了し、1698年と1699年には、少額の改鋳が行われただけであった。改鋳の結果7百万ポンドの銀貨が鋳造されたが、新しい貨幣は鋳造されるや否や、退蔵または地金に熔解された。その原因は、銀の市場価格が鋳造価格を1オンス当り2—3ペンス、時としては6—7ペンスも上回っていたためであった。それに対して金は過大に評価されたため、大量の外国金貨がイギリスに輸入された。[注65]

5　金本位制度の形成

（イ）金本位法の制定

　既述のようにイギリスの金本位制度は、一朝にして形成されたものではなくて、1816年の金本位法制定に先立って、1774年には銀の法貨性に制限が加えられ、1798年にはさらに銀の自由鋳造が停止された。1816年の金本位法は、そのような一連の動きの帰結に過ぎなかったのであり、次のその過程を一瞥してみることにしよう。

　ロックを起草者の一人として、1698年の9月に作成されたCommissioners of the Council of Tradeの報告書は、ギニーを2シリング6ペンスとする場合には、

金銀の比価が1対15.5に相当し、週辺の国々に比べて金が有利になるが、現送[注66]の費用を勘案すると、銀の流出を抑制するためには、支障がないと判断していた。しかしながらその後の事態は予想を裏切り、銀貨の退蔵と輸出が続出する反面、金の流入が持続されたため、1701年には、造幣局長官のニュートンに、報告書の提出を要請した。ニュートンは、1702年の7月、報告書を提出し、イギリスの金銀比価は、フランスよりも9—10ペンス、オランダに対して11—12ペンス、ドイツとイタリアに比して12ペンス以上割高であるとのべるとともに、①ギニーの6—12ペンス引き下げ、②銀地金の原則的輸出禁止、③銀貨の輸出に対するライセンス制の適用、④輸出の振興と贅沢品の輸入抑制を提言した。1702年には戦争が勃発し、1702年から1708年にかけて、金貨の鋳造が減少したので、政府は何らの対策も講じなかった。1709年と11年に議会は、銀貨の鋳造を促進するために法律を施行したが、銀貨の鋳造は1711年以降減少し、銀貨の流出も東印度会社の手によって持続された。[注67]

そのような状況の中で、1717年の8月に貴族院財務委員会（Lords Commissioners of Treasury）は、再びニュートンに対して、金銀貨の現況と周辺諸国の金銀比価について、報告書の作成を求めるに至ったが、1717年の9月に提出された報告書は、ヨーロッパ大陸の金銀比価が、1対14.8ないしは15であり、ギニーに換算して、20シリング5ペンスから20シリング8½ペンスに相当するとのべるとともに、ギニーを6ペンス引き下げて、21シリングとすべきであると勧告した。それに基づいて、1717年の12月には、ギニーを21シリング以上で受け取ることを禁止する旨の布告が公布された。しかしながらそのようなギニーの引下げもさしたる効果がなく、金貨の鋳造が高水準を続ける反面、銀貨の鋳造は依然として低調であった。ちなみに金貨の鋳造は、1772年に銀貨の30倍に達し、1774年以降はその趨勢が一段と増幅された。銀貨の鋳造が停滞した一つの原因は、イギリスの金銀比価がヨーロッパの近隣諸国に比して、依然銀にとって不利であり、しかもイギリスの貿易上重要な役割を演じていた極東では、銀がさらに割高であったためである。いま一つの原因は、1794年、1797年、1798年を除いて、銀の市場価格が鋳造価格を上回ったため、銀貨の鋳造が不利益であったためでもある。その結果として銀貨は、なし崩し的に補助貨幣的な地位に転落することになったのである。[注68]

一方偽造や削損に加えて、海外からも粗悪な貨幣が流入したために、貨幣の貶質化が加速化され、金貨の場合も、重量は平均して9％も不足することになっ

た。しかしながら貨幣を全面的に改鋳することは、財政的にも困難であったため、1774年には金貨の改鋳だけが実施された。この改鋳は、1696年とは違って、成功裡に達成されたが、その原因は1696年当時のように戦時中でなかったことや、金の市場価格が鋳造価格を下回っていたためであった。1774年には同年7月1日以降、軽量銀貨の輸入を禁止するとともに、銀貨の法貨性を25ポンド以下に制限した。その当時銀貨の使用される取引は、通常25ポンド以下であったため、この規定は有名無実のようなものであったが、政府は銀貨の鋳造を行わなかったので、銀貨は名実ともに、補助貨幣の地位に転落することになったのである。上述のような銀貨の輸入制限は、名目的な価値を有するに過ぎない銀を補助貨幣とするために、量的なコントロールを行うために実施されたものであった。注69

　1797年から1798年には、銀の市場価格が鋳造価格を1ペンス下回り、これを放置する場合には、銀貨の鋳造が増加し、金貨の鋳造と流通が減少することも危惧されたため、1798年の6月には、銀貨の鋳造が禁止された。この規制は、1799年の1月1日に撤回されたが、その理由は銀の市場価格が鋳造価格を上回るに至ったためである。注70 この段階でイギリスの金銀複本位制度は、跛行本位に移行することとなり、事実上金本位制度に接近することになったのである。

　1798年には、王国における貨幣の状態を検討するため、貴族院にCommittee of Councilが設置されたが、報告書の提出はナポレオン戦争を理由として、遷延した。その報告書（*A Treaties on the Coins of the Realm*）が提出されたのは、イギリスがワーテルローにおいて勝利を収めた年の翌年に当る1816年のことであった。その中でリバプール卿（Lord Liverpool）は、金銀複本位の幣害を是正するためには、単本位制度を採用することが必要であると主張したが、ロックやハリスと違って「金貨が過去数年間に渉り、同じく現在においても、慣行ならびに民衆の意見では、唯一の財産の主たる尺度であり、商業の手段である」と主張した。しかしながら流通している金貨の重量は、一様ではないので、それらの金貨を回収して、改鋳すべきであると勧告した。注71 それに基づいて制定されたのは、1816年金本位法（Gold Standard Act of 1816、俗称 Liverpool's Coinage Act）であり、そこでは①金貨を無制限法貨とし、それの自由鋳造（ただし2万ポンド相当額以上の地金に制限）をみとめた。②それに対して銀貨は補助貨幣とされ、その支払いは40シリングに制限されるとともに、自由鋳造も禁止された。③同時に20シリングに相当するソブリン金貨を発行し、従来のギニーは21シリングで通用することになった（ソブリン金貨が発行されたのは、1817年の7月5日のこと

(ロ) 正貨支払制限の撤廃

　イギリスの金本位制度は、長い期間にわたって漸進的に形成されたものであり、1816年金本位法も、ホートレー（R. G. Hawtrey）がいみじくも指摘したように、既成の事実を法的に確認したものにしか過ぎなかった。[注72] その反面イギリスの金本位制は、1816年の金本位法によって、完成したわけではなく、そのためには、まずナポレオン戦争によって停止されていたイングランド銀行券の金兌換を再開させることが必要であった（イギリスは1793年の2月、フランスとの戦争に参加したが、正貨の支払いは、1797年の2月27日、勅令によって事実上停止され、同年5月3日の銀行制限条例、Bank Restriction Act によって追認された）。

　正貨の支払制限の撤廃を求める意見は、銀行制限期における地金論争の過程において発生したものであり、それの口火を切ったのはリカードであった。リカードは、モーニング・クロニクル（*Morning Chronicle*）紙に寄稿した「金の価格」（"The Price of Gold"）と題する匿名の論文の中で、1797年以来金地金の価格が高騰した原因を、イングランド銀行券の過剰発行に求め、それを是正するためには、正貨支払の制限を撤廃することが必要であると主張した。リカードによるとイングランド銀行が貸出を行う限り、借手はつねに存在するが、イングランド銀行券の兌換が回復される場合には、金の市場価格が上昇すると、イングランド銀行券は金に兌換され、その金は熔解される。そのようにして過剰な銀行券が回収されるので、一定の金額以上、銀行券は流通しないと考えられたのである。[注73]

　それを契機として1810年には「地金論争」（Bullion Debate）が発生し、1810年の2月には、ホーナー（Francis Horner）の動議に基づいて、金価格の高騰した原因を調査するため、庶民院に「地金委員会」（Bullion Committee）が創設された。委員会の議長には、ほとんどの場合、最も活動的であったホーナー、ソーントン（Samuel Thornton）、およびハスキッソン（Wiliam Huskisson）が交更で就任した。[注74]

　1810年の6月9日には、地金委員会の報告書（*Report, together with the Minutes of Evidence, and Accounts, from the Select committee on the High Price of Gold Bullion*、以下地金報告と略称）が庶民院に提出された。実務家は金地金の高騰を、金に対する需要の増加に求めたが、地金報告はリカードの主張と同じく、兌換性を喪失したイングランド銀行券の過剰発行が元凶であると主張

した。そしてそれを是正するためには、正貨の支払制限を撤廃する以外に方法がないとのべるとともに、その時期として、2年以内に正貨の支払制限を撤廃することは完全に行いえないとしても、議会はその時期の終りまでに、制限を終了させるために、対策を講じなければならないと勧告した。[注75]

議会において本格的な審議が行われたのは、1811年の5月のことであり、地金報告を支持するホーナーは、現在から2年後に正貨支払制限の撤廃を求める16カ条の決議案を上提したが、この案は否決された。それに対してヴァンシタート（N. Vansittart）は、17カ条の反対決議案を提出し、支払制限の撤廃を、ジョージ3世44年の法律第Ⅰ号によって定められた決定的平和条約の締結後6カ月という期限以前の時期とすることは、極めて不適当であり、危険であると主張した。[注76]

1816年の金本位法は、正貨支払制限の撤廃についてふれていないが、1816年の5月にイングランド銀行理事のソーントンは、イングランド銀行が正貨の支払いを再開する準備を進めている旨の発言を行った。その詳細は明らかではないが、イングランド銀行は、金準備を蓄積し、正貨の支払いを部分的に再開する決意を固めていたと伝えられる。事実イングランド銀行は、1816年の11月と1817年の4月、および1817年の9月に、それぞれ段階的に正貨の支払いを部分的に再開したが、正貨の兌換請求が殺到したため、1819年の11月16日には、部分的支払いの再開を取消し、停止条例を延長した。[注77]

1819年の2月には、委員会（Peel's Committee）が創設され、その年の5月に、最終報告書が提出された。そこでは、1820年の2月1日以降、イングランド銀行が請求に応じて、1オンス＝4ポンド1シリングの割合で、60オンス以上の標準品位の金を引渡すこと、1820年の10月1日以降はその割合を3ポンド19シリング6ペンスとし、1821年の5月1日以降は金の鋳造価格である3ポンド17シリング10½ペンスとすべきであると勧告した。地金による支払義務は、正貨支払の再開される1821年の5月1日より、2年以上短くなく、また3年をこえない期間継続されることになった。[注78]

1819年の5月1日には、ピール条例（Peel's Act of 1819、正式にはBank Resumption Act）が成立し、①1823年5月1日まで支払制限が継続されるとともに、②1820年の2月1日以降、上記報告書の勧告に従って経過措置がとられたほか、③地金とコインの取引が自由化された。さらに1819年の7月6日には、議会の協賛を経ないで、イングランド銀行が政府に貸上げを行うことが禁止され

た。しかしながら正貨の支払いが再開されたのは、予定よりも2年早い1821年5月1日のことであった。

(ハ) ピール銀行法の制定

　1822年頃までは、戦前の正常な状態に復帰することが最大の課題とされ、1823年には、ほぼその目標が達成されたかにみられていた。しかしながら1825年の恐慌は、正貨兌換の再開と自由貿易だけでは、恐慌の発生を防止しえないことが歴然と示される結果となったのである。とりわけ戦争の再発を常に危惧していた政府は、戦争や凶作に際しても、正貨の支払いを停止しないですむ方法について腐心せざるをえなかった。ハスキッソンは、金を紙券に代える方法が企業活動にとって好しくないとのべるとともに、複本位制度を支持したが、1828年に辞任したため、この構想は挫折した。イングランド銀行はその特権を脅かすものとして、複本位の復活に反対したが、1827年にハスキッソンが、紙券信用の急激な膨張、または反対にそれの収縮を防止する方法を諮問したのに対して、イングランド銀行のペニングトン（J. Penington）は、1832年のパーマー・ルール（Palmer Rule）に類するような提案を行った。また1828年から30年にかけてイングランド銀行の副総裁であったパーマー（J. H. Palmer、1830—33年総裁）は、イングランド銀行が最後の貸手となるためには、地方銀行の銀行券をコントロールすべきであると主張し、イングランド銀行が銀行券の発行を独占するために、後述の通貨主義を支持するに至ったのである。[注79] 次に通貨主義に基づいて、1844年のピール銀行条例が制定されるまでの経過を、簡単に一瞥してみることにしよう。

　正貨の支払いを再開した後のイングランド銀行にとって、最初の試練となったのは、1825年の12月に発生した恐慌であった。1825年には、豊作に加えて商工業も活況を呈し、イングランド銀行の正貨準備も増加した。イングランド銀行の政府貸上が増加するのに伴って国債の利率が引き下げられたため、資金は新興南米諸国の公債をはじめとして、投機的な投資対象に転換された。南米向の証券投資は、国民1人当りにして150ポンドに達し、国富の3分の1を占めるに至った。株式相場も急騰し、物価も上昇したが、やがてその反動が発生した。株式と物価は下落し、綿花取引の思惑から大商社の破産が続出した。そのような状況の中でイングランド銀行は、1797年の政策を放棄し、小額銀行券を中心として、通貨発行量を増加させたが、36の地方銀行やロンドンの大商社が倒産した。イング

ランド銀行は、正貨の支払いを停止しようとしたが、政府がこれに反対したため、イングランド銀行は、銀行券の増発と、信用の拡大を余儀なくされた。[注80]

その結果さしもの恐慌も鎮静化するに至ったが、イングランド銀行と地方銀行は、相互に責任を転嫁した。1826年の3月には、恐慌の一因と目されていた小額銀行券の発行が、Small Bank Note Restriction Actによって禁止された。またその年の5月には、「銀行組合法」(The Banking Co-operationship Act) が制定され、①ロンドンから半径65マイル以内で店舗を開設しないことを条件として、株式組織銀行は預金・発券銀行業務をみとめられた。②反面その代償としてイングランド銀行は、地方支店の開設をみとめられた。これは株式組織と支店銀行制度をとり入れたスコットランドの銀行が、恐慌に強いことが注目されたためであり、それを契機として、株式組織の銀行が台頭し、イングランド銀行は株式預金銀行と密接な関係を保ちながら、中央銀行への途を漸進的に辿ることになったのである。[注81]

さらに1832年には、イングランド銀行特許条例の満了を1年後に控えて、議会に調査委員会が設けられ、①発券の統制、②ロンドンに株式組織銀行を設立する可能性、③イングランド銀行券の法貨性、④高利禁止法の適用免除、⑤イングランド銀行の財務公開について審議を行った。まず①については、イングランド銀行の理事も、地金報告の原理を支持し、為替相場、地金価格に対応して、銀行券の発行をコントロールすべきであると主張した。とりわけパーマーは、有価証券投資を資産の1/3に止め、1/3は地金で準備として保有するパーマー・ルールを提唱した。ノーマン(G. W. Norman)理事も、これを支持し、1833年の条例(Bank Charter Act)は、①5ポンド以上のイングランド銀行券を法貨としてみとめるとともに、②3カ月未満の手形の割引に対する高利禁止法の適用を免除した。[注82]

1833—36年には、豊作が続き、経済は繁栄を謳歌したが、株式組織地方銀行の設立に伴う信用の拡大と利子率の低下、鉄道ブームの勃興などにより、投機熱が再燃した。その反面において、対米投資や信用危機下のアイルランドに対する支援などにより、正貨準備が減少したが、イングランド銀行はアイルランドと密接な取引関係にあるランカシャーの恐慌、およびアメリカ系商社を救済するために、貸出を増加した。その結果金は還流し始めたが、1839年にはベルギーにおける銀行の倒産を契機として、フランス銀行がロンドンから資金を引き揚げ、アメリカもこれにならったため、イングランド銀行は破産寸前の窮地に立たされた。

それを救ったのは、フランス銀行の支援であったが、この恐慌では63の地方銀行（うち29は発券銀行）が倒産した。[注83]

そのような恐慌の原因をめぐって展開されたのは、地金報告の流れをくむ通貨主義（Currency Principle）と、それに対抗する銀行主義（Banking Principle）の対立であった。この論争を紹介することは、本稿の主たる目的ではないので、詳細は割愛するが、通貨主義の唱導者としては、ロイド（Samuel Jones Loyd、のちのオーヴァストン卿、Lord Overstone）、ノーマン、トレンズ（Robert Torrens）があげられる。通貨主義は預金通貨を否定し、金属貨幣のみを通貨としたが、一例としてオーヴァストンは、1840年の7月、「発券銀行調査特別委員会」（Select Committee on Banks of Issue）において、内在的な価値を具有する金属貨幣が自己調節力を備えているのに対して、自由に発行できる紙券については、統制が必要であると主張した。[注84]とくにトレンズはイングランド銀行を、銀行部と発券部の二部門に分けることを主張したが、クラッパム（J. Clapham）によると、それを創唱したのは、リカードであった[注85]（Plan for the Establishment of a National Bank, 1824）。

それに対して銀行主義の代表者は、トゥック（Thomas Tooke）とフラートン（John Fullarton）であり、トゥックは通貨主義者が同一視した銀行券と鋳貨および不換紙幣の区別を明らかにするとともに、銀行券については、過剰発行が生じないと断定した。なんとなれば兌換銀行券が発行されるのは、貸付または割引によるものであり、特定の目的に必要とされる額をこえる銀行券は、預金や返済、あるいは兌換の形で発行銀行に還流すると主張した。[注86]綿業資本のメッカであったマンチェスターは、通貨主義を支持し、マンチェスター商業会議所会頭のJ・B・スミス（John Benjamin Smith）は、後述の1844年ピール銀行条例におけるイングランド銀行の発行部と同じような責任と権限を有する国立銀行の設立を提言した。それに対して中部イングランドの中小金属加工業と農業を基盤とするバーミンガムは、金本位に反対し、複本位あるいは銀本位に好意的な態度を示すに至った。[注87]

調査委員会は5年間存続したが、何らの結論もえられず、一つの報告書さえも提出されなかったが、通貨主義の影響をうけたピール（Robert Peel、1841年首相就任）の提出した法案は、1844年の銀行特許条例（Bank Charter Act of 1844. 俗にピール銀行法、Peel's Bank Act）として成立した。この条例は、イングランド銀行と地方銀行に関するものに分れ、イングランド銀行については、発

券部と銀行部に区分されることになった。発券部は、1,400万ポンドまで証券を担保として銀行券を発行することができるが、それをこえる場合には、全額鋳貨または地金の準備（銀は1/5をこえてはならない）を必要とすることになり、紙券についても金属貨幣と同一の自己調節力が期待されることになった。一方地方銀行については、銀行券の発行を、1844年以前にこの特権を与えられた銀行のみに限定し、その発行額も1844年4月27日以前の12週間の平均発行高を超えることができなかった。また破産した銀行は、発行権を剥奪され、その3分の2は、イングランド銀行券の保証発行額の増加によって吸収された。なお地方銀行の銀行券には、法貨性がみとめられなかった。[注88]

　1844年のピール銀行法は、1833年銀行特許条例の中断条項（break clause）の発動によるものであり、イングランド銀行がパーマー・ルールを遵守していたならば、1833年の特許は、21年間そのまま延長されたものとみられている。とりわけ正貨の支払いを維持するために、フランスの支援を仰がざるをえなかったことは、イングランド銀行のビヘービァーに対する批判的な世論を喚起することになったのである。そのような経緯から、クラッパムは、ピール銀行法を、ピールと通貨学派によってイングランド銀行に加えられた桎梏とみる見解に対して、イングランド銀行の内発的な動きによるものと解釈している。その証拠として、1844年の1月に、イングランド銀行の総裁と副総裁の意見を聴した際に提出された答申は、保証発行の拡張を除くと、そのまま1844年のピール銀行法にとり入れられていたのである。[注89]

6　むすび

　1844年のピール銀行法によって、イングランド銀行は、銀行券の発行を金属準備に直結させることによって、銀行券の発行特権に対する規制を自主的に甘受する反面、銀行券の発行を独占し、発券中央銀行としての地歩を確立することになったのである。しかしながら1847、57、66、90年の相次ぐ恐慌の発生によって、ピール銀行法は停止され、通貨主義の主張する通貨の自動的な調整が、幻想に過ぎないことは、明白な事実となった（とくに1857、66年には限外発行を行った）。何となれば恐慌の発生に伴って、通貨の増発が必要とされる場合に、イングランド銀行は、正貨の流出に対応して、逆に通貨供給量の削減を余儀なくされるに至ったためである。しかしながらこの問題は、やがて小切手の普及と南ア新産金の

第 12 章　ポンド・スターリングの形成

流入によって、自ら解消されることになったのである。[注90]

　むしろイングランド銀行の中央銀行としての機能を強化することになったのは、銀行部門の活動であり、イングランド銀行の最後の貸手としての地位の確立は、株式預金銀行の形成とも相俟って、ロンドン金融市場の優位性を確立することになったのである。産業革命に伴って「世界の工場」と化したイギリスは、同時に「世界の銀行」として君臨することにもなるが、古典的金本位制度は自由貿易と資本の輸出を促進するための導管となり、支柱ともなったのである。1870年代を迎えると、銀本位に立脚するインドや極東との貿易に大きく依存する綿業資本は、逆に金本位に対して、反旗をひるがえすことになるが、[注91]イングランド銀行を頂点とするイギリスの金融資本は、インドに金為替本位制度を押し付けることによって、ロンドンを中心とする国際決済のメカニズムを保全しようと試みたのである。

注

第1章

(1) James MacGregor Burns, *Roosevelt, The Lion and Fox,* NY., 1956, p.198.
(2) Daniel R. Fusfeld, *The Economic Thought of Franklin D. Roosevelt and the Origin of the New Deal,* NY., 1956, pp.24,27,33.
(3) はじめてニューディールを二期に区別したのは、Basil Rauch, *The History of the New Deal,* NY., 1944 であり、シュレジンガーもこれにならった (Arthur M. Schlesinger, Jr., *The Age of Roosevelt,* Vol.II, Boston, 1957. 中屋健一監修、佐々木専三郎訳、第 2 巻、327-8 頁）が、Elliot A. Rosen, *Hoover, Roosevelt and the Brain Trust,* NY., 1977, pp.119-120 は、1935 年 の Wagner Act, Social Security Act, 1937 年の Fair Labor Standard Act が、第一期ブレーン・トラストの構想に基づくことを理由として、この区分法に異議を唱えた。反面 Badger は、第一期ブレーン・トラストの栄光の時期が、1932—33 年に過ぎず、ニューディールの開始とともに、その役割は周辺的なものに過ぎなくなったとのべている。それによるとモーレーは 1933 年の世界経済会議の失敗によって、権威を喪失し、タグウェル（農業次官）も、ウォーレスが 1935 年に、南部の政治家や綿花商の要求に屈して以来、不遇を託つに至ったという (Anthony J. Badger, *The New Deal,* NY., 1989, p.62)。
(4) Jordan A. Schwarz, *Liberal,* NY., 1987, p.79. モーレーの作成したラジオ演説の草稿 "Forgotten Man" において、ローズヴェルトは、農村部における貧困の克服を最優先の課題とし、公共事業と信用の拡大を公約した。1932 年 3 月のミネソタ州、セントポールにおける演説は、ニューディール計画の第 2 のステップを示したものであり、また Ernest K. Lindley（ローズヴェルト側近の新聞記者）の作成したオグルソープ大学における演説においては、経済計画の促進を提唱した (Ibid., pp.74-5. Rosen, *op.cit.,* pp.127, 131-2, 136)。
(5) Rosen, *op.cit.,* p.142.
(6) Michael Bernstein, *The Great Depression,* Cambridge, 1987, p.187. ローズヴェルトは、統一性よりも多様性を尊重し、チームの精神的な統一よりも、競争原理の導入に伴う迅速な行動を重視した (John Morton Blum, *From the Morgenthau Diaries, Year of Crisis, 1928—1938,* Boston, 1959, p.42)。なおコーネル大学出身のモーゲンソーは、旧師である農業経済学者の George Warren、William J. Myers らを、ローズヴェルトの顧問に招き、農業政策面で、生産制限と所得の再配分を主張するタグウェルやウォーレス (Henry A. Wallace) に対抗した。それだけでなく、ウォーレン、Frank A. Pearson とともに、金価格の引上げ政策を推進した (Ibid., pp.22,40-1) が、モーゲンソーは 1935 年までに、この政策を疑問視するに至った (Blum, *op.cit.,* p.126)。マネタリストの考えはイェール大学 Irving Fisher の考えと相似しているが、(20 年代には安定を重視したが、30 年代にはリフレ政策に変わった) フィッシャーはウォーレンと違って、ドルの金含有量を 2 分の 1 にすることが、物価の 2 倍引上げにつながるとは考えていなかった (William J. Barber, *Designs within Disorder,* Cambridge, 1996, pp.17,25)。
(7) Rosen, *op.cit.,* p.177. フィッシャーは、1934 年の 9 月にも、ローズヴェルトに、金価格の 41.34 ドルへの引上げと、評価益をバックとする Yellowback の発行を進言した (Barber, *op.cit.,* pp.81-2)。
(8) Barber, *op.cit.,* p.26.
(9) 独占に対する取締りの軽視に対する不満は、労働界とビジネスの拍手によって、打ち消された (Barber, *op.cit.,* p.29)。
(10) Rosen, *op.cit.,* pp.202-3. これはバーリーがハーバード大学経済学部の大学院生の協力の下に作成した *The Modern Corporation and Private Property,* 1931 においても指摘され、キャンペーン中に、ローズヴェルトにも示された (Barber, *op.cit.,* p.6)。
(11) Rosen, *op.cit.,* p.154. ただし、National Economic Council の創設は、バーリーの手によるものであった (Ibid.)。

471
(12) Rosen, *op.cit.*, pp.164-7, 169-72. オグルソープ大学でのべられた中央計画の必要性は、アメリカにおける資本主義の終焉を告げたものではない (Ibid., p.174)。タグウェルの考え方は、利潤動機に基づく資本のサボタージュを、テクノクラートの計画によって匡正しようとしたヴェブレン (Thorstein Veblen) の考え方に基づいていた (Barber, *op.cit.*, p.7)。
(13) Schwarz, *op.cit.*, p.79.
(14) Rosen, *op.cit.*, pp.202-5.
(15) Ibid., p.123.
(16) Schwarz, *op.cit.*, pp.79-80. フーバー時代の金本位制度下で、低金利と財政支出とドルの切下げを求めるインフレーショニストや、保護主義的なビジネスは、共和党から民主党に転向した (Thomas Ferguson, "Industrial Conflict and the Coming of the New Deal", in Steve Fraser and Gary Gerstle, eds., *The Rise and Fall of the New Deal Order*, Princeton, 1989, p.13)。
(17) Ferguson, *op.cit.*, pp.6-7,10. 鉄鋼、繊維、石炭などの労働集約的な産業は、共和党を支持し、高関税と政府の補助を求めるとともに、ストを弾圧したが、Standard Oil of New Jersey, General Electric などの資本集約的な企業は、労使の協調、関税の引下げ、ヨーロッパの復興に対する支援を要求し、民主党を支持した。後者はニューヨークの国際銀行家、新聞・ラジオ・雑誌などのメディアとタイ・アップした (Ibid., pp.7-9)。
(18) Ibid., pp.11-4. テキサス東部の油田開発に伴って、石油価格が下落したため、ロックフェラーはフーバーに救済を求めたが、拒絶された。それに対してローズヴェルトは、ロックフェラーの顧問であり、有力な民主党員でもある Beardsley Ruml の策定する農業調整計画を受け入れた (Ibid., p.15)。また初期ニューディールの方向づけに貢献した Colonel Edward House は、オールドリッチの親友であり、チェース銀行の役員と姻戚関係にあった (Ibid., p.15)。
(19) Ibid., p.17. ローズヴェルトの大統領就任後、Standard Oil of NJ の民主党に対する献金は増加し、金本位からの離脱を求める圧力が強化された (Ibid.)。Fisher と Warren は Committee for the Nation の有力メンバーであり、Warburg 等がイギリスやフランスの圧力によって、ドルの金含有量を 25-30%の小幅引下げに止めることを恐れて、ローズヴェルトに忠告した。なお、ウォーバーグは、金本位を近代化し、為替相場の決定にあたって、各国の裁量の幅を拡大しようとした (Barber, *op.cit.*, p.34)。ケインズとフィッシャーはこれを歓迎した (Ibid., pp.34-5)。
(20) Ferguson, *op.cit.*, p.17. 全国産業復興法は、30 時間雇用法の代案として、Hugh Johnson とタグウェルによって起草されたものであり、その概要は次のとおり。(1) 政府と民間の代表によって、業界ごとの Codes of Fair Competition を作成する。その場合は、独禁法の適用を免れる。(2) 7 (a)条により、労働者は組合の結成と、団体交渉権を与えられる。(3) 労働者は公平な賃金を保障され、基準労働時間が示される。(4) 33 億ドルの公共支出を行う。タグウェルは Swope と違い、資源配分の決定に当たって、ビジネスの自律性をみとめなかった (Barber, *op.cit.*, p.10)。
(21) Robert F. Burk, *The Corporate State and the Broker State,* Cambridge, Mass., 1990, pp.111-4.
(22) Ibid., pp.123-131,144. ロックフェラーやメロンなども、NAM に対する献金を増額した (Matthew Josephson, *The Money Lords,* NY., 1972, p.25)。なおタグウェルは、銀行を国有化し、郵便局をそれの全国的規模の支店にしようとしていた (Ibid., p.155)。
(23) Clyde P. Weed, *The Nemesis of Reform,* NY., 1994, p.77. Liberty League は、政治に対する不介入の方針をすて、政府を公然と批判し始めた (Ibid.)。
(24) Ferguson, *op.cit.*, p.17. 一例として 1934 年には、労働者の 7 分の 1 が争議にまき込まれた (Weed, *op.cit.*, p.33)。
(25) Ferguson, pp.18-20. Bernstein, *op.cit.*, pp.201-2. Robert M. Collins, *The Business Response to Keynes,* NY., 1981, pp.32-3.
(26) Clyde P. Weed, *The Nemesis of Reform,* NY., 1994, p.80.
(27) BOA は持株会社 (Transamericana Corp.) を通じて他州の銀行を買収し、州際業務を認めさせようと運動していた。その試みは、モーゲンソーらの反対によって、陽の目をみるに至らなかったが、BOA はロビー活動を持続した (Mathew Josephson, *The Money Lords,* NY., 1972, p.170)。なお NAM の起源は、1833 年に遡り、政府と業界の意見調整を行い、政府の景気対策について助言を行っ

た。ハリマンを会長とし、GE、GM、Seas Roebuck、AT & T、Du Ponts などの代表がこれに参加した (Robert M. Collins, *The Business Response to Keynes*, NY., 1981, pp.57-9)。
(28) Collins, *op.cit.*, pp.39,56-7.
(29) 自由貿易政策の支持者の中には、ローズヴェルトと訣別していた Warburg や、その友人の Dean Acheson, Henry Stimson らがおり、綿花商の William Clayton が Liberty League を脱退したほか、共和党を支持していた約 200 の企業も、自由貿易を支持した。これらの国際派は、1936 年の三国通貨協定に基づく為替の安定に歓迎の意を表明した (Thomas Ferguson, "Industrial Conflict and the Coming of the New Deal", Steve Fraser and Gary Gerstle, *The Rise and Fall of the New Deal Order*, Princeton, 1989, p.22)。
(30) Alan Brinkley, *The End of Refrom*, NY., 1995, pp.25-6. ローズヴェルトは 1932 年の選挙戦で、均衡財政を公約した (W. J. Barber, *Designs within Disorder*, Cambridge, 1996, pp.99,103)。均衡財政はニューディールの勝利とみられていたが (Brinkley, *op.cit.*, p.26)、ローズヴェルトに均衡財政を説得したのはモーゲンソーであり、Marriner Eccles はこれに反対した (Ibid., pp.27-8)。モーゲンソーは経済学を知らなかったが、1933 年の 11 月、病気療養中の財務長官を代行し、1934 年の 5 月、財務長官に就任した (Ibid.)。物価は建設資材を中心として値上りし、1936 年の 9 月以来卸売物価は、10%上昇した (Bauer, *op.cit.*, p.103)。
(31) Brinkley, *op.cit.*, pp.27-9. 不完全雇用下の不況は、驚愕に値するものであった (Bauer, *op.cit.*, p.104)。
(32) Barber, *op.cit.*, p.108. ケインズは「楽観の誤算」に帰したが (Ibid.)、この不況は Roosevelt Recession と呼ばれた (Brinkley, *op.cit.*, p.23)。
(33) Barber, p.139. Brinkley, *op.cit.*, p.53. 1937—38 年にも、政府が賃金、物価、投資をコントロールしようとする考え方は、農務省におけるタグウェルの友人達にみられたが、1938 年にはタグウェルもワシントンを去り、ニューディールに反対する保守派勢力が逆に台頭した (Brinkley, *op.cit.*, p.39)。
(34) Brinkley, *op.cit.*, p.49.
(35) Schwarz, *op.cit.*, pp.112-4, 118-9. なおブランダイスといえども、鉄鋼会社が巨大化する必然性をみとめていた (Badger, *op.cit.*, p.78)。
(36) Brinkley, *op.cit.*, pp.50-1. Schwarz, *op.cit.*, pp.132-7. ケインズのローズヴェルトに対する公開質問状は、ジャーナリズムに取り上げられた。またケインズは訪米時に、ローズヴェルトと会談したが、ケインズはローズヴェルトに経済学の素養が欠けていることを知った。一方のローズヴェルトは、ケインズが経済学者よりも数学者ではないかと訝り、ケインズに尊敬を払わなかったという (Schwarz, *op.cit.*, p.135)。
(37) Brinkley, *op.cit.*, p.154. コーコランが Harry Hopkins に次ぐ、ローズヴェルトの側近にのし上った契機は、ケネディ家のパーティで知り合った大統領秘書の紹介で披露したアイルランドの民謡が、ローズヴェルトを魅了したためといわれる (Schwarz, *op.cit.*, p.139)。
(38) Schwarz, *op.cit.*, p.145.
(39) Brinkley, *op.cit.*, p.55.
(40) Ibid., 伝統的な反独占主義は、中西部のプログレッシブと接合した (Ibid.)。
(41) Schwarz, *op.cit.*, p.183.
(42) Ibid., p.163, 169, 172. しかしながらエクルズは、イージー・マネー政策に反対した。1937 年の 11 月に作成した "Causes of Recession" は、新しい連邦支出を説いた重要な文書となった (Brinkley, *op.cit.*, p.97)。
(43) Ibid., p.185.
(44) Ibid., Currie は 1920 年代に London School of Economics に留学し、ケインズの学説にふれたという。Currie をワシントンに紹介したのは、Leon Henderson であり、1937 年の初めには、官界とのネットワークが形成された (Brinkley, *op.cit.*, p.96)。Currie は、Harry D. White, Albert G. Hart らとともに、1934 年の 6 月、ヴァイナーの推薦により、Freshman Brain Trust となったとの説もある。Currie と Hart は、100%準備論者であった (Ronnie J. Phillips, *The Chicago Plan and New Deal Banking Reform*, Armonk, 1995, p.95)。またバウアーは、ハーバードの同僚とともに、1934 年、

ニューディールを賛美する手紙をローズヴェルトに送ったことが、ワシントンで注目される機縁となり(その当時ハーバードは、ニューディールに批判的であった)、エクルズを通じて Fed 入りをしたとのべている (Bauer, *op.cit.*, p.87)。
(45) Schwarz, *op.cit.*, p.185. Ruml はエクルズによって、ニューク連銀の理事に選ばれ、ニューディーラーとロックフェラーの双方に貢献した。彼は政府と企業の橋渡し役に努め、ニューディールの財政政策を経済界に理解させようと努力した。12 の連銀区に Investment Trust を作り、証券の売買を通じて、資金の調達と、雇用の増加をはかろうとするプランは、実現しなかったが、連邦予算を使って、信用と投資を増大させようとした (Ibid., pp.186,190)。
(46) Brinkley, *op.cit.*, pp.62-8,70-7. エクルズは、ケインズを読まなかったと告白している (Marriner S. Eccles, *Beckoning Frontiers*, NY., 1951, p.132)。エクルズは著名な評論家 Stuart Chase を介して、タグウェルと面会し、財務長官の特別顧問となった。その後、Fed の総裁に就任した (Barber, *op.cit.*, p.86)。
(47) Brinkley, *op.cit.*, p.84.
(48) Ibid., pp.98-103. 独占対策として、1938 年の 4 月には、議会に Monopoly Message を提出し、経済力の集中について調査するため、50 万ドルの予算を計上した。それにより Temporary National Economic Committee が創設された (1941 年に廃止) (Barber, *op.cit.*, p.115)。
(49) Barber, *op.cit.*, pp.116, 129.
(50) Lee R. Tilman, *"The American Business Community and the New Death of the Deal"*, Ph.D. diss. University of Arizona, 1966, pp.1-7. Basil Rauch は、ローズヴェルトがナチスに対抗するため国内問題より国際問題を重視するに至ったことを、ニューディール終焉の理由とし、タグウェルは孤立主義の台頭を指摘した。Broadur Mitchell は国内要因を重視し、S. Everett Gleason と William L. Langer は、国内と国外双方の要因を指摘した (Ibid.)。
(51) Brinkley, *op.cit.*, pp.40-2.
(52) Alan Brinkley, *The End of Reform*, NY., 1995, p.17 (以下 *End of Reform*). Robert M. Collins, *The Business Response to Keynes*, NY., 1981, p.78.
(53) Brinkley, *End of Reform*, p.171. William J. Barber, *Designs within Disorder*, Cambridge, 1996, p.110.
(54) Brinkley, *End of Reform*, pp.142-3. 1939 年には Works Financial Bill が議会で否決され、リベラルの凋落を印象づけることになったが、1943 年の末までには、Civilian Conservation Crops、Works Progress Administration などのニューディール計画が廃止された。その間 House Special Committee to Investigate Un-American Activities (議長はテキサス州出身の Dies 民主党議員) は、リベラルを共産党員と同一視し、2,000 人以上の共産主義者とシンパ (ホプキンズ、イッキーズなども、これに含まれていた) が、政府に巣くっていると警告した (Ibid., p.141)。
(55) Ibid., pp.144-6. リベラルは戦時機関のみならず、民政機関においても、ポストを与えられなかった (Ibid.)。なおリベラルは、戦時中に「改革」から「権利」に目を向けた (1940 年にローズヴェルトは、四つの自由を提唱したが、ゼスチュアーに止り、ローズヴェルトは、内政に興味を失った) が、それは経済問題からの後退を意味した。ローズヴェルトは、アフリカ系アメリカ人の票を狙って、社会福祉を拡充しようとしたが、南部民主党の反撥を恐れて、Anti-Lynching Bill に対しては、支持を表明しなかった (Ibid., pp.143,164-70)。
(56) Ibid., p.148.
(57) Josephson, *op cit.*, pp.278-9,281. 保守派も戦時支出に伴う財政の赤字を容認した (Ibid.)。ローズヴェルトは七つの委員会を作ったが、Knudsen のほか、工業原料委員会には U. S. Steel の Edward R. Stetinus が委員長になった (Ibid., p.282)。なお NADC の本部は、連邦準備制度の建物の一角にあり、その隣には、ロックフェラー、ハリマン (ステッティナスの顧問) の部屋があって、ビジネスの利益確保に目を光らせていたという (Ibid., p.283)。
(58) Brinkley, *End of Reform*, pp.190-2. 戦時中の鉄鋼不足を背景として、急速にのし上がったのは、Henry John Kaiser であり、RFC の融資をうけて、Kaiser Steel を創設した。戦後はジープの生産に乗り出し、一大帝国を形成した (Josephson, *op.cit.*, p.293)。

(59) Josephson, *op.cit.*, p.298.
(60) Ibid., pp.308-14, 316-19.
(61) トルーマンが副大統領に選ばれた理由としては、次のようなことが考えられる。(1) 北部都市部のリベラルや、アフリカ系アメリカ人は、ウォーレスを支持したが、彼は党員の支持を欠いていたこと。(2) 党の新旧チェアマンが、ウォーレスに反対したこと。(3) ローズヴェルトは、議会工作を重視せざるをえなかったこと。(4) ローズヴェルトとしては、リベラルの結束よりも、党の団結を優先せざるをえなかったこと。(5) トルーマンは、南部の民主党員にアクセプトされたこと。(6) トルーマンは旧式の政治算術にたけていたこと。(7) 1944 年税制改革案等で、ローズヴェルトを支援したこと。(8) トルーマンは、大統領となる野心をもたなかったこと (Sidney M. Milkis, *The President and Parties*, NY., 1993, pp.149-50)。トルーマンは、外交経験がなく、ローズヴェルトから戦争と外交問題、および戦後の平和計画について、何も聞かされていなかった。副大統領に就任してからローズヴェルトが死去するまで、ローズヴェルトに会ったのは、二回だけであり、マンハッタン計画も、大統領就任後 1 カ月間知らされていなかったという (William E. Leuchtenburg, *In the Shadow of FDR*, Ithaca, 1983, pp.6-7)。
(62) Robert J. Donovan, *Conflict and Crisis*, Columbia, 1977, P.XVI, 26. トルーマンはローズヴェルトと、教育や富や出自を異にし、アイビー・リーグ出身のリベラルに対して、劣等感を抱いていたという (Ibid., p.26)。
(63) Leuchtenburg, *op.cit.*, p.21. ウォーレスはシカゴの左翼集会において、金権グループが、ローズヴェルトに敵対していると警告し、政府と労働者・農民とビジネスとの闘争を予告した (Graham White and John Maze, *Henry A. Wallace*, Chapel Hill, 1995, pp.182-3)。
(64) Leuchtenburg, *op.cit.*, p.23.
(65) Ibid., pp.25, 30-31. Milkis, *op.cit.*, p.154. しかしながら世論調査によると、トルーマンの支持率は、第一期よりも低下した (Leuchtenburg, *op.cit.*, p.34)。
(66) Leuchtenburg, *op.cit.*, p.35.
(67) Ibid., pp.36-9.
(68) Brinkley, *op.cit.*, p.200.
(69) Collins, *op.cit.*, pp.100-4. それは完全雇用の達成を緩和し、保守的な会議所の勝利を示唆するものであった (Ibid., p.109)。
(70) Collins, *op.cit.*, pp.124-8. 戦争直後の小ブーム期である 1945 年以来、会議所は共和党以上に、大幅の減税を要望した (Ibid., p.126)。
(71) 商務省は 1941 年の 8 月、戦後計画の策定に取り組み始め、パール・ハーバーから 1 カ月後に、"A Program of Postwar Planning" を作成した。当初ビジネスは、民間の意見を無視した政府のやり方に抗議していたが、商務省からその計画を示された BAC は、全面的な協力を約束した。商務省としても、人手不足のため、その役割を技術の提供と助言にとどめ、スタッフをビジネスに仰ぐことになった。ただしそのための委員会は、NAM、会議所との申し合せにより、その役割を終戦直後のビジネスが直面する問題に、限定されることになった。なお Hoffman と Benton は、1941 年シカゴ大学のキャンパスで、産学協同の夢を語り合っていたという (Karl Schriftgiesser, *Business Comes of Age*, NY., 1960, p.9 ff.)。
(72) Collins, *op.cit.*, pp.133-4.
(73) Ibid., p.136. Currie は 100％準備制の導入によって、民間の信用創造を抑制するとともに、政府が通貨供給量をコントロールすることによって、金融面から経済の安定を達成しようとした。彼は安定成長に必要なマネー・ストックの伸びを、3—4％と想定し、増税の代わりに、ニュー・マネーによって、経常支出を賄う案を提言した。1934 年の秋には、フィッシャーも、100％準備制を支持し、1940、45 年にも、再びこれの導入を提言した (W. J. Barber, *Designs within Disorder*, Cambridge, 1996, pp.84, 89, 91, 158)。
(74) Collins, *op.cit.*, pp.138-40. コリンズは CED の提言を、財政・金融政策と Corporatist 的な価値観をミックスすることによって、ヨーロッパ型の社会主義に対するアメリカ式解答を提示したものと解釈している (Ibid., p.141)。

(75) Ibid., p.137.
(76) Schriftgiesser, *Business and Public Policy*, London, 1967, pp.117 ff..
(77) William J. Barber, *From New Era to New Deal*, Cambridge, 1985, pp.16, 18-9.
(78) 1920年代におけるムッソリーニの成功は、コーポラティズムに対する支持を高める一因となった (John A. Garraty, *The Great Depression*, San Diego, 1986, p.148)。
(79) Michaels Bernstein, *The Great Depression*, Cambridge, 1987, pp.184-5.

第2章

(1) Richard N. Gardner, *Sterling Dollar Diplomacy*, 1969, p.xxxviii (村野孝・加瀬正一訳『国際通貨体制成立史』上、昭和48年、28頁).
(2) Sydney E. Rolfe, *Gold and World Power*, 1966, p.15 (竹内一郎訳『ドル・ポンドと為替調整』上、昭和43年、33頁).
(3) W. S. Churchill, *The Second World War*, Vol.III, 1950, p.385 (毎日新聞社翻訳委員会訳『第二次大戦回顧録』11巻、昭和26年、100頁).
(4) R. F. Harrod, *The Life of John Maynard Keynes*, 1951, p.512 (塩野谷九十九訳『ケインズ伝』下、昭和47年、568頁).
(5) Paul Einzig, *Hitler's New Order in Europe*, 1941, London, p.2.
(6) Alan S. Milward, *War, Economy and Soriety, 1939—1945*, 1977, pp.162-3.
(7) D. E. Moggridge, *Keynes*, 1976, p.137 (塩野谷祐一訳『ケインズ』昭和54年、p.174).
(8) Armand Van Dormael, *Bretton Woods : Birth of a Monetary System*, 1978, p.5.
(9) 「フンク経済相の欧洲広域経済に関する声明」大蔵省『調査月報』第31巻第1号、昭和16年1月、104-11頁。
(10) ワーゲマン、景山哲夫訳『金本位放棄論』昭和15年、80頁。
(11) Paul Einzing, *Will Gold Depreciate?*, London, 1937, pp.74-81.
(12) Milward, *op.cit.*, p.314.
(13) Einzig, *Hitler's New Order*, pp.7-8,12-3.
(14) *The Economic Journal*, Dec. 1940, pp.449-52.
(15) Milward, *op.cit.*, p.314.
(16) Dormael, *op.cit.*, p.7.
(17) Einzig, *Hitler's New Order*, p.9.
(18) 外務省調査局第一課『米英戦後案の研究』昭和18年、19頁。
(19) Einzig, *Hitler's New Order*, p.10.
(20) Harrod, *op.cit.*, p.503 (前掲邦訳、558頁).
(21) 前掲大蔵省『調査月報』111頁。
(22) Harrod, *op.cit.*, p.503 (前掲邦訳、558頁).
(23) Moggridge, *op.cit*, 1976, pp.138-9 (前掲邦訳、174-176頁).
(24) Harrod, *op.cit.*, p.504 (前掲邦訳、559頁).
(25) Ibid., pp.505,509 (前掲邦訳、560-1、564頁).
(26) A. P. Thirlwal (ed.), *Keynes and International Monetary Relations*, 1976, p.4.
(27) E. F. Penrose, *Economic Planning for the Peace*, 1953, p.18.
(28) Dormael, *op.cit.*, pp.32-5.
(29) Ibid., pp.48.
(30) Ibid., pp.35-6.
(31) P. Einzig, *The Exchange Clearing System*, 1935, p.56.
(32) Frank C. Child, *The Theory and Practice of Exchange Control in Germany*, 1958, p.3.
(33) Ibid., pp.15-21.
(34) Howard S. Ellis, *Exchange Control in Central Europe*, 1941, p.180.

(35) Child, *op.cit.*, p.28.
(36) Ellis, *op.cit.*, p.185.
(37) Child, *op.cit.*, pp.38-48.
(38) Child, *op.cit.*, pp.131-4.
(39) Ibid., pp.135-9.
(40) Ibid., pp.141-3. ちなみに 1939 年までには九つのマルク勘定が存在していた。(1) 自由マルク勘定、(2) 優遇封鎖マルク勘定、(3) 商業マルク勘定、(4) 移民封鎖マルク勘定、(5) 旧勘定、(6) 登録マルク、(7) 特別旅行マルク勘定、(8) "Haaura"、マルク勘定（ユダヤ人の保有するマルク)、(9) アスキマルク（H. E. Evitt, *Exchange and Trade Control*, 1962, p.44)。
(41) Child, *op.cit.*, p.177.
(42) 南満洲鉄道株式会社調査部『独逸占領地域の経済経営』昭和 16 年、38 頁。
(43) Einzig, *Hitler's New Drder*, pp.84-5.
(44) 横浜正金銀行調査部『独逸を中心とする清算協定の沿革現状及将来』昭和 16 年、21-6 頁。
(45) 金原賢之助『戦時世界経済の物価・通貨・為替』昭和 15 年、240 頁。
(46) 同上、241-2 頁。
(47) *Economist,* May 3, 1941.
(48) Shun-Hsin Chou, *The Chinese Inflation 1937—1949*, 1963, pp.121-2.
(49) Ibid., p.123.
(50) David Rees, *Harry Dexter White : A Study in Paradox*, 1973, pp.105-7.
(51) S. Chou, *op, cit.*, p.124.
(52) D. Rees, *op, cit.*, p.107.
(53) S. Chou, *op, cit.*, pp.128-9.
(54) Robert W. Oliver, *International Economic Cooparation and the World Bank,* 1975, p.92.
(55) Frederick C. Adams, *The Export-Import Bank and American Foreign Policy, 1934—1939,* 1976, pp.197-8.
(56) Ibid., pp.200-1.
(57) Ibid., p.207. ここで米州会議の通貨協力面における主な事蹟を鳥瞰してみると、第一回米州会議は、米州間における銀行取引を発展させるための憲章を作成し、米州銀行（Inter-American Bank）の創設を決議した。1902年の第二回米州会議も、強力な米州銀行の設立を勧告したが、そこではニューヨーク、シカゴ、サンフランシスコ、ニューオリーンズ、ブエノス・アイレスなどの商業中心地に事務所を開設し、加盟国の国内法に抵触しない範囲で、加盟国を支援するプランが提出された。この決議に対しては、アメリカのほか 15 カ国が賛成した（*Federal Reserve Bulletin,* June 1940, pp.517-8)。この問題はその後 40 年近くもの間冬眠状態を続けたが 1933 年のロンドン会議から数カ月後に開れた第七回米州会議（リマ）では、米州金融協力機構の創設が提案された（Eduardo Villasen Villasenōr, "The Inter-American Bank : Prospects and Dangers", *Foreign Affairs,* Oct. 1941, p.165)。主催国のチリは会議の日程を決定し、各国に招請状を送る手筈まで整えていたが、「チリの金融情勢が充分成熟していないので、同国が此の様な会合に於て、有効な活動をすることが出来ないと考え」てこれを中止した(J. W. ガンテンベイン、町田義一郎訳『アメリカ対外政策に於ける金融問題』昭和 17 年、51 頁)。

1935 年にブエノス・アイレスで開かれた米州通商会議でも、若干の代表が為替安定の可能性について非公式に会談すべきであると提言したが、議題として採択されるまでには至らなかった。しかしながら、その翌年に同市で開かれた平和の維持に関するアメリカ国際会議では、次のような決議が成立した。「貨幣の安定と不況に基因する汎米連盟の加盟国の為替管理制度の撤廃とを研究し、之に努力する為に、アメリカ諸国の蔵相及び中央銀行の代表の会合を開く時期であるか否かを、アメリカ諸国政府と相談の後、出来るだけ速かに決定することを汎米連盟に勧告する」（同上邦訳 52 頁)。多くの国はこれに賛成するか、然らずとも積極的な反対を唱えなかったが、アメリカの国務長官は、趣旨には賛成するも、そのような会議は有効でなく、むしろ関心をもつ国々と直接討議した方が良策であると回答した（同上邦訳 52-3 頁)。

477

(58) ガンテンベイン、同上邦訳『アメリカ対外政策に於ける金融問題』昭和17年、51頁。
(59) 外務省『1942年前半ニ於ケル米国国内情勢』昭和17年、247頁。
アメリカは為替の安定化をはかるため、1941年7月9日に銀を対価として金・ドルを中国に売却し、同月16日にはブラジルに対して60百万ドルの金を売却する協定を締結した (Federal Reserve Bulletin, Aug. 1937, pp.710-1)。

1941年に行われたコロンビア向けの借款1,200万ドルは、アメリカ向けの木材及びその為の施設の購入に充てられた。その他キューバ砂糖協定協会（砂糖の貯蔵と販売を目的）およびキューバ政府に（道路を中心とする公共事業と農鉱業の開発を目的）合計2,500万ドルを供与した。またメキシコに対しては、道路の建設などを目的として100万ドルを供与した（金融研究会編『国際決済銀行年次報告書』日本経済評論社、第8巻、昭和54年、53-4頁）。

なおマイクセル (Raymond F. Mikesell) によると、アメリカの為替安定資金が供与した中南米向けの信用は、全額が金担保によって裏づけられ、信用の享受国は、自国の金準備を喪失することなく、必要とするドルを取得することができた。金担保の裏づけを欠いたのは、中国向けの信用だけであった。1941年11月メキシコに供与した信用は、自由為替の維持を目的とするものであったが、その他の場合は国際収支上の目的によるものであり、中国、エクアドル、リビアの場合には、純然たる通貨安定の目的以外に、特殊な経済的、政治的な要素が考慮されていた (Raymond F. Mikesell, *United States Economic Policy and International Relations*, 1952, p.154)。

(60) 金融研究会編『国際決済銀行年次報告書』第8巻、日本経済評論社、昭和54年、53-4頁。
(61) Villaseñōr, *op.cit.*, pp.165-6.
(62) Oliver, *op.cit.*, p.93. ちなみに「ラテン・アメリカの経済発展のための借款」の概要は、次のとおり。(1) アメリカは資本金3億ドルの銀行を創設する。(2) 銀行は、アメリカ政府の保証により17億ドルまで債券を発行することができる。(3) 銀行は、アメリカの輸出を促進するため、ラテン・アメリカ諸国に対して、長期の開発資金を供与する。
(63) Ibid., pp.94-5.
(64) *Federal Reserve Bulletin, op.cit.*, pp.517-25.
(65) Oliver, *op.cit.*, pp.101-4.
(66) Ibid., pp.101-3.
(67) ホワイトの第一次草案は、序文と三部によって構成され、第一部で概要を説明したのち、第二部で連合国為替安定基金案、第三部で連合国復興銀行案について、それぞれの問題点を論述している。その概要は次のとおり。
(1) 連合国為替安定基金案
(イ) 目的 (a) 為替相場の安定。(b) 生産的資本移動の促進。(c) 封鎖勘定の解除。(d) 金の偏在の是正。(e) 公的民間ベースの債務償還、利払の促進。(f) 国際収支不均衡の迅速な改善と物価の安定。(g) 外国為替管理の緩和。(h) 複数通貨慣行と双務的清算協定の撤廃。(i) 健全な通貨の発行、信用政策の助成。(j) 貿易障壁の削減。(k) 国際為替取引の効率的かつ低廉なクリアリングの促進。
(ロ) 権限 (a) 金、通貨、外国為替、為替手形、加盟国国債の売買と保有。資金、残高、小切手、手形、引受手形、金のクリアリング。(b) 加盟国の大蔵省（またはその代理機関、安定基金、中央銀行）は、基金の保有する加盟国の通貨を基金から買い入れることができる。ただし、(i) 当該通貨は、その国に対する国際収支の逆超を補填するために必要とされること。(ii) 買い入れる国の通貨が、クオータの100％をこえないこと。(iii) 基金の決定する為替相場に基づくこと。(c) 買入れがクオータをこえる場合は、加盟国の4/5の賛成を必要とする。次の場合に基金は、クオータをこえる買入れを許容できる。(i) 妥当な期間内に返済される見込みがある場合。(ii) 十分な金準備を保有する場合 (iii) 基金の勧告に基づいて、国際収支の改善策を採る場合。(d) 加盟国は、他の加盟国に対する封鎖残高を基金に売却することができる。ただし、(i) 省略。(ii) 加盟時に封鎖されているものであること。(iii) 封鎖残高を基金に売却する国は、その40％を、年間少くとも2％以上の割合で、同一の相場によって買い戻すこと。(iv) 封鎖残高を保有する国は、残高を基金に移転し、(v)と同じ条件で買い戻すこと。(vi) 封鎖残高を売却する国が、対価としてローカル・カレンシーの代りに外国為替を希望する場合には、国際収支の補填に必要とされる場合に

限られる。(vii) 省略。(viii) 封鎖残高の売却国、保有国の双方は、1％の手数料を支払うこと。(ix) 基金は代替する封鎖残高の限度を設定する。(x) 基金は封鎖残高を保有する国の同意をえない限り、これを転売しない。ただし、これを保有国の政府債に投資することは可能である。(e) 基金は加盟国通貨相互の為替相場と金の売買相場を固定する。為替相場の変更は、基礎的不均衡の是正に必要であり、かつ加盟国投票権の 4/5 の多数決によって認められた場合に限られる。(f) 基金の取引は、加盟国の大蔵省、安定基金、財務代理人に指定された銀行、政府系の国際銀行を対象とする。(g) 基金は、加盟国の同意なくしてその国の国内業務に従事しない。(h) 基金は非加盟国の通貨を売買することができるが、投票権の 4/5 の賛成がない限り、それを 6 カ月以上保有することはできない。(i) 基金は、加盟国の通貨を借り入れることができるが、その条件については投票権の 4/5 の賛成を必要とする。(j) 基金は保有する通貨を、当該国の短期債に投資することができる。(k) 基金は保有する加盟国の国債を一定の条件で売却することができる。(l) 基金が加盟国に通貨を売却する場合、当該通貨が債務の調整に使用される場合は、投票権の 4/5 の賛成を必要とする。(m) 加盟国は、年間に加盟国の保有する当該国通貨の 75％までローカル・カレンシーを借り入れることができる。ただし、この場合には投票権の 3/4 の賛成を必要とし、1％の利息が徴収される。(n) 外国為替と金の取引に対しては、若干の手数料が徴集される。

(ハ) 加盟の資格　次の条件を受諾する連合国。(a) 加盟または戦争の終結後 1 年以内に、基金の承認しない為替取引の制限、規制を撤廃すること。(b) 為替相場の変更には、基金の同意を必要とし、基金の認める割合と方向で行うこと。(c) (i) 加盟国の同意なしに、当該国からの預金、投資を受け入れないこと。(ii) 加盟国政府の要求する場合は、当該国国民の預金、投資、証券を利用させること。(d) 双務的な清算協定を締結しないこと。(e) 投票権の 4/5 によって異議を唱える場合には、国際収支の不均衡を招くような通貨、一般物価政策を採用しないこと。(f) 現行の貿易障壁を漸減し、関税の引上げなどを行わないこと。(g) 基金の承認をえずに対外公的債務の履行を怠らないこと。(h) 基金の承認なしに、商品・サービスの輸出に対して補助金を与えないこと。

(ニ) 基金の構成　(a) 基金は、金、加盟国の通貨及び国債によって構成され、出資の規模を 50 億ドルとする。うち 1 億ドルは連合国復興銀行が拠出する。(b) 25％は金払条件の利付政府債による。25％の現金払部分は、少くとも 1/2 を金で、残りを自国通貨で拠出する。50％は賦払い条件とする。

(ホ) 基金の運営（省略）。

(2) 連合国復興銀行案

(イ) 目的　(a) 経済復興資金の供与。(b) 戦時経済から平和経済への移行の促進。(c) 民間部門で調達できない貿易信用の供与。(d) 金の再配分と加盟国の通貨信用制度の強化。(e) 世界的信用危険の除去と世界的な経済不況の緩和。(f) 原材料価格の安定。(g) 生産性と生活水準の向上。(h) 経済協力の促進。(i) 経済政治問題の解決。(j) 民主主義体制の健全な発展。(k) 救済物資の配分と資金繰り。(l) 希小物資の公平な配分。

(ロ) 権限　(a) 政府、公的機関、企業に対する短期、長期の貸付。(b) 民間投資の保証。(c) 一覧払銀行券の発行（50％の法定金準備を必要とし、金償還）。(d) 貸付は延長しない。(e) 金準備の補強または通貨制度を強化するための貸付に対しては、長期低利の条件を適用する。(f) 省略。(g) 貸出に当っては、その使用状況を勘案し、現地通貨と国際準備で行う。(h) 重要物資開発公社を設立することができる。(i) 国際商品安定公社を設立することができる。(j) 加盟国債務証書の売買と取扱。公的部門における資金、残高、小切手、手形、引受手形のクリアリング。(k) 手形等の割引、再割引、引受け。(l) 加盟国の代理店、コルレスとしての業務。(m) 再割引を依頼することができる。(n) 債券の発行と売却。(以下略)（Oliver, *op.cit.*, pp.279-322）。

(68) Ibid., p.III.
(69) Van Dormael, *op.cit.*, p.40.
(70) Oliver, *op.cit.*, p.111.
(71) Raymond F. Mikesell, *United States Economic Policy and International Relations*, 1952, pp.129-30.
(72) Harrod, *op.cit.*, p.539（前掲邦訳、597 頁）．

(73) Mikesell, *op.cit.,* p.130.
(74) Oliver, *op.cit.,* p.136.
　　各省会議は、下部機構として専門委員会（American Technical Committee）を設けることになり、ホワイトを議長とする第一委員会は、1942年5月28日に開かれた。委員の中にはベルンシュタイン（Edward M. Bernstein）も参加していた（Rees, *op.cit,* 1973, p.140）。
(75) Stephen V. O. Clarke, *The Reconstruction of the International Monetary System,* 1973, p.3.
(76) Oliver, *op.cit.,* pp.281-2.
(77) Ibid., pp.113,117.
(78) Van Dormael, *op.cit.,* pp.40-6.
(79) Harrod, *op.cit.,* p.541（前掲邦訳、599頁）.
(80) Rees, *op.cit.,* p.138.

第3章

(1) P. Einzig, *Foreign Balances,* 1938, pp.10-2.
(2) Peter H. Lindert, *Currency and Gold, 1900—1913,* 1969, p.2.
(3) バジョット、宇野弘蔵訳『ロンバード街』岩波書店、1976年、43頁。
(4) 同上、46、55頁。
(5) 金本位のゲームのルール理論はヒュームの物価・正貨流出入メカニズム（Price Specie-Flow Mechanism）に始まるといわれる（Benjamin M. Rowland, *Balance of Power or Hegemony : The Interwar Monetary System,* 1976, p.233）。ヒュームはのべている。「かりに、グレート・ブリテンの全貨幣の五分の四が一夜のうちに消滅し、わが国民が正金に関してはヘンリー諸王やエドワード諸王の時代と同じ状態に戻ったとすれば、どのような結果が生ずるであろうか。きっと、すべての労働と財貨との価格はこれに比例して下落し、あらゆるものはこの時代と同様に良く売られるであろう。こうなればいったいどのような国民が外国市場でわれわれに対抗したり、われわれには十分な利益を与えるのと同じ価格で製造品を輸出したり販売したりするようなまねができようか。従って、ごく短期間のうちに、この事情はもっと、わが国が失った貨幣を呼び戻し、わが国の労働と財貨との価格を近隣のすべての国民の水準にまで騰貴させるであろう」（ヒューム・田中敏訳『経済論集』1970年、90頁）。ヒュームの物価・正貨流出入メカニズム論は、田中教授の指摘されるように機械的数量説のコロラリーであり、自由貿易論の先駆的な理論をなすものであった。
(6) ケインズ、則武保夫、片山貞雄訳『インドの通貨と金融』東洋経済新聞社、昭和52年、18、22頁。
(7) 同上、23頁。
(8) Piero Sraffa (ed.), *The Works and Correspondence of David Ricardo,* Vol.3, Cambridge, 1951, p.112（玉野井芳郎監訳『リカードウ全集』III（前期論文集）137頁）.
(9) 松岡孝児『金為替本位制の研究』昭和11年。204-5頁。
(10) H. A. Schannon "Evolution of the Colonial Sterling Exchange Standard", *IMF Staff Paper,* Vol.1, No.3, Apr 1951, pp.334-50.
(11) 当初海峡植民地の通貨はカルロス・ドルと呼称されるスペイン・ドルが中心であったが、東インド会社はインド・ルピーを法貨とした。しかし民衆のドルに対する執着は根強く、1867年に英本国の直属となると同時にホンコン・ドル、スペイン・ドルなど、政庁の指定するドル銀貨が法貨となった。1873年には米国貿易ドルと日本円が一時法貨に指定され、英国の貿易銀も流入したが、上述のように1903年の海峡植民地通貨法に基づいて海峡ドルが発行され、1907年に至る一連の法律によって金為替本位制度が確立された。第一次大戦の勃発とともにイギリスは、金本位を停止したので、海峡植民地も1915年に通貨法の一部改正を行って政庁の金払いを停止したが、1923年法は正式にスターリング為替本位制度を採用した（東亜研究所『馬来の通貨金融』昭和18年、1-11頁）。
(12) ケインズ、前掲邦訳、22-4頁。
(13) ブルームフィールド、前掲邦訳、13頁。
(14) 同上、14頁。

(15) 同上、13-4 頁。
(16) 同上、92 頁。
(17) 同上、186 頁。
(18) Einzig, *op.cit.,* p.6.
(19) 徳永正二郎『為替と信用』1976 年、314 頁。
(20) Marcello de Cecco, *Money and Empire,* 1974, pp.105-7.
(21) 徳永、前掲書、315 頁。
(22) ケインズ、前掲邦訳、25 頁。
(23) 矢内原忠雄『帝国主義下の印度』岩波書店、昭和 15 年、38 頁。
(24) 同上、39 頁。
(25) 小野一一郎「東亜におけるメキシコ・ドル終焉の論理」『経済論叢』第 90 巻第 3 号、昭和 37 年、29 頁。
(26) de Cecco, *op.cit.,* p.62.
(27) 矢内原、前掲書、49 頁。
(28) de Cecco, *op.cit.,* p.63.
(29) 矢内原、前掲書、52 頁。
(30) de Cecco, *op.cit.,* p.73.
(31) Ibid., p.70.
(32) Ibid., p.236.
(33) 矢内原、前掲書、48 頁。
(34) William Adames Brown, Jr., *The International Gold Standard Reinterpreted, 1914-1934,* 1940, p.29.
(35) Ibid., pp.30-1.
(36) 土方成美『英国の戦時財政経済』昭和 14 年、201 頁。
(37) T. E. Gregory, *Select Statutes Documents and Reports relating to British Banking, 1832-1928,* Vol.II, 1929, pp.349,362-3.
(38) R・ヌルクセ、小島清・村野孝訳『国際通貨』昭和 30 年、35 頁。
(39) Margaret G. Myers, *A Financial History of the U.S.,* 1970, pp.294-5.
(40) Rowland, *op.cit.,* p.30.
(41) D. J. Robertson and L. C. Hunter (eds.), *The British Balance of Payments,* 1966, p.98.
(42) ブルームフィールド、前掲邦訳、51 頁。
(43) 国際決済銀行編、首藤清訳『スターリング地域』昭和 29 年、39 頁。
(44) Robertson and Hunter, *op.cit.,* p.98.
(45) Rowland, *op.cit.,* p.89.
(46) Ibid., p.117. フランスはベアリング商会の危機と、1925 年にイギリスが旧平価で金本位制度に復帰した際にも、イングランド銀行に対して、金スワップを提供したが、このような経験は、1962 年の 2 月にニューヨーク連銀とフランス中銀との間で締結されたスワップ協定に継承された。(Charles A. Coombs, *The Arena of International Finance,* 1976, p.75 および R. S. Sayers, *Bank of England Operations, 1890-1914,* 1970, p.103.)。
    なお上述のベアリング商会の危機に当ってはフランス中銀が 300 万ポンド、ロシア帝国銀行が 150 万ポンドの金スワップを行った。それ以前の 1839 年にも、イングランド銀行はフランスから 200 万ポンド、ドイツから 90 百万ポンドの借款を仰いだ (R・G・ホートレー、英国金融研究会訳『金利政策の百年』昭和 52 年、106 頁)。
(47) ケインズ、中内恒夫訳『貨幣改革論』昭和 48 年、295-6 頁。
(48) Robertson and Hunter, *op.cit.,* p.100. イギリス帝国 (British Empire) は自治領が生れ、1897 年にカナダが財政自治権を与えられるにおよび、「初期の機構が支配関係をふまえた強制的全面的なものであったのに対して、後期にはそれが自発的、断片的で相互間の自由に任されるか、または協定によるものに変わって」きた。このような機運の生れる中で、1884 年にローズベリー卿は、はじめてイギリスを A Commonwealth of Nations と呼び、1905 年にはケープ植民地のメリマン首相も

British Commonwealth という言葉を使った。Commonwealth を一般化したのはライオネル・カーチスであるが、この用法は第一次大戦中に一般化して行った。この用語が公式用語として記録されたのは、1921年のイギリス・アイルランド条約であり、バルフォア宣言、ウエストミンスター条例によってこれが再確認された。本来は自治領を非自治領と区別するために使われたものであり、帝国のことばはなくならなかった。しかしながらインドが共和国として独立し、王に対する忠誠を拒否したため、1949年のイギリス連邦首相会議以来 British の形容詞が除かれることになり、単に The Commonwealth of Nations と呼ばれるようになった。（矢口孝次郎編『イギリス帝国経済史の研究』昭和49年、212-5頁）。

(49) Leland B. Yeager, *International Monetary Relations*, 1966, NY., pp.377,372.
(50) Raymond F. Mikesell, *Foreign Exchange in the Postwar World*, 1954, p.17. スターリング地域のメンバーはイギリスの為替管理に対応する規定を導入し、植民地の Currency Board, Local Currency Commission および自治領の中銀は、イングランド銀行と緊密な連携を保ちながら為替管理の運営に当った。また、為替管理の主体は輸入制限と資本取引の規制であり、輸入のライセンスを取得すれば、必要な外国為替はロンドンで発給された。このような運営は紳士契約に基づくものであったが、その実効性を保証したものは、船舶の域内共同管理と原料の割当制にほかならなかった（P. Bareau, *Sterling Area*, 1948, pp.7-8）。
(51) 島本融『国際金融経済の発展』昭和22年、16-9頁。「対外投資の動員は、1915年7月に始ったが、最初は自発的であった。大蔵省の必要が増加するにつれて上場証券に10％の追加所得税が課され、1917年1月には保有者は要求に応じて特定保有証券を売却または貸付けることを強制された。こうしてアメリカの株式および債券2億5,100万ポンド、カナダ証券3,400万ポンドが入手され海外に売却された。......同様にフランスでも1916年にフランス銀行を通ずる特定保有証券の処分が強制的となり、約1億8,000万ポンドがこの方法で入手されたと推定される」（国際投資問題／国立国際問題研究所、楊井克巳・中西直行共訳『国際投資論』1970年、140頁）。
(52) Leland B. Yeager, *op.cit.*, p.377.
(53) 島本、前掲書、22頁。インドは第二次大戦の勃発とともにイギリスと金融協定を締結した。それに基づいて「印度は印度で召集訓練された地元製武器で武装された兵士が印度に駐屯する限り、その要費一切を負担し、イギリスは印度へ輸入される軍需品ならびに印度国内空軍基地所要費の大部分および印度兵を印度地元以外で行動せしめる場合の全経費を負担」することになった（伊東敬『英連邦と東洋』昭和19年、754-5頁）。
(54) K. M. Wright, "Dollar Pooling in the Sterling Area, 1939-52", *The American Economic Review*, Sep. 1954, p.561.
(55) Yeager, *op.cit.*, p.377.
(56) 島本、前掲書、204頁。
(57) 同上、204-5頁。
(58) Fred L. Block, *The Origin of International Disorder*, 1977, p.52.
(59) Rowland, *op.cit.*, p.223. IMF協定には実業界の批判が強く、チェース銀行のオールドリッチも批判的な人々の一人であった。彼の構想はフレーザー案と大同小異であるが、キー・カレンシー・アプローチ的な性格が一層明確である。オールドリッチ案の骨子は次のとおり。(1) 世界通貨の安定をはかるためには第一次大戦の戦債、ジョンソン法、武器貸与、関税、輸出補助金等の障害を除去することが必要である。(2) その上で米英間の緊密な協力をはかることとし、アメリカは30億ドル程度の借款をイギリスに与え、ポンドとドルの為替相場を安定させる。(3) その他の国は自国の通貨をポンドとドルにリンクさせる。(4) その他の国に対する資金の供与は輸出入銀行を通じて行う（島本、前掲書、191頁）。なお我国では IMF 協定の法解釈学的な方法論が支配的であるが、イデオロギー的な価値判断を別にすれば、クームス元ニューヨーク連銀 Senior Vice President やローランドのように、著者と同じくキー・カレンシー・アプローチの妥当性を評価する見方が欧米で抬頭しつつあることに注目されたい（拙稿「ランブイエ通貨合意の体制論的考察——ユニバーサル・アプローチの崩壊」（本書第5章参照）。
(60) Mikesell, *op.cit.*, p.16.

(61) 東京銀行調査部『英国の為替管理』昭和33年、6-7頁。
(62) 山本米治『為替管理論』昭和31年、164-5頁。
(63) Bimalendu Dhar, *The Sterling Balance of India*, 1956, pp.93-4.
(64) Ibid., pp.115-23.
(65) Mikesell, *op.cit.*, p.255.
(66) ポンド切り下げの直接的な契機となったのは、経常収支の悪化とインドなどによるポンド残高の引出しであったが、ポンドを含む西欧諸通貨の平価の妥当性については、早くも1948年の初にアメリカから疑問が提起されていた。1948年よりIMFは、ポンド切下げの可能性を検討してきたが、1949年9月17日にイギリスはIMFに対して切下げを通告し、9月19日にこれを実施した。
(67) 牧野純夫『円・ドル・ポンド』1969年、81頁。
(68) Wright, *op.cit.*, pp.562-67.
(69) 国際決済銀行編、前掲邦訳、118頁。
(70) *The Statist*, Nov.1, 1952.
(71) Mikesell, *op.cit.*, p.249.
(72) *The Colombo Plan for Co-operative Economic Development in South-East Asia*, 1950, p.1. コロンボ計画が動意を示し始めたのは、1949年頃のことであるが、1950年の1月にコロンボで開かれた英連邦外相会議は、東南アジアにおける経済開発の重要性について合意した。その結果英連邦の協議委員会 (Commonwealth Consultative Committee) が設けられ、同年の5月にシドニーで開かれた会議において、英連邦諸国は6カ年計画の具体的な実施計画を作成することを合意した。
(73) Ibid., p.2. コロンボ計画の対象国をスターリング地域だけに限定することは困難であり、門戸を解放せざるをえなくなったのである。上述のシドニー会議では、他の国々にも協力を呼びかけることになり、10月の協議委員会には、ラオス、カンボジア、ベトナムおよびタイが代表を送り、ビルマ、インドネシアの駐在大使もオブザーバーとして参加した。
(74) Ibid., p.8.
(75) Ibid., p.61.
(76) 『ラドクリフ委員会報告書』、前掲邦訳、178頁。
(77) 同上、179頁。
(78) マラヤのポンド残高も、一つには共産勢力との内戦およびインドネシアとのコンフロンテーション時におけるイギリスの軍事的な支援の見返りであった (Susan Strange, *Sterling and British Policy*, 1971, pp.97-9)。
(79) Schannon, *op.cit.*, p.319.
(80) Ibid., pp.320,340.
(81) 矢内原勝『金融的従属と輸出経済——ガーナ経済研究』昭和41年、57頁。
(82) Bank of England, *Quarterly Bulletin*, June 1963, p.101.
(83) 矢内原勝、前掲書、58頁。
(84) Worswick and Day, *The British Economy, 1945—1950*, 1952, pp.550-1.
(85) 矢内原勝、前掲書、63、70頁。
(86) Susan Strange, *International Monetary Relations*, 1976, p.99.
(87) (1) ポンド残高がはじめて公表されたのは、1931年のマクミラン委員会報告書であり、委員会は継続的な残高の調査を勧告した（ただしこの数字が過小であることは通説となっている）。これをうけてイングランド銀行は1949年に半期報告を行うこととし、(2) 1951年9月の白書 (*Reserves and Liabilities, 1931-1945*) で1931年に遡って半年ごとの対外債務残高が発表されたが、そこにはポンド建以外の対外債務残高がすべて含まれていた（第8表）。(3) 同時に1941年から1945年までの残高が発表されたが、そこではスターリング地域通貨建以外の債務残高が除かれた（第10表）。(4) 1958年5月に1953年末以降の四半期別ポンド残高が発表されるようになったが、(5) 1960年のイングランド銀行月報は1945年に遡って四半期別の残高を発表した。ここで1945年以降はイギリス政府に対するポンド建の貸付が除かれることになった（第16表）。(6) さらに1962年に報告金融機関が20ほど増加しただけでなく、次のような改正が行われた（第16表）。(イ) 旧方式はネッ

トで表示されていたが、新方式でほ債権、債務がグロスで表示されることになった。㈹ スターリング地域通貨建のものが除かれ、ポンド建のみとなった。(ハ) 海外の居住者に対するアクセプタンスと1947年の管理法に基づく封鎖勘定が債権、債務にそれぞれ計上された。㈡ 銀行、通貨目的以外に保有するイギリスの国債、政保債および㈱ イギリスの地方公共団体に対する海外の投資がともに除かれたほか、㈭ イギリスの民間銀行に預託された各国中央銀行の預金も民間保有から公的保有に改められるなど分類の修正が行われた。(7) 1968年の5月には1945—1962年についてグロス・ベースによる旧方式の債権、債務が発表された。(B. Cohen, *The Future of Sterling as an International Currency*, 1971, pp.90-1, および Bank of England, *Quarterly Bulletin*, June 1963, pp.98-108)。(8) 1974年12月末以降は、国債の評価額が簿価から時価に改められた (Bank of England, *Quarterly Bulletin*, Mar. 1975)。

(88) Strange, *Sterling and British Policy*, p.89.
(89) Cohen, *op.cit.*, pp.150-1.
(90) Ibid., pp.95-6.
(91) Bank of England, *Quarterly Bulletin* Sep. 1961, p.10、なお借入れは、年率3%で、1964年12月末を返済期限とした、Ibid., Dec. 1961, p.5.
(92) スーザン・ストレンジは230—552百万ドルと推定している (*Sterling and British Policy*, p.281)。
(93) *The Times*, Jan. 12, 1977.
(94) Strange, *Sterling and British Policy*, p.86.
(95) Ibid., p.91.
(96) Ibid., pp.97-100. 1962年にオーストラリアはポンド残高の運用を現金からイギリスの国債に転換した。1967年のポンド切下げによって50百万ポンドの損失を蒙りながらこれに苦情を申し立てなかったのは、利子でこれをカバーしえたからであり、イギリスに対する債務がオーストラリア・ドル建で減少したこともその理由の一つであった (Ibid., p.91)。
(97) Charles A. Coombs, *The Arena of International Monetary Finance*, 1976, pp.36-7. 1961年の協定は既にふれたような第一次大戦前の金スワップ協定に淵源し、後にスワップ協定へと発展していく。しかしながらスワップ協定が予防的であったのに対して本協定は事後的な調整を目的とした。またスワップ協定が、資金の預け合いを必要としたのに対して、本協定は緊急時に信用を供与することを保証しただけであって、資金の預け合いを必要としなかった (Suzan Strange, *International Monetary Relations*, pp.85-6)。
(98) *The Basle Facility and the Sterling Area*, (Presented to Parliament by the Chancellor of the Exchequer by Command of Her Majesty), 1968.
(99) Michael Field, *A Hundred Million Dollars a Day*, 1975, pp.195,197.
(100) Ibid., p.197.
(101) Brien Tew, *International Monetary Co-Operation, 1945—1970*, (Tenth Edition), 1970, pp.161-2.
(102) Strange, *International Monetary Relation*, pp.85-6.
(103) Cohen, *op.cit.*, p.228.
(104) Christopher McMahon, *Sterling in the Sixties*, 1964, p.94.
(105) Strange, *Sterling and British Policy*, p.110.
(106) ガードナー、前掲邦訳、53頁。
(107) *The Basle Facility and the Sterling Area, op.cit.*, p.4.
(108) Strange, *Sterling and British Policy*, p.75.
(109) Ibid., p.280.
(110) *The Guardian*, May 6, 1977.
(111) *Europe*, Oct. 27, 1976.
(112) ウォルフガング・シュミッツ編、柏木雄介監訳『国際通貨危機と自由経済』昭和48年、243頁。
(113) European Communities Monetary Committee, *Compendium of Community Monetary Texts*, 1974, pp.56-9.

(114) Strange, *International Monetary Relation*, pp.162-3.
(115) フィナンシャル・タイムズは 1/2 と観測 (*Financial Times,* Dec. 19, 1973)。
(116) *The Times,* Dec. 17, 1973.
(117) *South China Morning Post,* Oct. 7, 1976.
(118) Yeager, *op.cit.*, p.464.
(119) Ibid., pp.466-7.
(120) Field, *op.cit.*, p.197.
(121) 『ラドクリフ委員会報告書』、前掲邦訳、178 頁。
(122) Economic Co-operation Administration Special Mission to the United Kingdom, *The Sterling Area、An American Analysis,* 1951, pp.407-9.
(123) スーダンは、6月戦争時における米英両国のイスラエル支援に報復するため、これらの両国からアラブの資金を引き揚げることを、他のアラブ諸国に呼びかけたが、クウェートはポンド残高が中長期の投資に固定されていることを理由にして、これに応じなかった。スーダンはポンド残高をスイスの銀行に移転したが、スイスはバーゼル協定に基づいて、これをイギリスに還流させた(Strange, *Sterling and British Policy,* p.108)。
(124) *The Times,* Jan. 7, 1974.
(125) *The Banker* (Mar. 1975, p.283) は、鉄道の電化計画や貨物船の売却などを裏付けとするものと報導している。当初は4億ドルずつ三回に分けて導入する予定であったが、第二回目の引出は 1976 年の6月と9月にそれぞれ3億ドルずつに分割して行われた。第三回目の引出については 1977 年 7 月 31 日に中止が決定された (*The Financial Times,* July. 25, 1977)。
(126) Field, *op.cit.*, pp.194-5,200-3,207-8.
(127) *Petro Money Report,* Sep. 29, 1977.
(128) *Middle East Economic Survey,* Aug. 29, 1977.
(129) *The Financial Times,* July 16, 1976.
(130) *The Guardian,* June 10, 1976.
(131) 『東銀週報』1977 年 1 月 20 日。1976 年初頭のリラ危機によってヨーロッパの通貨情勢が混迷の度を加える中で、イギリスには逆に逃避資本が流入し、イングランド銀行はしばしば売介入を実施することによってポンドの上昇を抑制してきた。3月5日にもイングランド銀行は売介入を行ったが、これはナイジェリアのポンド残高引出、あるいはイギリスの意図的な切下げとみられたのである。3月 13 日付の *Economist* 誌は、これをナイジェリアの売注文あるいはイングランド銀行の意図的な切下げ政策とみるのは誤解であると論評した。しかしながらアメリカの短期金利が上昇したのに対してイギリスの最低貸出金利が引き下げられたことは、このような観測を強めさせることになった。ヒーリー蔵相も3月 16 日に談話を発表し、イングラント銀行の介入政策には誤解があったが、意図的な切下げを策したものではないと弁明した。3月 16 日には経済政策をめぐる労働党の内紛からウィルソン英首相も辞任した。
(132) *The Guardian,* June 7, 1976.
(133) *Tribune,* Oct. 27, 1976.
(134) *The Guardian,* June 5, 1976.
(135) *Financial Review,* Nov. 11, 1976.
(136) W. B. Scammel, *International Monetary Policy,* 1975, p.224.
(137) *Business Week,* Mar. 29, 1976.
(138) 行天豊雄編著『国際通貨制度』昭和 50 年、86 頁。
(139) ガードナー（上）、前掲邦訳、51 頁。
(140) Dhar, *op.cit.*, pp.83-91.
(141) Ibid., pp.94-7.
(142) 『ラドクリフ委員会報告書』、前掲邦訳、191 頁。
(143) R・トリフィン、小島清・村野孝監訳『金とドルの危機』1961 年、108、126 頁。
(144) Cohen, *op.cit.*, pp.203-6.

（145）尾崎英二「国際通貨制度改革のための IMF 報告」『世界経済評論』1972 年 11 月号、27 頁。
（146）*The Financial Times,* Jan. 12, 1977.
（147）『東銀週報』1977 年 4 月 21 日号。
（148）1976 年 12 月 15 日イギリスは 33.6 億 SDR の IMF 借款を求めるために概要次のような Letter of Intent を提出し、これと同一内容の補正予算案を発表した。
  （1）公共支出の削減…1976 年 7 月に 1977—79 年度にかけてそれぞれ 10 億ポンドずつの支出削減計画を打ち出したが、さらに 1977—78 年度に 10 億ポンド、1978—79 年度には 15 億ポンド削減する。
  （2）産業投資の奨励と雇用の増大…1977 年から 79 年に 2 億ポンドの支出を行う。このための財源としてはアルコール類および煙草の税率を 10％引き上げる。
  （3）英国石油（BP）株の放出…財政の赤字を補填するために、政府またはイングランド銀行の保有する 5 億ポンドの株式を売却し、政府の持株比率を 51％にする。（これに基づいて 1977 年 6 月 24 日に 66.8 百万株、約 564 百万ポンドの株式を放出した。このうちの 25％はアメリカ市場で売却される予定があったが、イギリス国内の応募が巨額に達し、アメリカでの売却は 20％、13.36 百万株、約 119 百万ポンドに削減された）。
  （4）第三次所得政策の成立を前提として直接税の減税を考慮する。
  （5）歳出総額…1976—77 年度は前年度に比して 1％増加し 505 億ポンド、1977—78 年度は BP 関係を除き 1％減の 500 億弱、1978—79 年度はほぼ 500 億ポンドとなる。
  （6）GDP 成長率…1977—78 年度 2％、1978—79 年度 2.5—3％。成長率が 3.5％をこえる場合には歳出の増加を考慮する。
  （7）信用政策…貸出規制の継続。今後マネー・サプライにかわるべき信用調整の目標として Domestic Credit Expansion を採用することとし、1977 年 4 月 20 日までの 1 年間に 90 億ポンド、1978 年 4 月 19 日までの 1 年間に 77 億ポンド、1979 年 4 月 18 日までの 1 年間は 60 億ポンドに圧縮する。但し国際収支の状況に応じて増減する。
  （8）経常勘定…1976—77 年は 20 億ポンドの赤字、1977—78 年は 10 億ポンドの赤字となるが、北海石油の寄与などの状況のいかんによっては 1978—79 年に 20—30 億ポンドの黒字を予想する。
  （9）為替の安定をはかるために今後とも必要に応じて介入を実施する。一般的な貿易制限や資本規制は行わないが、企業を保護するための選択的な制限は今後も発動する。
  （10）後半の政策については、1978 年の 1 月 16 日までに IMF と協議の上決定する。
（149）GAB 参加国の拠出額（単位百万 SDR）は、アメリカ 945、西ドイツ 785、日本 555、オランダ 105、カナダ 55、フランス 50、ベルギー 45、スウェーデン 20 とし、イタリアは不参加であった。そのほかスイス中銀は IMF に 3 億 SDR の借款を供与することとし、IMF も 1978 年に 5 億 SDR の自己資金をイギリスに供与することになった。これまで GAB は、1964、1965、1968、1969 年にイギリスに対して発動されたほか、フランスに対しても 1968 年の学生騒動に際し発動された。
（150）新井信次『新しい国際通貨——スーザン・ストレンジ女史にみる』昭和 47 年、27-32 頁。

第 4 章

（1）ECAFE, *Report and Recommendations of The Seminar on Financial Aspects of Trade Expansion,* 1967, p.13.
（2）Ibid., p.24.
（3）三菱経済研究所『世界経済』昭和 31 年、172 頁。
（4）東京銀行調査部訳『国際決済銀行第 20 回年次報告』昭和 26 年、実業之日本社、28 頁。
（5）木内信胤監修『国際決済機構の研究』昭和 29 年、外国為替貿易研究会、6 頁。
（6）同上、13 頁。
（7）東京銀行調査部訳『国際決済銀行第 35 次年次報告』昭和 40 年、至誠堂、197-8 頁。
（8）木内、前掲書、108-9 頁。
（9）「アジア決済同盟の可能性」『東京銀行月報』（1964 年 11 月号）4 頁。

(10) デ・ワイトマン、エカッフェ協会訳『アジア経済協力の展開』昭和40年、日本エカッフェ協会、48-9頁。
(11) 同上、272頁。
(12) ECAFE, op.cit., p.1.
(13) 外務省『国連貿易開発会議の研究Ⅱ』昭和41年、世界経済研究協会、133頁。「エカッフェ地域の貿易拡大とその決済問題」『エカッフェ通信』1967年11月21日号、No.499、46頁。
(14) 各種地域決済機構の概貌については下記を参照した。「アフリカ決済同盟設立構想――トリフィン・レポート」『東京銀行月報』1964年8月号。「R・C・D・ユニオンの結成」『東銀週報』1967年8月10日号。大原美範編『中米共同市場』昭和39年、アジア経済研究所。「LAFTA決済問題に関する資料」『ラテン・アメリカ時報』1966年12月11日号。なおAPUのバンコク・セミナー後の展開、およびラテン・アメリカ、中近東、アフリカの各地に簇生した地域的清算同盟等の動向については、拙著『世界経済のリージョナル化』参照。
(15) ECAFE, op.cit., p.5. なおバンコク・セミナーの報告と勧告は前掲報告書の1-27頁に、ガンおよびトリフィンの試案は同じく25-126頁、127-87頁にそれぞれ収録されている。その他ガン、トリフィン案の紹介には次のものがあり、バンコク・セミナーにおける各国意見の引用は、すべてこれによった。
　(1)「エカッフェにおける地域支払取決めの検討」『経済と外交』1967年10月15日号。
　(2) 小野寺竜二「アジア地域決済機構をめぐって」『世界経済評論』1967年10月号。
　(3)「エカッフェ地域の貿易とその決済問題」『エカッフェ通信』1967年11月21日号。
(16) 「EPUのメカニズム」『東京銀行月報』1957年10月号、7頁。
(17) 小野寺、前掲論文、37-8頁。
(18) ECAFE, op.cit., p.12.
(19) ECAFE, Ibid., p.191.
(20) Ibid., p.131.
(21) 「最近の貿易動向――エカッフェ経済年報1966年より」『エカッフェ通信』1967年7月1日号。
(22) 同上。
(23) 同上。
(24) 同上。
(25) 大原、前掲書、122-4頁。
(26) 東京銀行調査部訳『国際決済銀行第21回年次報告』昭和27年、実業之日本社、331頁。
(27) 原覚天『現代アジア経済論』1967年、勁草書房、281頁。
(28) 東京銀行調査部訳『国際決済銀行第20回年次報告』昭和26年、実業之日本社、33頁。
(29) 大原、前掲書、151頁。

第5章

(1) C・P・キンドルバーガー編・藤原・和田共訳『多国籍企業』昭和46年、97頁。
(2) 同上、119頁。
(3) 『東京銀行月報』1961年3月号、55-60頁。
(4) 同上、45頁。大蔵省官房調査課『調査月報』(昭和36年3月号) 11-8頁。なおケネディ政権は、国際通貨面で金の公定価格の維持を再確認するとともに1961年1月の海外におけるアメリカ人の金保有禁止令を追認したほか、次のような通貨外交を矢つぎ早に展開した。(1) 1961年2月IMF引出通貨の多様化、(2) 61年3月アメリカ財務省の為替市場介入 (62年2月スワップ協定に発展)、(3) 61年3月マルク、ギルダーの切上げ、(4) 61年7月資本取引に関する融資制限の緩和、(5) 61年10月ローザ・ボンドの発行、(6) 61年12月金プールの創設、(7) 62年10月GABの成立、(8) 63年以降における国際流動性問題の展開。
　　また、貿易面では輸出の振興や対米輸入制限の撤廃などを要請したが、とりわけECの関税障壁を切りくずすため、62年1月議会に「通商拡大法」を提出し、同年12月からケネディ・ラウンドの交渉を開始した。さらに国際政治面では、イギリスのEC加盟交渉を足場にアメリカのヘゲモニーを確

立するため、グランド・デザインを打ち出していく。ただ軍事支出の削減には、アイゼンハワーと違って消極的であり、代案として軍需品に対するバイ・アメリカン原則の適用を提唱した。
(5) 日本銀行調査局『調査月報』昭和36年5月号、50頁。
(6) Alan A. Rado, *United States Taxation on Foreign Investment*, 1963, p.29。およびR・ヘルマン、小林規威監修『多国籍企業の抗争』昭和46年、250-5頁。
(7) 東京銀行調査部訳『世界金融経済年報(第34次国際決済銀行年次報告)』昭和39年、144頁。
(8) 『東京銀行月報』1963年9月号、18-22頁。
(9) 金利平衡税はアメリカ人が外国の株式および一定の満期期間をこえる外国の債務証書(新規たると既発行たるとをとわない)を取得する場合に課税される。税率は、当初は1％に固定されたが、67年の改正によって大統領は0から1.5％まで、これを変更することが可能になった。これに伴ってジョンソンは税率を1.25％に引き上げたが、69年4月、ニクソンは、これを0.75％に引き下げ、73年12月にも再び0.25％に引き下げた。さらに74年1月ニクソンは、これを0とし、金利平衡税は6月末の満了をまたずに事実上終焉することになった。なお大統領は金利平衡税によって、相手国が国際金融の安定を阻害するような手段をとらざるをえなくなる場合に課税を免除する権限を与えられた。
(10) 在日米国大使館文化交換局協賛『ケネディ教書1963』昭和38年、150頁。
(11) R. M. Dunn, Jr., *Canada's Experience with Fixed and Flexible Exchange Rates in a North American Capital Market*, 1971, P.7.
(12) アメリカ財務省、海老沢、間野、小沼訳『ドル防衛白書』昭和43年、199頁。
(13) Sir Alec Cairncross, *Control of Long-Term International Capital Movement*, 1973, p.36.
(14) Ibid., p.38.
(15) 東京銀行調査部訳『世界金融経済年報(第35次国際決済銀行年次報告)』昭和40年、74-5頁。
(16) アメリカ財務省、前掲邦訳、84頁。
(17) 同上、129-31頁。
(18) 『東京銀行月報』1969年6月号、71-5頁。
(19) Andrew F. Brimmer, *Prospects for Commercial Banks in International Money and Capital Markets, An American Prospects Presented at the Conference on World Banking*, 1974, p.11.
(20) (1) 1969年8月のフランス・フラン切下げ、同年10月の西ドイツ・マルクの切り上げにより主要国の平価調整が一巡した。(2) 69年9月のIMF総会で、70年1月からSDRの第一次発動が決定されるとともに、IMFの増資が合意され、流動性問題が進展した。(3) 69年12月末に南ア新産金の処理が決定され、金価格対策が補強された。
(21) 東京銀行調査部訳『世界金融経済年報(第35次国際決済銀行年次報告)』昭和39年、74頁。
(22) 前掲『ケネディ教書1963』150頁。
(23) 日本銀行『調査月報』昭和43年2月号、42-3頁。別表は1965—68年間におけるガイド・ラインの変遷を一覧表に要約している。その後の制度的変遷については『東京銀行月報』1972年8月号、『東銀週報』1970年4月30日号、同年12月23日号、同年1月24日号などに詳しい。
(24) 前掲『ドル防衛白書』200-1頁。
(25) Cairncross, *op.cit.*, p.46. 前掲ヘルマン邦訳、42、290頁。前掲キンドルバーガー編『多国籍企業』邦訳、108頁。
(26) 東京銀行調査部訳『世界金融経済年報(第40次国際決済銀行年次報告)』昭和45年、184頁。
(27) U.S. Dept. of Commerce, *The Multinational Corporation*, 1972, pp.47-8.
(28) 国際貿易投資政策委員会、竹内書店出版部監訳『相互依存の世界における米国の国際経済政策』1972年、32頁。
(29) 前掲キンドルバーガー編『多国籍企業』邦訳、112-3頁。
(30) アメリカ財務省、前掲邦訳、135頁。
(31) Committee on Finance, U. S. Senate, *Implications on Multinational Firms for World Trade and Investment and for U. S. Trade and Labor*, 1973, p.497.
(32) 東京銀行調査部訳『世界金融経済年報(第36次国際決済銀行年次報告)』(昭和41年10月) p.68.
(33) 天野可人「ユーロ・クレジット(上)」『国際金融』1974年2月15日号、13頁。

(34) *Euromoney,* Feb. 1974, p.83.
(35) Bank of England, *Quarterly Bulletin,* Mar. 1974, p.42.
(36) ヘルマン、前掲邦訳、132-3 頁。
(37) 『金融財政事情』昭和 49 年 3 月 4 日号。
(38) G. Bell, *The Euro-dollar Market and the International Financial System,* 1973, p.29. および Bank of England, *Quarterly Bulletin,* Mar. 1974, P.42.
(39) Brimmer, *op.cit.,* p.14.
(40) セルバン・シュレベール、林・吉崎共訳『アメリカの挑戦』昭和 44 年、19-20 頁。
(41) 同上。
(42) アメリカ財務省、前掲邦訳、134 頁。
(43) 国際貿易投資政策委員会、前掲邦訳、33 頁。
(44) 澄田・小宮・渡辺編『多国籍企業の実態』昭和 47 年、262-3 頁。
(45) 『季刊外国為替』第 50 号、1973 年 1—3 月号、56-7 頁。
(46) *Statement by Arthur F. Burns before the Sub-Committee on International Finance of the Committee on Banking and Currency, House of Representative,* Dec. 1973.
(47) 『東銀週報』1974 年 1 月 24 日号。
(48) *Making Floating, Part of a Reformed Monetary System* (Report of the Subcommittee on International Economics of the Joint Economic Committee, Congress of the United States, Jan. 1974).
(49) *New York Times,* Jan. 30, 1974.
(50) 東京銀行調査部訳『世界金融経済年報 (第 43 次国際決済銀行年次報告)』昭和 43 年、217 頁。
(51) Bell, *op.cit.,* p.6.
(52) *Euromoney,* Sep. 1973.
(53) *The Journal of Commerce,* Apr. 3, 1974.
(54) *Financial Times,* Feb. 7, 1974. それに対して Manufacturers Hanover Trust の *Economic Report,* 1974 年 2 月号は、"few billion dollars" 以下と予測していた。
 なお 74 年 4 月 24 日付の *The Wall Street Journal* は、SEC が株式の私募についても規制を採用し、6 月 10 日から実施すると報じている。それによると (1) 潜在的な投資家にも登録申請書並の情報を提供しうること、(2) 投資家は玄人でリスク負担に堪えるものとする、(3) 販売広告を行わないことなどが定められることになった。
(55) Brimmer, *op.cit.,* p.3.
(56) Morgan Guaranty Trust Co. of NY., *The World Financial Markets,* Dec. 19, 1973, p.7. First National City Bank, *Money International,* Feb. 1974.
(57) Manufacturers Hanover Trust Co. of NY., *Byline,* Mar. 1974.
(58) *International Report,* Mar. 15, 1974. なお政府・公的機関の国別取入れ額は、下記のとおり。イギリス：35 億ドル、フランス：30 億ドル、イタリア：25 億ドル、スペイン：10 億ドル、デンマーク：5 億ドル、日本：20 億ドル、ブラジル：20 億ドル、アルゼンチン：5 億ドル、ペルー：5 億ドル、フィリピン：5 億ドル、その他：40 億ドル。イギリスは 3 月の予算案発表にあたって、25 億ドルの取入れを発表したが、本年度の借入れはイギリスだけでも 50 億ドルをこえるともいわれており、前掲の数字ですら過小のきらいがあるかも知れない。しかしながら既述のごとく借入国の一部には Creditworthiness に疑問がもたれ始めており、借款にはこの面からも自ら限界があるであろう。
(59) 英蘭銀行によると、この種の短期預金は 1973 年の 1 月末現在で、ユーロダラー預金の 38.5％を占めていた (Bank of England, *Quarterly Bulletin,* Mar. 1974)。
(60) *The Wall Street Journal,* Mar. 5, 1974.
(61) *Euromoney,* Feb. 1974, p.7.
(62) S. E. Rolfe and J. L. Burtle, *The Great Wheel : The World Monetary System,* 1973, p.226.
(63) 『日本経済新聞』昭和 46 年 5 月 26 日。
(64) *Business Week,* Mar. 24, 1973, pp.32-3.

(65) Ibid., Mar. 23, 1974.
(66) 一例として1974年3月下旬の *International Currency Reports* (Hill Samuell & Co.Ltd.) は「石油危機の発生に伴う国際通貨改革の遅延からみて、ドルは主たる国際決済手段としての地位を保持し続けるとともに、その他の通貨はそれぞれの国際収支の達成状況に応じながら、ドルを基準として変動することになるであろう」とのべていた。
(67) *Business Week,* Mar. 23, 1974, p.58.
(68) *The Guardian,* Mar. 23, 1974.
(69) *American Banker,* Apr. 1, 1974.

第6章

(1) W. B. Scammell, *International Monetary Policy : Bretton Woods and After,* 1975, p.247.
(2) "Professor Williams' Key-Currency Plan", J. Keith Horsefield, *The International Monetary Fund, 1945—1965.* Vol.III, 1969, p.126.
(3) ウィリアム・F・リッケンバッカー、永川秀男訳『ドルの死』昭和44年、80頁。
(4) 大島清編『戦後世界の通貨体制』1972年、103頁。
(5) R. N. ガードナー、村野孝、加瀬正一訳『国際通貨体制成立史』(上) 昭和48年、14-5頁。
(6) Bank of England, *Quarterly Bulletin,* Sep. 1961, p.10.
(7) Ibid., Dec. 1961, p.5.
(8) *The Basle Facility and the Sterling Area,* Presented to Parliament by the Chancellor of the Exchequer by Command of Her Majesty, 1968. バーゼル協定の推移については、Brian Tew, *International Monetary Co-operation, 1945—70,* Tenth (Revised) Edition, 1970, pp.203-4 が詳しい。その後の展開については、『東銀週報』1974年12月12日号参照。
(9) 日本経済調査協議会『OECD加盟と日本経済』昭和39年、47頁。
(10) J. Keith Horsefield, *The International Monetary Fund, 1945—1965,* Vol.I, 1969, p.513.
(11) 10カ国蔵相会議で指名された「準備資産創出に関する研究グループ」は1965年5月31日に報告書を提出したが、そこでは一つのプランとして「限られた工業国から成るグループによりかつそのグループのために行なわれる」ための複合準備単位 (CRU, Collective Reserve Unit) の創出を提案した。注目されるのはこの制度の「計理を記帳し、定期的決済のための指示を行なう」ための代理機関として BIS が予定されていたことである。このプランは IMF がユニバーサル・アプローチをとることによって退けられ、のちに SDR が創出されることになったが、この選択はむしろ IMF の信用機能を肥大させ、IMF の南北問題化を促す一つの因子ともなったように思われる。
(12) BIS の株式はベルギー、イギリス、フランス、ドイツ、イタリアの各中央銀行のほか、日本、アメリカによって引き受けられた。日本は、日銀の代理機関である日本興業銀行を代表とする銀行団によって引き受けを行い、アメリカはモルガン商会、First National Bank of New York、First National Bank of Chicago が引き受けを行った。アメリカの市中銀行が出資を行った理由としては、連邦準備制度が株式の保有を認められなかったためといわれ (Margaret G. Myers, *A Financial History of the United States,* 1970, pp.315-6)、理事会には連邦準備制度理事長が職掌による理事に任命された (BIS 定款第4章、第28条〔I〕)。
(13) H. H. Schloss, *The Bank for International Settlements,* 1958, p.28.
(14) Ibid., p.3.
(15) Charles P. Kindleberger, *The World Depression, 1929—1939,* 1937, p.204.
(16) (財団法人)金融経済研究会編『世界金融経済年報—国際決済銀行第一・二年次報告』昭和20年、7頁。
(17) Schloss, *op.cit.,* pp.83-5. ちなみに1931年における BIS の金融支援活動状況は次のとおり。
 (1) ユーゴスラビアの中銀を支援、(2) スペインに対する信用供与を交渉 (スペインの政情変化により中止)、(3) 国際抵当銀行の Bond 引受け、(4) ハンガリー、オーストリアの各中銀、ライヒスバンク、ユーゴ銀行、ダンツィヒ銀行に一時的な緊急融資を実行、(5) 1930年末に700億 SFr に達した短期債務を長期債務に切り替えるべく工作、(6) ドイツの政治的な混乱に当ってライヒスバ

ンクを支援、1931年にシンジケート・ローンとして125百万ドルを供与、(7) Credit Anstalt の崩壊に際して、150百万シリングの借款に努力、(8) モラトリアム声明からそれの批准までのつなぎとして BIS は Bank of England、Bank of France、NY連銀と共同して20日間に1億ドルの再割枠をライヒスバンクに供与、(9) その数日後にハンガリー、ユーゴ、ダンツィヒ中銀にも740百万 SFr のシンジケート・ローンを供与。うち BIS の負担は211百万 SFr であった (Schloss, op.cit., pp.77-82)。
(18) 前掲『世界金融経済年報』22頁。
(19) P. Einzig, *Sterling Dollar Franc Tangle*, 1933, pp.196-200.
(20) 前掲『世界金融経済年報』8-9頁。
(21) 大蔵省『調査月報』第35巻、特別第2号、25頁。
(22) Schloss, *op.cit.*, pp.118-9.
(23) ガードナー、前掲邦訳（上）、14頁。
(24) Schloss, *op.cit.*, p.121.
(25) IMF は EPU の初次的な検討が開始された1947年のロンドン会議にオブザーバーを派遣し、同年10月のパリ会議で調印された First European Payment Agreement の第一次案では、IMF がクリアリングの代理人として予定されていた。しかしながらこれが BIS によって代替されるに至ったのは、IMF の代表が欠席したためといわれる。その理由は全くの偶然であったともいわれるが、IMF 内部には EPU を時代逆行的とみたり、EPU の信用供与が過大となることを危惧する意見もみられ、IMF の参加はヨーロッパ復興計画の期間中、IMF の資金利用を禁止した既往の決議に反するとの意見もみられたのである。

またイギリスが IMF の参加に反対した理由は、(1) EPU 理事会は少人数に制限することが望ましいこと、(2) 理事会は Confidential であること、(3) 理事会には IMF の非加盟国も参加していること、(4) OEEC で大臣が決定した事項を、IMF で大臣の代理がレビューするのは矛盾していること、(5) パリで決定した事項についてワシントンの承認を経るのは、時間の浪費であることなどであった (Margaret G de Vries, "The Fund and the EPU", *The International Monetary Fund, 1945—1965*, Vol.II, 1969, p.317 ff.)。
(26) *Ibid.*, p.317.
(27) Scammell, *op.cit.*, p.246.
(28) Kindleberger, *op.cit.*, p.204.
(29) Einzig, *The Sterling Dollar Franc Tangle*, pp.197-200.
(30) アーサー・M・シュレジンガー、中屋健一監修、佐々木専三郎訳『ローズベルトの時代』II、1963年、169頁。
(31) Einzig, *The Sterling Dollar Franc Tangle*, pp.108-9.
(32) アメリカが提出した為替安定の構想を自ら破棄した理由を、インフレーショニストの有力両院議員の圧力に帰する見方もある（大島堅造『最近の為替と国際金融』昭和10、44頁）。

また、深井英五は次のような事情を指摘している。(1) 為替相場の安定化は金本位制度を復活した場合の困難と異らない、(2) 具体的な問題になると各国の意見対立が表面化し、アメリカとしても解決の困難なことを発見した（深井英五『金本位制離脱後の通貨政策』昭和13年、79-83頁）。

さらにシュレジンガーは「ドル・スターリングの比率を1ポンドにたいして約4ドルときめていたので事実上トーマス修正法による権限を行使できないように大統領を拘束してしまった」ことを理由にあげている（シュレジンガー、前掲邦訳、176頁）。
(33) 深井英五、前掲書、79頁。
(34) シュレジンガー、前掲邦訳、169-70頁。Midland Bank, *Monthly Report*, May-June 1933, p.5 も米英為替安定基金間の協力とみる。
(35) Kindleberger, *op.cit.*, p.217.
(36) Einzig, *The Sterling Dollar Franc Tangle*, p.106.
(37) 大島堅造、前掲書、41、48、55頁。
(38) 大蔵省前掲『調査月報』7-8頁。

(39) 田中金司『金本位制の回顧と展望』昭和26年、283-91頁。
(40) Einzig, *The Sterling Dollar Franc Tangle*, p.113.
(41) Ibid., Preface X.
(42) Ibid., p.129.
(43) 大蔵省『調査月報』第26巻12号、13頁。
(44) 「フランスが欧州の政治的不安性（いわゆるNATO南翼問題等）を自由主義全体の脅威として性格づけ、この不安定性が欧州の経済危機により悪化されているという説明をしてくる場合には、アメリカとしては主要国首脳間での協議という提案を潰すことは政治的に困難であったかもしれぬ。そもそも首脳会談構想は、1973年に増大するソ連の勢力に対して米欧日の関係強化をはからんとしたキッシンジャー構想に近似する」（岡本行夫『経済と外交』1976年1月号、35頁）。
(45) *Times,* June 27, 1975.
(46) *Exchange Rate Policy and International Monetary Report,* Aug. 1975, pp.3-4.
(47) Ibid., p5.
(48) Manufacture & Hanover Trust Co, *Economic Report,* Sep. 1975.
(49) *International Currency Review,* July-Aug. 1975, p.17.
(50) Ibid.
(51) 日米独三国通貨の為替安定に関する提案は、キンドルバーガーをはじめとして枚挙にいとまがないが（*The Journal of Commerce,* July 21, 1975）、最も早期に最も体系的な提言を行った学者は、Ronald I Mckinnonであったように思われる。新三国通貨協定の成立基盤としては次の点が指摘され、これらの三カ国におけるマネー・サプライの調整が同時に提言された。(1)三国の商品貿易が世界の34.4％、工業諸国の46.8％を占めること、(2)日本、ドイツのドル残高が全体の52.8％を占めること、(3)三国の卸売物価上昇率がイギリス、フランスなどに比して低いこと（*A new Tripartite Monetary Agreement or a Limping Dollar Standard ?,* 1974, pp.7-8）。
(52) コミュニケの概要は、次のとおり。通貨問題に関してわれわれは安定度を強めるための努力を進める。これは世界経済における経済および金融の条件の安定をはかるということも含んでいる。同時に通貨当局は市場の混乱および為替相場における大きな変動を避ける行動をとらねばならない。われわれは米国およびフランスの意見が接近したことを歓迎する。それは国際通貨制度が推進しなければならない安定のために必要なことである。この米仏間の意見の接近は、国際通貨制度の問題についてジャマイカでの次期暫定委員会での合意に役立つものである。
(53) *The Guardian,* Nov. 11, 1975.
(54) *American Banker,* Oct. 8, 1975.
(55) *The Banker,* Oct. 1975, p.1461.
(56) 指標相場の特色は、(1)基準レートと違ってそれが何らかの国際的な基準（例えば外貨準備の増減など）に基づいて定期的に修正されることであり、(2)固定相場時代のごとく介入による相場の維持を義務づけられないが、市場相場がBandを逸脱したときの追打ち的な介入を禁止することによって、競争的な切上げ、切下げを防止しようとするものである。Crawling Reference Rateはこれに随時小刻みの修正を加える制度である（J. Williamson, "The Future Exchange Regime", Banca Nazionale Del Lavoro, *Quarterly Review,* June 1975. 及びW. Ethier and A. I. Bloomfield, *Managing the Managed Float,* Oct. 1975)。
(57) *Herald Tribune,* Nov. 17, 1975.
(58) レイ・ビッカー、原康訳『国際金融界の内幕』1975年、28頁。1976年のBIS総会には、ソ連もオブザーバーを派遣した。
(59) *The Journal of Commerce,* Jan. 13, 1975.

第7章

(1) 拙稿「IMF失墜の背景と新たな構想」『世界週報』第61巻第1号（1985年新年特大号）57-8頁。
(2) 拙著『金と国際通貨』外国為替貿易研究会、1983年、399-400頁。不毛といわれたロンドン・サミッ

トにおいてさえも、その舞台裏においてはアメリカの代表が、1980年代の半ば、恐らくは1986年に開催されるであろう国際通貨会議に向けて、作業をすすめていることを明かし、そこにおいては、現行の変動相場制度が放棄されることになると示唆していた (*New York Times,* June 11, 1984. 拙稿「ロンドン・サミットを顧みて」『金融財政』第7737号 (1959年6月28日)。

(3) 内海孚編著『新しいIMF』外国為替貿易研究会、昭和51年、229頁。なおジスカール・デスタンは、目標相場圏を2—3年間実施したあとで、調整可能な安定的為替相場 (Stable but Adjustable Exchange Rate) に復帰する時期が訪れるであろうとのべ、石油危機の後遺症が解消された時点で、経済危機の終結宣言を行うべきであると提言した (Valéry Giscard d'Estaing, "New Opportunities and New Challenges", *Foreign Affairs,* Vol.62, No.1, Fall, 1983, p.181)。

(4) フロートによってカナダ・ドルが過大に評価されたため、折からの不況とも相俟って、カナダの輸出産業と輸入代替産業は、相剰的に打撃をうけた。Charles P. Kindleberger, "The Case for Fixed Exchange Rates", *The International Adjustment Mechanism,* Sponsored by the Federal Reserve Bank of Boston (Conference Series, No.2), 1969, p.96. この論文は ld., *International Money,* London/Boston/Sydney, 1981 に再録されている。

(5) W. Ethier and A. I. Bloomfield, *The Manegement of Floating Exchange Rate,* Paper presented to the Conference on World Monetary Disorder, Center for International Bussiness and Management, Pepperdine University, 1974. これを修正したものが、*Managing the Managed Float* (Essays in International Finance, No.112), Princeton, 1975 である。その他 J. Williamson, "The Future Exchange Rate Regime", Banca Nazionale del Lavoro, *Quarterly Review,* June 1975. ld., *The Failure of World Monetary Reform,* Nairobi, 1977.

(6) Thomas D. Willett, "Alternative Approaches to International Surveillance of Exchange Rate Policies", *The Managed Exchange Rate Flexibilities : The Recent Experience,* Sponsored by the Federal Reserve Bank of Boston (Conference Series, No.20), 1978, p.149.

(7) フルカード案の概要は、拙稿「フランスのEC共同フロートへの復帰」『国際金融』550号(昭和50年9月1日)。ドイセンベルグ案とイペルセル案については、拙稿「ヨーロッパにおける通貨協力の歴史的考察(下)」『東京銀行月報』第31巻、第3号 (1979年3月) 60、76頁。拙著『ヨーロッパ通貨統合の展開』日本経済評論社、1987年、239-40、263-5参照。ボア構想については、「ランブイエ通貨合意の体制論的考察」『東京銀行月報』第28巻、第2号、1976年2月、37頁。本章第6章参照。

(8) キャラハン構想は、前掲「ヨーロッパの通貨協力」94頁。拙著『国際金融論新講』泉屋書店、1990年、202頁参照。ローザ構想は、拙稿「目標相場圏構想の台頭」『世界経済評論』Vol.12、No.2 (1978年2月)。本書第9章4 (節)。同じく「転換を遂げる米国の国際通貨政策」『金融財政事情』第1359号 (1978年2月20日) 参照。

(9) ポニアトウスキー案とオッソラ構想およびアメリカの金本位制度復帰論等については、前掲『金と国際通貨』参照。

(10) 拙稿「国際通貨体制構築への再挑戦」『エコノミスト』第62巻、第15号 (1984年4月10日)。なおこの小論は、匿名になっている。8カ国委員会による英連邦諸国の報告書は、*The Debt Crisis and the World Economy* と題して、1984年の7月に発表された。マルドーン (Robert D. Muldoon) の主張については、"Rethinking the Ground Rules for an Open, World Economy", *Foreign Affairs,* Summer, 1983 参照。

(11) 前掲『エコノミスト』の拙稿。*Le Monde,* Sep. 9, 1983.

(12) Giscard d'Estaing, *op.cit.,* p.180.

(13) Jeffrey A. Frankel, *The Yen/Dollar Agreement : Liberalizing Japanese Capital Market,* Washington, 1985, p.9.

(14) ジスカール・デスタンの警告については、M. Poniatowsky, "Après le dollar, quoi ? ", *L'economie,* Dec. 3, 1979. 村上泰亮「新自由主義経済政策批判」『中央公論』1982年12月号、125頁。この論文は『新中間大衆の時代』中央公論社、昭和59年に再録されている。ブレトン・ウッズ体制は、ナチスのニュー・オーダーに対するアンチ・テーゼとして登場した米州銀行構想の国際版にほかならないが (拙稿「ブ

レトン・ウッズ体制成立前史の予備的考察」『経済系』第123集、1980年3月、本書第2章)、昨今の状況と対比した場合に注目されることは、1936年にイタリアが国際連盟から脱退した時に、グァテマラ、ホンジュラス、ニカラグアが追随し、1939年以降、ワシントン輸出入銀行と為替安定基金による中南米の支援が本格化するに至ったことである。

(15) Milton Friedman, *Essays in Positive Economics,* Chicago-London, 1953, p.158 (佐藤隆三、長谷川啓之訳『実証的経済学の方法と展開』富士書房、昭和52年、159頁).
(16) Ibid., p.200 (邦訳、201頁). 変動相場制度の景気遮断効果の背景には、共通インフレ率の採用が不可能であり、変動相場によって各国は、最適インフレ率を採用できるとの考え方が潜在していた (Jacques R. Artus and John H. Young, "Fixed and Flexible Exchange Rates", Robert E. Baldwin and J. David Richardson, eds., *International Trade and Finance,* (2nd ed.), Boston, Toront, 1981, pp.328-9).
(17) Friedman, *op.cit.,* pp.163,174 (前掲邦訳、163-4,73頁).
(18) H. J. Johnson, *Further Essays in Monetary Economics,* 1972, London, pp.206,209-10,220. フリードマンは、ポンド地域における固定相場を容認していたが、ジョンソンは、小国の通貨を大国の通貨に釘付けする方法を奨励した。
(19) Kindleberger, *Internationl Money,* p.189.
(20) Richard N. Cooper, "Flexible Exchange Rates", R. N. Cooper, P. B. Kenen, J. B. de Macedo, J. van Ypersele (eds.), *The International Monetary System Under Flexible Exchange Rates,* Cambridge, Mass., 1982, p.5.
(21) Artus & Young, *op.cit,* p.332.
(22) *Internalional Currency Review,* Vol.16, No.5, p.4. *The Economist,* Oct. 5, 1985, Suryey 24 は、これを10—25倍と観測している。
(23) Jacques R. Artus & Andrew D. Crockett, "Floating Exchange-Rates：Some Policy Issues", *Finance and Development,* Vol.14, No.4, Dec. 1977, p.27.
(24) Rudiger Dornbusch, "Expectations in Exchange Rate Dynamics", *Journal of Political Economy,* Vol.84, No.6, Dec. 1976, p.1162.
(25) Kindleberger, "Case for Fixed Exchange", p.94.
(26) Benjamin J. Cohen, *Organizing the World Money,* London/Basingstoke, 1977, p.167. マンデル・フレミング・モデル (R. A. Mundell, *International Economics,* London, 1968, Chap.18. J. M. Fleming, "Domestic Financial Policies under Fixed and Floating Exchange Rates", *IMF Staff Papers,* Vol.IX, No.3, Nov. 1962.) については、次のような批判がなされている。つまりそこではフローとしての資本移動をみとめたが、為替相場の変動は、経常収支を均衡させる範囲内に止り、為替相場の安定性を否定するまでには至らなかった。また変動相場の景気遮断効果をみとめる点においても、従来の変動相場擁護論と変らなかった (John Williamson, "The Theorists and the Real World", L. Tsoukalis (ed.) *The Political Economy of International Money,* London, 1985, p.51)。
(27) Cohen, *op.cit.*
(28) Group of Thirty, *The Problem of Exchange Rates,* 1982, NY., p.3. なお、物価の硬直性を前提とする Ratchet Effect は、必ずしも現実にマッチしないが、これを最初に指摘したのは、トリフィン (Robert Triffin, *Gold and the Dollar Crisis,* Yale, 1960, pp.82-3) といわれる。また変動相場は、二極分化を促すとの悪循環説も有力である。キンドルバーガーは、変動相場制度を「インフレ製造機」と酷評した (*International Money,* p.199)。
(29) Robert M. Dunn, Jr., *The Many Disappointments of Flexible Exchange Rates* (Essays in International Finance, No.154), Princeton, 1983, p.12.
(30) James Tobin, *Essays in Economics,* London, Cambridge, Mass, 1982, p.493.
(31) Robert M. Dunn, Jr., *Canadas Experience with Fixed and Flexible Exchange Rates in a North American Capital Market,* Washington/Montreal, 1971, pp.64-5.
(32) これらの学説を要約したものとしては、D. R. Waimann, "A New Assessment of Floating Exchange Rates", *Intereconomics,* Nov./Dec., 1981, pp.275 ff.. Artus & Young, *op.cit.,* pp.339 ff..

Richard M. Levich, *Overshooting in the Foreign Exchange Market* (Group of Thirty, Occassional Paper, No.5), NY., 1981.

(33) Federal Reserve Bank of New York, *Quarterly Review,* Summer, 1984, p.43. なお 1985 年 8 月 3 日付の *Wall Street Journal* 紙は、future および option 取引が、実需取引の 80―85 倍に達し、為替相場の過剰反応を斉す要因となっているとのべている。

(34) バブル現象とは、ある通貨が、ファンダメンタルズの許容する以上に過大評価されているが、何らかの混乱によってそれが崩壊するまでは、値上りを期待されている現象をいう (R. Dornbusch, "Flexible Exchange Rates and Interdependence", A. W. Hooke, *Exchange Rate Regimes and Policy Interdependence,* Washington, 1983, p.20)。ペソ問題とは、1964 年のメキシコ・ペソの切り下げのように稀ではあるが、一度発生すると、為替相場の大変動を来すような事象をさす（翁邦雄『期待と投機の経済分析』東洋経済新報社、昭和 60 年、3、69 頁）。

(35) Friedman, *op.cit.,* p.163（前掲邦訳、164 頁）．それに対して M. Wegner は、次のように批判している。「変動相場は、イギリスの政策当局を対外的な拘束から解放しなかったし、固定相場時代より国内政策目的を追求する場合に、より大きな操作の余地を与えなかった」("External Adjustment in a World of Floating", Tsoukalis (ed.), *op. cit.,* p.126)。

(36) Rachel McCullock, *Unexpected Real Consequences of Floating Exchange Rates* (Essays in International Finance, No.153), Princeton, 1983, p.17.

(37) 本報告書の全文は、IMF, *Survey,* July 1985 に収録されている。拙稿「国際通貨制度改革問題の展開 上、下」『金融財政』7842-3 号 (1985 年 7 月 25、29 日号) 参照。

(38) *Financial Times,* June 22, 1985.

(39) Research Dep. of IMF, *The Exchange Rate System* (Occasional Paper, No.30), Washington, 1984, p.25.

(40) 先物 (forward) 取引は、最長 1 年が通例であり、多国籍企業は、次のようなヘッジの方法を採用しているという。(1) parallel loans（二つの支店で、期間を同じくする自国通貨建の貸付を相互に行う方法）．(2) straight currency swap（上述の貸付の代りに、買い戻し条件で自国通貨を相互に売却する方法）．(3) simulated currency loan（ある通貨建の貸付を行い、他の通貨で返済する方法）．André de Lattre, "Floating, Uncertainty and the Real Sector", Tsoukalis (ed.), *op.cit.,* pp.96-7.

(41) Research Dep. of IMF, *op.cit.,* pp.42-5. なお為替相場の不安定性にもかかわらず、国際間の投資が減少しなかった理由としては、次のようなことが指摘されている。(1) 投資は、長期計画に基づくこと。(2) 二国間のインフレ較差、生産性の較差によって、為替相場の変動をカバーできること。(3) 変動相場制度下では、資本取引規制が行われる可能性が少ないこと。(4) 保護主義に対抗するためには、直接投資が必要とされること (McCullock, *op.cit.,* p.9)。

(42) Research Dep. of IMF., *op.cit.,* p.47.

(43) Ibid., pp.45,47.

(44) *U.S. News and World Report,* Dec. 3, 1979 は、バーター取引の増加した理由の一つとして為替相場の不安定性をあげている。それに対して Bart S. Fisher と Kathleen M. Harte は、バーターが東西貿易、南北貿易の他に、先進国の間においても行われている理由として、兵器生産の多国籍的分業体制の形成をあげている (*Barter in the World Economy,* NY., 1985, pp.11-4)。キンドルバーガーの所説については、"Case for Fixed Exchange Rates", p.99. バーター取引の比率は、前掲 *The Economist,* Survey, 21 によった。

(45) 制度的硬直性の排除を最初に主張したのは、Ronald I. McKinnon, "Floating Exchange Rates, 1973―74：The Emperor's New Clothes", in Karl Brunner and Allan H. Meltzer (eds.), *Institutional Arrangements and the Inflation Problem,* Amsterdam, 1976. わが国に対して資本取引の自由化を勧告したソロモン・リポート (David C. Murchison and Ezra Solomon, *The Misalignment of the United States Dollar and the Japanese Yen : The Problem and its Solution,* Mimeo, 1983) も、同一の発想によるものである。

(46) Tobin, *op.cit.,* pp.493-4. ケインズも課税による証券投資の抑制を考えていた (Artus & Young, *op.cit.,* p.349)。バーグステンは、円とドルの不整合性を是正するために、一時的な資本取引規制

の導入を提唱し、P・ケネンもこれに関心を示した (C. F. Bergsten et al., *From Rambouille to Versailles : A Symposium,* Essays in International Finance, No.149, Princeton, 1982, pp.5,38)。
(47) J. Williamson, *The Exchange Rate System,* Washington, 1983, p.71.
(48) Richard N. Cooper, "A Monetary System for the Future", *Foreign Affairs,* Fall, 1984, p.165.
(49) Kindleberger, *International Money,* p.29.
(50) Friedman, *op.cit.,* pp.175-6 (前掲邦訳、176頁)。
(51) Jacob A. Frenkel and Michael L. Mussa, "The Efficiency of Exchacge Rate Markets and Measures of Turbulance", *American Economic Review,* Vol.70, No.2 (May 1980), p.377. Roger Bootle, "Foreign Exchange Intervention", *The Banker,* May 1983, p.31, ジュルゲンセン・レポートは、効率性の基準として、(1) 取引コストの少ないこと、(2) 情報が市場の参加者により利用可能なこと、(3) 民間の保有する異種通貨建の資産が完全に代替可能なこと、をあげている。
(52) Friedman, *op.cit.,* p.188 (前掲邦訳、189頁)。
(53) Helmut Mayer and Hiroo Taguchi, *Official Intervention in the Exchange Market,* (BIS, Economic Papers, No.6), Basle, 1983, p.5. Bank of England, "Intervention, Stabilization and Profits", *Quarterly Bulletin,* Vol.23, No.3, (Sep. 1983), p.390. "Intervention in Foreign Echange Markets", Federal Reserve System, *Bulletin,* Vol.69, No.11 (Nov. 1983), p.833.
(54) Michael Mussa, *The Role of Official Intervention* (Group of Thirty, Oocassional Papers, No.6), NY., 1981, p.14.
(55) 前掲拙稿「目標相場圏構想の台頭」。『金と国際通貨』373-4頁。オールト案については、"Next Steps in European Integration", Sammuel I. Katz (ed.), *U.S. European Monetary Relations,* Washington, 1979, p.208. なお目標相場圏的なものを創唱したのは、1930—40年代におけるアメリカの経済学者 Frank Graham であるという (*The Economist, op.cit.,* Survey, 53)。
(56) Tobin, *op.cit.,* pp.492-3.
(57) Robert V. Roosa, *Economic Stability and Flexible Exchange Rates in World Money and National Policy* (Group of Thirty, Occassional Papers, No.12), NY., 1983, pp.52-3.
(58) 前掲拙稿「ランブイエ通貨合意」24頁 (本書第6章、269頁)。
(59) P. Van Dijk (ed.), *Supervisory Mechanisms in International Organizations,* Deventeer/Netherlands, 1984, pp.11,21-3.
(60) ヴィレットは、為替相場政策を監視するためのアプローチとして、次のような種類をあげている。(1) Reserve Indicators, (2) Target Zones, (3) Reference Rates, (4) Leaning against the Wind, (5) Judgmental Assessment or the Case History Approach (Willet, *op.cit.,* p.148)。
(61) *Ibid.,* p.161.
(62) アメリカは、政策の変更について僚国の承認を求めるため、マルフォード財務次官補を、ひそかに東京、ロンドン、パリ、フランクフルトに派遣した。その結果ニューヨークにおける G5 蔵相会議の日程は、2週間前に決定されていたという (*International Herald Tribune,* Sep. 25, 1985)。また1985年9月24日の *Financial Times* によると、内外の経済的な混乱によって、次期大統領候補と目されるブッシュ副大統領が、苦境に陥るのをさけるために、友人であるベーカー財務長官が、通貨面から支援をしたとの観測も行われていた (拙稿「円の目標相場は200円程度か」『世界週報』第66巻、第41号、1985年10月15日。本書第9章、8〔節〕)。
(63) ただしイギリスのリーバー卿は、為替の需給ギャップが取引の規模に比べると遥に少いことを理由にして、介入の有効性を主張した (*The Economist, op.cit.,* Survey, 53)。
(64) 要旨は、IMF, *Survey,* Aug. 26, 1985 参照。全文は、同 Supplement (Sep. 1985) に収録されている。
(65) 拙稿「くすぶる金本位制復帰論の背景」『世界週報』第65巻、第39号 (1984年9月25日) 参照。

第8章

(1) 村上泰亮「新自由主義経済政策批判」『中央公論』1982年12月号、125頁。この論文は『新中間大衆の時代』中央公論社、昭和59年、259頁以下に再録されている。なお同書263頁によると、戦

後的秩序を「20世紀システム」と名付けたのは、公文俊平教授であるという。
(2)　拙稿「円の目標相場は200円程度か」『世界週報』1985年10月15日。本書第9章8（節）。
(3)　1986年のアメリカ消費者物価指数は、1.1％の上昇に止まったが、石油を除くと3.8％になる。またドルの下落により、1986年12月の消費者物価上昇率は年率2.9％に達し（*International Herald Tribune,* Jan. 27, 1987）、アメリカの主要エコノミストによると、1987年は3.3％、1988年は4.2％に達するものと見込まれている（*Asian Wall Street Journal,* Mar. 5, 1987）。
(4)　これは上院銀行委員会におけるメルツァー教授の試算である（*Financial Times,* Feb. 26, 1987）。
(5)　拙稿「通貨調整から金利調整へ」『世界週報』1986年9月9日。
(6)　*Asian Wall Street Journal,* Jan. 24, 1987.
(7)　『朝日新聞』1987年2月18日。追記のようにアメリカの通貨当局は、その後も特定の為替相場水準について合意が成立したことを否定する発言を行った。協調介入を行いながら目標相場圏を否定するのは、言行不一致も甚だしく、折角の介入効果を自ら減殺する結果を招いた。
(8)　『日本経済新聞』1987年1月25日。その後3月9日に、ニューヨーク連銀は米議会に対する「外国為替市場操作報告」の中で、1987年1月28日に5千万ドルの円売・ドル買を行った事実を明らかにした（『日本経済新聞』1987年3月10日）。3月の下旬に実施された中央銀行の協調介入については、追記参照。
(9)　同上、1986年12月11日。
(10)　*New York Times,* Feb. 13, 1987. アメリカ財務省の参考相場圏構想については、*The Washington Post,* Feb. 9, 1987参照。それによると円の変動幅は20円、当面の段階では150円が上限とみられている。
(11)　旧臘のドル下落は、1986年11月のアメリカの貿易収支が予想以上に悪化したことを契機とするものであるが、悪化要因の一つは、同年12月1日以降輸入品に対して、100ドル当り22セントの手数料が賦課されるため、かけ込み輸入が行われたためとみられている（*Asian Wall Street Journal,* Jan. 17, 1987）。俗に「情報本位」の時代ともいわれているだけに、通貨当局は適確な情報の提供を通じて、市場の納得がえられるように努力することが肝要であり、アメリカも貿易収支やGNPなどの統計の改善を検討している模様である（*International Herald Tribune,* Feb. 12, 1987）。
(12)　*Asian Wall Street Journal,* Mar. 5, 1987. なお、1987年3月23日に、ベーカー財務長官がパリ会議においては、目標相場圏が設定されなかったとTVで言明したのを嫌気して、円はニューヨーク市場において、一時150円5—15銭まで買い進まれた。このようなことからみても、通貨当局は目標相場圏を公表し、市場に対して指針を与えることが望ましい。
(13)　*Business Week,* Mar. 9, 1987.
(14)　アメリカ大使館広報・文化交流局『一般教書』（アメリカ対策シリーズ78）、1986年3月7日、10頁。
(15)　Milton Friedman, *Essays in Positive Economics,* Chicago/London, 1953, p.200（佐藤隆三、長谷川啓之訳『実証的経済学の方法と展開』富士書房、昭和52年、201頁）.
(16)　「もし通貨が自由に変動するのにまかされるならば、最も広い意味での「投機」は恐らく為替相場をさんざんに荒すことであろう」とヌルクセは述べている（League of Nations, *International Currency Experience,* 1944, rept. NY., 1987, p.138. 小島清、村野孝訳『国際通貨』東洋経済新報社、昭和28年、212頁）。
(17)　*International Currency Review,* Vol.16, No.5, p.4.
(18)　筆者は、1984年4月13日付『朝日新聞』「金融自由化」（中）（本書第9章、補遺）と題するインタビューにおいて、地球大約な規模のカジノ化現象に危惧の念を表明したが、スーザン・ストレンジも近著において同じく、これに警告を発している（Susan Strange, *Casino Capitalism,* Oxford, 1986, p.1）。
(19)　1976年の1月7、8日にキングストンで開催されたIMF暫定委員会において、変動相場制度の導入が合意された。一方1978年7月の6、7日にブレーメンで開催された欧州理事会においては、EMSの原則が承認された。拙稿「国際通貨制度改革問題の一考察」関東学院大学経済学会『経済系』第146集、1986年3月、31頁（本書第7章）。
(20)　詳細は、拙著『金と国際通貨』外国為替貿易研究会、昭和58年、371頁以下参照。
(21)　*New York Times,* June 11, 1984. 拙稿「ロンドン・サミットを顧みて」『金融財政』昭和59年6

月28日、4頁。
(22) 前掲拙稿「円の目標相場」(本書第9章、8 [節])。
(23) *The Economist,* Oct. 5, 1985, Survey, p.53.
(24) W. Ethier and A. I. Bloomfield, *The Manegement of Floating Exchange Rate,* Paper presented to the Conference on World Monetary Disorder, Center for International Business and Management. Pepperdine University, 1974. これを修正したものが、ld., *Managing the Managed Float* (Essays in International Finance No.112), Princeton, 1975. それに続いてJ. Williamson, "The Future Exchange Rate Regime", Banca Nazionale del Lavoro, *Quarterly Review,* June 1975. ld., *The Failure of World Monetary Reform,* Nairobi, 1977. 著者が目標相場圏制度の紹介をしたのは「目標相場構想の台頭」『世界経済評論』第12巻、第2号、1978年2月(本書第9章、4 [節])である。
(25) Williamson, *Failure,* pp.187,123.
(26) ガイド・ラインの原文は、IMF, *Survey,* June 17, 1974. Brian Tew, *The Evolution of the International Monetary System, 1945—77,* 2nd ed., London, p.242 ff. に再録されている。
(27) *International Herald Tribune,* Nov. 17, 1975. 拙稿「ランブイエ通貨合意の体制論的考察」『東京銀行月報』第28巻、第2号、1976年2月、37頁(本書第6章)。
(28) C. T. Oort, "Managed Floating in the European Countries", S. J. Katz (ed.), *European Monetary Relations,* Washington, 1979, p.208.
(29) J. Williamson, *The Exchange Rate System,* Washington, 1983, p.17. その他 Federel Reserve Bank New York, *Quarterly Review,* Winter, 1983—84 参照。
(30) Anne O. Krueger, *Exchange-Rate Determination,* 1983, London, pp.66,76.
(31) Williamson, *op.cit.,* p.21.
(32) シュルツ・ボルカー提案は、G. M. Meier, *Problems of a World Monetary Order,* NY., 1974, p.266 ff. に再録されている。拙稿「円高圧力の論理と国際間の動き」『国際金融』585号、1975年5月15日(本書第9章、3 [節])。Bela Balassa, "European Monetary Arrangements", *European Economic Review,* Aug. 1977, p.27. ld., "Monetary Arrangements", Katz, *op.cit.,* p.90 ff..
(33) *The New York Times,* Mar. 3, 1985.
(34) 為替相場政策を監視する方法としては、次のようなものがある。(1) Reserve Indicator, (2) Target Zones, (3) Reference Rate, (4) Leaning against the Wind, (5) Judgemental Assessment or the Case History Approach (Thomas D. Willet, "Alternative Approaches to International Surveillance of Exchange Rate Policies", *The Managed Exchange Rate Flexibilities,* Sponsored by the Federal Reserve Bank of Boston (Conference Series, No.20), 1978, p.148.
(35) 最近アメリカの財務省が参考相場圏の導入を提唱している事実を最初に報道したのは、Rowland Evans と Robert Novak である (*The Washington Post,* Feb. 9, 1987).
(36) Daniel Lebegue, "Pour une réforme du systéme monétaire international", *Economie prospective internationale,* n 24, 4éme trimestre, 1985. 拙稿「安定性確保への道模索」『金融財政』昭和61年4月28日、8頁。
(37) *Financial Times,* Feb. 10,12, 1987.
(38) Friedman, *op.cit.,* pp.170-2(前掲邦訳、171-3頁). なお市場の効率性を判定する基準としては、取引コストが少ないこと、情報が市場参加者により利用可能なこと、民間の保有する異種通貨建の資産が完全に代替可能なこと(*Report of the Working Group on Exchange Market Integration,* Mar. 1983, p.28. この報告書は俗にジュルゲンセン・レポートと呼ばれている)があげられているが、市場はしばしば近視眼的な思惑やルーマーによって支配され、効率性とは程遠いものがあった。
(39) *Jurgensen Report,* pp.17,31-3.
(40) Group of Thirty, *The Foreign Exchange Market in the 1980s,* 1985, NY., p.11.
(41) *Economic Report of the President,* Jan. 1987, Washington, p.116 は、これを2年とみている。
(42) *The Wall Street Journal,* Jan. 7, 1987. それによるとトヨタは、1987年に86年型に比べて14%の値上げをし、ソニーは平均18%の値上げをするに止まったという。なお1986年の台湾元の上昇は前年比14%、韓国ウォンの上昇は3—5%に止まったため、1987年の2月はじめに、民主党議員は、

これらの国々と通貨交渉を行う権限を財務長官に付与する法案を上程した (*International Herald Tribune*, Feb. 10, 1987)。ドルの対外価値を測定するためには、実効為替相場が用いられているが、連邦準備制度の実効為替相場は、10カ国（70年代半基準）に限られていて、効果が疑問視されている。それに対してマニュファクチュアラー・ハノーバー銀行や、ダラス連銀などは、新興工業国の通貨を含めた実効為替相場を発表している (*Business Week*, Oct. 6, 1986. IMF, *Survey*, Feb. 9, 1987)。

(43) *The Wall Street Journal*, Jan. 12, 1987.
(44) *Economic Report of the President*, pp.118-9.
(45) Ibid., p.101.
(46) IMF, *Survey*, Feb. 23, 1987. IMFはコンサルテーションに当って他の国際機関と協力し、専務理事はG5蔵相会議にも出席している。IMFの双務的サーベイランスには、定期的なものと補足的なコンサルテーションがあるが、前者は頻繁な開催が困難であり、後者はほとんど開催されていない。またIMFは、加盟国の政策に同意するか異議を唱えるだけであって、加盟国に対する強制力をもたない。その他IMFは、『世界経済見通し』や年次報告で加盟国の経済分析を行い、これを公表することによって、一種のサーベイランスを行っている (G. G. Johnson, "Enhancing the Effectiveness of Surveillance", *Finance and Development*, Vol.22, No.4, Dec. 1985, pp.2-3)。
(47) Willet, *op.cit.*, p.161.
(48) IMF, *Survey*, Feb. 23, 1987, p.57. なお客観指標のうち、財政は議会の権限に属し、金利は独立性の強い中央銀行の所管である。また客観指標のうちには、遅効的なものがあり、先見性が必要とされる為替相場の安定をはかるには、政策の機動的、弾力的な運用が不可欠とされる。さらに客観指標をコンサルテーションの引き金に止めるか、直ちに調整の引き金にするかによって、その役割は異なったものになる。
(49) イギリスもついにM3を廃止し、マネタリズムは一段と後退した（『日本経済新聞』1987年3月18日）。
(50) *Economic Report of the President*, pp.119-20.
(51) Valéry Giscard d'Estaing, "New Opportunities and New Challenges", *Foreign Affairs*, Vol.62, No.1, Fall 1983, p.180. ドロール案については、拙稿「国際通貨体制構築への再挑戦」『エコノミスト』第62巻、第15号（1984年4月10日）10-1頁。ただしこの小論は匿名になっている。
(52) *Financial Times*, Nov. 19, 1986, Jan. 13, Feb. 10, Feb. 12, 1987. *Asian Wall Street Journal*, Mar. 10, 1987.
(53) *The Washington Post*, Feb. 9, 1987.
(54) 前掲『金と国際通貨』427-8頁。
(55) Report to the Congress of the Commission on the Role of Gold in the Domestic and International Monetary Systems, Vol.I, p.125, Washington, 1982.
(56) *The Asian Wall Street Journal*, Feb. 3, 1987.
(57) *The Washington Post*, Sep. 29, 1982. ケンプ・ロット法案の骨子は、前掲『金と国際通貨』432頁参照。
(58) 前掲『金と国際通貨』428-9頁。
(59) 『日本経済新聞』1987年3月12日、なおマッキノンやコロンビア大学のオブストフェルドなども商品本位を支持しているという（*The Asian Wall Street Journal*, Feb. 28, 1978, *Financial Times*, Jan. 29, 1987）。
(60) ジェンキンズ演説の骨子については、拙稿「ヨーロッパにおける通貨協力の歴史的展開」（下）『東京銀行月報』第31巻、第3号、1979年3月、74-6頁。
(61) 柿内正徳「André Marchalの構造政策論とヨーロッパ経済統合（上）（下）」『社会科学論集』（市邨学園短大社会科学研究会）20号、1976年3月。同21, 22合併号、1977年2、3月。拙稿「自由貿易原則の転換」『東京銀行月報』第29巻、第5号、1977年5月号、2-3頁。
(62) 拙稿「単一欧州条約の形成過程」『経済系』第148集、1986年7月（拙著『ヨーロッパ通貨統合の展開』日本経済評論社、1987年、410頁以下参照）、および「欧州共同体の地中海型拡大」『経済系』第151集、1987年4月（拙稿『大欧州圏の形成』白桃書房、1996年、第2章に再録）。
(63) フリードリッヒ・リスト、正木一夫訳『アメリカ経済学綱要』未来社、1966年、33頁。
(64) 「東亜新秩序」というスローガンは、ナチスの欧州新秩序という名称に用いられたが、ケインズの

国際清算同盟案は、ベルリンを中心とするナチスの多角清算機構を改良したものである。（前掲『エコノミスト』11頁。同じく拙稿「ブレトン・ウッズ体制成立前史の予備的考察」『経済系』第123集、1980年3月、本書第2章）。

第9章

(1) "The Fund and the EPU", Margaret G. de Vries, *The International Monetary Fund 1965,* Vol.II, 1969, p.317.
(2) W. H. Scammell, *International Monetary Policy : Bretton Woods and After,* 1975, p.246.
(3) ウィリアム・F・リッケンバッカー、永川秀男訳『ドルの死』昭和44年、80頁。
(4) Scammell, *op.cit.*, p.247.
(5) "Professor Williams' Key Currency Plan", J. Keith Horsefield, *The International Monetary Fund 1945—1965,* Vol.III, 1969, p.126.
(6) P. Einzig, *The Sterling Dollar Franc Tangle,* 1933, p.113.
(7) "Dollardeutschemark Axis", *International Currency Review,* July-August 1975, p.14.
(8) Horsefield, *op.cit.,* p.120.
(9) *The Banker,* Dec. 1975, p.1461.
(10) *The Journal of Commerce,* Jan. 13.
(11) C. F. Bergsten, *The Dilemmas of the Dollar,* 1975, pp.522.
(12) Anne O. Krueger, *Current Account Targets and Managed Floating,* 1977, pp.37-9.
(13) Robert Z. Aliber, *The Political Economy of Monetary Reform,* 1977.
(14) Charles A. Coombs, *International Monetary Arena,* 1976参照。
(15) *American Banker,* Dec. 22, 1976.
(16) *First Chicago World Report,* Mar. 1977.
(17) *The Journal of Commerce,* Apr. 25, 1966.
(18) Fred L. Block, *The Origin of International Eccnomic Disorder,* 1977, p.52.
(19) Benjamin M. Rowland, *Balance of Power or Hegemony : The Interwar Monetary System,* NY.,1976, p.223.
(20) Scammell, *op.cit.,* p.246.
(21) ウィリアム・リッケンバッカー、永川秀男訳『ドルの死』昭和44年、80頁。
(22) Horsefield, *op.cit.,* p.126.
(23) Block, *op.cit.,* p.53.
(24) Ibid., pp.52-3.
(25) John Williamson, *The Failure of World Monetary Reform,* 1977, pp.186-7.
(26) *American Banker,* Dec. 22, 1976.
(27) Peter Kenen, "An Overall View", Fabio Basagni (ed.), *International Monetary Relations After Jamaica,* 1977, p.13.
(28) *First Chicago World Report,* Mar. 1977.
(29) Bergsten, *op.cit.,* pp.428-9.
(30) Einzig, *op.cit.,* p.113.
(31) ケインズ、中内恒夫訳『貨幣改革論』昭和48年、295-6頁。
(32) Horsefield, *op.cit.,* pp.119-23.
(33) Ibid., p.9.
(34) R・F・ハロッド、塩野谷九十九訳『ケインズ伝』下巻、昭和47年、611頁。
(35) ケインズ案のパラグラフ、31、32、35参照（Horsefield, *op.cit.,* pp.29-30. Donald Moggridge (ed.), *The Collected Writings of John Maynard Keynes,* p.xxv. Cambridge, 1980. 村野孝訳『戦後世界の形成』〔ケインズ全集第25巻〕東洋経済新報社、1992年、39,59-60頁）。
(36) Horsefield, *op.cit.,* p.126.

(37) Horsefield, *op.cit.*, pp.97-102.
(38) Alfred E. Eckes, Jr., *A Search for Solvency*, 1975, p.88.
(39) Horsefield, *op.cit.*, p.124.
(40) George N. Halm, *International Monetary Cooperation*, 1945, p.165.
(41) Horsefield, *op.cit.*, p.17.
(42) 詳細は拙稿「ポンド残高の史的変遷」『東京銀行月報』1977年11月号、50-1頁（本書第3章）。
(43) Eckes, *op.cit.*, p.83.
(44) Rowland, *op.cit.*, 1976, p.223.
(45) *The Journal of Commerce*, Jan. 6, 1978.
(46) ハロッド、前掲邦訳、612頁。
(47) Block, *op.cit.*, pp.38-9.
(48) Ibid., p.54.
(49) 小原敬士『アメリカの財閥』昭和29年、153-4頁。
(50) A・M・シュレジンガー、中屋健一訳『ケネディ』（上）1974年、142頁。
(51) *The Journal of Commerce*, Oct. 2, 1979.
(52) 拙稿「代替勘定設立構想の自家撞着性」『東京銀行月報』1979年4月号、2-3頁。
(53) Bank of England, *Quarterly Bulletin*, Sep. 1979, p.296.
(54) *International Herald Tribune*, Oct. 2, 1979.
(55) *The Economist*, Sep. 1, 1979.
(56) Morgan Guaranty Trust Co. of NewYork, *The World Financial Markets*, Sep. 1979, p7.
(57) *The Economist*, Sep. 1, 1979.
(58) Morgan Guaranty Trust, *op.cit.*, p.6.
(59) *The Journal of Commerce*, Sep. 27, 1979.
(60) Oliver Franks, "The Sterling Area and World Economy", *The Banker*, Vol.CVIII, No.385, Feb. 1958, pp.xvi-xivii.
(61) Armand Van Dormael, *Bretton Woods*, 1978, p.247.
(62) David P. Calleo, *Money and the Coming World Order*, 1976, p.41.
(63) 外務省『国連貿易開発会議の研究』昭和40年、343頁。
(64) Eleanor L. Dulles, *The Bank for International Settlements at Work*, 1932, p.7.
(65) Horsefield, *op.cit.*, p.33. Keynes Plan, p.ix, 39 (1) 参照。
(66) Maxwell Stamp, "The Fund and the Future", *Lloyds Bank Review*, No.50 (Oct. 1958), pp.14-8.
(67) Maxwell Stamp, "Stamp Plan-1962 Version", Herbert Grubel (ed.), *World Monetary Reform*, 1963, p.89.
(68) Robert Triffine, *Gold and the Dollar Crisis*, 1960, pp.117-8.
(69) Tibor Scitovsky, "A New Approach to International Liquidity", *American Economic Review*, Vol.56, No.5. Dec. 1966, pp.1217-18.
(70) William R. Cline, *International Monetary Reform and the Developing Countries*, 1976, pp.54-5.
(71) UNCTAD, *International Monetary Issues and the Developing Countries, Report of the Group of Experts*, 1965, p.32.
(72) Branislav Gosovic, *UNCTAD Conflict and Compromise*, 1972, pp.133-4.
(73) Y. S. Park, *The Link Between Special Drawing Rights and Development Finance*, 1973, p.6.
(74) Gosovic, *op.cit.*, pp.135-6.
(75) IMF, *Survey*, Oct. 8, 1973, p.308.
(76) Evan Laszlo et al., *The Objectives of the New International Economic Order*, 1978, p.106. および Park, *op.cit.*, pp.18-9.
(77) Park, *op.cit.*, p.7.
(78) Graham Bird, *The International Monetary System and the Less Development Countries*, 1978, p.259.

(79) Park, *op.cit.*, p.8.
(80) Ibid., p.9.
(81) Ibid., pp.9-11.
(82) IMF, *International Monetary Reform, Documents of the Committee of Twenty*, 1974, pp.96-99.
(83) Ibid., pp.101-2.
(84) IMF, *Survey*, Oct. 13, 1980, p.300.
(85) *The Journal of Commerce*, Dec. 22, 1987.

第10章

(1) 宮田美知也『近代的信用制度の成立』有斐閣、1983年、10頁。ただし振替の起源を古代メソポタミアと措定したウェーバーも、「法的形態上からみれば、初期中世的にすぎない」とのべている（M・ウェーバー、上原専祿、増田四郎監修、渡辺金一、弓削達共訳『古代社会経済史』東洋経済新報社、昭和43年、17頁）。
(2) Glyn Davies, *National Giro*, London, 1973, p.23（以下 *Giro* と略称）.
(3) 前掲ウェーバー邦訳、46頁。なおポランニーは、事実に関する意見の対立よりも、その「解釈はとらえどころなかった」(Karl Polanyi, "Marketless Trading in Hamrabis' Time", K. Polanyi, Conrad M. Arenberg and Harry W. Pearson (eds.), *Trade and Market in the Early Empires*, Chicago, 1957, p.13〔以下 *Trade & Market* と略称。玉野井芳郎、平野健一郎編訳、石井、木畑、長尾、吉沢訳『経済の文明史』筑摩書房、2005年、231頁〕) とのべているが、ポランニーは楔形文字の記録を誤読していたとの酷評さえみられる (Steven J. Garfinkle, "Private Enterprise in Babylonia at the End of the Third Millennium B. C.", Ph.D. diss., Columbia University, 2000, p.10)。古代史の研究には、粘土板等一次資料の不全または欠如や、楔形文字の解読難等の障害が指摘されている (Ibid., pp.3-4)。
(4) M・ウェーバー、黒正巌、青山秀夫訳『一般社会経済史要論』（下巻）岩波書店、昭和30年、93頁（以下『要論』と略称）。ド・ローバーの所説は、R. de Roover, *Money, Banking and Credit in Mediaeval Bruges*, Cambridge, Mass., 1948, p.311 参照。
(5) Raymond Bogaert, *Les Origines antiques de la Bánque de Dépôt*, 1966, p.33（以下 *Banque de Dépôt* と略称）.
(6) 前掲『要論』（下巻）93頁。
(7) 同上、93-4頁。
(8) Klass R. Veenhof, "Silver and Credit in Old Assyrian Trade", in J. G. Drecksen (ed.), *Trade and Finance in Ancient Mesopotamia*, Te 1stanbul, 1999, pp.57-9（以下 Drecksen の編著については、*Trade & Finance* と略称）. なお約束手形には債権者名が記載されなかったので、ヴィーンホフはこれを持参人払小切手の先駆とみている (Ibid., p.83)。
(9) 前掲『要論』（下巻）93頁、Veenhof, *op.cit.*, p.83. また、第三者が貸手であるエギビ銀行（Banque Egibi）に対する資金の返済等の場合にも、振替決済にこの約束手形が使用された (Ibid., p.71)。Innes も 1913 年に、古代バビロニアにおいて、contract tablets または shubati (received) tablets が転々と地域間で流通していたと主張したが、それは為替手形に類するものであったと主張した (A. Mitchell Innes, "What is Money ?," L. Randall Wray, *Credit and State Theories of Money*, Cheltenham, 2004, pp.34-5。これは 1913 年に *Banking Law Journal* に発表された)。
(10) 前掲『要論』（下巻）93頁。インガムは宮殿や神殿が、預託された穀物や貴金属の見返りに受取証を発行し、それが限られたエリート間の振替と債務の清算に用いられたと主張している (Geoffrey Ingham, *The Nature of Money*, Cambridge, 2004, p.96)。
(11) 前掲『要論』（下巻）94頁。William Linn Westermann, "Warehousing and Trapezite Banking in Antiquity", *Journal of Economic and Business History*, Vol.3, 1930, p.36.
(12) Morris Silver, "Karl Polanyi and Markets in the Ancient Near East", *The Journal of Economic History*, Vol.43, No.4, Dec. 1983, pp.802-3（以下 "Karl Polanyi" と略称）.
(13) Veenhof, *op.cit.*, p.65.

(14) 前掲『要論』（下巻）93頁。それに対してボンゲナールは、債務を相殺する証券が企業間で流通した理由を銀の不足を想定することによって説明しようとする説に対し、大量の銀が存在していた事実をあげて反論した（A. C. V. M. Bongenaar, "Money in the Neo-Babylonian Institutions", Drecksen, *Trade & Finance*, p.163）。
(15) Polanyi, *Trade & Market*, p.4（前掲邦訳、232頁）.
(16) Id., "The Economy as Instituted Process", *Trade & Market*, p.265（前掲邦訳、400頁）. ポランニーはアッシリア時代の初期に清算が行われていたと主張した（Id., "Marketless Trading", *Trade & Market*, p.14〔前掲邦訳、233頁〕）。
(17) Silver, "Karl Polanyi", pp.817 ff..
(18) Bongenaar, *op.cit*, in Drecksen, *Trade & Finance*, p.174. David M. Schaps, *The Invention of Coinage and the Monetization of Ancient Greece*, Ann Arbor, 2004, p.44. なお銀は逆に小口の取引に用いられたとの説もあるが（Ronald Fran Sweet, "On Prices, Moneys and Money Uses in the Old Babylonian Period", Ph.D. diss., University of Chicago, 1958, p.177）、銀はバビロニアで生産されなかったため高価であり、1シエケルは1カ月分の給料に相当するとともに（*Bongenaar, op.cit*, in Drecksen, *Trade & Finance*, p.174）、最小単位の銀塊でも、3％の秤量の誤差が、1日分の給料に匹敵したので（Marvin A. Powell, "Monies, Motives and Methods", Drecksen, *Trade & Finance*, p.16）この説は首肯し難い。
(19) A. T. Olmstead, "Materials for an Economic History of the Ancient Near East", *Journal of Economic and Business History*, Vol.2, No.2, Feb. 1930, p.226. なお少数説ながら、紀元前2000年には、エジプトにおいて、コインが鋳造されていたとの説もある（Silver, "Karl Polanyi", p.819）。
(20) Davies, *op.cit.*, p.27.
(21) Silver, "Karl Polanyi", pp.820-1. ボンゲナールも振替が市場の発展を阻害したとのポランニー説は、メソポタミアに関する不正確な情報に基づくと批判したヴィーンホフ説を引用して、これを批判している（Bongenaar, *op.cit., in Drecksen, Trade & Finance*, pp.160-1）。
(22) Powell, *op.cit.*, pp.9-10. Morris Silver, "Modern Ancients", Robert Rollinger and Christoph Ulf (eds.), *Commerce and Monetary Systems in the Ancient World*, München, 2004, p.75（以下"Modern Ancients"と略記）. Silver, "Karl Polanyi", p.816.
(23) Piotr Steinkeller, "Toward a Definition of Private Economic Activity in Third Millennium Babylonia", Rollinger and Ulf, *op.cit.*, p.109 および p.98.
(24) 農産物価格と貸出金利の季節的変動を重視して、市場メカニズムを肯定する説は、Silver, "Karl Polanyi", p.799. Id., "Modern Ancients", pp.67,70. Powell, *op.cit.*, p.11. 市場閉鎖や備蓄の放出などの規制に伴う市場メカニズムの不全を主張する反対説には、Alice Louice Stotsky, *The Bourse of Babylon*, Bethesda, 1997, p.105 参照。それによると、主要産品の供給と価格の安定をはかるために統制が行われ、重要産品6品目の中、季節的な価格の変動がみられたのは、2品目に過ぎなかった。また金利の季節的変動についても、懐疑的な見方がなされている（Ibid., pp.104-5）。
(25) Steinkeller, *op.cit.*, p.111. なお Steinkeller は労働市場の不在を主張するが、役務で利息を支払わせる農業金融は、労働力の確保を目的としたものであり（Michael Hudson, "Reconstructing the Origins of Interest-Bearing Debt and the Logic of Clean States", Id. and Marc Van de Mieroop, eds., *Debt and Economic Renewal in the Ancient Near East*, Bethesda, 2002, p.27）、それが労働市場の形成に影響を与えたことは否定できない（G. Van Driel, *Elusive Silver*, Leiden, 2002, p.29）。
(26) Schaps, *op.cit.*, p.47. プライアー（Frederic L. Pryor）は、Exchange（商品・サービスの双方的な流れが均衡する場合）と Transfer（贈与のごとく一方向的で、相互の流れが均衡しない場合）に区分し、さらに前者を Market Exchange（市場諸力が働くが、バーターのごとく必ずしも貨幣と市場を必要としない）と Reciprocity（需要供給の力が抑制されるか、他の力が作用する）を分けている。両者はプライアーによると共に交換比率（市場の場合は価格）を伴い、ポランニーは価格が固定されている場合を互酬と呼んだが、結納金のように価格が一定していない互酬もある。なお互酬の場合には、強制を伴うが、そのメカニズムは、社会的に埋め込まれている（Id., *The Origins of the Economy*, NY., 1977, pp.27-34）。ちなみに互酬、再配分、交換に関するポランニー自身の定義は、

Polanyi, *Trade & Market,* p.250 (前掲邦訳、374 頁).
(27) Powell, *op.cit.,* p.8.
(28) ウェーバー『要論』(下巻) 93 頁。
(29) Raymond Bogaert, "Banking in the Ancient World", H. Van der Wee and G. Kurgan-Van Hentenryk (eds.), *A History of European Banking,* Antwerp, 2000, p.17 (以下 "Banking" と略称). L. Delaporte, *Mesopotamia,* NY., 1925, p.133. なお無償でその管理を受託し、請求があり次第返還する条件の預金は、ハムラビ法典において loan と同じように規制された (Ibid.)。
(30) Bogaert, "Banking", p.17. なお紀元前 7—5 世紀には、エギビ、ムラージュのほかにエアナジル (Banque Enasir) が存在した。ウルで発掘された神殿の廃墟は、紀元前 3000 年頃の最も古い銀行(ウルクの赤神殿、Temple of Rouge)の跡といわれる(『塙浩著作集』17、信山社、1999 年、559-60 頁。Dauphin-Meunier, *Histoire de la Banque,* Paris, 1964, p.10. 荒井俊雄、近澤敏里訳、白水社、1952 年、10-11 頁)。
(31) Westermann, *op.cit.,* p.36. 神殿は請求払預金を受け入れ、身の代金の支払い等、必要に応じ無利息で貸出を行ったが、神殿の職員は織物商、染色商に対して羊毛の貸付を行った。貸出の多くは収穫時の現金需要、納税等の一時的な使用目的に限られ、5 日ないしは 1 カ月の短期間であった (C. H. W. Johns, *Babylonian and Assyrian Laws, Contracts and Letters,* Edinburgh, 1904, pp.251-55)。ちなみにハムラビ法典は遠隔地の貿易に従事する商人に対する貸付について規定している(中田一郎訳『ハムラビ法典』(有)リトン、1999 年、29-31、109-10 頁)。なおボーゲルトは、王室、とくに神殿が倉庫や保管所を備え、金銭、貴金属、宝石、穀物のほか、書類も regular 預金として受託したが、貸付は自己資本によった (Idid., p.375) ので、神殿が預金銀行とはいえないとのべている (Bogaert, *Banque de Dépôt,* pp.66-7)。しかしながら神殿が預金者の請求に備えて準備を設けていたとの説もある(ただしその率は不明。Johns, *op.cit.,* p.211)。神殿が預金を受け入れたことは、その公正さと安全性が人々の信頼をかちえたためである (Morris Jastrow, Jr., *The Civilization of Babylonia and Assyria,* Philadelphia, 1915, p.301)。なおムラージュは、林野や農産物の取引が主体で、銀行部門のウェイトはエギビを下回った (Bogaert, *Banque de Dépôt,* p.121)。
(32) Bogaert, *Banque de Dépôt.,* p.119. 受託物そのもの(同一物)の返還を約したレギュラー預金に対して、イレギュラー預金とは、同一価値を有するものの返還を約した預金を指し、受託者は預金者の指図をまたずに、預金を貸付等に使用することが可能であった。前者が無利息であるのに対して、イレギュラー預金には付利された。なお古バビロニア時代には、「貸す」と「預ける」の両義を含む動詞が使用されていたので、預金銀行が形成されたことを示唆するとの説もある (Silver, "Modern Ancient", pp.71-2)。本書の「はじめに」でのべたごとく、今日でも credit には「信用」と「預金」の両義がある(後掲注 46 参照)。
(33) Bogaert, *Banque de Dépôt, op.cit.,* pp.128-9. ヴンシュは、ボーゲルトが専門的銀行の形成を否定した理由として、(1) 信用が創造されなかったこと、(2) 貸出金利が一般と同じく 20％であったことを指摘している (Cornelia Wunsch, "Debt, Interest, Pledge and Forfeiture in the Neo-Babylonian snd Early Achaemenid Period", Michael Hudson and Marc Van de Mieroop, (eds.), *Debt and Economic Renewal in the Ancient Near East,* Bethesda, 2002, pp.247-8)。
(34) P. Garelli, *Les Assyriens en Cappadoce,* Paris, 1963. ただし、これは Veenhof, *op,cit.,* p.68 からの引用である。
(35) Bogaert, *Banque de Dépôt,* pp.35, 128. エギビにおける振替業務を追認したのは Id., "Banking", p.17.
(36) Sidney Homer, *A History of mterest Rates,* New Brunswick, 1963, pp.26-8. Davies, *Giro,* pp.24-5. Dauphin-Meunier, *op.cit.,* p.12 (前掲邦訳、17 頁。なお邦訳では tranferts を送金と訳出している)。デーヴィスは、Incasso (預金の受入れなしに資金の受払いや隔地間の送金をみとめる方法)が実在していたとのハイヒェルハイムの説を引用し、指図書類による隔地間の送金が行われたと主張したが (Davies, *A History of Money,* Cardiff, 1994, p.54. 以下 *History* と省略)、ハイヒェルハイムは振替による抵当権の債権者間における移転のみならず、紀元前 6 世紀のバビロンにおける振替業務を疑問視していた (Fritz M. Heichelheim, *An Ancient Economic History,* Vol.1, Leiden, 1968, p.134)。

(37) ヴィーンホフは、銀が間接交換（鍋または織物 → 銅 → 銀、または銀 → 羊毛 → 銀）および帳簿上の付替（transfer）を利用した商取引を促進し（Veenhof, op.cit., p.55)、間接交換の発達が、付替による支払い（transfer of payment）や会計の期間の新しい法的ルールと手続を要請したと説明している（Ibid., pp.56-7）。
(38) Davies, Giro, p.21. 拙稿「ヨーロッパにおける通貨協力の歴史的考察」（上）の補遺、『東京銀行月報』第 31 巻、第 4 号、1979 年 4 月号、105 頁に引用（以下『東銀月報』補遺と略称）。
(39) Takeshi Amemiya, Economy and Economics of Ancient Greece, London, 2007, pp.3,7.
(40) ボーゲルトは、次のような分類を試みている。(1) 支持派…Guillard, Goldschmidt, Huvelin, Hasebroek, Eisler, Calphoun. (2) 反対派… B. Laum, Kiessling, Oertel, Bolkestein, Huber, Westermann, Knorringa, Mondaini, Heicherheim. (3) 紀元前 4 世紀における振替の可能性を認める論者…Stähler, Dopsch, Vogel, Michel, Schwarze, Cl. Béaux (Raymond Bogaert, Banques et banquiers dan les cités grecques, Leyden, 1968, p.342, Note 211,213-4. 以下 Banques et banquiers と略称）。それに対してコーエンは、Dopsch と Masi を支持派に加え、Toutain, Mondaini と Lévy を、同一銀行内の口座振替だけでなく、国際的クリアニングの支持者とみなしている（Edward E. Cohen, Athenian Economy and Society : A Banking Perspective, p.18, Note73)。
(41) Jules Toutain, The Economic Life of the Ancient World, London, 1930, p.168. George M. Calphoun, The Business Life of Ancient Athens, NY., 1968, p.92. 以下 Business Life と略称。またボーゲルトが反対派とみなした Heicherheim は、口頭、または文書による指図、または証人の立会いの下で預金の支払いを確認し、そこからクリアリングが発達したが、エジプトの水準には達しなかったとのべている（Fritz M. Heichelheim, An Ancient Economic History, Vol.III, 1970, p.115）。
(42) ハーゼブレークは、1890 年代に発掘されたエジプトのパピルスと、数は少ないもののギリシアの碑文により、プトレマイオス朝下の振替について画期的な研究（Friedrich Preisigke, Girowesen in Griechischen Ägypten, Strassburg, 1910）を行ったプライジーグケに触発され、その成果を古典ギリシアに敷衍しようと試みた。しかしながらラウムから根拠の提示を求められたハーゼブレークは、自説を撤回し（Johannes Hasebroek, trans. by L. M. Fraser and D. C. Macgregor, Trade and Politics in Ancient Greek, NY., 1965, pp.85-6)、交換所制度の発展を主張したことは、行き過ぎであったと弁明した（ラウムに対する回答は、"Zum Giroverkehr in 4 Jahre", Klio, Vol.18, 1923, pp.375-8)。
(43) Hasebroek, op.cit., pp.v-vi.
(44) H. W. Pearson, "The Secular Debate on Economic Primitivism", Arenberg, Trade & Market, pp.3-11.
(45) Ian Morris, "Foreword", M. I. Finley, Ancient Economy, (Updated Edition), Berkeley, 1991, p.xi. ロストフチェフは紀元前 4 世紀のギリシア各都市において、神殿銀行、市営銀行（city banks）、民間銀行（private banks）が、両替、預金（イレギュラー預金を含む）、貸出とともに振替（giro または incasso）を行っていたと主張した（H. Rostovtzeff, The Social and Economic History of the Hellenistic World, Oxford, 1941, Vol.II, p.1279）。なおロストフチェフはモダニスト的ではあるが、自らはモダニストと称することなく、マイヤーとビュッヒャーの調和をはかろうとしたという（Zofia Archibald, "Away from Rostovzeff", Id. and John Davies et al., Hellenistic Economies, London, 2001, p.381)。
(46) Karl Polanyi, ed, by H. W. Peasson, The Livelihood of Man, NY., 1977, p.267（以下 Livelihood と略称）。なおこの場合の credit transfer は「信用の振替」でなく、「預金の振替」ないし「債務の振替」と訳すべきである。注 32 参照。（玉野井芳郎、中野正訳『人間の経済』II、岩波書店、1980 年、468 頁）。
(47) Morris, op.cit., p.xi.
(48) M. I. Finley, ed., by Bent D. Shaw and Richard P. Saller, Economy and Society in Ancient Greek, NY., 1953, p.74. Sitta von Reden, "Money in the Ancient Economy", Klio, Vol.84, 2002, p.141（以下 "Money in the Ancient Economy" と略称）.
(49) Paul Millett, Lending and Borrowing in Ancient Athens, Cambridge, 1991, p.15. ボーゲルトの 2 冊の本とは、前節で引用した Banque de Dépôt と、1968 年出版の Banques et Banquiers である。

(50) Bogaert, *Banques et Banquiers,* pp.340,343-4. 古代ギリシアにおいて、文書による指図方式の発達が遅れたのは、識字率の問題ではなくて、草書体がないため偽造され易かったためである。なお預金者本人が銀行に出向けない場合には、奴隷を使者に立てることも可能であり、市域も狭いので、銀行家は預金者やその使者の顔を知悉していたという (Ibid., p.337)。なおボーゲルトは、2000年に上梓された共著においても、古典ギリシアにおける振替と小切手を否定し、商人はコイン丈を使用したので、アテネの tetradrachum が、ギリシア世界の基軸通貨となったと主張した ("Banking", p.25)。
(51) Davies, *Giro.,* p.28.
(52) Scott Mikle, "Modernism, Economics and the Ancient Economy", Walter Scheidel and Sitta von Reden (eds.), *The Ancient Economy,* Edinburgh, 2002, p.241.
(53) Von Reden, "Money in the Ancient Economy", p.144.
(54) Millett, *op.cit.,* p.8.
(55) Christopher Howgego, *Ancient History from Coins,* London, 1995, pp.20,90.
(56) Amamiya, *op.cit.,* p.60.
(57) Edward E, Cohen, *Athenian Economy and Society,* Princeton, 1992, pp.16,119.
(58) Ibid., pp.10,12,18. なお Cohen は Giro の支持者として Hasebroek、Calhoun、Dopsch、Masi をあげ、クリアリング取決めを支持する者として、Glotz、Toutain、Mondaini、Lévy をあげているが、手形交換所の不在を指摘した Laum 説の正当性をみとめている。またこれに同調するものとして、Bogaert、Kiessling、Bolkestein、Huber、Westermann、Heichelheim をあげている (Ibid., p.18, Note73)。ただし、ボーゲルトは、紀元前3世紀にはじめて決済方式の三つの革新がなされたと主張し、支払指図書、振替、小切手（裏書、指図式、ただし持参人払式は不可）の出現をあげた (Bogaert, "Banking", p.27)。
(59) Ibid., p.16. Amemiya, *op.cit.,* p.106. デモステネスは演説の中で、指図書によらない隔地間のキャッシュレス送金についてのべ、イソクラテスも信用状による同種の取引にふれている (H. Knorringa, *Emporos,* Chicago, 1926, rept., 1987, pp.84-5)。ただし、この種の操作が行われたことを認めながら、振替と保証状による遠隔地のキャッシュレス決済を否認するポランニーの主張は矛盾している (Polanyi, *Livelihood,* p.267, 前掲邦訳、468-70頁)。
(60) Amemiya, *op.cit.,* pp.60,64-6.
(61) W. Canningham, *An Essay on Western Civilization in its Economic Aspects,* Cambridge, 1911. 都市国家は紀元前3000から2500年に、メソポタミアや周辺のシリア、トルコ、レバノン、ヨルダン等で生成したが (Scott B. MacDonald and Albert L. Gastmann, *A History of Credit and Power in the Western World,* New Brunswick, 2001, p.22)、山が多く、海が迫って陸上の交通が困難なギリシアの地理的条件が、ギリシアにおける都市国家の割拠主義を助長した（高津春繁『古典ギリシア』講談社、2006年、20頁)。なお長尾龍一教授によると、洋の東西を問わず、ポリス体制が持続されたのは、守城技術が攻城技術を上回っていた期間中である（『リヴァイアサン』講談社、1994年、29頁)。
(62) Amemiya, *op.cit.,* p.64. 貨幣経済の出現には、小額貨幣の発行と日常生活における使用が前提とされるが、古代ギリシアにおいて小額貨幣は、ローカルまたはリージョナル・カレンシーとして使用され、紀元前5世紀のはじめには、市民生活の色々な面に浸透した (H. S. Kim, "Small Change and the Moneyed Economy", Paul Cartledge, Edward E. Cohen and Lin Foxhall eds., *Money, Labour and Land,* London, 2002, pp.46,48-9)。なお紀元前8世紀の半ば頃に、ギリシア南東部のアルゴスで、最初のコインが鋳造されたとの説もある (David M. Schaps, *The Invention of Coinage and the Monetization of Ancient Greece,* Ann Arbon, 2004, pp.101-3)。各種学説の要旨は、von Reden, "Money in the Ancient Economy", pp.152-5参照。シニョレージ説については、Schaps, *op.cit.,* pp.97-9参照。著者としては、銀貨がペルシア戦後のギリシアにとって唯一の輸出品であり、外国の貿易商は Peiraeus で対価を安全な銀に投資したが、貢納により再びギリシアに還流したとの説に興味を覚える (A. French, *The Growth of the Athenian Economy,* London, 1964, pp.113-4, 124)。なお貨幣の導入によって、民主制の維持に必要な移動の自由と、賦役を金納に代えたことによる市民参加等の政治的自由が確保された (Canningham, *op.cit.,* pp.86,94-5)。
(63) Von Reden, "Money in the Ancient Economy", pp.154-5. Finley はアテネの布告の目的として、(1)

行政的軍事的利便、(2) 各都市の独立シンボルの剥奪、(3) シニョレージの収得、(4) アテネ商人の優遇をあげた (Finley, *Ancient Economy*, Berkeley, 1999, pp.168-9. 以下 *Ancient Economy* と略称)。アテネは、外国通貨を貸付に用いたものを死刑にしたほか、帝国内で銀貨を鋳造したり、アテネの貨幣および度量衡を使用しないものを処罰した。フィンリーはこの布告を何らの経済的、金融的利益を伴わない全くの政治的行為と断定したが、マーチンは、鋳造費 (2%) が莫大な利益を齎し、貢納や輸出入税の計算上にも便利があったことを指摘して、これに反論した (Thomas R. Martin, *Sovereignty and Coinage in Classical Greece*, Princeton, 1985, pp.196 ff.)。なお布告にも不拘、自国通貨でアテネに朝貢したのは、205都市中60都市に止まった (Christopher Howgego, *Ancient History From Coins*, London, 1995, p.16. 以下 *Ancient History* と略称) との説もあるが、ボーゲルトによると通貨状況は複雑であり、15の本位制と、2,750種の通貨が流通していたほか、摩滅した貨幣も回収されなかった (Bogaert, "Banking" p.24)。ちなみに紀元前5世紀にアテネが大艦隊を建造するとともに、銀貨の鋳造と輸出の増大によって通商を拡大し、経済を繁栄させることができたのは、Laurium銀山の開発によるものであった (George M. Calhoun, "Ancient Athenian Mining", *Journal of Economic and Business History*, Vol.3, 1931, p.333)。デロス同盟をはじめとする古代ギリシア中心の通貨同盟については、拙著『ヨーロッパ通貨統合の展開』日本経済評論社、1987年、83-5頁。デロス同盟の古銭学、碑文学的考察については、伊藤貞夫『古典期のポリス社会』岩波書店、1981年、200-17頁)。

(64) Calphoun, *Business Life*, p.84. 銀行をヨーロッパに伝えたのは、アジア沿岸のギリシア植民地に根を張り、ギリシア本土や北アフリカに移住したバビロニアのユダヤ人であったといわれる (Innes, *op.cit.*, p.38)。神殿はギリシアの29カ所 (うち大陸部9) に所在した (Bogaert, *Banque et Banquiers*, p.279)。

(65) Cohenはこれを「世界最初のプライベート・バンク」と呼んだ (Cohen, *op.cit.*, pp.20,22)。神殿は預金 (現金、貴重品、書類、生産物) と公的機関に対する貸付のほか、両替とコインの鋳造を行った。一方国立銀行は財務省に相当し、ローマ帝国に継承された (Bogaert, "Banking", p.42)。それに対して公立銀行は両替を独占した。ローマ帝国時代にエジプト以外では消滅したとみられている両替は、銀行の独占でなくて、貿易商や小売商までが従事し、当初は両替商と changeur-banquier の区別もつかなかった (Bogaert, *Banque et Banquiers*, p.407 および p.305)。ただし Id., "Banking", p.40 によると、公立銀行も預金と貸出をみとめられ、紀元前210年より青銅貨が普及するにつれて、両替業務は有名無実となった。なおウェーバーによると、国立銀行の創設は、民間銀行の破綻を救済するためでなく、国庫収入上の目的によるものであり、「もうけの多い営利源泉」の両替業務を独占したのもそのためと思われる (ウェーバー、前掲『要論』〔下巻〕97頁)。コリングは神殿銀行の隆盛に対抗するためと解しているが、中でもデイオゲネスが父親と参画した Sinope の公立銀行は、彼のインフレ論の故に金融史上有名である (Afred Colling, *Banque et Banquiers de Babylone, a Wall Street*, 1962, Paris, p.29). なお Calphoun は、一部両替商が両替業務から完全に手を切ったと主張し (Calphoun, *Business Life*, p.99)、ユーエンもこれに同調しているが (Cohen, *op.cit.*, p.20)、Millett は貸出利息が主たる収入源であったことを承認したものの、紀元前4世紀以降も、両替業務を持続したと反論した (Millett, *op.cit.*, p.216)。

(66) Bogaert, *Banque et banquiers*, p.62. 同時代の銀行家には、Socrate がいる (Ibid., p.63)。パーシオンは紀元前395年前に奴隷から解放された (Calphoun, *Business Life*, pp.116-28. Glover, *op.cit.*, pp.302-36)。

(67) Bogaert, *Banque et banquiers*, pp.63,72,74,76-81. 紀元前4世紀のアテネには、名前の確認されている30の銀行があった (Amemiya, *op.cit.*, p.105)。なお Eubulus の奴隷であり、その主人の没後銀行を承継した Hermias は、若い頃アテネに留学を命ぜられた時に、プラトンの下で哲学を学んだが、その学友アリストテレスは Hermias の姪と結婚した。しかしマケドニアのフィリップと親しく、ペルシア進攻を策したため、奸計により獄死したが、彼が軍隊から徴税に至るまで管理していた Assos (哲学のメッカとなっていた) も、逆にペルシアに襲われたため、アリストテレスは妻や友人の哲学者と退避せざるをえなかった (Calphoun, *Business Life*, pp.124-27)。

(68) Von Reden の解説による (Von Reden, "Money in the Ancient Economy", p.144)。経済的要素

が非経済的制度に埋め込まれていたとのポランニーの発想は、George Dalton (ed.), *Primitive, Archaic and Modern Economies : Essay of Karl Polanyi*, Boston, 1968, p.84 参照。アテネの銀行家は奴隷上がりか、外国人であり、顧客も同様であったため、市民の支援をうけられなかった (Millett, *op.cit.*, pp.206-7, 209, 213)。その他ミレットは、古典期アテネ銀行の収益が貸出の利息よりも両替の手数料に依存していたことを強調した (Ibid, p.216)。デモステネスは、他人資本を使う銀行経営をリスキーであると称したが、そのリスクをさけるため、銀行は association を結成した (Bogaert, "Banking" p.38)。

(69) Cohen, *op.cit.*, pp.4, 15, 145. 市民も高い利息を稼ぐために海事金融に参加したほか、債務者は海外の債務者に送金する手段としてこれを利用した (Knorringa, *op.cit.*, p.93)。

(70) Ibid, p.160. フィンリィは、Anti-Primitivist の Andrew および Thomson に対し、アテネの金融業者が生産的な金融を行っていたと批判するのであれば、証拠を示せと反論した (Finley, *Ancient Economy*, p.197)。しかしながら同じプリミティビスト派のミレットさえも、本文記載のごとくこれを否定するボーゲルトをきびしく批判している。

(71) Millett, *op.cit.*, p.201. たしかに市民以外は土地の保有をみとめられなかったため、土地を担保にとることはできなかったが、金融業者は便法として市民を代理人または仲介人とした (Ibid, p.225. Cohen, *op.cit.*, p.145)。

(72) ボーゲルトが生産的金融や海事金融への銀行の関与を否認した理由は、金銭による預金がイレギュラー預金であったことによる。ボーゲルトとそれに対するエルクスレーベン (E. Erxleben) の所説については、伊藤、前掲書、217-26 頁。Bogaert, *Banque et banquiers*, p.333. ポランニーも貸付による信用創造を否定していた (Polanyi, *Livelihood*, p.266, 前掲邦訳、467 頁)。

(73) Millett, *op.cit.*, p.205.

(74) Cohen, *op.cit.*, pp.123, 137, 153. もともとアテネの穀物輸入量は巨額にのぼり、市民も間接的とはいえ、海事金融に投資していた (Ibid.)。

(75) これはコーエンがフィンリィの言葉として引用したものである (Ibid, p.3)。

(76) P. S. Bagnall and R. Bogaert, "Orders for Payment from a Banker's Archive", *Ancient Society*, Vol.6, 1975, pp.103, 107.

(77) J. G. Droysen, *Hellenistic Economics*, 1930, p.11.

(78) 「ローマはギリシアの植民地から、コインの使用とともに、銀行の基本原理を承継した」(Calphoun, *Business Life*, p.83)。しかしながらアレキサンダー大王がペルシアから略奪した金銀 (紀元前 331-30 年だけで 47,151 トンの銀) をもとに、26 の鋳造所で鋳造されたコインは、最初の世界通貨となった (Karstem Dahmer, *The Legend of Alexander the Great on Greek and Roman Coins*, London, 2007, p.108)。なお古代インドにもアレキサンダー大王によって、振替制度が導入されたとの所説もあるが、著者の不注意によりその出典を見失ってしまったことは、誠に残念である。

(79) Kenneth W. Harl, *Coinage in the Roman Economy*, Baltimore, 1996, p.61. Davies, *History*, p.78. デロスはローマの銀行家や金貸しの定住していた唯一のギリシア都市ではなかったが、その他の都市の名前は知られていない (Charles Th Barlow, "Bankers, Moneylenders and Interest Rates in the Roman Republic", Ph.D. diss., University of North Carolina, 1978, p.107)。デロスはイタリアに供給する最大の奴隷市場であった。紀元前 2 世紀の半にデロスが自由港として繁栄する前は、ロードス島がエジプトとギリシアを結ぶ貿易 (主として穀物) センターであり、その海商法はローマ法にとり入れられた (Levy, *op.cit.*, p.37)。同時にロードス島は、東地中海における貿易のクリアリング・ハウスであり、膨大な関税収入などの潤沢な資金を貸付に回したので、紀元前 4 世紀以降外国の商人や金貸しが蝟集して商業センターとして繁栄した (Vincent Gabrielsen, "The Rhodian Association and Economic Activity", Zofia H. Archibald et al. (eds.), *Hellenistic Economies*, London, 2001, p.220)。

(80) W. A. Laidlaw, *A History of Delos*, Oxford, 1933, p.156. 紀元前 217—171 年には、Khios の Eutykhos、ロードスの Athenodoros、のような外国の金融人が知られていたが、紀元前 200 年以降は、フェニキア人などの外国銀行が流入した (Gary Reger, *Regionalism and Change in the Economy of Independent Delos*, Berkeley, 1994, p.258)。

(81) Rostovtzeff, *op.cit.*, p.795. なお主な銀行家には Chios の Eutychus, ロードス島の Athenodorus, Syracuse の Timon がある（Laidlaw, *op.cit.*, p.156）。
(82) Roger Orsingher, *Banks of the World*, London, 1967, p.4. バグナルとボーゲルトは 1973 年に出土したパピルスにより、紀元前 1 世紀に 4 通、紀元前 1、2 世紀から 5、6 世紀に 23 通の指図書を確認している（Bagnall and Bogaert, *op.cit.*, pp.96-7）。
(83) 前掲拙稿『東京銀行月報』補遺。
(84) Rostovzeff, *op.cit.*, pp.1279-81. Association の形成はポリスの衰退によるものという（Vincent Gabrielsen, "The Rhodians and Economic Activity", Archibald et al., *op.cit.*, p.127）。
(85) *Rostovzeff, op.cit.*, p.1279.
(86) Laidlaw, *op.cit.*, pp.189,199. 神殿の主たる収入は、土地の賃料と貸付であった（Ibid., p.188）。
(87) Ibid., p.190.（プトレマイオスの支配地域と違って、ローマは民間銀行（private bank）の発達を促した（Ibid.）。
(88) Naphtali Lewis, *Greeks in Ptolemic Egypt*, NY., 1986, pp.2-3,16-7.
(89) Ibid., p.46-8. 王立銀行はギリシアの公立銀行がアレキサンダー大王によって、エジプトに移植されたものである（Colling, *op.cit.*, p.29）。特許銀行はプトレミー 2 世の時代に導入され、民間取引に限定されたので、税金の取扱いはしなかった。預金の支払いと振替（顧客は第三者への振替を指図することができ、他地域の銀行に対する資金の振替も可能）を行うとともに、今日の質屋のごとく宝石等を担保にして貸出を行った。なお紀元前 3 世紀の銀行家はギリシア名であり、書記は、とくに田舎の支店においてはエジプト人であった（Lewis, *op.cit.*, pp.48-9）。
(90) Heicherheim, *op.cit.*, Vol.III, p.121. ハイヒェルハイムはアレキサンドリアに中央銀行があり、各州群に中央機関、その下に支店（高エジプト、低エジプトにそれぞれ中央支店）があったとのべている（Ibid.）。ロストフチェフは、アレキサンドリアに中央王立銀行があったとのべているが（Rostovzeff, *op.cit.*, p.1283）、ルイスはアレキサンドリアに Central Bank of Egypt があったことは、推測の域を脱しないとのべている（Lewis, *op.cit.*, pp.48-9）。
(91) Lewis, *op.cit.*, pp.48-9. 銀行は預金とその引出のほか、支払指図による第三者への支払いと、遠隔地への送金を行った。また宝石等を担保として貸出を行ったが、その性格は今日の質屋に類するものであった（Ibid., p.49. 支払指図による振替については Ibid., pp.52-3 参照）。プトレミーはファラオの後継者を以て任じ、土地、資本、生産手段（家畜、鉄製農具、種モミ）、販売、交換、価格を国家統制し（監視と共同責任）、農民はそれらを銀行から高利（金銭貸付年 24％、種の貸付は 50％）で借り入れなければならなかった（Levy, *op.cit.*, pp.40-2. Westermann, *op.cit.*, p.45）。なお王立銀行は個人預金を受け入れたが、資金の大宗は政府の賃料と税収（徴税請負制度はなかった）であり、預託された花瓶などを担保にして貸付（法定金利は月 2％）を行った（Westermann, *op.cit.*, p.47）。
(92) Westermann, *op.cit.*, p.49.
(93) Sitta von Reden, "The Politics of Monetization in Third-Century BC Egypt", Andrew Meadows and Kirsty Shipton, (eds.), *Money and its Uses in the Ancient Greek World*, Oxford, 2001, p.70（以下 "Politics of Monetization" と略称）。銅貨が国内通貨であったのに対して、価値の安定していた銀貨は外貨準備を構成したが（Levy, *op.cit.*, p.37）、もともと銀はギリシア圏との交易に不可欠であった。
(94) Von Reden, "Politics of Monetization", p.73.
(95) Jane Rowlandson, "Money Use among the Peasantry of Ptolemaic and Roman Egypt", Meadows and Shipton, *op.cit.*, pp.147,150. プトレマイオス朝エジプトの税金は 1/3 が貨幣で、2/3 が穀物で納付され、かつ古代ローマ時代にはその比率が逆転した（Kenneth W. Harl, *Coinage in the Roman Economy*, Baltimore, 1996, p.254）。
(96) Rostovtzeff, *op.cit.*, p.1286.
(97) Polanyi, *Livelihood*, p.268（前掲邦訳『人間の経済』11、470 頁）。
(98) Friedrich Preisigke, *Girowesen* in *Griechischen Agypten*, 1910, Nachdruck 1971, NY., S.41.
(99) Ebenda, SS.62-3.
(100) Ebenda, S.4.
(101) Rostovtzeff, *op.cit.*, pp.1276-7.

(102) Preisigke, a.a.O, S.186.
(103) Lewis, op.cit., p.53. 支払指図書には、同一銀行内における政府勘定の処理を優先する文書が添付されていた（Ibid.)。
(104) Toutain, op.cit., p.168.
(105) A. P. Usher, *The Early History of Deposit Banking in Mediteranean Europe*, (1943), rept. 1967, NY., pp.5,8.
(106) Bagnall and Bogaert, op.cit., pp.96-7,102-3.
(107) Toutain, op.cit., p.168.
(108) Von Reden, "Politics of Monetization", p.71. なお初期のローマ帝国下におけるエジプトでは、紀元前1世紀から3世紀にかけて、貨幣経済が進展した。小麦は価値保蔵、交換手段機能を有し、物納、国営倉庫における Giro 等に用いられたが、それらは貨幣経済の補助的な機能を営むに過ぎなかった。大口の取引は民間銀行の口座振替によって決済された。民間銀行はそれぞれの市域に限られ、かつクリアリング・システムが存在しなかったにも不拘、銀行間の口座振替は可能であった（Dominic W. Rathbone, "Roman Egypt", Walter Scheidel, Ian Morris and Richard Saller, eds., *The Cambridge Economic History of The Greco-Roman World*, Cambridge, 2007, pp.714-6.)。
(109) Levy, op.cit., p.40.
(110) ドーファン - ムーニエは極めて簡潔に要約を試みている（Dauphin-Meunier, op.cit., p.21. 前掲邦訳、29-30頁)。
(111) David B. Hollander, *Money in the Late Roman Republic*, Leiden, 2007, pp.52-3. Jean Andreau, trans. by Janet Lloyd, *Banking and Business in the Roman World*, Cambridge, 1999, pp.30-1. ローマにおける最初の銀行家はギリシア人であり（やがて Cluvii of Puteoli のごとくローマ、イタリアの銀行となった）、売買、預金等の契約や、貸付、破産等の法的手続もギリシア法を模倣した。しかしギリシアの場合と違って、特定の事業目的のための非恒久的な association が事業主体となり、徴税請負、公共事業契約、軍隊の補給等の重要な association は、純商業的なものでなかった（Levy, op.cit., pp.58-9)。なおアンドローは紀元前318—310年にローマの広場に現れた銀行が、ギリシア人であったことを示す証拠が何一つないとのべ、3世紀の唯一の銀行は、ラテン名の Lucius Fulvis であったと主張している（Andreau, op.cit., p.30)。神殿は商業、金融、文化、社会生活の中心であった Fora に所在していたが、貸出を行わず（高利を銀行と同視して侮蔑）、預金も二次的（司祭が公共サービスとして行った）であった（Benjamin Bromberg, "Temple Banking in Rome", *Economic History Review*, 1939/40, pp.128-31)。
(112) Andreau, op.cit., pp.30-1. その他 negotiator と呼ばれる高利貸と輸出入、奴隷貿易業等を兼務する商人がいた（Charles Th Barlow, "Bankers, Moneylenders and Interest Rate in the Roman Republic", Ph.D. diss., University of North Carolina, 1978, p.147)。その多くはユダヤ人で、馬車または徒歩で隊商の後を追い、蛮地にも進出したが、しばしば大虐殺の生贄となった（Colling, op.cit., p.31. Dauphin-Meunier, op.cit., pp.30-1, 前掲邦訳、39-40頁)。
(113) Barlow, op.cit., p.115. 金融家の一部はローマ市民であったが、支配階級とは縁古がなく、政治的影響力も弱かった（Ibid., p.115. ボーゲルトによると元老院議員、騎士の出身者は皆無であり、argentarii の2/3は奴隷上りであった。Bogaert, "Banking", p.64.)。しかし一部の銀行家は元老院議員と政治的に結託し（親族が元老院議員になる）、社会的な威信を獲得した（Barlow, op.cit., p.207)。しかし金貸しに対しては、地主をはじめとして社会的な反感が強く、キケロは職業として金貸しを認めなかった（Ibid., p.197)。また両替商は銀行など金融家に隷属する奴隷であった（Ibid., pp.207-8)。共和制末期に、金融業者の影響力は、個人的にも集団的にも強まり、商人階級に匹敵する富を蓄積した。紀元1世紀には銀行業界と支配階級の連携も強まり、金貸しも集団として行動するに至った（Ibid, pp.191-2)。
(114) Christopher Howgego, "The Supply and Use of Money in the Roman World", *The Journal of Roman Studies*, Vol.82, 1992, pp.13-5（以下 "Supply and Use" と略称). ホーマーによると、銀行、工業、海運は、ローマ人にタブー視され、外国人に委ねられていた。海事金融を除くと、工業、生産金融は行われず、反面金貸しによる個人金融が盛んであった（Homer, op.cit., p.49)。共和制末期

には、属州の各都市に対する貸出が増加し、商工業貸出の中では海事金融が、新しいパピルスの発見によって注目されるに至った（Andreau, *op.cit.*, p.16）。なお海上輸送には保険がかけられていた（Peter Temin, "A Market Economy in the Early Roman Empire", *The Journal of Roman Studies*, Vol.XCI, 2001, p.177）。
(115) Barlow, *op.cit.*, pp.75. アンドローは 11—13 世紀と違って、古代ローマでは利息が禁止されなかったと主張するが（Andreau, *op.cit.*, p.13）、バーローによると 12 Tables で 8¹/₃ と定められていた利息は、342 年の lex Genucia で完全に撤廃された。190 年代には利息がみとめられ、191 年の lex Iunia による再度の禁止は、無視された（Barlow., *op.cit.*, pp.75-6）。
(116) Barlow, *op.cit.*, pp.74.
(117) Andreau, *op.cit.*, pp.10, 12-3.
(118) Ibid., pp.40-1. なおフィンリーはすべての預金が利子を生まなかったことをもって、古代の銀行を原始的と規定したのに対して、トムプソン（W. E. Thompson）は逆にこれを近代的なシンボルとみなした（Ibid., p.41）。
(119) Ibid., p.42.
(120) ウェーバー、前掲邦訳『要論』（下巻）95 頁。
(121) Paul Stähler, *Der Giroverkehr*, Leipzig, 1909, SS.5-6.
(122) Dauphin-Meunier, *op.cit.*, p.26（前掲邦訳、35 頁）.
(123) Rupert J. Edeler, *Evolution of Money*, Washington, 1964, p.113. Usher, *op.cit.*, p.4. Heicherheim, Vol.III, *op.cit.*, p.123（ローマでは紀元前 2 世紀に預金とクリアリングが発達した。Ibid., p.116）. Orsinger, *op.cit.*, pp.7-9. オルシンガーは、irregular 預金（当座預金）の受入れ、帳簿組織の活用、支払指図書（小切手、為替手形は知られていなかった）、法的保護により、為替や送金などが行われていたと主張した（Ibid.）。
(124) J. A. Crook, *Law and Life of Rome*, NY., 1967, pp.207,242-3.
(125) Davies, *Giro*, p.30. Id., *History* でも統一的国営銀行制度の確立をみなかったローマでは、Giro よりもコインが選好されたとのべている（p.91）。
(126) Bogaert, "Banking", pp.54,60.
(127) Andreau, *op.cit.*, p.43. なおアンドローによると、預金者が振替を銀行に指図するに当っては、債権者を同道するか、支払指図書を携行して直接銀行に出頭させ、後者の場合、銀行が債権者を存知しない場合は、何らかの証明書が必要とされた。支払指図書が銀行宛であるのに対して、小切手は受益者宛であり、裏書による譲渡はみとめられなかった。ラテン語圏ではこの種の小切手は使用されなかったが、東地中海のカナンおよびエジプトでは、ヘレニズム末期から使用された記録が残れている（Ibid., p.42）。
(128) Neville Morley, *Metropolis and Hinterland*, Cambridge, 1996, p.78.
(129) David Hollander, *Money in the Late Roman Republic*, Leiden, 2007, pp.15-20. 銀、銅貨が軍隊に支払われたのに対して、金貨はもともと希少であった上、王権を連想させるだけでなく、公共建築等の大口の支払に使われるに過ぎなかったので、ローマ人はむしろ金地金を愛好した（Ibid., pp.22-4）。共和制の末期に金地金は、大口の支払いや遠隔地との貿易の決済に用いられた（Ibid., pp.37-8）。
(130) Howgego, "Supply and Use", pp.4-8.
(131) Hollander, *op.cit.*, pp.56-7.
(132) Howgego, "Supply and Use", p.12.
(133) Heicherheim, Vol.III, *op.cit.*, p.244. シーザーが金貨を大量に発行したのは、戦利品のほかに、ゴールから金が産出されたためである。オーグストゥス時代にはエジプト、1 世紀の半頃にはスペイン、ダルマチアからも金が供給された。しかしながら財政難に陥ったネロは、産金地近くの鋳造所をローマに移し、監督を強化するとともに、貨幣を悪鋳した。Domitian はこれを旧に戻したが、Trajan は再びネロ時代の品位と重量に改鋳し、アウレリウスはさらに銀貨の品位を引き下げた（Richard Duncan-Jones, *Money and Government in the Roman Empire*, Cambridge, 1994, pp.99-101）。235 年以降は貨幣の悪鋳とインフレで、サラセンのデイナールが貿易通貨となったが、4 世紀に遠

隔地貿易が回復したため、ローマの貨幣はゲルマン、コーカサス、インドなどで貿易通貨として流通した（Harl, *op.cit.,* pp.290-1,307-14. なお印度については、E. H. Warmington, *The Commerce between the Roman Empire and India,* London, 1928, pp.277,320 参照）。

(134) Howgego, *Ancient History,* p.94.
(135) Andreau, *op.cit.,* p.20.
(136) Barlow, *op.cit.,* pp.169-70.
(137) Andreau, *op.cit.,* p.117.
(138) Howgego, *Ancient History,* p.90. ホーランダーも個人取引に利用することを厳格に排除せず、多くのものが利用可能であったとのべている（Hollander, *op.cit.,* p.43）。
(139) Bogaert, "Banking", pp.50-1.
(140) Barlow, *op.cit.,* p.170（キケロは curius に支払うことにより、遠国で病気にかかった Tiro の費用を送金することができた。Ibid.）. Hollander, *op.cit.,* p.43.
(141) Barlow, *op.cit.,* p.78.
(142) Hollander, *op.cit.,* p.54.
(143) Ibid., p.54. ウェーバーはレケプトゥムを預金としている（前掲『要論』〔下巻〕95頁）。
(144) Barlow, *op.cit.,* pp.162-3,165-6. なお syngraphae は、当事者の同意の下に、小切手や約束手形と同じく、支払、金融の手段として使用された（Hollander, *op.cit.,* pp.44-8）。partes は、単なる帳簿上の記載でなく、譲渡可能証券として、資金調達、資金送金、決済、価値保蔵の手段として用いられた（Hollander, *op.cit.,* pp.48-9. Barlow, *op.cit.,* pp.156-61）。nomina は価値保蔵、決済手段（全当事者の同意の下に移転したので、資金の付替に使用される）として用いられた（Hollander, *op.cit.,* pp.51-2）。attributio（法的拘束力なし）と delegatio（拘束力あり）は債務者に対し、直接債権者に支払うことを指図したものであった（Barlow, *op.cit.,* p.162）。
(145) Howgego, "Supply and Use", pp.28-30. 古代ローマの経済は貨幣による市場交換と自給自足的経済部門の混在する二重経済的性格を帯びていたが、貨幣は都市部だけでなく、社会の各階層に滲透した。ゴールドスミス（R. W. Goldsmith）は、オーグストゥス時代の末期における貨幣経済の比率を、GNP の 1/2 をやや下回る水準と試算したが、それは開発の最も遅れたアフリカ諸国の現状にほぼ匹敵するという（Elio Lo Cascio, "The Early, Roman Empire", *The Cambridge Economic History of the Greco Roman World,* pp.627-8）。
(146) Finley, *Ancient Economy,* p.196. Hollander, *op.cit.,* p.1. ホーランダーはローマの金融史がコインの研究に傾斜にしてきたことを批判している（Ibid.）。ちなみにアンドローは、コインがローマ時代の唯一の貨幣であったと主張している（Andreau, *op.cit.,* p.1）。
(147) Peter Temin, "A Market Economy in the Early Roman Empire", *The Journal of Roman Studies,* Vol.91, 2001, p.181.
(148) Keith Hopkins, "Taxes and Trade in the Roman Empire", *The Journal of Roman Studies,* Vol.70, 1980. ローマ軍に対する補給がライン沿岸のブドウ酒産業やフランドルにおける織物業等の発達にとって、直接の契機となったことを忘れてはならない。しかし、ホプキンズが指摘したように、産業革命を遂げたこれら周辺の地域は、逆に税金の支払いに要する通貨を稼得するために、輸出せざるをえなかった（Geoffrey Ingham, *The Nature of Money,* Cambridge, 2004, p.101. Morley, *op.cit.,* pp.8-9,21-31）。
(149) Ioannis Touratsoglow, "Common Currency from Antiquity", Philip L. Cottrell, Gérrassimos Notaras and Gabriel Tortella (eds.), *From the Athenian Tetradorachm to the Euro,* Aldershot, 2007, p.16. オーグストゥスの時代に奴隷は人口の 2/5 を占めていた（Gino Luzzatto, *An Economic History of Italy,* London, 1961, p.2）。
(150) Luzzatto, *op.cit.,* p.9.
(151) Juan Carlos Martinez Oliva, "Monetary Integration in the Roman Empire", Cottrell, Notaras, Tortella (eds.) *op.cit,* p.22.
(152) Ibid., p.14. ローマ軍の基地からローマの貨幣が、各地域に滲透する過程で、両替商、金貸しの役割が増大した（Ibid.）。

第11章

(1) A. Piatt Andrew, "The End of the Mexican Dollar", *The Quarterly Journal of Economics,* May 1904, pp.321-32.
(2) W. H. Chaloner, "Currency Problems of the British Empire, 1814—1914", Barrie M. Ratcliffe (ed.), *Great Britain and Her World, 1750—1914,* Manchester, 1975, p.204, Notes 20.
(3) 小野一一郎「東亜におけるメキシコ・ドル終焉の過程」京都大学経済学会、『経済論叢』第89巻、第4号、昭和37年4月、1頁。一例として海峡植民地は、金為替本位制度の導入（1906年）に先立つ1903年に海峡ドルを鋳造し、メキシコ・ドルの法貨性を剥奪した（Lee Shengyi, *The Monetary and Banking Development of Malaysia and Singapore,* Singapore, 1974, p.11. ただし、スターリング為替本位制度は、植民地、従属国における銀の貨幣性を温存し、それを異質的な本国の金本位制度と連動することによって、金本位制度への移行を求める植民地の要求を抑制するための苦肉の策にほかならなかった。最後まで銀本位制の孤塁を守っていた中国の場合は、その銀を廃貨するために、1935年の幣制改革をまたなければならなかった（拙稿「大東亜金融圏の形成過程」(2)『経済系』第154集。拙著『円の侵略史』日本経済評論社、1989年、133-44頁）。
(4) 小野、前掲論文。
(5) Fritz Rühe, *Das Geldwesen Spaniens seit dem Jahre 1772,* Strassburg, 1912, S.1.
(6) a.a.O., S. S.1-2.
(7) a.a.O., S.3. エクセレンテは、ベネチアのドゥカートの流れをくみ、その2倍に相当していた（Penate Pieper, *Die Preisrevolution in Spanien,* Stuttgart, 1985, S.16）。
(8) John Porteous, *Coins in History,* London, 1969, pp.151-2.
(9) F. Pick and R. Sédillot, *All the Monies of the World,* NY., 1971, p.319. Rühe, a.a.O., S.4. なお Rühe は、本文記載のように、マラベディをもって、1497年における貨幣制度の計算単位としているが、スムナーは、レアルが計算単位であり、マラベディは、その補助単位に過ぎなかったとのべている（W. G. Sumner, "The Spanish Dollar and the Colonial Shilling", *The American Historical Review,* Vol. III, No.4, July 1898, p.608）。
(10) Pick, *op.cit.,* p.466. Sumner, *op.cit.,* p.608, R. Charlmers, *History of Currency in the British Colonies,* (1893), rept. 1972, London. チャルマーの前掲書により、田中萃一郎「墨銀考」『三田学会雑誌』第9巻、第11号、5頁は、いずれもレアルの鋳造が、1369年以前に遡るとのべているが、明確な年代は明らかにされていない。
(11) Pick, *op.cit.,* pp.140,466,568. Porteous, *op.cit.,* pp.155-6. なお Sumner の前掲論文（p.609）では、ヨアヒム・ターレルの発行が、1517年となっているが、これは1519年の誤りである。
(12) Porteous, *op.cit.,* pp.151-5.
(13) Charlmers, *op.cit.,* p.390.
(14) Porteous, *op.cit.,* p.169.
(15) Ibid., pp.169-70.
(16) Ibid., p.170.
(17) Ibid., D. A. Brading, *Miners and Merchants in Bourbon Mexico, 1763—1810,* London, 1971, pp.131,143. 税金は、アメリカ新大陸の発見前が1/2、コロンブスの発見後1/3、メキシコの鋳造所の創設時が1/5、1725年（ペルーの場合は1736年）1/10、その後1/20に引き下げられた（A. Del Mar, *Money and Civilization,* London, 1886, p.125）。なお、銀買取銀行（Silver Purchase Bank, Bancos de Rescate または Bancos de Plata と呼ばれた）とは、鉱山主から鉱石を購入するに当って、鋳造所の支払いを保証することを主たる目的とするものであり、1752年に Mercury Producer's Guild によって創設された。のちには国営となり、Royal Redemption Bank of San Carlos と名付けられた。1776年にはポトシにも創設され、1791年以降ザクテカスなどの鉱山に対しても、同じく償還の規則が適用された（Carlos Prieto, *Mining in the New World,* NY., 1973, p.96）。
(18) Pick, *op.cit.,* pp.335,412. この場合のメキシコ・ドルは、メキシコの独立後に鋳造されたメキシコ・ドルとは異なる。

(19) 田中、前掲論文、9頁。なお、ヘラクレスの柱を刻印した銀貨が、最初に鋳造された年代については、説が分れているが、ここでは田中説に従った。R. A. G. Carson, *Coins,* London, 1962, p.429 も、田中説と同一である。ちなみにピック (*op.cit.,* p.412) は、それを1650—1732年、Sumnerは、1653年とし、チャルマー (*op.cit.,* p.391) は、その紋様がカルロス5世の命令により、西インドで鋳造された銀貨に限られていたとするホセ・カバレリョ (Jose Caballero) の説を引用している。
(20) Porteous, *op.cit.,* p.170.
(21) Ibid., pp.170-1. 1653年には、スペインで新しいペルー銀貨の流通が認められることになった。Sumner, *op.cit.,* pp.611-2, Charlmers, *op.cit.,* p.391.
(22) P. Vilar, *A History of Gold and Money,* trans. by T. White, London, 1976, p.25.
(23) Earl J. Hamilton, *War and Prices in Spain, 1651—1800,* NY., (1947), rept. 1969, p.10.
(24) Vilar, *op.cit.,* p.233.
(25) Hamilton, *op.cit.,* pp.13-5.
(26) Vilar, *op.cit.,* pp.236-8. Sumner, *op.cit.,* pp.612-3.
(27) Vilar, *op.cit.,* p.238.
(28) Hamilton, *op.cit.,* pp.56-7. なおペセタとは、小額貨幣を意味する (Vilar, *op.cit.,* p.235)。
(29) Ibid., pp.58-61.
(30) Rühe, a. a. O., S.10.
(31) Hamilton, *op.cit.,* pp.66-7.
(32) 田中、前掲論文、8-10頁。Charlmers, *op.cit.,* p.392.「支那ではカルロス銀を持って行かなければ通用せぬと云ふので亜米利加人は亜米利加の産物を欧羅巴へ持って行ってカルロス銀と取替へて、それを又支那へ持って行ったと云ふことであります」(内藤虎次郎『内藤湖南全集』第8巻、筑摩書房、昭和44年、99頁)。しかしながらカルロス・ドルの鋳造が停止されたため、1854年以降はメキシコ・ドルの流入をみるに至ったが (Tang Leamg—Li, *China's New Currency System,* Shanghai, 1963, p.23)、カルロス・ドルは1850—1860年にかけ、依然としてメキシコ・ドルに対して50-80%ものプレミアムをつけていた (L. Y. Shen, *China's Currency Reform : A Historical Survey,* Shanghai, 1941, p.59)。
(33) Hamilton, *op.cit.,* p.67.
(34) 田中、前掲論文、9頁。
(35) Charlmers, *op.cit.,* pp.392-3.
(36) Ibid., pp.393-4.
(37) Carlo M. Cipolla, *Before the Iudustrial Revolution,* NY./London, 1980, p.199.
(38) Ibid., pp.199-201.
(39) John Day, "The Great Bullion Famine of the Fifteenth Century", *Past and Present,* No.79, May 1978, pp.12-9.
(40) Ibid., pp.6-8.
(41) Ibid., pp.8-10.
(42) Ibid., pp.3-4.
(43) Ibid., pp.35-41.
(44) Ibid., pp.4,45.
(45) Cipolla, *op.cit.,* p.201.
(46) Vilar, *op.cit.,* pp.47-9.
(47) Ibid., pp.49-58.
(48) Ibid., pp.62-7.
(49) Ibid., pp.106-8.
(50) Ibid., pp.109-10.
(51) Ibid., p.115.
(52) D. A. Brading and Harry E. Cross, "Colonial Silver Mining : Mexico and Peru", Peter J. Backewell, John J. Johnson, and Meredith O. Dodge (eds.), *Readings in Latin American History,*

Vol.I, Durham, 1985, pp.129-30.
(53) Vilar, *op.cit.,* p.117.
(54) John Lynch, *Spain uder the Habsburgs,* (Second Edition), Vol.2, Oxford, 1981, pp.222-3.
(55) Brading et al. (eds.), *op.cit.,* pp.142-3.
(56) Lynch, *op.cit.,* pp.223,225. フアンカヴェリカの水銀は、16世紀の末に至るまで露天掘であった。水銀の不足に対処するため、マニラを経由して中国から購入する案も建策されたが、中国はポルトガル領マカオに近く、仮に対価としての銀がイギリスの手に渡る場合には、敵対国を利することになるとの理由から、その案はいれられなかった (P. J. Bakewell, *Silver Mining and Society, in Colonial Mexico, Zacatecas 1546—1700,* Cambridge, 1971, pp.153-5)。
(57) Leslie Bethell (ed.), *Colonial Spanish America,* Cambridge, 1987, pp.243-4.
(58) Vilar, *op.cit.,* pp.119-21. ポトシは海抜16千フィートであったため、洪水や排水などの障害が少かった。しかしながら、その反面、酸素が少ないために労働が困難であり、食糧や水銀などの運搬にも多大の労力を必要とした (Lynch, *op.cit.,* pp.238-9).
(59) Bethell (ed.), *op.cit.,* p.242.
(60) Lynch, *op.cit.,* pp.240-3. Bethell, *op.cit.,* p.242.
(61) Bettell, *op.cit.,* p.242.
(62) その他の代表例としては、A. Soetbeer, W. Lexis, C. Haring, Z. Hanke, A. Jara. P. Bakewell, D. A. Brading, H. Crss, G. Colmenares などがあげられる。Ádám Szászdi, "Preliminary Estimate of Gold and Silver Production in America, 1501—1610", Hermann Kellenbenz (ed.), *Precious Metals in the Age of Expansion,* Stuttgart, 1981, pp.151,165-6.
(63) John H. Coatsworth, "The Mexican Mining Industry in the Eighteenth Century", Nils Jacobsen and Hans-Jürgen Puhle (eds.), *The Economies of Mexico and Peru during the Late Colonial Period, 1760—1810,* Berlin, 1986, pp.26,35-9.
(64) John Fisher, "Mining and the Peruvian Economy in the Late Colonial Period", Jacobson and Puhle, *op.cit.,* pp.49-53.
(65) Earl J. Hamilton, *American Treasure and the Price Revolution in Spain,* (1934) rept. 1977, NY., pp.15-20.
(66) Ibid., pp.20-32.
(67) Ibid., pp.35-7.
(68) John J. Tepaske, "New World Silver, Castile and the Philippines, 1590—1800", Richards (ed.), *op.cit.,* pp.426-32. それに先立って1980年には、Garcia Fuentes が1650—99年の推計を行い、スペイン本国向輸出の45％は、メキシコから、45％はペルーから仕向けられたと主張した (Artur Attman, *American Bullion in the European World Trade,* Göteborg, 1986, pp.12-3)。
(69) Attman, *American Bullion,* pp.15-6.
(70) Ibid., p.18.
(71) Immanuel Wallerstein, *The Modern World-System,* Vol.1, NY., 1974, pp.335-6 (川北稔訳『近代世界システム』II、岩波書店、1988年、247-8頁).
(72) Tepaske, *op.cit.,* pp.433-4.
(73) Wallerstein, *op.cit.,* p.338, 注179は、次のようなボラー (W. Borah) の説をあげている。「対照的にフィリピン貿易の発展はメキシコにおける絹生産の衰退と一致する。つまり、1579年以来、中国産の絹が大量にもち込まれ、その頃からメキシコの生糸生産は衰退しはじめた」(前掲邦訳、272頁)。
(74) Tepaske, *op.cit.,* pp.434-5.
(75) Murdo J. Macleod, "Spain and America in the Sixteenth and Seventeenth Centuries", Leslie Bethell (ed.), *The Cambridge History of Latin America,* Vol.I, Cambridge, 1984, p.325.
(76) Tepaske, *op.cit.,* p.435.
(77) 小葉田淳『金銀貿易史の研究』法政大学出版局、1976年、130-1頁。Tepaske, *op.cit.,* pp.435-6.
(78) Charlmers, *op.cit.,* pp.360-1,371,381-2. Lee Sheng-yi, *The Monetary and Banking Development of Malaysia and Singapore,* Singapore, 1974, pp.5-12, 満鉄東亜経済調査局『改訂　仏領印度支那

編』(南洋叢書、第 2 巻) 昭和 16 年、397-400 頁。Frank H. H. King, *Money in British East Asia,* London, 1957, pp.5,101-2.
(79) Tsing Yuan, "The Silver Trade between America and China, 1550—1700", Kellenbenz, *op.cit.,* pp.266-8.
(80) Wallerstein, *op.cit.,* p.200 (前掲邦訳、33 頁)。
(81) Attman, *American Bullion,* pp.29-31. John Lynch, *Spain under the Habsburgs,* Vol.2, Oxford, 1981, p.167.
(82) Lynch, *op.cit.,* p.167.
(83) Cipolla, *op.cit.,* pp.251-2.
(84) Ibid., p.230.
(85) Artur Attman, *Dutch Enterprise in the World Bullion Trade,* Göteborg, 1983, p.60.
(86) Artur Attman, *The Bullion Flow between Europe and the East,* Göteborg, 1981, p.91.
(87) Attman, Bullion Flow, pp.15-8. キャラバン貿易の復活については、James C. Boyajian, *Portuguese Bankers at the Court of Spain,* New Brunswick, 1983, p.6.
(88) Cioppa, *op.cit.,* pp.230,233.
(89) 田中萃一郎「墨銀考補遺」『田中萃一郎史学論文集』三田史学会、昭和 7 年、54 頁。
(90) Dickson H. Leavens, "The Gold-Silver Ratio in the Early Foreign Relations of the Far East", *The Far East Chinese Economic Journal,* Vol.2, Apr. 1928, pp.322,326.
(91) 増井経夫『中国の銀と商人』研文出版、1986 年、15-6 頁。
(92) Attman, *American Bullion,* p.62.
(93) Vilar, *op.cit.,* pp.227-30. ブラジルでは、18 世紀の初頭に砂金が発見され、1708 年に大規模な金山が開発された。ブラジルの金が枯渇した後イギリスは、原材料の輸入によって貿易不均衡の是正を試み、それがイギリスの経済を発展させる素因の一つともなった (Ibid., pp.228-30)。
(94) Wallerstein, *op.cit.,* pp.191,197 (前掲邦訳、25,29 ページ)。チポッラも次のようにのべている。「17 世紀のスペインは過大な負債を負い、経営者と職人を欠く代りに役人、法律家、僧侶、乞食および盗賊がみちあふれていた」(Cipolla, *op.cit.,* p.253)。
(95) Boyajian, *op.cit.,* pp.1-7.
(96) Richard Ehrenberg, trans. by H. M. Lucas, *Capital and Finance in the Genoa of the Renaissance,* NY., n.d. pp.233-7.
(97) Ibid., p.237. 拙著『金の世界』有斐閣、昭和 57 年、98-9 ページ。
(98) Ehrenberg, *op.cit.,* pp.230,246.
(99) Ibid., p.307.
(100) Ibid., pp.310-1.
(101) Wallerstein, *op.cit.,* p.183 (前掲邦訳、18 頁)。
(102) Cipolla, *op.cit.,* pp.267-8.
(103) Stephen Colwell, *The Ways and Means of Payment,* (1859) rept. 1965, NY., p.175. 勘定の開設に当っては、10 フローリンの手数料のほかに、5％相当額が差引かれたが、銀行の貸方に記入されたバンク・マネーは、決済の都度、精査を必要としないので、プレミアムを生じていた (Ibid.)。
(104) James C. Riley, *International Government Finance and the Amsterdam Capital Market,* Cambridge, 1980, pp.30-1.
(105) 前掲拙著、99 頁。
(106) Riley, *op.cit.,* p.29.
(107) K. N. Chaudhuri, *Trade and Civilisation in the Indian Ocean,* Cambridge, 1985, p.215.

第 12 章

(1) Charles Oman, *The Coinage of England,* Oxford, 1931, p.1.
(2) Ibid., pp.4-5.

(3) C. H. V. Southerland, *English Coinage,* London, 1973, pp.3-5.
(4) N. J. G. Pounds, *An Economic History of Medieval Europe,* London, 1974, pp.37-8.
(5) Alexander Del Mar, *A History of Money in Ancient Countries* (London, 1885), rept. NY., 1968, p.64.
(6) Pounds, *op, cit.,* p.78.
(7) Del Mar, *op.cit.,* pp.94,334.
(8) William Ridgeway, *The Origin of Metallic Currency and Weight Standards,* Cambridge, (1892), rept. NY., 1976, pp.310,347-9,351.
(9) Ibid., pp.210,310-1. 小泉袈裟勝『歴史の中の単位』総合科学出版、1987 年、88-9 頁。
(10) Ridgeway, *op.cit.,* pp.250-2,256,259,309. Pick, *op.cit,* p.340.
(11) "An Essay upon Money and Coines", John R. McCulloch (ed.), *A Select Collection of Scarce and Valuable Tracts on Money,* (1856), rept. NY., 1966, p.378 (小林昇訳、東京大学出版会、1975 年、49 頁)。
(12) Ridgeway, *op.cit.,* pp.228,358,387.
(13) Ibid., p.372, Pick, *op.cit.,* p.14.
(14) Albert Feaveryear, *The Pound Sterling* (Second Edition), Oxford, 1963, p.7 (一ノ瀬篤、川合研、中島将隆訳、新評論、19 頁)。
(15) Sutherland, *op.cit.,* pp.13-4. なおペニーの古語は Pending であり、それはペンダ (Penda, 1725 年頃のマーシァの王) に由来するという (Feaveayear, *op.cit.,* p.7. F. M. Stenton, *Anglo-Saxon England,* Oxford, 1955, p.221)。
(16) Feavearyear, *op.cit.,* pp.2,7,21 (前掲邦訳、7、19、33 頁). C. R. Josset, *Money in Britain,* London, 1962, pp.8-9.
(17) Peter Spufford, *Money and its Use in Medieval Europe,* Cambridge, 1988, p.34. Pick, *op.cit.,* pp.430-1. Charles 1st Earl of Liverpool, *A Treatise on the Coins of the Realm : In a Letter to the King,* (London, 1880), rept. NY., 1968, pp.35-6.
(18) Carlo M. Cipolla, *Money, Prices and Civilization in the Mediterranean World,* London, 1956, pp.39-41.
(19) Feavearyear, *op.cit.,* p.9 (前掲邦訳、21 頁). Josset, *op.cit.,* p.43.
(20) McCulloch, *op.cit.,* pp.379-80 (前掲邦訳、51 頁). Liverpool, *op.cit.,* pp.34-5. Feavearyear, *op.cit.,* p.8 (前掲邦訳、20 頁).
(21) Feavearyear, *op.cit.,* p.8. W. Loundes, "A Report containing an Essay for the Amendment of the Silver Coins", McCulloch, *op.cit.,* pp.178-80. J・クレイグ (John Craig) は、スターリングとはノルマンの王によって付けられた公式の名称であるとのべ、その起源としてスコットランドにおける貨幣説、ペンスに刻印されたムク鳥 (starling) または星印説、ロンドンに定住した外国商人 (Easterlings) 説を紹介している (*The Mint,* Cambridge, 1953, p.6)。ケメラーはノルマンのペニーに刻印された星説をとっている (Edwin Walter Kemmerer, *Gold and the Gold Standard,* NY., 1944, p.28)。なおピックは、スターリングの名称がはじめて用いられたのは、ヘンリー 2 世の時代 (Henry II、1154—1189 年) としている (*op.cit,* p.547)。
(22) Feavearyear, *op.cit.,* pp.8-9 (前掲邦訳、20-1 頁).
(23) Josset, *op.cit.,* pp.24-5. Raymond de Roover, G*resham on Foreign Exchange, Cambridge,* 1949, p.35.「1279—80 年の大改鋳は、実質的にその後 2 世紀にわたるイギリス銀貨の未来を形づくることになった」(Sutherland, *op.cit.,* p.67)。
(24) de Roover, *op.cit.,* pp.33-7.
(25) Ibid., pp.35-49. 初期の重商主義を代表するトーマス・マン (Thomas Mun) は当初 Statute of Employment を支持したが、『外国貿易によるイギリスの財宝』(*England's Treasure by Forraign Trade*) において、個別取引ごとの均衡回復政策は、愚昧であり、報復をうけるだけでなく、冒険商人や海運業者を害すると反対した (Ibid., p.48)。本山美彦『貨幣と世界システム』三嶺書房、1986 年、107-10 頁。

(26) Josset, *op.cit.*, p.42.
(27) Ibid., p.43.
(28) de Roover, *op.cit.*, pp.49-50. 小泉、前掲書、140頁。
(29) de Roover, *op.cit.*, pp.51-3.
(30) Ibid., pp.53-60.
(31) Ibid., p.62. Henry D. MacLeod, *Bimetallism,* London, 1894, p.20. なおグレシャムの法則 (Gresham's Law) を最初に提唱したのは、14世紀のオレスム (Nicolas Oresme) であり、15世紀にコペルニクス (Nicolas Copernicus) も同旨の主張を行った (Ibid., p.8,11)。
(32) de Roover, *op.cit.*, pp.63-5.
(33) Feavearyear, *op.cit.*, p.84 (前掲邦訳、100頁).
(34) de Roover, *op.cit.*, p.68.
(35) Oman, *op.cit.*, pp.279-80. Feavearyear, *op.cit.*, pp.93-4 (前掲邦訳、109-10頁).
(36) C. E. Challis, *The Tudor Coinage,* NY., 1978, pp.232-3.
(37) Oman, *op.cit.*, pp.287-8. 東印度会社向の貿易銀貨については、J. D. Gould, "The Royal Mint in the Early Seventeenth Century", *The Economic History Review,* (Second Series) Vol.V, No.2, 1952, p.241.
(38) カエサル、近山金次訳『ガリア戦記』岩波文庫、1990年、154頁。
(39) Robert Lloyd Kenyon, *Kenyon's Gold Coins of England,* (1884), rept. NY., 1970, pp.1,14. なおケニヨンは金貨の鋳造が300年以上中断されたとのべるとともに、thrymas が鋳造された後、金貨が姿を消したのも9世紀以降とみている (Ibid.)。
(40) John Porteous, *Coins in History,* London, 1969, p.85.
(41) W. A. Shaw, *The History of Currency,* (London, 1895), rept. NY., 1967, p.1.
(42) Porteous, *op.cit.*, p.86.
(43) Kemmerer, *op.cit.*, pp.29-35. Feavearyear, *op.cit.*, p.46 (前掲邦訳、59頁). John Craig, *op.cit.*, pp.65-6,92. J. Laurence Laughlin, *A New Exposition of Money, Credit, and Prices,* Chicago, 1931, pp.141-2.
(44) Josset, *op.cit.*, p.82.
(45) William W. Carlile, *The Evolution of Modern Money,* (NY., 1901), rept. NY., 1967, p.120.
(46) Oman, *op.cit.*, p.182. そのほか Shaw, *op.cit.*, pp.13,47-8. J. D. Gould, *The Great Debasement,* Oxford, 1970, p.27. Laughlin, *op.cit.*, p.142. MacLeod, *op.cit.*, p.18, C. G. Crump & A. Hughes, "The English Currency under Edward I", *Economic Journal,* Vol.V, 1895, p.50. 「イギリスにおける複本位の導入は、エドワード3世の治世まで生じなかった」と、宮田美智也『近代的信用制度の成立』有斐閣、1983年、37頁なども、1344年にイギリスの金銀複本位制度がはじまるとの立場をとっている。また Kemmerer, *op.cit.*, p.35 は、新大陸の発見から17世紀の末までを quasi bimetallism と名付けている。それに対して小野朝男教授などのように、1717年、または金銀の輸出や鋳造上の制限が撤廃された1666年に複本位が導入されたとする説がある (小野朝男「イギリスにおける金本位制成立の背景」、大内兵衛他『金融論研究』法政大学出版局、昭和41年、296-7頁)。
(47) Feavearyear, *op.cit.*, p.21 (前掲邦訳、33頁).
(48) G. R. Fay, "Newton and the Gold Standard", *Cambridge Historical Journal,* Vol.V, 1935, p.111.
(49) de Roover, *op.cit.*, pp.70-1.
(50) McCulloch, *op.cit.*, p.384 (前掲邦訳、71頁).
(51) de Roover, *op.cit.*, pp.33-4. J. Keith Horsefield, *British Monetary Experiments, 1650—1710,* London, 1960, p.26.
(52) Shaw, *op.cit.*, pp.14-7,49. Francis A. Walker, *International Bimetallism,* NY., 1896, p.55.
(53) Walker, *op.cit.*, pp.55-6.
(54) Kemmerer, *op.cit.*, p.35.
(55) Ming-Hsun Li, *The Great Recoinage of 1696—99,* London, 1963, pp.37-42,48.
(56) Oman, *op.cit.*, p.338.

(57) Horthfield, *op.cit.*, pp.26-7,73-4. チャールズ 2 世の時代には、イギリス国内においても、銀貨よりも金貨が大口の取引に用いられるようになった ("Note on the Re-Coinage of 1696—99", McCulloch, *op.cit.*, p.262)。金が過大評価となり、イギリスが金本位制度に移行するに至った原因としては、(1) 産業革命に伴う通商と生産の拡大、(2) 銀貨の貶質化、(3) 政府の介入、(4) 銀行信用の増大、(5) 東印度会社を通ずる銀の輸出などがあげられる (Li, *op.cit.*, p.169)。

(58) Horthfield, *op.cit.*, pp.47-9. Lowndes の Report は McCulloch, *op.cit.*, pp.171-255 所収。

(59) Horthfield, *op.cit.*, pp.49-50. McCulloch, *op.cit.*, p.231. なおラウンズが foot という言葉を使ったのは、フランスの Pied de Monoye または古代の Pes Monetae を諷刺したものであり、rating をいみする (C. R. Fay, "Locke versus Lowndes", *Cambridge Historical Journal*, Vol.4, 1933, p.144)。

(60) Fay, *op.cit.*, pp.146-7.

(61) J. Locke, "Further Considerations concerning Raising the Value of Money", *Several Papers relating to Money, Interest and Trade*, rept. 1989, NY., p.24 (田中正司、竹本洋訳『ロック利子・貨幣論』東京大学出版会、1978 年、23 頁)。

(62) Horthfield, *op.cit.*, pp.51,53. ただしニュートンも、銀を唯一の本位とする点においては、ロックと同じ立場であった (Fay, *op.cit.*, p.110)。

(63) Locke, *op.cit.*, p.11 (前掲邦訳、234 頁)。

(64) Li, *op.cit.*, pp.116-21.

(65) Ibid., pp.138-40, 143-4.

(66) Shaw, *op.cit.*, p.128. なお拙著『金と国際通貨』外国為替貿易研究会、昭和 58 年、38 頁および『国際金融論新講』泉屋書店、1990 年、120 頁は、Kemmerer、前掲書、37 頁により、金価格を引上げて比価を 1 対 15 から 15.5 に改訂したとのべているが、これは誤りであり、本文記載のごとく訂正する。また輸出・退蔵されたのはギニー金貨でなく、縁刻銀貨の誤りである。

(67) Li, *op.cit.*, pp.145-8.

(68) Ibid., pp.151-5,161-2. Fay, op.cit., p.114. ギニーの引下げが失敗した後、1/4 ギニーが発行されたが、同じく失敗した (Richard S. Westfall, *Never at Reft*, Cambridge, 1980, p.838)。なお注 46 のように 1717 年の布告により、イギリスは金銀複本位に移行したとする説があるが、当該布告はギニーの最高額を規定したものであって、ギニーの銀価格を固定したものではない (Li, *op.cit.*, p.155)。またフェイは、1717 年以降イギリスが金本位に移行したとのべているが、それはギニーが最高価格でなく、21 シリングで固定され、それ以来金が計算貨幣となるに至ったためであると主張している (*op. cit.*, pp.109,112)。ギニーの引下げを可能にしたのは、ブラジルにおける金の発見と生産の増加であった (Danna Horton, *Silver and Gold and the Relation to the Problem of Resumption*, Cincinnati, 1877, p.757. なお 1820—1850 年の最盛期には、ブラジルの新産金が 1 億ポンドに達し、その大部分がイギリスに輸入された。また 1666 年に鋳造手数料が免除されたため、政府は同一金額のコインを鋳造するのに、個数が少なくてすむ金貨を選好した (Fay, *op.cit.*, p.116)。

(69) Li, *op.cit.*, pp.163-5, Horton, *op.cit.*, p.75.

(70) Li, *op.cit.*, p.165.

(71) Liverpool, *op.cit.*, pp.2-6,170-3.

(72) H. G. Hawtrey, *Currency and Credit*, London, 1923, p.306.

(73) Piero Sraffa (ed.), *The Works and Correspondence of David Ricardo*, Vol.III, Cambridge, 1951, rept. 1980, pp.15-7,21 (末永茂喜監訳『デイヴィド・リカードウ全集』第 III 巻、雄松堂書店、1969 年、17-8、24 頁)。

(74) Feavearyear, *op.cit.*, p.195 (前掲邦訳、210-1 頁)。(なおイギリスの金本位制形成史については、依住良馨『イギリス金本制成立史』東洋経済新報社、昭和 42 年、吉川光治『イギリス金本位制の歴史と理論』勁草書房、1970 年などの労作があり、詳細はこれに譲る)。

(75) Edwin Cannan, *The Paper Pound of 1797—1821, The Bullion Report*, (London 1919), rept. 1969, pp.10-1,16-7,66,68-70 (田中生夫編訳『インフレーションの古典理論』未来社、1961 年、25-6、32-5、100-4 頁)。

(76) Ibid., pp.1-24 (前掲邦訳、117-29 頁)。

(77) Feavearyear, *op.cit.*, pp.215-20（前掲邦訳、230-5 頁）. Andréadès, *History of the Bank of England*, London, 1909, pp.237-8（町田義一郎訳『英蘭銀行史論』日本評論社、昭和 7 年、314-5 頁）.
(78) Andréadès, *op.cit.*, pp.238-9（前掲邦訳、315-6 頁）.
(79) Boyd Hilton, *Corn, Cash, Commerce,* Oxford, 1977, pp.232-41.
(80) Andréadès, *op.cit.*, pp.248-53（前掲邦訳、329-35 頁）. Norman Gash, *Lord Liverpool*, Cambridge, Mass., 1984, p.234.
(81) 依光、前掲書、253-9 頁。
(82) Andréadès, *op.cit.*, pp.256-62（前掲邦訳、340-8 頁）. セイヤーズ（R. S. Sayers）によると、パーマー・ルールを最初に唱えたのは、ペニングトンであるという（峰本晧子『イギリス金融史論』世界書院、昭和 53 年、139 頁。なお Hilton, *op.cit.*, p.239 は、それを F. W. Fetter の説としている）。
(83) Andréadès, *op.cit.*, pp.263-8（前掲邦訳、349-57 頁）.
(84) T. E. Gregory, *Select Statutes, Documents and Reports relating to British Banking, 1832—1928*, Vol.I, (1929), rept. NY., 1964, pp.27-8.
(85) Andréadès, *op.cit.*, p.281（前掲邦訳、374 頁）。峰本、前掲書、136-7 頁。なおリカードは、発券業務を政府機関に委ねようとしていた。この構想はいれられなかったが、発券業務を預金銀行から分離しようとする考えは、のちにトレンズによって地方銀行の発券を規制する方向に発展させられた（J. K. Horsefield, "The Origins of the Bank Charter Act", T. S. Ashton and R. S. Sayers (eds.), *Papers in English Monetary History,* Oxford, 1964, pp.116-7）。通貨主義派が二部局制を主張したのは、イングランド銀行の金準備が減少したにもかかわらず、同行券の流通額が減少しなかった一因を、同行が預金業務を行っていたことに帰し、二部局分割によって、預金の引出が発券業務に影響を及ぼすのを防ぐためであった（金井雄一『イングランド銀行金融政策の形成』名古屋大学出版会、1989 年、56 頁）。
(86) Thomas Tooke, *A History of Prices,* Vol.IV, London, 1840, pp.184-5（藤塚知義訳『物価史』第 4 巻、東洋経済新報社、昭和 56 年、201-3 頁）.
(87) Frank Whitson Fetter, *Development of British Orthodoxy,* Cambridge, Mass, 1965, pp.175-9. 吉岡昭彦『近代イギリス経済史』岩波書店、1981 年、62-3 頁。
(88) Andréadès, *op.cit.*, pp.284-94（前掲邦訳、378-90 頁）。1844 年の銀行特許条例は、Andréadès, *op.cit.*, p.410 ff.（前掲邦訳、580 頁以下）、Gregory, *op.cit.*, pp.129-44 所収。
(89) Ashton and Sayers, *op.cit.*, pp.109-11. J. H. Clapham, *The Bank of England, A History*, Vol.II, pp.178-9（英国金融史研究会訳『イングランド銀行』ダイヤモンド社、昭和 45 年、195 頁）. これを要するにイングランド銀行の首脳が、通貨主義に転向したのは、イングランド銀行に対する世論の反撥や政府機関による紙幣の発行、あるいは複本位制度の復活論をかわしながら、逆にイングランド銀行による発券機能の独占化を推進するための戦略であったと解することができないであろうか。
(90) Barret Whale, "A Retrospective View of the Bank Charter Act of 1844", Ashton and Sayers *op.cit.*, p.127.
(91) 吉岡昭彦「イギリス綿業資本と本位制論争」岡田与好編『近代革命の研究』下巻、東京大学出版会、1973 年、209-12、220-7、248-50 頁。

島崎久彌著作目録

【著書】

単著
1 『金の世界』有斐閣、昭和57年11月。
2 『金と国際通貨』(財)外国為替貿易研究会、昭和58年5月。
3 『ヨーロッパ通貨統合の展開』日本経済評論社、昭和62年6月。
4 『円の侵略史——円為替本位制度の形成過程』日本経済評論社、平成1年8月（第33回日経・経済図書文化賞）。
5 『国際金融論新講』泉屋書店、平成2年7月。
6 『大欧州圏の形成——EUとその拡大』白桃書房、平成8年3月。
7 『欧州通貨統合の政治経済学』日本経済評論社、平成9年2月。
8 『世界経済のリージョナル化』多賀出版、平成11年9月。
9 『通貨危機と円の国際化』多賀出版、平成11年11月。
10 『国際通貨制度論攷』蒼天社出版、平成24年5月。

共編、著
1 松村善太郎と共編『金の知識』有斐閣、昭和57年8月（第2部「商品としての金」のうち、第2章「諸外国の金市場」113-150頁）。
2 関東学院大学経済学部編『環境変化対応の経営戦略』ぎょうせい、平成3年9月（第2部第15章「欧州経済通貨統合」391-415頁）。
3 日本EC学会『1992年EC市場統合と世界』(年報第11号)有斐閣、平成3年10月(「欧州経済通貨統合」71-92頁)。
4 神奈川大学経済学部編『経済学・商学を学ぶために』新評論（N.4.「国際金融編」112-117頁）。
5 深町郁彌編『ドル本位制の研究』日本経済評論社、平成5年2月（第17章「マルク・ECUの台頭とEMUの展開」423-476頁）。
6 神奈川大学大学院経済学研究科編『現代経済の諸問題』新評論、平成9年2月（「ニューディールとビジネスの対応」37-70頁）。
7 創立70周年記念論文集編集発行実行委員会編『神奈川大学創立70周年記念随想集』神奈川大学、平成10年11月（「あざむかれた新時代の幕明け——規制緩和の幻想」

97-120頁)。

【論文】

1　「アジア決済同盟構想の展開と評価」『東京銀行月報』第20巻第3号、昭和43年3月、4-30頁。
2　「アメリカ資本輸出規制の終焉」(上・下)『東京銀行月報』第26巻第4、5号、昭和49年4-5月、上：4-27、下：4-30頁。
3　「金管理政策の史的展開」『東京銀行月報』第27巻第2号、昭和50年2月、4-48頁。
4　「ランブイエ通貨合意の体制論的考察」『東京銀行月報』第28巻第2号、昭和51年2月、4-39頁。
5　「ポンド残高の史的変遷」『東京銀行月報』第29巻第11号、昭和52年11月、4-100頁。
6　「ヨーロッパにおける通貨協力の歴史的考察」(上・下)『東京銀行月報』第31巻第2、3号、昭和54年2-3月、上：4-62、下：4-97頁。
7　「ブレトン・ウッズ体制成立前史の予備的考察」『経済系』(関東学院大学経済学会)第123集(加瀬正一教授退職記念集)、昭和55年3月、44-64頁。
8　「国際通貨制度改革問題の一考察」『経済系』第146集、昭和61年1月、28-51頁。
9　「単一欧州条約の形成過程」『経済系』第148集、昭和61年7月、9-35頁。
10　「中近東とアフリカにおける金融協力」『経済系』第149集、昭和61年10月、1-22頁。
11　「欧州共同体の地中海型拡大」『経済系』第151集、昭和62年4月、15-46頁。
12　「国際通貨の現状と課題」『レファレンス』(国会図書館)第37集、第6号、昭和62年6月、109-140頁。
13　「大東亜金融圏の形成過程」(1-5)『経済系』第153-157集、昭和62年10月(至昭和63年10月) 1：1-40、2：1-49、3：74-107、4：30-75、5：1-50頁。
14　「スペイン・ドル体制と銀の国際移動」『経済系』第159集、平成1年4月、1-31頁。
15　「欧州経済通貨同盟を指向して」『経済系』第165集、平成2年10月、1-22頁。
16　「ポンド・スターリングの形成」『経済系』第166集、平成3年1月、72-108頁。
17　「EMUとECU」『経済系』第167集、平成3年4月、1-22頁。
18　「コメコンの崩壊とCIS、東欧の通貨交換性」『商経論叢』(神奈川大学経済学会)第28巻第2号、平成5年2月、29-105頁。
19　「欧州政治、社会統合の展開」『商経論叢』第29巻第4号、平成6年3月、1-90頁。
20　「マーストリヒト条約とEMU」(1-2)『商経論叢』第30巻第2、3号、平成6年11月(至平成7年1月) 1：1-95、2：61-133頁。
21　「欧州金融統合の展開」『商経論叢』第30巻第4号、平成7年3月、97-235頁。
22　「大欧州圏の胎動」『商経論叢』第31巻第2号、平成8年2月、1-82頁。
23　「ラテン・アメリカの経済統合と決済・信用取決め」『商経論叢』第31巻第4号、平成8年3月、73-137頁。

24 「アジア・太平洋地域の経済・通貨協力」『商経論叢』第 32 巻第 2 号、平成 8 年 9 月、51-136 頁。
25 「アフリカの地域的経済協力と統合」『商経論叢』第 33 巻第 3 号、平成 10 年 1 月、1-109 頁。
26 「広域中東圏の経済協力」『商経論叢』第 33 巻第 4 号、平成 10 年 3 月、1-46 頁。
27 「円の国際的役割」『商経論叢』第 34 巻第 1 号、平成 10 年 9 月、1-116 頁。
28 「国際短期資本移動と新興市場の通貨危機」『商経論叢』第 34 巻第 3 号、平成 11 年 2 月、45-143 頁。
29 「スーパー・リージョナリズムの台頭」『商経論叢』第 34 巻第 4 号、平成 11 年 3 月、51-128 頁。
30 「アジア通貨危機の伝染」『商経論叢』第 35 巻第 1 号、平成 11 年 6 月、55-86 頁。
(以上いずれも単著)

【評論等】

1 「特恵関税をめぐる国際間の動き」『東銀週報』第 11 巻 50 号、昭和 42 年 12 月、1-4 頁。
2 「チェコの銀行制度と国立銀行の機能」(抄訳)『東銀週報』第 12 巻 4 号、昭和 43 年 1 月、2-5 頁。
3 「第 2 回国連貿易開発会議の開幕」『東銀週報』第 12 巻 5 号、昭和 43 年 2 月、1-4 頁。
4 「UNCTAD と援助の諸問題」『東銀週報』第 12 巻 6 号、昭和 43 年 2 月、1-4 頁。
5 「UNCTAD の閉幕」『東銀週報』第 12 巻 15 号、昭和 43 年 4 月、1-4 頁。
6 「ECOSOC アムステルダム会議の素描」『東銀週報』第 13 巻 12 号、昭和 44 年 3 月、1-6 頁。
7 「70 年代世界開発戦略の道標」『東銀週報』第 13 巻 49 号、昭和 44 年 12 月、1-7 頁。
8 「国際通貨問題」(座談会)『松下電器貿易(株)社内報』第 90 号、昭和 46 年 8 月、4-7 頁。
9 「1974 年 IMF 総会の問題点」『東銀週報』第 18 巻 44 号、昭和 49 年 10 月、1-6 頁。
10 「第 44 回国際決済銀行年次報告」『東銀週報』第 18 巻 28 号、昭和 49 年 12 月、1-7 頁。
11 「パリ国際通貨会議の停滞」『東銀週報』第 19 巻 26 号、昭和 50 年 6 月、1-6 頁。
12 「フランス・フランの EC 共同フロートへの復帰」『国際金融』第 550 号、昭和 50 年 9 月、12-17 頁。
13 「IMF の変貌と BIS」(他 101 篇)『為替速報』(時事通信社) 各号、昭和 50 年 9 月(至昭和 58 年 6 月)。
14 「国際通貨問題と主要国首脳会議」(講演再録)『アナリスト』第 282 号、昭和 50 年 12 月、1-13 頁。
15 「キングストン会議の示唆するもの」『国際金融』第 555 号、昭和 51 年 2 月、16-21 頁。
16 「欧州の通貨動乱」『金融財政』第 6930 号、昭和 51 年 3 月、2-6 頁。

17 「ヨーロッパの通貨不安」(他12篇)『東京銀行月報』各号、昭和51年3月 (至昭和57年11月) 2-3頁。
18 「新たな論議呼ぶEC通貨統合の再建」『金融財政事情』第27巻第14号、昭和51年4月、32-35頁。
19 「ヨーロッパの通貨不安と統合の再建」『国際金融』第562号、昭和51年4月、22-27頁。
20 「ヨーロッパ通貨の動揺とその背景について」『相互銀行』第26巻5号、昭和51年5月、2-7頁。
21 「動揺する国際通貨と黒字国責任論」『東洋経済』第3958号、昭和51年8月、43-47頁。
22 「大詰めを迎えつつあるヨーロッパ通貨情勢」『国際金融』第570号、昭和51年9月、18-26頁。
23 「米欧経済は二極分化傾向を一段と増幅する」『金融財政事情』第27巻第45号、昭和51年11月、28-31頁。
24 「マニラ国際通貨会議の問題点と主要国の反応」『国際金融』第574号、昭和51年11月、10-15頁。
25 「ポンド残高の史的変遷」『国際金融』第580号、昭和52年2月、10-18頁。
26 「最近の国際通貨情勢」『線材とその製品』第15巻第3号、昭和52年3月、5-12頁。
27 「円高圧力の論理と国際間の動き」『国際金融』第585号、昭和52年5月、24-29頁。
28 「作られたドルの危機とECスネークのミニ調整」『金融財政』第593号、昭和52年10月、16-22頁。
29 「目標相場圏構想の台頭」『世界経済評論』第22巻第2号、昭和53年2月、36-43頁。
30 「ローザ構想の原点」『国際金融』第599号、昭和53年2月、31-37頁。
31 「転換を遂げる米国の国際通貨政策」『金融財政事情』第29巻第7号、昭和53年2月、32-35頁。
32 「金選好の再燃と金復位論の台頭」『国際金融』第603号、昭和53年4月、34-40頁。
33 「欧州通貨安定圏構想の展開」『国際金融』第608号、昭和53年7月、16-24頁。
34 「EC通貨統合の諸問題」『機械輸出』昭和53年9月、10-16頁。
35 「金をめぐる諸問題」(他2篇)『常盤橋経済研究会週報』各号、昭和53年9月、第36集第34号:1-11、第37集第11号:1-17、第41集第22号:1-11頁。
36 「SDR増発に4つの思惑」(インタビュー記事)『朝日新聞』昭和53年9月26日。
37 「欧州通貨制度の役割と評価」『金融財政事情』第29巻第42号、昭和53年11月、17-19頁。
38 「欧州通貨制度の発足」『国際金融』第618号、昭和54年1月、31-37頁。
39 「金はSDRに対し最大の挑戦者」『機関投資家』第7巻第2号、昭和54年、17頁。
40 「新しいゴールド・ラッシュの背景と諸相」『国際金融』第628号、昭和54年7月、22-29頁。
41 「ゴールド・ラッシュの背景と今後の課題」『東銀週報』第23巻第42号、昭和54

年10月、1-11頁。
42 「挫折した金廃貨政策」『エコノミスト』第57巻第45号、昭和54年11月、26-31頁。
43 「金：1980年を占ういくつかの問題点」『レアメタル・ニュース』第1047号、昭和54年12月、4-5頁。
44 「代替勘定設立構想の矛盾と限界」『国際金融』第638号、昭和55年1月、42-47頁。
45 「金復位迫る空前のゴールド・ラッシュ」『金融財政』第7312号、昭和55年1月、2-6頁
46 「金廃貨政策の挫折と国際通貨体制の行方」『評論』第37号、昭和55年4月、42-47頁。
47 「国際通貨体制改革論議の行方」『ナショナル田林マンスリー』第20巻第5号、昭和55年5月、4-8頁。
48 「動き出す国際通貨体制の改造劇」『金融財政』第7390号、昭和55年11月、10-13頁。
49 「SDRと開発のリンクに関する覚書」『国際金融』第658号、昭和56年1月、40-45頁。
50 「金貨とメダル、メダリオン市場」『季刊工業レアメタル』第74号、昭和56年1月、65-70頁。
51 「それでも金は復位へ進む」『金融財政』第7418号、昭和56年3月、2-6頁。
52 「日本を襲うゴールド・ラッシュ」（座談会）『ダイヤモンド』第69巻第30号、昭和56年7月、26-32頁。なお「米金本位復帰検討委員会の全貌」（34-36頁）は、拙稿を匿名にしたものである。
53 「動き始めたアメリカの金委員会」『金融財政』第7460号、昭和56年8月、10-14頁。
54 「金解禁史寸描」『国際金融』第672号、昭和56年9月、18-25頁
55 「金本位復活はありうるか」（インタビュー記事）『神戸新聞』昭和56年9月10日
56 「金本位制復活のシナリオ」『東洋経済別冊』（4）「新金本位制」昭和56年10月、18-19頁。
57 「米国の金本位制復活論議」（月曜経済観測）（インタビュー記事）『日本経済新聞』昭和56年10月9日
58 「東京金市場は盛況か閑古鳥か」（座談会）『レアメタル・ニュース』第1140号、昭和56年11月、1-8頁
59 「金本位制復活は幻想でない」『世界経済評論』第25巻第11号、昭和56年11月、4-10頁
60 「金ブームの周辺」（インタビュー記事）『読売新聞』昭和56年11月15日
61 「アメリカにおける金本位制度復帰論の展開」『国際金融』第678号、昭和57年1月、62-70頁。
62 「米国金本位制度復帰のシナリオとその影響」『ダイヤモンド』第70巻第1号、昭和57年1月、40-44頁。
63 「アメリカ金本位制復帰の動き」（講演再録）『如水会会報』第623号、昭和57年3月、10-13頁。

64 「金本位復帰論は死なず」『金融財政』第7515号、昭和57年3月、2-6頁。
65 「金復位の可能性いぜん消えず」『ダイヤモンド』第70巻第10号、昭和57年3月、11頁。
66 「ドルの復権、その背景と展望」『世界週報』第63巻第31号、昭和57年8月10日号、12-17頁。
67 「再燃する国際通貨体制再建の気運」『国際金融』第698号、昭和58年1月、36-41頁。
68 「通貨体制再建へ国際会議」(他一篇)『日経ビジネス』第339号、昭和58年3月、23頁、および「注目の米FRB金融政策」第350号、昭和58年7月。
69 「金問題」『ゴールド・リポート』(日本経済新聞社)昭和58年5月、1頁。
70 「世界的通貨制度改革への序章」『金融財政』第7639号、昭和58年6月、2-6頁。
71 「雌伏期を迎えた金問題」『TRIアングル』(東銀リサーチ)No.29、昭和58年10月、18-19頁。
72 「国際通貨体制の再建論議をめぐって」『TRIアングル』No.30、昭和58年11月、14-15頁。
73 「イギリスのEMS参加問題」『国際金融』第718号、昭和59年1月、41-47頁。
74 「進展する国際通貨体制の再編劇」『川商レポート』(川鉄商事)No.278、昭和59年2月、8-11頁。
75 「5周年を迎えたEMS」『世界週報』第65巻第13号、昭和59年3月27日号、12-17頁。
76 「ハート旋風」『ゴールド・リポート』(日経)昭和59年3月、1頁。
77 「金融自由化」(中)(インタビュー記事)『朝日新聞』昭和59年4月13日。
78 「ロンドン・サミットを顧みて」『金融財政』第7737号、昭和59年6月、2-5頁。
79 「くすぶる金本位制復帰論の背景」(他6篇)『世界週報』各号、昭和59年9月(至昭和64年1月)。
80 「国際通貨体制構築への再挑戦」『エコノミスト』第62巻第15号、昭和59年9月、10-11頁。
81 「国際通貨制度改革問題の展開」(上・下)『金融財政』第7842-3号、昭和60年7月、上: 2-4頁、下: 2-4頁。
82 「国際通貨制度改革問題」『TRIアングル』No.52、昭和60年9月、2-5頁。
83 「円の目標相場圏は200円程度か」『世界週報』昭和60年10月15日号、32-33頁。
84 「IMF失墜の背景と新たな構想」『世界週報』第66巻第1号、昭和60年12月25日—1月1日号、57-61頁。
85 「国際通貨制度改革の方途」『金融財政』第7914号、昭和61年4月、6-9頁。
86 「通貨調整から金利調整へ」『世界週報』昭和61年9月9日号、34-35頁。
87 (書評)足立禎『外国為替論序説』『証券アナリスト・ジャーナル』第24巻、昭和61年9月、62-65頁。
88 「通貨問題の根底にあるもの」『世界週報』昭和62年5月26日号、4-5頁。

89 「アメリカ公定歩合引上げの真意」（他20篇）『世界経済レター』各号、昭和62年10月（至平成5年1月）各1-2頁。
90 「国際通貨制度のコペルニクス的転回」『世界週報』昭和62年10月20日号、4-5頁。
91 「大詰めに近づいた国際通貨制度改革」『世界週報』第69巻第21号、昭和63年5月24日号、12-15頁。
92 「欧州統一通貨問題の現状と将来」『金融ジャーナル』第30巻第1号、平成1年1月、39-44頁。
93 「EC通貨統合問題の再燃」『世界週報』平成1年1月31日号、34-35頁。
94 「大東亜金融圏の形成過程」（学会報告）金融学会1989年度春季大会、平成1年5月。
95 「国際通貨体制を激変させるEC統一通貨の衝撃度」『月刊公論』（臨時増刊）平成1年6月、38-47頁。
96 「EC通貨統合の新展開」『世界週報』平成2年1月9—16日号、56-57頁。
97 「トップ・アンケート」（他1篇）『金融ジャーナル』各号、平成2年3月、平成5年1月。
98 「国際通貨制度改革の軌跡」『青冥』（旧制富山高校同窓会誌）平成2年9月、57-62頁。
99 「欧州経済通貨統合計画の進展」（学会報告）日本EC学会1990年度大会、平成2年11月。
100 「欧州経済通貨同盟計画の進展」（学会報告）横浜六大学連合学会、平成2年12月。
101 「EMSと国際通貨システム」（学会報告に対するコメント）金融学会1992年度春季大会、平成4年6月。
102 「EC通貨統合と国際通貨制度の将来」（学会報告）金融学会1992年度秋期大会、平成4年11月。
103 「EC通貨統合と国際通貨制度の将来」『金融経済研究』（金融学会）第6号、平成6年1月、51-57頁。
104 「欧州統合のしぶとい挑戦」（インタビュー記事）『毎日新聞』平成10年5月4日。
105 「ドルの為替媒介機能は後退」『金融ジャーナル』第39巻第12号、平成10年12月。
（座談会記事以外はいずれも単著）

【随筆】

1 「努めよシシポスの如くに」『いぶき』（東京銀行従業員組合機関誌）昭和33年4、136-142頁。
2 「花を自然の友として」『貿易人』（大阪貿易協会）No.208、昭和54年10月、25頁。
3 「あの気高くして薄幸なるわが椿の精によせて」（上・下）（ほか10篇）『貿易人』昭和47年2月（至昭和48年1月）
4 「APUの苦悶」『アジ調月報』（社）アジア調査会、昭和47年11月、49-50頁。
5 「つばき——椿は春の木」『みどり』（東京銀行社内報）No.176、昭和49年3月、16頁。

6 「椿の輸入を試みる人の為に」『椿』(日本椿協会) No.11、昭和49年3月、31-37頁。
7 「人間と椿」『評論』(日本経済評論社) No.33、昭和54年12月、4-5頁。
8 「椿——春を告げる花」『人物評論』昭和55年陽春号、45-47頁。
9 「ある異邦人の繰り言」『教養学会報』(関東学院大学経済学部) No.11、昭和60年6月、2-3頁。
10 「よしなしごと」『酒涯亭に集いて』(黒石源太郎先生追悼集)平成2年3月、60-64頁。
11 「学窓を去る諸君へ」『交流』(関東学院大学燦葉会経済学部会)第9号、平成3年3月、3頁。
12 「健全なる市民としての自覚を」『交流』第10号、平成4年3月、5頁。
13 「私の研究余活」『関東学院大学図書館報』No.1、平成4年3月、11頁。
14 「T. G. S. M. のことなど」『追悼渡辺誠』平成4年4月、102-104頁。
15 「貨幣と経済」『図書館だより』(神奈川大学図書館) No.99、平成11年4月、3頁。

あとがき

　第4章の拙稿「アジア決済同盟構想の展開と評価」は既述のごとく、不惑を過ぎてから東銀の調査部において、はじめて研究の真似事を始めた時の最初の論文であるが、著者がどうにか腰を据えて、研究と執筆に打ち込むことができたのは、4年半に及ぶ長い大阪流謫の空白から解放されて、本店の調査部に復帰した1974年から、神奈川大学を退職した1999年春までの僅か25年間のことであった。

　もともとアンドレ・ジィドの『背徳者』的価値喪失から他律的に脱却するため、自ら選択した途とはいえ、低俗な価値観が支配し、単調で徒に末梢神経を酷使するだけの為替銀行の日常は、ビールの泡のごとくに虚ろであった。著者が齢40にして調査部を志望したのもそのためであるが、人生の最も実りある青、壮年期を、深夜に及ぶ連日の残業と、無機的な雑務の中で消尽しつくしてしまったことは、いま顧みても慚愧の念に堪えない。

　その著者がはじめて人生を肯定しえたのは、不当な冷遇と内奥の孤絶に堪え続けた東銀退職後、関東学院大学において、精神の自由を享受しえた時のことであるが、ウェーバーが述懐したごとく、大学とても不愉快な思い出がなかった訳ではない。一例として著者が教授に推薦された某国立大学は選考に当って、大学院（時として学歴ロンダリングと称される）を出ず、留学さえもしていない著者を実務屋と貶し、本書の収録論文や金とEC通貨統合等に関する東銀時代の研究業績は、一顧だにされなかった由である。しかしながら国際政治経済学の鼻祖と謳われ、斯界の泰斗として敬仰されているキンドルバーガーやスーザン・ストレンジ、さらにはその衣鉢を継ぐコックスにしても、いずれもが、わが国の閉鎖的な三流アカデミズムの蔑視する実務屋上がりではなかったか。その足元にも遠く及ばずとはいえ、東銀調査部時代の著者の日常は、洪水のように押し寄せる日々の情報を分析することによって、自ら問題を発掘し、それを追跡するために10年間、それこそ寧日とてもなかったのである。その間著者は、連日東銀の海外情報や、ロイター電、時事ファックスをはじめ、海外の英字新聞だけでも11、毎月250をこえる各国の金融、経済雑誌や通信類のほかに、国際機関等の報告書を、

欠かすことなく閲読していた。そのためには夏休みも、3日以上続けてとったことがなく、満員の通勤電車も書斎の延長のようなものであった。夜はさすがに疲れて机に向かう元気もなかったが、医者に"死ぬぞ"脅かされながらも、床に俯したまま、胸の下に枕をあてがって、深夜まで原稿用紙に向かうのが著者の日課であった。同じ学者でも著者の私淑した故田中金司先生（元神戸大学名誉教授）は、為替銀行の暗号帳までも勉強された由であるが、いかに泰西の経済学や金融理論を自家薬籠中のものとし、数式を並べたてて、精緻なモデル化を競い合ったとしても、内外の政治、経済、社会の歴史的、制度的、実証的研究（所謂国際政治経済学）を軽視し、同じくそれらの先端的な動きについて、地道な情報の収集と分析を怠ったまま、国際金融や通貨問題を論ずることは、およそナンセンスと称すべきである。著者がこれまで常に心してきたことは、あくまでも今日的、現実的な視点に立ち、しかも生き馬の目を抜くような国際金融の世界に身を置きながら、時流に溺れることなく、10年、否20年、30年を経過してもなお変わらないような、不動の真理を探究することであった。

　いま想起しても痛憤やる方なき不快な思い出は、ウェーバーのいう大学の採用時だけのことではない。著者が何よりも大切にしていたEU関係の一次資料が、何の連絡もなしに勝手に定期購読を打ち切られ、その上関係者一同が、長い間口をつぐんで白を切るなど、研究の妨害ともいうべき、陰湿ないやがらせをうけたことさえもある。そのような追憶にふける時、きまって著者の胸底を去来するのは、大学が最少限何の制約もなしに、教育し、執筆する自由を与えてくれたとしても、「われに学者たらんとの存念なし」と胸中を吐露したスーザン・ストレンジの苦渋にみちた半生を顧みての述懐であった。著者とても時としては、メフィストのささやく自棄的な厭世観に襲われたこともない訳ではないが、曲りなりにも志を持し、今日まで己を失わないでこられたのも、一つには故沢登哲一・旧制東京都立第15中学校長の遺訓とする「ヤセ我慢」の哲学によるものであったのかも知れない。東銀調査部時代の著者は、「国会開会中につき、言動に注意されたし」とその筋から戒告され、その後もある雑誌の編集長から、「先生の原稿には、必ずクレームがついて弱った」とこぼされたこともあるが、その反面「島崎には指一本差させない」と擁護してくれる編集長もいた。著者がこれまで節を屈せず、肩肘を張って生きてこられたのも数少しとはいえ、これら知己の激励によるものであり、時としては時流に抗する本書の論考が、同時に著者の愚拙な生きざまのささやかな証しともなってくれるならば幸いである。

ここ10年ほどは、両親や妻の他界をはじめ、亡妻と義弟の相続をめぐる一連の裁判の承継、あるいは独居の老人を狙った怪盗の来襲と、1万冊に及ぶ蔵書の整理を兼ねた慌しい転居など、多事多端な日々であった。その上、一昨年の2月には、最終的に誤診と判明したものの、肺ガンの疑いをかけられて、いつしか老犬を置き去りにしたまま、夕暮れの駒沢公園をとつおいつ思案しつつさまよい歩いたこともある。しかしその際己に誓ったことは、人を愛し、わが人生に感謝することであり、そして最後まで研究を続けることであった。

　それにつけても主なき横浜、菊名の庭の椿や松や槇、わけても亡妻手植えの年ふりた垂れ桃などの庭樹や庭石に想いをはせる時には、いまなお哀惜の念に耐え難いものがある。しかしその反面、日本人の心の歪みを思わせる教養もなく、底意地の悪いかつての心なき隣人達と袂別することによって、著者は久方ぶりに精神の平安を慈しむことができるようになった。

　それに加えて、ここ数年間、心の底の澱のように、研究に専念しようとしても、絶えず著者の心をかき乱し続けてきた旧宅の処分に関しても、畏友阿部和義氏（元朝日新聞、編集委員）には、術後の病苦をおしての献身的なご尽力を賜るなど、大変お世話になった。心から感謝の念を禁じ得ない。そのような著者にとって、本書の刊行は、著者がこれをはずみとして残り少い人生を、鋭意執筆中のライフ・ワークの完成に向けて燃焼させるための起爆剤のようなものである。

　末尾にて恐縮ながら、本書の上梓に当って、種々の御助言を頂戴した佐伯尤関東学院大学名誉教授は、著者にとって同校赴任以来の畏友であり、日頃から何かと御鞭撻を賜るだけでなく、島崎文庫の同大学図書館への寄贈や、インターネットによる海外からの文献の蒐集に至るまで、何くれとなく御力添えをして頂いた。また本書の刊行を快諾された（株）蒼天社出版社長上野教信氏は、同氏が拙著『ヨーロッパ通貨統合の展開』の編集を担当されて以来の旧知の仲であり、下手をすると著者の白鳥の歌にもなりかねない本書が、漸くにして上梓の運びに至ったのも、ひとへに同氏の御骨折りによるものである。その他御芳名は割愛させて頂いたが、著者が今日あるのは、多くの方々の御指導と御鞭撻によるものであり、各位のご厚誼に対し、心から厚く御礼申し上げる次第である。

　2012年5月

自由が丘の寓居にて

島崎　久彌

出所一覧

第 1 章　神奈川大学大学院経済学研究科編『現代経済の諸問題』（創立 30 周年記念論文集）1997 年。
第 2 章　関東学院大学経済学会『経済系』第 123 集、1980 年 3 月。
第 3 章　『東京銀行月報』第 29 巻、第 11 号、1977 年 11 月号。
第 4 章　『東京銀行月報』第 20 巻、第 3 号、1968 年 3 月号。
第 5 章　『東京銀行月報』第 26 巻、第 4―5 号、1974 年 4―5 月号。
第 6 章　『東京銀行月報』第 28 巻、第 2 号、1976 年 2 月号。
第 7 章　『経済系』第 146 集、1986 年 1 月。
第 8 章　国立国会図書館調査立法考査局『レファレンス』第 37 巻、第 6 号、1987 年 6 月号。
第 9 章
　　1　『国際金融』第 555 号、昭和 1976 年 2 月 15 日号。
　　2　『東洋経済』第 3958 号、1976 年 8 月 5 日。
　　3　『国際金融』第 585 号、1977 年 5 月 15 日号。
　　4　『世界経済評論』第 22 巻、第 2 号、1978 年 2 月。
　　5　『国際金融』第 599 号、1978 年 2 月 1 日号。
　　6　『国際金融』第 638 号、1980 年、1 月 1 日号。
　　7　『国際金融』第 658 号、1981 年 1 月 1 日号。
　　8　『世界週報』1985 年 10 月 15 日。
　　9　『世界週報』1987 年 10 月 20 日。
　　10　『世界週報』1988 年 5 月 24 日。
　補遺　1984 年 4 月 13 日『朝日新聞』。
第 11 章　『経済系』第 159 集、1989 年 4 月。
第 12 章　『経済系』第 166 集、1991 年 1 月。

【著者】

島崎　久彌（しまざき・きゅうや）

1928年5月　東京都世田谷区に生まれる
1953年3月　東京大学法学部卒業
同　年4月　株式会社 東京銀行入行
1984年4月　関東学院大学経済学部教授
1991年7月　博士（経済学）、九州大学
1992年4月　神奈川大学経済学部教授
1999年3月　定年退職

（主要著書）

『金の世界』有斐閣、1982年
『金と国際通貨』（財）外国為替貿易研究会、1983年
『ヨーロッパ通貨統合の展開』日本経済評論社、1987年
『円の侵略史』日本経済評論社、1989年（第33回日経・経済図書文化賞）
『国際金融論新講』泉屋書店、1990年
『大欧州圏の形成』白桃書房、1996年
『欧州通貨統合の政治経済学』日本経済評論社、1997年
『世界経済のリージョナル化』多賀出版株式会社、1999年
『通貨危機と円の国際化』多賀出版株式会社、1999年

国際通貨制度論攷

2012年6月15日　初版第1刷発行

著　者　島崎　久彌
発行者　上野　教信
発行所　蒼天社出版（株式会社　蒼天社）
　　　　101-0051　東京都千代田区神田神保町3-25-11
　　　　電話 03-6272-5911　FAX 03-6272-5912
　　　　振替口座番号 00100-3-628586

印刷・製本所　モリモト印刷

©2012 Kyuya Shimazaki
ISBN 978-4-901916-33-2 Printed in Japan
万一落丁・乱丁などがございましたらお取り替えいたします。
R〈日本複写権センター委託出版物〉
本書の全部または一部を無断で複写複製（コピー）することは、著作権法上での例外を除き、禁じられています。本書からの複写を希望される場合は、日本複写センター（03-3401-2382）にご連絡ください。